# 미국수정헌법 제1조와 표현의 자유 판결

The First Amendment And Freedom of Expression Cases

장주영

육법사

# 머리말

미국수정헌법 제1조와 표현의 자유 판결

언론, 출판, 집회, 결사의 자유를 아우르는 표현의 자유는 기본권 중의 기본권으로 불린다. 민주국가에서 주권자가 공공의 관심사에 대해 자유롭게 의견을 말하고 정부가 이를 정책에 반영함으로써 진정한 민주주의를 실현할 수 있는 기초적인 자유이기 때문이다. 표현의 자유는 공론의 장에서 생각과 감정을 교환함으로써 정치, 경제, 사회, 문화 등 모든 영역에서 변화와 발전을 도모하기 위한 대전제이다. 자율과 창의가 중시되는 지식기반 사회를 지향할수록 표현의 자유는 더욱 확대되어야 한다. 표현의 자유가 없다면 사상의 자유, 창작의 자유도 없으며 문명의 발달도 기대할 수 없다.

표현의 자유는 특히 소수자의 표현을 보호하는데 의미가 있다. 다수가 좋아하는 표현은 그것이 옳든 그르든 탄압받을 일이 없기 때문에 보호할 필요도 적다. 그러나 다수가 동의하지 않거나 싫어하는 의견은 흔히 억압의 대상이 되기 쉽다. 소수가 기존의 이론, 제도, 질서에 문제를 제기함으로써 사회가 변화하고 발전한다는 역사적인 경험에 비추어보면 기존의 질서와 관념에 반하는 소수의 표현이 보호되어야 할 필요성이 크다. 다른 한편으로 사회적인 약자나 소수자를 상대로 이른바 혐오표현을 남발하는 악용 사례도 늘어나고 있다. 우리나라가 겪은 일제 식민지배와 독재정권의 어두운 역사를 감안할 때, 진실을 악의적으로 왜곡하는 표현이 어디까지 허용되어야 할지 고민된다. 왜곡언론에 대항하는 가장 강력한 무기는 이를 적극 반박하는 진실 언론이다. 그러나 여론지형이 한쪽으로 쏠려 있고 권력의 탄압을 받거나 소수자로서 사회, 경제적 지위가 낮아 적극적으로 언론활동을 할 수 없는 처지에 있는 사람들에게는 자칫 일방적인 언론의 자유는 폭력이 될 수 있다. “가해자는 표현의 자유, 피해자는 강요된 침묵” 현상이 나타날 때, 편향되고 왜곡된 언론만 허용하는 결과가 될 수 있다.

요즘 우리 사회는 전통적인 인쇄매체외에도 인터넷과 SNS 등 다양한 표현매체 및 정보통신산업의 발달과 함께 디지털시대에 최적의 문자라 할 수 있는 한글을 바탕으로 자유로운 표현을 즐기고 있다. 의견이나 정보가 빠르고 널리 퍼져나감으로써 과거처럼 권력집단이 공론의 장을 독점하면서 국민의 눈과 귀를 가리기가 점점 어려워지고 있다. 이에 대한 반작용으로 표현의 자유를 억누르려는 시도도 늘어나고 있다. 공개적인 비판과 정책검증대상이 되어야 할 공직자들이나 정부기관이 명예훼손을 이유로 형사고소 또는 민사 손해배상소송을 제기하여 위축효과를 노리는 일이 자주 일어나고 있다. 업무방해나 사생활보호를 이유로 표현의 자유를 제한하려는 시도도 계속되고 있다. 이 과정에서 표현의 자유 보장과 정당한 제한을 둘러싸고 갈등과 논쟁이 자주 벌어지고 있다.

명예훼손이나 허위사실유포 등과 관련하여 손해배상소송, 방송통신심의위원회의 인터넷심의, 선거법위반, 공익제보자의 내부 고발 관련 사건을 다루어보았고 관련된 논문을 쓸 기회도 있었다. 그 과정에서 수정헌법 제1조를 근거로 표현의 자유를 보장하는 미국의 사례를 살펴보고 싶었다. 미국 판결의 배경이나 요지를 소개한 책이나 글은 있었지만 판결전문을 번역한 내용을 찾기 어려웠다. 결론만 볼 것이 아니라 판결문 전문을 보면서 법리적 근거와 찬반 논리의 전개 과정을 정확히 알기 위해 번역을 시작하였다. 우리 대법원 판결도 판결요지만을 보아서는 법리를 정확히 이해하기 어렵거나 내용을 자세히 확인하려고 할 때 판결 전문을 보는 것과 마찬가지이다.

1787년에 최초의 성문헌법을 완성한 후 4년만인 1791년에 권리장전으로 수정헌법을 제정한 배경과 제정자들의 생각, 그 이후 미국 의회와 법원이 이를 해석하고 적용해 온 역사가 판결문 곳곳에 인용되어 있었다. 수정헌법의 제정 이유와 전통을 존중하면서 이를 현실에서 실현하기 위한 연방대법원의 노력이 상세하게 드러나 있다. 법리의 전개과정을 구체적으로 들여다보면 사회적으로 민감한 사안이나 찬반의견이 대립된 사안에서 진보 또는 보수 성향 대법관들이 상세하게 논리를 전개하고 상대방의 논리를 반박하면서 의견의 균형을 유지하고 있고 그것이 판결의 설득력을 높이고 있다는 느낌이 들었다. 표현의 자유를 보호하는데 있어서는 평소 보수 성향의 대법관들도 찬성하고 있는 것이 인상적이다. 물론 연방대법원이 표현의 자유 신장에 기여하기도 하였지만, 선거자금규제를 표현의 자유 위반으로 판결하기도 하여 수정헌법 제1조로 민주정치의 정치적 평등을 위협한다는 비판도 있다.

판결문에 기재된 의견이 후대의 역사적인 평가를 받는다는 점을 생각할 때 자신의 이름으로 의견을 남긴다는 것은 높은 책임감이 뒤따르는 일이다. 다수의견이든 반대의견이든 당대의 법률적 쟁점에 대한 대법관들의 판단을 시간이 흐르고 난 후 되돌아 볼 때, 사회갈등을 올바른 방향으로 해결하였는지 살펴보는 것도 흥미롭다. 표현의 자유 보장과 국가안보, 개인의 사생활 또는 명예보호가 충돌했을 때 다수의견 또는 반대의견이 가졌던 염려가 과연 현실화되었는지, 아니면 지나친 우려로 인하여 불필요하게 기본권을 제한하는 결과를 초래하지 않았는지를 평가해 볼 수 있다.

미국에서는 강경한 자유주의적 입장에서 표현의 자유가 옹호되고 있다는 견해가 있다. 성조기를 불태우는 행위가 주위에 실질적인 피해가 없다면, 자신의 의사를 표현하는 수단이자 표현적 행동으로 허용함으로써 연방법은 물론 48개 주가 제정한 관련 법이 폐기된 사건도 있었다. 국기를 불태우는 행위에 불쾌감을 느낄 수도 있겠지만 구체적인, 또는 명백한 피해가 수반되지 않는 표현을 억압하게 되면 의견을 표현하는 방법이 더 과격해지지 않을까? 불쾌한 표현이라도 공론장에서 찬반토론을 통해 걸러낼 수 있는 사회가 오히려 안전하지 않을까? 표현의 자유를 가능한 한 넓게 인정해 온 미국 최고법원의 태도가 사회통합에 기여해 오지 않았을까? 공공의 사안에 대하여 절대적인 표현의 자유를 주장하는 일부 대법관이 있지만, 다수 견해는 폭력을 유발하는 폭언, 악의적인 명예훼손, 음란물, 사기 등의 경우에는 규제를 허용하고 있다. 그 외에도 표현하는 내용에 관계없이 정당한 이유가 있을 경우에는 표현하는 시간과 장소, 방법을 합리적으로 규제할 수 있기 때문에 미국이 반드시 강경한 자유주의 입장에서 표현의 자유를 옹호하고 있다고 말할 수 없다. 우리도 이러한 미국 최고법원의 태도를 타산지석으로 삼아 주권자의 기본권 보장에 대한 확고한 인식을 바탕으로 표현의 자유를 보호하면서도 정당한 한계를 올바르게 설정할 필요가 있겠다는 생각이 들었다.

개인적으로 미국 판례를 번역하면서 공부한 내용을 자료로 남기기 위해 이 책을 펴내게 되었다. 이 책에 실린 판례들은 선례가 되는 판결, 최신 판결을 중심으로 옮긴이가 임의로 골랐으나 중요한 판결들을 망라한 것은 아니다. 음란물(Miller 판결 등), 선거자금제한 관련사례 등은 제외하였다. 이해의 편의를 위해 번역된 판결들에서 표현의 자유를 보장하는 이유와 범위를 설명한 내용과 수정헌법 제1조의 위반 여부를 심사하는 기준을 추려서 정리해보았다. 첨부된 '미국수정헌법 제1조가 보장하는 표현의 자유와 그 제한의 위헌심사기준'을 훑어본 후 판결문을 본다면 이해하는데 보탬이 될 것으로 생각된다.

영어로 된 판결문은 우리식 문장서술이나 단어사용과 다르기 때문에 읽기에 매끄럽지 못한 부분이 있을 수도 있겠다. 어색한 직역보다는 우리말의 어법과 쓰임새에 맞게 번역하려고 했으나 만족스럽지 못할 때가 많았다. 이해하기 쉽게 번역하지 못한 옮긴이의 무능도 한 몫 했겠지만, 하나하나의 단어나 문장의 어색함에 얽매이지 말고 판결문에 담겨 있는 취지가 제대로 전달되기를 바랄 뿐이다. 번역내용을 읽어본 후 인터넷에서 쉽게 구할 수 있는 판결문 원문을 본다면 더욱 쉽게 이해될 것으로 기대된다.

번역에는 외국어실력과 해당 분야에 대한 전문지식, 우리말 구사능력이 겸비되어야 한다는데, 나로서는 모두 버거운 일이었다. 번역이 모국어(한글) 사랑을 실천하는 길이고, 궁극적으로 정보의 대중화·민주화에 기여하는 일이라는데 의미를 두고 싶다. 민주국가의 헌법이 표현의 자유를 보장한 이유와 그 소중함에 대한 이해를 넓히고, 표현의 자유가 더욱 실질적으로 보장되어 우리 사회의 민주적 발전에 조금이라도 기여할 수 있게 된다면 더 바랄게 없겠다.

끝으로 어려운 출판환경에서 출판을 맡아 주신 육법사 백욱 사장님께 감사드리며, 언제나 나의 가장 든든한 배경인 사랑하는 아내에게 고마움을 전하고 싶다.

2015. 4.

장 주 영

# 일러두기

• 판결 원문은 거의 모두 번역하였으나 인용 판결, 자료의 근거, 법률 표기, 당사자가 제출한 서류나 증거 인용 부부 등이 생략된 경우도 있다.

• 판결문 이해와 크게 관련이 없다고 생각되는 각주는 번역에서 제외하였고, 영문 원문을 각주에 표기하기도 하였다.

• 책에 있는 사진이나 이미지들은 이해의 편의를 위해 옮긴이가 추가하였고 판결 원문에는 없다.

• 원문에는 판결이 이탤릭체로 인용되었으나 책에서는 이탤릭체로 표기하지 않았다.

# 차 례

미국수정헌법 제1조와
표현의 자유 판결

## 제 1 장 언론 · 출판의 자유 15

## 제 3 장 결사의 자유

# 제 1 장
# 언론 · 출판의 자유

## 1. 폭언과 형사책임

**Chaplinsky v. State of New Hampshire**

315 U.S. 568 (1942)

**[대법관 머피]**

여호와의 증인으로 알려진 종파의 신자인 상고인은 뉴햄프셔 로체스터의 시법원에서 다음과 같은 법규정을 위반하여 유죄판결을 받았다. '누구든지 거리나 다른 공공장소를 합법적으로 이용하는 사람에게 불쾌하고, 비웃고 또는 화나게 하는 말을 해서는 안 되며, 그가 듣는 자리에서 불쾌하거나, 비웃거나, 화나게 할 의도를 가지고 소음이나 고성을 내서는 안 되며 그가 합법적인 영업이나 점유하는 것을 방해해서는 안 된다.'

상고인이 기소된 내용은 '공공장소, 즉 로체스터 시 웨이크필드 거리의 동쪽 지역 시청 입구 근처 공공 보도에서 고소인에게 폭력적으로 다음과 같이 불쾌하고 비웃으며 화나게 하는 단어와 이름들을 불법적으로 반복하였다. "너는 빌어먹을 폭력배다. 파시스트다. 로체스터당국은 모두 파시스트들 또는 파시스트들의 앞잡이다."'[1]

1) You are a God damned racketeer, a damned Fascist and the whole government of Rochester are Fascists or agents of Fascists.

항소심에서 새로이 배심재판을 했다. 그는 유죄판결을 받았고 주대법원은 인용하였다. 상고인은 법이 언론, 출판, 예배의 자유를 불합리하게 제한하였고 모호하고 불명확하기 때문에 수정헌법 제14조에 의해 무효라고 주장하였으나 받아들여지지 않았다.

사실관계는 실질적으로 다툼이 없다. 채플린스키는 바쁜 토요일 오후에 로체스터의 거리에서 자신의 종교 관련 유인물을 나눠주고 있었다. 지역 시민들이 시 경찰관 Bowering에게 채플린스키가 모든 종교를 '공갈'이라고 비난하는 것에 불만을 표시했다. Bowering은 시민들에게 채플린스키가 합법적으로 활동하고 있다고 말하고, 채플린스키에게는 군중들이 불안해한다고 경고했다. 잠시 후 소란이 발생하였고 교차로의 교통경찰관이 채플린스키를 데리고 경찰서로 데리고 갔는데 체포 또는 체포될 예정이라고 말하지 않았다. 그들은 가던 길에 소란이 발생할 것이라고 충고했고 현장으로 급히 가던 Bowering을 만났다. Bowering은 애초 경고를 반복하자 채플린스키는 공소장에 나와 있는 말을 했다.

채플린스키의 설명은 약간 다르다. 그는 Bowering을 만났을 때 소란을 일으킨 사람들을 체포해 달라고 요청했다고 증언했다. Bowering은 그를 비난하고 그에게 같이 가자고 말했다. 상고인은 "신"의 이름을 제외하고 고소장에 기재된 말을 한 사실을 인정했다. 상고인의 주장에도 불구하고 사실심법원은 성경의 진실을 전도하는 상고인의 임무, 군중이 그를 어떻게 다루었는지, 경찰의 임무소홀에 관한 증언을 관련성이 없다며 배척하였다. 군중의 도발이나 말의 진실성은 공소사실에 대한 항변이 되지 않는다는 이유였다.

의회에 의한 침해로부터 언론 출판의 자유를 보호하는 수정헌법 제1조가 수정헌법 제14조에 의해 주의 침해로부터도 보호되는 근본적인 개인의 권리와 자유라는 점은 이제 분명하다. 상고인은 법률이 언론, 출판, 예배의 3가지 자유를 침해한 것으로 공격하고 있지만, 자유 언론(free speech)에 기초한 공격만이 타당하다. 글이 아닌 말이 관련되어 있다. 우리는 공무원을 비난하는 것이 어떤 의미에서도 종교 행위라고 볼 수 없다. 사고가 나기 전 상고인의 행동이 성격상 종교적인 것이고 그래서 수정 헌법 제14조의 보호를 받는다 하더라도, 유효한 형사법을 위반하여 저질러진 부수적인 행위의 법적 결과로부터 면책되지는 않는다. 우리는 법률을 검토하기로 한다.

수정헌법 제14조의 목적과 언어의 범위를 가장 넓게 허용한다 하더라도, 자유 언론의 권리는 언제나 모든 상황에서 절대적이지 않다는 것은 잘 이해되고 있다. 헌법 문제를 결코 제기하지 않고 형사처벌 대상이 된다고 생각되는 잘 정의되고 매우 제한된 종류의 언론들이 있다. 이것들은 외설 및 음란, 신성모독, 명예훼손, 모욕 또는 폭언 – 말이 상해를 가하거나 즉각적인 치안방해를 도발하는 것-을 포함한다. 그러한 발언들은 생각을 드러내는 본질적인 부분이 아니고, 진실로 향하는 과정으로서 사회적인 가치가 적어서 질서와 도덕에 관한 사회적인 이익이 그들로부터 나오는 혜택보다 명백히 중대하다고 인정되어 왔다. 욕설이나 인신공격은 진정한 의미에서 헌법이 보호하는 정보나 의견의 교환이 아니고 형사범죄로 처벌하는 것은 헌법문제를 야기하지 않는다.

이 사건의 주 법은 뉴햄프셔 최고법원이 권위있게 해석하였다. 법은 2개의 규정으로 나뉘어 있는데 첫째는 공공장소에서 다른 사람에게 말한 단어나 호칭이고, 둘째는 소음과 고성을 언급하고 있다. 뉴햄프셔 대법원은 '두 규정은 구분된다. 하나는 다른 것과 분리되어 적용될 수 있다. 두번째가 위헌이라고 가정할 때, 첫째가 만약 합헌이라면 적용될 수 있다.' 우리는 분리해석을 수용하고, 법의 첫째 규정만을 검토한다. 과거 판결에서 주법원은 법률의 목적이 공공의 치안을 보호하는 것이고, 들은 사람이 폭력 행동을 할 직접적인 가능성이 있는 말을 제외하고 어떤 말도 금지되지 않는다고 선언하였다. 나아가 "'불쾌한'이라는 단어는 특정 수신인이 생각하는 의미로 정의되지 않는다. 보통의 지식을 가진 사람이 평균적인 수신인이 싸움에 나설 것 같은 말로 이해하는지가 문제다. 영어에는 일반인이 알기에 부드러운 미소없이 말했을 때 싸움을 도발할 것 같다고 인정되는 수많은 단어와 표현이 있다. 협박하는, 모욕적인 또는 외설적인 욕설도 마찬가지이다. 비웃는, 화나게 하는 말도 지금까지는 듣는 이를 자극하여 치안방해를 야기할 수 있는 명백한 특성이 있을 때에만 법의 적용대상에 포함되는 것으로 해석될 수 있다. 법은 수신인에 의해 치안방해를 일으킬 수 있는, 마주하여 하는 말, 전통적인 폭언을 포함하여 말을 함으로써 치안방해를 구성하는 말, 현재의 사용되는 의미로는 덜 전통적이지만 동일하게 폭력, 신성모독, 외설과 협박을 포함하여 다른 난폭한 말들을 금지할 뿐이다."

우리는 위와 같이 해석되는 법률의 제한적인 범위가 헌법상 자유표현의 권리를 침해한다고 말할 수 없다. 주의 권한범위내에 있는 특정 행위, 치안 방해를 일으킬 것 같은 말을 공공장소에서 사용하는 행위를 매우 제한적으로 정의하고 처벌하는 법률이다. 이 결론으로 법이 모호하고 불명확하여 유죄판결이 적법절차를 위반하였다는 상고인의 주장을 받아들일 수 없다. 언어적 행위를 처벌하면서 표현의 자유를 부당하게 훼손하지 않도록 주의깊게 제정된 법은 너무 모호한 형법규정이 아니다.

우리는 기록상 밝혀진 사실관계에 법을 적용하는 것이 실질적으로 또한 불합리하게 자유언론의 권리를 침해하였다고 말할 수 없다. '빌어먹을 폭력배'와 '빌어먹을 파시스트'라는 호칭이 보통사람들을 자극하여 복수하게 하거나 치안방해를 유발할 수 있는 욕설이라는 주장은 입증할 필요가 없다.

주법원이 상대방의 도발 증거와 발언의 진실성 또는 허위와 관련된 증거를 받아들이지 않는 것은 헌법 문제와 무관하다. 그러한 증거에 의해서 증명하고자 하는 사실이 기소에 대한 항변이 되는 지 또는 형량 감경으로 이용될 수 있는지는 주법원이 결정할 문제다. 문제의 법률이 문면상으로(on its face) 그리고 적용되는 대로 수정헌법 제14조를 위반하지 않았다는 결정으로 우리는 역할을 다하였다.

판결을 인용한다.

## 2. 공직자에 대한 명예훼손과 "현실적 악의"

**New York Times Co. v. Sullivan**

376 U.S. 254 (1964)

**[요약]**

앨라배마주 몽고메리시의 선출직 공무원인 피상고인은 주법원에 소송을 제기하였다. 그는 4명의 개인 상고인들과 다른 사람들의 이름이 실린 상고인 신문사의 광고에 의해 명예훼손을 당했다고 주장하였다. 광고내용은 민권데모에 참가한 학생들과 시민운동 지도자를 향한 경찰의 행동에 관한 내용을 포함하고 있는데 일부 내용은 허위였다. 피상고인은 경찰기관을 감독하는 업무를 하고 있기 때문에 광고가 그를 지적한 것이라고 주장하였다. 1심 법원은 광고내용은 명예훼손에 해당하고, 실제 손해의 증명이 없더라도 법적인 손해는 추정되며, 실제 손해를 인정하기 위한 악의는 추정된다고 배심에게 설명하였다. 또한 만약 광고내용을 상고인들이 공표했고 피상고인들과 관련이 있는 것으로 인정된다면 상고인들에게 손해배상책임이 인정될 수 있다고 설명하였다. 징벌적 손해배상에 대해서 판사는 단순한 과실은 현실적 악의의 증거가 될 수 없고 징벌적 손해배상은 허용되지 않는다고 설명하였다. 판사는 징벌적 손해배상이 인정되기 전에 실제 피해를 가할 의도나 경솔함이 확인되어야 한다거나, 피상고인 승소평결은 실제 손해와 징벌적 손해를 구분하여야 한다는 설명을 거부하였다. 배심은 피상고인 승소평결을 하였고 주 대법원은 인용하였다.

**[요지]**

주는 수정헌법 제1조와 제14조에 의해 공직자가 "현실적 악의(actual malice)" –허위임을 알거나 진위여부를 경솔하게 무시하고 공표–를 입증하지 않는 한, 그의 공직수행에 관련된 허위사실에 의한 명예훼손에 대해 손해배상을 인정할 수 없다.

(a) 민사소송의 판결에 주법원의 법리를 적용하는 것은 수정헌법 제14조의 "주의 행위"이다.

(b) 표현이 유료광고의 형태로 이루어졌다는 이유로 헌법적 보호를 잃지 않는다.

(c) 사실의 오류, 공직 명예를 훼손하는 내용, 또는 둘을 합한 것은 "현실적 악의"－허위임을 알거나 진실을 경솔하게 무시－를 주장하고 입증하지 않는 한, 허위 내용에 대한 손해배상을 인정하기에 충분치 않다.

(d) 주법상 현실적 악의가 증명되어야 하는 징벌적 손해와 추정되는 일반 손해를 구분하지 않은 일반 평결에 따른 주법원의 판결은 평결의 근거에 관한 결정을 하지 않았고, 악의의 추정이 연방헌법의 요건과 일치하지 않을 경우 파기된다.

(e) 광고내용이 현실적 악의를 가지고 공표되었거나 피상고인과 관련되었다는 점을 뒷받침하는 증거가 없기 때문에 헌법적으로 피상고인 승소판결을 인용할만한 충분한 증거가 없다.

**[대법관 브레넌]**

우리는 처음으로 언론과 출판을 위한 헌법적 보호가 공직행위 비판자들을 상대로 공직자가 제기한 명예훼손소송에서 손해배상을 인정하는 주의 권한을 제한하는 범위를 결정하여야 한다.

피상고인 설리반은 앨라배마주 몽고메리시 3명의 선출직 위원들 중의 한 명이다. 그는 공공업무 위원으로 경찰국, 소방국 등의 감독업무를 맡고 있다. 그는 흑인들과 성직자들인 4명의 개인 상고인들과 일간신문 뉴욕타임스를 발간하고 있는 상고인 뉴욕타임스사를 상대로 명예훼손으로 인한 손해배상소송을 제기하였다. 몽고메리 카운티 법원의 배심원은 상고인들 모두가 청구금액 전액인 50만달러의 손해배상금을 지급하도록 결정하였고 앨라배마주 대법원은 이를 인용하였다.

피상고인은 1960. 3. 29.자 뉴욕타임스에 실린 "떠오르는 함성소리에 귀 기울여라"라는 제목의 전면 광고가 자신의 명예를 훼손하였다고 주장하였다. 광고는 "전 세계가 알고 있듯이 수천명의 남부 흑인학생들은 미국 헌법과 권리장전이 보장하고 있는 인간답게 살 권리를 적극적으로 주장하면서 광범위한 비폭력 데모에 참가하고 있다."는 말로 시작하고 있다. 이어서 "이러한 권리를 옹호하기 위한 노력은 전 세계가 현대의 자유체제를 형성한 것으로 간주하는 위 문서들을 부인하고 무효로 만들려는 사람들에 의한 전례없는 테러공세와 마주하고 있다." 말로 계속되었다. 이어지는 문장은 테러공세의 예로 몇 가지 사건들을 묘사하고 있다. 광고는 3가지 목적, 즉 학생운동 지원, 투표권 보장 투쟁, 몽고메리에 계류 중인 마틴 루터 킹 목사의 위증죄 사건 변론을 위한 기금후원을 호소하면서 끝맺었다.

광고문장 아래에 64명의 이름이 석혀있었고, 종교, 노동조합, 예술 분야의 활동으로 널리 알려진 사람들이 많다. 이들 이름 다음에, "인간의 존엄성과 자유를 위해 매일 싸우고 있는 남부의 우리는 이 호소를 열렬히 지지합니다."라는 글귀아래 4명의 개인 상고인들과 16명의 이름이 적혀 있다. 광고 마지막에는 "마틴 루터 킹 변호와 남부 자유 투쟁 위원회"와 위원회 임원들의 이름이 적혀 있다.

광고문의 10개 문단 중 3번째와 6번째 문단이 피상고인 명예훼손청구의 근거가 되고 있다.

3번째 문단 :

앨라배마주 몽고메리에서는 학생들이 주 의사당 계단에서 "My Country, Tis of Thee"를 부른 후, 학생지도자들은 학교에서 쫓겨나고 총과 최루탄으로 무장한 경찰들이 앨라배마 주립대학 캠퍼스를 에워쌌다. 모든 학생회가 등록을 거부하면서 주 정부에 항의할 때, 굶겨서 항복시킬 의도로 학생 식당은 폐쇄되었다.

6번째 문단 :

남부의 법위반자들은 반복적으로 킹목사의 평화적인 항의에 협박과 폭력으로 대응해 왔다. 그들은 그의 집을 폭파해서 거의 아내와 아이들을 죽일 뻔 했다. 그들은 그를 폭행했다. 그들은 그를 '속도위반, 빈둥거림과 비슷한 법위반'으로 7번 체포했다. 지금은 그를 징역 10년에 처할 수 있는 위증죄로 기소하였다.

The New York Times.

Heed Their Rising Voices

Your Help Is Urgently Needed . . . NOW !!

비록 위 문장에서 피상고인 이름을 쓰지 않았다 하더라도, 그는 3번째 문단의 "경찰"이란 단어가 경찰서를 감독하는 몽고메리의 위원인 그를 지칭하는 것이고 경찰들이 캠퍼스를 에워싼 것으로 비난받았다고 주장하였다. 나아가 그는 학생들을 굶겨서 굴복시키기 위해 식당을 폐쇄한 행위는 경찰과 그의 잘못처럼 해석될 수 있다고 주장하였다.[2] 6번째 문단에 대해서는 일반적으로 경찰이 체포하기 때문에 '경찰이 7번 체포하였다'는 문장은 그를 지칭하는 것으로 해석될 수 있다고 주장하였다. 나아가 체포하는 "그들"은 다른 행위를 저지른 "그들"과 "남부 법위반자들"과 동일시된다고 주장하고 있다. 그래서 문단은 몽고메리 경찰과 그를, 킹목사의 항의에 협박과 폭력, 집 폭파, 킹목사 폭행, 위증죄 기소로 대응하는 것으로 비난하고 있다고 한다. 피상고인과 다른 6명의 몽고메리 주민들은 문장의 일부 또는 전부가 위원직에 있는 피상고인을 가리키는 것으로 이해했다고 증언하였다.

두 문단에 포함되어 있는 내용의 일부가 몽고메리에서 발생한 사건을 정확히 묘사하지 않는다는 점에 대해서는 다툼이 없다. 비록 흑인학생들이 주 의사당 계단에서 데모를 했다 하더라도, 그들은 "My Country, Tis of Thee"가 아닌 미국 국가를 불렀다. 9명의 학생들이 학교당국에 의해 퇴학당했지만, 그들은 주 의사당 데모를 주동해서가 아니라, 다른 날 몽고메리 법원 간이식당에서의 일 때문이었다. 모든 학생회가 아닌 대부분의 학생회가 퇴학에 항의했고, 등록거부가 아니라 하루 동안 수업을 거부하였다. 실제 모든 학생들이 등록을 하였다. 캠퍼스 식당은 어떤 경우에도 폐쇄되지 않았고, 식당에서 식사가 금지된 학생

2) 피상고인은 학생들을 쫓아낸 책임은 교육당국에 있기 때문에 그 부분은 그에게 적용될 수 있는 것으로 생각하지 않았다.

들은 사전등록을 신청하지 않거나 임시 식권을 요청하지 않은 소수였다. 비록 많은 수의 경찰이 캠퍼스 근처 3곳에 배치되어 있었지만 그들은 캠퍼스를 둘러싸지 않았고 3번째 문단이 암시하는 바와 같이 주 의사당 계단에서의 데모와 관련하여 캠퍼스출동을 요청받지 않았다. 킹목사는 7번이 아니라 4번 체포되었고 법정 밖에서 배회하는 행위로 체포되었을 때 폭행당했다고 주장하였으나, 체포한 경찰관은 폭행사실을 부인하였다.

6번째 문단이 피상고인을 가리키는 것으로 읽힐 수 있다는 전제에서 피상고인은 사건에 관여하지 않았다는 점을 입증하였다. 킹 목사의 집이 아내와 아이들이 집에 있을 때 2차례 폭파된 사실이 있지만, 두 사건은 피상고인이 위원이 되기 전이었다. 경찰은 폭파에 관련되어 있지 않을 뿐만 아니라 관련자를 찾기 위해 모든 노력을 다해 왔다. 킹 목사의 4차례 체포 중 3번은 피고가 위원이 되기 전에 발생했다. 킹 목사가 2가지 위증죄로 기소되었지만(그 후 무죄판결을 받았다), 각각의 죄는 5년형이 가능한 것이었고 피상고인은 기소와 아무 관련이 없었다.

피상고인은 명예훼손의 결과로 실제 재산상의 손실을 입었다는 점을 입증하려고 하지 않았다.[3] 그의 증인 중 1명(과거 고용주)은 만약 피상고인이 경찰의 행위를 하도록 허락했다고 믿는다면 피상고인을 다시 고용하지는 않았을 것이라고 증언했다. 그러나 이 증인이나 다른 증인들은 광고내용이 피상고인을 가리키는 것으로 실제 믿었다고 증언하지는 않았다. 광고비는 약 4,800달러였고, 광고는 뉴욕 광고위원회 대행사의 요청에 따라 실렸다. 대행사는 광고에 이름이 나타난 사람들이 광고를 허락했다고 확인하는 위원회 위원장 랜돌프의 편지와 함께 광고를 보냈다. 타임스의 광고국은 랜돌프를 책임있는 사람으로 알고 있었고, 그 편지를 광고 허락의 충분한 증거로 받아들였다. 편지와 함께 온 광고사본은 전문 아래에 64명의 이름이 나열되어 있었고, 첫번째 광고가 나왔을 때 "남부의 우리는 … 이 호소를 열렬히 지지한다"는 문장 아래 개인 상고인들을 포함한 이름들이 추가되었다. 각 개인 상고인들은 이름의 사용을 허락하지 않았고 피상고인으로부터 철회요청을 받고나서야 알게 되었다고 증언하였

3) 광고를 담고 있는 약 394부의 신문이 앨라배마에 배포되었다. 약 35부는 몽고메리에 배포되었다. 그 날 타임스 신문의 전체 배포부수는 약 65만부이다.

다. 광고국 직원은 광고내용이 허위라고 믿을 이유가 없었고, 수많은 유명인이 공개적으로 지지하였기 때문에 광고 게재를 승인하였다고 증언하였다. 타임스는 사건에 관련된 최근의 보도기사를 점검하거나 기타 다른 방법으로 광고내용의 정확성을 확인하려고 하지 않았다.

앨라배마주법에 따르면 공직자가 그의 공무수행을 비판한 글로 인한 명예훼손소송에서 징벌적 손해배상을 받기 위해서는 먼저 서면으로 공개적인 철회를 요청하고 피고가 이에 응하지 않아야 한다. 피상고인은 그 서면요구서를 상고인들에게 보냈다. 개인 상고인들은 주로 광고에 피상고인의 이름을 사용하도록 허락하지 않았고 따라서 피상고인의 명예를 훼손하는 내용을 공표하지 않았다는 입장이었기 때문에 아무도 피상고인의 요구에 응하지 않았다. 타임스는 광고를 철회하지 않고 피상고인에게 "우리는 당신이 어떻게 광고에 언급된 내용이 당신과 관련되었다고 생각하는지 약간 혼란스럽다. 만약 당신이 원한다면 광고 중 어떤 내용이 당신과 관련이 있는지 알려주기 바란다."는 내용의 편지를 썼다. 피상고인은 타임스의 편지에 답변하지 않고 몇일 뒤 이 소송을 제기하였다. 그러나 타임스는 앨라배마 주지사 존 패터슨의 요청에 따라 광고를 철회하였다. 존 패터슨은 광고내용이 주지사와 앨라배마주 교육위원회 위원장으로서 그가 심각한 잘못과 부적절한 행동과 태만을 저지른 것으로 묘사하고 있다고 주장하였다. 피상고인이 아닌 주지사를 위해 광고를 철회한 이유에 대해 타임스 직원은 다음과 같이 증언하였다. "우리는 타임스가 발행한 신문의 광고가 앨라배마를 암시하기를 원치 않았고 주지사는 앨라배마의 대표자이며, 나아가 그 때 더 많은 사실을 알게 되었고, 마침내 광고가 주지사의 업무범위인 주정부와 교육위원회의 행위를 언급했다는 것을 알았기 때문이다." 반면에 그는 광고내용 중 어떤 말도 설리반을 지칭했다고는 생각하지 않았다고 증언했다.

사실심 법원은 사건을 배심에 회부하면서, 광고는 그 자체로 명예훼손내용이고 면책특권이 없으므로 만약 배심이 상고인들이 광고를 발행했으며 광고 내용이 피상고인에 관한 것이라고 인정한다면 상고인들은 책임이 있다고 설명하였다. 배심은 광고내용이 그 자체로 명예훼손이기 때문에 법은 공개된 사실에 의해 법적인 손해가 암시되고 허위와 악의가 추정되며, 일반적인 손해는 주장되거나 입증될 필요가 없이 추정되며, 실제 손해가 인정되거나 밝혀지지 않았다

하더라도 배심은 징벌적 손해배상을 명할 수 있다는 설명을 들었다. 징벌적 손해배상은 보상적 성격의 일반 손해배상과 달리 앨라배마주법상 현실적 악의의 입증을 요구하고 있는 것이 분명하다. 판사도 단순한 과실이나 부주의는 현실적 악의나 사실상 악의의 증거가 아니고 징벌적 손해배상을 허용하지 않는다고 설명하였다. 그러나 그는 배심이 징벌적 손해배상을 명하기 위해서는 실제 손해를 가할 의도 또는 중대한 과실과 부주의라는 의미에서 악의를 확신해야 한다는 설명을 거부하였다. 또한 그는 피상고인 승소평결이 일반 손해와 징벌적 손해를 구분하여야 한다는 요구를 거부하였다. 판사는 그의 결정이 수정헌법 제1조 및 제14조가 보장한 언론과 출판의 자유를 침해한다는 상고인들의 주장을 배척하였다.

앨라배마주 대법원은 판결을 인용하면서 사실심 판사의 결정과 설명을 모두 지지하였다. 주대법원은 "공표된 말들이 그로 인해 명예를 훼손당한 사람의 명성, 직업, 무역, 사업에 해를 가하거나, 기소할 범죄로 비난하거나, 개인을 공개적으로 모욕하는 경향이 있다면 그 자체로 명예훼손에 해당된다. 이러한 법리에 따르면 만약 원고와 관련되어 공표된 것이라면 문제된 내용은 그 자체로 명예훼손에 해당된다. 재산적 손해의 입증이 없어도 손해는 추정된다."고 판시하였다. 주대법원은 "우리는 일반인이 경찰과 소방관 등 시의 공무원들이 시의 통제와 지시를 받고 있고, 더 특별하게 위원 한 사람의 지시와 통제를 받고 있다는 일반적인 인식을 갖고 있다고 생각한다."면서 배심은 광고내용이 피상고인에 관한 것이라고 인정할 수 있다는 사실심법원의 결정을 인용하였다. 평결이 지나치지 않다는 사실심법원의 결정을 인용하면서 주대법원은 타임스가 광고내용의 허위성을 밝혀주는 보도기사를 이미 내보냈는데도 광고를 인쇄하는 과정에서 (허위여부를 확인하지 않은) 타임스의 무책임성으로부터 악의가 추론될 수 있다고 말하고 있다. 주지사에 요청에 따른 철회와는 달리 피상고인을 위해 광고를 철회하지 않은 타임스의 행위로부터, 광고 일부 내용의 허위성이 타임스에 알려져 있었고, 학생식당이 폐쇄되었다는 부분을 제외하고 두 단락은 실질적으로 사실이라고 생각했다는 타임스 직원의 증언으로부터 악의가 추론된다고 하였다. 주대법원은 "이러한 성격의 사건에서는 손해를 측정할 법적인 방법이 없다."는 과거 판결내용을 다시 재확인하였다. 주대법원은 "미국수정헌법

제1조는 명예훼손 출판물을 보호하지 않으며, 수정헌법 제14조는 개인이 아닌 주의 행위에 대해 적용된다."는 간단한 언급으로 상고인들의 헌법 위반 주장을 배척하였다.

이 사건에 관련된 헌법적 쟁점의 중요성 때문에 우리는 개인 상고인들과 타임스의 상고를 받아들였다. 우리는 판결을 파기한다. 우리는 앨라배마주 법원이 적용한 법리는 공무수행에 대한 비판자들을 상대로 공직자가 제기한 명예훼손 소송에서 수정헌법 제1조와 제14조가 요구하는 언론 및 출판의 자유를 보호하는데 실패함으로써 헌법적으로 결함이 있다고 판단한다.[4] 나아가 우리는 이 사건에 제출된 증거는 피상고인 승소판결을 뒷받침하기에는 헌법적으로 충분하지 않다고 본다.

## I

우리는 먼저 앨라배마주 법원 판결을 헌법심사에서 제외하려는 근거 2가지부터 판단한다. 첫째는 주대법원이 의존하고 있는 "수정헌법 제14조는 개인이 아닌 주의 행위에 적용된다"는 논리이다. 그 논리는 이 사건에 적용되지 않는다. 비록 이 사건이 개인들간의 민사소송이라 하더라도, 앨라배마주 법원이 언론 및 출판의 자유를 제한하는 위헌적인 주의 법리를 적용하였다고 상고인들이 주장하고 있다.

두번째 주장은 타임스와 관련하여 명예훼손 내용이 유료의 상업 광고로 발행되었기 때문에 언론 및 출판의 자유는 이 사건에 적용되지 않는다는 것이다. 이 주장은 거리에서 상업광고물의 배포를 금지하는 시의 규정이 수정헌법 제1

4) 우리는 수정헌법 제14조에 의해 주에게 적용되는 수정헌법 제1조의 언론 및 출판의 자유에 따라 모든 상고인들의 주장을 받아들였기 때문에, 다른 수정헌법 제14조 위반 주장에 따른 문제를 결정하지 않는다. 개인 상고인들은 그들이 명예훼손 내용을 공표하거나 공표를 허용하였다는 점을 입증할 증거가 없으므로 패소판결이 적법절차조항을 위반하였고, 법정에서의 인종분리와 인종편견으로 적법절차와 평등보호조항이 침해되었다고 주장한다, 타임스는 앨라배마주 법원의 재판권행사는 적법절차조항의 지역적 한계를 넘는 것이라고 주장한다. 후자의 주장은 타임스가 재판에 참여하여 재판권에 대한 이의를 포기하였다는 앨라배마주 법원의 결정에 의해 우리의 심리대상에서 제외된다. 우리는 이 결정이 과거 앨라배마 판결의 "공정한 또는 실질적인 지지"를 받지 못한다고 말할 수 없다.

조의 자유를 침해하지 않았다고 판단한 Valentine v. Chrestensen, 316 U.S. 52에 근거하고 있다. 한쪽에는 광고문구가 있고 다른 쪽에는 공무 행위에 대한 항의를 담고 있는 유인물에 (시의 규정이) 적용되어 배포가 금지되었다. 그러나 위 판결은 이 사건과 무관하다. Chrestensen판결에서 연방대법원은 정보를 전달하고 의견을 나누는 자유에 대한 헌법적 보호를 인정하였다. 유인물은 순전히 상업광고였고 공무 행위에 대한 항의는 규정을 피할 목적으로만 추가되었다는 사실관계에 따른 판결이었다.

이 사건은 Chrestensen판결의 유인물에 나타난 내용과 같은 상업광고는 아니다. 이 사건 광고는 정보를 전달하였고, 의견을 표현하였으며, 불만을 토로하였고, 권력남용에 항의하였으나, 가장 중대한 공공의 이해관계와 관심사항을 다루는 운동을 위해 재정적인 도움을 구하였다. 타임스가 돈을 받고 광고를 실었다는 것은 신문이나 책이 (유료로) 판매된다는 사실처럼 중요치 않다. 반대되는 결론은 신문사들이 이런 형태의 기사체 광고를 실지 못하게 하고, 출판시설을 이용할 수 없고 언론의 자유를 행사하려는 사람들이 정보나 생각을 퍼트릴 중요한 출구를 막아버리게 될 것이다. 그 결과는 다양하고 상반되는 원천으로부터 나온 정보를 가능한 폭넓게 배포하는 것을 보장하는 수정헌법 제1조를 훼손하게 될 것이다. 표현의 자유에 대한 그러한 장애물을 피하기 위해서, 우리는 만약 명예훼손이라고 주장되는 내용이 이 판결에 따라 헌법적으로 보호된다면, 유료광고형태로 발행되었다는 이유로 그 보호를 상실하지 않는다고 본다.

## II

이 사건에 적용된 앨라배마주법상 출판물의 내용이 사람의 명성을 해치는 경향이 있거나 공개적인 모욕을 불러일으킨다면 명예훼손에 해당된다. 사실심법원은 만약 내용이 공직자의 명성을 손상하거나, 잘못된 행위를 그의 잘못으로 돌리거나, 공직자의 성실성이 부족하다거나, 공공의 신뢰에 대한 충성이 부족하다는 것이면 명예훼손기준을 충족한다고 말하였다. 배심은 광고내용이 원고에 대한 것이거나 원고와 관련된 것으로 인정하여야 하고, 원고가 공직자일 경우 정부조직내 위치는 그가 담당하고 있는 업무에 관한 언급에 의해 영향을 받는다고 인정할만한 충분한 증거가 된다. 일단 명예훼손이 입증되면, 피고는 모든 내용이 사실이라고 배심을 설득하는 것 외에 다른 항변수단은 없다. 의사표현을 위한 공정한 비평의 특권은 비평이 기초하고 있는 사실의 진실성에 달렸다. 진실 입증 책임을 다하지 못하면 일반적인 손해는 추정되고 금전 손해 입증이 없어도 배상이 인정될 수 있다. 현실적 악의의 증명은 분명히 징벌적 손해배상의 필요조건이고 피고는 법적 요건에 맞는 철회를 통해 징벌적 손해배상을 막을 수 있다. 선의와 진실이라고 믿은 것으로 악의의 추정을 부정할 수 없지만, 만약 배심이 의미를 부여한다면 징벌적 손해배상을 경감할 수 있다.

이 사건 쟁점은 공직행위 비판자들을 상대로 공직자가 제기한 소송에 적용되는 이 책임법리가 수정헌법 제1조와 제14조가 보장한 언론 및 출판의 자유를 제한하는 것인지이다. 피상고인은 주로 앨라배마주 법원처럼 헌법은 비방 출판물을 보호하지 않는다는 연방대법원의 판시내용에 의존하고 있다.[5] 그러나 그 판시내용은 이 사건의 쟁점을 해결하지 못한다. 어떤 판결도 공직자의 공무 행위에 대한 비판적 표현을 제재하기 위해 명예훼손법의 이용을 지지하지 않는다. "진술이 명예훼손에 해당될 때, 판사는 다른 공무원과 마찬가지로 손해배상을 받는다"는 Pennekamp v. Florida, 328 U.S. 331, 348-349 (1946)의 법리는 헌법적으로 공직자에게 어떤 배상이 주어지는지에 관하여 견해를 담고 있지 않다. Beauharnais v. Illinois, 343 U.S. 250 (1952) 사건에서 연방대법원은 인종집단에 대한 명예훼손과 폭력 및 무질서를 일으키는 출판물에 적용되는 일리노이주 형사명예훼손법을 지지하였다. 그러나 법원은 명예훼손행위의 처벌을 구실로 표현의 자유를 침해하는 행위를 무효화하는 권한을 보유하고 행사한다는 점을 주의깊게 적시하였다. 왜냐하면 "공인은 공적인 자산이고 토론이 거부될 수도 없고 비판의 권리와 의무가 억제될 수 없기 때문이다." 263-264, 주 18. 공직자의 명예훼손에 대해 손해배상을 인정하는 권한을 헌법적으로 제한하는 문제를 다룬 과거 사건에서 연방대법관은 동수로 양분되었고 쟁점은 해결되지 못하였다. Schenectady Union Pub. Co. v. Sweeney, 316 U.S. 642. 지금 문

---

5) Konigsberg v. State Bar of California, 366 U.S. 36, 49, 주 10; Times Film Corp. v. City of Chicago, 365 U.S. 43, 48; Roth v. United States, 354 U.S. 476, 486-487; Beauharnais v. Illinois, 343 U.S. 250, 266; Pennekamp v. Florida, 328 U.S. 331, 348-349; Chaplinsky v. New Hampshire, 315 U.S. 568, 572; Near v. Minnesota, 283 U.S. 697, 715.

제를 해결하면서, 우리는 명예훼손과 관련하여 더 중요시해야 하는 선례나 정책을 갖고 있지 않다. NAACP v. Button, 371 U.S. 415, 429. 법원에서 다룬 폭동,[6] 경멸,[7] 불법행위의 옹호,[8] 치안 방해,[9] 외설,[10] 소송의 권유,[11] 기타 표현을 억압하는 다양한 형태와 마찬가지로 명예훼손은 헌법적 제한으로부터 신비한 면제를 주장할 수 없다. 그 것은 수정헌법 제1조를 충족하는 기준에 의해 평가되어야 마땅하다.

공공의 문제에 대한 표현의 자유는 수정헌법 제1조에 의해 확보된다는 일반 법리는 우리의 판례에 의해 오랫동안 확립되어 왔다. 헌법의 보호수단은 국민이 원하는 정치, 사회의 변화를 일으키기 위한 사상의 교환은 제한되지 않는다는 것을 보장하기 위해 만들어졌다. Roth v. United States, 354 U.S. 476, 484. 정부가 국민의 뜻에 응답하고 적법한 수단에 의해 변화가 이루어질 수 있도록 자유로운 정치 토론의 기회, 국가의 안전에 필수불가결한 기회를 보존하는 것은 우리 헌법 체계의 근본 원칙이다. Stromberg v. California, 283 U.S. 359, 369. 비록 항상 완벽하게 고상한 취향은 아니어도 모든 공공기관에 대해서 생각을 말하는 것은 미국인들의 가치있는 특권이다. Bridges v. California, 314 U.S. 252, 270. 그리고 이 기회는 추상적인 토론에 못지 않게 열렬한 옹호를 위해서도 주어져야 한다. NAACP v. Button, 371 U.S. 415, 429. 핸드(Learned Hand)판사는 "수정헌법 제1조는 올바른 결론은 어떤 권위있는 선택을 통해서보다는 수많은 의견을 통해서 얻을 수 있다는 것을 전제하고 있다."고 말하였다. 대법관 브랜다이스는 Whitney v. California, 274 U.S. 357, 375-376의 동조의견에서 다음과 같이 고전적인 형식으로 말하였다.

"독립을 쟁취한 사람들은… 공적인 토론이 정치적인 의무이고 미국정부의 근본 원칙이어야 한다고 믿었다. 그들은 모든 인간의 제도가 마주칠 위험을 인

---

6) Herndon v. Lowry, 301 U.S. 242.
7) Bridges v. California, 314 U.S. 252; Pennekamp v. Florida, 328 U.S. 331.
8) De Jonge v. Oregon, 299 U.S. 353.
9) Edwards v. South Carolina, 372 U.S. 229.
10) Roth v. United States, 354 U.S. 476.
11) NAACP v. Button, 371 U.S. 415.

식했다. 그러나 다음과 같은 사실을 알았다. 질서는 그 위반에 대한 처벌의 두려움을 통해서 확보될 수 없다; 생각, 희망, 상상을 단념시키는 것이 위험하다; 공포는 억압을 낳는다; 억압은 증오를 낳는다; 증오는 안정된 정부를 위협한다; 안전으로 가는 길은 가상의 불만과 제시된 구제방법을 자유롭게 토론하는 기회 가운데 있다. 그들은 공공의 토론에서 발휘되는 이성의 힘을 믿고 법으로 강제된 침묵－가장 나쁜 형태인 힘의 논리－을 거부하고 있다. 다수지배의 독재 가능성을 인식한 그들은 헌법을 개정하여 자유로운 언론과 집회가 보장되도록 하였다."

그러므로 우리는 공적인 사안의 토론은 거리낌없고 활발하게 널리 열려있어야 하며, 정부와 공직자들에 대하여 격렬하고 신랄하며 때로는 불쾌하고 날카로운 공격도 포함되어야 한다는 원칙에 대한 심오한 국가적인 약속을 배경으로 이 사건을 검토한다.[12] Terminiello v. Chicago, 337 U.S. 1, 4; De Jonge v. Oregon, 299 U.S. 353, 365. 우리 시대의 주요한 공적인 사안에 관하여 불만과 항의를 나타내고 있는 이 사건 광고는 명백하게 헌법의 보호요건을 충족하고 있다고 본다. 문제는 몇 가지 허위사실과 피고에 대한 명예훼손으로 그러한 보호를 상실하는 지이다.

수정헌법 제1조의 권위있는 해석은 판사나 배심, 행정공무원 등 누구에 의해 수행되든 진실 심사의 예외를 인정하거나, 특히 표현자에게 진실입증의 부담을 지우는 것을 한결같이 거부한다. 헌법의 보호는 제시된 생각이나 믿음의 진실성, 대중성, 사회적 유용성에 달려 있지 않다. 매디슨(Madison)이 말하듯이 "일정 정도의 남용은 모든 것의 적절한 사용과 분리될 수 없고, 신문보다 더 맞는 경우는 없다." 4 Elliot's Debates on the Federal Constitution (1876), 571쪽. Cantwell v. Connecticut 301 U.S. 296 사건에서 법원은 선언하였다 :

"신앙의 영역과 정치적 믿음의 신념에는 분명한 차이가 있다. 두 분야에서

12) Thus, we consider this case against the background of a profound national commitment to the principle that debate on public issues should be uninhibited, robust, and wide-open, and that it may well include vehement, caustic, and sometimes unpleasantly sharp attacks on government and public officials.

한 사람의 생각은 그의 이웃에게는 아주 초보적 실수일 수 있다. 그의 견해로 다른 사람들을 설득하기 위해서는 우리가 알듯이 때때로 과장하기도, 교회나 국가에서 유명하거나 유명했던 사람을 비방하기도 하고 심지어 거짓말을 하기도 한다. 그러나 이 나라의 국민들은 역사에서 긴 안목으로 보아 과도함과 남용의 가능성에도 불구하고 이러한 자유가 민주시민의 개화된 의견과 올바른 행동에 필수라고 결정하였다."

잘못된 말은 자유 토론에서 불가피하며, 표현의 자유가 "존속하기에 필요한" "숨 쉴 공간(breathing space)"(NAACP v. Button, 371 U.S. 415, 433 (1963))이 있어야 한다면 반드시 보호되어야 하며, 연방 DC항소법원의 Sweeney v. Patterson, 128 F.2d 457, 458 (1942)(상고허가신청 기각) 판결에서도 인정되었다. 에저튼 판사는 반유대주의자라고 말한 신문기사에 대해 명예훼손소송을 제기한 의원의 청구를 기각한 원심판결을 인용하면서 다음과 같이 말했다 :

"공직자의 정치적 행위를 잘못 보도한 행위에 책임을 인정하는 사례는 피치자가 통치자를 비판해서는 안 된다는 낡은 이론을 반영하고 있다. 여기서 공공의 이익은 항소인 또는 다른 개인들의 이익보다 우선한다. 공익을 보호하기 위해서는 토론이 필요할 뿐만 아니라 정보도 필요하다. 몇 사람들이 인정하거나 비난하는 정치적인 행위와 견해는 항상 의원에게 책임이 있다. 특히 사람의 정신적인 상태와 진행에 관한 사실의 오류는 불가피하다. 명예훼손영역에 추가된 것이 무엇이든 자유토론의 영역에서 나온다.[13]

공직 명예 손상은 사실오류와 마찬가지로 자유로운 언론을 억압하기 위한 보증서가 아니다. 법원의 명예나 위신에 대한 우려 때문에 판사 또는 그 판결 비판을 모욕으로 형사 처벌하는 것은 정당하지 않다. 이것은 비판이 "절반의 진실"과 "잘못된 정보"를 담고 있어도 마찬가지이다. 그러한 억압은 정의실현에 방해가 되는 분명하고도 명백한 위험이 있을 때에만 정당하게 인정된다. 만약 판사들이 "거친 분위기에서도 건강하게 생존할 수 있는 꿋꿋한 사람"으로 취급된다면 선출된 시의 위원과 같이 다른 공직자도 마찬가지다.[14] 그들의 공무 행

13) 존 스튜어트 밀, 자유론(On Liberty)(Oxford : Blackwell, 1947), 47쪽 참조.

위 비판은 단지 효과적인 비판이고 공직 명예를 감소시킨다는 이유만으로 헌법의 보호를 상실하지 않는다.

만약 허위사실이나 명예훼손 내용때문에 헌법이 공무 행위 비판을 보호대상에서 제외하지 않는다면, 두 요소의 결합도 부적절하지 않다. 이것은 수정헌법 제1조의 핵심 의미에 대해 국가적인 깨달음을 불러 온 선동법(the Sedition Act of 1798)을 둘러싼 대논쟁으로부터 온 교훈이다. 위 법은 "만약 미국정부, 의회, 대통령의 명예를 훼손하거나, 모욕을 주거나 비난할 의도, 또는 미국사람들에게 그들에 대한 증오를 일으킬 의도로 허위의, 부도덕하고 악의적인 글을 작성, 인쇄, 말하거나 공표하는 사람은 벌금 5,000달러와 징역 5년에 처할 수 있도록 하였다. 법은 피고인에게 진실의 항변을 허용했고 배심이 법과 사실 두 측면에서 모두 판단하였다. 이러한 규정에도 불구하고 제퍼슨과 매디슨은 위 법이 위헌이라고 격렬하게 비판하였다. 버지니아주 의회는 유명한 1789년의 결의에서 다음과 같이 결의하였다.

"의회에서 통과된 외국인법과 선동법의 2가지 사례에서 명백하고 놀라운 헌법 침해에 특히 항의한다. … 선동법은 헌법이 위임하지 않았고, 반대로 명백하고도 적극적으로 수정헌법이 금지한, 세계적으로 경보를 울린 만한 권한을 행사하였다. 왜냐하면 공적인 인물과 대책을 자유롭게 조사하고 그들에 관하여 자유롭게 의견 교환하는 권리, 다른 모든 권리의 유일하고도 효과적인 수호자로 간주되는 권리에 대항하고 있기 때문이다." 4 Elliot's Debates, 553-553.

매디슨은 항의를 뒷받침하는 보고서를 준비하였다. 그의 전제는 헌법은 정부가 아닌 국민들이 절대적인 주권을 갖는 정부형태를 만들었다는 것이다. 정부구조는 국민들의 중앙집중권력과 권력 그 자체에 대한 불신을 반영하여 권력을 분산시켰다. 이 정부형태는 왕이 주권자이고 국민이 신민인 영국의 형태와 완

14) 한 비평가는 공직자들이 특히 선거운동기간에 일하는 분위기를 다음과 같이 묘사하였다. "전체적인 무능, 공익의 무시, 공산주의자 동정 등으로 가득 차 있다. 그리고 뇌물, 횡령, 다른 범죄 행위의 기운이 드물지 않다." Noel, Defamation of Public Officers and Candidates, 49 Col.L.Rev. 875 (1949). 60년 전에 쓴 비슷한 묘사는 Chase, Criticism of Public Officers and Candidates for Office, 23 Am.L.Rev. 346 (1889) 참조.

전히 다르다. "그렇게 다른 상황에서는 언론을 이용하는 자유의 정도도 달라야 하는 것이 자연스럽고 필요하지 않겠는가?"라고 그는 묻고 있다. 애초 하원의 토론에서 매디슨은 다음과 같이 말했다. "우리가 공화국의 성격에 주의를 기울인다면 정부를 검열할 권력은 국민에게 있고, 정부가 국민을 검열할 권한은 없다는 것을 알게 된다."[15] 4 Annals of Congress, p. 934(1794). 그는 보고서에서 언론이 그 권한을 행사할 때, "모든 주와 연방에서는 언론이 보통법의 엄격한 제한을 받지 않고 공직자의 가치와 정책을 논의하는 자유를 누려왔다. 언론의 자유는 이러한 기초위에 서 있었고 여전히 서 있다.…"고 말했다. 그러므로 매디슨의 견해에 따르면, 공직자의 책무에 관하여 자유롭고 공개적으로 토론할 권리는 미국 정부 형태에서 나오는 근본 원칙이다.[16]

비록 선동법이 이 법원에서 심리된 적은 없지만[17] 위헌성 공격은 법원역사에서 성공을 거두었다. 선동법 위반으로 기소되어 징수된 벌금은 위헌이라는 이유로 의회의 입법에 의해 반환되었다. 의회보고서에서 법의 무효성은 아무도 의심하지 않는 문제라고 추정하였다. 대통령 제퍼슨은 그 법으로 기소되고 징역형에 처해진 사람들에게 사과하고 벌금형을 면제하면서 다음과 같이 말하였다. "나는 선동법이 무효라고 생각해왔고 지금도 생각하기 때문에 그 법으로 기소되거나 처벌된 모든 사람들을 완전히 명백하게 면책한다." 그 법의 무효는

15) "If we advert to the nature of Republican Government, we shall find that the censorial power is in the people over the Government, and not in the Government over the people."

16) 버지니아 결의에 관한 보고서는 추가로 말하였다.
[1] 만약 공직자의 인물과 행동의 자유로운 비평에 의해 그들이 언제든 사람들의 모욕 또는 미움을 받아야 마땅한다면 정부를 운영하는 자를 명예훼손 또는 모욕하려는 의도를 처벌하는 것은, 정부를 운영하는 자의 보호와 이에 대응하는 공적인 인물과 정책을 자유롭게 토론하는 권리와 충돌하지 않고는 명백히 불가능하다. 그래서 책임행정의 정당하고 당연한 결과에 저항하여 형사법뒤에 숨은 정부는 그 의무의 정확한 이행에 필수적인 책임을 쉽게 피하려고 한다는 것은 의문이 있을 수 없다.
마지막으로 정부 공직자를 선출하는 권리는 특히 자유롭고 책임있는 정부의 본질임을 기억하자. 이 권리의 가치와 효용은 공무를 위탁할 후보자들의 장점과 단점을 비교하는 지식에 달려있고, 그 결과 각기 후보자들의 장점과 단점을 조사하고 토론하는 평등한 자유에 달려 있다. 4 Elliot's Debates, 575.

17) 법은 1801년에 폐지되었다.

연방대법관들에 의해 추정되어 왔다. 연방대법원 판례는 선동법이 정부와 공직자 비판을 제한하고 있기 때문에 수정헌법 제1조에 위반된다는 폭넓은 의견일치를 반영하고 있다.

헌법에 의해 주가 명예훼손을 형사법으로 적용할 수 없는 것은 마찬가지로 민사명예훼손법의 적용범위를 넘는다. 앨라배마 법원의 법리에 따른 손해배상책임의 두려움은 형사 범죄로 기소될 두려움보다 훨씬 더 억제적이다. 예를 들면, 앨라배마는 도덕적으로 타락한 범죄 또는 중범죄를 저지른 사람의 범행을 거짓으로, 악의적으로 비난하는 내용의 말을 하거나 글을 쓰거나 인쇄하는 사람을 처벌하는 형사명예훼손법을 가지고 있다. 유죄가 인정되면 500달러 이하의 벌금형과 6개월 이하의 징역형에 처하고 있다. 법위반으로 기소된 사람은 기소와 합리적인 의심을 넘는 증명이라는 일반 형사법적인 필요조건이 충족되어야 한다는 안전장치를 기대할 수 있다. 이 안전장치는 민사소송의 피고는 누릴 수 없다. 실제 재산상의 손해를 입증할 필요없이 인정된 이 사건의 손해배상판결은 앨라배마 형사법이 규정한 최대 벌금형보다 1,000배가 많고 선동법이 규정한 것보다 100배가 많다. 민사소송에 적용될 수 있는 일사부재리의 제한이 없기 때문에, 이 사건이 동일한 광고에 대해 상고인들에게 부과되는 유일한 손해배상책임이 아닐 수 있다.[18] 신문사가 이 판결이후에 책임이 면제될 수 있든 없든, 공적인 비판을 한 사람들에게 드리워진 두려움과 무서움의 장막아래서는 수정헌법 제1조가 살아남을 수 없다. 앨라배마주의 민사명예훼손법은 형사 처벌보다도 자유에 대한 훨씬 더 큰 위험을 초래하는 형태의 규제이다.

진실항변을 허용한다고 해서 주법의 법리가 인정되는 것은 아니다. Smith v. California, 361 U.S. 147 사건에서 음란물을 판매용으로 소지한 책장수를 유죄로 인정하기 위해서는 범의의 증명이 필수불가결한 요건이라고 본 것처럼, 이 사건에서도 정직하게 말했으나 잘못된 내용이란 항변도 필수적이다. 우리는 다음과 같이 말했다 :

"만약 책장수가 내용을 알지 못한 채 형사적으로 책임을 진다면 그가 조사한

18) 타임스는 몽고메리 시위원과 앨라배마 주지사로 일했던 사람들이 광고를 근거로 회사에게 4건의 명예훼손소송을 제기했고, 그 중 한 건은 심리결과 50만불의 평결이 있었으며, 다른 3건이 청구한 손해배상액 합계는 200만불이라고 한다.

책만 판매하려고 할 것이고, 주는 음란물뿐만 아니라 문학 서적처럼 헌법이 보호하는 책의 판매도 제한하게 될 것이다. 그를 통제함으로써 읽을거리에 대한 공공의 접근도 제한될 것이기 때문에 책장수의 부담은 공공의 부담이 될 것이다. 그가 형사처벌의 위험으로 겁을 먹게 되면 주가 헌법적으로 직접 억제할 수 없는 인쇄서적에 대한 공공의 접근을 제한할 우려가 있다. 주가 강요한 책장수의 자기 검열은 전체 공중에 영향을 미치는 검열이 되고, 개인적으로 시행하는 검열이기 때문에 너무 유해하다. 이로 인하여 음란물이든 아니든 모든 책의 배포는 지연될 것이다."

공직자의 행위를 비판하는 사람에게 명예훼손이 될 위험 때문에 사실상 거의 무제한으로 모든 사실관계의 진실을 보증하라고 강제하는 법리는 자기 검열과 비슷하다. 피고에게 진실 입증 책임과 함께 허용하는 진실항변이 단지 허위 언론만을 막지 않을 것이다.[19] 적절한 안전책으로 이 항변을 받아들이는 법원조차도 명예훼손내용이 모두 사실이라는 적법한 증거를 인용하는 어려움을 인식해왔다. 그러한 법리아래서는 장래의 공직 비판자들이 사실이라고 믿었거나, 그리고 실제 사실이라 하더라도 법정에서 사실임을 입증할 수 있는지의 의문과 치러야 할 비용의 우려 때문에 비판을 그만둘 것이다. 이 법리는 열정을 꺾고 다양한 공적 토론을 제한하게 된다. 이것은 수정헌법 제1조 및 제14조와 일치하지 않는다.

우리는 공직자가 현실적 악의(actual malice)－즉 허위라고 알고 있거나 허위여부를 경솔하게 무시(knowledge that it was false or reckless disregard of whether it was false or not)－를 입증하지 않는 한 그의 공무수행과 관련한 명예훼손적인 허위사실로부터 손해배상을 받는 것이 금지되는 연방법리를 헌법이 요구한다고 생각한다. 많은 주법원[20]에서 채택된 같은 법리로서 자주

19) 허위 진술도 오류와 대립을 통해, 진실의 더 명확한 인식과 더 생생한 인상을 가져오기 때문에 공적인 토론에 가치있는 기여를 한다고 생각될 수 있다. 존 스튜어트 밀, 자유론(On Liberty).

20) E.g., Ponder v. Cobb, 257 N.C. 281, 299, 126 S.E.2d 67, 80 (1962); Lawrence v. Fox, 357 Mich. 134, 146, 97 N.W.2d 719, 725 (1959); Stice v. Beacon Newspaper Corp., 185 Kan. 61, 65-67, 340 P.2d 396, 400-401 (1959); Bailey v. Charleston Mail Assn., 126 W.Va. 292, 307, 27 S.E.2d 837, 844 (1943); Salinger v. Cowles,

언급되는 내용은 캔자스주의 Coleman v. MacLennan 78 Kan. 711, 98 P. 281 (1908) 사건이다. 주의 학교기금 관리 및 운영위원회의 위원이자 주 법무장관 재선후보는 학교기금운영과 관련하여 그의 공무 수행 사실을 언급한 기사에서 명예훼손을 당했다며 신문발행인을 제소하였다. 피고는 면책을 주장하였고 1심 판사는 배심에게 다음과 같이 설명하였다.

"투표자에게 공직후보자와 관련하여 진실하다고 믿은 정보를 제공할 목적과 투표자가 좀 더 이성적으로 투표하게 할 목적으로 기사가 작성되어 배포되었고 악의없이 선의로 이루어진 일이라면, 비록 기사의 주요한 사항이 사실이 아니고 실제 원고를 비방하는 내용일지라도 기사는 면책된다. 그리고 그러한 경우에 기사의 발행에 현실적인 악의가 있었다는 점은 원고에게 입증책임이 있다."

배심은 원고가 현실적인 악의를 입증하지 못했다며 피고 승소 평결을 하였다. 상급심에서 캔자스 대법원의 버치 대법관은 다음과 같이 이유를 밝혔다.

"사람들이 투표권을 행사하면서 후보자의 성격과 자질을 토론해야 한다는 것은 가장 중요한 일이다. 개인의 불편함과 명예 손상, 그 이상으로 토론이 중요하고 그로 인한 이익이 크기 때문에, 비록 개인의 명예훼손이 크다 할지라도 공공의 복지가 우선되어야 한다. 공개로부터 얻는 공공의 이익은 매우 크고 개

---

195 Iowa 873, 889, 191 N.W. 167, 174 (1922); Snively v. Record Publishing Co., 185 Cal. 565, 571-576, 198 P. 1 (1921); McLean v. Merriman, 42 S.D. 394, 175 N.W. 878 (1920). 공직후보자에게 같은 법리를 적용한 것은 Phoenix Newspapers v. Choisser, 82 Ariz. 271, 276-277, 312 P.2d 150, 154 (1957); Friedell v. Blakely Printing Co., 163 Minn. 226, 230, 203 N.W. 974, 975 (1925); Chagnon v. Union-Leader Corp., 103 N.H. 426, 438, 174 A.2d 825, 833 (1961), 상고허가신청기각, 369 U.S. 830 참조.

학자들의 일치된 의견도 명백히 이 사건에서 채택된 법리를 선호한다. E.g., Harper and James, 불법행위법, § 5.26, at 449-450 (1956); Noel, 공직자와 후보자에 대한 명예훼손, 49 Col.L.Rev. 875, 891-895, 897, 903 (1949); Hallen, 공정 논평, 8 Tex.L.Rev. 41, 61 (1929); Smith, 후보자 비난, 18 Mich.L.Rev. 1, 115 (1919); Chase, 공직자와 공직후보자 비판, 23 Am.L.Rev. 346, 367-371 (1889); Cooley, 헌법의 제한 (7th ed., Lane, 1903), at 604, 616-628. 그러나 미국법률협회 Law Institute, 불법행위론, § 598, 논평 a (1938); Veeder, 공공토론의 자유, 23 Harv.L.Rev. 413, 419 (1910)를 보라.

인의 명예 손상의 가능성은 적기 때문에 그러한 토론은 면책되어야 한다.”

그래서 법원은 다음과 같이 1심 법원의 배심설명이 올바른 법리라고 인정하였다.

“그러한 사건에서 다음과 같은 요건을 충족하면 책임이 면제된다 : 통신에 의해 명예를 훼손당했다고 주장하는 사람은 현실적 악의를 증명해야 하고 그렇지 않으면 구제받을 수 없다. 이 특권은 다양한 대상에 적용되며 공공의 관심사, 공적인 인물, 공직후보자에 관련된 문제를 포함한다.”

공무 행위 비판 특권[21]은 공직자가 일반인으로부터 명예훼손 소송을 당했을 때 받는 보호와 대략 비슷하다. Barr v. Matteo, 360 U.S. 564 사건에서 이 법원은 만약 연방공무원의 의무 범위 내에서 이루어진 그의 발언은 절대적으로 면책된다고 판단하였다. 비록 하위공직자의 면책특권을 달리 취급하는 주도 있지만 각 주는 고위 공직자의 발언에 대해 같은 면책을 부여하고 있다.[22] 그러나 모든 주들은 현실적 악의가 입증되지 않으면 모든 공직자들은 면책보호를 받는다고 인정하고 있다. 공직특권의 이유는 손해배상소송의 위험이 정부정책의 용감한, 활발한, 효과적인 집행을 막을 수 있고, 직무수행의 열정을 꺾을 수 있기 때문이라고 한다. 비슷한 고려가 정부에 대한 시민비평가를 위한 특권에도 적용된다. 업무수행이 공직자의 의무이듯이 비판은 시민의 의무이다. Whitney v. California, 274 U.S. 357, 375(브랜다이스 대법관의 동조의견). 매디슨이 말했듯이 “정부를 검열할 권력은 국민에게 있고, 정부가 국민을 검열할 권한은 없다.” 만약 공직 수행을 비판한 사람이 공직자에게 부여된 면책과 동일한 특권을 가지지 못한다면, 공직자가 봉사할 국민들보다 더 나은 불공평한 특혜를 부여하게 될 것이다.

우리는 그러한 특권이 수정헌법 제1조와 제14조에 의해 요청된다고 결론 내

21) 정직하게 사실을 잘못 진술한 행위를 면책시키는 특권은 사법, 입법, 행정 절차에서 인정되는 “절대적(absolute)” 특권과 구별하기 위해 종종 “조건적(conditional)” 특권이라고 불린다. Prosser, 불법행위법 (2d ed., 1955), § 95. 참조.

22) 1 Harper and James, 불법행위법, § 5.23, 429-430 (1956); Prosser, 불법행위법 (2d ed., 1955), 612-613; 미국법률협회, 불법행위론(Restatement of Torts0 (1938), § 591.

린다.

## III

우리는 헌법이 공직자들이 공무 행위를 비판하는 사람들을 상대로 제기한 소송에서 손해배상을 허용하는 주의 권한을 제한하고 있다고 본다. 이 사건이 그러한 소송이기 때문에[23] 현실적 악의의 입증이 필요하다는 법리가 적용된다. 앨라배마 주법이 징벌적 손해배상의 인정에는 현실적 악의의 입증을 요구한 반면,[24] 일반적 손해배상의 경우는 악의가 추정된다. 그러한 추정은 연방 법리에 위반된다. "추정을 만드는 권한이 헌법적 제한을 회피하기 위한 수단이 아니며," Bailey v. Alabama, 219 U.S. 219, 239, "특권의 박탈을 위해 필요한 악의의 증명은 추정되는 것이 아니라 원고가 입증할 문제이다." Lawrence v. Fox, 357 Mich. 134, 146, 97 N.W.2d 719, 725 (1959). 사실심 법원이 배심에

23) 우리는 이 사건에서 법리의 취지상 "공직자"의 범위가 정부 공무원의 어디까지 확대되는지를 결정하거나, 포함되거나 포함되지 않는 사람의 범주를 특정할 필요는 없다. 또한 "공무 행위" 개념의 범위를 결정할 필요도 없다. 선출된 시 위원인 피상고인의 지위로 보아 그가 공직자임이 명확하고, 광고 내용이 경찰국을 담당하는 위원으로서 그의 공무 행위와 관련되어 있다는 것으로 충분하다. 킹 목사 폭행과 집의 폭파에 대하여, 피상고인이 폭행과 폭파행위를 한 것으로 비난받는다면 공무행위와 무관할 것이라는 점은 중요하지 않다. 피상고인은 광고내용이 이 행위로 그를 개인적으로 비난하고 있다고 주장하지 않는다. 그의 주장은 경찰이 폭파와 폭행을 한 "그들"과 똑같다는 논리로 이러한 행위와 경찰을 감독하는 위원으로서 그의 공무 능력을 연결하고 있다는 것이다. 그래서 만약 이 주장이 피상고인만을 가리키는 것으로 읽힌다면, 그의 공적 의무 수행을 묘사하는 것으로 해석되어야 한다.

24) Johnson Publishing Co. v. Davis, 271 Ala. 474, 487, 124 So.2d 441, 450 (1960). 그래서 이 사건 1심 판사는 배심에게 "단순한 과실 또는 부주의는 현실적 악의 또는 악의의 증거가 아니며, 명예훼손소송에서 징벌적 손해배상을 정당화하지 않는다"고 설명했다. 그러나 법원은 타임스가 요구한 다음 배심설명을 거부하였다.

이름이 가리키듯이 징벌적 손해배상은 이 사건의 피고 뉴욕타임스, 다른 피고들을 징벌하기 위한 것이다. 그리고 그 징벌적 손해배상은 원고의 권리를 함부로 무시한 내용을 공표하면서 보통의 과실이나 부주의가 아니라 피고가 원고에게 피해를 가할 현실적인 의도인 개인의 악의를 가지고 있었거나, 피고가 중대한 과실과 경솔함이 있다는 것을 배심이 우세한 증거에 의해 확신하는 경우에만 인정된다.

일반적인 손해배상을 위한 현실적인 악의 인정을 요구하지 않은 1심 법원의 잘못으로 인하여 우리가 징벌적 손해배상에 필요한 현실적인 악의의 연방 기준에 따라 배심설명이 충분한지를 검토할 필요가 없다.

게 일반 손해배상과 징벌적 손해배상의 차이를 알려주지 않았기 때문에, 평결은 둘 중의 하나에 해당된 것으로 보인다. 평결만으로는 어느 쪽인지 알 수 없다. 이 불확실성 때문에 판결은 파기되고 재심리되어야 한다.

피상고인은 재심리를 구할 수 있기 때문에 우리는 효율적인 재판을 위해 이 사건 기록에서 피상고인 승소판결을 헌법이 지지할 수 있는지를 결정하기 위해 증거들을 살펴본다. 이 법원의 의무는 헌법 원리들을 밝히는 것으로 제한되지 않는다. 우리는 또한 적절한 사건에서 이러한 원리들이 헌법적으로 적용되는 것을 확인할 증거를 살펴보아야 한다. 특히 절대적으로 보장되는 언론과 적법하게 규제될 수 있는 언론 사이의 경계를 침해하였다고 주장하고 있기 때문에 이 사건이 그러한 사건이다. 경계가 반드시 그어져야 하는 사건에서 우리는 수정헌법 제14조의 적법절차조항에 의해 수정헌법 제1조가 적용되는 성격의 것인지, 문제된 내용과 공개된 정황을 조사한다. 우리는 판결이 표현의 자유 영역을 침입하지 않았다는 점을 확인하기 위해 모든 기록을 독자적으로 조사해야 한다.[25)]

이러한 기준을 적용할 때, 우리는 현실적 악의를 입증하기 위해 제출된 증거가 헌법 기준이 요구하는 명확성이 부족하고, 따라서 적법한 법리에 의하면 피고 승소판결은 헌법적으로 인정될 수 없다. 개인 상고인들의 경우도 거의 논의가 필요지 않다. 그들이 광고에 이름의 사용을 허락했다고 가정하더라도, 그들이 허위 내용을 알고 있었거나 부주의하게 무시했다고 볼만한 증거는 없다. 그러므로 상고인들 패소판결은 헌법의 지지를 받지 못한다.

우리는 타임스에 대해서도 비슷하게 현실적인 악의를 뒷받침하는 사실관계가 없다고 판단한다. 광고내용이 실질적으로 정확하다고 생각했다는 타임스 직원의 발언은 광고의 허위성을 부주의하게 무시-배심이 그로부터 타임스가 불성

25) 수정헌법 제7조는 피상고인이 주장하듯이, 이 법원의 그러한 조사를 배제하지 않는다. "배심이 심리한 사실은 보통법의 규칙에 의하는 것 외에 미국의 어느 법원에서도 재심리되지 않는다"는 조항은 주의 사건들에 적용가능하다. 그러나 사실의 재심리 금지는 우리가 연방법의 적용법리가 사실관계에 타당하게 적용되었는지를 결정하는 것을 배제하지 않는다. "이 법원은 연방권리에 관한 법적 결론과 사실인정이 섞여 있어서 연방 문제를 다루기 위해서 사실 분석이 필요하면, 주 법원의 사실 인정을 재심사할 것이다." Fiske v. Kansas, 274 U.S. 380, 385-386; Haynes v. Washington, 373 U.S. 503, 515-516.

실하다는 인상을 받고 악의를 추론하였다－하였다는 앨라배마주 대법원의 결론을 헌법적으로 뒷받침하지 않고 있다. 피상고인은 타임스가 광고를 선의로 취급하였다는 증언을 반박할 증거를 제시하지 못하였지만, 설령 광고 내용이 실질적으로 허위라 하더라도 타임스가 광고 발행시점에 악의가 있었다는 점을 나타내는 자료는 없다. 타임스가 패터슨 주지사의 요청에 따라 광고를 철회하였다 하더라도, 피상고인의 요청에 따라 광고를 철회하지 않은 것은 헌법적으로 악의를 증명하는 적절한 증거가 아니다. 이 사건에서 철회하지 않은 행위가 그러한 증거가 되지 않는 이유는 2가지이다. 첫째, 타임스의 편지는 광고가 피상고인을 가리키는 것인지에 관하여 합리적인 의심을 반영하고 있다. 둘째, 편지는 이 점에 관하여 설명을 요청－피상고인이 무시한 요청－했기 때문에 최종적인 거절은 아니었다. 주지사의 요청에 따라 철회한 것이 필요한 증거가 될 수 없다.

마지막으로 타임스가 자사의 보도 자료로 내용의 정확성을 확인하지 않고 광고를 발행한 증거는 있다. 물론 보도 자료에 관련 기사가 있다는 것만으로 타임스가 광고의 허위성을 알았다고 증명되지 않는다. 왜냐하면 광고발행에 책임이 있는 타임스 부서 직원들에게 현실적 악의가 있어야 하기 때문이다. 그 직원들은 광고내용의 정확성을 확인하지 못한 것과 관련하여, 그들은 광고의 후원자로 이름이 올라간 많은 사람들의 좋은 명성과 책임있는 사람으로 알려진 랜돌프로부터 온 편지에 의존하였다는 것이 기록에 나타난다. 광고부서 직원들은 개인 비방을 포함하는 광고를 거부하는 타임스의 방침에 의하더라도 광고내용 중에 받아들이기 어려운 내용은 없었다고 증언하였다. 이러한 이유로 광고를 거부하지 않은 행위가 불합리하지 않다. 우리는 타임스에게 허위 내용을 발견하지 못한 과실은 있어도 현실적 악의 인정에 필요한 경솔함을 증명하는 헌법상 충분한 증거는 없다고 본다.

우리는 또한 명예훼손 내용이 피상고인에 관한 것이라는 배심의 사실인정을 뒷받침하는 증거가 헌법적으로 충분치 않다고 생각한다. 피상고인은 광고와 자신을 연결하기 위해 광고의 문구와 6명의 증언을 지적하고 있다.

“광고에서 경찰위원으로 피상고인을 지칭한 것은 분명하다. 나아가 배심은 신문편집자, 부동산보험업자, 옷가게직원, 장비업자, 휴게소운영자, 피상고인이 전에 근무했던 트럭운송회사 운영자의 증언을 들었다. 이 증인들은 광고내용을 보고 피상고인을 연상했다고 말했다."

광고에는 이름이나 직책으로 피상고인을 언급하지 않았다. 비방이라고 주장하는 많은 내용-학생식당이 폐쇄되었고 킹 목사의 집이 폭발하고 가족이 폭행당한 책임, 킹 목사 위증 기소-은 경찰과 관련되어 있지 않다. "그들"이라는 단어에 의미를 부여하는 교묘한 주장에도 불구하고, 이 내용이 문제된 행위에 피상고인이 개인적으로 관여하고 있다고 비난한 것으로 보지 않는 것이 합리적이다. 피상고인이 주로 자신을 가리키는 것으로 지목하는 내용은 경찰 또는 경찰의 기능과 관련한 2가지 주장이다. 즉 주의사당 계단에서의 시위 이후에 "앨라배마 주립 대학 캠퍼스를 둘러 싼 경찰 병력"과 "킹 목사가 7번 체포되었다."는 것이다. 이 내용들은 경찰이 캠퍼스 근처에 배치되었으나 실제 캠퍼스를 둘러싸지 않았고, 주의사당 시위와 관련되어 그 곳에 배치된 것이 아니며 킹 목사는 4번만 체포되었다는 점에서만 사실과 다르다. 내용이 경찰을 언급한 것으로 비춰질 수 있다 하더라도 개인으로서 피상고인을 완곡하게 조차 가리키고 있지 않다. 피상고인의 증인들은 피상고인이 전체적으로 경찰부서를 관장하고 있고 경찰의 행위에 대해 공식적인 책임을 지고 있다는 단순한 사실을 넘어서 광고내용에서 직접 비난을 받았다고 보는 근거를 제시하지 못하고 있다. 증인 몇 명은 피고인이 경찰의 행위를 지시하거나 승인하거나 달리 관련되어 있다고 생각하고 있는데, 광고 내용과 실제 그가 관련된 증거가 아니라, 그의 공식 직책 때문에 그가 관련되어 있음이 틀림없다는 근거없는 추측에 바탕을 두고 있다. 이들이 단순히 피상고인의 공식적인 지위에 의존하여 추측하고 있음은 앨라배마주 대법원이 분명히 밝히고 있다. 주 대법원은 명예훼손 내용이 원고와 관계없다는 타임스의 항변을 사실심 법원이 기각한 것은 잘못이 없다고 판단하면서 다음과 같이 이유를 밝히고 있다.

"우리는 보통 사람은 일반적으로 경찰과 소방관과 같은 공무원들이 시 또는 좀 더 특별하게는 위원 한 사람의 지시와 통제를 받고 있다고 인식한다고 생각한다. 그러한 집단의 행동 또는 결점을 평가하는 가운데 칭찬이나 비판은 대개 통제하는 공직자에게 가해진다."

이 논리는 정부 행위 비판에 대해서 우려스러운 의미를 함축하고 있다. "이 나라의 법원이 정부에 대한 명예훼손으로 기소하는 것이 미국의 사법체계에 존재한다고 판결한 적도 없고 시사한 바도 없다."[26] City of Chicago v. Tribune Co, 307 Ⅲ. 595 (1923). 위 논리는 겉으로 개인이 아닌 정부를 비판하는 것으로 보이는 행위를 정부를 구성하는 공직자 개인을 비판하고 그에 대한 명예훼손으로 탈바꿈함으로써 이 장애를 회피하게 될 것이다. 피상고인이 이 "본인뿐만 아니라 다른 위원들과 공동체를 가리킨다."고 하는 광고와 같은 출판물의 발행을 거부하는 청구원인을 만들 수 있는 법적인 연금술은 없다. 정부를 선의로 비판하는 사람이 그 비판 때문에 제재받을 가능성이 있기 때문에 앨라배마주 법원들이 사용한 논리는 헌법이 보호하는 표현의 자유 영역의 핵심을 공격하고 있다.[27] 우리는 개인과 무관한 정부 기능 비판을 그러한 기능에 책임이 있는 공직자에 대한 명예훼손으로 이용하기 위해 그러한 논리를 이용하는 것은 헌법이 허용하지 않는다고 판단한다. 광고내용이 피상고인과 관련되어 있다는 다른 증거가 없으므로 광고가 피상고인을 가리킨다는 사실인정을 뒷받침하는 증거는 헌법상 충분하지 않다.

앨라배마주 대법원의 판결을 파기하고 사건을 환송한다.

**[대법관 블랙 동조 의견**(대법관 더글라스 참여)**]**

나는 뉴욕타임스와 4명의 개인들에 대한 50만불의 판결을 파기하는데 동의

26) "no court of last resort in this country has ever held, or even suggested, that prosecutions for libel on government have any place in the American system of jurisprudence."

27) 경찰 행위 관련 내용이 경찰국을 운영하는 그의 능력을 암묵적으로 비판함으로써 피상고인의 명예를 훼손했다는 범위내에서, 피해회복은 공정한 논평 이론(the doctrine of fair comment)에 따라 이 사건에서 거부된다. 미국법률협회, 불법행위론 (1938), § 607. 수정헌법 제14조는 정직한 거짓 진술에 대해 조건부 특권의 인정을 요구하고 있기 때문에, 공정한 논평의 항변은 진실한 사실의 진술뿐만 아니라 면책되는 사실의 진술을 바탕으로 한 의견의 정직한 표현에도 인정되어야 한다. 물론 만약 공직자가 이 사건에서는 입증하지 못한 현실적 악의를 증명한다면 두 항변들은 허용될 수 없다.

한다. 법원은 "헌법은 공직행위 비판자들을 상대로 공직자가 제기한 명예훼손 소송에서 손해배상을 허용하는 주의 권한을 제한하고 있다."고 판결하였다. 나는 수정헌법 제1조와 제14조가 공직행위 비판자들에 대해 공직자에게 손해배상을 허용하는 주의 권한을 단지 제한하는데 그치는 것이 아니라, 그러한 권한 행사가 완전히 금지된다는 믿음으로 동의한다. 법원은 계속해서 만약 비판자들에게 "현실적 악의"가 있다고 증명된다면, 손해배상책임을 질 수 있다고 판결했다. 법원이 정의하더라도, "악의"는 증명하거나 반증하기 어려운 모호하고도 추상적인 개념이다. 악의가 증명되어야 한다는 요건은 공적인 일을 비판적으로 토론하는 권리를 보호하기에는 매우 미흡하고, 수정헌법 제1조에 내재된 강한 보호에 미치지 못한다. 그러므로 나는 타임스와 개인들이 광고형태로 몽고메리 공직자들을 비판하는 내용을 공표하는 절대적이고도 무조건적인 헌법상 권리를 갖고 있다는 것을 근거로 파기에 동의한다. 나는 개인 피고들이 광고에 서명했다는 사실을 입증하지 못했다거나 경찰국 비판이 원고 설리반 위원을 목표로 한 것이라는 사실을 입증하지 못했기 때문에 파기에 동의한 것은 아니다. 또한 50만불이라는 배상액 규모때문도 아니다. 만약 공직자가 자신들의 의무를 수행하거나 수행하지 못한 것을 비판하는 신문을 상대로 손해배상을 청구하기 위해 민사 명예훼손법을 사용할 헌법상의 권한을 앨라배마주가 가지고 있다면, 나는 주가 손해배상액을 결정하는 것을 금지하는 연방헌법 조항을 알지 못한다.

그러나 50만불의 평결은 명예훼손법이 공적인 일에 대해 인기없는 견해를 공표할만큼 씩씩하고 공직행위를 비판할만큼 용기있는 미국 신문사의 존재를 위협하고 있다는 것을 입증하고 있다. 이 사건의 사실관계는 그 위협이 급박하고 심각하다는 것을 드러내고 있다. 이 나라의 격렬하고도 매우 감정적인 사안들 중의 하나는 인종분리가 수정헌법 제14조에 의해 금지된다는 법원의 여러 판결에도 불구하고, 공립학교와 공공장소에서 주가 명령한 인종분리를 계속하려는 공직자들을 포함한 많은 사람들의 행위로부터 발생한다. 몽고메리도 인종통합에 대한 적대감이 널리 퍼진 지역중의 하나이다. 이 적대감은 때때로 인종통합을 지지하는 사람들과, 뉴욕에서 발행되는 타임스와 같은 신문사들도 해당될 수 있는 특히 "외부의 선동가들"에게도 확대된다. 설리반이 실제 피해를 입었다는 것을 보여주는 증언의 부족은 이러한 적대감이 50만불의 손해액 산정과 평결에 상당한 관련이 있다는 것을 암시한다. 현실적으로 보았을 때, 기록은 피해를 입기보다는 설리반의 정치, 사회, 그리고 재정적인 지위가 타임스의 발행으로 높아졌을 것 같다는 추론을 뒷받침한다. 나아가 같은 광고에 기초하여 타임스에 대한 2번째 50만불 손해배상 평결은 다른 (공공위원회) 위원에게도 이미 인정되었다. 그 사건에서 배심은 청구된 금액을 모두 인정하였다. 감히 공직자를 비판하는 타임스 다른 신문사들 또는 방송사에게 그 이상 거액의 평결이 나오지 않을 거라고 믿을 근거는 없다. 소송서류는 앨라배마에서 지역과 주의 공직자가 타임스를 상대로 560만불을 청구하는 11건의 명예훼손소송과, CBS를 상대로 170만불을 청구하는 5개의 소송이 현재 계류중임을 보여주고 있다. 또한 자유로운 신문을 괴롭히고 처벌하는 이러한 기술은 - 이제 가능하다는 것이 밝혀졌다 - 결코 인종관련 사건으로만 제한되지 않는다. 지역 또는 다른 주의 신문을 손쉬운 명예훼손 평결의 먹잇감으로 만들어 버릴 수 있는 다른 분야에서도 대중의 감정은 이용될 수 있다.

내 의견으로는 연방헌법은 신문에 대한 이러한 심각한 위험을 오직 한 가지 방법으로만 다루고 있는데, 자유 신문이 파괴될 상황에 노출되지 않도록 공직자의 직무 수행 비판에 절대적인 면책을 부여하였다. 법원이 채택한 것과 같은 미봉책은 내 판단으로는 충분치 않다. 기록을 보면 법원이 이론상 신문을 보호하는 "악의", "진실", "선한 동기", "정당한 목적", 또는 다른 어떤 법의 공식을 배심에게 제공하더라도, 기록상 확실하게 다른 평결이 나올 것 같지 않다. 기록상 이러한 법률적인 용어들 때문에 하급심법원이 50만불의 평결을 취소하거나 감액할 것 같지도 않다.

나는 수정헌법 제14조에 의해 수정헌법 제1조가 주에 적용된다는 점에 동의한다. 이 것은 수정헌법 제14조를 채택한 이후 단지 공적인 사안들을 토론하고 공직자들을 비판한 것 때문에 손해배상을 인정하는 민사상 명예훼손법 또는 다른 법을 이용하는 것에서 주정부가 연방정부보다 더 많은 권한을 가지고 있지 않다는 것을 의미한다. 수정헌법 제1조가 채택된 이래로 그 것은 일반적인 견해로 인정되었다. 의회는 민사 명예훼손법을 통과시켜 이러한 견해에 도전하는 일은 결코 하지 않았다. 1798년 연방정부 공직자를 비판하는 "선동적인 명예훼손"을 처벌하는 선동법을 제정한 적이 있다. 그러나 법원의 의견이 올바르게 지적하듯이, 그 법은 모두의 합의로 수치스럽게 끝났고 전체적으로 정의롭지 못하고 수정헌법 제1조를 침해한 것으로 취급되었다. 수정헌법 제1조가 수정헌법 제14조에 의해 주에게도 적용되었기 때문에 주정부가 연방정부 이상으로 명예훼손에 대해 손해배상책임을 부과하는 것은 허용될 수 없다.

우리가 적어도 국민들과 신문이 아무런 책임을 지지 않고 자유롭게 공직자들을 비판하고 공적인 사안을 토론하도록 허용하는 것이 수정헌법을 충실히 해석하는 일이라고 생각한다. 우리나라는 많은 중요한 공직자들을 선출한다. 주, 지방자치조직, 자치지역, 많은 관할구도 마찬가지이다. 이러한 공직자들은 직무수행에 관하여 주민들에게 책임을 진다. 연방대법원이 "음란", "폭언"과 같은 몇 가지 종류의 발언과 글은 수정헌법 제1조의 보호를 받는 표현이 아니라고 판결한 반면에, 오늘 법원이 판결하듯이 공적인 사안과 공직자에 대해 토론할 자유는 의문의 여지없이 수정헌법 제1조가 애초에 자유토론의 영역안에서 보호하기로 계획했던 종류의 발언이다. 공공의 사안들을 토론하는 권리를 행사한 행위를 형사처벌하거나 명예훼손판단을 통해 제재하는 것은 가장 필요한 종류의 토론을 약화시키거나 금지하게 된다. 이 나라가 공적인 사안과 공직자에 대한 공공의 토론에 근거한 명예훼손 소송이 없어도 평화롭게 생존할 수 있을지 의문이 있을 수 있다. 그러나 나는 국민들이 정부나 정부의 행위, 공직자들을 비판하는 것 때문에 신체 또는 금전적으로 고통을 겪을 경우 자유롭게 생존할 수 있을지 의문이다. "왜냐하면 공무원들이 어떤 방법으로든 유권자에 대한 책임으로부터 면제되면 대의민주주의가 존재하지 않기 때문이다. 유권자들이 공공의 문제나 공직자의 행위에 관하여 의견을 말하고 쓰고 공표하는 행위가 제한될 때마다 이러한 일이 발생한다." 공공의 사안에 관하여 원하는 것을 말하는 무제한의 권리는 수정헌법 제1조가 보장하는 최소한의 권리하고 생가한다.

나는 법원이 자유로운 신문을 파멸로부터 지키기 위한 필수 불가결한 결론에는 미치지 못하였다는 점이 아쉽다.

**[대법관 골드버그 동조의견**(대법관 더글러스 참여)**]**

오늘 법원은 "공직자가 그의 공무수행 행위와 관련하여 '현실적 악의'－즉 거짓임을 알거나 허위 여부에 대해 경솔하게 무시하고 공표하지 않는 한 허위사실에 의한 명예훼손으로 손해배상받는 것을 금지하는" 헌법 기준을 선언하였다. 법원은 공직자의 공무수행행위와 관련하여 악의없는 허위사실 적시를 면책하는 "조건부 특권"을 헌법이 시민들과 신문들에게 부여하고 있다고 판결하였다. 그러나 법원이 정리한 역사[28]와 선례의 인상적인 배열로 인하여 헌법이 공적으로 비판할 권리를 행사하는 시민과 신문에 대해 법원이 제공한 것보다 더욱 큰 보호를 하고 있다는 나의 믿음을 확인하게 된다.

내 견해로는 수정헌법 제1조와 제14조는 과도하고 남용된 비판으로부터 나오는 해로움에도 불구하고 공무 행위를 비판하는 절대적이고 무조건의 특권을 시민과 신문에 부여하고 있다. 공직자와 공공의 사안에 대해 "생각을 말할" 미국인의 소중한 권리는 "생존하기 위한 숨 쉴 공간"을 필요로 한다. 시민 또는 신문의 동기[29]를 배심이 조사하는 것으로 그 권리가 좌우되어서는 안 된다. 우리 헌법이론은 모든 시민은 생각을 말해도 되고 모든 신문은 공적인 관심사에 대해 견해를 표현해도 되며, 정부의 통제를 받는 사람들이 그 말이나 글이 현명치 못하다거나, 불공정, 허위, 악의적이라고 생각한다는 이유로 말하거나 공표하는 것이 금지되어서는 안 된다는 것이다. 민주사회에서 행정, 입법, 사법 영역에서 시민을 위해 활동하고 있는 사람은 그의 공무 행위가 비평 또는 비판의 대상이 될 것이라는 점은 당연히 예상해야 한다. 내 의견은 공직자의 경우에 법원이 그러한 비판을 명예훼손으로 억압하거나 그만두게 할 수는 없다는 것이다.

"정부에 대한 명예훼손을 기소하는 것은 미국의 사법체계에는 존재하지 않는다"는 것이 인정되어 왔다. 나는 전적으로 동의한다. 그러나 정부는 추상적인

---

28) 나는 1798년 선동법의 유효성에 대한 공격이 역사의 법정에서 승리했고, 그 법은 오늘날에도 위헌으로 선언되었을 것이라는 법원의 의견에 동의한다. 그러나 선동법은 "거짓의, 비방하는, 악의적인" 글을 규정하고 있었다는 점이 지적되어야 한다.

29) 현실적인 악의나 경솔한 무시를 증명하는 요건은 배심의 마음으로는 허위성을 증명하는 요건에 추가되는 것은 없다고 본다. United States v. Ballard, 322 U.S. 78, 92-93 판결에서 대법관 잭슨의 생각은 이 사건과 관련이 있다; "실무 또는 철학의 문제로, 나는 무엇을 믿을 수 있는 가에 대한 심리에서 무엇을 믿는가에 관한 쟁점을 분리할 수 있을지 모르겠다. 자신의 진술을 믿는다는 가장 확실한 증거는 그의 경험상 진실이라는 점을 밝히는 것이다. 마찬가지로 알면서 거짓말했다는 것은 그가 발생했다고 말한 것이 결코 발생하지 않았다는 점을 밝힘으로써 가장 잘 증명된다."

개념이 아니다. 개인들, 즉 피통치자(the governed)에게 책임을 지는 통치자들(the governors)로 구성되어 있다. 사람들이 투표를 통해 자유롭게 그들을 그만두게 하는 민주사회에서 정부의 행위를 비판하는 어떤 말도 반드시 통치자와 관련되어 있고, 통치자의 공직 행위를 비판하는 어떤 말도 반드시 정부와 관련되어 있다. 만약 정부에 대한 명예훼손이 우리 헌법에 존재하지 않는다는 원리가 실질적인 의미를 가진다면, 마찬가지로 통치자의 공무 행위에 관한 명예훼손도 우리 헌법에 존재하지 않는다.

우리가 백지위에 글을 쓰고 있다는 것을 인정해야 한다.[30] 법원이 판시한대로, 헌법이 명예훼손 출판물을 보호하지 않는다고 판시한 내용이 있다 할지라도, 공직자의 공무 행위를 비판하는 명예훼손 표현을 제재하기 위해 명예훼손법의 이용을 지지한 사례는 없다. 그러므로 우리는 수정헌법 제1조와 제14조에 구체화된 자유를 적절하게 보호하는데 특히 주의를 기울여야 한다. 의도적이고 악의적인 허위사실 공표가 자유 언론으로서 가치가 없다는 점은 강조되었다. 그러나 이 주장은 이 사건이 제기한 실제 쟁점, 즉 모두가 지지하듯이 헌법이 보호하는 언론의 자유가 발언자의 마음 상태에 대한 배심의 평가에 따라 책임을 인정하는 원리에 의해 효과적으로 확보될 수 있는지에 대한 응답은 아니다. 만약 배심이 허위 및 악의적인 동기를 인정하는 강력한 발언으로 인하여 시민 개인이 손해배상책임을 지게 된다면, 공개 토론은 거의 의문의 여지없이 제한될 것이다. 그리고 만약 공공의 사안을 다루는 광고를 게재한 신문사가 그로 인한 위험부담을 안게 된다면, 공적인 문제에 대해 견해를 발표하고 지지를 구하는 소수자집단의 능력은 크게 감소할 것임은 틀림없다. 결과적으로 법원의 의견은 인종이 관련된 영역에서 수정헌법 제1조의 자유에 앨라배마주 명예훼손법이 가져온 위축효과를 보여준다. 미국 식민지 주민들은 "사람들을 억

30) 수정헌법 제1조가 보장하는 언론의 자유가 수정헌법 제14조에 의해 주에게 적용가능하다는 것이 암시된 것은 1925년의 Gitlow v. New York, 268 U.S. 652 판결이었다. 다른 암시도 이어졌다. Whitney v. California, 274 U.S. 357; Fiske v. Kansas, 274 U.S. 380. 대법원장 휴즈는 Stromberg v. California, 283 U.S. 359, 368 (1931) 판결에서 선언하였다. "수정헌법 제14조의 적법절차 조항에 따라 자유의 개념은 자유언론의 권리를 포함하는 것으로 결정되었다." 그래서 우리는 40년전에 선언된 헌법적인 원칙을 다루면서, 처음으로 주의 공직자들이 시작한 명예훼손 소송에서 제기된 쟁점들에 대해 그 원칙의 적용을 검토하고 있다.

압하고 피해를 가하고 이로 인하여 비명을 지르게 하고 항의하게 만든 식민행정관료들이 그러한 항의를 새로운 억압과 기소의 근거로 삼는 권한을 갖게 되는," 존 피터 젱거 재판(1735)(배심에 대한 변호인 변론), 위험을 감수하지 않으려 했고 우리도 마땅히 그래야 한다. 비록 잘못되거나 악의적이라 할지라도 공적인 행위를 비판하는 발언에 책임을 부과하는 것은 피치자가 통치자를 비판해서는 안 된다는 낡은 이론을 사실상 부활시키게 될 것이다. 우리의 국가적인 경험은 억압은 증오를 낳고 "증오는 정부의 안정을 위협한다"는 것을 가르치고 있다. 우리는 대법원장 휴즈의 현명한 충고를 유념해야 한다.

"정부가 국민들의 뜻에 응답하고 희망에 따라 평화적인 수단으로 변화가 이루어지도록 하는 목적을 향하여, 자유로운 정치토론의 기회를 지속적으로 제공하기 위해 자유 언론, 자유 출판과 자유 집회의 헌법 권리가 반드시 존중되고 보존되어야 한다. 헌법에 의해 설립된 공화국의 안정이 그에 달려 있다." De Jonge v. Oregon, 299 U.S. 353, 365.

헌법이 공직자나 사적인 시민들의 사적인 행위에 대한 명예훼손적인 발언을 보호한다고 말하는 것은 아니다. 언론과 출판의 자유는 정부가 국민들의 뜻에 응답하고 변화가 평화적인 수단으로 이루어지는 것을 보장한다. 순수하게 사적인 명예훼손은 자치 사회의 정치적인 목적과는 아무 관계가 없다. 사적인 명예훼손에 대한 책임의 부과로 공적인 언론의 자유나 수정헌법 제1조가 보호하는 다른 자유를 약화시키지 않는다.[31] 물론 공직자나 공적인 일이 관련되었을 때, 수정헌법 제1조의 주요한 기능이 사람들로 하여금 공적인 사안을 결정하고 해결하는 충분한 기회를 보장하는 것이라고 말할 수는 없다. 공적인 문제가 관련되었을 때, 의문은 표현의 자유 보장에 유리하게 판단되어야 한다.

---

31) 이 사건처럼 대부분의 사건에서 공적인 행위 또는 사적인 행위의 명예훼손 언론 사이를 구별하는 것은 거의 어려움이 없다. 물론 나는 회색지대가 있을 것이라고 인정한다. 그러나 공적-사적 기준을 적용하는 어려움은 악의적인 그리고 악의가 아닌 심리 상태를 구별하는 어려움과는 확실히 다른 분야이다. 만약 헌법 기준이 악의의 개념으로 정해진다면, 발언자는 배심이 그의 심리 상태를 정확하게 판단하지 못할 뿐만 아니라 알쏭달쏭한 악의의 개념으로 설정된 헌법 기준을 타당하게 적용하지 못할 수도 있다는 위험을 부담하게 된다.

많은 사례에서, 입법자들, 판사들과 행정 공무원들은 직무를 떠나면서 명예훼손 발언에 대해 절대적인 면책을 받고 있다. 예컨대, Barr v. Matteo, 360 U.S. 564; City of Chicago v. Tribune Co., 307 Ill., 610, 139 N. E., 91 참조. 핸드 판사는 그 법리의 근거가 되는 정책을 훌륭하게 요약하였다. (이하 인용내용 생략)

만약 정부 공무원이 명예훼손행위로부터 면책되어 공공 서비스에 대한 그의 열정이 꺾이지 않고 정부정책을 두려움 없이 활발하고 효과적으로 집행할 수 있도록 해야 한다면, 시민과 신문도 마찬가지로 공무 행위 비판에 관련된 명예훼손행위로부터 면책되어야 한다. 시민들의 열정도 꺾이지 않을 것이고 공무원의 업무 수행을 자유롭게 칭찬하거나 비판하게 될 것이다.[32] 만약 정치적 비판으로 인하여 공직자의 명예에 피해를 입혔다는 이유로 책임을 질 수 있다면, 비판하는 시민은 정부나 공무원들에 대해 소심한 칭찬을 제외하고 어느 것도 안전하게 말할 수 없을 것이다. 만약 공무원이 비판에 응답하는 대신에 공무수행행위의 비판을 막기 위해 우호적인 배심에 의존할 수 있다면, 신문과 시민이 공무원의 공무수행행위를 활발하게 비판하는 일은 곧 침묵에 빠져들 것이다.

헌법이 시민과 신문의 공무 행위 비판에 절대적인 특권을 부여하였다는 결론으로 인하여 공직자에게 증명되지 않은 의견 또는 의도적인 허위진술에 대해 아무런 방어수단을 남기지 않았다는 것은 아니다. "우리의 정부 체제에서는 자유언론의 제한이 아니라 반박과 교육이 이러한 문제를 드러내는 유용한 무기이다." Wood v. Georgia, 370 U.S. 375, 389. 공직자는 대부분의 사적인 시민들과 동등하게 언론매체에 접근할 수 있다. "일부 지나치고 남용된 비판에 대해 구제받지 못할 가능성이 있더라도, 역사에 비추어 볼 때 이 나라의 국민들은 과도함과 남용 가능성에도 불구하고 어떤 자유는 길게 보아 민주 시민의 의견 형성과 올바른 행동에 필수라고 확정하였다."는 것을 우리는 인정하여야 한다.

---

32) Barr v. Matteo, 360 U.S. 564, 577의 동조의견에서 대법관 블랙은 판시하였다. "우리 자유 정부의 효율적인 기능은 주로 정보에 기초한 공적 의견의 힘에 대부분 의존한다. 이것은 모든 선출직 또는 임명직 공직자나 공무원들이 정부행정을 잘 했는지 못했는지를 가능한 가장 폭넓게 이해할 것을 요구한다. 정보에 바탕을 둔 그러한 이해는 물론 사람들이 중요하든 중요하지 않든 공무원들이 일을 하는 방식을 칭찬하거나 비판하기 위해 가지고 있는 자유에 달려 있다."

Cantwell v. Connecticut, 301 U.S. 296, 310. 브랜다이스 연방대법관이 올바르게 관찰했듯이, "햇빛은 모든 살균제 중에서 가장 강력하다."

이러한 이유로 나는 헌법이 공무 행위를 비판하는 무조건적인 자유를 시민과 신문에 부여하였다고 강하게 믿는다. 명예훼손내용이 공무 행위에 관련되어 있다고 모두 인정하는 이 사건에서 명예훼손판결은 헌법이 인정할 수 없다.

## 3. "Fuck the Draft" 옷을 입은 행위

| **Cohen v. California** |
|---|
| 403 U.S. 15 (1971) |

**[요약]**

상고인은 로스앤젤레스 법원 청사 복도에서 "Fuck the Draft"라고 쓰여 있는 윗옷을 입은 행위로, "악의적이고 고의적인 불쾌한 행위…에 의해…사람이나 이웃의 평온 또는 안정을 방해하는 행위"를 금지하는 캘리포니아 형법 415조를 위반한 죄로 유죄판결을 받았다. 항소법원은 "불쾌한 행위"는 "다른 사람을 자극하여 폭력적인 행위를 유발하거나 평온을 방해하는 성향을 가진 행동"을 의미한다고 판단하고 유죄판결을 인용하였다.

주는 더 특정되고 중대한 이유가 없으면, 수정헌법 제1조와 제14조 아래서, 이 외설적인 비속어(네 글자 욕설)를 단순히 공개적으로 전시하는 행위를 형사범죄로 처벌할 수 없다.

대법관 할란이 법원의 의견을 작성하고 대법관 더글라스, 브레넌, 스튜어트, 마샬이 참여하였다. 대법관 블랙먼이 반대의견을 작성하고 대법원장 버거, 대법관 블랙이 참여하였고, 대법관 화이트가 일부 참여하였다.

**[대법관 할란]**

이 사건은 언뜻 보기에 너무 하찮은 것 같지만, 제기되는 쟁점은 작지 않은 헌법적 중요성을 갖고 있다. 상고인 코헨은 로스앤젤레스 시군법원에서 "악의적이고 고의적인 불쾌한 행위…에 의해…사람이나 이웃의 평화 또는 평온을 방해하는 행위"를 금지하는 캘리포니아 형법 415조 부분을 위반한 죄로 유죄판결을 받았다.[33]

---

33) 법규정은 다음과 같다.

"악의적이고 의도적으로 크거나 이상한 소음, 또는 사납거나 불쾌한 행동, 또는 싸

그는 30일 징역형을 받았다. 유죄판결의 근거 사실은 캘리포니아 항소법원의 판결문에 다음과 같이 자세히 나와 있다.

1968. 4. 26. 피고인은 로스앤젤레스 시군법원 청사 복도에서 뚜렷하게 보이는 "Fuck the Draft"라고 쓰여 있는 윗옷을 입고 있었다. 그곳에는 여성들과 아이들도 있었다. 피고인은 체포되었다. 피고인은 베트남 전쟁과 징병에 대해 그가 느끼는 감정의 깊이를 대중에게 알리는 수단으로 문구가 적혀 있는 것을 알고서 윗옷을 입었다고 증언하였다.

피고인은 폭력적인 행동을 하거나 그런 행동을 하려고 위협하지 않았고, 그의 행동의 결과로 폭력적인 행동을 하거나 위협하는 행위에 참여한 사람도 없었다. 피고인은 크거나 평상시와 다른 소음을 내지 않았다. 그가 체포되기 전에 소리를 질렀다는 증거도 없다.

유죄판결을 인용하면서 항소법원은 "불쾌한 행위"는 "다른 사람을 자극하여 폭력적인 행위를 유발하거나 평온을 방해하는 성향을 가진 행동"을 의미하고, 주는 이 사건의 사실관계에서 "그러한 행위가 다른 사람으로 하여금 피고인에게 폭력을 행사하게 하거나 강제로 그의 윗옷을 벗기려는 행동을 야기할 것이기 때문에" 이 구성요건을 충족하였다고 판단하였다. 캘리포니아 주대법원은 다수의견으로 재심리를 거부하였다. 우리는 파기한다.

우리의 심판권문제는 오랜 검토가 필요 없다. 지금까지의 절차에서 코헨은 일관되게 이 사건의 사실관계에 적용되는 법이 수정헌법 제1조와 제14조가 보

---

우려고 위협, 비방, 말다툼, 도전하거나, 싸워서 이웃이나 사람의 평화 또는 평온을 방해하는 자, 또는 편입되지 않은 도시의 공공도로나 고속도로에서 내기나 재미로 말타기 경주를 하거나, 총을 쏘거나, 여성들 또는 아이들이 있거나 듣는데 큰 소리와 거친 태도로 상스럽고, 신성모독적인, 또는 외설적인 언어를 사용하는 자는 경범죄로 처벌한다. 그리고 관할법원의 유죄판결에 의해 법원 재량에 따라 200불 이하의 벌금, 90일 이하의 징역형, 또는 벌금과 징역형을 병과한다."

장하는 표현의 자유에 관한 그의 권리를 침해하였다고 주장하였다. 그 주장은 캘리포니아 주대법원이 배척하였다. 따라서 우리는 코헨이 정당하게 상고하여 우리의 심판권을 충분히 발동하였다고 본다. 28 U.S.C. 1257(2).

## I

이 사건과 관련된 정확한 쟁점을 다루기 전에, 먼저 이 기록이 보여주고 있지 않은 다양한 문제를 검토하는 것이 유용하다.

유죄판결은 분명히 코헨이 사람들에게 자신의 의사를 전달하기 위해 사용한 단어의 불쾌함에 근거하고 있다. 주가 처벌하려고 했던 유일한 행위는 통신행위이다. 그래서 우리는 이 사건에서 특정한 견해의 표현을 다른 사람이 인식하도록 코헨이 의도했지만 반드시 의사를 전달하지 않고 있고, 따라서 자신을 표현하는 코헨의 능력을 실제로 억누르지 않고 규제될 수도 있는 별개의 확인가능한 행동이 아니라, 오직 “언론”에만 기초하고 처벌하고 있는 유죄판결을 다룬다. 나아가 주가 옷에 새긴 내용이 전달하고 있는 의사때문에 코헨을 처벌할 권한이 없다는 것은 분명하다. 적어도 징병에 대한 불복종이나 방해를 자극할 의도의 증명이 없는 한, 코헨은 수정헌법 제1조와 제14조에 의해 그의 윗옷이 나타내고 있는 징병의 무익함 또는 부도덕성에 관한 명백한 견해를 주장한 것 때문에 처벌될 수 없다.

상고인의 유죄는 그가 정부의 자의적인 개입으로부터 헌법이 보호하는 언론의 자유를 행사한 것에 정확하게 바탕을 두고 있다. 그리고 전달한 실제 의사에 대한 허용될 수 있는 금지가 아니라, 그가 자유를 행사한 방식을 유효하게 규제할 수 있을 때에만 정당화될 수 있다. 이것이 물론 마지막 질문은 아니다. 왜냐하면 수정헌법 제1조와 제14조가 모든 개인에게 원하면 언제나, 어디에서나 말하거나, 그가 선택하는 어떤 상황에서 어떤 형태로든 말하기 위해 절대적인 보호를 하고 있다고 결코 생각되지 않기 때문이다. 이러한 점에서 우리는 그러한 문제들과 전형적으로 연결되어 있는 몇 가지 쟁점들이 이 사건에서는 제기되지 않았다는 것을 적어두는 것이 중요하다고 생각한다.

먼저 코헨은 모든 주에서 적용가능한 법에 따라 재판을 받았다. 법이 코헨이 체포된 법원에서 적절하게 품위있는 분위기를 유지하려고 한다는 것을 근거로 유죄판결을 지지하려는 시도는 상고인에게 캘리포니아법에서 어떤 유형의 언론 또는 행동이 어떤 장소에서는 허용되지 않는다고 공지하는 법률 규정이 없으면 실패한다. 문구 "불쾌한 행동"이 보통 사람에게 장소에 따라 허용여부가 다르다는 것을 충분히 알려주고 있다고 말할 수 없다.34)

둘째, 이 사건은 과거 선례들이 개인의 표현을 단지 그러한 종류가 이용되었다는 증명을 바탕으로 정부가 더 광범위하게 다룰 권한이 있다고 확립해 준 범주에 들어간다고 말할 수 없다. 예컨대 이 사건은 음란물 사건이 아니다. 음란표현을 금지하는 주의 넓은 권한이 적용되기 위해서는 표현이 상당한 정도로 음란해야 한다. 선발 징병제에 대한 저속한 언급때문에 조잡하게 쓰인 코헨의 윗옷을 본 사람이 심리적인 자극을 받는다고 말할 수 없다.

이 법원은 또한 주가 정당한 상황을 추가로 증명하지 않고도 이른바 "폭언"의 단순한 사용을 금지할 수 있다고 판결했다. 폭언은 보통 시민에게 말했을 때, 상식적으로 폭력적인 반응을 유발할 것 같은 개인의 욕설이다. Chaplinsky v. New Hampshire, 315 U.S. 568 (1942). 징병과 관련하여 코헨이 보여주고 있는 외설어는 사적으로 도발하는 방식으로 드물게 사용되는 것은 아니지만, 이 사건에서는 명백히 보는 사람 개인에게 향한 것은 아니다. 현장에 있는 개인이 실제 상고인의 윗옷에 있는 말을 직접 개인에 대한 모욕으로 합리적으로 받아들일 것 같지는 않다. 또한 이 사건은 발언자가 의도적으로 적대 행동을 자극하는 것을 방지하는 주 경찰권 행사의 사례도 아니다. 코헨을 본 사람이 실제 폭력적으로 흥분하거나 상고인이 그러한 결과를 의도했다는 증거는 없다.

마지막으로 코헨의 기분 나쁜 표현방식이 원치 않은 또는 예상치 못한 구경꾼에게 강요되었다는 주장과, 그래서 주는 상고인의 거친 항의 방식에 피할 수 없이 노출된 민감한 사람을 보호하기 위해 정당하게 행동했다는 주장이 있었다. 물론 우연히 청중 또는 관찰자가 있다고 해서 불쾌감을 주는 모든 언론 제한이 자동적으로 정당화되지 않는다. 이 법원은 정부가 많은 상황에서 공적인

---

34) 코헨이 법정에 들어갔을 때 일어난 일을 적어둘 필요가 있다. 그는 윗옷을 벗고 접어서 팔위에 놓고 서 있었다. 경찰관은 판사에게 코헨이 법정모독죄에 해당될 수도 있다는 글을 보냈다. 판사는 그렇게 하기를 거부했고 코헨은 법정에서 나온 직후 경찰관에게 체포되었다.

토론에서는 완전히 금지될 수 없는 원치 않는 견해나 생각이 가정의 사생활에 침입하는 것을 금지하기 위해 적정하게 조치를 취할 수 있다고 인정해왔다. 그러나 우리는 동시에 가끔 가정의 안식처 바깥에서는 피할 수 없이 못마땅한 언론을 접하게 된다는 것을 일관되게 강조해왔다. 달리 말하면, 다른 사람을 못마땅한 언론으로부터 보호하기 위해서 언론을 막는 정부의 권한은 실질적인 사생활 이익이 본질적으로 참을 수 없는 방식으로 침해를 당하고 있다는 점을 증명하느냐에 달려 있다. 이러한 권한을 더 넓게 확장하는 견해는 다수에게 개인적인 호감의 문제로 반대자들을 효과적으로 침묵시키는 능력을 부여하게 될 것이다.

이 점에서 코헨의 윗옷을 본 사람들은 집밖에서 크게 울리는 트럭의 소음을 접한 사람들과는 매우 다른 상황에 있었다. 로스앤젤레스 법원에 있는 사람들은 간단하게 눈을 돌려서 감수성의 추가 충격을 효과적으로 피할 수 있었다. 그리고 중앙 공원을 산책할 때보다는 법원 복도를 걸어갈 때, 더 실질적인 사생활이익을 주장할 수 있지만, 분명히 자신의 집에 갇혀서 원치 않는 표현으로부터 자유스러울 이익과 같은 것은 아니다. 이 사건에서 상고인의 행동을 피할 수 없는 사람들이 실제 이에 반대하고 있다는 증거가 없고, 코헨의 유죄판결이 기초하고 있는 법조항이 문면상으로나 캘리포니아 법원이 해석하는 바대로, 특별히 피할 수 없는 청중이 곤경에 처할 우려를 명시하지 않고 있다. 관련된 요소들의 민감성과 복잡성을 감안할 때 만약 코헨의 "언론"이 헌법의 보호를 받는다면, 이웃이나 사람들을 방해하는 모든 불쾌한 행동을 무차별적으로 금지범위내로 포함한 경우에 우리는 공공건물에서 일부 원치 않은 "청중"이 잠깐 그의 언론에 노출될 수 있다는 사실로 인하여 치안방해의 유죄판결이 정당하다고 생각하지 않는다.[35)]

---

35) 실제 같은 법의 다른 부분은 그러한 구분을 하고 있다. 예를 들면 법은 "크거나 특이한 소음으로 평온 또는 안정"을 방해하거나 그리고 "크고 떠들썩한 방식으로 여성 또는 아이들이 있거나 듣는 범위에서 저속하고, 상스럽고, 추잡한 언어"를 사용하는 것을 금지하고 있다. 두번째로 인용된 조항은 특히 행위자에게 무엇이 금지되는 지에 관해서 훨씬 더 공정한 고지를 하고 있다. 또한 이 사건에서 해석되고 적용되는 바와 같은 "불쾌한 행동"부분은 이 법원에서는 다른 상황에 있는 사람들 사이에서 명확한 구분을 하기 위해 고안된 것으로 적법하게 정당화될 수 없다.

## II

이러한 배경에서 이 사건이 제기한 쟁점은 뚜렷하게 드러난다. 캘리포니아가 "불쾌한 행동"으로서 특정한 상스러운 표현이 본래 폭력 반응을 불러일으킬 것 같다는 하급심 법원의 이론, 또는 공중도덕의 지킴이로서 행동하는 주가 이 불쾌한 단어를 공중의 용어로부터 적정하게 제거할 수 있다는 좀 더 일반적인 주장을 바탕으로 공공의 담론으로부터 제외할 수 있느냐 이다.

캘리포니아 법원의 논리는 명백히 유지될 수 없다. 기껏 그것은 "표현의 자유권을 압도하기에 충분하지 않은 소란에 대한 획일적인 두려움 또는 걱정"을 반영하고 있다. Tinker v. Des Moines Indep. Community School Dist., 393 U.S. 503, 508 (1969). 상당수 시민들이 코헨이 말한 것과 같은 증오심을 가지고 그들의 감수성을 공격하는 사람을 신체적으로 공격하기 위해 준비하고 있었다는 증거가 없다. 그러한 불법적이고 폭력 성향을 가진 사람들이 있을 수 있다. 그러나 그것은 헌법 가치에 비추어 볼 때 반대견해를 말하는 사람들에게 특별한 표현 방식을 금지하는 정부의 권한을 인정하기에는 충분하지 못하다. 그 주장은 가상의 폭력적이고 불법적인 집단에 의한 반응을 도발하려고 하지 않은 사람의 신체 검열(예컨대 폭행)을 피하기 위해 주가 더 적절하게 그 검열 자체를 실시할 수 한다는 자멸적인 논리나 다름없다. Ashton v. Kentucky, 384 U.S. 195, 200 (1966); Cox v. Louisiana, 379 U.S. 536, 550-551 (1965).

수정헌법 제1조와 제14조 때문에 주들이 자신들의 정치 체제내에서 담론의 적정한 수준을 유지하기 위해 이러한 비속어의 공개 발언을 처벌할 수 없는지는 분명치 않다.[36] 주들이 언론을 규제하는 정당한 이익을 갖고 있는 대부분의 상황은 정부가 개개 표현의 형태나 내용을 금지할 수 없다는 통상의 원칙에 대한 하나 또는 그 이상의 다양한 예외를 포함하고 있다. 우리의 결정이 내려지

36) 법정조언자(amicus)는 법이 다른 사람으로 하여금 폭력적으로 반응하도록 야기하는 행동만을 처벌하고 있기 때문에, 이 쟁점은 상고법원에 적절하게 제기되지 않았다고 강조한다. 그러나 하급 법원의 의견은 사실상 이 단어의 사용은 그러한 결과를 낳을 것이라는 번복할 수 없는 추정을 하고 있기 때문에, 그렇게 해석되는 법은 결과적으로 이 단어의 공개 발언을 전면 금지하고 있는 것 같다. 이 점에서 다른 논리가 적절하게 이 결과를 지지하는지를 묻는 것은 부적절하지 않은 것 같다.

는 헌법적인 배경은 우리의 결론에 동등하게 중요하다. 자유 표현의 헌법상 권리는 우리와 같이 다양하고 인구가 많은 사회에서 강력한 치료제이다. 그러한 자유의 사용이 궁극적으로 더 유능한 시민과 더 완벽한 국가를 만들 것이라는 희망과 우리 정치 체제가 기초하고 있는 개인의 품위와 선택에 어울리는 다른 방법은 없다는 믿음으로, 어떤 견해가 널리 알려져야 할 것인지에 관한 결정을 우리 각각의 손에 맡기면서, 공적인 토론의 장에서 정부의 제한을 없앨 목적으로 설계되었다. Whitney v. Califonia, 274 U.S. 357, 375-377 (1927)(대법관 브랜다이스 동조의견)

이러한 자유의 결과는 가끔 말다툼, 의견 충돌, 불쾌한 발언으로도 나타날 수 있다. 그러나 이것들은 공개토론 과정에서 우리가 얻게 되는 더 넓고 영구적인 가치에 부수하는 사실상 확립된 한계내에 있는 필요악이다. 때때로 소음으로 가득차 있다는 것은 이런 점에서 허약함이 아니라 강함의 표시이다. 우리는 개인이 특권을 오용하는 하찮고도 성가신 경우에도, 사회의 근본 가치들이 진실로 포함되어 있다는 사실을 간과할 수 없다. 그것은 "완전히 무익한 것들도… 키이츠의 시나 던의 설교만큼 충분히 자유 언론의 보호를 받아야" 하는 이유이다. Winters v. New York, 333 U.S. 507, 528 (1948)(프랑크푸르터 대법관 반대의견). 그리고 수단이 평화롭다면, 통신내용은 대중이 수용가능한지의 기준에 맞출 필요가 없다. Organization for a Better Austin v. Keefe, 402 U.S. 415, 419 (1971).

이러한 헌법 정책의 인식에 대하여, 우리는 이 사건에서 특별히 이러한 확신의 번복을 요청하는 더 특정한 고려사항을 검토한다. 첫째, 주가 주장하는 원칙은 한계가 없는 것 같다. 어떻게 이것을 다른 불쾌한 단어들과 구분하겠는가? 주는 우리들 사이에서 가장 충격에 약한 사람의 비위에 문법적으로 들어맞는 정도까지 공적인 토론을 깨끗하게 유지할 권한을 갖고 있지 않다. 왜냐하면 이 사건 소송대상인 외설어가 아마 그러한 장르의 다른 용어보다 더 역겹지만, 그럼에도 불구하고 한 사람의 상스러움은 다른 사람의 서정시가 될 수 있다(one man's vulgarity is another's lylic)는 것도 사실이다. 우리는 헌법이 취향과 형식의 문제를 대부분 개인에게 맡겨 둔 것은 대부분 이 영역에서 공직자가 제대로 구분할 수 없기 때문이라고 생각한다.

추가로 우리는 이 사건이 잘 보여주고 있듯이, 많은 언어 표현이 이중적인 전달 기능을 한다는 사실을 지나칠 수 없다. 그것은 상대적으로 정확하고 공평하게 설명할 수 있는 생각을 전달할 뿐만 아니라 표현하기 어려운 감정을 전달한다. 실제 단어는 가끔 정신적인 힘만큼 감정적인 힘 때문에 선택된다. 우리는 개인 언론의 정신적인 내용을 걱정하는 한편으로, 헌법은 실제 말할 때 전달되는 전체 의사에서 더 중요한 요소가 될 수 있는 감정적인 기능을 고려하지 않고 있다거나 거의 고려하지 않고 있다는 견해를 승인할 수 없다. 대법관 프랑크푸르터가 말했듯이, "미국 시민의 특권 중 하나는 공직자와 정책을 비판하는 권리이다-그리고 그것은 교양있고 책임있는 비판뿐만 아니라 바보같이 제멋대로 말하는 자유를 의미한다." Baumgartner v. United States, 322 U.S. 665, 673-674 (1944).

마지막으로 우리는 생각을 억압하는 실질적인 위험을 무릅쓰지 않고도 특정한 단어 사용을 금지할 수 있다는 손쉬운 가정을 받아들일 수 없다. 정부는 인기없는 견해의 표현을 금지하기 위해 편리한 위장수단으로 특정 단어의 검열에 착수할 수 있다. 우리는 그러한 심각한 결과로 향하는 문을 여는 위험을 감수하면서 얻게 되는 사회적인 혜택을 거의 발견할 수 없다.

요약하면 더 특정되고 중대한 이유가 없으면 주는 수정헌법 제1조와 제14조에 의해, 이 사건 비속어의 단순한 공개 전시행위를 형사범죄로 처벌할 수 없다는 것이 우리의 판단이다. 그것이 이 사건에서 유죄판결의 유일한 논리이기 때문에 하급심판결은 파기되어야 한다.

**[대법관 블랙먼 반대의견**(대법원장 버거, 대법관 블랙 참여)**]**

나는 2가지 이유로 반대한다.

1. 내 견해로는 코헨의 터무니없고 미숙한 익살은 주로 행동이고 작은 언론이다. 캘리포니아 항소법원은 이를 설명하려고 한 것 같고, 나는 달리 성격지울 수 없다. 나아가 나에게는 이 사건이 Chaplinsky 판결의 범위내에 있는 것 같다. 그 판결에서 수정헌법 제1조 자유의 옹호자인 대법관 머피는 만장일치 의견을 작성하였다. 그 결과 수정헌법 제1조 가치에 대한 이 법원의 고뇌는 잘못되고 불필요한 것 같다.

2. 나는 캘리포니아 항소법원의 제415조 해석이 권위있는 캘리포니아 해석인지 확신하지 못한다. 항소법원은 1969. 10. 22.에 판결하였다. 캘리포니아 주대법원은 12. 17.에 4대 3으로 심리를 거부하였다. 1달 후인 1970. 1. 27.에 주대법원은 다른 사건에서 처음으로 명백하게 해석하였다. 코헨 사건의 심리 거부결정에 대한 반대자였던 트레이너 대법원장은 다수의견을 썼다. 그는 제415조가 위헌적으로 모호하고 광범위하지 않다고 판결했고 다음과 같이 말했다.

"이 사건에서 문제되는 형법 제415조의 관련 부분은 폭력적이거나 공공의 안전과 질서를 위협하거나 다른 사람들이 폭력에 가담할 것 같은 명백하고 현존하는 위험을 만드는 의도적이고 악의적인 행동만을 처벌할 수 있다."

그것은 비폭력적인 행동이 다른 사람을 자극하거나 사극하도록 위협하지 않는 한 처벌할 수 없다.

코헨사건은 부시맨사건에서 인용되었다. 그러나 나는 그 설명과 코헨판결이 부시맨 사건에서 설명된 "명백하고 현존하는 위험"기준과 완벽하게 일치하는지에 대해 확신하지 못한다. 이 법원이 이 사건을 기각하지 않는다면, 부시맨사건의 주대법원 결정에 비추어 재검토를 위해 캘리포니아 항소법원에 환송되어야 한다.

**[대법관 화이트는 대법관 블랙먼의 반대의견 2항에 동조]**

## 4. 베트남전 기밀 보도의 사전 제한과 위헌 추정

**New York Times Co. v. United States**
403 U.S. 713 (1971)

**[요약]**

뉴욕타임스와 워싱턴포스트의 비밀자료 발행을 금지하기 위해 이 소송을 제기한 미국정부는 사전제한 집행의 정당성을 증명하는 무거운 입증책임을 다하지 못했다. 444 F.2d 544 판결을 취소하고 환송한다. 446 F.2d 1327 판결을 인용한다.[37)]

PER CURIAM[38)]

우리는 미국정부가 뉴욕타임스와 워싱턴포스트를 상대로 "미국의 베트남 정책 결정 과정의 역사"라는 제목의 기밀 내용 공개를 금지하는 청구 사건들에서 이송명령을 발부하였다.

"표현의 사전 제한은 이 법원에서 강하게 위헌으로 추정된다."[39)] Bantam Books, Inc. v. Sullivan 372 U.S. 58 (1963), Near v. Minnesota, 283 U.S.

---

37) 옮긴이 주) 뉴욕타임스는 국방부가 작성한 1급기밀인 '미국의 베트남 정책 결정 과정의 역사, 1945~1967'를 입수하여 발췌한 내용을 1971. 6. 13. 및 6. 14.에 보도하였다. 미국정부는 보도중지 및 자료의 반환을 요구했으나 뉴욕타임스는 이를 거부하였다. 워싱턴포스트도 국방부 보고서를 입수하여 6. 18.에 보도하였다. 미국정부는 뉴욕타임스와 워싱턴포스트를 상대로 보도금지청구를 하였고 연방지방법원들은 정부의 청구를 기각하였다. 연방제2항소법원은 뉴욕연방지방법원의 판결을 취소하였으나 연방DC항소법원은 정부의 항소를 기각하였다. 연방대법원은 결론이 엇갈린 두 항소법원의 상고사건에서 연방DC항소법원의 판결을 인용하고 연방제2항소법원의 판결을 취소하였다.

38) 법원 의견을 작성한 대법관을 밝히지 않음.

39) "Any system of prior restraints of expression comes to this Court bearing a heavy presumption against constitutional validity."

697 (1931). 그러므로 정부는 "그러한 제한의 정당성을 입증하는 무거운 책임을 진다." Organization for a Better Austin v. Keefe, 402 U.S. 415, 419 (1971). 뉴욕타임스 사건에서 뉴욕 남부 연방지방법원과 워싱턴포스트 사건에서 컬럼비아 연방지방법원 및 연방DC항소법원은 정부가 그 입증책임을 다하지 못했다고 판단하였다. 우리는 동의한다. 그러므로 연방DC항소법원의 판결을 인용한다. 연방제2항소법원의 판결을 취소하고 뉴욕 남부 연방지방법원의 판결을 인용하도록 환송한다.

**[대법관 블랙의 동조 의견**(더글라스 대법관 참여)**]**

나는 워싱턴포스트에 대한 정부의 청구는 기각되어야 하고 뉴욕타임스에 대한 금지명령(injunction)은 사건이 이 법원에 접수되었을 때 구두 변론(oral argument)없이 취소되어야 한다는 견해를 고수한다. 나는 이 신문사들에 대한 금지명령은 매순간 명백하고 변명의 여지가 없으며 지속적인 수정헌법 제1조 위반이라고 믿는다. 나아가 구두변론을 거친 후, 나는 더글라스 대법관과 브레넌 대법관이 말한 이유로 연방DC항소법원의 판결을 인용하고 연방제2항소법원의 판결을 파기해야 한다는 것에 완전히 동의한다. 내 견해로는 일부 대법관들이 뉴스보도가 때때로 금지될 수 있다고 판결하려는 것은 불행한 일이다. 그러한 판결은 수정헌법 제1조의 혼란을 가져올 것이다.

우리 정부는 1789년에 헌법을 채택하고 출범하였다. 수정헌법 제1조를 포함한 권리장전은 1791년에 추가되었고 공화국이 설립된 이래 182년만에 처음으로, 연방법원은 수정헌법 제1조는 정부가 이 나라의 국민들에게 극히 중요한 뉴스보도를 중지시킬 수 있다는 의미를 갖고 있다는 판결을 하도록 요구받고 있다.

행정부가 이 신문들에 대해 금지명령을 청구하고 법정에서 변론하면서 수정헌법 제1조의 본질적인 목적과 역사를 잊어버린 것 같다. 헌법이 채택되었을 때 많은 사람들은 헌법이 기본적인 자유를 보호하는 권리장전을 포함하고 있지

않다는 이유로 강하게 반대하였다.[40] 그들은 특히 중앙정부에 주어진 새로운 권한 때문에 정부가 종교, 언론, 집회, 출판의 자유를 제한하는 것을 허용한다고 해석될까 우려하였다. 압도적인 대중의 외침에 대한 답변으로, 매디슨은 시민을 만족시키기 위해 이러한 위대한 자유가 정부의 제한권한을 넘어서 안전하게 존속한다는 수정조항들을 제시하였다. 매디슨은 나중에 수정헌법 제1조가 된 내용을 3부분으로 제안하였다. 그 중 하나는 "국민은 말하고 쓸 권리, 또는 감상을 공표할 권리를 박탈당하거나 제한당하지 않는다. 자유의 위대한 보루의 하나로서 출판의 자유는 침범할 수 없다."라고 선언하였다.[41] 수정조항은 2년전 최초 헌법에 있던 행정부, 입법부, 사법부에 부여된 일반 권한을 축소하고 제한하기 위해 제안되었다. 권리장전은 최초 헌법의 새로운 장으로 편입되었고 정부의 어느 기관도 출판, 언론, 종교, 집회의 자유를 제한할 수 없었다. 그러나 법무차관은 최초 헌법에서 채택한 정부의 일반적인 권한은 나중에 채택된 권리장전의 특정하고 단호한 보장을 규제하고 제한할 수 있는 것으로 해석되어야 한다고 주장하고 있고 일부 대법관들이 동의하려는 것 같다. 나는 이보다 더 큰 역사의 왜곡을 상상할 수 없다. 매디슨과 다른 수정헌법 기초자들은 자신들이 정직하게 믿었던 언어로 썼다. "의회는 출판의 자유를 제한하는 법을 제정해서는 안 된다." 역사와 수정헌법 제1조의 언어는 신문(the press)은 검열, 금지명령, 또는 사전 제한없이, 출처가 무엇이든지 간에 뉴스를 자유롭게 발행할 수 있어야 한다는 견해를 뒷받침하고 있다.

수정헌법 제1조에서 헌법제정자는 자유 출판을 보호하여 민주주의에서 본질

---

40) 매디슨은 하원에서 권리장전을 도입하면서 말했다. "그러나 나는 헌법에 반대한 대다수의 사람들이 특정 권리들의 침해에 대항하는 효과적인 조항을 담고 있지 않았기 때문에 좋아하지 않았다고 믿는다." 1 Annals of Cong. 433. Goodhue의원은 덧붙였다. "권력의 침범으로부터 그들의 자유를 더 강력한 방법으로 보장하기 위해 헌법에 무엇이든 추가되어야 한다고 많은 구성원들이 바라고 있다." 426.

41) 다른 부분은 다음과 같다.

민권은 종교적인 믿음 또는 예배를 이유로 제한되지 않고, 국교는 설립되지 않으며 완전하고 동등한 양심의 권리는 어떤 방식, 어떤 구실로도 침해되지 않는다.

국민은 평화롭게 집회하고 공동선을 위해 의논하는 것이 제한되지 않는다; 또한 불만사항의 구제를 위해 의회에 청원 또는 진정의 신청이 제한되지 않는다. 1 Annals of Cong. 434.

적인 역할을 이행하도록 하였다. 신문은 피지배자에게 봉사하고 지배자에게 봉사하지 않는다.[42] 신문을 검열하는 정부의 권한은 폐지되었고 신문은 정부를 영원히 자유롭게 비판할 수 있게 되었다. 신문은 정부의 비밀을 드러내어 대중들에게 전달하기 위해 보호된다. 자유롭고 제한받지 않는 신문만이 효과적으로 정부의 거짓을 폭로할 수 있다. 자유롭고 제한받지 않는 신문의 가장 큰 의무는 정부가 사람들을 속여서 먼 지역으로 보내고 외국의 열병과 총탄에 사망하는 것을 막는 것이다. 내 견해로는 그들의 용기있는 보도 때문에 비난을 받기보다는, 뉴욕타임스와 워싱턴 포스트, 다른 신문들은 헌법제정자들이 명확하게 확인한 목적에 봉사한 것으로 칭찬받아야 한다. 베트남 전쟁을 이끈 정부의 업무를 폭로하는데 있어 신문들은 헌법제정자들이 정확하게 희망했고 믿었던 바로 그 행위를 고귀하게 수행하였다.

이 사건에서 정부는 수정헌법 제정자들을 인도했던 것과는 전적으로 다른 전제에 기초하고 있다. 법무차관은 주의깊고도 단호하게 말하였다.

"이제 〔블랙〕대법관님, 당신의 〔수정헌법 제1조〕 해석은 잘 알려진 것이고 나는 분명히 이를 존중합니다. 당신은 법이 없으면 법이 없다는 것을 의미한다[43]고 말하였고 그것은 명백합니다. 나는, 대법관님, 나에게는 법이 없으면 법이 없는 것을 의미하지 않는다[44]는 것이 마찬가지로 명백하다고 말할 수 있습니다. 나는 행정부에 권한과 책임을 부여한 헌법의 다른 부분들이 있고, 수정헌법 제1조는 행정부가 기능하지 못하게 하거나 미국의 안전을 보호하지 못하게 하려고 의도된 것은 아니라는 사실로 법원을 설득하고자 합니다."[45]

그리고 정부는 서면에서 수정헌법 제1조에도 불구하고 "국가안보를 위태롭게 할 정보의 공개에 대항하여 국가를 보호하기 위한 행정부의 권한은 2가지의 서

---

42) The press was to serve the governed, not the governors.

43) no law means no laws.

44) 'no law' does not means 'no law'.

45) 법무차관의 견해와 수정헌법 제1조의 저자인 제임스 매디슨의 견해를 비교하라. 매디슨이 의회에서 권리장전을 설명할 때 다음과 같이 말했다; 만약 그들(수정헌법 10개 조항들)이 헌법에 편입된다면, 독립된 법원이 고유한 방식으로 스스로를 권리들의 보호자로 간주할 것이다. 그들은 입법부 또는 행정부의 모든 권력 독점에 대항하여 난공불락의 성채가 될 것이다; 그들은 권리선언에 의해 헌법에 명확하게 규정된 권리들의 모든 침해에 대해 자연스럽게 저항하게 될 것이다. 1 Annals of Cong. 439.

로 관련된 근거, 즉 외교행위에 관한 대통령의 헌법적 권한과 최고사령관으로서 그의 권한으로부터 나온다."고 주장하고 있다.

달리 말하면 우리에게 수정헌법 제1조의 단호한 명령에도 불구하고, 행정부, 의회, 사법부가 보도를 금지하고 "국가 안보"의 이름으로 신문의 자유를 제한하는 법을 제정할 수 있다는 판결을 요청하고 있다. 정부는 의회의 조치에 의존하려는 시도조차 하지 않았다. 그 대신에 의회의 국민 대표자들이 수정헌법 제1조의 명령을 고수하고 있고 그러한 법의 제정을 거부하고 있을 때조차도, 법원이 형평, 대통령의 권한과 국가안보의 이름으로 신문의 자유를 제한하는 법을 스스로 제정하라는 대담하고도 원대한 주장을 위험스럽게 펴고 있다. 대법관 더글라스의 동조의견. 721-722를 보라. 대통령이 법원에 의지하여 뉴스보도를 막기 위한 고유의 권한을 갖고 있다고 주장하는 것은 수정헌법 제1조를 무력화하고 정부가 안전하게 보장하기를 희망하는 바로 그 사람들의 근본적인 자유와 안전을 파괴하게 될 것이다. 수정헌법 제1조의 역사를 읽어본 사람은 누구나 매디슨과 그의 동료들이 이 나라에서 금지하려고 했던 것이 이 사건에서 청구하는 것과 같은 금지명령이라는 것을 확신하지 않을 수 없다.

"안보"라는 단어는 수정헌법 제1조에 들어있는 기본권을 폐기하기 위해 발동되어서는 안 되는 넓고도 모호한 일반성을 갖고 있다. 대의정부를 희생하고 군대와 외교기밀을 보호하는 것은 우리의 공화국을 위한 실제 안보를 제공하지 않는다. 국가를 방어할 필요성과 영국 및 식민 정부의 권력남용을 충분히 알고 있었던 수정헌법 제1조의 제정자는 언론, 출판, 종교, 그리고 집회의 자유가 제한되어서는 안 된다고 규정함으로써 이 새로운 사회에 강인함과 안전을 제공하였다. 1937년에 위대한 휴즈 대법원장이 공산주의자가 개최한 모임에 참석하였다는 이유로 처벌되어서는 안 된다는 법원의 판결에서 이러한 생각을 설득력있게 표현했다.

"무력과 폭력으로 우리의 제도를 전복하려는 선동으로부터 공동체를 지키는 중요성이 클수록, 정부가 사람들의 뜻에 응답하고 원한다면 평화로운 수단에 의해 변화가 이루어지도록 할 목적으로 자유로운 정치 토론의 기회를 제공하기 위해 자유 언론, 자유 출판 그리고 자유로운 집회의 헌법 권리는 침해되지 않고 보전되어야 할 필요성은 더욱 긴요하다. 공화국의 안보, 헌법에 따른 정부의 토대가 거기에 놓여 있다."[46)]

**[대법관 더글라스의 동조 의견**(대법관 블랙 참여)**]**

나는 법원의 판결에 찬성하지만 나의 견해를 좀 더 자세히 밝힐 필요가 있다고 믿는다.

먼저 수정헌법 제1조는 "의회는 언론, 출판의 자유를 제한하는 법을 제정하지 못한다."라고 규정하고 있다는 것부터 유의해야 한다. 내 견해로는 그 조문은 정부가 신문을 제한하는 여지를 남기지 않고 있다.

나아가 뉴욕타임스와 워싱턴포스트가 이용하려고 하는 자료를 신문이 공개하는 것을 금지하는 법률은 없다. 18 USC §793(e)는 "국가 방위에 관련된 서류나 정보를 권한없이 소유, 접근, 통제하고 있고 그 정보가 미국에 해가 되거나 외국에 유익하게 이용될 수 있다고 믿을만한 이유가 있는 경우에 그것을 받을 자격이 없는 사람에게 고의로 통신하는 자는 벌금 10,000불 이하 또는 10년 이하의 징역에 처하거나 병과한다."고 규정하고 있다.

정부는 "통신"이 보도를 포함할 만큼 넓은 의미라고 주장하고 있다. 간첩과 검열에 관한 장에 8개 항이 있다. §§792-799. 이 8개 항 중 3개 항에서 "발행"이 언급되어 있다. §794(b)는 "전쟁시기에 적에게 통신할 의도를 가지고 수집, 기록, 발행, 또는 통신한 자"에게 적용된다. §797은 군사시설 사진을 "복제, 발행, 판매, 제공하는"자에게 적용된다. 암호와 관련된 §798은 열거된 자료의 "통신, 제공, 전송, 또는 달리 이용하게 하거나 발행하는"자에게 적용된다. 그러므로 의회는 간첩법의 다양한 조항에서 발행과 통신 사이를 구분할 수 있고 구분한 것은 분명하다.

§793이 출판에 적용되지 않는다는 다른 증거는 거부된 §793안이다. 그 안은 "미국이 전쟁 당사자이거나 그 전쟁 위협으로부터 유래한 국가적인 비상사태기간동안 대통령은 포고령으로 비상사태의 발생을 선포하고 적에게 유익하거나 유익할 수 있는 국가방위에 관련된 정보의 발행 또는 통신, 또는 발행이나 통신의 시도행위를 금지할 수 있다."는 것이다. 상원에서 토론 중에 수정헌법 제1조가 특별히 인용되었고 그 조항은 폐기되었다.

---

46) De Jonge v Oregon, 299 US 353, 365.

그러므로 뉴욕타임스 사건에서 위 법이 이 사건에 적용되지 않는다는 Gurfein 판사의 판결은 매우 타당하다. 나아가 18 USC §793을 개정한 1950. 9. 23. 개정법은 §1(b)에서 다음과 같이 말하고 있다.

"이 법은 미국 헌법이 보장한 언론 또는 출판의 자유를 제한하거나 침해하는 방식으로 군사적인 또는 민간의 검열을 허용하거나 요구하거나 확립하는 것으로 해석되어서는 안 되며 그러한 결과를 가져오는 어떤 규정도 공표되어서는 안 된다."

그러므로 의회는 이 분야에서 수정헌법 제1조의 명령에 충실히 따랐다. 정부가 보유한 어떤 권한도 "고유의 권한"으로부터 나와야 한다. 전쟁을 수행하는 권한은 "전쟁을 성공적으로 수행하는 권한"이다. 그러나 전쟁권한은 전쟁의 선포로부터 유래한다. 헌법은 대통령이 아닌 의회에 전쟁을 선포할 권한을 주었다.

이 사건 자료의 공개[47]는 심각한 충격을 가져올 수 있다. 그러나 그것은 사전제한을 가하기 위한 근거가 아니다. 대법원장 휴즈가 Near 판결, 719-720에서 다음과 같이 말했다.

"공인에 대한 부주의한 공격과 공적 의무를 충실하게 이행하려는 그들에 대한 비방 시도가 유해한 영향을 미치고 공적 토론에서 가장 호된 비난을 받아야 하는 반면에, 이러한 남용이 우리의 제도가 형태를 갖춘 기간보다 더 크다고 말할 수 없고 더 적다고 믿어진다. 정부의 행정은 더 복잡해지고 있고, 부정과 부패의 기회는 늘어나고 있으며 범죄는 가장 심각한 비율로 증가하고 있고, 불성실한 공무원에 의한 위험과 범죄집단과 공직 과실에 의해 생명과 재산의 기본적인 안전에 대한 손상 위험으로 특히 대도시에서 감시를 게을리하지 않고 용기있는 출판이 매우 필요하다는 것이 강조되고 있다. 출판의 자유가 스캔들의 사악한 전파자에 의해 남용될 수 있다는 사실이 신문이 공무상의 잘못을 다루는데 있어서 사전제한으로부터 면제시킬 필요성을 감소시키지 않는다."

47) 이 자료집들은 다수 있고 통제된 상태로 보관되지 않고 있다. 대통령은 자료집 하나를 의회에 보냈다. 우리는 비밀이 아니라 공개될 예정으로 자료가 이미 널리 배부된 사건을 다루고 있다. 나는 미국정부가 판사실에 제출한 서면에서 자료 목록을 보았다. 그것은 모두 과거의 일이지 미래의 일은 아니다. 모두 1968년 이전 것이다.

우리가 Keefe 판결에서 말했듯이 "표현의 사전 제한은 이 법원에서 강하게 위헌으로 추정된다." 정부는 법원으로부터 국가 이익, 이 사건에서는 국가안전을 보호하기 위해 금지명령을 받을 고유의 권한을 가지고 있다고 말한다. Near 판결은 명확한 언어로 그 이론을 배척하였다. 수정헌법 제1조의 주요한 목적은 정부가 당황스런 정보를 억제하는 광범위한 관행을 금지하는 것이었다. 수정헌법 제1조가 권력자들이 당황스런 자료의 배포를 처벌하기 위해 보통법상 명예훼손의 광범위한 사용을 반대하면서 채택되었다는 것은 상식이다. 생각건대 이 사건은 그 원칙을 가장 극적으로 묘사해주는 것으로 역사에 기록될 것이다. 이 나라에서 대부분의 토론은 베트남에 대한 우리의 입장에 관한 것이다. 그 토론은 이 사건 서류의 내용 공개보다 먼저였다. 서류 내용들은 진행 중인 토론과 큰 관련이 있다.

정부의 비밀은 기본적으로 반민주적이고 지속되는 관료정치의 잘못이다. 공개토론과 공적인 사안에 대한 논의는 우리 국가의 번영에 극히 중요하다. 공공의 문제에 관하여 "거리낌 없고, 활발하며, 널리 열린" 토론이 있어야 한다. New York Times Co, v. Sullivan, 376 US 254, 269-270.

나는 워싱턴포스트 사건에서 항소법원의 판결을 인용하고, 뉴욕타임스 사건에서 항소법원의 판결을 취소하고 지방법원의 판결을 인용하도록 지시한다.

### [대법관 브레넌의 동조의견]

## I

나는 이 사건의 판결이 앞으로 정부가 제한하려고 하는 자료의 공개를 금지하기 위한 임시 정지 및 제한 명령의 적정성을 가리키는 것으로 받아들여서는 안 된다는 것이 분명하다는 점을 강조하기 위해서 별도로 의견을 작성한다. 내가 결정할 수 있는 한, 과거에 미국정부는 신문이 가지고 있는 정보의 보도금지를 청구한 적은 없었다. 제시된 문제가 상대적으로 새롭고 결정이 급하게 내려질 필요성, 주장된 이해관계의 엄중함, 모든 당사자들이 영구제한이 적정한가라는 문제에 주장의 초점을 맞추고 있다는 사실이 이 사건에서 이제까지 부과된 일부 제한들을 정당화했을지 모른다. 일부 하급심법원들이 이 사건의 쟁점들에 대해 연방대법원의 최종적인 판단을 받을 때까지 유보되어야 한다고 하는 것을 탓하기 어렵다. 그러나 두 사건에서 잠정적인 제한이 타당하다고 가정한다 하더라도 그 가정은 앞으로 비슷한 사법적 조치의 적정성과는 아무 관련이 없다. 먼저 평가와 판단을 위한 많은 시간이 있었겠지만 항소심이 검토한 새로운 문제 속에 들어있는 어떤 가치도 향후 제한을 뒷받침하지 못할 것이다. 더 중요하게는 수정헌법 제1조가 이 사건들이 보여주는 상황에서 재판에 의한 제한을 절대적으로 금지하고 있다.

## II

이 사건 결과에 스며 있는 잘못은 잠정적이든 다른 무엇이든 금지명령을 허용하는 것이다. 정부 주장의 전체 요지는 금지되어야 하는 자료의 보도는 다양한 방법으로 국가 이익을 해칠 수 있고 해칠지 모른다는 것이었다. 그러나 수정헌법 제1조는 뜻밖의 결과가 나타날 수도 있다는 짐작과 추측을 바탕으로 법원이 출판을 사전적으로 제한하는 것을 허용하지 않고 있다.[48] 이 사건들은 사전제한을 금지한 수정헌법 제1조가 무시될 수도 있는 극히 드문 종류의 사건이라는 것을 보여주고 있다. 그러므로 이 사건들은 국가가 전쟁중일 때에만 발생할 수 있다는 것을 가리키고 있다. Schenck v United States, 249 US 47, 52 (1919). 전쟁 시기에는 "정부가 군인들의 수와 위치, 수송날짜를 공개하거나 징집업무의 실제 방해행위를 제지할 수 있다는 것에 아무도 이의를 제기하지 못할 것이다." Near v Minnesota, 283 US 697, 716 (1931). 지금 세상이 전쟁시기와 같다고 가정하더라도, 또는 현재 이용가능한 군사력이 평화시에도 핵재앙을 불러일으킬 수 있는 정보의 억제를 정당화한다 할지라도, 이 사건들 중

48) Freedman v. Maryland, 380 U.S. 51 (1965)과 음란물의 임시 제한과 같은 사건들은 적절하지 않다. 그러한 사건들은 음란물이 언론 및 출판의 자유에 의해 보호되지 않는다는 주장에 근거하고 있기 때문이다. Roth v. United States, 354 U.S. 476, 481 (1957). 이 사건에서 보도제한이 청구된 자료가 수정헌법 제1조의 보호를 받는가 하는 문제는 없다. 유일한 문제는 압도적인 국가 이익이 존재하기 때문에 공표가 일정기간 동안 중지될 수 있는가이다. 비슷하게 저작권 선례는 이 사건과 관련이 없다. 정부는 서류에 들어 있는 특정 형태의 단어에 이익을 주장하지 않지만 거기에 표현된 생각의 억제를 청구하고 있다. 그리고 물론 저작권법은 표현만을 보호하고 아이디어는 보호하지 않는다.

어디에도 정부가 문제의 자료 공개가 그러한 성질의 사건을 일으킬 것이라는 증거를 제시하거나 심지어 주장조차 하지 않았다. 수정헌법 제1조의 주된 목적은 발행의 사전 제한을 금지하는 것이다. 그러므로 공개함으로써 불가피하게, 직접, 그리고 즉시 이미 바다에서 수송중인 부대의 안전을 위태롭게 하는 것과 비슷한 사건이 반드시 발생할 것이라는 정부의 주장과 증거만이 잠정적인 제한 명령을 허용할 수 있다. 어떤 경우에도 만약 행정부가 공개를 금지하기 위해 법원의 도움을 구한다면 사법부가 면밀히 조사해야 하는 근거를 제시해야 한다. 그러므로 어떤 형태이든 이 사건에서 결정된 모든 제한은 수정헌법 제1조를 위반하였다. 정부가 명확하게 이 사건을 정리하지 않는 한 그리고 정리할 때까지 수정헌법 제1조는 금지명령을 허용하지 않는다.

**[대법관 스튜어트 동조의견**(대법관 화이트 참여)**]**

우리 헌법이 만든 정부 구조에서 행정부는 국가 방위와 외교 관계의 두 분야에서 엄청난 권한을 부여받았다. 대부분 입법부[49]와 사법부에 의해 심사되지 않는 이 권한은 핵미사일 시대가 출현한 이래로 철저히 강조되었다. 좋건 나쁘건 미국 대통령은 의원내각제 국가의 수상보다 훨씬 더 헌법적으로 독립되어 있다는 것은 자명한 사실이다.

다른 분야에서 정부에 대한 견제와 균형이 없을 때, 국가 방위와 외교 영역에서 행정부 정책과 권력에 대한 유일하고 효과적인 제한은 깨어있는 시민, 즉 민주정부의 가치를 독자적으로 보호할 수 있는 정보에 근거한 비판적인 여론에 달려 있다. 이러한 이유로 경계를 늦추지 않고 의식있고 자유로운 신문이 수정헌법 제1조의 기본 목적에 가장 잘 봉사한다. 정보를 가진 자유로운 신문이 없다면 깨어있는 사람들도 있을 수 없기 때문이다.

그러나 성공적인 외교 업무 수행과 효과적인 국가 방위는 기밀과 비밀을 필

49) 조약을 체결하고 대사를 임명하는 대통령의 권한은 상원의 조언과 동의를 얻어야 하는 헌법 제2조 §2의 요건으로 제한된다. 제1조 §8은 의회에 육군을 편성하고 지원하며 해군을 창설하고 유지하는 권한을 부여하였다. 그리고 의회만이 전쟁을 선포할 수 있다. 이 권한은 거의 30년 전에 2차 세계대전이 발발했을 때 마지막으로 행사되었다. 1945년에 전쟁이 끝났을 때, 미국 군대는 세계의 여러 지역에서 약 50만명의 사상자가 발생하였다.

요로 한다는 것도 기본이다. 신뢰 유지가 보장되지 않는다면 다른 국가들은 상호 신뢰의 분위기속에서 이 나라를 상대하지 않을 것이다. 그리고 만약 우리의 행정부처가 비밀리에 서로 자유롭고 솔직하게 소통할 수 없다면 사려깊고 현명한 외교 정책의 개발은 불가능할 것이다. 기본적인 국가 방위의 영역에서 종종 절대적인 비밀이 필요하기도 하다.

나는 이 곤경에 대해 한 가지 답이 있을 수 있다고 생각한다. 책임은 권한이 있는 곳에 있어야 한다.[50] 만약 헌법이 행정부에 외교 업무 수행과 국가 방위 업무에 상당한 정도의 권력을 부여하였다면, 헌법아래서 행정부는 그 권력을 성공적으로 행사하기 위해 필요한 내부 보안의 정도를 결정하고 보존할 의무를 가지고 있어야 한다. 그것은 높은 수준의 판단과 지혜를 필요로 하는 굉장한 책임이다. 나는 도덕, 정치, 실제적인 고려를 한다면 그 지혜의 첫째 원칙이 스스로를 위하여 비밀주의를 피하여야 한다고 생각한다. 나는 보안은 신뢰가 진정으로 유지될 때에만 가장 잘 유지될 수 있다는 것을 인정하면서, 진정으로 효과적인 내부 보안 체계의 특징은 가능한 한 최대의 공개일 것이라고 생각한다. 그러나 법의 문제가 아니라 최고 권한의 문제로서 행정규칙을 공표하고 집행하는 것을 통하여 외교관계와 국가 방위의 영역에서 책임을 이행하는데 필요한 비밀을 보호하는 것도 행정부의 헌법상 의무이다.

의회와 법원의 역할이 없다고 말하려는 것은 아니다. 의심할 여지없이 의회는 정부의 재산을 보호하고 정부의 비밀을 유지하기 위해 특정하고도 적절한 형사법을 제정할 권한을 가지고 있다. 의회는 그러한 법을 통과시켰고 일부 법

---

50) 만약 우리의 국제 관계의 유지에서 낭패-아마도 심각한 낭패-를 피하고 우리의 목적을 성공적으로 달성하여야 한다면, 국제 분야에서 협상과 조사를 통해 효과적으로 이루어진 의회 입법은 만약 국내문제만이 관련되어 있다면 허용되지 않았을 법적인 제한으로부터 일정 정도의 재량과 자유를 대통령에게 종종 부여해야 한다. 나아가 의회가 아닌 대통령이 외국을 상대로 승리하는 조건을 아는 더 나은 기회를 갖고 있고, 이는 특히 전쟁시기에는 진실이다. 그는 비밀정보를 갖고 있다. 그는 외교 영사와 다른 공직자를 직원으로 두고 있다. 그들이 모은 정보의 비밀을 지키는 것이 매우 필요하고 성급한 공개는 해로운 결과를 초래할 수 있다. 이것은 명확한 진실이어서 초대 대통령은 제이 조약(Jay Treaty)의 협상과 관련된 지시문, 통신문과 서류를 제출하라는 의회의 요청을 거부하였고, 이는 의회 스스로가 현명한 거부로 인정하였고 그 이래로 의문시되지도 않았다. United States v. Curtiss-Wright Corp., 299 U.S. 304, 320.

들은 이 사건의 명백한 상황에 겉으로는 관련되어 있다. 만약 형사기소가 되면 형사법의 적용여부를 결정하는 것은 법원의 책임이 될 것이다. 나아가 만약 의회가 이 분야에서 민사 절차를 허용하는 법을 통과시킨다면, 마찬가지로 법원은 그러한 법뿐만 아니라 증명된 사실에 대해 법을 적용하는 것의 합헌성을 결정할 의무를 갖게 될 것이다.

그러나 이 사건들은 우리에게 특정한 규정을 해석하거나 또는 특정한 법을 적용하도록 요청하지 않고 있다. 그 대신에 우리는 헌법이 사법부가 아닌 행정부에 준 기능을 수행하도록 요청받고 있다. 행정부처가 국가 이익을 위해 공개되어서는 안 된다고 역설하는 자료를 두 신문사가 공개하는 것을 막아달라고 요청받고 있다. 나는 관련된 일부 서류에 대해서는 행정부가 옳다고 확신한다. 그러나 나는 자료의 공개가 확실하게 우리 국가나 국민에게 직접, 당장의, 그리고 회복할 수 없는 손해를 가한다고 말할 수 없다. 다수의견에 찬성한다.

**[대법관 화이트의 동조 의견**(대법관 스튜어트 참여)**]**

나는 우리의 헌법 체계에서 신문이 향유하는 사전제한에 대한 예외적인 보호를 이유로만 판결에 찬성한다. 나는 수정헌법 제1조가 어떤 상황에서도 정부계획이나 운영에 관한 정보의 공개를 금지하는 명령을 허용하지 않는다고 말하지 않는다.[51)] 나는 정부가 가장 민감하고 파괴적이라고 분류한 자료를 조사한 후, 이러한 서류의 공개가 공공의 이익에 실질적인 해를 끼칠 것이라는 것을 부인

51) 의회는 어떤 경우에 사적인 당사자에 대한 사전제한을 허용해왔다. 노동위원회는 보호되는 권리를 행사하고 있는 근로자들을 협박하거나 강요하는 사용자에 대하여 중단명령을 자주 발부한다. 29 U.S.C. §160(c). 연방통상위원회는 불공정한 경쟁에 대해 중단명령을 내릴 권한이 있다. 15 U.S.C. §45(b). 그러한 명령은 어떤 상황에서는 글 또는 말을 종종 제한한다. 예컨대 NLRB v. Gissel Packing Co, 395 U.S. 575, 616-620 (1969). 헌법 제1조 8절은 저자에게 저술에 대한 독점적인 권리를 부여하였고 신문이 다른 사람의 저작물을 출판하는 것이 적정하게 금지될 수 있다는 것을 부인하지 않는다. 신문은 스스로 중요한 사건의 기사를 보호하는 수단으로 때때로 저작권에 기댄다. 그러나 노동위원회 및 연방통상위원회와 관련하여 법에 따라 금지되는 대상은 신문이 아니라 사적인 당사자들이다. 그리고 신문이 저작권법에 따라 금지될 때, 청구인은 사적인 권리를 행사하는 사적인 저작권자이다. 이런 상황들은 정부 업무 정보의 공표를 금지하는 명령을 정부가 어느 법에도 근거하지 않고 요청하는 것과는 매우 다르다.

할 수 없다. 나는 공개가 이러한 결과를 낳을 것이라고 확신한다. 그러나 그럼에도 불구하고 나는 이 사건들과 같은 상황에서 분명하고 적절하게 제한된 사전제한을 의회가 허용하지 않는 경우에, 정부가 공개를 금지하는 명령을 뒷받침하여야 하는 무거운 책임을 만족시키지 못했다는 것에 동의한다.

정부의 입장을 단순하게 말하면 외교 업무의 수행과 국가 보안을 위한 행정부의 책임은 기본적이어서 대통령은 공개될 정보가 공공의 이익에 "심각하고 회복할 수 없는"[52] 피해를 가할 우려가 있을 때마다 신문보도를 금지시키는 명령을 내릴 권한이 있다는 것이다. 그리고 공개될 자료가 기밀이든 아니든, 공개행위가 의회가 제정한 관련 형사법상 적법하든 아니든, 신문이 정보를 갖게 된 상황과 무관하게 금지명령이 발부되어야 한다는 것이다.

적어도 의회의 조사와 사실인정에 기초한 입법이 없는 상황에서, 나는 행정부와 법원 고유의 권한이 신문에 의한 공개를 금지하는 포괄적인 구제책을 허용할 수 있다는 것에 대해 동의할 수 없다. 많은 어려움은 정부가 제시하는 "심각하고 회복할 수 없는 위험"기준에 포함되어 있다. 만약 이 사건에서 그러한 기준에 의해 판단한다면 우리의 판결은 다른 사건에서 다른 법원에 아무런 길잡이가 되지 못할 것이다. 왜냐하면 이 사건의 자료는 법원의 판결이나 공공 기록에서 볼 수 없게 되고 신문에 의해서 공개되지 않기 때문이다. 우리가 정부가 그 책임을 충족하지 못했다고 판단하는 경우에조차 자료는 법원기록에 봉인된 채 남아 있고 이 의견에서도 적절하게 논의되지 못하고 있다. 나아가 자료는 국가이익에 실질적인 위험을 가하고 있기 때문에, 그리고 형사재제의 위험 때문에 책임있는 신문은 더 민감한 자료를 결코 공개하지 않을 것이다. 이 사건에서 정부를 지지하기 위해서는 법원은 의회의 지침이나 안내없이 원하지 않는 길고도 위험한 길을 가야 할 것이다.

정부가 강조한 주장을 배척하기가 쉽지 않고 공개가 국가에 심각한 피해를 가져올 것이라는 선의에 따른 청구를 거부하기가 쉽지 않다. 그러나 사전제한

52) 심각하고 회복할 수 없는 위험 기준은 정부가 이 법원에서 주장하였다. 뉴욕타임스 소송에서 추가 절차를 위해 Gurfein 판사에게 환송하면서, 5명의 연방제2항소법원 판사들은 그에게 정부가 구체적으로 특정한 어떤 내용의 공개가 공표금지를 뒷받침할 만큼 미국의 안보에 심각하고 즉각적인 위험을 드러내는지를 결정하라고 지시하였다.

사례가 드물다는 것이 그러한 혼란을 상당히 잠재운다. 일반적으로는 공개하면 정부가 억제할 기회나 근거를 갖기 전에 피해가 발생할 것이다. 이 사건에서 공개는 이미 시작되었고 위협받는 피해의 상당부분은 벌써 발생하였다. 보안체계가 파괴된 사실이 알려지고, 허락받지 않는 많은 사람들이 서류에 접근하는 것을 막을 수 없어서, 이 사건 또는 다른 신문사에 대한 형평법상 구제가 예상되는 피해를 방지할 수 있을지 의문스럽다.

정부가 지금 금지를 구하는 상대적으로 민감한 서류의 보도 제한을 제거하는 것이 신문사 등에게 서류를 보도하도록 요구하거나 유도하는 것을 의미하지 않으며, 만약 공표한다면 형사책임의 면제를 의미하지 않는다. 사전 제한은 수정헌법 제1조에서 매우 엄격한 정당성을 필요로 한다. 정부가 금지명령을 신청하기로 한 것이 실수였다 하더라도 다른 방법으로 대처할 수 없다는 것을 의미하지 않는다.

의회는 1917년 간첩법을 심사할 때 법안에서 대통령에게 전쟁시기에 광범위한 권한을 주는 조항, 즉 형사처벌에 의해 국가방위에 관련된 다양한 종류의 정보 공개 행위를 금지하는 조항을 삭제하였다. 당시 의회는 대통령에게 신문을 감시하기 위해 그러한 광범위한 권한을 주려하지 않았다. 이 조항에 반대하는 사람들은 그러한 권한에 필연적으로 수반하는 것은 뉴스를 걸러내는 권한이라고 보았다. 그러나 상원의원들은 신문들이 의회가 공개를 금지한 유형의 정보를 공개한다면 형사처벌을 받아야 한다는 것에는 아무 의문을 갖고 있지 않았다. 예를 들면 Ashurst 의원은 만약 신문의 편집자가 함대, 부대, 전투기의 이동, 탄약공장의 위치, 군수공장의 위치, 그러한 종류에 관한 정보를 보도한다면 형사처벌을 받아야 한다는 것을 의심치 않았다.

형법은 이러한 사례들과 관련될 수 있는 수많은 규정을 갖고 있다. §797은 군사시설의 사진이나 그림을 공개하는 것을 범죄로 규정하고 있다. 또한 §798은 암호체계와 관련된 기밀 또는 미국의 통신정보활동과 그 활동으로부터 얻은 정보를 고의로 공개하는 행위를 자세하게 규정하고 있다. 이 사건의 자료들이 이러한 성격이라면 신문사들은 이제 정부의 입장을 통지받은 것으로 추정되며 만약 그들이 보도한다면 그 결과를 마주하게 될 것이다. 나는 형평법의 개입과 사전 제한의 부과가 정당화되지 않는 사실관계에서 이 규정에 의해 유죄판결을 내리는데 어려움을 갖지 않을 것이다.

국가 안보를 보호하기 위해 많은 규정을 갖고 있는 형법조항에서도 마찬가지다. §793(e)는 (1) 고의로 서류를 받을 권한이 없는 사람에게 전달하기 위해, 또는 (2) 서류를 갖고 있고 서류를 받을 권한이 있는 미국의 공무원에게 전달하지 않은 경우에 국가안보와 관련된 서류를 권한없이 소지하는 행위를 범죄로 규정하고 있다. 1950년에 서류를 요청하지 않으면 권한없는 소지에 대해 처벌하는 규정이 없었기 때문에 관련 조항이 추가되었다. "그러한 자료들을 권한없이 소지하는 위험은 명백하고, 특히 그 자료의 반환을 요청하고자 하는 당국자가 권한없이 소지한다는 것을 모를 수 있기 때문에, 요청에 관계없이 넘기도록 할 필요가 있다." 물론 이 사건에서 미국정부는 공개되지 않은 서류의 반환을 요청했고 그 서류들의 중요성은 관련된 신문사에게 알려졌다. Gorin v. United States, 312 U.S. 19, 28 (1941) 판결에서 법원은 §793에서 사용된 "국가 방위"라는 말은 잘 이해되는 말이고-육군과 해군 시설과 국가방위활동을 지칭하는 특유한 개념-금지된 행위를 알리기에 충분하게 정의되었고 적정 절차와 일치하는 것으로 만장일치로 판결하였다. 또한 Gorin 판결에서 법원이 해석한 대로, "국가방위와 관련된" 정보는 미국에 "심각하고도 회복할 수 없는" 피해를 위협하는 것으로 한정되지 않는다.

그래서 의회가 피해를 일으킬 가능성이 있는 정보의 권한없는 공개로부터 국가 안보와 국가방위를 지키는 문제를 다룬 것은 명확하다. 그러나 의회는 위협적인 공개에 대해 금지명령을 허용한 것은 아니다. 의회는 분명히 형사처벌과 책임있거나 무책임한 신문에 대한 억지효과에 의존하는 것으로 만족하였다. 물론, 나는 이 신문사들이 범죄를 저질렀다거나 만약 갖고 있는 자료 모두를 공개한다면 범죄에 해당될 것이라고 말하는 것은 아니다. 그 문제는 만약 정부가 기소한다면 형사절차에서 해결되어야 할 것이다. 그 점에서 유죄 또는 무죄의 쟁점은 이 금지명령단계에서 적용되는 것과는 매우 다른 절차와 기준에 의해 결정될 것이다.

**[대법관 마샬의 동조 의견]**

정부는 이 사건의 유일한 쟁점은 "수정헌법 제1조가 법원이 신문사에게 미국의 안보에 심각하고 즉각적인 위험을 초래하게 될 자료의 보도를 금지하는 것을 막는지 여부"라고 주장하고 있다. 나는 궁극적인 쟁점은 법무차관이 제시한 것보다 더 기본적이라고 믿는다. 쟁점은 이 법원 또는 의회가 법을 만들 권한을 가지고 있느냐 이다.

이 사건에서 정보를 비밀 또는 극비로 분류하는 대통령의 권한과 관련해서는 문제가 없다. 의회는 서류와 정보를 분류하기 위해 Exec Order 10501 (1953)에서 공식적으로 행사된 대통령의 권한을 특별히 인정하였다. 행정 수반과 최고사령관으로서 정보를 공개하는 공직자를 징계하고 비밀누설을 방지하기 위한 예방조치를 취함으로써 국가안보를 지키려는 대통령의 권한에 관하여는 어떠한 쟁점도 없다.

문제는 이 특정 사건들에서 행정부가 국가이익이라고 믿는 것을 보호하기 위해 법원에게 형평법상 재판권(the equity jurisdiction)을 요청할 권한을 갖고 있는지 여부이다. 정부는 스스로를 보호할 정부 고유의 권한에 더하여 외교업무를 수행하는 대통령의 권한과 최고사령관으로서 지위가 그에게 효과적으로 외국을 상대하고 국가의 군사업무를 수행하는 그의 능력을 보호하기 위해 신문을 제재하는 권한을 부여하고 있다고 주장한다. 물론 대통령이 외교업무의 수행과 최고사령관으로서의 지위에 근거한 근원적인 책임에 의해 광범위한 권력을 가지고 있다는 것에는 이의가 없다. 그리고 일부 상황에서는 정부가 가지고 있는 고유의 권한과 외교업무를 수행하고 최고사령관으로서 행동하는 대통령의 임무로부터 나오는 내재적인 권한에 따라 국가 안보가 어떻게 정의되든간에 국가안보에 피해를 입히는 자료의 공개를 금지하기 위해 이 법원에 형평법상의 재판권을 제기할 근거가 있을 수 있다.

그러나 의회가 특별히 금지하지 않은 행위를 막기 위해 이 법원이 금지명령과 위반시에 법정모욕권한을 행사하는 것은 권력분립개념과 전혀 일치하지 않는다. 만약 행정부가 국가안보를 보호하기 위해 의회가 부여한 적절한 권한을 가지고 있을 때, 위협받는 행위를 금지하기 위해 법원의 법정모욕권한에 호소하는 것을 선택할 수도 있다면, 동등한 기관이란 기초 개념에 비슷한 피해가 발생할 것이다. 헌법은 의회가 법을 만들고, 대통령이 법을 집행하고, 법원이 법을 해석하도록 규정하고 있다. 정부가 금지명령에 의해 법원과 행정부가 의회의 행위와 무관하게 법을 만들 수 있도록 규정하지 않고 있다. 만약 행정부가 의회에게 법을 제정하도록 요청하기보다는 행위를 금지하기 위해 판사만 설득할 필요가 있다면 행정부로서는 더 편리할 것이다. 그리고 배심재판에서 유죄판결을 받기보다는 법원명령을 집행하는 것이 더 편리할 것이다. 나아가 행정부가 법을 위반하였다고 믿을만한 이유가 있는 사람들을 체포하는 책임을 법원과 나누는 것이 정치적으로 현명하게 여겨질 것이다. 그러나 그러한 편의와 정치적 고려는 우리의 정부 체제 원리상 정당하지 않다.

이 사건들에서 의회가 행정부에 국가기밀의 공개로부터 국가를 보호하는 넓은 권한을 제공하지 않았다는 사정은 존재하지 않는다. 의회가 미국의 군사 및 전략적인 비밀을 보호하는 문제에 광범위한 고려를 해온 여러 사례가 있다. 어떤 서류, 사진, 기구, 장치, 정보를 받거나 공개, 전달, 은닉, 발행하는 행위를 범죄로 처벌하는 법을 제정하였다. 이러한 법의 대부분은 간첩 및 검열이라는 제목의 18 U.S.C. 37에 있다. 이 장들은 다양한 법규정을 위반하는 행위에 대해 1만달러의 벌금부터 사형에 처하도록 규정하고 있다.

그래서 이 법원이 금지명령을 선고하기 위해서는 그러한 명령이 기존의 정부권한을 강화할 것이라는 증명을 필요로 한다. 형평이 범죄행위를 명령하지 않는 것이 전통적인 공리인 것처럼, 형평법원이 무익한 행위를 하지 않을 것이라는 것은 전통적인 형평의 법칙이다. 이 사건에서 그러한 증명을 하려는 시도는 없었다. 법무차관은 서면에서 범죄가 행해지고 있다고 믿을만한 이유를 정부가 검토했는지, 향후 범죄를 저지르려는 음모가 있는지를 거론조차 하지 않았다.

만약 정부가 전통 형사법으로는 효과적인 대응을 하지 못한다는 것을 보여주려고 했다면, 적용가능한 법이 없다는 것을 보여주었어야 한다. 물론, 이 시점에서 이 법원은 특정한 법의 위반이 있었는지, 특정 법률의 합헌여부를 결정할 수 없었고 결정할 수도 없다. 그러나 법률에 따른 선의의 기소가 가능한 지는 판단될 수 있다.

이 분야에서 많은 법률들 중 적어도 하나는 이 사건들과 관련되어 있는 것 같다. 의회는 18 USC §793(e)에서 "국가 방위에 관련된 서류, 문서, 암호첩, 암호표, 기록을 허락없이 소지, 접근, 통제하거나, 또는 국가방위에 관련된 정보로서 소유자가 미국에 피해를 주거나 외국의 이익으로 이용될 수 있다고 믿을

만한 정보를 고의로 받을 권한이 없는 자에게 통신, 전달, 전송하거나 고의로 보관하거나 받을 권한이 있는 미국 공무원 또는 피고용인에게 전달하지 않은 자는 1만불 이하의 벌금 또는 10년 이하의 징역형에 처하거나 병과한다."고 규정하였다. 의회는 18 USC §793(e)의 범죄를 모의한 행위도 처벌하였다.

Gurfein 판사는 의회가 §793(e)에 규정한 자료를 공표하는 행위를 범죄로 규정하지 않았다고 인정한 것은 사실이다. 그는 "통신, 전달, 전송"은 신문사의 보도를 가리키지 않는다고 인정했다. 그리고 그 견해는 입법과정에서 일부 뒷받침되었고 법으로 일반적인 간첩행위만 기소한 과거의 관행과 일치한다. 그러나 법률에 대한 Gurfein 판사의 견해는 유일한 해석은 아니다. 대법관 화이트의 의견 참조.

정부가 뉴욕타임스와 워싱턴포스트에 대해 기소할 수 없다고 하더라도, 의회가 특히 이 사건에서 대통령이 청구하는 권한을 부여하고 신문사의 행위를 불법으로 규정하는 입법을 거부하였다는 것은 명백하다. 의회가 특별히 어떤 행위를 불법으로 규정하지 않았을 때, 이 법원이 의회(의 결정)를 번복하기 위해 그 사안들을 재결정하지 않는다.

의회가 이 사건에 관련된 행위를 불법으로 규정하고 대통령에게 이 사건에서 구하는 권한을 부여하는 입법을 거부한 사례는 적어도 두 번 있었다. 1917년 간첩법 §793 규정에 관한 논쟁 중에, 의회는 전쟁 또는 전쟁 위협 시기에 적에게 이용될 수 있는 국가 방위 정보의 공개를 직접 금지하는 포고령의 발동 권한을 대통령에게 주는 법안을 거부하였다. 법안은 다음과 같이 규정하고 있었다.

"미국이 당사자인 전쟁이나 그 전쟁의 위협으로부터 오는 국가비상사태 중에, 대통령은 포고령에 의해 비상사테를 선포하고, 그의 판단으로 적에게 유리하거나 유리할 수 있는 국가방위관련 정보를 공표하거나 통신하는 행위, 공표 또는 통신을 시도하는 행위를 금지할 수 있다. 그러한 금지를 위반하는 자는 1만불 이하의 벌금 또는 10년 이하의 징역형에 처하거나 병과한다. 단 이 조항은 정부나 그 대표자들의 행위나 정책을 논의, 논평, 비판 또는 이를 공표하는 행위를 제한하거나 금지하는 것으로 해석되어서는 안 된다."

의회는 독일에 대한 전쟁이 선포된 후 심각한 국가 비상사태였고, 많은 사람들이 보안이 누설되고 간첩행위가 심각하다고 믿었다 할지라도 이 법안을 거부하였다. 행정부는 의회에게 그러한 권한을 달라고 다시 요청하지 않았다. 그 대신에 행정부는 이 법원에 와서 의회가 거부한 권한을 부여해 달라고 요청하고 있다.

1957년 미국국가안보위원회는 비행 잡지, 과학 잡지, 그리고 일간신문조차도 안보상의 이유로 전부 또는 일부 내용이 삭제되어야 하는 정보나 자료를 담고 있다고 보았다. 이러한 문제에 대응하여 위원회는 "의회가 비밀 또는 극비로 분류되었다는 것을 알면서 또는 알만한 합리적인 이유가 있으면서, 그 정보를 정당한 허락없이 어떤 목적이든 고의로 공개하는 사람을 처벌하는 법을 제정한다."는 방안을 제안하였다. 제안에 대해 실질적인 토론을 거친 후 그 제안은 거부되었다. 만약 코튼 상원의원이 지지한 제안이 입법되었다면, 이 사건 서류의 공개는 분명 범죄가 되었을 것이다. 그러나 의회는 거부하였다. 정부는 이 법원에게 그 결정을 다시 해달라고 요청하고 있다. 이 법원은 그러한 권한이 없다.

정부가 국가를 보호하기 위해 전통 형사법을 사용할 법적인 권한을 갖고 있지만, 만약 의회가 행위를 범죄로 규정했다는 근거가 없다면, 의회는 정부가 이 법원에게 요청하는 권한의 부여를 거부한 것은 분명하다. 어떤 경우이든 이 법원은 요청하는 명령을 내릴 권한이 없다. 법원이 일부 공직자가 인지한 모든 위반행위를 다루지 않으며, 특히 의회가 거부한 법을 제정하는 부담을 지지 않는다.

나는 연방DC항소법원의 판결이 인용되어야 하고 연방제2항소법원의 판결은 취소되어야 한다고 믿는다.

### [대법원장 버거의 반대의견]

표현의 사전제한에 대한 헌법상 한계는 분명해서, Near 판결부터 최근의 Keefe 판결까지 우리는 공익 문제를 보도하는 뉴스에 대해 사전제한에 관련된 사건을 다룬 경우가 거의 없었다. 그러므로 보도의 사전제한에 대한 저항감은 대법관들 사이에 거의 차이가 없다. 그러나 이러한 헌법의 기본 원칙 고수만큼 이 사건이 간단하지 않다. 이 사건들에서 자유롭고 제한받지 않는 출판의 중요성은 다른 중요성, 즉 복잡한 현대 정부의 효과적인 기능발휘와 특히 행정부가 가진 헌법 권한의 효과적인 행사와 충돌하고 있다. 수정헌법 제1조를 모든 상황에서 절대적인 것으로 보는 사람들-나는 그 견해를 존중하나 거부한다-만이 그러한 사건들을 쉽고 단순하다고 볼 수 있다.

이 사건들은 다른 그리고 더 직접적인 이유로 단순하지 않다. 우리는 지방법원 판사가 모르는 사실관계를 알지 못한다. 항소법원의 판사도 모든 사실을 알지 못한다. 대법관들도 모든 사실을 알지 못한다. 수정헌법 제1조가 절대적이고 어떤 상황과 어떤 이유로도 제한을 허용해서는 안 된다는 판사들만이 실제 행동할 위치에 있는 상황에 처한 이유가 무엇인가?

이 사건들이 부적절하고 급하게 처리되었기 때문에 우리가 이러한 위치에 처했다고 본다. 할란 대법관이 이 사건들이 과열된 압박감속에서 진행되었다는 것을 보여주는 사건의 진행과정을 언급했기 때문에 나는 재론하지 않는다. 이 사건들의 신속한 진행과정은 사전제한에 대한 우리의 일반적인 혐오감을 반영하고 있다. 게다가 열광적인 성급함은 상당 부분이 타임스가 도난당한 서류를 입수한 때부터 보여준 태도 때문이다. 이제 성급함이 이 사건들의 합리적이고 신중한 사법 처리를 막은 것이 분명해 보인다. 끝나지 않은 배심심리를 중단시킨 이 법원의 경솔한 조치는 중대한 쟁점의 처리에 어울리는 종류의 사법적 행위는 아니다.

신문사들은 수정헌법 제1조에서 파생되는 주장을 했다. 그들은 함축적으로 이 권리를 공중의 "알권리"라고 부르고, 타임스는 신문의 "특종기사"에 의해 그 권리의 유일한 수탁자임을 주장하였다. 그 권리는 절대적인 것으로 주장되었다. 홈즈 대법관이 오래 전에 만약 화재가 발생하지 않았는데 혼잡한 극장에서 "불이야"라고 소리치는 권리와 관련한 그의 경구에서 지적했듯이, 수정헌법 제1조 권리 자체는 절대적이지 않다. 휴즈 대법관이 Near 판결에서 예를 든 것과 같은 다른 예외들도 있다. 아무도 설명하거나 논의하지 않은 다른 예외도 있다는 것은 의심의 여지가 없다. 그러한 예외는 상상하건대 이 사건들에 잠복해 있을 수도 있고 만약 사실심 법원에서 적절하게 검토된다면 드러날 수도 있다. 특히 타임스가 스스로 오랫동안 보도를 지체했다는 점에서 성급한 처리가 부적절할 때, 이 중요한 쟁점은 사려깊고도 심사숙고하는 재판분위기에서 심리되어야 한다.[53]

타임스는 3, 4개월 동안 서류를 허락없이 갖고 있었다는 점은 다툼이 없다. 그 동안 전문 분석가들이 서류를 조사, 요약하고 보도용 자료를 준비한 것으로 추정된다. 이 기간 동안 타임스는 공중의 "알권리"의 수탁자로서 타당하다고 생각되는 목적으로 보도를 보류하고 있었고 대중에게 공개되는 것이 지연되었다. 이것은 타당한 이유가 되었고 매우 두꺼운 책에서 7,000쪽의 복잡한 자료를 분석하는 일은 당연히 시간이 걸리는 일이고 보도기사를 작성하는 일도 시간이 걸릴 것이다. 그러나 미국정부가 왜 변호사, 사실심 판사, 항소법원 판사들과 함께 누군가 불법적으로 얻은 정보때문에 불필요한 압박아래 놓여야 하는가? 3개월간의 지연 후 이른바 "알권리"는 어떻게 그리고 갑자기 옹호되어야 하는 권리가 되었는가?

신문이 비밀자료의 공개에 대한 정부의 반대를 예상할 수 있었기 때문에, 정부에게 전체 자료를 검토하고 공개 합의에 이를 수 있는지를 결정하는 기회를 주는 것이 불합리할까? 도난당한 것이든 아니든, 만약 안보가 사실상 위험에 빠진 것이 아니라면, 대부분의 자료가 의심할 여지없이 1968년에 기밀해제되었을 것이다. 그러한 접근 방식 – 위대한 신문사는 과거에 그래왔고 명예로운 신문의 의무라고 말했던 것 – 으로 신문사와 정부는 무엇을 보도하고 보도하지 말아야 할지에 관해 합의되지 않는 범위를 줄이고, 필요하다면 나머지는 절차에 따른 소송으로 해결되도록 할 수 있었을 것이다. 미국인의 생활에서 훌륭한 제도로 여겨졌던 신문이 도난당한 재산이나 정부 비밀문서의 발견이나 보유에 관하여 모든 시민들의 기초적이고 단순한 의무 중 하나를 이행하지 못한다는 것은 나로서는 믿을 수 없다. 내가 생각하기에 – 아마도 소박하게도 – 그 의무는 담당 공무원에게 당장 보고하는 것이었다. 이 의무는 택시 운전사, 대법관, 그리고 뉴욕타임스에게 있다. 타임스가 이행한 절차는 계산을 했든 안했든, 이 쟁점에 대하여 절차에 따라 소송을 제기할 가능성을 배제한 것이다. 만약 지금까

53) 타임스는 47권의 정부 서류를 수개월 동안 분석하였고 정부가 부러워할 정도의 보안을 유지하였다. 그 보안은 물론 제3자로부터 업무를 보호하기 위해 필수적이었다. 한편 타임스는 구두변론에서 자료에 대한 저작권을 바탕으로 다른 발행인들이 자신의 저작권을 침해하여 그 자료 사용 행위의 금지를 검토하였다고 강하게 암시하였다. 역설적으로 이것은 미국 정부에게는 거부되지만 모든 제3자에 대항하여 사전제한과 비슷한 보호를 신문사에 줄 것이다.

지 판사의 조치가 옳다면, 그 결과는 완전히 우연한 일이다.[54]

타임스 사건에서 최종판결전에 우리가 이송명령을 한 것은 연방제2항소법원의 환송에 따라 지방법원이 기록을 완성하기 전에 사실심리를 중단시킨 것이다. 이러한 우울한 사건 진행 결과로 우리는 아무 것도 모른 채 적절한 기록도 없이, 하급심절차나 이 법원에서 적절하게 처리할 시간도 없이 엄청나게 중요한 권리에 관한 소송을 다루도록 강요당하고 있다. 양 쪽의 대리인들이 구두변론에서 사실에 관한 질문에 자주 대답할 수 없었다는 것도 흥미롭다. 놀랄 것도 없이 그들은 "24시간 꼬박" 일했고 그들에게 익숙하지 않은 이 사건 서류들을 검토할 수 없었다. 이 법원은 더 나은 위치에 있지 않다. 나는 일반적으로 할란 대법관과 블랙먼 대법관과 의견을 같이 하나 본안을 다룰 준비가 되어 있지 않다.

나는 연방제2항소법원의 판결을 인용하고 지방법원에게 우리의 이송명령으로 중단된 사실심리를 마무리하도록 하며 워싱턴포스트 사건은 판결을 유보한다. 나는 지방법원이 환송심에서 다른 모든 업무보다 타임스 사건을 우선처리하도록 하지만 임의적인 처리기한을 설정하지 않는다.

나는 화이트 대법관이 국가 방위와 관련된 서류나 정보의 공개 또는 보유에 대한 형사제재에 관하여 말한 내용의 대부분에 대해 일반적으로 동의한다는 점을 덧붙인다.

우리 모두는 더 빠른 사법절차를 갈망했으나 판사들이 이 사건에서처럼 압박을 받았을 때 결과는 사법기능을 흉내내는 것이다.

**[대법관 할란의 반대의견**(대법원장 버거, 대법관 블랙먼 참여)**]**

이 사건들은 Northern Securities v United States, 193 US 197, 400-401 (1904) 판결에서 홈즈 대법관 반대의견의 현명한 경고를 떠오르게 한다.

"힘든 사건과 같은 중요한 사건은 나쁜 법을 만든다.[55] 왜냐하면 중요한 사

54) 흥미롭게도 타임스는 훔친 서류의 정부 조사를 거부한 것은 정보원과 제보자를 위태롭게 할 수 있어서라고 설명하였다. 그래서 타임스는 미국 정부가 조사권한을 가지고 있다는 것을 부인하는 한편 정보원의 비밀을 지킬 권리를 주장하고 있다.

55) Great cases like hard cases make bad law.

건은 미래의 법을 만드는데 실제로 중요하다는 이유가 아니라, 감정에 호소하고 판결을 왜곡하는 즉각적이고 압도적인 이해관계때문에 중요하다고 불린다. 이러한 즉각적인 이해관계는 과거에는 분명했던 것을 의심스럽게 만들고, 확립된 법리를 왜곡하도록 하는 일종의 압력을 행사한다."

모든 면에서 나는 법원이 이 사건들을 다루면서 거의 무책임하게 열광적이었다고 본다. 연방제2항소법원과 연방DC항소법원은 둘 다 6. 23.에 판결을 했다. 뉴욕타임스는 6. 24. 오전 11시에 상고, 신속처리 신청, 잠정조치 신청을 했다. 워싱턴포스트 사건에서 미국정부의 잠정조치신청은 6. 24. 오후 7시에 신청되었다. 나는 법원이 좀 더 단호한 조치를 할 가능성만을 피하기 위해서 참여하였지만, 연방대법원의 6. 26. 오전 11시 변론기일지정은 24시간도 지나지 않아 결정되었다. 워싱턴포스트사건에서 기록은 6. 25. 오후 1시 직전에 대법원에 이송되었고, 뉴욕타임스 사건 기록은 그 날 오후 7시 또는 8시까지도 도달하지 않았다. 당사자들의 서면은 6. 26. 변론기일이 2시간도 남지 않은 상태에서 제출되었다.

이러한 열광적인 사건 전개는 수정헌법 제1조에 의해 사전제한이 금지된다는 추정아래 일어났다. 이 사건에 관련된 예외적일만큼 중요하고도 어려운 문제들에 대한 적절한 검토를 위해 법원은 그러한 경솔한 시간표를 멀리 해야 했다. 이 사건을 적정하게 결정하기 위해서 다음과 같은 문제들의 일부 또는 전부를 다루어야 했다.

1. 법무장관이 미국의 이름으로 이 사건 소송들을 제기할 권한이 있는지. 이 질문은 매우 불분명한 법-간첩법, 18 USC §793(e)-의 해석과 유효성에 관련되어 있다.

2. 수정헌법 제1조가 연방법원이 국가안보에 심각한 위협을 가져올 수 있는 내용의 공개를 금지하는 것을 허용하고 있는지. Near v Minnesota, 283 US 697, 716 (1931).

3. 서류의 내용에 관계없이 단지 비밀 누설의 입증만으로 피해가 충분히 발생한다는 이론에 근거하여 극비 서류를 공개하는 위협이 그 자체로 금지명령을 정당화하기에 충분할 만큼 국가안보와 밀접한 관련이 있는지.

4. 특정한 서류들을 허락없이 공개하는 것이 국가안보를 심각하게 해하는지.

5. 의문 3, 4와 관련하여 행정부 고위 공무원의 의견에 어느 정도의 무게를 두어야 하는지.

6. 서류 또는 복사된 서류 원본이 정부가 도난당한 것이고 신문들이 불법적으로 취득했다는 인식을 가지고 서류를 받았다는 다툼없는 사실에도 불구하고 신문들이 서류를 보유하고 이용할 권한이 있는지.

7. 국가안보에 대한 피해 위협 또는 정부가 서류를 보유하는 이익이 다음과 같은 점에서 공개를 금지하는 명령을 정당화하는지.

a. 보도의 사전제한에 반대하는 수정헌법 제1조의 강력한 방침

b. 형사법을 위반하는 행위의 금지를 반대하는 이론

c. 문제의 자료가 이미 다른 방법으로 널리 퍼진 정도

이것들은 사실, 법, 판단에 관한 어려운 문제이고, 잘못된 결정이 가져올 수 있는 결과는 엄청나다. 우리와 하급심법원,[56] 당사자들에게 허용되는 시간은 이 사건의 마땅한 검토를 위해서는 전적으로 부적절하다. 이 소송들이 시작될 때부터 쏟아졌던 여론의 관심이 조성한 압박아래서 이러한 중요한 쟁점들이 결정되어야 하는 것은 사법 절차의 안정성면에서 불명예스러운 일이다.

어쩔 수 없이 이 사건의 본안을 판단한다면, 나는 다수의견에 반대한다. 시간제한에 따른 심각한 한계 속에서, 다른 상황에서는 사건을 처리하기에는 부자연스럽다고 느꼈다 할지라도, 나는 압축된 형태로만 그 이유를 말할 수 있다.

뉴욕타임스 사건에서 정부가 시간 때문에 연방지방법원에 사건을 설명할 적절한 기회를 갖지 못했다는 결론은 연방제2항소법원의 판결을 인용하기에 충분한 근거가 된다. 적어도 이 결론은 재량권의 남용은 아니다.

워싱턴포스트 사건에서 정부는 준비할 시간이 더 있었고, 이는 연방DC항소법원이 연방제2항소법원의 판결과 일치시키기 위한 재심리를 거부한 근거가 되었다. 그러나 나는 이 판결을 인용할 수 없는 다른 그리고 더 근본 이유가 있다고 생각한다. 그 이유는 뉴욕타임스 사건에서 연방항소법원이 취소한 연방지

56) Gesell 판사의 포스트 사건 심리는 6. 21. 오전 8시에 시작하였고, 그의 결정은 항소법원이 설정한 마감시간인 같은 날 오후 5시 직전에 내려졌다. Gurfein 판사의 타임스 사건 심리는 6. 18.에 열렸고, 그의 결정은 6. 19.에 내려졌다. 두 사건의 정부 항소는 연방DC항소법원과 제2항소법원이 6. 22.에 각각 전원재판부로 심리하였다. 각 법원의 판결은 다음날 오후에 내려졌다.

방법원의 판결을 회복시키지 않는 추가적인 근거를 제공하고 있다. 외교 업무 분야에서 행정부의 활동을 판정하는 사법기능의 범위는 매우 제한적이라는 것은 나에게 명백하다. 생각건대 이 견해는 우리의 헌법체계가 따르고 있는 권력분립의 개념이 낳은 것이다.

연방하원 연설에서 연방대법원장 존 마샬은 말했다.

"대통령은 대외 관계에서 국가의 유일한 기관이고, 외국에 대한 유일한 대표자이다." 10Annals of Cong 613 (1800).

건국 직후부터 지금까지 행정권의 범위에 관한 이 설명에 대해 실질적인 이의가 없었다. 외교분야에서 이 헌법적인 중요성으로부터, 어떤 결론이 필연적으로 나오는 것 같다. 워싱턴 대통령은 Jay 협약의 협상 서류에 대한 연방하원의 요청을 거절하면서 정확하게 이 결론을 말하였다.

"외국과의 협상은 신중함을 필요로 하며, 성공은 종종 비밀유지에 달려 있음이 분명하다. 협상이 종결되었을 때도, 제안되거나 고려된 모든 방법, 요구 또는 특권을 완전히 공개하는 것은 매우 졸렬한 일이다. 왜냐하면 앞으로의 협상에 치명적인 영향을 미치거나, 다른 권한과 관련하여 즉각적인 불편, 아마도 위험이나 해악을 낳을 것이기 때문이다."

그러나 성급한 공개의 "해로운 영향"을 평가하는 권한은 행정부에게만 있지 않다. 정치적 압력에 저항하여 수정헌법 제1조의 가치를 보호하는 의무를 수행하는 사법부가 논쟁의 대상이 대통령 외교 권한의 적정한 범위내에 있다고 확인할 때까지 행정부의 초기 결정을 심사하여야 한다는 것에 동의한다. 헌법은 사법 통제의 완전한 포기를 금지하고 있다. 나아가 사법부는 공개가 국가안보에 회복할 수 없는 피해를 입힌다는 결정은 관련된 행정부서의 장－여기에서는 국무장관 또는 국방장관－이 실제 직접 검토한 후에 해야 한다고 적절하게 역설할 수 있다. 이러한 예방책은 국가기밀에 대한 행정부의 특권을 주장하는 비슷한 분야에서도 필요로 한다.

그러나 나의 판단으로는 사법부가 이 두 질문에서 벗어나 스스로 공개가 국가안보에 미칠 수 있는 충격을 다시 결정하는 것은 적절하지 않다.

"외교정책에 관한 행정부 결정의 성격은 정치적이지 사법적이지 않다. 그러한 결정은 우리의 헌법에 의해 전적으로 정부의 정치적 부분인 행정부와 입법부에 위임되어 있다. 이것들은 민감하고 복잡하며, 많은 예언적인 요소와 관련되어 있다. 그 결정은 국민복지를 증진하거나 위험에 빠트리는데 직접 책임이 있는 사람들만이 담당하거나 담당하여야 한다. 그것들은 사법부가 소질, 재능, 책임을 갖고 있지 않고, 사법적인 개입이나 질문에 따르지 않는 정치 권한의 영역에 속한다고 오랫동안 판단되었던 종류의 결정이다." Chicage & Southern Air Lines v Waterman Steamship Corp., 333 US 103, 111 (1948) (대법관 잭슨).

사법부가 행정부의 결정에 대해 최종 판정권을 갖는 경우가 있다 하더라도, 검토의 범위는 매우 제한된다. 나는 워싱턴포스트소송에서 지방법원이나 항소법원의 판결 속에 행정부의 결론이 담당 행정부서 또는 헌법적 특권의 범위내에서 기능하는 정부의 동등한 부서 의견에 따른 것인지를 가리키는 내용을 볼 수 없다.

따라서 나는 이러한 이유로 연방DC항소법원의 판결을 취소하고 지방법원의 추가심리를 위해 사건을 환송한다. 추가심리를 시작하기 전에 정부에게 국가안보에 관하여 국무장관이나 국방장관, 또는 두 사람의 견해를 듣기 위한 적정한 기회가 주어져야 한다. 그 이후 지방법원의 검토는 이 의견에 표명된 견해와 일치되어야 한다. 그리고 위에서 말한 이유로 나는 연방제2항소법원의 판결을 인용한다.

각 사건의 추가 심리가 적절한 규칙에 따라 진행되는 동안 나는 보도제한을 유지한다. 나는 사전제한 금지 원리로 인하여 법원이 이 사건에 관련된 국가의 중요한 문제를 책임있게 해결하는데 필요한 충분한 기간 동안 현상 유지를 결정하지 못한다는 것을 믿을 수 없다.

**[대법관 블랙먼의 반대의견(생략)]**

## 5. 사인에 대한 명예훼손과 손해배상책임

**Gertz v. Robert Welch, Inc**

418 U.S. 323 (1974)

**[요약]**

시카고 경찰관 누치오는 살인죄로 유죄판결을 받았다. 피해자 가족은 유명한 변호사인 상고인 거츠에게 누치오 상대 민사소송사건을 위임하였다. 피상고인의 잡지에 실린 글은 누치오의 살인사건재판이 지역 경찰을 망신시키기 위한 공산주의자의 음모라고 주장하면서 상고인이 누치오사건의 조작에 관여했다고 거짓말하고, 그를 "공산주의자 조직원"이라고 불렀다. 상고인은 피상고인을 상대로 명예훼손소송을 제기하였다. 배심이 상고인 승소판결을 한 후, 지방법원은 New York Times Co. v. Sullivan, 376 U.S. 254 (1964) (이하 "뉴욕타임스 판결")이 선언한 기준, 즉 명예훼손 내용이 허위임을 알거나 진실을 경솔하게 무시하고 발행되었다는 증거가 없으면 언론매체가 공인에게 명예훼손책임을 지지 않는다는 기준이 이 사건에 적용되어야 한다고 판단하였다. 지방법원은 위 기준에 따라 명예가 훼손된 사람이 뉴욕타임스 판결에서처럼 공직자, 또는 Curtis Publishing Co. v. Butts, 388 U.S. 130 (1967) (이하 Curtis Publishing 판결)에서처럼 공인인지와 무관하게 언론매체가 공적인 사항을 논의하는 것이 허용된다고 결론내렸다. 지방법원은 상고인이 허위사실을 알았거나 진실임을 무모하게 무시하였다는 점을 입증하지 못하였다는 이유로 배심결론과는 다르게 피상고인 승소판결을 하였다. 연방항소법원은 지방법원의 결론을 인용하였다.

**[요지]**

1. 공직자나 공인이 아닌 사인의 명예를 훼손하는 허위사실을 공표하거나 방송하는 자는 명예훼손내용이 공공의 또는 일반적인 이해 사항과 연관되어 있다는 점을 근거로 명예훼손소송에서 뉴욕타임스 판결에 의한 보호를 주장할 수

없다.

(a) 사적인 개인들은 공직자나 공인보다 효과적인 반박기회를 갖고 있지 못하기 때문에 명예훼손의 피해를 입기 쉽다. 그들이 자발적으로 허위사실에 의한 명예훼손으로 피해를 입을 위험에 스스로를 노출시키지 않았기 때문에 그들은 더욱 피해배상을 받을 자격이 있다. 사적인 개인들의 명예훼손을 배상하는 주의 이익은 공직자와 공인보다 더 크다.

(b) 일반적인 또는 공공의 이해 사항이 관련되어 있을 때마다 뉴욕타임스 판결의 기준을 개인에 대한 언론매체의 명예훼손사건으로 확장하는 것은 명예를 훼손당한 사적인 개인들을 배상하려는 정당한 이익을 허용할 수 없을 정도로 침해하게 되고, 법원에게 어느 발행물과 방송물이 일반적인 또는 공공의 이해 사항을 다루고 있는 지를 결정하도록 강요하는 어려움을 추가하고 있다.

(c) 무과실책임을 지우지 않는 한 주들은 사적인 개인에게 피해를 주고 명예훼손의 실질적인 위험이 분명할 때, 명예를 훼손하는 허위사실을 공표하거나 또는 방송한 자에 대한 적절한 책임기준을 스스로 정할 수 있다.

2. 그러나 주들은 허위임을 알거나 진실여부를 경솔하게 책임이 아니면 추정손해 또는 징벌적 손해의 회복을 허용할 수 없다. 뉴욕타임스 판결보다 약한 기준에 따라 책임을 입증한 명예훼손소송의 원고는 실제 피해만을 배상받을 수 있다.

3. 상고인은 공직자도 공인도 아니었다.

(a) 상고인이 과거 시 위원회에 참여한 적이 있고 살인피해자에 관한 검시관의 검시에 변호사로서 참여한 사실이 있다고 하여 그가 공직자가 되는 것은 아니다.

(b) 또한 상고인은 공인이 아니다. 일반적인 명성 또는 악명이 있거나 사회문제에 광범위하게 관여한 명백한 증거가 없으면, 개인은 그의 인생의 모든 면에서 공인으로 여겨져서는 안 된다. 그보다는 공인여부는 명예훼손문제가 발생하는 특정한 논쟁에 개인적으로 참여하였는지를 참조하여 결정되어야 한다. 누치오 사건에서 상고인의 역할로 그가 공인이 되는 것은 아니다.

대법관 파웰이 법원의 의견을 작성하고 대법관 스튜어트, 마샬, 블랙먼, 렌퀴스트가 참여하였다. 블랙먼이 동조의견을 작성하였다. 대법원장 버거, 대법관 더글라스, 브레넌, 화이트는 반대의견을 작성하였다.

**[대법관 파웰]**

이 법원은 명예훼손법과 수정헌법 제1조가 보호하는 언론출판의 자유 사이에 적정한 경계를 정하기 위해 거의 10년간 고심해 왔다. 이 판결에서 우리는 그러한 노력을 다시 하게 되었다. 우리는 사적인 시민에 대한 명예훼손책임과 발행인의 헌법상 권리의 범위를 다시 검토하기 위해 이송명령을 발부하였다.

I

1968년 시카고 경찰관 누치오는 넬슨이라는 이름의 젊은이를 총으로 쏘아 죽였다. 주 사법당국은 누치오를 살인죄로 기소하고 2급 살인죄로 유죄판결을 받아냈다. 넬슨 가족은 평판이 좋은 변호사 거츠에게 누치오 상대 민사배상소송을 의뢰하였다.

피상고인은 매달 존 버치 협회[57]의 견해를 대변하는 잡지(American Opinion)를 발행한다. 1960년대초 잡지는 지방 사법관리들을 불신하고 그 대신에 공산주의 독재를 지지하는 경찰조직을 만들려는 전국적인 음모를 경고하기 시작하였다. 이러한 가상의 위험을 대중들에게 경고하려는 시도의 일환으로 잡지의 편집인은 누치오의 살인재판에 관한 글을 실었다. 그는 이러한 목적으로 기고가에게 원고를 부탁하였다. 1969. 3. 피상고인은 "조작 : 리챠드 누치오와 경찰과의 전쟁"라는 제목의 기고문을 실었다. 누치오의 형사재판 증언이 허위이고 그의 기소는 경찰조직을 상대로 한 공산주의 운동의 일환이라고 밝히는 것이 글의 목적이었다.

상고인은 민사소송에서 넬슨가족의 대리인 자격으로 검시관의 검시절차에 참여하고 손해배상소송을 제기하였다. 그러나 그는 언론을 상대로 누치오에 대해 말하지 않았으며 형사절차에서 아무 역할도 하지 않았다. 상고인이 누치오의 기소와 관련이 없음에도 피상고인의 잡지는 그를 "조작"의 기획자로 묘사하였다. 기고문은 상고인이 다음 단체의 간부였다고 설명하였다.

57) 옮긴이 주) 공산주의와 싸우기 위해 설립된 미국의 극우단체. John Birch Society.

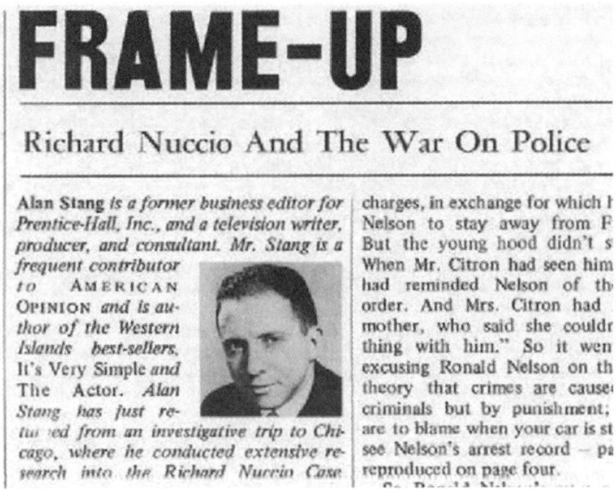

FRAME-UP

Richard Nuccio And The War On Police

*Alan Stang is a former business editor for Prentice-Hall, Inc., and a television writer, producer, and consultant. Mr. Stang is a frequent contributor to* AMERICAN OPINION *and is author of the Western Islands best-sellers,* It's Very Simple *and* The Actor. *Alan Stang has just returned from an investigative trip to Chicago, where he conducted extensive research into the Richard Nuccio Case*

charges, in exchange for which Nelson to stay away from F But the young hood didn't s When Mr. Citron had seen him had reminded Nelson of th order. And Mrs. Citron had mother, who said she couldr thing with him." So it wen excusing Ronald Nelson on th theory that crimes are cause criminals but by punishment; are to blame when your car is st see Nelson's arrest record – pa reproduced on page four.

"원래는 사회주의자 대학연합으로 알려졌고 폭력에 의한 정부 전복을 지지하는 산업민주주의를 위한 마르크스주의자 동맹"

위 글은 거츠를 레닌주의자와 공산주의자 조직원이라고 불렀다. 또한 "1968년 민주당 전당대회 기간 동안 시카고 경찰을 향한 공산주의자 공격을 계획하는데 많은 역할을 한 것으로 보이는", 공산주의자 조직으로 묘사된 전국법률가조합(National Lawyers Guild)의 간부라고 말하였다.

이 내용들은 매우 부정확하다. 상고인에게 형사전과가 있다는 암시는 거짓이다. 상고인은 15년 전부터 전국법률가조합의 회원과 간부였으나, 그가 또는 조합이 시카고의 1968년 데모를 기획하는 역할을 했다는 증거는 없었다. 상고인이 레닌주의자 또는 공산주의자 조직원이라는 근거도 없다. 그리고 그는 마르크스주의자 동맹 또는 사회주의자 대학연합에 가입한 적이 없었다.

잡지의 편집인은 상고인 비난 내용을 확인하거나 입증하려는 노력을 하지 않았다. 그 대신에 그는 편집자 소개란에 글쓴이가 "누치오 사건을 폭넓게 조사하였다."고 덧붙였다. 또한 글속에 상고인의 사진을 포함시키고 사진 아래에 "붉은 조합의 엘머 거츠가 누치오를 괴롭히다."라고 기재하였다. 피상고인은 위 글이 포함된 잡지를 판매하려고 전국의 신문판매대에 배급하였고 글을 복사하여 시카고 거리에서 배포하였다.

상고인은 일리노이주 연방북부지방법원에 소송을 제기하였다. 그는 피상고인이 발행한 잡지의 거짓말로 인하여 변호사와 시민으로서 그의 명예가 손상당하였다고 주장하였다. 답변을 하기 전에 피상고인은 상고인이 특별 손해를 주장하지 못했다는 점을 이유로 청구기각을 신청하였다. 그러나 법원은 글의 내용이 그 자체로 일리노이주법상 명예훼손에 해당하므로 상고인은 특별 손해를 주장할 필요가 없다고 결정하였다.

피상고인은 답변한 후 명예훼손책임에 대한 헌법적인 특권을 주장하면서 사실심리전 약식판결을 신청하였다. 피상고인은 상고인이 공직자 또는 공인이고, 공공의 이해 사항 또는 관심사에 관한 글이므로 뉴욕타임스 판결에서 판시한 특권을 주장할 자격이 있다고 주장하였다. 이 법리에 따르면 상고인이 명예를 훼손하는 허위사실을 "현실적 악의 …즉 거짓이라는 것을 알거나 거짓인지 아닌지를 경솔하게 무시 …를 가지고" 공표하였다는 것을 증명하지 않는 한, 피상고인은 면책될 것이다. 피상고인은 상고인이 그러한 입증을 할 수 없다고 주장하였고 자신의 주장을 뒷받침하는 잡지 편집인의 선서진술서를 제출하였다. 편집인은 상고인에 관한 내용이 허위임을 알지 못했고, 기고자의 명성과 잡지에 기고한 글들의 정확성과 권위에 대한 그의 과거 경험을 믿었다고 진술하였다.

지방법원은 1970. 9. 16. 피상고인의 약식판결 신청을 기각하였다. 법원은 뉴욕타임스 판결의 보호를 받는다는 피상고인의 주장을 다투지 않았다. 그보다는 진실을 경솔하게 무시하고서 명예훼손 내용을 공표하였다는 점을 인정할만한 충분한 사실을 상고인이 증명함으로써 헌법상의 특권을 배제할 수 있다고 판단하였다. 그러나 재판과정에서 법원이 뉴욕타임스 판결의 법리를 이 사건에 적용하여야 한다는 피상고인의 주장을 모두 받아들일 수 없다는 것이 분명해졌다. 법원은 헌법 특권의 보호를 받는다는 피상고인의 주장은 상고인이 뉴욕타임스 판결상의 공직자인가 또는 공적인 사안이 관련되어 있으면 특권이 발생한다는 주장을 명백히 배척한 Curtis Publishing 판결상의 공인인가에 달린 문제라고 생각하였다. 배심재판으로 넘어가기 전에 모든 증거가 제출된 후, 법원은 결국 상고인은 공직자도 공인도 아니라고 판단하였다. 만약 그가 공직자 또는 공인이라면 뉴욕타임스판결을 적용할 경우 피상고인 승소평결이 내려질 것이라고 보았다. 기고문의 일부 내용이 일리노이주법상 명예훼손에 해당하기 때문에 법원은 배심재판에 회부하였다. 배심은 상고인에게 5만불의 배상액을 인정하였다.

배심평결과 추가적인 검토 이후 지방법원은 상고인이 공직자나 공인이 아니라고 하더라도 이 사건에 뉴욕타임스 판결이 적용되어야 한다고 결론지었다. 법원은 공공의 사항에 대한 토론은 그로 인하여 명예를 훼손당한 사람의 지위와 관계없이 보호된다는 피상고인의 주장을 받아들였다. 따라서 법원은 배심평결에도 불구하고 피상고인 승소판결을 하였다. 이 결론은 Rosenbloom v. Metromedia, Inc., 403 U.S. 29 (1971) 판결(이하 “로젠블룸 판결”)에서 다수의견의 이유를 예상하게 한 것이었다.

상고인은 이 사건에 뉴욕타임스 판결이 적용되는지를 다투기 위해 항소하였다. 연방제7항소법원은 상고인이 공인이 아니라는 지방법원의 결론이 정당한지 의문을 가졌으나 그 판단을 뒤집지 않았다.[58] 항소법원은 연방대법원의 로젠블룸 판결을 인용하면서 기고문이 공공의 이해관계와 관련되어 있기 때문에 피상고인은 헌법적인 특권을 주장할 수 있다는 지방법원의 결론에 동의하였다. 항소법원은 로젠블룸 판결에 의해 명예를 훼손당한 사람의 지위, 명예, 익명성에 관계없이 중요한 공공의 이해 사항에 관한 어느 출판물 또는 방송에 대해서 뉴욕타임스 판결의 기준이 적용되어야 한다고 해석하였다. 항소법원은 피상고인의 기고문내용은 그러한 공적인 사항에 관한 것이라고 결론내렸다.[59] 항소법원

58) 법원은 판시하였다.

변호사, 작가, 강사, 그리고 공공의 중요한 문제에 참여자로서 [상고인의] 상당한 지위는 그가 뉴욕타임스 판례 등이 사용한 용어인 “공인”일 개연성이 높다. 그럼에도 불구하고 판결의 목적상 우리는 공인이 아니라고 가정하고 글의 주제에 따른 특권주장의 가능성을 심사한다. 805.

59) 항소법원에서 상고인은 피상고인의 명예훼손은 공공의 또는 일반적인 이익의 쟁점과 무관하다고 밝히기 위해 영리하지만 무익한 시도를 하였다. 그는 글의 대상은 누치오의 살인 재판이었고, 그 절차에 참여하지 않았다고 주장하였다. 그러므로 만약 글의 대상이 일반적으로 뉴욕타임스 특권에 의해 보호된다 할지라도, 로젠블룸 판결의 다수의견에 따르면 명예훼손 내용은 보호되지 않는다고 주장했다. 항소법원은 이 주장을 배척하고, 경찰을 괴롭히는 전국적인 음모라는 피상고인의 일반적인 논지에서 상고인에 대한 비난이 핵심적인 역할을 하였다고 보았다.

우리는 글의 기본 논지가 거짓이라고 가정한다. 그럼에도 불구하고 뉴욕타임스 판결의 법리에 따라 거짓 주장을 뒷받침하기 위해 말한 거짓 진술조차 거짓임을 알거나 진실 여부에 대한 경솔한 무시에 의해 이루어지지 않는 한 보호된다. 발행인이 그 법리의 혜택을 받을 자격이 있는 지를 결정하는 것은 실제 거짓 진술을 허용하는 판결의 법리를 손상하게 될 것이다. 그러므로 만약 우리가 글의 허위내용을 제쳐두고 내용이 전적으로 진실인 것처럼 다룬다면, 상고인 비평이 글의 핵심적인 논지라는 점이 부인될 수 없다. 그 비평은 뉴욕타임스 기준에 따라 평가되어야 한다. 471 F.2d, 806.

우리는 항소법원이 상고인의 주장을 받아들이지 않는 것은 정당하다고 생각한다. 상고인의 주장을 받아들이면 사실의 허위 진술 유형에 대한 현명하지 못한 구별을 바

은 기록을 검토한 후, 상고인이 분명하고 설득력있는 증거에 의해 피상고인이 뉴욕타임스 판결에서 정의된 "현실적인 악의"를 가지고 행동했다는 점을 밝히지 못했다는 지방법원의 결론을 지지하였다. 잡지의 편집인이 기고문의 비난내용이 허위라는 것을 알고 있었다는 증거는 없었다. 사실 그는 기고문에서 알게 된 것을 제외하고 상고인에 대해서 아는 것이 없었다. 사실을 조사하지 않았다는 증거만으로는 법원이 진실의 경솔한 무시를 인정할 수 없다고 판시한 것은 정당하다. 그보다는 발행인이 "허위가능성에 대한 고도의 인식"을 가지고 행동해야 한다. 이 사건의 증거로는 피상고인이 그러한 인식을 가졌다고 볼 만한 근거가 없었다. 연방항소법원은 지방법원판결을 인용했다. 우리는 아래에서 보는 바와 같은 이유로 파기한다.

## II

이 사건의 주요 쟁점은 신문 또는 방송이 공직자나 공인 아닌 개인에 대하여 명예를 훼손하는 허위사실을 공표했을 때, 그로 인한 명예훼손에 대해 헌법상의 특권을 주장할 수 있느냐 이다. 이 법원은 이 문제를 로젠블룸 판결에서 다소 다른 사실관계 속에서 검토하였다. 누드 잡지 배급자인 로젠블룸은 소매상에게 배달하는 과정에서 외설물을 팔았다는 이유로 체포되었다. 경찰은 영장을 받아 3,000권의 책과 잡지를 압수하였다. 그는 경찰이 자신의 사업을 방해하는 것을 금지하는 금지명령을 신청하여 발부받았다. 이어서 그는 지역 라디오방송사를 상대로 2차례 보도과정에서 압수된 3,000건이 "전하는 바에 따르

---

탕으로 책임을 자의적으로 부과하게 될 것이다. 이 사건이 그 점을 예시하고 있다. 피상고인은 거짓으로 상고인을 누치오에 대한 형사기소의 설계자로 묘사하였다. 겉으로 보기에 이 부정확성은 명예훼손이 아닌 것 같다. 또한 피상고인은 상고인을 거짓으로 "레닌주의자" 또는 "공산주의자"라는 딱지를 붙였다. 이러한 비난은 일반적으로 명예훼손으로 여겨진다. 상고인의 "공공의 또는 일반적인 이익"심사 해석에 의해, 만약 상고인이 사실상 형사기소와 연관되어 있다면, 피상고인은 명예훼손 허위내용을 발행할 헌법상의 특권을 누리게 될 것이다. 그러나 이는 누치오 재판에서 상고인의 역할을 혼동하는 외견상 악의없는 실수가 상고인을 공산주의자라고 부를 수 있는 특권을 없애버릴 것이다. 그래서 명예손상의 위험을 경계해야 하는 내용을 발행할 피상고인의 특권은 진술의 정확성에 전적으로 달려 있다. 이러한 진술이 거짓임을 알거나 진실을 경솔하게 무시하고 발행되지 않았다고 가정할 때, 우리가 부정확성을 구분할 이유가 없다.

면" 또는 "이른바" 외설적이라고 말하지 않았고, 금지명령의 법정절차를 보도하면서 "음란서적 부정거래"와 "누드책 행상인"이라고 언급하면서 방송하였다는 이유로 소송을 제기하였다. 그는 지방법원에서 승소판결을 받았으나 연방제3항소법원은 뉴욕타임스 판결의 특권이 방송에 적용된다고 판단하고 취소하였다.

연방대법원은 연방항소법원판결을 인용했으나 과반수가 찬성하는 의견은 없었다. 로젠블룸 판결에 참여한 8명의 대법관은 5개의 별개의견으로 나누어 견해를 발표하였고, 어느 것도 3표 넘게 모으지 못했다. 그 의견들은 그 사건의 적정한 결론에 대한 불일치를 보여줄 뿐만 아니라 수정헌법 제1조와 명예훼손의 법리를 조화시키는 일반적인 문제에 대하여 서로 다른 생각을 반영하고 있다. 하나의 접근방법은 뉴욕타임스 기준을 다양한 상황으로 확대하는 것이다. 다른 접근방법은 명예가 훼손된 사람의 지위에 따라 명예훼손적인 허위사실에 대한 헌법적인 특권의 수준을 달리 하는 것이다. 그리고 3번째 견해는 출판과 방송매체에 대해서는 명예훼손의 절대적인 면책을 부여하는 것이다. 적정한 맥락 속에서 판결이 이루어지도록 먼저 로젠블룸 판결과 선례들을 검토한다.

연방항소법원이 이 사건 지방법원의 판결을 인용하면서, 로젠블룸 판결에서 공공의 또는 일반의 관심사를 다루는 모든 토론과 통신은 뉴욕타임스 판결이 선언한 법리에 의해 명예훼손책임으로부터 보호된다는 브레넌 대법관의 다수의견(a plurality, 과반수에 미달한 다수의견)에 의존하고 있다. 뉴욕타임스 판결에서 연방대법원은 보통법상 명예훼손법의 제한에서 벗어나 공직자들을 자유롭게 비판하도록 허용하는 헌법 특권을 정의하였다. 타임스는 앨라배마주의 흑인 학생들의 민권 데모를 지지하고 지역 경찰의 행위를 암묵적으로 비난하는 정치광고를 실었다. 경찰 위원은 주법원에시 광고의 허위내용이 그를 기리키고 있고, 앨라배마주법상 명예훼손에 해당한다고 주장하였다. 이로써 타임스에게는 유일하게 진실항변만 남았다. 앨라배마주법상 선의나 합리적인 주의를 기울인 것만으로는 신문사가 책임으로부터 면제되지 않기 때문이다. 연방대법원은 "공직행위의 비판자에게 모든 사실의 진실성을 보장하라고 요구하는 이론은" 언론을 포기하게 하므로 그러한 결과에 맞서기 위해 헌법 특권을 선언하였다.

우리는 헌법 보장에 의해 공직자가 현실적 악의－즉 거짓을 알고 있거나 거짓여부를 경솔하게 무시-를 입증하지 않는 한 그의 공무수행과 관련한 명예훼손 허위사실로부터 손해배상을 받는 것이 금지되는 연방법리가 성립한다고 생각한다. 279-280.[60)]

뉴욕타임스 판결 후 3년이 지나서 연방대법원의 과반수 의견은 헌법특권을 공인에 대한 명예훼손 비판으로 확장하는데 동의하였다. Curtis Publishing 판결과 Associated Press v. Walker, 388 U.S. 130 (1967) 판결(이하 "워커판결")

---

60) 뉴욕타임스 판결과 그 이후 판결들은 새로운 기준의 의미를 자세히 설명하였다. 뉴욕타임스 판결은 신문사가 자사의 보도자료 목록에서 광고의 정확성을 확인하지 않은 것은 진실의 경솔한 무시에 해당하지 않는다고 판단했다. St. Amant v. Thompson, 390 U.S. 727, 731 (1968) 판결에서 법원은 진실의 경솔한 무시는 허위가능성을 주관적으로 인식한 것과 같다고 보았다 : "피고가 실제 발행내용의 진실성에 관하여 심각한 의심을 하였다는 결론을 허용하기 위해서는 충분한 증거가 있어야 한다." Beckley Newspapers Corp. v. Hanks, 389 U.S. 81 (1967) 판결에서, 법원은 뉴욕타임스 판결의 거짓의 인식 또는 진실의 경솔한 무시의 심사와 전통적인 의미에서 악의(ill will)인 "현실적인 악의" 사이의 구분을 강조하였다. Garrison v. Louisiana, 379 U.S. 64 (1964) 판결은 새로운 기준은 민사소송뿐만 아니라 형사범죄에도 적용되고, 공직 적합성에 관한 비판에도 적용됨을 명백히 하였다. 77쪽. 마지막으로 Rosenblatt v. Baer, 383 U.S. 75, 85 (1966) 판결에서, 법원은 다음과 같이 판시하였다.

"공직자" 지정은 공무원 조직체계에서 적어도 정부 업무를 통제하거나 실질적인 책임이 있거나 대중에게 그와 같이 비치는 공직자에게 적용된다.

Time, Inc. v. Hill, 385 U.S. 374 (1967) 판결에서 법원은 뉴욕타임스 기준을 특이한 주 법에 근거한 소송에 적용하였다. 법은 명예훼손 소송 사유를 신설하지 않은 대신에 원치 않는 공개에 대한 구제책을 제공하였다. 비록 법이 공중의 관심에 공개됨으로서 발생한 피해 회복을 허용했지만, 진실을 완전한 항변으로 인정하였다. 그래서 비명예훼손적인 사실상의 오류는 발행인에게 사생활 침해와 비슷한 것으로 책임이 인정될 수 있었다. 법원은 그러한 소송에서 피고가 원고의 명예나 익명성과 무관한 뉴욕타임스 특권을 제기할 수 있다고 판단하였다. 법원의견을 작성한 대법관 브레넌은 그 판결이 뉴욕타임스 판결의 확장이 아니며, 이 사건 별개의 맥락에서 그 기준을 적용하는 비슷한 법리라고 선언하였다.

이 사건은 사인의 명예훼손 소송이 아니고 공직자의 법규정에 따른 소송도 아니다. 그러므로 뉴욕타임스 판결에서 발표된 수정헌법 제1조 원칙이 결론을 안내해준다고 하더라도, 우리는 이 사건 별개의 맥락에서 이러한 원칙을 적용함으로써 그 결론에 이른다. 뉴욕타임스 사건의 사실관계로부터 이 사건 사실관계를 구분할 의도는 없다. 만약 이 사건이 명예훼손소송이라면, 공직자와 명예훼손내용을 반박하는 개인의 상대적인 기회 사이에서 나타나는 구분이 관련이 있을 것이다. 그리고 명예훼손에 대해 개인을 보호하는 주의 추가적인 이익이 관련될 것이다. Rosenblatt v. Baer, 383 U.S. 75, 91(대법관 스튜어트 동조의견).

에서 특권 확장이 선언되었다. 첫째 사건은 조지아 대학의 Wally Butts 코치가 앨라배마 대학의 코치와 공모하여 학교 사이의 축구경기를 매수하기로 했다는 신문의 비난보도사건이다. 워커판결은 미시시피대학 캠퍼스의 폭동에 전 시장 워커 장군이 참여하였다는 AP의 잘못된 보도에 관한 사건이다. Butts는 동문회에서 월급을 받았고 워커는 군에서 제대하였기 때문에 뉴욕타임스 판결상 공직자로 분류될 수 없었다. 과반수 의견은 뉴욕타임스 판결이 공직자 뿐만 아니라 공인들 비판에도 적용되어야 한다는 연방대법원장 워렌의 결론을 지지하였다. 법원은 중요한 공적인 문제의 해결에 깊게 관여하거나, 그들의 명성에 의해 널리 사회의 관심영역에서 사건을 만든 공인에 대한 명예훼손적인 비판에도 헌법적 특권을 확대하였다.

로젠블룸 판결의 다수의견에서 브레넌 대법관은 뉴욕타임스 판결에서 한걸음 더 나아갔다. 그는 뉴욕타임스 판결에 의한 보호는 일반의 또는 공공의 이해관계에 관한 문제라면 사인에 관련된 명예훼손적인 허위사실에도 확대되어야 한다고 결론지었다. 그는 공직자와 한편으로는 공인, 다른 한편으로는 사인 사이의 구분을 회피하고 있다. 대신에 그는 어떤 사항을 알게 되는데 있어서 사회의 이해관계에 초점을 맞추고 있다.

만약 문제가 공공의 또는 일반의 이해관계에 관한 것이라면, 단지 사인이 관련되어 있기 때문에 또는 개인이 자발적으로 관여하기로 선택하지 않았기 때문에 갑자기 중요성이 떨어질 수 없다.

그래서 그 의견아래서는 일반의 이해관계에 해당되는 문제에 비자발적으로 관련된 사적인 시민은 뉴욕타임스 판결이 요구하는 까다로운 요건을 충족하지 못하면 명예 손상을 배상받을 수 없다.

그러나 로젠블룸 판결에서 결론에 동소한 2명의 대법관은 브레넌 대법관의 이론과 다르다. 블랙 대법관은 오랫동안 더글라스 대법관과 공유했던 의견, 즉 수정헌법 제1조는 보도매체에게 명예훼손책임으로부터 절대적이고 불가침의 면책을 부여한다는 그의 의견을 다시 밝혔다. 화이트 대법관은 좀 더 좁은 근거로 다수의견에 동조하였다. 그는 다음과 같이 결론내렸다.

“수정헌법 제1조는 출판과 방송매체에게 공공의 행위에 관련된 개인이나 그로 인해 영향을 받는 개인의 명예나 사생활이 공공의 관심에서 면제되어야 한다는 부담없이 공직자의 공적인 행위에 대해 상세하게 보도하고 비평할 특권을 부여하였다."

그래서 그는 다른 대법관들이 언급한 더 넓은 질문에는 대답하지 않았다. 할란 대법관은 반대하였다. 비록 그가 뉴욕타임스 판결과 Curtis Publishing 판결의 다수의견에 참여하였다 할지라도 공인에 대해서 특권을 확장하는 것에는 이의를 제기하였다. 그는 정부 공무원이 아닌 공인에 대해서는 다음과 같은 명예훼손으로 인한 손해배상을 허용하여야 한다고 주장하였다.

"책임있는 발행인들이 보통 충실히 따르는 조사나 보도의 기준과는 동떨어진 매우 불합리한 행위에 의한 것으로 밝혀진 명예훼손"

할란 대법관은 주로 공직자에 의한 명예훼손 소송은 선동적인 내용에 따른 명예훼손에 관한 것이라는 이유로 뉴욕타임스 판결을 구분하고 있다. 그러나 공직자가 아닌 사람에 대한 손해의 인정이 정부정책의 옹호로 비쳐질 수 없다. 나아가 할란 대법관은 대부분의 공직자가 Barr v. Matteo, 360 U.S. 564 (1959) 판결에 의해 그들 자신의 명예훼손 발언에 관한 책임으로부터 절대적으로 면책되기 때문에, 법원의 보호를 강하게 요구할 근거가 부족하다고 암시하고 있다.

로젠블룸 판결에서 할란 대법관은 이 견해를 수정하였다. 그는 공인에 대한 명예훼손에도 특권을 적용하는 것을 묵인하였으나, 사인의 명예를 손상하는 허위사실의 경우 다른 법리가 적용되어야 한다고 주장하였다. 그는 사인은 공직자나 공인보다는 허위사실을 반박하기에 충분한 언론매체를 이용할 가능성이 적고, 자발적으로 자신을 대중의 조명을 받는 위치에 노출시키지 않았기 때문이라고 하였다. 할란 대법관은 주들이 무과실책임을 제외하고 주의를 기울인 정도를 근거로 명예훼손에 대한 손해배상을 허용하는 것은 합헌이라고 결론지었다.

마샬 대법관은 스튜어트 대법관이 참여한 반대의견을 썼다. 그는 뉴욕타임스 판결 특권의 적용 여부를 결정하기 위해, 다수의견이 "공공의 또는 일반의 이해"유무를 심사하는 것은 법원이 어떤 정보가 자치와 관련되어 있는지를 결정하는 위험한 일을 하게 될 것이라고 생각하였다. 또한 그는 다수의견이 사인들을 명예훼손의 왜곡된 시선으로 대중의 눈에 노출되는 것을 방지하는 사회의 이익을 부적절하게 취급하고 있다고 주장하였다. 그래서 마샬 대법관은 할란 대법관과 마찬가지로 주가 무과실책임을 부과하지 않는 한, 본질적으로 자유스럽게 보통법상의 명예훼손법을 발전시켜 나가고 주들의 필요에 따라 가장 적합한 과실 기준을 정할 수 있어야 한다는 결론에 이르렀다. 반대 대법관들 3명의 의견이 일치하지 않는 중요 쟁점은 징벌적 손해배상이다. 할란 대법관은 주들이 실제 발생한 손해와 합리적이고 중대한 연관이 있는 범위에서 징벌적 손해배상을 허용할 수 있다고 생각하였다. 마샬 대법관은 배심이 인정하는 징벌적 손해배상액의 규모나 예측불가능성은 매체의 자기 검열 문제를 불필요하게 악화시키므로 징벌적 손해배상은 금지되어야 한다고 보았다.

## III

우리는 견해가 일치된 부분에서 시작한다. 수정헌법 제1조에서는 허위 생각과 같은 것은 없다. 의견이 유해하다면, 우리는 판사와 배심의 양심이 아니라 다른 의견과의 경쟁을 통해서 수정되는 것을 지지한다.[61] 그러나 허위사실에는 헌법 가치가 없다. 의도적인 거짓말이나 부주의한 잘못은 공공의 사항에 관하여 "거리낌없고, 활발하며 널리 열린" 토론을 허용하는 사회적인 공익을 실질적으로 증진시키지 않는다. 이들은 의견을 설명하는 본질적인 부분이 아니고 진실로 가는 과정으로서 사회적인 가치가 매우 적어서 그들로부터 나오는 어떤 이익보다 질서와 도덕을 유지하는 사회적인 이익이 더 중대하다.

비록 허위사실이 헌법의 보호를 받을 가치가 없다 하더라도 자유토론에서는 불가피하다. 제임스 매디슨이 1798년의 버지니아 결의에 관한 보고서에서 지적했듯이 "일정 정도의 남용은 모든 것의 적정한 사용과 분리될 수 없다. 이것이 신문보다 더 진실인 경우는 없다." 그리고 오류를 벌하는 것은 헌법이 보장하는 언론 및 출판의 자유를 조심스럽고 제한적으로 행사하도록 유도하는 위험을 낳게 된다. 우리의 판결은 발행인이나 방송사에게 사실의 정확성을 보장하도록

61) 토마스 제퍼슨은 그의 취임연설에서 이 점을 지적하였다.

만약 우리들 사이에 이 합중국을 해체하거나 공화국 형태를 변경하려는 사람이 있다면, 이유를 자유롭게 논쟁할 때 의견의 실수는 용인될 것이라는 안전책에 의해 그들이 방해받지 않도록 하라.

강요하는 엄격책임이론이 자기검열을 불러온다는 것을 인식하고 있다. 언론매체가 명예훼손에 해당하는 내용의 진실성을 입증하는 방법으로만 면책되는 것은 수정헌법 제1조의 자유를 적절하게 보호하지 못하게 된다. 뉴욕타임스 판결은 다음과 같이 판시하였다.

"피고가 진실 입증 책임을 지는 진실항변을 허용하는 것이 허위 언론만 금지시키지 않는다." 279.

수정헌법 제1조는 중요한 언론을 보호하기 위하여 일부 허위사실도 보호할 것을 요청하고 있다. 그러나 보도매체의 자기 검열 방지 필요성은 쟁점이 되는 유일한 사회적인 가치는 아니다. 만약 그렇다면 연방대법원은 오래 전에 발행인과 방송사가 명예훼손책임으로부터 무조건적이고 완전한 면책을 받는다는 견해를 밝혔을 것이다. 그러한 이론은 명예훼손 허위사실에 대한 민사책임의 가능성때문에 겁먹은 언론이 수정헌법 제1조의 자유를 효과적으로 행사하지 못할 수 있다는 두려움을 없애줄 것이다. 그러나 언론매체의 절대적인 보호는 명예훼손법이 보호하는 경쟁 가치를 모두 희생시킨다. 명예훼손법에 의한 정당한 주의 이익은 명예를 훼손하는 허위사실로 피해를 입은 개인에게 보상하는 것이다. 우리는 주가 이러한 목적을 포기하도록 가볍게 요구하지 않을 것이다. 왜냐하면 스튜어트 대법관이 상기해주듯이 좋은 명성을 보호하고자 하는 개인의 권리는 모든 인간의 본질적인 존엄성과 가치의 기본 개념, 품위있고 질서정연한 자유체계의 기초인 개념을 반영하고 있기 때문이다. 인생 자체의 보호와 마찬가지로 사적인 인격의 보호는 원래 수정헌법 제9조 및 제10조에 의해 개별 주들에 맡겨져 있다. 그러나 이것이 우리 헌법 체계의 근본원리로서 법원으로부터 경시되는 권리라는 것을 의미하지 않는다. Rosenblatt v. Baer, 383 U.S. 75, 92 (1966).

활발하고 무제한적인 언론의 필요성과 부당한 피해 회복의 정당한 이익 사이에 긴장이 존재하는 것은 당연하다. 할란 대법관은 다음과 같이 말했다.

"언론 및 출판의 자유와 명예훼손 소송 사이의 대립은 계속된다. 왜냐하면 명예훼손은 언론의 내용을 전제로 하고 있고, 발행인이 실질적인 정확성을 법적으로 입증하지 않는 한 의견 표현의 자유를 제한하기 때문이다." Curtis Publishing 판결 152.

이러한 대립하는 관심사를 적정하게 조화시키기 위한 노력으로 우리는 특히 언론 및 출판의 자유를 효과적으로 행사하기 위해 “숨 쉴 공간”을 보장해왔다. 이러한 목적으로 이 법원은 허위사실에 의한 명예훼손에 대해서도 보호수단을 확장했다.

뉴욕타임스 판결 기준은 공적인 인물의 명예훼손에 대해서 적절한 헌법적인 보호 수준을 정의하였다. 업적, 성공 또는 열정의 평판때문에 공공의 관심을 끌어서 적정하게 공인으로 분류되는 사람들과 정부의 직책을 맡고 있는 공직자들은 명예를 훼손하는 허위내용이 허위임을 알거나 진실을 경솔하게 무시했다는 점을 분명하고 설득력있게 입증할 때에만 피해배상을 받을 수 있다. 이 기준은 명예훼손에 대해 보통법상의 엄격책임으로 인한 언론매체의 자기검열 동기를 매우 강력하게 제어하는 해독제 기능을 한다. 그리고 이와 상응하여 허위 사실에 의한 명예훼손 피해자에게는 희생을 강요하고 있다. 많은 원고들이 뉴욕타임스 판결의 벽을 넘어서지 못할 것이 확실하다. 명예의 부당한 침해를 배상하는 주법상의 권리를 실질적으로 제한함에도 불구하고, 법원은 뉴욕타임스 판결 특권이 공직자 및 공인과 관련하여 허위사실에 의한 명예훼손에 대해 발행인들과 방송사들을 보호하고 있다고 결론지었다. 우리는 이러한 판결이 옳다고 생각하지만, 책임을 면제하는데 있어서 출판 및 방송 매체의 이해관계만을 고려한 결론이 정당하다고 보지 않는다. 그보다는 뉴욕타임스 판결의 법리가 이러한 고려와 공적 인물이 제기한 명예훼손소송에서 나타나는 제한된 주의 이해관계 사이를 조정하고 있다고 믿는다. 아래에서 설명한 바와 같이 우리의 결론은 사인의 명예에 대한 피해 배상에는 다른 법리가 적용되어야 한다는 것이다.

물론 이론적으로는 보도의 필요성과 잘못된 피해 배상 청구 사이의 균형은 사건별로 맞춰나가야 한다. 대법관 할란이 가성한 바와 같이,

“어떤 수정헌법 제1조 가치가 승소한 특정 원고를 보호하는 정당한 주의 이익보다 우월하든 최종 판결이 완전히 유지될 것인지를 확인하기 위해, 순전히 추상적으로 가장 유용한 방법은 모든 명예훼손 사건에서 모든 배심 평결을 주의깊게 심사하는 일인 것 같다.” 로젠블룸 판결, 63.

그러나 이 방법은 예측할 수 없는 결과와 불확실한 예상을 낳는다. 그리고 하급법원을 감독하는 우리의 의무이행을 불가능하게 한다. 각 개별 사건에서

문제가 된 대립하는 이익을 임시로 해결하는 것이 가능하지 않기 때문에, 우리는 일반적으로 적용되는 넓은 법리를 내놓아야 한다. 그래서 법리 적용을 정당화하는 고려사항이 모두 개별 사건에서 나타나지 않을 것이라는 것도 진실이다. 우리가 명예훼손 소송의 원고를 구별하는데 어려움은 없다. 명예훼손 피해자의 첫째 구제방법은 거짓말을 반박하거나 잘못을 시정하여 명예손상을 최소화하는 기회를 이용하는 자구행위이다. 공직자와 공인은 대개 효과적인 의사전달 채널을 상당히 자주 이용하여 사인보다 허위 주장에 대응할 수 있는 더 많은 기회를 가지고 있다.[62] 따라서 사인들은 피해를 더 입을 수 있고 이에 따라 그들을 보호해야 하는 주의 이익은 더 크다.

사인들에게 효과적인 반박 수단이 부족할 가능성보다 더 중요한 것으로 명예훼손의 공적인 원고와 사적인 원고 사이를 구별하는 강력한 규범적인 고려사항이 있다. 정부의 직책을 맡기로 한 개인은 공적인 업무 참여로 인한 결과를 수용하여야 한다. 그는 대중이 더 세밀하게 조사하는 위험을 감수한다. 그리고 정부 공무원에 대한 사회의 공익은 공적인 의무를 형식적으로 종료할 때까지로 엄격하게 제한되지 않는다.

공인으로 분류되는 사람들도 비슷한 처지에 있다. 가령 (대중의 관심을 끌려는) 의도적인 행동이 없이 공인이 된 사람도 있을 수 있지만 진정으로 비자발적인 공인은 매우 드물다. 이러한 지위를 얻은 사람들 대부분은 사회의 공적인 관심사와 관련하여 특별한 유명세를 가진 위치에 있다. 일부는 공인으로 간주될 수 있는 설득력과 영향력을 가진 지위에 있다. 공인으로 분류된 사람들은 관련 사안을 해결하는데 영향을 미치기 위해 특정한 공적인 논쟁에 스스로 가담하였다.

비록 이러한 일반론이 모든 경우에 해당되지 않는다 하더라도, 언론매체는 공직자들과 공인들이 명예를 훼손하는 허위사실로 인한 피해를 입을 위험에 스스로를 자발적으로 노출시켰다는 가정아래 행동할 권리가 있다. 그러한 가정은

62) 물론 반박 기회가 명예훼손적인 허위내용으로 인한 피해를 없애기에 충분하지 않다. 명예훼손법은 진실이 거짓말을 거의 따라 잡을 수 없다는 우리의 경험에 뿌리를 두고 있다. 그러나 반박이라는 자기 구제만으로 부적절하다는 사실은 그것이 우리의 질문과 무관하다는 것을 의미하지 않는다.

사인에 대해서는 정당하지 않다. 그는 공직에 나아가지 않았거나 사회에서 영향력있는 역할을 맡지 않았다. 자신의 좋은 명성을 보호하는 이익을 전혀 포기하지 않았고 허위사실에 의한 명예훼손으로 발생한 피해의 회복을 법원에 더 강력하게 요청할 수 있다. 그러므로 사인들은 공직자나 공인보다 피해를 입을 가능성이 높고 또한 피해를 회복받을 필요가 더 있다.

이러한 이유로 우리는 사인의 명예를 손상하는 허위사실에 의한 명예훼손에 대해 주들이 법적인 구제를 강화하기 위해 실질적인 융통성을 보유해야 한다는 결론이다. 로젠블룸 판결의 다수의견이 제안한 바와 같이 뉴욕타임스 판결을 확대하는 것은 우리가 받아들일 수 없는 정도로 주의 정당한 이익을 침해하게 될 것이다. 그리고 주 및 연방의 판사들에게 어떤 출판물이 "일반적인 또는 공공의 이해사항"에 관한 것인지, 마샬 대법관의 말로 하면 "어떤 정보가 자치에 관련되어 있는지"를 결정하도록 하는 어려움을 가중시키게 될 것이다. 우리는 이러한 임무를 판사들의 양심에 맡기는 것이 지혜로운지 의심스럽다. 또한 헌법이 우리에게 뉴욕타임스 판결의 특권과 명예를 훼손하는 잘못에 대한 보통법상의 엄격책임 사이를 구분하는 매우 희미한 경계를 설정하도록 요구하고 있지 않다. 사적인 명예훼손소송에서 뉴욕타임스 판결 기준의 적용여부를 결정하기 위해 "공공의 또는 일반의 이해관계"여부를 심사하는 것은 대립하는 가치를 부적절하게 다루게 된다. 한편으로는 공공의 또는 일반의 이해사항에 관련되어 있는 허위사실에 의해 명예를 손상당한 사인은 그가 뉴욕타임스 판결의 엄격한 조건을 충족하지 못하면 피해를 회복하지 못한다. 이것은 주가 공인이 관련되었을 때와 사인들에게 배상의 허용을 구분함에도 불구하고 사실이다. 다른 한편으로 법원이 공공의 또는 일반의 이해관계와 무관하다고 보는 허위사실에 의해 명예를 훼손한 발행인이나 방송사는 정확성을 보장하기 위해 모든 합리적인 주의를 기울여도 손해배상책임을 질 수 있다. 그리고 배심이 손해의 증명이 없어도 손해를 추정하거나 징벌적 손해배상조차도 허용되기 때문에 배상책임은 원고의 실제 손해를 초과할 수도 있다.

우리는 주들이 무과실책임을 부과하지 않는 한, 사인들의 명예를 훼손하는 허위사실의 발행인 또는 방송사에 대한 적절한 책임 기준을 결정할 수 있다고 판단한다.[63] 이 방법이 대립하는 이해관계 사이에서 좀 더 공정하게 경계를 긋는다. 사인들의 명예 손상을 배상하는 강력하고도 합법적인 주의 이익을 인정하면서, 출판 및 방송매체를 명예훼손에 대한 엄격 책임의 가혹함으로부터 보호하고 있다. 적어도 이 사건처럼 명예를 훼손하는 내용이 "명성에 실질적인 위험을 초래한 것이 분명"한 경우에 이러한 결론이 타당하다.

## Ⅳ

우리들이 사인들이 제기한 명예훼손 소송에서 대립하는 가치를 조정함으로써 주들이 뉴욕타임스 판결이 요구하는 것보다 덜 엄격한 증명에 의해 발행인이나 방송사에게 허위사실 명예훼손에 대한 책임을 부과하는 것을 허용한다. 이 결론은 뉴욕타임스 판결이 공직자에 대한 명예훼손에 특권을 부여하고 공인에게

---

63) 엄격책임에 대한 우리의 경고가 대법관 화이트 반대의견의 주된 목표이다. 그는 발행인이나 방송사는 명예훼손 내용의 진실성을 증명하도록 요구될 것이고, 만약 증명에 실패한다면 발행인이나 방송사는 공표하기 전에 진술의 정확성을 확인하기 위해 모든 가능한 주의를 기울여도 명예훼손책임을 지게 될 것이라고 보고 있다. 388-392. 대법관 화이트의 견해로는 나중에 부정확하다고 밝혀진 내용을 공표한 사람은 어떤 의미로든 결코 "무과실"이 될 수 없다. 왜냐하면 공표가 요구되지 않은 허위내용을 유포한 사람이기 때문이다. 392.

대법관 화이트는 뉴욕타임스 판결을 단순한 선동적인 명예훼손 사건으로 분류하고 있다. 387. 그러나 그 논리는 정부와 무관한 공인으로 확인된 사람에 대한 언론매체의 명예훼손에 대해 "알거나 경솔한 허위"기준을 확장하기 위해 화이트 대법관이 다른 4명 대법관의 의견에 참여한 Curtis Publishing 판결에는 확실히 적용될 수 없다. 지금 대법관 화이트는 그 투표결과를 지킬 것이라고 제안하지만, 398쪽, 반대의견의 요지는… 우리가 읽은바… 그 제안과 모순된다. 마지막으로 로젠블룸 판결에서 대법관 화이트는 공직자도 공인도 아닌 개인에 대한 매체 명예훼손에 뉴욕타임스 특권을 적용하는데 찬성하였다. 그의 의견은 "알거나 경솔한 허위성"기준은 경찰이 체포한 사람의 명예를 훼손하는 허위내용을 포함하여 언론매체의 "공무원의 공적인 행동에 대한 비평"에도 적용되어야 한다고 말한다. 만약 법원이 채택한다면, 이 결론은 뉴욕타임스 특권을 상당히 확장하게 될 것이다.

대법관 화이트는 오늘 우리의 결정이 "명예 이익을 하찮게 폄하하고," Miami Herald Publishing Co. v. Tornillo, 262(동조의견), "주의 명예훼손법을 전반적으로 폐기하여 보통 시민들이 자신들을 보호할 힘을 빼앗아 버린다"고 주장한다. 370. "알거나 경솔한 허위성"요건의 발전적인 확대에 비추어 볼 때, 일정 기준아래에서 피해배상을 허용하는 오늘 판결이 법이 현재 제공하는 것보다 사적인 개인들에 대한 광범위한 명예손상에 관하여 주의 이익을 더 관대하게 수용하여 엄격책임을 완화한 것으로 볼 수 있다.

도 이를 확장하는 데 있어서 고려한 사항이 사인의 경우에는 전적으로 적용될 수 없다는 믿음에 기초한 것은 아니다. 그 보다는 사인들이 명예손상에 대해 배상받도록 하는 강력하고 합법적인 주의 이익을 인정하면서 이 결론을 지지한다. 그러나 이러한 주의 권익은 실제 손해배상을 인정하는 것을 넘어서 확대되지 않는다. 아래에서 설명한 이유로, 우리는 적어도 허위임을 알거나 진실을 무모하게 경솔하였다는 입증이 없을 때, 주가 추정 손해 또는 징벌적 손해의 회복을 허용할 수 없다고 본다.

보통법상의 명예훼손법은 실제 손해의 증거가 없어도 손해의 회복을 허용하기 때문에 불법행위법의 별종이다. 명예훼손소송의 전통적인 법리에 따르면 피해는 공표행위로부터 추정된다. 배심은 실제 발생한 피해의 입증이 없어도 상당한 금액을 명예훼손 배상금으로 지급하도록 할 수 있다. 손해가 없는 경우에도 배상금을 지급하도록 하는 배심의 통제되지 않은 재량권은 허위사실에 의한 명예훼손책임이 수정헌법 제1조 자유의 활발한 행사를 억누를 가능성을 불필요하게 심화시키고 있다. 나아가 추정 손해의 법리는 배심에게 허위사실의 공표로 발생한 피해에 대해 배상하기 보다는, 싫어하는 의견을 제재하는 길을 열어놓고 있다. 주들은 이 사건의 상고인과 같은 원고들에게 실제 피해를 초과하는 호의적인 금전배상을 허용할 실질적인 이익이 없다.

물론 우리가 단순히 주법의 지혜를 의심하기 때문에 무효로 하는 것이 아니라, 주법과 수정헌법 제1조의 명령에 기초한 대립하는 이해관계를 조화시키려는 시도를 하고 있다. 따라서 명예훼손 허위사실에 대한 주의 구제수단은 관련된 정당한 이해관계를 보호하기에 필요한 정도 이상으로 나아가서는 안 된다고 요구하는 것이 적절하다. 허위사실을 알았다는 점 또는 진실을 경솔하게 무시하였다는 점을 증명하지 못한 명예훼손 원고들에 대해서는 실제 손해의 배상으로 제한할 필요가 있다. 1심 법원이 불법행위소송에서 배심에게 적절한 설명을 하는데 많은 경험을 갖고 있어서, 우리가 "실제 손해"를 정의할 필요가 없다. 실제 손해가 주머니에서 나가는 손실로 한정되는 것은 아니다. 허위사실에 의한 명예훼손으로 발생한 관례적인 실제 피해는 명성과 공동체 내 지위의 손상, 개인적인 창피, 정신적인 고통과 괴로움을 포함하고 있다. 물론 배심에게는 적절한 설명에 의해 범위가 제한되어야 하고, 피해를 금전가치로 환산한 실제 금액을 산정할 필요는 없다 할지라도 모든 배상금은 피해와 관련된 정당한 증거에 의해 뒷받침되어야 한다.

우리는 또한 명예훼손에 대해 주에서 정한 책임기준에 따라 책임이 인정된 발행인과 방송사에 대해 징벌적 손해배상의 허용을 정당화하는 근거는 없다고 본다. 모든 재판에서 손해배상액수에 관한 배심의 재량은 지나쳐서는 안 된다는 정도로만 제한을 받는다. 그에 따라 배심은 발생한 실제 피해와 반드시 관련이 없고 전반적으로 예측할 수 없는 액수로 징벌적 손해배상을 산정한다. 배심은 싫어하는 견해의 표현을 선택적으로 벌하기 위해 자유롭게 재량권을 행사한다. 추정적 손해배상의 원리처럼 징벌적 손해배상을 인정하는 배심의 재량권은 매체의 자기 검열 위험성을 악화시키지만, 징벌적 손해배상은 사적인 명예훼손 소송의 과실 기준을 정당화하는 주의 이익과 완전히 무관하다. 그 것은 피해에 대한 배상이 아니다. 괘씸한 행위를 벌하고 앞으로 재발을 억제하기 위해 민사 배심원들이 부과하는 사적인 벌금이다. 요약하면 뉴욕타임스 판결 기준보다 덜 엄격한 기준에 따라 책임이 인정되는 명예훼손 소송의 사적인 원고는 실제 피해를 배상하기에 충분한 정도의 손해만을 회복할 수 있다.

## V

뉴욕타임스 판결의 특권을 사인들의 명예훼손사건으로 확장하는 것을 거부함에도 불구하고, 피상고인은 상고인이 공직자 또는 공인이라는 하급심판결이 인용되어야 한다고 주장한다. 상고인이 공직자라는 근거는 없다. 이 사건의 몇 년 전에 상고인이 시카고 시장이 임명한 주택위원회에 잠시 참여한 적은 있지만 공표시점에 그는 월급을 받는 정부 직책을 맡은 적이 없다. 피상고인도 이를 인정하면서도, 상고인이 검시관의 검시현장에 나타남으로써 "사실상의 공직자"가 되었다고 주장하고 있다. 우리의 선례는 그러한 개념을 인정하지 않고 있다. 피상고인의 주장은 모든 변호사가 뉴욕타임스 판결의 법리에 따라 법원의 공무원으로 간주되어야 한다는 것이나 마찬가지이고 공직자라는 단순한 의미를 왜곡하고 있다. 우리는 받아들일 수 없다.

피상고인이 상고인을 공인으로 분류하는 것은 다른 문제를 일으킨다. 그러한 분류는 2가지 근거 중의 하나에 따르고 있다. 어떤 경우에 개인이 널리 명성 또는 악명을 얻어서 모든 목적과 정황상 공인이 되는 경우가 있을 수 있다. 좀 더 일반적으로 개인이 자발적으로 특별한 공적인 논쟁에 참여하거나, 논쟁에 이끌려왔고, 그로써 제한된 사항과 관련하여 공인이 된다. 어느 쪽이든 그러한 사람들은 공적인 문제를 해결하는데 특별한 유명세를 얻고 있다.

상고인은 오랫동안 지역사회와 전문분야에서 활동해왔다. 그는 지역의 시민단체와 다양한 전문단체의 간부로 일해 왔고 법적인 주제에 관하여 몇 권의 책과 글을 발표했다. 비록 상고인이 결과적으로 일부 집단에서 잘 알려졌다고 하더라도, 그는 지역 사회에서 일반적인 명성이나 악명을 갖고 있지 않았다. 배심원으로 요청받은 사람 중 아무도 이 소송전에 상고인에 대해 들어보지 못했고, 피상고인은 이러한 반응이 지역사회에서 이상한 일이라는 증거를 제공하지 않았다. 우리는 시민이 지역사회와 전문분야에 참여함으로써 그가 모든 의미에서 공인이 된다고 쉽게 가정하지 않을 것이다. 지역사회에서 일반적인 명성이나 악명이 있고 지역사회 일에 널리 관여한 명백한 증거가 없으면, 개인은 인생의 모든 면에서 공인으로 간주되어서는 안 된다. 명예훼손에 관련된 특정한 논쟁에 개인적으로 참여하게 된 성질과 범위를 살펴봄으로써 공인의 문제를 축소하는 것이 바람직하다.

이러한 정황상 상고인이 공인이 아니라는 것이 명백하다. 그는 검시관의 검시에서 최소한의 역할만 하였고 그의 참여는 의뢰인을 대리한 것뿐이었다. 그는 누치오의 형사기소와 무관하다. 나아가 그는 언론사와 형사기소 또는 민사소송에 대해서 말한 적이 없고 그런 사실이 인용된 적도 없다. 그는 공적인 논쟁의 소용돌이에 참여하지 않았고, 논쟁의 결과에 영향을 미치려고 대중의 관심을 끈 적도 없다. 우리는 1심 법원이 상고인을 공인으로 분류하기를 거부한 것에 타당하다고 본다. 그러므로 우리는 뉴욕타임스 판결 기준이 이 사건에 적용될 수 없고 1심 법원이 피상고인 승소판결을 한 것은 잘못이라고 결론내린다. 배심이 무과실책임과 피해의 입증없이 추정손해액을 부과하였으므로 새로운 심리가 필요하다. 우리는 이 의견에 따른 추가 절차를 위해 항소심판결을 취소하고 환송한다.

**[대법관 블랙먼의 동조 의견]**

나는 로젠블룸 판결에서 브레넌의 의견에 참여하였다. 나는 뉴욕타임스 판결뿐만 아니라 Curtis Publish 판결 및 워커 판결, 그 후속 판결에 따라 뉴욕타임스 판결 원리를 공공의 또는 일반적인 이익 사건에게도 확장하는 로젠블룸 판결의 조치가 논리적이고 불가피하다고 결론내렸기 때문에 그와 같이 참여하였다.

법원은 오늘 뉴욕타임스 판결을 공직자와 공인과는 대조적으로 사인에게 적용하는 것을 거부하였다. 뉴욕타임스 판결 원리의 외부 경계를 설정하고 주가 무과실 책임을 부과하지 않는 한, 자유롭게 스스로 적절한 매체의 책임 기준을 정의할 수 있다고 말하고 있다. 로젠블룸 판결 다수의견에 내가 참여한 것이 암시하듯이, 나는 이것이 다소 비논리적이라고 느낀다.

그러나 법원은 오늘 사람의 행동에 대한 불확실한 가정이 결과를 다채롭게 나타날 때 경쟁하는 가치 사이에 균형을 잡으려고 하고 있다. 비록 이 사건 법원의 의견이 사인에 의한 명예훼손소송을 의도적 또는 경솔한 무시의 증명과 대조되는 과실의 증명을 조건으로 한다는 점에서 로젠블룸 다수의견의 이론에서 벗어난다 하더라도, 나는 다음과 같은 2가지 이유에서 법원의 의견과 판단에 기꺼이 참여한다.

1. 뉴욕타임스 판결의 악의가 없는 경우에 추정 및 징벌적 손해의 유령을 제거함으로써, 법원은 전통적인 명예훼손소송에서 존재하는 자기 검열의 상당하고 강력한 동기를 제거하고 있다. 그렇게 하여 법원은 활발한 신문을 위한 충분하고도 적절한 숨 쉴 공간을 남기고 있다. 법원이 한 것은 책임있는 언론의 기능에 실제적인 영향이 거의 없을 것이라고 믿는다.

2. 법원은 로젠블룸 판결에서 의견이 갈렸다. 그 결과 불가피하게 불확실성을 남겼다. 나는 법원이 명예훼손 영역에서 로젠블룸 판결의 다양한 의견으로 야기된 불확실성을 제거하는 명확하게 정의된 과반수 입장을 갖는 것이 매우 중요하다고 느낀다. 만약 나의 의견이 과반수 의견을 만드는데 필요하지 않다면, 나는 과거 견해를 따랐을 것이다. 그러나 명확한 판결이 가장 중요하다.

이러한 이유로 나는 법원의 의견과 판단에 참여한다.

**[대법관 더글라스의 반대의견]**

법원은 이 사건을 "명예훼손법과 수정헌법 제1조가 보호하는 언론 및 출판의 자유 사이의 적정한 조정을 정의"하는 분투라고 묘사하고 있다. 그것은 대법관 블랙이 음란물 분야에서 법원이 애쓰고 있는 것과 똑같은 곤경으로 묘사한 분투이다. 수정헌법 제1조의 명령에 비추어볼 때, 자유의 조정은 헌법제정자가 만든 것을 제외하고는 정당할 수 없기 때문에 그 노력은 매우 절망적이라고 말하고 싶다.

수정헌법 제4조의 의미상, 판사가 발부한 합리적인 압수 및 수색 영장과 조화되어야 하는 사생활의 권리와 달리, 자유 언론과 자유 출판의 권리는 헌법제정자에 의해 보호되었다. 나는 먼저 수정헌법 제1조는 의회가 명예훼손법을 제정하는 것을 금지하고 있다고 말해왔다. 이것은 토마스 제퍼슨이 가지고 있던 견해였고, 의회가 결코 민사 명예훼손법을 제정하려 한 적도 없었다. 수정헌법 제1조를 억압하는 의회의 유일한 시도는 이 법원에서 심사되지 않았고 제정후 3년만에 폐지된 형사명예훼손법인 1798년의 선동법이었다. 대통령으로서 토마스 제퍼슨은 법에 의해 유죄판결을 받은 사람들에게 사과했고, 기소로 징수된 벌금은 의회가 법으로 반환하였다. 법이 수정헌법 제1조를 명백히 위반한 개탄할만한 입법권행사였다는 것이 일반적인 의견일치였다.

수정헌법 제14조를 통해 주에 적용되는 수정헌법 제1조에 대해, 주가 어떻게 의회보다 언론 또는 출판의 자유를 조정할 능력을 더 가질 수 있는지 나는 알지 못한다. 이것은 조정의 형태가 민사든 형사든 진실이다. 왜냐하면 주가 헌법에 따라 형사법이라는 수단을 동원할 수 없는 것은 마찬가지로 민사 명예훼손법을 적용하지 못하기 때문이다. 뉴욕타임스 판결, 277쪽. 의회처럼 주도 단지 공공의 사안을 토론하는 것 때문에 피해배상을 부과하기 위해 민사 명예훼손법이나 다른 법을 이용할 권한이 없다. 뉴욕타임스 판결, 295쪽(대법관 블랙, 별개의견)

공공의 사안에 대한 공적인 토론이 명예훼손소송대상일 가능성을 계속 인정하는 것은 수정헌법 제14조가 존중하고 있는 언론의 자유에 대한 수정헌법 제1조의 보호를 약화시키게 된다. 이 견해는 수정헌법 제1조가 수정헌법 제14조의 적법절차조항을 통해서만 주에게 적용가능하다고 인정할 때에만, 즉 이 법원이 적법절차에 의한 언론의 자유가 "질서있는 자유의 관념속에 함축된" 자유일 뿐이라고 받아들일 때에만 가능한 견해이다. 그러나 법원은 자주 주의 자유 언론 및 자유 출판 판결을 적법절차조항만이 아니라, 일반적으로 수정헌법 제14조에 기초하여 판단하였다. 수정헌법 제14조는 적법절차뿐만 아니라, 미국 시민권의 "특권과 면제"도 담고 있다. 나는 주의 제한에 대항하여 언론 및 출판의 자유보다 더 한 특권 또는 면제를 상상할 수 없다. 연방체제에서 우리 모두는 2개의 정부 체제(연방정부, 지방정부)에 따르고 있고, 오직 한 정부의 침해에 대해서만 언론의 자유와 출판의 자유가 보호된다고 하는 것은 상당한 착각이다. 억압을 당하는 사람에게는 억압자가 누구냐는 상대적으로 중요하지 않은 문제라고 생각한다.

주가 민사 명예훼손법으로 자유롭고 공개된 토론에 대해 손해배상책임을 부과할 때 그러한 토론을 억압한다는 것은 당연하다. 공적인 사안에 관한 토론은 종종 격렬한 감정을 남기고, 우리 모두와 다르지 않게, 배심원들은 그러한 감정에 영향을 받는다. 이것이 참으로 수정헌법 제1조의 존재이유가 되는 유형의 언론이다. 왜냐하면 감정을 일으키지 않는 언론은 보호할 필요도 없기 때문이다. 이 사건에서 출판매체는 많은 사람들이 매우 공격적이라고 여기는 조직인 존 버치 협회의 견해를 퍼뜨리는 가장 논쟁적인 잡지이다. 주제는 "공산주의자 계획", "법집행공무원에 대한 음모", 경찰이 시민을 살해한 것과 관련되어 있다. 배심을 압박하는 논쟁적인 요소들이 혼합되어, 예측불가능한 배심결정은 뜨거운 사안을 토론하려고 하는 사람들에게는 가끔 엄청난 손해배상청구 책임으로부터 그들을 제외시키는 사실상 주사위와 같은 역할을 하게 된다.

오직 대담한 발행자만이 그러한 위험을 안고 토론에 참여할 것이고, 법원이 명예훼손 영역에서 기준을 확산시키는데 몰두하는 것은 그러한 위험을 높인다. 기준이 "악의"나 "진실의 경솔한 무시", "과실"로 표현하는지 여부는 거의 중요하지 않다. 왜냐하면 그러한 기준에 관한 배심 결정은 거의 재검토할 수 없기 때문이다. 이 법원은 수정헌법 제1조가 수행하는 다채로운 역할을 상세히 설명하면서, 발행주제가 배심의 마음과 폐부에 미치는 영향에 의해 배심의 사실 인정이 어떻게 좌우되는지에 관하여 마치 잠재적인 발행인처럼 오직 추측만 하고 있다. 오늘 발표된 기준에 의해 주는 이 사건과 같은 상황에서 자유롭게 "발행인 또는 방송사에 대한 적절한 책임 기준을 스스로 정의"할 수 있게 되었다. 물론 배심이 발행인이 "합리적인 사람"으로서 행동하지 못했다는 판단아래 손해배상을 부과하는 방법으로, 간단하게 과실 기준을 남겨두었다. 계속되는 수정헌법 제1조 보호의 후퇴로 합리적인 사람이 말하기를 꺼리게 될까봐 나는 두렵다.

내 견해로는 수정헌법 제1조 및 제14조가 공적인 사안의 토론 때문에 피상고인에게 손해배상을 부과하는 것을 금지하고 있기 때문에, 나는 항소법원의 판결을 인용한다.

### [대법관 브레넌의 반대의견]

나는 피상고인의 글이 발행된 시점에, 상고인을 "공직자"나 "공인"으로 볼 수 없고, 피상고인의 글은 지방 경찰력의 신용을 떨어뜨리기 위한 음모를 다루면서 상고인이 "공적이거나 일반적인 관심사건"에 의도적으로 관여하였다는 내용이라는 법원 의견 V항의 결론에 동의한다. 그러나 나는 법원이 판단하듯이, 만약 명예훼손을 당한 당사자가 사인이고 "명예훼손 진술의 본질이 명예에 대한 실질적인 위험이 명백하다면" 주가 명예에 대한 엄격책임을 부과할 수 있을 때, 자유롭고 활발한 토론－우리의 정부 체제가 적정하게 작동하는데 필수－에 적절한 "숨 쉴 공간"이 허용되었다는데 동의할 수 없다. 나는 로젠블룸 판결의 내 견해를 유지한다. 그 견해는 우리가 주에게 뉴욕타임스 판결－사인들이 공적인 또는 일반적인 관심 사건에 관여한 내용의 보도에 대한 민사 명예훼손 소송에서 "고의로 또는 경솔한 허위"기준－을 적용하도록 요구했을 때, 매체가 자기 검열의 방지와 개인 명예의 보호 사이에 적정한 조정을 했다는 것이다.

법원은 수정헌법 제1조 보장이 공공의 또는 일반적인 관심 사건에 사인이 관여한 사안의 언론에 확대되지 않는다고 판단하지 않는다. 우리의 "공적인 사안에 대한 토론은 거리낌 없고 활발하며 널리 열려있어야 한다는 원칙에 대한 심오한 국가적인 약속"때문에 이 나라의 자치가 보전된다고 인정하고 있다. 그래서 필연적으로 자유 언론 및 출판의 보장은 다양한 수준으로 정부의 엄격한 공식 활동에 대한 인식과 토론, 그 이상으로 미친다. 왜냐하면

"만약 토론의 자유가 이 나라에서 역사적인 기능을 수행한다면, 그 것은 사

회의 구성원들이 그 시대의 요구사항을 처리할 수 있도록 필요하거나 적절한 정보에 관한 모든 사안들을 포함하여야 한다." Thornhill v. Alabama, 301 U.S. 88, 102 (1940)

우리의 과거 판례들로부터 추출된 가르침은 사건에 대한 공공의 관심은 때때로 관련된 개인들의 악명에 의해 영향을 받지만, "공공의 주된 관심은 참여자의 행동과 내용, 행동의 결과와 의미이다." 공공의 또는 일반적인 관심은 단지 사인이 관련되어 있기 때문에, 또는 개인이 스스로 선택하여 관여하지 않았다는 이유로 갑자기 줄어들지 않는다. Time, Inc. v. Hill, 385 U.S. 374, 388 (1967).

매체보도가 공공의 관심사에 관여한 사인들에 관련되었을 때, 수정헌법 제1조의 가치가 줄어들지 않는다는 것을 인정한다 하더라도, 법원은 공적인 사람들의 명예훼손 맥락에서 매체에 부여한 똑같은 수준의 헌법적인 보호를 거부한다. 이 법원이 공직자와 공인이 관련된 사건에서 자유언론과 명예훼손법 사이에서 확립했던 조정－명예를 훼손하는 허위사실이 거짓임을 알거나 진실을 경솔하게 무시하고 공표되었다는 명백하고도 설득력있는 증거가 제시되어야 한다－이 적절치 않다고 판단하고 있다. 왜냐하면 사인은 명예훼손 내용을 반박하기 위해 공적인 인물과 같은 정도로 매체에 접근하지 못하고, 자발적으로 공중의 검증에 스스로를 노출시키지 않았기 때문이다.

이러한 주장은 강력하고도 설득력있게 제시되었지만, 나는 로젠블룸 판결에서 다음과 같이 말했던 이유로 받아들일 수 없다.

"뉴욕타임스 기준은 공직자가 사인보다 명예를 보호하는 이익이 적기 때문이 아니라, 공적인 사안의 자유토론을 장려하려는 수정헌법 제1조의 역할을 수행하기 위해 공직자나 공인의 명예훼손에 적용되었다. 공인은 비판에 맞서는 매체의 주의를 끌 수 있기 때문에 보호의 필요성이 덜하다는 주장은 매우 유명한 사람에게는 진실이겠지만, 그 때에도 단순한 부인이 원래의 비난을 덮는 경우는 드물다. 부인, 취소, 시정은 "인기있는" 뉴스가 아니고, 원래 내용만큼 거의 주목을 받지 못한다. 공직자나 공인이 하급 직원일 때, 또는 대중의 눈에 노출되는 지위에 있을 때, 그 주장은 설득력을 잃는다. 공직자나 공인들과 관련된 대부분의 명예훼손에서 매체를 통해 대응하는 능력은 사인들이 의존하는 것과 같은 복잡한 요소들－매체의 지속적인 관심이라는 예측할 수 없는 사건－에 의존하게 될 것이다. 그래서 공공의 관심사와 관련하여 아직 완전히 정의되지 않은 "공인"이 공공의 관심사에 관련된 사인보다 매체를 통하여 더 잘 대응할 것이라는 증명되지 않은, 그리고 매우 비현실적인 일반화를 통해 헌법상 구분을 하기에는 너무 근거가 약해 보인다." 403 U.S., 46-47쪽.

나아가 사인들은 자유롭게 공공의 영역에 들어감으로써 명예훼손의 위험을 감수한 것은 아니기 때문에, 뉴욕타임스 판결의 "고의 또는 경솔한 허위"의 증명이 요구되지 않아야 한다는 주장은 수정헌법 제1조가 보호하는 가치나 우리 사회의 본질과는 거의 관련이 없다. 사회적인 상호작용은 우리들 모두를 일정 정도 공중의 견해에 노출시킨다. 그러므로 자발적이든 아니든, 우리 모두는 일정 정도 "공적인" 사람들이다. 거꾸로 가장 공적인 사람조차도 생활의 일부는 공공의 또는 일반적인 관심사 밖이다. 그래서 사인들은 스스로를 조심스럽게 공중의 관찰로부터 감추고 있지만, 어떤 "공적"인 인물이 자발적으로 모든 생활을 공공의 관심에 노출시켰다는 생각은 기껏해야 법적인 허구다. 공공의 또는 일반적인 관심의 영역밖에 있는 "공인들" 삶의 일부 측면을 논의하는 것까지 헌법이 장려하지만, 그러한 사안들이 우연히 사적인 시민들과 관련되어 있기 때문에, 어떤 경우에도 그러한 구분은 쉽게 공공의 또는 일반적인 관심사들의 토론을 위축시키는 역설적인 결과를 낳을 수 있다. 로젠블룸 판결, 48.

아무도 사람의 좋은 평판과 명예를 훼손하는 발행물을 칭찬하지 않는 것은 당연하다. "이상적인 세계에서는 신문의 책임은 신문에 부여된 자유와 공적인 신뢰와 일치될 것이다." 법원이 동의하듯이 수정헌법 제1조 자유의 일부 남용은 진실이라고 믿었거나, 실제 진실이라 하더라도 법정에서 증명될 수 있는지에 대한 의문 또는 비용의 두려움 때문에, 공공의 또는 일반적인 관심 사건에 대한 자칭 비평가들의 비판목소리를 막지 않도록 보장하기 위해서 감수된다. 뉴욕타임스 판결 279쪽.

법원의 이유와 대법관 화이트의 유력한 견해는 자유표현이 필요한 "숨 쉴 공간"을 거부하고 있다. 오늘의 판결은 "더 넓은 불법 지역으로 나아가려는" 발행인들과 같은 정당한 언론의 자기 검열을 더욱 심화시킬 것이다.

우리는 뉴욕타임스 판결에서 진실을 증명할 수 없다는 두려움을 갖는, 또는 진실 증명의 비용을 부담할 수 없는 발행인들이 논쟁적인 글의 공표를 회피했을 때, 공직활동의 비판자에게 모든 사실적인 주장의 진실성을 보증하도록 요구하는 것은 필연적으로 자기 검열을 불러올 것이라고 인정했다. 많은 주들이 오늘 판결의 결과로 사인들이 공적인 관심사에 관련되어 있는 사건에서 합리적인 주의 기준을 채용하는 것은 자기 검열을 불러올 것이다. 왜냐하면 발행인들은 발행 전에 주의깊게 무수히 많은 불확실한 요소들을 평가해야하기 때문이다. 합리적인 주의 기준은 "모호하다," Time, Inc. v. Hill, 389. 그것은 신문에 다음과 같은 짐을 지우고 있다.

"배심이 이름, 사진, 또는 묘사에 관한 모든 서술의 정확성을 확인하기 위해 신문이 취한 조치의 합리성을 어떻게 평가할 것일지를 추측해야 하는 참을 수 없는 짐"

합리적인 주의 법리에서는, 발행인들과 방송사들은 더 정확하고 비용이 더 드는 보도를 하기 위한 상대적인 비용과 실익뿐만 아니라 뉴스취재 체제의 크기, 재정적인 조건과 작동절차와 같은 다양한 고려사항들에 대한 배심원의 평가에 관하여 발행 전에 미리 판단을 해야 할 것이다. 더욱이 뉴욕타임스 판결에 따른 명백하고 설득력있는 증거에 의한 증명과 대조적으로, 합리적인 주의의 입증책임은 당연히 우월한 증거일 것이다.

보통의 민사소송에서, 우월한 증거기준이 채택되었을 때, 우리는 원고들에게 유리한 잘못된 평결과 마찬가지로 피고에게 유리한 잘못된 평결을 심각하게 검토하지 않는다. 그러나 명예훼손 소송에서 우리는 원고 승소 평결을 가장 심각하게 검토한다. 그것은 악의없는 오류진술 때문에 피고를 벌하게 될 뿐만 아니라, 과실 기준 그 자체의 모호함을 넘어서 그러한 잘못을 할 가능성은 수정헌법 제1조가 허용할 수 없는 자기 검열로 향하는 강한 추동력을 일으키게 될 것이다. 로젠블룸 판결, 50.

그리고 가장 위험하게도, 합리적인 주의 기준에 내재하는 유연성은 배심이 다음의 도구로 전환시켜버릴 위험을 낳게 될 것이다.

"만약 수정헌법 제1조와 제14조가 보장된다면 보호되어야 마땅한 "격렬하고, 신랄한, 때때로 불쾌한 날카로운 공격"을 억압하는 도구." Monitor Patriot Co. v. Roy, 401 U.S. 265, 277 (1971).

법원은 배심원들이 인기없는 의견의 표현을 제재할 위험을 무시하지 않고 있다. 법원의 다음과 같은 제한은 이러한 위험성을 설명해주고 있다.

적어도 허위임을 알거나 진실을 경솔하게 무시하였다는 증명이 없을 때, 주는 추정 손해 또는 징벌적 손해의 회복을 허용할 수 없다.

그러나 적정한 주의가 부족하여 책임을 부과하는 배심의 재량은 명백하게 추정 손해 또는 징벌적 손해의 회복보다도 인기없는 견해를 억압하는 훨씬 더 큰 위협을 내포하고 있다. 나아가 개인적인 굴욕, 정신적인 괴로움과 고통뿐만 아니라 명예 및 공동체에서 명망의 손상을 포함하여 법원이 인정하는 넓은 범위의 "실제 피해"의 사례들은 필연적으로 인기없는 견해의 표현을 징벌하는 성향의 배심에게 무서운 무기를 쥐어주게 된다. 마지막으로 "실제 피해"의 회복이라는 제한조차도 수정헌법 제1조 표현에 필요한 여유를 제공하지 못한다.

자기검열을 낳게 되는 것은 손해배상 판결의 가능성만이 아니다. 비싸고 오래걸리는 절차인 소송에 참여해야 하는 가능성은 논의나 토론을 "더 넓은 불법지대로 이끌게"되고, 그럼으로써 보호되는 논의를 공공의 관심대상에서 제외시키기에 충분한 위협이 된다. 또한 작은 신문은 배상의 명목이 "실제적인지" 또는 "징벌적인지"를 가리지 않고, 동일하게 실질적인 손해배상을 해야 하는 고통을 겪게 된다. 로젠블룸 판결, 52-53.

다른 한편으로, 오늘의 판결로 매체가 마주치게 되는 불확실성은 뉴욕타임스 판결 기준에 의해 대부분 피해가게 된다. 나는 로젠블룸 판결의 내 견해가 무엇이 "일반의 또는 공공의 관심"사안인지를 결정하는 임무를 판사에게 부적절하게 맡기고 있다는 주장을 거부한다. 나는 로젠블룸 판결에서 이러한 임무의 수행은 항상 쉽지 않을 것이라고 적었다. 그러나 헌법적인 가치의 충돌에 관한 모든 분쟁의 궁극적인 중재자로서 법원이 이 의무를 감당하는 것은 선통적인 기능중의 하나를 수행할 뿐이다. 또한 이 임무의 어려움은 다음과 같은 사건들에 의해 실질적으로 감소되어 왔다.

"공공의 관심사 개념을 채용한 로젠블룸 판결이전과 이후에 결정된 상당한 규모의 사건들…공공의 관심 기준을 채용한 사인의 명예훼손을 다룬 사건들…공인의 명예훼손에 대해 Butts판결을 적용한 사건들."

공공의 관심은 필연적으로 넓다. "일반의 또는 공공의 관심" 개념의 불확실한 경계로부터 나오는 자기 검열은 과실에 의한 허위로 책임을 부과하는 주 법률이 야기하는 것보다는 발행인들과 방송사들에게 위험성이 적다.

상고인은 충분하고도 공정한 기회가 주어진 후, 피상고인이 문제의 글을 허위임을 알거나 진실을 경솔하게 무시하고 공표했다는 것을 증명하지 못했기 때문에, 나는 항소법원의 판결을 인용한다.

**[대법원장 버거 반대의견**(생략)**]**

**[대법관 화이트 반대의견**(생략)**]**

# 6. 공인을 풍자한 행위의 손해배상책임 제한

**Hustler Magazine, Inc. v. Falwell**

485 U.S. 46 (1988)

**[요약]**

전국적으로 알려진 목사이자 정치 및 사회 평론가인 피상고인은 전국에 판매되는 잡지 및 발행인인 상고인들을 상대로 연방지방법원에 소송을 제기하였다. 피상고인을 별채에서 어머니와 술에 취하여 근친상간한 것으로 묘사한 잡지의 광고 패러디가 명예를 훼손하고 고의로 정신적인 고통을 가했다는 이유로 손해배상을 청구하였다. 배심은 명예훼손에 대해서는 특히 패러디는 합리적으로 볼 때 실제 사실이나 사건을 묘사하는 것으로 이해되지 않는다고 보고 피상고인의 주장을 받아들이지 않았다. 그러나 피상고인이 실제 손해 및 징벌적 손해를 배상받아야 한다면서 정신적 고통에 대한 피상고인의 주장을 인정하였다. 연방항소법원은 피상고인이 정신적 고통을 배상받기 위해서는 New York Times v. Sullivan판결의 "현실적 악의" 기준이 충족되어야 한다는 상고인들의 주장을 배척하면서 1심 판결을 인용하였다. 배심이 패러디가 실제 사실을 묘사하지 않았다고 보았기 때문에 광고가 수정헌법 제1조에 의해 보호되는 의견이라는 주장은 관계가 없다고 배척하면서, 항소법원은 광고의 발행이 고의로 정신적 고통을 유발할 만큼 충분하게 불쾌한 것인지가 쟁점이라고 판단하였다.

**[요지]**

공공의 이해관계나 관심이 있는 문제에 대해 자유로운 생각과 의견의 공표를 보장하기 위해, 수정헌법 제1조와 제14조는 공인 및 공직자가 발행물이 허위사실을 포함하고 있다는 것에 추가하여 "현실적 악의", 즉 허위사실을 알거나 진실인지 여부를 경솔하게 무시하였다는 점을 밝히지 못하면, 이 사건의 광고 패러디와 같은 풍자물을 발행했다는 이유로 고의로 정신적 고통을 유발한 불법

행위에 근거한 손해배상책임을 금지하고 있다. 합리적으로 보아 언론이 공인의 실제 사실을 말하는 것으로 해석되지 않을 때, 공인을 정신적 고통으로부터 보호하는 주의 이익으로 불쾌하고 정신적 피해를 일으킨 언론에 대한 수정헌법 제1조의 보호를 거부하기에 충분치 않다. 피상고인은 수정헌법 제1조의 목적상 공인임이 분명하고, 광고패러디 내용을 진실이라고 믿을 수 없다는 하급심의 판단은 수용되어야 한다. 정치 및 사회적인 담론 영역에서 "불쾌함"은 배심원의 취향이나 견해, 또는 아마도 특정 표현에 대한 혐오를 기초로 책임을 인정하는 것을 허용할 수 있는 본래 주관적인 개념이다. 이를 근거로 이 사건의 행위에 손해배상을 허용하는 것은 수정헌법 제1조에 위반된다. 항소법원판결을 취소한다.

대법원장 렌퀴스트가 법원의 의견을 작성하고, 대법관 브레넌, 마샬, 블랙먼, 스티븐스, 오코너, 스칼리아가 참여하였다. 대법관 화이트는 동조의견을 작성하였다. 대법관 케네디는 심리나 결정에 참여하지 않았다.

### [대법원장 렌퀴스트]

상고인 허슬러 잡지는 미국 전역에 판매되는 잡지이다. 전국적으로 알려진 목사이자 정치 및 사회 문제 비평가로 활동해온 피상고인 제리 폴웰은 잡지회사와 잡지 발행인 래리 플린트를 상대로 사생활 침해, 명예훼손, 고의의 정신적 고통 유발로 인한 손해배상청구소송을 제기하였다. 지방법원은 사생활청구는 기각하고 나머지 2가지 청구를 배심재판에 회부하였다. 배심은 명예훼손청구는 인정하지 않았으나, 고의에 의한 정신적 고통 유발에 대한 책임은 인정하고 손해배상을 명하였다. 우리는 이러한 손해배상책임이 미국 연방헌법의 수정 제1조와 제14조에 부합하는지를 검토한다.

허슬러 잡지의 1983. 11.판에 피상고인의 이름과 사진이 들어 있고 "제리 폴웰이 그의 첫경험을 말하다."라는 제목의 캄파리 술 광고 패러디를 실었다. 이 패러디는 다양한 명사들과 "첫경험"을 인터뷰한 내용을 포함하고 있는 실제 캄파리 광고를 본떠서 만들어졌다. 비록 각 인터뷰 끝에서 캄파리를 처음 시음한 것을 의미했지만, 광고는 일반적인 "처음"이라는 말에 이중적으로 성적인 의미가 들어있었다. 허슬러 편집자는 캄파리 광고의 형식과 내용을 베껴서 피상고

인을 명사로 선정하고 그의 첫경험이 별채에서 어머니와 술에 취한 채 근친상간한 것으로 인터뷰 원고를 작성하였다. 허슬러의 패러디는 피상고인과 어머니를 술에 취하고 부도덕한 사람으로 묘사했고, 피상고인이 술에 취했을 때만 설교하는 위선자임을 암시하였다. 페이지 끝부분에 작은 글씨로 "광고 패러디를 진지하게 받아들이지 마라"는 내용을 포함하였다. 잡지의 목차에도 광고를 "허구; 광고 그리고 인격 패러디"로 기재하였다.

11월호가 배포된 직후 피상고인은 허슬러 잡지회사, 래리 플린트, 플린트 배급회사를 상대로 버지니아 서부 연방지방법원에 이 소송을 제기하였다. 피상고인은 허슬러 잡지의 광고 패러디로 인하여 명예훼손, 사생활침해, 고의의 정신적 고통 피해를 입었다며 손해배상을 청구할 수 있다고 주장하였다. 이 사건은 심리절차에 들어갔고[64] 지방법원은 사생활침해청구를 기각하였다. 배심은 합리적으로 보았을 때 광고패러디가 피상고인 또는 그가 참여한 사건의 실제 사실관계를 묘사한 것으로 이해될 수 없다고 보고 피상고인의 명예훼손주장을 받아들이지 않았다. 그러나 배심은 고의에 의한 정신적 고통 유발책임을 인정하고 현실 손해 10만불과 징벌적 손해 5만불을 인정하였다.[65]

연방제4항소법원은 1심 판결을 인용하였다. 법원은 정신적 고통의 손해배상이 인정되기 위해서는 New York Times v. Sullivan, 376 U.S. 254 (1964) 판결(이하 "뉴욕타임즈 판결")의 "현실적 악의"기준이 충족되어야 한다는 상고인들의 주장을 배척하였다. 항소법원은 피상고인이 명백히 공인이기 때문에, 상

---

64) 재판계류 중에 광고 패러디는 2번째로 잡지에 실렸다.

65) 배심은 플린트 배급회사의 책임을 인정하지 않았다. 따라서 그 회사는 상급심의 당사자가 아니다.

고인들은 명예훼손과 마찬가지로 고의의 정신적 고통 유발 청구에도 동일한 수정헌법 제1조의 보호를 받아야 한다는 주장에 동의하였다. 그러나 현실적 악의를 정신적 고통 청구에도 문자 그대로 적용하는 것이 적절하다는 의미는 아니다. 항소법원의 견해로는 뉴욕타임스 판결은 내용의 허위성 또는 진실의 무시가 아니라, 알면서 또는 경솔한 행위 요건 속에 들어 있는 강화된 책임의 헌법적 중요성을 강조하였다. 뉴욕타임스 판결 기준은 피고들이 고의로 또는 경솔하게 행동했다는 주법의 요건과 배심의 사실인정으로 충족되었다.[66] 항소법원은 이어서 배심이 광고 패러디가 피상고인에 대한 실제 사실을 묘사하지 않았다고 인정하였기 때문에 광고는 수정헌법 제1조가 보호하는 의견이라는 주장을 배척하였다. 항소법원은 광고 발행이 고의적인 정신적 고통 유발에 해당할 만큼 충분히 불쾌한 것인지가 쟁점이기 때문에 (수정헌법 제1조는) 관계가 없다고 판단하였다. 상고인들은 전원부 재판을 신청하였으나 거부되었다. 헌법 쟁점의 중요성을 고려하여 우리는 이송명령을 하였다.

이 사건은 고의로 정신적인 고통을 가하는 것으로부터 시민들을 보호하려는 주의 권한을 수정헌법 제1조가 제한할 수 있는가 하는 새로운 문제를 제기하고 있다. 우리는 공인이 그를 모욕하는, 그리고 대부분의 사람들이 보기에 의심할 여지없이 천박하고 불쾌한 광고 패러디로 발생한 정신적 피해를 회복할 수 있는지를 결정해야 한다. 피상고인은 언론이 공인에 대해 실제 사실을 말하는 것으로 합리적으로 해석될 수 없을 때에도, 공인을 정신적인 고통으로부터 보호하는 주의 이익은 명백히 모욕적이고 정신적 피해를 입히는 언론에 대한 수정헌법 제1조의 보호보다 우선되어야 한다고 주장하고 있다. 우리는 이를 받아들이지 않는다.

수정헌법 제1조의 핵심에는 공공의 이해관계나 관심사에 관하여 생각이나 의견을 자유롭게 표현하는 것이 근본적으로 중요하다는 인식이 자리잡고 있다. 생각을 말하는 자유는 개인의 자유라는 측면뿐만 아니라, 전체적으로 보편적인

66) 버지니아 법에 따르면, 고의적인 정신적 고통의 유발 소송에서 원고는 피고의 행위가 (1) 고의이고 경솔하고; (2) 일반적인 품위 또는 도덕 기준을 위반하고; (3) 원고의 정신적 고통과 인과관계가 있고; (4) 심각한 정신적 고통을 일으켰다는 점을 증명하여야 한다.

진실 추구와 사회의 활력에도 필수적이다. Bose Corp. v. Consumers Union of United States, Inc., 466 U.S. 485, 503-504 (1984). 그러므로 우리는 정부의 제재를 받지 않고 개인이 생각을 표현할 수 있도록 특별히 주의하고 있다. 수정헌법 제1조는 "거짓" 생각과 같은 것을 인정하지 않는다. Gertz v. Robert Welch, Inc., 418 U.S. 323, 339 (1974). 홈즈 대법관은 다음과 같이 설시하였다.

"시간이 지나면서 다투던 많은 믿음들이 번복되었을 때, 사람들은 바라던 궁극적인 선은 생각의 자유로운 교환으로 더 잘 도달할 수 있고-진실을 확인하는 가장 좋은 검사는 시장의 경쟁속에서 수용되도록 하는 사상의 힘이라는 것을, 자신들 행동의 기초라고 믿었던 것 이상으로 믿게 될 것이다."[67] Abrams v. United States, 250 U.S. 616, 630 (1919) (반대의견).

수정헌법이 권장하는 활발한 정치 토론은 공직자, 또는 중요한 공공의 문제를 해결하거나 명성 때문에 사회의 관심분야에서 사건에 관여한 공인들을 비판하는 언론을 낳게 된다. 프랑크퍼터 대법관이 미국 시민의 특권 중 하나는 공적인 인물과 정책을 비판할 권리라고 말했을 때 이 점을 간결하게 말하였다. 그러한 비판은 불가피하게 항상 합리적이거나 온건하지 않을 것이다. 공직자뿐만 아니라 공인은 "격렬하고, 신랄하며, 때때로 기분 나쁘게 날카로운 공격"을 받게 될 것이다.

물론 공인에 대한 모든 언론이 손해배상책임으로부터 면제되지 않는다. 뉴욕타임즈 판결 이래로 우리는 공인은 명예를 훼손하는 허위사실의 공표로 인하여 발생한 피해에 대해, 허위임을 알거나 허위여부를 경솔하게 무시한 채 공표하였을 경우에만 책임을 물을 수 있다고 일관되게 밝혀왔다. 사실의 허위 주장은 특히 가치가 없다. 그것은 공론장의 진실추구기능을 방해하고, 반론이 설득력 있고 효과적이라 하더라도 쉽게 회복될 수 없는 명성에 대한 피해를 입힌다. 그러나 허위가 그 자체로 거의 가치가 없다 하더라도, 자유토론에서는 불가피

67) "when men have realized that time has upset many fighting faiths, they may come to believe even more than they believe the very foundation of their own conduct that the ultimate good desired is better reached by free trade in ideas … that the best test of truth is the power of the thought to get itself accepted in the competition of the market."

하고, 허위사실을 주장한 자에게 엄격한 책임을 인정하는 법리는 공인과 관련하여 헌법적 가치를 갖는 언론을 의심할 여지없이 위축시키는 효과를 가져 올 것이다. 표현의 자유는 숨 쉴 공간을 필요로 한다. 이 여유공간은 허위임과 동시에 책임을 물을 수 있는 전제조건을 갖추고 공표되었다는 점을 입증할 때에만 공인의 명예훼손 피해배상을 허용하는 헌법 법리에 의해 제공된다.

그러나 피상고인은 이 사건에서 주가 명예의 피해가 아니라 불쾌한 발행물의 대상이 된 사람이 겪는 심각한 정신적인 고통을 방지하려고 하고 있기 때문에 다른 기준이 적용되어야 한다고 주장한다. 피상고인과 항소법원의 견해로는, 발언이 정신적인 고통을 가할 의도가 있고 불쾌하며, 사실상 심각한 정신적인 고통을 가했다면, 발언이 사실 또는 의견인지 여부나 진실 또는 허위인지 여부는 헌법적으로 중요하지 않다는 것이다. 불법행위의 요점은 피해를 일으킬 의도이고, 정신적인 피해를 방지하는 주의 이익은 발언자가 이런 유형의 언론에서 어떤 이해관계를 가지는지 보다 더 중요해진다.

일반적으로 말해서 법은 정신적 고통을 가할 의도가 더 많은 관심을 받아야 하는 것으로 보지 않는다. 대부분의 주가 충분히 불쾌한 경우에 민사책임을 지도록 한 것은 이해할 만하다. 그러나 공공의 문제에 관한 토론의 세계에서는 훌륭하지 못한 동기로 한 일들이 수정헌법 제1조로 보호된다. 우리는 Garrison v. Louisiana, 379 U.S. 64 (1964) 판결에서, 심지어 발언자나 작가가 증오나 앙심을 가졌다 하더라도, 그의 표현은 수정헌법 제1조가 보호한다고 판결하였다.

"만약 발언자가 비록 그가 증오 때문에 말했지만 발언이 생각을 자유롭게 교환하고 진실을 확인하는데 기여하는 것으로 믿었다는 점을 입증할 위험을 부담하여야 한다면 공적인 사항에 관한 토론은 무제한으로 이루어지지 않을 것이다." 73.

그러므로 나쁜 동기가 불법행위 책임과 관련해서는 중요하게 여겨지지만, 우리는 공인에 대한 공적인 토론의 영역에서는 수정헌법 제1조가 그러한 결과를 금지하고 있다고 생각한다.

우리가 달리 판단한다면, 정치적인 만화가나 풍자가가 그들의 작품이 거짓으로 명예를 훼손했다는 입증이 없어도 손해배상책임을 지게 될 것이라는 점은 거의 의문의 여지가 없다. 웹스터사전은 풍자(caricature)를 "풍자 효과를 위해 특징이나 독특한 모습을 과장함으로써 사람, 문체 등을 의도적으로 비틀어서 그리거나 흉내 내는 것"으로 정의하고 있다. 정치적인 만화나 풍자문은 종종 불행한 신체 특징이나 정치적으로 당황스런 사건을 이용… 가끔 묘사대상의 감정을 해치려는 계획에 따라 이용하기도 한다. 풍자가의 예술은 종종 이유가 없거나 공평하지 않으며 날카롭고 일방적이다. 어느 풍자 작가는 예술의 본질을 다음과 같이 표현하였다.

"정치 풍자만화는 공격의 무기이자 경멸과 조롱, 풍자의 무기이다; 정치인을 칭찬하려고 할 때 효과가 가장 적다. 벌이 쏘는 것처럼 할 때 대개 환영받고, 어느 지역에서는 항상 논쟁거리다."

의도적으로 상처를 주는 유형의 언론의 유명한 예는 토마스 내스트가 그린 것이다. 그는 지금까지 가장 위대한 미국의 풍자 만화가이고 남북전쟁 후 수년 동안 하퍼 주간지와 일을 했다. 그 잡지에서 내스트는 정치인 트위드와 그의 부패한 뉴욕시 "트위드 집단"을 상대로 그림으로 복수했다. 어느 역사가는 열정이나 효과 측면에서 미국 그래픽 예술역사에서 독보적이었다고 묘사하였다. 다른 작가는 그림으로 인한 정신적 충격 때문에 내스트 풍자만화가 성공했다고 설명하였다. 고상한 취향이나 전통적인 방법의 한계를 넘어선 것이었다.

통렬한 속성에도 불구하고 조지 워싱턴을 나귀로 묘사한 초기 풍자만화로부터 오늘에 이르기까지, 그래픽 묘사와 풍자만화는 공공의 그리고 정치 토론에서 두드러진 역할을 해왔다. 내스트의 트위드 집단에 대한 혹평, 월트 맥두걸이 대통령 후보 제임스 블레인이 델모니코 식당에서 백만장자들과 개최한 연회를 "벨사살의 왕실 잔치"로 특징짓고, 그리고 다른 수많은 노력들이 당대의 토론과정과 결과에 영향을 미쳤음은 의심할 여지가 없다. 링컨의 호리호리하게 키가 크고 서툰 자세, 테드 루스벨트의 안경과 치아, 프랭클린 루스벨트의 튀어나온 턱과 담배파이프는 사진사와 초상화가에 의해서는 얻을 수 없는 것이고 정치 풍자만화에 의해서 기억되고 있다. 역사의 관점에서 우리의 정치 담론은 정치 풍자만화가 없었다면 꽤 빈약해졌을 것임이 분명하다.

그러나 피상고인은 이 사건의 풍자문은 너무 불쾌해서 전통적인 정치 풍자만화와 구분된다고 주장하고 있다. 허슬러잡지의 피상고인과 어머니의 풍자문이

위와 같은 정치풍자만화와 먼 사촌간이고 다소 빈약한 관계인 것은 맞다. 만약 구별하는 기준을 만들 수 있다면, 정치담론은 거의 피해가 없거나 전혀 없을 것이다. 그러나 그러한 기준이 가능한지 의문이고 경멸적인 말인 "불쾌한"은 그러한 기준이 될 수 없다. 정치 및 사회 담론의 영역에서 "불쾌함"은 본래 주관적인 개념이어서, 배심원의 취향과 견해에 기초하거나 특정한 표현을 싫어하여 책임을 인정하는 것을 허용할 수 있게 된다. 그래서 "불쾌함"은 문제의 언론이 청중에게 정서적으로 나쁜 충격을 주었기 때문에 손해배상을 허용하는 것을 우리가 명백히 거부하는 법리와 배치되는 기준이다. 그리고 우리가 FCC v. Pacifica Foundation, 438 U.S. 726 (1978)에서 다음과 같이 말했다.

"사회가 언론을 모욕적이라고 본다는 사실이 언론을 억압할 충분한 이유가 되지 않는다. 만약 모욕을 주는 것이 발언자의 의견이라면, 헌법이 보호해주어야 할 이유가 된다. 왜냐하면 정부는 사상의 시장에서 중립을 지켜야 한다는 것이 수정헌법 제1조의 핵심 원리이기 때문이다."

이처럼 종종 반복되는 수정헌법 제1조 원리는 다른 원리와 마찬가지로 제한된다. 우리는 Pacifica Foundation사건에서 언론이 '상스럽고,' '모욕적이며.' '충격적이어서' 모든 상황을 고려하더라도 헌법의 보호를 받지 않는다고 인정하였다. 438 U.S. 747쪽. Chaplinsky v. New Hampshire, 315 U.S. 568 (1942) 판결에서, 우리는 "피해를 유발하거나 즉각적인 치안 방해를 일으킬 수 있는 폭언을 사용하는 개인을 법적으로 처벌할 수 있다."고 판결하였다. 이러한 제한은 모든 언론이 동등하게 수정헌법 제1조의 중요성을 갖는 것은 아니라는 것은 오랫동안 인정되어 왔다고 판시한 Dun & Bradstreet, Inc. v. Greenmoss Builders, Inc., 472 U.S. 749 (1985) 판결에서 인정되었다. 그러나 이 사건의 표현은 위와 같은 수정헌법 제1조 일반 원칙의 예외로 평가되어야 하는 것 같지 않다.

우리는 공인과 공직자가 "현실적인 악의", 즉 허위이거나 진실여부에 대해 경솔하게 무시하고 허위사실을 공표하였다는 점을 입증하지 않으면, 이 사건 내용과 같은 발행물을 이유로 정신적 고통의 의도적인 유발에 대한 불법행위책임을 묻지 못한다고 결론짓는다. 이것은 단지 뉴욕타임스 판결 기준을 맹목적으로 적용한 것은 아니다. 그러한 기준은 수정헌법 제1조가 보호하는 자유에 대해 적절한 "숨 쉴 공간"을 줄 필요가 있다는 우리의 판단을 반영하고 있다.

피상고인 폴웰이 수정헌법 제1조의 법리상 공인이라는 점은 분명하다.[68] 배심이 허슬러 광고 패러디가 실제 사실이거나 실제 발생한 일을 묘사한 것으로 이해될 수 없다고 결정했을 때, 명예훼손청구를 기각하였다. 항소법원은 배심의 판정을 광고 패러디는 합리적으로 보아 믿을 수 없는 것으로 해석하였고, 우리는 이러한 판정을 받아들인다. 그래서 피상고인의 청구에서 배심은 불쾌한 행위에 의해 정신적인 고통을 의도적으로 유발한 점에 대해 손해배상책임을 인정하였다. 그러나 위에서 설시한 이유로 이 사건 광고 패러디와 같은 풍자문에 대해 손해배상책임을 인정하는 것은 수정헌법 제1조와 일치될 수 없다. 따라서 항소법원의 판결을 취소한다.

68) 어느 당사자도 이 결론을 다투지 않는다. 피상고인은 전국적으로 방송되는 TV 쇼의 진행자이고 공식적으로 도덕적 다수로 알려진 정치 조직의 설립자이자 대표이다. 그는 또한 버지니아의 린치버그에 자유 대학을 설립하였고, 몇 권의 책과 출판물의 저자이다. 미국인명사전(Who's Who in America) 849(44th ed. 1986-1987).

## 7. 성조기 불태우기와 표현적 행동

**Texas v. Johnson**[69]

491 U.S. 397 (1989)

**[요약]**

1984년 텍사스주 댈러스에서 개최된 공화당 전당대회에서 피상고인 존슨은 레이건 행정부와 일부 댈러스 기업의 정책에 항의하는 정치 데모에 참가하였다. 도시 거리를 행진한 후 존슨은 시위자들이 구호를 외치는 동안 미국 국기를 불태웠다. 비록 몇몇 사람들이 국기소각으로 매우 불쾌해 했지만 아무도 다치지 않았고 부상의 위협도 없었다. 존슨은 텍사스 주법을 위반하여 공경의 대상을 훼손한 행위로 유죄판결을 받았다. 그러나 텍사스 형사항소법원은 수정헌법 제1조에 의해 주는 국기 소각행위로 존슨을 처벌할 수 없다고 판단하면서 취소하였다. 형사항소법원은 먼저 존슨의 행위를 수정헌법 제1조가 보호하는 상징적인 언론(symbolic speech)이라고 인정하였다. 법원은 주가 국기를 국가통합성의 상징으로 보존하기 위해 국기소각행위를 형사적으로 처벌할 수 없다고 결론지었다. 또한 심각한 치안방해가 일어날 수 있는 국기소각행위만으로 제한하여 규정하지 않았고 이 사건에서 국기소각이 그러한 반응을 일으키지 않았기 때문에 법률은 치안방해를 막으려는 주의 목적을 충족하지 못한다고 판단하였다. 나아가 법원은 텍사스의 다른 법률이 치안방해를 금지하고 있고 국기소각행위를 처벌하지 않고도 난동행위를 제지할 수 있다고 강조하였다.

**[요지]**

존슨의 국기소각행위를 처벌하는 것은 수정헌법 제1조 위반이다.

---

69) (옮긴이 주) 이 판결로 국기소각을 금지하는 연방법과 48개주의 법이 폐기되었다. 연방의회가 1989년에 다시 국기보호법을 제정하였으나 연방대법원은 같은 이유로 위헌판결을 하였다. United States v. Eichman, 496 U.S. 310 (1990).

(a) 이 사건 상황에서 존슨이 국기를 불태운 행위는 표현적 행위(expressive conduct)에 해당되고, 수정헌법 제1조에 호소할 수 있다. 주는 행위가 표현이라고 인정하였다. 공화당 전당대회와 동시에 발생한 데모가 끝날 무렵 소각행위가 일어났을 때, 그 행위의 표현적이고 정치적인 성격이 의도적이면서도 분명히 드러난다.

(b) 텍사스는 존슨의 유죄판결이 표현의 억압과 무관하다는 점을 뒷받침하는 이익을 주장하지 않았고, United States v. O'Brien, 391 U.S. 367 (1968) 판결(이하 "오브라이언 판결")에서 설정된 심사기준을 적용할 수 있게 된다. 오브라이언 판결은 비언론을 규제하는 중요한 정부의 이익은 언론과 비언론 요소가 하나의 행위에 혼합되어 있을 때 수정헌법 제1조의 자유를 부수적으로 제한할 수 있다고 판시하였다. 치안방해를 막는 법익은 이 사건 기록과 관련되어 있지 않다. 표현을 심각한 위반으로 받아들이는 구경꾼이 난동을 일으킬 수 있다는 것을 근거로 표현이 제한될 수 없다. 왜냐하면 정부는 모든 선동적인 생각의 표현이 폭동을 자극할 것이라고 가정할 수 없고 표현을 둘러싼 실제 상황을 보아야 하기 때문이다. 연방정부 정책에 대한 존슨의 불만 표현이 직접적인 인신모욕이나 주먹싸움을 유발하는 것으로 비치는 "폭언"의 범주에 들어가지 않는다. 연방대법원의 판단은 주가 "급박한 무법행위"를 방지하는 것을 금지하지 않으며 텍사스는 특히 치안방해를 금지하는 법을 가지고 있다. 국기를 국가 및 국가통합의 상징으로 보호하는 텍사스의 이익은 이 사건에서 표현과 관련되어 있고, 그래서 오브라이언 판결의 심사기준을 적용하지 않는다.

(c) 2번째 이익이 존슨의 유죄판결을 정당화하지 않는다. 텍사스 법률이 모든 경우에 국기의 물질적인 완전성을 보호하는 목적이 아니라, 다른 사람을 매우 불쾌하게 만드는 고의의 오용행위로부터 국기를 보호하는 것이기 때문에 존슨의 정치적 표현 제한은 내용에 기초하고 있다. 따라서 가장 엄격한 심사대상이다. 정부는 국가가 관련되어 있다고 하더라도 사회가 불쾌해하고 동의하지 않는다는 이유만으로 언어 또는 비언어에 의한 생각의 표현을 금지하지 못한다. 정부는 특정한 상징물을 일정한 메시지를 전달하기 위한 용도로만 이용을 제한하지 못하기 때문에, 주는 국기와 관련된 표현적인 행위를 금지함으로써 국기에 대한 자신의 견해를 장려하지 못한다. 나아가 연방대법원은 성조기에

대해서만 수정헌법 제1조가 보호하는 원칙의 예외를 만들지 않을 것이다. 인용한다.

대법관 브레넌이 법원의 의견을 작성하였고 대법관 마샬, 블랙먼, 스칼리아, 케네디가 참여하였다. 대법관 케네디는 동조의견을 작성하였다. 대법원장 렌퀴스트는 반대의견을 작성하였고 대법관 화이트와 오코너가 참여하였다. 대법관 스티븐스가 반대의견을 작성하였다.

**[대법관 브레넌]**

존슨은 정치적 항의표시로 미국국기(성조기)를 공개적으로 불태운 후, 텍사스 법을 위반하여 국기를 훼손한 죄로 유죄판결을 받았다. 이 사건은 그의 유죄판결이 수정헌법 제1조와 일치하는지의 문제를 제기하고 있다. 우리는 그렇지 않다고 판단한다.

I

1984년 댈러스에서 공화당 전국위원회가 개최되는 동안 피상고인 존슨은 "공화당 전쟁 행사"라고 이름 붙여진 정치집회에 참가하였다. 집회 참가자들이 배포한 유인물과 그들의 발언이 설명하듯이, 이 집회의 목적은 레이건 정부와 일부 댈러스 기업의 정책에 항의하는 것이었다. 시위대는 댈러스 거리를 행진하면서 정치 구호를 외쳤고, 회사 건물 앞에 멈추고 핵전쟁 결과를 보여주기 위해 "드러눕는 시위"를 연출하였다. 건물들 벽에 스프레이로 그림을 그리기도 했고 화분을 뒤엎었으나 존슨은 그러한 행동에 참여하지 않았다. 그러나 그는 동료 시위자로부터 건물 외부 깃대에서 가져온 국기를 전달받았다.

시위는 댈러스 시청 앞에서 멈추었고, 그 곳에서 존슨은 국기를 펴고 등유를 끼얹고 불을 붙였다. 국기가 타는 동안 시위대들은 외쳤다 : "미국, 빨간색, 흰색, 그리고 청색, 우리는 너에게 침을 뱉는다." 시위대가 해산한 후 국기 소각을 목격한 사람이 잔해물을 모아서 그의 집 뒷마당에 묻었다. 비록 증인 몇 명이 국기 소각으로 너무 불쾌했다고 증언하였지만 아무도 다치거나 부상의 위협을 받지 않았다.

약 100명의 시위대 중에서 존슨만이 기소되었다. 그가 기소된 혐의는 텍사스

법을 위반하여 공경의 대상을 훼손했다는 것이었다.[70] 그는 배심재판 후 징역 1년과 벌금 2,000달러의 유죄판결을 받았다. 댈러스의 텍사스 제5지구 항소법원은 존슨의 유죄판결을 인용하였다. 706 S.W. 2d 120 (1986). 그러나 텍사스 형사대법원은 수정헌법 제1조에 의해 존슨의 국기 소각행위를 처벌할 수 없다고 판단하면서 존슨의 유죄판결을 취소하였다. 755 S.W. 2d 92 (1988).

주대법원은 존슨의 행위는 수정헌법 제1조가 보호하는 상징적인 언론이라고 인정하였다 : "조직된 집회, 발언, 구호, 그리고 배포된 유인물의 맥락에서 볼 때 상고인의 행위를 본 사람은 누구나 항소인이 전달하고자 하는 의사를 이해했을 것이다. 항소인이 유죄판결을 받은 행위는 수정헌법 제1조가 예상한 언론임이 명백하다." 상징적 언론에 관여한 존슨의 유죄판결이 정당하기 위해서 주는 다음 2가지 이익을 주장하였다 : 국기를 국가통합의 상징으로 보호하는 것과 치안방해를 막기 위한 것. 주대법원은 어느 법익도 존슨의 유죄를 뒷받침하지 못한다고 판결하였다.

연방대법원이 국기의 상징적인 가치를 보호하기 위해서 국기훼손행위를 형사처벌할 수 있는지에 관하여 아직 결정하지 않았다는 사실을 알면서도, 텍사스 법원은 West Virginia Board of Education v. Barnette, 319 U.S. 624 (19

---

70) 텍사스 형법 §42.09 (1989)는 다음과 같이 규정하고 있다.

§42.09 공경물의 훼손

(a) 고의로 알면서 다음 물건을 훼손하는 행위는 범죄다.

(1) 공공기념물

(2) 예배 또는 매장의 장소

(3) 주기 또는 국기

(b) 이 조항의 목적상 "훼손한다"는 행위를 관찰하거나 발견하는 한 명 이상의 사람을 매우 불쾌하게 만드는 방식이라는 것을 행위자가 알면서 오염시키고, 손상하고, 또는 달리 물질적으로 망가뜨리는 것을 의미한다.

(c) 이 조항의 범죄는 A급 경범죄이다.

43) 판결이 언론을 제한함으로써 이러한 이익을 보호하는 것은 허용될 수 없다는 점을 시사하였다고 결론지었다. 텍사스 법원은 "다를 권리가 수정헌법 제1조 자유의 핵심이라는 것을 인정하면서", 다음과 같이 설시하였다. "정부는 시민들에게 통합감정을 명령할 수 없다. 그러므로 정부는 상징이 나타내는 지위 또는 감정을 요구할 수 없을 때, 통합의 상징을 만들어 그 상징과 결합된 메시지들을 승인하여 정할 수 없다." 또한 텍사스법원은 주가 국기가 상징적 가치를 빼앗길 "중대하고도 즉각적인 위험"에 처해 있다는 점을 밝히지 못했다는 것을 지적하면서 국기의 특별한 지위가 존슨의 행위에 의해 위험에 빠지지 않았다고 판단하였다.

치안방해를 막는 주의 목적에 대하여, 텍사스 법원은 국기훼손방지법은 심각한 치안혼란을 가져올 수 있는 국기소각만을 포함하기 위해 제한적으로 제정되지 않았다고 결론지었다. 이 사건에서 국기소각이 그러한 반응을 일으키지 않았다. 텍사스 법원은 "'심각한 불쾌감'이 발생했지만 치안의 방해도 없었고 폭력적인 상황이 일어날 수도 있었다는 자료도 없다."고 보았다. '심각한 불쾌감'을 치안방해를 자극한 것과 동일시할 수 없다. 법원은 또한 다른 텍사스형법(42.01(1989))이 치안방해를 금지한다고 강조하였다. Boos v. Barry, 485 U.S. 312 (1988) 판결(이하 "부스 판결")을 인용하면서, 법원은 텍사스가 위 형법에 따라 이 사건 국기 훼손을 처벌하지 않고도 치안 방해를 막을 수 있다고 판단하였다. 텍사스법원은 존슨에게 적용되는 법이 위헌이라는 이유로 그의 유죄를 파기하였기 때문에, 그 법이 모호하고 포괄적이어서 위헌이라는 존슨의 주장은 판단하지 않았다. 우리는 상고를 허가했고 그 판결을 인용한다.

## II

존슨은 모욕하는 말을 해서가 아니라 국기를 불태우는 행위로 인한 국기훼손으로 유죄판결을 받았다.71) 이 사실 때문에 수정헌법 제1조에 의해 유죄판결을

71) 검사의 최종의견에 따르면 국기가 불타는 동안 국기를 비난하는 구호를 외칠 때 존슨이 항의자들을 이끌었다는 것이므로, 존슨은 국기를 불태운 행위보다는 비판적인 말을 한 것 때문에 유죄판결을 받았다고 주장한다. 우리가 Street v. New York, 394 U.S. 576, 578 (1969)에서 피고인이 말만으로 유죄판결을 받았다는 주장을 수긍하였기 때문에 공개적으로 국기를 얕보거나 경멸하는 행위를 금지한 뉴욕주법에 따른 유죄판

검토하는 것이 다소 복잡해진다. 우리는 먼저 존슨의 국가불태우기가 수정헌법 제1조에 따라 유죄판결의 효력을 다툴 수 있는 표현적인 행위(expressive conduct)인지를 결정해야 한다. Spence v. Washington, 418 U.S. 405 (1974) (이하 "스펜스 판결"). 만약 그의 행위가 표현적이라면, 우리는 주의 규제가 자유로운 표현의 억압과 관련이 있는지를 결정해야 한다. 만약 주의 규제가 표현과 무관하다면, 오브라이언 판결에서 판시한 덜 엄격한 기준이 적용된다. 우리가 오브라이언 기준을 적용하지 않는다면 더 엄격한 기준 아래 존슨의 유죄가 정당한 지를 확인해야 한다.[72)]

---

결을 취소한 판결에 존슨은 의존하고 있다. 그러나 Street 판결속의 법과는 달리, 텍사스 국기훼손법은 문면상 존슨이 인정하듯이 국기를 비판하는 말을 처벌하지 않고 있다. 이 사건에서 배심은 국기 및 그와 관련하여 비판적인 말을 했을 때 국기 훼손으로 유죄평결을 할 수 있다는 말을 듣지 않았다. 그러나 존슨은 배심이 텍사스 주법에 따라 다음과 같이 설명을 들었다고 강조하고 있다.

"만약 어떤 사람이 범행을 조장하거나 도와 줄 의도로 행동하면서, 다른 사람이 범죄를 저지르도록 요청, 권유, 지시, 지원 또는 지원하려고 한다면 다른 사람이 저지른 범죄에 대해 형사 책임이 있다."

주는 자신이 국기를 불태운 사람이 아니라고 존슨이 항변하였기 때문에 이 설명을 하였다. 존슨은 심리중에 이 배심설명에 이의하지 않았고, 항소심에서 이를 뒷받침할 증거가 충분하지 않다는 이유로만 다투었다. 이 법원에 와서야 존슨은 배심설명이 배심에게 말만으로 그를 유죄평결하도록 이끌었다고 주장하였다. 우리가 상고심에서 제기된 이 주장이 적정하다고 인정한다고 하더라도, 우리는 이 상황에서는 의미가 없다고 보았다. 배심설명은 존슨이 한 말의 경멸적인 성질 때문에 유죄를 허용하지 않았을 것이고, 그러한 말 자체는 위 설명이 요구한 바와 같이 국기 불태우기를 조장하지 않았다. "대부분 주의 주장은 행위자로서 존슨의 유죄를 전제로 하고 있다"는 추가적인 사실을 볼 때, 우리는 이러한 이유로 이러한 이론을 근거로 배심이 유죄평결했다고 인정하지 않는다.

72) 비록 존슨이 텍사스 국기훼손법에 대해 문면상 도전을 했다 하더라도, 우리는 그에게 석용되는 법이 수정헌법 제1조를 위반하였다는 그의 주장을 바탕으로 이 사건을 해결하려고 한다. 텍사스 법(42.09항)은 국기와 관련한 글이나 말이 아닌 물리적인 행동만을 규제하는데, 국기의 물질적 취급이 "이를 지켜보거나 발견할 것 같은 사람들을 심각하게 분노하게 할"것임을 안 경우에만 적용된다. 이 사실이 반드시 수정헌법 제1조가 보호하는 표현적인 행동에만 적용된다는 것을 의미하지 않는다. 예를 들면 피곤한 사람이 의견을 표현한다는 생각없이 다른 사람들을 화나게 할 것이라는 것을 알지만, 진흙바닥에서 국기를 끌고 갔다고 하자. 법문이나 텍사스 법원의 해석은 그 사람이 국기 훼손으로 기소될 가능성을 배제하지 않고 있다. 표현적인 행동에 관여하지 않는 사람의 기소는 다른 문제이고, 이 사건은 더 좁은 근거로 해결될 것이기 때문에, 우리

수정헌법 제1조는 법문상 "언론(speech)"만의 제한을 금지하고 있다. 그러나 우리는 오랫동안 수정헌법 제1조가 말이나 글만을 보호하는 것은 아니라고 인정해왔다. 우리는 행위자가 행위로 생각을 표현하려고 할 때마다, 다양한 행위에 무제한적으로 "언론"이라는 딱지를 붙일 수 있다는 견해를 거부한 반면, 오브라이언 판결, 376, 행위에 수정헌법 제1조와 제14조의 범위에 포함될 수 있는 통신의 요소가 충분히 들어 있을 수 있다는 것을 알고 있었다. 스펜스 판결, 409.

특정한 행위가 수정헌법 제1조가 적용될 수 있는 충분한 의사전달의 요소들을 갖고 있는지 여부를 결정하는데 있어서, 우리는 특정한 의사를 전달하려는 의도가 나타나 있는지, 그 행위를 본 사람들이 그 의사를 이해할 수 있는 가능성이 큰지를 확인해야 한다. 그래서 학생들이 미국의 베트남전 참전에 항의하기 위해 검은색 완장을 찬 행위, Tinker v. Des Moines Independent Community School Dist., 393 U.S. 503 (1969)와 다음 행위의 표현적인 성격을 인정하였다. 흑백분리에 항의하기 위해 "백인만출입" 지역에서 흑인들의 연좌데모, Brown v. Louisiana, 383 U.S. 131 (1966), 미국의 베트남 전쟁 참가를 비판하는 공연에서 군복을 입는 행위, Schacht v. United States, 398 U.S. 58 (1970), 다양한 사안에 대한 피켓팅, Food Employees v. Logan Vally Plaza, Inc., 391 U.S. 308 (1968), United States v. Grace, 461 U.S. 171 (1983).

특히 국기와 관련된 행위의 통신 성격을 인정한 우리의 판결들이 이 사건과 관련이 있다. 국기에 평화표시를 붙인 행위, 스펜스 판결; 국기에 대한 경례 거부, Barnette; 붉은기 전시, Stromberg v. Califonia, 283 U.S. 359 (1931). 우리는 모두 수정헌법 제1조의 보호를 받는다고 판결하였다. 우리가 국기와 관련된 행위에 표현적인 요소를 발견하는데 거의 어려움이 없었다는 것은 놀랄 일이 아니다. Smith v. Goguen, 415 U.S. 566, 588 (1974)(대법관 화이트 동조의견)(바지 엉덩이 부분에 국기를 꿰매어 경멸적으로 다룬 행위는 표현적인 행동이다) 국기의 목적은 우리나라의 상징으로 사용하기 위해서다. 2백년된 국가를 나타내는 하나의 표시일 수 있다. 그래서 우리는 다음과 같이 보았다 :

---

는 그의 정치적인 표현에 적용되는 42.09항이 수정헌법 제1조를 위반했다는 존슨의 주장만을 다룬다.

"기에 대한 경례는 말의 한 형태이다. 상징성은 생각을 전달하는 원시적이지만 효과적인 방법이다. 시스템, 생각, 기구, 개인을 상징하기 위해 기장 또는 기를 사용하는 것은 마음과 마음을 이어주는 지름길이다. 운동과 국가, 정당, 숙박시설, 교회집단은 기 또는 현수막, 색깔 또는 디자인에 추종자들의 충성을 결합시키려고 한다." Barnette 판결, 632.

표현적인 내용을 담고 있는 국기는 "미국"이라는 글자의 조합처럼 쉽게 이 나라를 의미내고 있다. 그러나 우리는 국기와 관련한 행동이 자동으로 표현이라고 결론짓는 것은 아니다. 수정헌법 제1조의 목적상 그러한 행동을 분류하는데 있어서 우리는 발생한 맥락을 검토해왔다. 예를 들면 스펜스 판결에서 우리는 스펜스가 국기에 평화표지를 붙인 행위는 캄보디아 침공 및 켄트의 비극[73]과 거의 동시에 시작되었다는 점을 강조하였다. 워싱턴주는 사실상 스펜스의 행위가 의사소통의 한 형태라는 것을 인정하였다.

텍사스주는 이 사건에서 존슨의 행위가 표현적인 행위라고 인정하였고 스펜스 사건에서 워싱턴주가 인정하는 것과 마찬가지로 보인다. 존슨은 공화당의 회의와 로널드 레이건의 대통령 후보 재지명에 맞추어 발생한 정치데모의 일부로서, 그리고 그 정점에서 성조기를 불태웠다. 이 행위의 표현적이고 정치적인 성격은 의도적일 뿐만 아니라 명백하다. 존슨은 국기를 불태운 이유를 다음과 같이 설명하였다 : "성조기는 레이건이 대통령후보로 재지명되면서 불태워졌다. 당신이 동의하든 안하든, 당시 그 보다 더 강력한 상징적 언론을 표출할 수 없었다. 이것은 정확한 대립이다. 우리는 새로운 애국심과 비애국심을 갖게 되었다." 이러한 상황에서 존슨의 국기소각은 수정헌법 제1조의 의사표현 요소와 충분히 결합되어 있는 행위이다.

## Ⅲ

보통 정부는 글이나 말의 제한보다 표현적인 행위를 제한하는데 더 자유로운 권한을 가지고 있다. 그러나 표현적인 성격 때문에 특정한 행위를 금지할 수 없다. "좀 더 넓은 표현의 자유 보장으로 인하여 의사표현 성격을 가진 행위를

73) 옮긴이 주) 오하이오주 켄트 주립대학의 반전데모에 발포하여 학생들이 사망하고 부상을 입은 사건.

금지하는 것은 부적절한 근거가 된다. 의사표현적인 성격의 행위에 적용되는 법은 언론 그 자체에 적용되는 법처럼, 수정헌법 제1조가 요구하는 필요성을 실질적으로 증명하여야만 정당하다." 요약하면 표현의 제한이 유효한지를 결정하는데 있어서 도움을 주는 것은 단지 표현의 언어적 또는 비언어적 성격이 아니라, 문제가 되는 정부의 이익이다.

그러므로 우리는 행위에 언론과 비언론의 요소가 결합되어 있을 때, 비언론 요소를 규제하기 위한 매우 중요한 정부의 이익이 수정헌법 제1조의 자유 제한을 정당화할 수 있다고 인정한다 하더라도, 우리는 오브라이언 판결의 상대적으로 완화된 기준은 정부의 이익이 자유표현의 억압과 무관한 사건으로 한정해서 적용해왔다. 나아가 우리가 오브라이언 심사는 시간, 장소, 방법 제한에 사용되는 기준과 거의 차이가 없다는 것을 지적하면서, 오브라이언의 덜 엄격한 법리가 적용되기 위해서는 정부의 이익이 표현과 연관되지 않아야 할 필요성을 강조하였다.

그러므로 이 사건에서 오브라이언 심사를 적용할 것인지를 결정하기 위해서 우리는 텍사스가 존슨의 유죄판결을 뒷받침하기 위해 표현의 억압과 무관한 이익이 있는지를 판단해야 한다. 만약 주가 주장한 이익이 이 사건의 사실관계와 관계가 없다면 우리는 오브라이언 심사를 적용할 것인지를 검토할 필요가 없다. 주는 유죄판결이 정당한 2가지 이익을 제시하였다. 치안방해를 방지하는 것과 국기를 국가와 국가적 통일성의 상징으로 보호하는 것. 우리는 첫째 이익은 이 사건과 관련이 없고 둘째 이익은 표현의 자유 억압과 관련이 있다고 판단한다.

## A

텍사스는 치안 방해를 막는 이익으로 이 사건 국기불태우기의 유죄판결이 정당하다고 주장한다.[74] 그러나 존슨의 국기태우기로 치안 방해는 실제 일어나지

---

74) 부스 판결에 따라, 존슨은 이러한 주의 이익은 오브라이언 판결의 의미내에서 자유표현의 억압이라고 주장한다. 그는 텍사스가 두려워하는 국기 소각에 대한 폭력 반응은 소각이 전달하는 메시지의 결과일 것이고, 이 사실은 주의 이익이 표현의 억압에 연관되었다고 주장한다. 이 견해는 하급법원에서 일부 받아들였다. Monroe v. Stats Court of Fulton County, 739 F.2d 568, 574-575(CA11 1984). 존슨의 논리는 청중의

않았고 치안을 위협하지도 않았다. 비록 주가 시청까지 행진하는 동안 시위자들의 파괴적인 행동을 강조하기는 했지만, 국기를 태울 때 또는 태우는 행위에 따라 치안을 방해한 일은 실제 발생하지 않았다고 인정했다. 주가 시청에 도착할 때까지 시위자들의 무질서한 행동을 강조하면서도 그 행위에 대해 아무런 제재를 하지 않는 것이 다소 놀랄만한 일일 뿐만 아니라 치안방해가 존슨의 행위로 발생한 것이라는 점을 밝히지 못했다. 존슨의 행위에 대한 반응을 보여주기 위해 주가 제시한 유일한 증거는 국기소각행위로 인하여 심각하게 상처를 입은 몇 사람들의 증언이었다.

그러므로 주의 입장은 특정한 표현에 심한 불쾌감을 느낀 구경꾼이 치안을 방해할 것 같아서 표현은 금지되어야 한다는 주장이다.[75] 우리의 선례는 그러한 추정을 허용하지 않는다. 반대로 우리의 정부시스템에서 자유 언론의 주요한 기능은 토론을 권장하는 것이다. 그 기능은 불안한 상황을 일으킬 때, 상황에 대한 불만족을 야기할 때, 사람들을 화나게 할 때, 참으로 그 숭고한 목적에 가장 잘 이바지할 것이다. Terminiello v. Chicago, 337 U.S. 1, 4 (1949). Cox v. Louisiana, 379 U.S. 536, 551 (1965); Tinker v. Des Moines Independent Community School Dist. 393 U.S., 508-509; Coates v. Cincinnati, 402 U.S. 611, 615 (1971); Hustler Magazine, Inc. v. Falwell, 485 U.S. 46, 55-56 (1988). 불쾌감을 주는 것이 발언자의 의견이라면 헌법이 보호할 이유가 되는데, 정부가 동의하지 않는 어떤 생각이 폭력을 유발할 것이라는 근거없는 추정에 의해 생각의 표현을 금지할 수 있다고 하는 것은 참으로 이상하다.

그래서 우리는 도발적인 생각의 표현이 모두 폭동을 선동한다고 가정하는 것을 금지해왔다. 그 대신에 우리는 표현이 즉각적인 불법행위를 선동하거나 유발할 목적이 있는지와 그러한 행위를 선동하거나 유발할 가능성이 있는지를 물어보면서 그러한 표현을 둘러싼 실제 상황을 주의깊게 검토할 것을 요구해왔

---

분노를 방지하려는 기대가 표현과 관련되어 있다는 것과 같은 방식으로, 청중의 폭력 반응을 방지하려는 기대가 표현과 관련되어 있다고 암시하는 범위에서 부스 판결과 무관하다. 그러나 우리는 치안 방해를 방지하는 주의 이익이 이 사건 사실관계에는 관련되어 있지 않기 때문에, 우리는 이 영역으로 더 들어가지 않는다.

75) 물론 이 주장과 42.09에 해당하기 위해 실제 심각한 죄를 일으킬 필요는 없다는 주의 주장 사이에 긴장이 있다.

다. Brandenburg v. Ohio, 395 U.S. 444, 447 (1969). 치안을 방해할 잠재성만 입증하면 되고 모든 국기소각행위는 그러한 잠재성을 갖고 있다는 텍사스의 주장을 받아들이면 Brandenburg판결을 위반하게 된다.

존슨의 표현적 행위는 일반인에게 보복을 부추기고 이로 인하여 치안을 방해할 것 같은 "폭언"에 포함되지 않는다. Chaplinsky v. New Hampshire, 315 U.S. 568, 574 (1942). 합리적인 구경꾼이라면 연방정부 정책에 대한 존슨의 일반적인 불만의 표시를 개인에 대한 직접 모욕이나 주먹싸움을 하자는 것으로 보지는 않았을 것이다.

그래서 우리는 질서를 유지하는 주의 이익은 이 사건 사실관계와 무관하다고 결론짓는다. 주는 우리의 결론이 치안유지를 불가능하게 할 것이라고 걱정할 필요는 없다. 우리는 수정헌법 제1조 때문에 주가 "급박한 무법행위"를 막는 것이 금지된다고 암시하지 않는다. 텍사스는 이미 치안을 방해하는 행위를 금지하는 법률을 가지고 있다. 그 법은 텍사스가 치안을 유지하기 위해 이 사건 국기소각행위를 처벌할 필요가 없다는 점을 확인시켜주고 있다.

## B

텍사스주는 또한 국기를 국가 및 국가 통일성의 상징으로 보호하는 이익을 주장하고 있다. 스펜스 판결에서 우리는 국기의 특별한 상징적인 가치를 보호하는 정부의 이익은 국기에 평화표시를 부착하는 행동의 맥락에서는 표현과 직접 관련되어 있다고 인정하였다. 우리는 이러한 이익이 존슨의 국기소각사건의 표현과 관련이 있다고 본다. 주는 분명히 그러한 불태우는 행위가 사람들에게 국기가 국가 및 국가통일성을 대표하는 것이 아니라거나, 또는 국기에 반영된 개념은 사실상 존재하지 않는다, 즉 우리는 국가로서 통일성을 갖고 있지 않다고 믿게 할 수 있다는 점을 우려하고 있다. 국기를 다루는 것이 의사를 전달할 때만 이러한 우려가 발생하기 때문에 오브라이언 판결의 의미상 자유표현의 억압과 관련이 있다. 그래서 우리는 오브라이언 심사를 적용하지 않는다.

## IV

국기를 국가 및 국가 통일성의 상징으로 보호하는 주의 이익으로 존슨의 유죄판결이 정당한 지를 검토하는 문제가 남았다.

스펜스 판결에서 우리는 행동을 통한 생각의 표현을 기소한 사건을 다루었다. 우리는 기소를 뒷받침하기 위해 제시된 이해관계를 주의 깊게 검토하여야 한다. 존슨은 단지 생각을 표현한 것 때문에 기소되지 않았다. 그는 이 나라의 정책에 대한 불만을 표현한 것 때문에 기소되었다. 그 표현은 수정헌법 제1조 가치의 핵심에 자리 잡고 있다.

게다가 존슨은 그의 정치적인 표현이 심각한 불쾌감을 초래할 것이라는 점을 알았다는 이유로 기소되었다. 만약 그가 더럽거나 찢어졌기 때문에 폐기하기 위해서 불태웠다면 텍사스법에 의해 국기소각행위로 유죄판결을 받지 않았을 것이다. 연방법은 국기가 더 이상 진시하기에 적합하지 않은 상황일 때 바람직한 폐기방법으로 소각을 규정하고 있다. 그리고 텍사스도 이러한 폐기방법에 대해 이의가 없다. 텍사스주법은 모든 상황에서 국기의 물질적인 완전함을 보호하는 것이 목표가 아니고, 다른 사람에게 심각한 불쾌감을 주는 손상으로부터 보호하기 위해서 제정되었다.[76] 텍사스는 다음과 같이 인정한다. "42.09(b)는 불쾌한 방식으로 행해지는 국기의 물질적 오용 행위에만 적용된다." 법은 다른 사람들의 감정을 심각하게 해치기 위한 의도적이거나 고의적인 오용을 요건으로 하고 있다.

그러므로 존슨의 행위가 텍사스주법을 위반했는지는 표현적 행위의 의사전달로 인한 영향에 달려 있다.[77] 부스 판결은 존슨의 표현 규제는 내용에 기초한

76) Smith v. Goguen, 415 U.S., 590-591(대법관 블랙먼 반대의견)과 비교(하급법원이 주법을 모든 상황에서 국기의 물질적인 완전성을 보호하는 것으로 해석한 것 같다고 강조); 597-598 (대법관 렌퀴스트의 반대의견도 동일).

77) 텍사스는 보거나 발견하는 사람을 심각하게 화나게 할 것이라는 점을 알면서 국기를 물질적으로 오용할 때에만 42.09를 위반하기 때문에 존슨의 유죄가 국기 소각에 대한 구경꾼들의 반응에 달린 것이 아니라고 한다. 텍사스는 '심각한 화'라는 문구는 개인의 의도와 행동이 일으키는 방식을 참조하고 군중의 반응은 참조하지 않는다. 그러나 만약 법이 행위자의 의도에만 초점을 맞추고 행동의 전달 효과는 무시했다면, 청중이 현존할 때에만 법이 적용된다고 할 이유가 없을 것이다. 존슨의 1심 재판에서 주는 스스로 고의와 지금 강조하고 있는 현실적인 전달 사이의 구분을 하지 않은 것 같다. 주는 존슨의 행동에 의해 심각하게 분노한 사람들의 증언을 제시함으로써 고의 요소를 입증하였다. 어느 경우든 우리는 텍사스 법과 실제 청중의 반응에 의존하는 것과의 구분은 헌법적인 중요성이 없다고 본다. 두 가지 종류의 법은 금지된 행동에 의해

것이라고 말하고 있다. 부스 사건에서 외국 정부에 대해 '공개 증오' 또는 '공개 불명예'를 일으키는 표지판을 외국 대사관의 150미터 이내에서 전시하는 행위를 금지하는 법의 합헌성을 검토하였다. 외교관들의 품위를 손상하는 언론을 막기 위한 국제법상 의무에 의해 법이 정당하다는 주장을 배척하면서, 우리는 구경꾼들에 대해 미치는 언론의 감정적인 영향은 표현 자체의 내용과 무관한 2차적인 효과가 아니라고 판단했다.

부스 판결에서 발표된 원칙에 따르면 존슨의 정치적인 표현은 그가 전달한 메시지의 내용 때문에 제한되었다. 그러므로 우리는 국기의 특별한 상징적인 성격을 보호하려는 주의 이익에 "가장 엄격한 심사"를 적용해야 한다. 부스 판결, 321.[78]

텍사스주는 국기를 국가 및 국가통일성의 상징으로 보호하는 이익은 이러한 심사를 통과한다고 주장한다. 우리 사회에서 국기의 역사적이고 상징적인 역할을 상술한 이 법원의 기록을 광범위하게 인용하면서, 텍사스주는 우리 국가에서 국기를 위해 유보되어야 하는 "특별한 공간"을 강조하고 있다. 주의 주장은 국기가 무엇을 상징하든 간에 단지 어떤 상징으로서 국기를 보호하는 이익을 가지고 있다는 것은 아니다. 만약 그 것이 주의 입장이라면, 존슨의 행위와 같은 매우 상징적인 행위에 의해 어떻게 주의 이익이 위험에 빠질 수 있는지를 알기 어려울 것이다. 그보다는 주의 주장은 국가 및 국가 통일성의 상징, 명확한 의미를 가진 상징으로 국기를 보호하는 이익을 가지고 있다는 것이다. 텍사스주에 따르면, 만약 국기의 국가 및 국가 통일성과의 관계나 국가통일성이 실제 존재한다는 생각에 의문을 던지는 방식으로 국기를 취급한다면 그에 의해 전달되는 메시지는 해로운 것이고 그러므로 제한되어야 할 것이다.[79]

---

표현된 생각으로 분노하는 구경꾼들을 보호하는 목적을 갖고 있다는 것은 명백하다.

78) 물론 우리의 심리는 이 사건의 특정한 사실관계와 존슨이 유죄판결을 받은 법률로 제한된다. 존슨이 불태운 국기를 스스로 훔쳤다는 증거가 없고, 기소내용에 국기를 훔쳤다는 부분은 없다. 그러므로 우리의 분석은 국기를 입수한 방법과는 무관하고, 생각을 전달하기 위한 용도로 사용하는 한, 국기를 훔쳐도 된다는 내용으로 우리 의견을 받아들여서는 안 될 것이다. 또한 우리는 존슨이 국기훼손으로 기소되었고, 불법침입, 치안문란행위, 방화로 기소되지 않았다는 점을 강조한다.

79) 텍사스는 특정한 정치철학을 지지, 보호, 승인, 금지하지 않는다고 주장한다. 만약 텍사스가 주장하는 이익이 사회당원보다 민주당원을 더 선호하지 않고, 민주당원보다

만약 수정헌법 제1조의 근본 원칙이 있다면, 정부는 단지 사회가 불쾌하거나 동의할 수 없다는 이유만으로 생각의 표현을 금지하지 못한다는 것이다. Hustler Magazine, Inc. v. Falwell, 485 U.S., 55-56; City Council of Los Angeles v. Taxpayers for Vincent, 466 U.S. 789, 804 (1984); Bolger v. Youngs Drug Products Corp., 463 U.S. 60, 65, 72 (1983); Carey v. Brown, 447 U.S. 455, 462-463 (1980); FCC v. Pacifica Foundation, 438 U.S., 745-746; Young v. American Mini Theatres, Inc., 427 U.S. 50, 63-65, 67-68 (1976); Buckley v. Valeo, 424 U.S. 1, 16-17 (1976); Grayned v. Rockford, 408 U.S. 104, 115 (1972); Police Dept. of Chicago v. Mosley, 408 U.S. 92, 95 (1972); Bachellar v. Maryland, 397 U.S. 564, 567 (1970); 오브라이언 판결, 382; Brown v. Louisiana, 383 U.S., 142-143; Stromberg v. California, 283 U.S., 368-369.

우리는 국기가 관련된 경우에도 이 원칙에 대한 예외를 인정하지 않았다. Street v. New York, 394 U.S. 576 (1969) 사건에서 우리는 주가 국기를 비판하는 사람을 형사처벌할 수 없다고 판결했다. Street 판결에서 우리는 모든 시민들에게 정당하게 요구되는 국가상징에 대한 경의를 보여주지 못했다는 이유로 유죄판결이 유지되어야 한다는 주장을 거부하였다. 헌법이 보장하는 지성적으로 다르거나 또는 반대할 자유와 현존 질서의 핵심적인 사항에 대해 다른 권리는 국기에 대해 시비조의 또는 경멸적인 의견을 포함하여 의견을 공개 표현할 자유를 포함하고 있으며, 정부가 국기에 대한 경의를 보여주는 행위를 강요할 수 없다고 판결했다. "국기에 대한 경례를 강제하기 위해서는 우리는 개인의 생각을 말할 수 있는 권리를 보장한 권리장전이 공권력에게 공개리에 마음속에 없는 것을 말하도록 강제할 여지를 남겼다고 말해야 한다." Barnette사건에서 헌법이 정부에게 이러한 권한을 허용하지 않았다고 판결하면서, 잭슨

---

공화당원을 선호하는 것은 아니라는 것을 의미한다면, 존슨은 그러한 주장을 하고 있지 않기 때문에 초점을 벗어나는 것이다. 그는 국기를 국가 및 국가통일성의 상징으로 유지하려는 주의 희망은 국기에 대해 오직 하나의 타당한 견해만이 있다는 것을 전제하고 있다고 주장하고 있다. 그래서 텍사스가 주의 이익이 어느 견해를 선호하는 것이 아니라고 주장하려 한다면 잘못된 것이다. 분명히 국기와 그 대상에 대한 하나의 태도가 견해이다.

대법관은 자주 되풀이될 가치가 있는 다음과 같은 말속에서 우리 사회의 명확한 원칙 중의 하나를 설명하였다. “우리의 헌법 별자리에 고정된 별이 있다면, 공직자가, 그것은 고위직이든 하위직이든, 정치, 민족주의, 종교, 또는 다른 문제에서 무엇이 정통인지를 결정하거나 시민들이 말이나 행동으로 그에 관한 믿음을 고백하도록 강제할 수 없다는 것이다.” 스펜스 사건에서 우리는 이 사건의 텍사스가 주장한 것과 같은 이익은 성조기에 평화표지를 부착한 행위에 대해 국기오용법에 따라 유죄판결을 내리는 것을 뒷받침하기에 충분치 않다고 판결했다. 스펜스의 표현에 보호할만한 특성이 있고, 개인이 소유한 국기의 물질적인 완전성을 보호하는 주의 이익이 상당히 손상되었다고 볼 수 없다는 점에서, 우리는 유죄판결이 무효가 되어야 한다고 판결했다.

요약하면 우리의 선례 중에는 주가 국기에 관련된 표현적인 행위를 금지함으로써 국기에 관한 자신의 견해를 장려할 수 있다고 보는 선례는 없다.[80] 텍사스는 비록 국기의 상징적인 역할을 보호하려는 이익이 국기를 비판하는 말이나 표현적인 행위를 금지할 수 없다고 하더라도, 분명한 파손의 금지는 허용하고 있다고 주장하고 있다. 주의 주장이 글 또는 말과 비언어적 행위 사이의 구분에 근거할 수 없다. 그러한 구분은 이 사건처럼 비언어 행위가 표현적일 때, 그리고 행위 규제가 표현과 관련되어 있을 때 중요하지 않다. 추가로 Barnette 판결과 스펜스 판결은 언어적 의사소통뿐만 아니라 표현적인 행위를 다루고 있고, 두 판결은 그 행위가 보호된다고 판결했다.

나아가 텍사스가 존슨 표현의 정확한 성격을 중시하는 것은 우리 선례의 핵심을 놓치는 것이다. 정부가 메시지에 동의하지 않는다는 이유만으로 표현을

80) 국기의 상업 이용을 금지하고 있는 주법의 유효성을 다룬 Halter v. Nebraska, 205 U.S. 34 (1907) 판결은 모순되지 않는다. 그 사건은 “수정헌법 제1조가 수정헌법 제14조를 통해 주에게 적용된다고 한 법원의 판결보다 거의 20년 전에” 결정되었다. 스펜스 판결, 412, 주 7. 더 중요하게, 우리가 Halter 판결에서 지속적으로 강조하듯이, 그 사건은 정치 언론보다는 순수한 상업언론과 관련되어 있다. 205 U.S., 38, 41, 42, 45.

대법원장의 반대의견이 인용하고 있는 San Francisco Arts & Athletics, Inc. v. United States Olympic Committee, 483 U.S. 522 (1987) 판결은 미국올림픽위원회에게 ‘올림픽’이라는 단어의 상업 및 광고 목적의 사용을 금지하는 권한을 부여한 의회 결정의 유효성을 다루고 있는데, 정부가 정치적인 항의 수단으로 국기의 물질적인 훼손행위를 형사적으로 처벌할 수 있는지에 대해서 전혀 말하고 있지 않다.

금지하지 못한다는 선례의 계속되는 교훈은 생각을 표현하기 위해 선택한 특별한 방식에 달려 있지 않다.[81] 만약 주가 국기의 상징적인 역할이 위험에 처했을 때마다 국기소각을 금지할 수 있고, 그 역할을 증진할 때(예컨대 더러워진 국기를 태우는 의식을 거행할 때)마다 국기소각이 허용된다면, 우리는 국기의 물질적 완전성이 손상되었을 때, 국기 자체는 오직 한 방향으로서 하나의 상징 – 글 또는 말 또는 마음에서 마음으로 이어지는 지름길 – 으로 사용될 수 있다. 우리는 국기에 대한 태도를 전달하기 위해, 국기가 갖는 국가 및 국가 통일성의 표징을 훼손하지 않을 경우에만 국기를 태울 수 있다고 말함으로써 주가 "무엇이 정통인지"를 결정하는 것을 허용하게 된다.

우리는 과거에 정부가 하나의 상징이 하나의 견해만을 표현하기 위해 사용되도록 보장한다고 판결한 적이 없다. Schacht v. United States사건에서 우리는 군대의 신용을 떨어뜨리지 않은 경우에만 배우가 군복을 입은 군인 배역을 맡는 것을 허용한 연방법을 무효화시켰다. 베트남전쟁을 찬양할 자유는 있지만 전쟁에 반대한다고 해서 Schacht같은 사람을 감옥에 보내는 규정은 수정헌법 제1조를 가진 나라에서는 유지될 수 없다.

우리는 Schacht판결의 원칙이 이 사건에 적용되지 않는다는 것을 인정할만한 근거를 찾지 못했다. 정부가 지정된 상징을 오직 제한된 의사만을 전달하기 위해 사용하도록 허용할 수 있다고 결론내리는 것은, 판정할 수 없거나 방어할 수 없는 경계 지역으로 들어가게 될 것이다. 정부는 이러한 이론에 따라서 주의 국기 소각을 금지할 수 있는가? 대통령 문양 복사본의 소각은? 헌법의 소각은? 수정헌법 제1조에서 우리가 어떤 상징들이 이러한 독특한 지위를 보장할 만큼 충분히 특별한가를 어떻게 결정할 수 있겠는가? 결정하려면 수정헌법 제1조가 금지하는 바로 그 방식으로, 우리는 우리 자신의 정치적인 선호들을 논의

81) 대법원장의 반대의견은 "그의 행동은 … 수십개의 다른 방법으로 효과적으로 전달될 수 없었거나 전달되지 않았던 것을 전달하고 있는 것은 없기 때문에" 존슨의 행위가 금지될 수 있고 형사적으로 제재될 수 있다고 믿는 것 같다. 431. 이 의견은 국기가 우리 사회에서 독특한 위치를 점하고 있다는 반대의견의 매우 옳은 지적과 쉽게 양립할 수 없을 뿐만 아니라 – 국기를 사용하지 않고 전달되는 의사는 국기를 이용하여 전달하는 것만큼 효과적이지 않다는 것을 증명한다 – 스펜스 판결에서 우리가 이 주장을 "간단하게 배척"했다는 사실을 무시하고 있다. 418 U.S., 411, 주) 4.

해야 하고 그 선호들을 시민들에게 요구해야 할 것이다.

나아가 헌법이나 우리의 선례는 성조기에 한해서 사법상 다른 종류로 취급하지 않고 있다. 우리가 지금 해석하는 헌법을 제정하고 수정헌법을 작성한 사람들이 영국 국기를 공경했는지가 알려지지 않은 것은 놀랄 일이 아니다. 수정헌법 제1조는 전체적으로 우리 국가에 신성한 다른 개념들 – 예컨대 인종차별은 증오할만하고 파괴적이라는 원칙 – 이 사상의 시장에서 이의없이 통과될 것이라고 보장하지 않는다. 그러므로 우리는 국기에 대해 수정헌법 제1조가 보호하는 원칙의 예외를 만들지 않는다.

우리가 반대하는 것은 주의 목적이 아니라 수단이다. 이 나라에서 국기가 보유한 특별한 공간이 있다는 것은 부정될 수 없고, 그래서 우리는 정부가 국가의 순수한 상징으로서 국기를 보호하는 노력을 기울이는데 있어서 정당한 이해관계가 있다는 것을 의심하지 않는다. 우리는 국기가 전시되는 방법을 규제하는데 어떠한 주의 이익도 존재하지 않는다는 존슨 변호인의 주장을 받아들이지 않는다. 예를 들면 의회는 국기의 적정한 취급을 설명하는 입법을 할 수 있고 그렇게 권장하는 정당한 이익이 있다는 것에 의문이 없다. 그러나 정부가 국기의 적정한 취급을 권장하는 이해관계가 있다고 해서 정치적인 항의의 수단으로 국기를 소각하는 사람을 형사처벌할 수 있다고 말하는 것은 아니다. "공직자가 설득과 예시를 통해 촉진하고자 하는 목표로서 국가적 통일성이 문제가 아니다. 문제는 우리의 헌법상 이 사건과 같은 강제가 헌법의 목적을 달성하기 위해 허용되는 수단인지 여부이다." Barnette, 319 U.S. 640.

우리는 오늘의 결론으로 존슨 행위의 형사처벌을 금지하는 것이 우리의 국기가 갖는 특별한 역할과 그것이 고취하는 감정을 위협하지 않을 것이라고 확신한다. 홈즈 대법관의 말을 바꿔 쓰면, 알려지지 않은 사람의 한 동작(이 사건 국기 불태우기)이 우리 국가의 국기에 대한 태도를 바꿀 것이라고 상상하는 사람은 없을 것이라고 본다. Abrams v. United States, 250 U.S. 616, 628 (1919). 참으로 국기불태우기가 치안 방해를 유발할 가능성이 높은 행위라는 텍사스 주장과 국기의 물질적인 훼손이 "심각한 불쾌감"을 낳을 것이라는 법률의 암묵적인 가정은 국기의 특별한 역할이 위험에 빠지지 않았다는 점을 확인해 준다. 만약 위험에 빠졌더라도 국기가 이미 불태워졌기 때문에 아무도 폭동을 일으키거나 화내지 않았을 것이다.

우리는 사실 오늘 판결에 의해서 우리 공동체내에서 마땅히 소중한 국기의 지위는 강화될 것이지 약화되지 않을 것이라고 말하고 싶다. 우리의 결정은 국기가 바로 담고 있는 자유와 포용성(inclusiveness)의 원칙, 존슨과 같은 비판의 관용이 우리의 강함의 표시이자 원천이라는 확신의 재확인이다. 우리 국기의 가장 자랑스러운 이미지 중의 하나이자, 우리 애국가속에 불멸하는 것은 맥헨리 항의 포격속에서 살아남은 것이다. 텍사스주가 국기에서 보는 것은 엄격함이 아니라 국가의 탄력성이고, 우리가 오늘 다시 주장하는 것이 그 탄력성이다.

국기의 특별한 역할을 보호하는 방법은 이러한 문제에 대해 날리 느끼는 사람을 처벌하는 것이 아니다. 그들이 잘못했다고 설득하는 것이다. "민주 정부의 절차를 통해서 적용되는 자유롭고 두려움 없는 논리의 힘을 믿는 용기있고 독립적인 사람은 악마의 영향이 너무 급박해서 충분한 토론의 기회가 오기 전에 들이 닥치지 않는다면 언론으로부터 나오는 어떤 위험도 명백하고 현존하다고 느끼지 않는다. 토론을 통해서 잘못과 오류를 드러낼 시간이 있다면, 학습과정을 통해 악마를 막기 위해서 필요한 방법은 더 많은 언론이지 강요된 침묵이 아니다." Whitney v. California, 274 U.S. 357, 377 (1927)(대법관 브랜다이스 동조의견). 그리고 국기소각에 대한 우리의 반응은 국기 자체가 갖고 있는 특별하게 설득하는 힘을 활용하는 것이다. 우리는 국기불태우기에 대하여 국기를 흔드는 것보다 더 적절한 반응을 상상할 수 없고, 국기불태우기의 메시지에 반대해서 불타고 있는 국기에 경례하는 것보다 더 좋은 방법이 없으며, 목격자가 잔해물을 모아 묻는 행위보다 타고 있는 국기의 존엄성을 보호하는 더 확실한 방법을 상상할 수 없다. 우리는 국기훼손행위를 형사처벌함으로써 국기를 신성하게 하지 않는다. 왜냐하면 그렇게 하면 우리는 이 소중한 상징이 나타내는 자유를 훼손하기 때문이다.

## V

존슨은 표현적인 행위로 유죄판결을 받았다. 존슨의 행위는 공공의 안전을 위협하지 않았기 때문에 치안방해를 막기 위한 주의 이익은 그의 유죄를 뒷받침하지 못한다. 국기를 국가 및 국가적 통일성의 상징으로 보호하려는 주의 이익은 정치 표현에 대한 유죄판결을 정당화하지 못한다. 그러므로 텍사스 대법원의 판결을 인용한다.

**[대법관 케네디의 동조의견]**

브레넌 대법관이 우리의 법리를 설명하는데 필요한 것을 모두 권위있게 말했기 때문에 나는 그가 잘 선택한 언어들을 수정하지 않는다. 나는 때때로 우리 앞에 오는 다른 사건들처럼 이 사건도 개인적인 희생을 요구한다는 예민한 느낌과 함께 유보없이 그의 의견에 동참한다. 이것이 나로 하여금 몇 마디 덧붙이게 한다.

이 사건은 사법권을 행사하는데 종종 어려움이 있다는 것을 가장 잘 예시해 준다. 우리는 이 사건에서 법에 흠이 있거나 불완전하다는 주장이 있을 때처럼, 다른 부서에게 요청하여 책임을 나눌 수 없다. 왜냐하면 우리가 헌법의 순수한 명령에 위반된다고 판단되는 분명하고 단순한 법을 마주하고 있기 때문이다.

어려운 것은 때때로 우리가 좋아하지 않는 결정들을 해야 한다는 사실이다. 우리는 헌법과 법이 결론을 강요하고 있다는 의미에서 결정이 옳기 때문에 그런 결정을 한다.

반대의견에서 동료 대법관들은 피상고인이 그의 표현으로 유죄판결을 받아야 하는 이유를 강력하게 전개하면서, 우리의 판결로 실망하는 사람들중에는 전투에서 국기 운반을 유일한 명예로 여겼던 사람들이 있을 것이라고 상기시키고 있다. 나는 절대자들이 신뢰를 받지 못하고 단순한 진실이 불필요한 변명으로 어려움을 겪던 시대에 국기가 외롭고도 명예로운 위치에 있었다는 점에 동의한다.

그러한 견해들과 모두 관련하여, 이 판결이 고통스럽지만, 나는 반대의견이 주장하는 바와 같이 결정할 권한을 헌법이 우리에게 부여하였다고 믿지 않는다. 상징은 종종 우리 스스로가 만들지만, 국기는 미국인이 공유하는 믿음, 법과 평화 그리고 인간의 정신을 지탱하는 자유에 대한 믿음을 일관되게 표현하고 있다. 이 사건은 그러한 믿음이 우리에게 떠맡긴 비용을 인정하도록 강요하고 있다. 국기가 국기를 경멸하는 사람들도 보호한다는 것은 가슴이 아프지만 근본 원리이다.

기록상 피상고인은 철학자가 아니고 그의 언론이 공화국 자체에 얼마나 혐오감을 주는지를 이해할 능력을 아마 갖지 못했을 것이다. 그러나 그가 전달한 불쾌감의 크기를 인식하든 못하든 간에, 헌법의 전문적이고도 근본적인 의미에서 그의 행동이 언론이라는 사실은 변함없다. 그래서 나는 그가 무죄여야 한다는 법원의 의견에 동의한다.

**[대법원장 렌퀴스트의 반대의견**(대법관 화이트, 오코너 참여)**]**

텍사스법을 위헌으로 판결한 법원은 "역사의 한 페이지는 논리학 책 한 권의 가치가 있다"는 대법관 홈즈의 익숙한 명언을 무시하고 있다. New York Trust Co. v. Eisner, 256 U.S. 345, 349 (1921). 200년 이상 미국 국기는 국가 상징으로서 독특한 위치를 가지고 있었고, 그 독특함으로 인하여 피상고인 존슨이 이 사건과 방식으로 불태우는 행위를 정부가 정당하게 금지할 수 있다.

미국혁명시기에 국기는 13개 식민지를 통합하고, 외국으로부터 국가주권을 인정받는데 이용되었다. 에머슨의 "콩코드의 찬가"는 혁명전쟁의 첫번째 접전을 다음과 같이 묘사하였다.

"시내위로 휘어진 거친 다리 옆에서 그들의 깃발은 4월의 바람에 펄럭이고, 진을 친 농부들이 쏜 총소리는 세상을 울렸다."

그 기간 동안 소나무, 비버, 닻, 방울뱀과 같은 상징으로 치장하고, "자유 아니면 죽음," "희망," "하느님께 호소," "나를 밟지 마라"와 같은 문구를 쓴 많은 식민지와 군대의 깃발이 있었다. 식민지 최초의 특이한 기는 13개의 줄과 왼쪽 구석에 영국 국기가 있는 "대연합기"로, 보스톤 주변의 대륙군대가 1779. 1. 2.에 처음으로 사용하였다. 1777. 6. 14. 우리가 영국으로부터 독립을 선언한 후 대륙의회는 다음과 같이 결의하였다.

"13개 연합국가의 기는 빨간색과 흰색이 엇갈리는 13개의 줄무늬이다. 청색 바탕에 흰색으로 새로운 별자리를 나타내는 13개의 별이 연합을 대표한다."

국기를 채택한 즉각적인 결과는 미국배가 공인된 국기를 달고 항해하는 것이었다. 그 기가 없다면 영국은 체포된 선원을 해적으로 취급하고 즉결처분할 수 있었다. 국기를 가진 선원은 전쟁포로로 취급되었다.

1812년의 전쟁시기에는 영국 해병들은 체사피크만을 올라오면서 워싱턴시를 약탈하고 불태웠다. 그들은 그 때 볼티모어시를 포위하기 위해 패탭스코강을 올라왔지만, 그러기 위해서는 먼저 볼티모어 항의 맥헨리 요새를 진압할 필요가 있었다. 워싱턴 변호사 프란시스 스콧 키는 수감중인 미국인 죄수들의 석방교섭을 위해 허가를 받고 영국 군함에 올랐다. 키는 그날 밤 영국 군함위에서 걱정스럽게 기다리면서 영국 함대가 맥헨리 요새를 포격하는 것을 지켜보았다. 새벽녘에 그는 요새의 미국기가 여전히 휘날리고 있는 것을 보았다. 영국 공격이 실패한 것이다. 감동에 겨워 그는 편지봉투 뒷면에 우리 애국가의 가사가 된 시를 휘갈겨 쓰기 시작하였다. (시 내용 생략)

성조기는 북군이 남군을 상대로 싸울 때 가장 비극적인 전투에서 중심적인 역할을 하였다. 섬터 요새에서 성조기를 내리는 것이 전쟁의 시작으로 여겨졌다. 남부주들은 연방으로부터 분리를 공식화하기 위해서 남부연맹기를 만들었다. 링컨 대통령은 반란을 일으킨 주를 대표하는 별들을 성조기에서 제거하자는 제안을 거절하였다. 왜냐하면 그는 두 국가 사이의 전쟁이 아니라 11개 주가 연방정부를 공격한 것이라고 생각하였기 때문이다. 전쟁이 끝났을 때, 성조기는 "해체되지 않는 주들로 구성된 불멸의 연방"위에서 다시 휘날리고 있었다. Texas v. White, 7 Wall. 700, 725 (1869).

남북전쟁의 위대한 이야기 중의 하나는 휘티어의 시, "바바라 프리치"에 나타나 있다. (시 내용 생략)

1차 및 2차 세계대전에서, 수많은 우리 병사들이 미국의 명분을 위해 해외에서 싸우다가 죽었다. 2차 세계대전의 이와지마에서 미국 해병대원들은 수천명의 일본인들을 상대로 함께 싸웠다. 해병들이 수리바치산의 정상에 도달했을 때, 그들은 깃대를 세우고 국기를 휘날렸다. 그 국기는 거의 6,000명 미국인 목숨을 희생한 결과였다. 루스벨트 대통령은 미국이 지원하는 다른 나라 사람들에게 알리기 위해 상표, 포장지, 상자, 컨테이너에 국기의 사용을 허락하였다.

한국전쟁 중에 미국군대의 성공적인 인천상륙작전은 1시간 이내에 성조기를 올리는 것으로 표시되었다. 1967년 연방국기훼손방지법의 제정은 미국에서 국기 불태우기가 베트남에서 군대 사기에 미치는 영향 때문에 촉발되었다. 연방하원 국방위원회 리버스 위원장은 "국기 불태우기로 인하여 베트남에 있는 군인들로부터 우편이 100% 증가하였다. 편지는 나에게 미국에서 무슨 일이 일어나고 있는지 묻고 있다."고 증언하였다. 연방하원의원 위긴스는 "국기를 공개적으로 소각하는 행위는 미국 군대의 사기를 꺾는 경향이 있다. 이러한 사실은 그 행위에 대한 충격과 혐오감을 표현하는 군인들의 전갈을 받은 많은 의원들이 증언할 수 있다."

국기는 전쟁 때 뿐만 아니라 평화시기에도 국가를 상징한다. 국기는 전함, 항공기, 군사 시설, 그리고 미국 수도에서부터 전국적으로 수천 개의 법원, 시청의 공공건물에서 국가의 존재를 의미한다. 2개의 국기가 법원에 눈에 띄게 걸려 있다. 현충일에 매년 수많은 국기가 사랑하는 이들의 무덤 옆에 놓인다. 국기는 전통적으로 사망한 군인의 관위에 놓였고 나중에 가족에게 전달되었다. 의회는 대통령, 부통령, 그리고 다른 정부 관리가 사망하면 그들을 기념하는 표시로 조기를 게양하도록 규정하였다. 국기는 미국 선박이라는 것을 확인하고 연방법은 국기가 있는 곳에서 우리의 무역을 보호한다.

국기만큼 세계적인 명예를 받는 다른 상징은 없다. 1931년 의회는 "The Star-Spangled Banner"를 우리의 애국가의 가사로 선포하였다. 36 U.S.C. 170. 1949년 의회는 6월 14일을 국기의 날로 선포하였다. 1987년 수자의 "성조기여 영원하라"는 애국가의 곡으로 지정되었다. 의회는 "국기에 대한 충성 맹세"도 만들었다. 36 U.S.C. 172. 국기는 약 33개주의 우표에 적어도 43개 이상의 디자인으로 나타난다.

의회와 주들은 성조기의 오용을 규제하는 수많은 법을 제정하였다. 1967년까지 의회는 국기의 오용 규제를 주에 맡겼다. 그러나 지금은 다음과 같이 규정하고 있다. 18 U.S.C. 700(a).

"공개적으로 훼손하고, 더럽히고, 모독하고, 불태우거나 짓밟아 고의로 미국 국기를 경멸하는 자는 1,000불 이하의 벌금형, 1년 이하의 징역형에 처하거나 병과한다."

의회는 또한 국기의 디자인, 4 U.S.C.1, 국기 게양의 시간과 의식, 36 U.S.C. 174, 게양의 위치와 방법, 국기에 대한 경의, 국기를 올리거나 내리고, 통과하는 동안의 행동을 위해 자세한 규칙을 제정하였다. 알래스카 주와 와이오밍 주를 제외하고 모든 주가 국기불태우기 금지법을 갖고 있다. 대부분의 주법률들은 1917년의 모델 국기법을 따르고 있는데, 그 법은 "국기, 색깔, 표시, 방어물을 경멸하는 말과 행동으로 공개적으로 훼손하고, 더럽히고, 모독하고, 얕보고, 짓밟아서는 안 된다."고 규정하고 있다. 대부분의 주법들은 세계대전 시기에 통과되었다.

미국기는 200년 이상의 역사에서 우리나라를 구현한 눈에 보이는 상징이 되었다. 그것은 특정 정당의 견해를 대표하지 않고, 정치 철학을 대표하지 않는다. 국기는 사상의 자유 시장에서 인정받기 위해 경쟁하는 하나의 "사상" 또는 "견해"가 아니다. 수백만의 미국인들은 그들이 어떤 종류의 사회, 정치, 철학적인 믿음을 갖고 있는지와 무관하게 국기를 거의 신비로운 경의의 대상으로 여긴다. 나는 수정헌법 제1조가 공개적인 국기 소각을 처벌하는 의회의 법과 50개주 중 48개주의 법들을 무효로 한다는데 동의할 수 없다.

80여년전인 Halter v. Nebraska, 205 U.S. 34 (1907) 판결에서 이 법원은 상품 광고 목적으로 미국 국기의 사용을 금지한 네브래스카법의 합헌성을 인정하였다. 법원은 다음과 같이 말하였다.

"국기에 대해서 모든 진실한 미국인들은 고마움뿐만 아니라 깊은 애정을 갖고 있다. 그래서 국기모욕은 전쟁의 원인이 되기도 하고, 숭배하는 사람이 있는 자리에서 국기를 모욕하면 종종 분노를 유발하고 때때로 그 자리에서 응징되는 일이 발생한다." 41.

2년전에 San Francisco Arts & Athletics, Inc. v. United States Olympic Committee, 483 U.S. 522 (1987) 사건에서 법원은 의회가 미국올림픽위원회에게 "올림픽"이라는 말의 독점적인 사용을 허용할 수 있다고 판결했다. 법원은 표현적인 언론에 대한 제한은 미국 올림픽위원회의 활동을 장려하고 보상하는 의회의 원래 목적에 우연히 따르는 것으로 보았다. 법원은 "말〔또는 상징〕이 조직과 조직이 제공하고 기울인 노력, 기술, 돈에 따른 결과로서 가치를 획득했을 때, 그 조직이 말〔또는 상징〕에 제한적인 재산권을 얻은 것은 합헌이다." 의회나 주들은 국기에 비슷한 이익을 인정하였다.

그러나 법원은 성조기의 공개적인 불태우기를 금지한 텍사스법이 피상고인 존슨의 표현의 자유를 침해하였다고 역설하고 있다. 물론 그 자유는 절대가 아니다. Schenck v. United States, 249 U.S. 47 (1919). Chaplinsky v. New

Hampshire, 315 U.S. 568 (1942) 판결에서 법원은 전원일치로 다음과 같이 말했다.

"수정헌법 제14조의 목적과 언어의 범위를 가장 넓게 허용한다 하더라도, 자유 언론의 권리는 언제나 모든 상황에서 절대적이지 않다는 것은 잘 이해되고 있다. 헌법 문제를 제기하지 않고 형사처벌 대상이 되는 잘 정의되고 매우 제한된 종류의 언론들이 있다. 이것들은 외설 및 음란, 신성모독, 명예훼손, 모욕, 또는 폭언－말이 상해를 가하거나 즉각적인 치안방해를 유발하는 것－을 포함한다. 그러한 발언들은 생각을 드러내는 본질적인 부분이 아니고, 진실로 향하는 과정으로서 사회적인 가치가 적어서 질서와 도덕에 관한 사회의 이익이 그들로부터 나오는 혜택보다 명백히 중대하다고 인정되어 왔다." 571-572.

법원은 "합법적으로 거리 또는 다른 공개적인 장소에 있는 사람에게 불쾌하고, 조롱하거나 괴롭히는 말을 하는" 것을 불법으로 규정한 주법에 따른 채플린스키의 유죄를 인정하였다. 569. 채플린스키는 지역 경찰관에게 "너는 빌어먹을 폭력배다. 파시스트다. 로체스터당국은 모두 파시스트들 또는 파시스트들의 앞잡이다."라고 말했다.

이 사건에서 존슨이 공개적으로 성조기를 불태운 것은 생각을 드러내는 본질적인 부분이 아니고, 동시에 치안방해를 일으키는 경향이 있다고 마찬가지로 말할 수 있다. 존슨은 원하는 대로 자유롭게 국기를 비난하는 말을 할 수 있었다. 그는 개인적으로 국기를 불태울 자유가 있다. 그는 정부의 다른 상징이나 정치 지도자들의 모형을 공개적으로 불태울 수 있었다. 그는 댈러스 거리를 통과하는 행진을 이끌었고 댈러스 시청 앞 집회를 주도하였다. 그는 핵무기에 항의하기 위해 "드러눕는 시위" 에 참여하였다. 그는 행진중에 다양한 구호를 외쳤다. 다음과 같은 구호가 포함되었다. "레이건, 먼데일 누구 일 것인가? 어느 쪽이나 제3차 세계대전을 의미한다; 로널드 레이건, 시대의 살인자, 미국 권력의 완벽한 사례; 붉은 색, 흰색, 청색, 우리는 당신에게 침을 뱉는다. 당신은 약탈자를 상징하고, 약탈자로 망할 것이다."

이러한 행위들로 인하여 그가 체포되거나 기소되지 않았다. 그가 텍사스 법을 위반하여 정당한 소유자로부터 훔친 성조기를 공개적으로 불태웠을 때 체포되었다.

법원은 채플린스키의 발언들이 표현적인 구절이 아니라고 말하지 않았고 말할 수도 없다. 그것들은 듣는 이에게 극히 저급한 의견을 분명하고 간결하게 전달하였다. 이 사건에서 국기를 공개적으로 불태운 존슨의 행위도 마찬가지로 볼 수 있다. 그것은 존슨의 국가에 대한 혐오감을 분명히 전달하였다. 그러나 그의 행위는, 채플린스키의 화를 돋우는 말처럼, 수십개의 다른 방식으로 효과적으로 전달될 수 없었거나 전달되지 않았던 것을 전달한 것은 아니다. "폭언"처럼 국기소각행위도 수정헌법 제1조의 목적상 "생각을 드러내는 본질적인 부분이 아니고, 진실로 향하는 과정으로서 사회적인 가치가 적어서 그들로부터 나오는 혜택보다 있을 수 있는 치안 방해를 피하기 위한 공익이 명백히 중대하다." 일부 주의 최고법원들은 국기불태우기가 내재적으로 선동적이어서 공공질서를 어지럽힐 수 있다는 이유로 국기를 공개적으로 불태우는 행위를 금지하는 주법률들을 승인하였다.

텍사스법의 결과는 명백히 존슨의 마음속에 있는 것을 "상징적인 언론"의 많은 수단 중의 하나로 인정하지 않는 것이다. "수천의 말과 같은 가치가 있는 하나의 사진" 사건과 달리, 국기소각은 공정하게 말하자면 특정한 생각을 표현하지 않고 다른 사람을 화나게 하는데 대부분 사용될 것 같은 알아들을 수 없는 툴툴거리거나 고함치는 소리와 마찬가지다. 불과 5년전에 우리는 City Council of Los Angeles v. Taxpayers for Vincent, 466 U.S. 789, 812 (1984) 판결에서 "수정헌법 제1조는 어느 시간 어느 장소에서든 모든 상상할 수 있는 통신수단을 이용할 권리를 보장하지 않는다."고 판시했다. 텍사스법은 존슨에게 알아들을 수 없는 상징적인 형태의 항의-많은 사람들에게 매우 불쾌한 항의 형태-만을 금지하였고, 다른 상징들을 모두 사용할 수 있고 국가 정책에 대한 철저한 반대를 밝히는 구두 표현의 모든 상상가능한 형태도 사용할 수 있게 하였다. 그래서 텍사스가 그의 청중-또는 다른 집단의 사람들-이 그가 전달하고자 하는 의사를 매우 반대하기 때문에 그를 처벌한다고 말할 수 없다. 그러한 반대는 수정헌법 제1조에 따른 표현이나 언론을 제한하는 정당한 근거가 아니다. 그가 처벌받은 이유는 특정한 상징의 사용이고, 그가 국기소각이나 다른 많은 표현으로 전달하고자 했던 생각이 아니다.

국기소각법을 다루었던 우리의 선례는 법원이 오늘 해결한 문제를 남겨놓았었다. Street v. New York, 394 U.S. 576, 579 (1969) 사건에서 피고인은 "우리는 빌어먹을 국기가 필요없어. 만약 메레디스(민권운동지도자)의 피살을 방치했다면 우리는 미국 국기가 필요없어"라고 외치며 거리에서 국기를 불태웠다. 법원은 피고인이 오직 그의 말로 인하여 유죄판결을 받았기 때문에 허용될 수 없다고 판결했지만, 피고인이 국기를 불태운 행위에 대한 유죄가 합헌인지의 문제는 명백히 유보하였다.

대법원장 워렌은 반대의견에서 다음과 같이 말했다. "나는 주정부와 연방정부가 국기의 훼손과 멸시를 방지할 권한이 있다고 믿는다… 나는 법원이 이 쟁점을 마주했다면, 달리 결론을 내릴 것이라고 상상하기 어렵다." 605. 대법관 블랙과 포타스도 국기소각금지가 헌법에 위반되지 않는다는 개인 견해를 표명하였다. 610(대법관 포타스 반대의견)("주정부와 연방정부는 공개적인 훼손 행위로부터 국기를 보호하는 권한을 갖고 있다. 국기는 특별한 종류의 성격이다. 국기의 사용에는 전통적으로 그리고 세계적으로 특별한 규칙과 규제가 따른다. 국기를 소유할 수 있으나 소유권에는 특별한 부담과 책임이 따른다. 국기는 어떤 점에서는 재산이지만, 특별한 의무와 제한의 부담을 지는 재산이다. 확실히 이러한 특별한 조건은 그 자체로 자의적이지 않고 우리의 헌법에 따른 정부 권한을 넘지도 않는다).

스펜스 판결에서 법원은 아파트 창에 제거할 수 있는 검정색 테이프로 평화의 상징을 부착한 국기를 전시한 대학생에 대한 유죄 판결을 취소하였다. 이 사건과 달리, 치안방해의 위험은 없었고, 체포하는 경찰관을 제외한 다른 사람은 그 국기를 보지 않았고, 피고인은 문제의 국기를 소유하였다. 법원은 "사적으로 소유한 국기의 물질적인 완전성을 보호하는 주의 이익이 이러한 사실관계에서 상당히 손상되지 않았"기 때문에, 학생의 행위는 수정헌법 제1조에 의해 보호된다고 결론지었다. 415. 그러나 법원은 신중하게 피고인이 "국기훼손법으로 기소되지 않았고 국기를 영구적으로 손상하거나 파괴하지 않았다"고 적었다.

다른 관련 사건인 Smith v. Goguen, 415 U.S. 566 (1974)에서 바지의 엉덩이 부분에 작은 국기를 단 피항소인이 "공개적으로 미국 국기를 경멸적으로 다룬" 사람을 형사처벌하는 매사추세츠 국기오용법에 따라 유죄판결을 받았다.

568-569. 연방대법원은 "경멸적으로 다루다"의 문구가 광범위하고 모호하여 위헌이기 때문에 피항소인의 유죄판결을 취소하는 판결을 인용하였다. 576. 법원은 다시 주의깊게 "입법기관은 미국 국기를 다루는데 있어서 어떤 행위가 금지되는지를 실질적인 구체성을 가진 내용으로 정의할 수 있다."고 지적하였다. 581-582. 587(대법관 화이트의 동조의견)("국기는 국가의 자산이고 만들고, 모방하고, 팔고, 소유하고 이용하는 사람들을 국가는 규제할 수 있다. 나는 폭력을 유발하는지와 무관하게 국기의 훼손, 더럽힘, 불태우기를 금지하는 법, 또는 물질적인 완전성을 보호하는 법에 의문을 제기하지 않을 것이다. 링컨 기념관의 훼손을 금지하는 의회의 권한에 대해 거의 의문이 없을 것이다. 국기는 자체로 기념물이고 비슷한 보호를 받는다"). 501(대법관 블랙먼의 반대의견)(Goguen의 처벌은 바지 엉덩이부분에 붙여서 입는 방식으로 국기의 물질적 완전성을 해쳤기 때문에 헌법상 허용될 수 있다).

그러나 오늘 법원은 이와 다르다. 거의 우리 모두가 느끼는 국기에 대한 독특하게 깊은 외경과 존경은 수정헌법 제1조에 의해 금지되는 "지정된 상징"의 제목 아래로 묶여버렸다. 그러나 정부가 이러한 느낌을 창작하지 않았다. 200년의 역사가 이를 만들었다. 정부가 무례하게 국기를 공개적으로 불태우는 행위를 금지하는 법을 만들었을 때 역사가 창조한 성조기에 대한 심오한 존경을 하나의 사실로 인정하였을 뿐이다.

법원은 유감스럽게도 국기소각금지법을 제정한 상하 양원의원들과 48개주의 의원들, 국기 불태우기에 반대하였고 베트남에서 그 국기아래서 싸운 군인들을 향한 윤리적 설교로 결론지었다. "국기의 특별한 역할을 보존하는 방법은 이러한 문제들에 대하여 달리 느끼는 사람들을 처벌하는 것이 아니다. 그들이 잘못이라고 설득하는 것이다." 헌법의 마지막 해설자로서 법원의 역할은 확립되어 있지만, 공적인 의견에 책임있는 사람들을 마치 무단결석하는 학생들처럼 타이르는 플라톤식 수호자로서의 역할은 우리 정부 체제에서 존재하지 않는다. "대표없이 세금없다"는 외침은 이 나라를 세우기 위해 영국왕에 대항하여 반란을 일으킨 사람들을 고무하였다. 민주사회의 고귀한 목적중의 하나는 사악하고 다수 사람들에게 매우 불쾌한 것으로 여겨지는 행동－살인이든, 횡령, 오염, 또는 국기 불태우기든－을 규제하는 입법을 하는 것이다.

우리의 헌법은 현명하게 입법상의 다수가 행동하는 권한에 제한을 두었지만, 이 법원이 그러한 제한을 선포하는 것은 "의심스러운 사건에서는 거의 적극적으로 결정하지 않는 항상 매우 미묘한 문제이다." Fletcher v. Peck, 6 Cranch 87, 128 (1810) (대법원장 마샬). 국기 불태우기에 대하여 무비판적으로 헌법상의 보호를 확대하는 것은 조직된 정부의 바로 그 목적을 좌절시키는 위험을 낳는다. 법원은 성조기를 찬반 의견들이 허용되어야 할 뿐만 아니라, 최소한의 공개적인 존경도 요구되어서는 안 되는 여러 상징 중의 하나라고 판단한다. 정부는 남자들을 징발하여 국기를 위해서 싸우고 아마도 죽어야 하는 군대로 보낸다. 그러나 정부는 그들이 앞세워서 싸우는 국기의 공개적인 불태우기를 금지하지 못한다. 나는 이 사건에 적용되는 텍사스 법률을 승인한다.[82]

**[대법관 스티븐스의 반대의견]**

법원이 이 사건을 분석한 바와 같이, 이 사건은 텍사스주 또는 연방정부가 성조기의 공개적인 훼손을 금지할 권한이 있느냐의 문제를 제기하고 있다. 문제는 독특하다. 내 판단으로는 주기(state flags), 완장, 사적으로 개발된 다른 정치적 또는 경제적 실체의 휘장과 같은 다른 상징에 적용되는 법리가 반드시 적용되는 것은 아니다. 비록 국기 불태우기가 법원이 다른 맥락에서 수정헌법 제1조의 해석으로 발전시켜온 법리의 논리적 적용으로는 상징적인 언론의 일종

82) 존슨에게 적용되는 텍사스법이 수정헌법 제1조를 위반하였다고 판결하면서, 법원은 법이 모호하거나 지나치게 광범위하여 위헌이라는 존슨의 주장을 검토하지 않았다. 나는 그 주장도 부당하다고 생각한다. New York State Club Assn. v. City of New York, 487 U.S. 1, 11 (1988)에서 우리는 문면상 도전은 법이 허용될 수 있는 방식으로 적용될 수 없을 때, 또는 특정 피고에게 유효하게 적용된다고 하더라도 보호되는 제3자의 언론에 적용될 정도로 지나치게 광범위할 때에만 수정헌법 제1조에 따라 적정하다고 말했다. 텍사스 형법 42.09 (1989)는 일반 상식을 가진 보통 사람이 충분히 이해하고 따를 수 있는 용어로 되어 있다. CSC v. Letter Carriers, 413 U.S. 548, 579 (1973). "훼손하다"를 행위자가 심각하게 다른 사람들을 불쾌하게 만든다는 것을 아는 방법으로 "오염하다," "손상하다," 또는 달리 "물질적으로 망가뜨리다"로 정의하면서, 42.09는 물질적으로 오용하는 가장 나쁜 행위와 이 사건에서 문제가 되는 유형의 국기 훼손－공개적으로 국기에 라이터용액을 적셔 불을 붙이는 행위－만을 금지하고 있다. 그리고 피상고인의 서면에서 인용된 부적절한 국기 예절의 사례는 법위반에 해당되지 않는다.

으로 고려될 수 있다고 하더라도, 이 사건은 그러한 법리를 적용할 수 없는 무형적인 차원을 갖고 있다.

국기는 "국가와 국가적 통일" 이상의 상징이다. 그 휘장을 선택한 사회를 특징짓는 생각 뿐만 아니라 그 생각의 발전과 힘을 고무해 온 구체적인 역사를 의미한다. 백합문장과 3색기는 모두 "국가와 국가적 통일"을 상징하지만, 매우 다양한 의미를 갖고 있다. 일부 기－예컨대 나치독일표장－가 전달하는 메시지는 특정 국가에서 통제된 통일성의 상징으로 그 효용을 다한 이후에도 오랫동안 남아 있을 것이다.

성조기도 마찬가지이다. 용기, 결단, 그리고 13개의 신생 식민지들을 세계적인 힘을 가진 나라로 변형시킨 자연의 선물의 자랑스런 상징 그 이상이다. 자유, 평등한 기회, 종교적인 관용, 그리고 우리의 염원을 공유하는 다른 사람들을 위한 선한 의지의 상징이다. 상징은 우리의 국가 통합이나 생존에 전혀 이해관계가 없는 국내외 반대자들에게 메시지를 전달하고 있다.

상징으로서 국기의 가치는 측정될 수 없다. 측정된다 하더라도 나는 미래를 위해 그 가치를 보존하는 이익이 중요하고 정당하다는데 의문이 없다. 우리의 자유표현에 대한 국가적인 약속이 강력해서 그 자유의 종국적인 보호자로서 미국조차도 독특한 상징의 훼손을 금지할 권한이 없다는 법원의 결론에 의해서 그 가치는 향상될 것으로 여겨질 수 있다. 그러나 나는 동의하지 않는다. 워싱턴 기념비에 낙서하고 게시판에 게시하는 연방 권리의 신설이 자유 표현 시장을 확대하겠지만, 나는 그 비용을 지불하지 않을 것이다. 비슷하게 내 판단으로는 국기의 공개 훼손을 제재하는 것이 펄럭이는 국기에 대한 생각을 소중히 하는 사람들과 국기를 불태움으로써 수난을 겪는 사람들 모두에게 국기의 가치를 손상시킬 것이다. 그 손상은 국기를 비판하는 말을 하는 것, Street v. New York, 394 U.S. 576 (1969), 을 포함하여 가능한 대체 표현을 이용하도록 요구함으로써 생기는 자유표현에 대한 사소한 부담으로 정당화되지 않는다.

이 사건에 들어 있지 않은 어떤 주장을 강조하는 것이 적절하다. 국기 훼손의 법률적 금지는 "정치, 민족주의, 종교, 또는 다른 문제에서 정통적인 의견을 규정하지 않으며, 또는 시민들에게 말이나 행동으로 그에 대한 그들의 믿음을 자백하도록 강요하지 않는다." West Virginia Board of Education v. Barnette,

319 U.S. 624, 642 (1943). 법은 생각이나 상징을 존중하는 어떤 행동이나 선언을 강요하지 않는다.

뿐만 아니라 법은 "보호되는 통신의 규제에 있어서 정부의 영원한 중립의무"를 위반하지 않았다. Young v. American Mini Theatre, Inc., 427 U.S. 50, 70 (1976). 피상고인 메시지 내용은 이 사건과 아무런 관련이 없다. "훼손" 개념은 행위자가 전달하고자 하는 의사의 실질에 달려 있지 않고, 그 행동을 보는 사람들이 심각하게 화를 낼 것인지에 달려 있다. 따라서 공공 광장에서 국기를 불태워 국기를 존경하는 의사를 전달하고자 하는 사람은 다른 사람들이-아마도 단지 의도한 메시지를 오해하였기 때문에-심각하게 불쾌했다는 것을 안다면 훼손죄에 해당될 것이다. 비록 행위자가 모든 목격자들이 그가 존경의 뜻을 전달하려고 했다는 것을 이해하고 있다고 알았더라도, 만약 이러한 이해가 일부 목격자들이 가진 불쾌감을 줄이지 못한다는 것을 그가 알았다면 여전히 유죄가 될 것이다. 그래서 이 사건은 "불쾌감을 주는 것은 발언자의 의견"이라는 사실이 "헌법적인 보호를 제공하는 특별한 이유"를 제공하는 사건이 아니다. FCC v. Pacifica Foundation, 438 U.S. 726, 745 (1978). 이 사건은 "동의할 수 없는 생각"과 무관하다. 내 생각으로는 이 사건은 중요한 국가 자산의 가치를 감소시키는 동의할 수 없는 행동과 관련되어 있다.

그러므로 법원이 피상고인은 "이 나라의 정책에 대한 불만의 표현, 수정헌법 제1조 가치의 핵심에 자리 잡고 있는 표현 때문에 기소되었다"고 담담하게 주장하는 것은 잘못이다. 피상고인은 그러한 정책에 대한 그의 불만을 표현하기 위해 고른 수단 때문에 기소되었다. 그가 링컨기념관의 겉면에 불만을 스프레이로 칠하거나, 또는 동영상 영사기로 상영하는 방법을 선택했다면, 그의 표현 수단을 금지하는 정부의 권한에 대해 의문이 없었을 것이다. 금지는 중요한 국가 자산을 보존하는 정당한 이익에 의해 뒷받침된다. 비록 이 사건의 자산은 독특한 가치로 보아 무형적이라 하더라도, 같은 이익은 성조기의 훼손 금지를 지지한다.[83]

83) 법원은 국기 훼손이라는 상징적 언론의 형태는 국기나 그것이 대표하는 이상을 비판하는 사람들만 이용하기 때문에 국기훼손금지가 내용중립이 아니라고 시사하고 있다. 케네디 대통령이 묻힌 알링턴 국립묘지에서 다른 사람들이 머리를 숙이면서 횃불에

자유와 평등의 사상은 패트릭 헨리, 수전 B. 앤서니, 링컨과 같은 지도자, 나단 헤일과 부커 워싱턴과 같은 교사, 필리핀 바탄반도에서 싸웠던 병사들, 그리고 오마하 해변의 군인들에게 동기를 부여했던 불가항력의 힘이었다. 만약 그러한 사상이 싸울만한 가치가 있다면—그리고 우리의 역사는 가치가 있다고 증명하였다—그 힘을 독특하게 상징하는 국기는 그 자체로 불필요한 훼손으로부터 보호받을 가치가 없다는 것은 진실일 수 없다.

나는 정중하게 반대한다.

---

경의를 표하는 것을 허용하면서 일부 항의자들이 불을 끄면서 상징적인 진술을 하는 권리를 부인한다 해도, 묘지훼손금지는 내용중립임이 분명한 것 같다. 횃불을 끄는 항의자가 그의 목적은 사망한 대통령을 깊이 찬미하거나 지독한 경멸을 표시하는 것이라고 설명하는 말과 함께 행동을 시작했는지에 관계없이 묘지를 훼손했다는 것을 의심할 사람은 거의 없다. 마찬가지로 경멸을 표현한 목적임을 분명히 했다 하더라도, 머리를 숙인 항의자가 묘지를 훼손했다고 주장할 사람은 거의 없을 것이다. 그러한 사건에서 국기 불태우기 사건에서처럼 훼손금지는 상징언론이 전달하고자 하는 메시지의 내용과 절대적으로 무관하다.

# 8. 신문 칼럼의 허위사실과 의견 특권 인정 여부

**Milkovich v. Lorain Journal**

497 U.S. 1 (1990)

**[요약]**

상고인 밀코비치는 고등학교 레슬링 코치이고, 그의 팀은 다른 고등학교 팀과의 경기에서 말다툼이 있었다. 상고인과 학교 교장 스콧은 오하이오 고등학교 체육 협회(이하 "협회")의 조사 청문회에서 증언하였다. 협회는 팀에 대해 징계하였다. 그들은 몇 명의 부모들이 제기한 소송에서 다시 증언하였고, 시군법원은 협회의 결정을 번복하였다. 법원 판결 다음날, 피상고인 회사는 피상고인 Diadiun이 쓴 칼럼을 실은 신문을 발행하였다. 그 칼럼은 밀코비치가 재판절차에서 선서를 하고 거짓말을 하였다는 것을 암시하였다. 밀코비치는 피상고인들을 상대로 시군법원에 명예훼손소송을 제기하였다. 그는 칼럼이 그가 위증죄를 범한 것으로 비난하고 있고, 교사와 코치로 일하는 자신에게 피해를 입혔으며 그 자체로 명예훼손을 구성한다고 주장하였다. 지방법원은 피상고인들 승소판결을 하였다. 오하이오 항소법원은 스콧 교장이 피상고인들을 상대로 제기한 다른 소송에서, 법률문제로서 칼럼은 헌법이 보호하는 의견이라는 주대법원의 결정에 따라 인용했다.

**[요지]**

1. 수정헌법 제1조는 주의 명예훼손법 적용을 제한하는 별개의 "의견(opinion)" 특권을 인정하지 않는다. 수정헌법 제1조는 명예훼손법의 적용을 제한하지만, New York Times Co. v. Sullivan, 376 U.S. 254 (1964)(이하 "뉴욕타임즈 판결"), 표현의 자유가 생존하기 위해 요구하는 숨 쉴 공간은 현존하는 헌법 이론에 의해 적절하게 확보된다. 무엇보다도 언론 매체 피고가 관련되어 있는 경우, 공공의 관심사에 관한 진술은 책임이 인정되기 전에 허위로서 증명될 수

있어야 하고, Philadelphia Newspapers, Inc. v. Hepps, 475 U.S. 767, 입증가능한 허위사실을 언급하지 않는 의견의 진술은 헌법이 완전히 보호하고 있다. 다음으로, 개인에 대한 실제 사실을 말하는 것으로 합리적으로 해석될 수 없는 진술은, Greenbelt Cooperative Publishing Assn., Inc. v. Bresler, 398 U.S. 6, 공적인 토론과정에서 전통적으로 이 나라의 담론형성에 많은 기여를 해 왔던 "상상력이 풍부한 표현" 또는 "수사적인 과장"이 허용된다. Gertz v. Robert Welch, Inc., 418 U.S. 323, 339-340 (1974) 판결(이하 "거츠 판결")의 "의견" 부분은 "의견"을 위해 명예훼손책임을 모두 면제하려고 의도된 것은 아니다. 문맥속에서 읽을 때, Gertz 선례는 단지 홈즈 대법관의 "사상의 시장(market-place of ideas)"개념을 단지 되풀이하였을 뿐이다. Abrams v. United States, 250 U.S. 616, 630 참조. "존스는 거짓말쟁이"라는 말을 단지 의견의 형태로 "내 의견으로는, 존스는 거짓말쟁이"라고 말하는 것은 진술속에 담겨진 사실의 암시를 없애지 않는다.

2. 합리적인 사실인정자는 Diadiun 칼럼의 내용은 밀코비치가 재판절차에서 위증을 했다는 주장을 담고 있다고 결론내릴 수 있을 것이다. Diadiun이 밀코비치가 위증죄를 저질렀다고 심각하게 주장하고 있다는 인상을 부정할 수 있는 산만하고, 비유적이고 또는 과장하는 종류의 언어를 사용하지 않았다. 또한 글의 일반적인 취지가 그러한 인상을 부정하고 있다. 추가로 밀코비치가 위증죄를 저질렀다는 암시는 충분히 사실적이어서 협회에서의 증언과 이어진 법정 증언을 비교함으로써 진실 또는 허위의 증명을 할 수 있다.

이 판결은 수정헌법 제1조의 공공의 사안에 관한 자유롭고 제한없는 토론의 극히 필수적인 보장과 명예훼손법에 깔려있는 중요한 사회적인 가치와 명예에 대한 공격을 방지하고 시정하는 사회의 강한 이익 사이에 균형을 맞춘 것이다.

대법원장 렌퀴스트가 법원의 의견을 작성하고 대법관 화이트, 블랙먼, 스티븐스, 오코너, 스칼리아, 케네디가 참여하였다. 대법관 브레넌이 반대의견을 작성하고 대법관 마샬이 참여하였다.

**[대법원장 렌퀴스트]**

피상고인 Diadiun은 오하이오 신문에 상고인 지역 고등학교 레슬링 코치인 마이클 밀코비치가 재판절차에서 선서하고 레슬링 경기에서 발생한 상고인과 그의 팀이 관련된 사고에 관해서 거짓말했다는 글을 썼다. 상고인은 Diadiun과 신문사를 상대로 명예훼손소송을 제기하였고, 오하이오 항소법원은 지방법원의 상고인 패소판결을 인용하였다. 이 판결은 칼럼이 미국 수정헌법 제1조에 의해 주의 명예훼손법 적용으로부터 보호되는 "의견"이라는 이유에 근거하고 있다. 우리는 수정헌법 제1조가 칼럼에 담긴 명예훼손에 대해 오하이오 명예훼손법의 적용을 금지하지 않는다고 판결한다.

이 사건은 거의 15년간에 걸친 장기간의 소송 중에 3번째로 이 법원에 왔다.[84] 상고인 밀코비치는 오하이오주 메이플 하이츠 고등학교 레슬링 코치였다. 1974년 그의 팀은 멘토 고등학교 팀과의 레슬링 경기에서 밀다툼이 발생했다. 일부 선수들이 부상을 입었다. 협회는 청문회를 개최했고 밀코비치와 메이플 하이츠 공립 고등학교의 교장인 스콧은 증언하였다. 청문회 이후 협회는 메이플 하이츠 팀은 1년간 근신하고 1975년 주가 개최한 경기의 참가금지를 발표하였다. 그 후 일부 부모들과 레슬링 선수들이 협회를 상대로 시군법원에 소송을 제기하여, 협회 절차에서 적법절차를 위반하였다는 이유로 협회 결정의 취소를 청구하였다. 밀코비치와 스콧은 그 절차에서 증언하였다. 법원은 적법절차를 근거로 협회의 결정을 번복하였다.

법원이 판결한 다음 날, 피상고인 Diadiun의 칼럼은 오하이오의 레이크 카운티에서 배부되는 신문인 피상고인 로레인 잡지사 소유의 뉴스 헤럴드에 실렸다. 칼럼은 "메이플은 '터무니없는 거짓말'로 법을 속였다"는 제목 아래에 Diadiun의 사진과 "TD Says"라는 용어를 붙였다. 넘기는 페이지 제목은 "… Diadiun은 메이플이 거짓말을 했다고 말한다."라고 소개하였다. 칼럼은 다음 문장을 포함하고 있었다.

"…메이플 고등학교 학생들과 지난 2월 8일 메이플－멘토 레슬링 대회에 참가한 사람들은 교훈을 배웠다.

슬프게도 지난해 사건의 관점에서는 그들이 일찍 배운 교훈이다.

---

84) 법원은 오하이오 법원이 한 여러 판결에 대하여 2차례 상고허가신청을 기각하였다. Lorain Journal Co. v. Milkovich, 474 U.S. 953 (1985); Lorain Journal Co. v. Milkovich, 449 U.S. 966 (1980) 참조.

그것은 단순하다 : 만약 네가 곤경에 처했다면, 거짓말해서 빠져나가라.

만약 네가 충분히 성공적이고, 강력하고, 진지하게 말할 수 있다면, 실제 무슨 일이 일어났는지 관계없이, 거짓말이 통할 가능성이 충분히 있다.

책임있는 교사들은 주로 메이플 레슬링 코치 마이크 밀코비치와 전 교장 스콧이었다.

…

메이플 하이츠든 멘토든, 또는 중립적인 관중이든 대회에 참가한 사람은 밀코비치와 스콧이 청문회에서 진실을 말하겠다고 엄숙히 선서한 후 거짓말했다는 것을 가슴으로 안다.

그러나 그들은 벌받지 않고 해냈다.

그것이 우리가 학생들이 고등학교 관리들과 코치들로부터 배우기를 원하는 교훈인가?

나는 그렇게 생각하지 않는다."[85]

상고인은 오하이오 시군법원에 피상고인들을 상대로 명예훼손소송을 제기하였다. 그는 Diadiun의 글 제목과 위에서 인용한 9줄이 "원고를 오하이오주에서 기소될 수 있는 범죄인 위증죄를 저지른 것으로 비난하고 있고, 코치와 교사로서 평생 직업을 가진 원고에게 손해를 가했고, 그 자체로 명예훼손을 구성한다"고 주장하였다. 소송은 사실심리로 진행되어 법원은 글이 뉴욕타임즈 판결이 요구하는 "현실적 악의"로 발행되었다는 것을 입증할 증거가 없다는 이유로 직접 피상고인들 승소 평결을 하였다. 오하이오 항소법원은 배심심리를 하기에 충분한 현실적 악의의 증거가 있다고 판단하면서 파기 환송하였다. 오하이오주 대법원은 실질적인 헌법 문제가 없다는 이유로 상고를 기각하였고 연방대법원은 이송명령신청을 기각하였다. 449 U.S. 960 (1980).

환송심에서 사실심 법원은 거츠 판결을 일부 따르면서, 글이 헌법에 의해 명예훼손소송으로부터 보호되는 의견이고, 공적인 인물로서 상고인들은 현실적 악의를 추정할 수 있는 증거를 제시하지 못했다는 이유로 피상고인 승소판결을 하였다. 오하이오 항소법원은 인용하였다. 상고심에서 오하이오주 대법원은 취소하고 환송하였다. 주대법원은 먼저 상고인이 연방대법원의 판결에 따른 공인

85) 각주의 전체 칼럼 내용 생략.

이 아니고 공직자도 아니라고 판단하였다. 그리고 나서 주대법원은 "문제의 진술은 사실에 관한 주장이고, 헌법이 글쓴이의 의견을 보호하지 않는다. 글쓴이 주장의 평이한 취지는 밀코비치가 법정에서 위증죄를 저질렀다는 것이다."라고 인정하였다. 이 법원은 다시 이송명령신청을 거부하였다.

한편 스콧 교장은 오하이오 법원에 별개의 명예훼손소송을 제기하였다. 밀코비치 판결 2년 후 스콧의 상고를 검토하면서 오하이오주 대법원은 Diadiun 글에 대한 견해를 번복하고 칼럼은 헌법이 보호하는 의견이라고 결론내렸다. 결과적으로 법원은 하급심법원의 스콧 패소판결을 인용하였다.

스콧 법원은 서술이 사실인가 의견인가를 결정하는 타당한 분석은 연방 DC 항소법원의 Ollman v. Evans, 750 F.2d 970 (1984) 판결에서 이루어졌다고 판단했다. 그 분석에 따르면, 상황을 종합하여, 진술이 사실인지 의견인지를 확인하기 위해 4가지 요소들이 고려된다. 이 요소들은 (1) "사용된 특정한 언어"; (2) 진술이 확인될 수 있는지; (3) "진술의 일반적인 문맥"; (4) 진술이 나타난 더 넓은 맥락[86]이다. 법원은 칼럼에 처음 2가지 요소들을 적용하면 해당 구절들을 사실 주장으로 보는데 도움이 된다고 보았다. 그러나 그 결과는 3, 4번째 요소들을 법원이 검토하면서 바뀐다. 3번째 요소(일반적인 문맥)와 관련하여 법원은 "커다란 표제의 'TD Says'는 가장 잘 속는 독자들에게조차도 글이 사실상 의견이라는 것을 가리킨다."고 설명하였다.[87] 4번째 요소(더 넓은 맥락)에 대해, 법원은 글이 스포츠면 – 전통적으로 부추김, 독설, 과장이 많은 곳 – 에 있기 때문에, 글은 아마도 의견으로 해석될 것이라고 판시했다.[88]

---

86) (1) the specific language used; (2) whether the statement is verifiable; (3) the general context of the statement; and (4) the broader context in which the statement appeared.

87) 법원은 계속 설명하였다.

"이 입장은 글이 이어지면서 'Diadiun은 Maple이 거짓말했다고 말한다'는 2번째 제목으로부터 나온다. 맥락상 쟁점은 청문회가 있었고 밀코비치와 스콧이 거짓말을 했다는 서술이 아니었다. 그보다는 Diadiun이 원래 말다툼과 협회 청문회를 목격한 것을 바탕으로, 밀코비치와 스콧이 책임을 완전히 인정하지 않은 입장이 거짓말이라는 것이 그의 견해였다. 문제된 글의 맥락을 검토하면 Diadiun은 공평하게 쓰려고 하지 않았고 그의 편견을 만든 비밀은 없다… Diadiun의 마음은 분명히 왜곡되었지만, 글을 본 평균적인 독자는 Diadiun의 글을 위증에 대한 공평한 보도로 받아들이기 어려울 것이다." Scott, 25 Ohio St.3d, 252-253, 496 N.E.2d, 707-708.

그 뒤, 오하이오주 대법원의 스콧 판결에 기속되어, 오하이오 항소법원은 "법률문제로, 문제의 글은 헌법이 보호하는 의견으로 결정되었다"고 결론내리면서 지방법원의 피상고인 승소판결을 인용하였다. 오하이오주 대법원은 상고인의 뒤이은 상고를 실질적인 헌법문제가 없다는 이유로 기각하였다. 우리는 명예훼손법의 적용에서 헌법이 요구하는 "의견" 예외에 관한 오하이오 법원들의 판단이 제기한 중요한 헌법문제를 검토하기 위해 이송명령을 하였다. 우리는 파기한다.

16세기 후반 이래로 보통법은 거짓이고 명예훼손진술의 공표로 명예를 훼손한 행위에 대해 손해배상청구를 허용해왔다.

세익스피어의 오델로에서, 이아고가 오델로에게 말한다.

"장군님, 명예는 남녀를 불문하고 영혼의 값비싼 보배입니다. 지갑이야 도난당한들 별겁니까, 큰돈이라도 그렇죠. 내것이 다른 놈의 수중에 들어간 것밖에 없지요. 원래 돈이란 돌고 도는 것이 아닙니까. 그렇지만 명예라는 것은 도둑맞으면 훔친 놈은 별 볼일 없지만 빼앗긴 쪽은 큰 손실을 보게 됩니다."

명예훼손법은 개인이 명예를 회복하는 수단뿐만 아니라 피해를 배상받을 목적으로 발전되었다. 이 나라에서 보통법이 발전하면서 피해배상의 쟁점과 별개로, 명예훼손청구의 청구원인으로 거짓이고 명예를 훼손하는 문제를 공표하였다고 주장하면 되었다. 보통법은 일반적으로 청구대상이 되는 진술의 종류에 추가적인 제한을 가하지 않았다. 명예훼손적인 통신은 사실 또는 의견의 진술임을 불문하고 청구대상으로 간주되었다. 1977년 불법행위론(Restatement (Second) of Torts)은 다음과 같이 적고 있다.

"명예훼손법상, 만약 의견의 표현이 공동체의 평가에서 그를 깎아내리기 위해, 또는 그와 사귀거나 거래하는 것을 막기 위해서 사람의 명예에 대한 피해

88) 법원은 다음과 같이 설시했다.

"Diadiun의 글은 전통적으로 부추김(cajoling), 독설(invective), 과장(hyperbole)의 피난처인 스포츠면에 있다는 점을 인식하는 것이 중요하다. 이러한 보다 넓은 맥락에서 우리는 독자가 Diadiun의 글을 마치 신문 1면에 '법조 기자(Law Correspondent)'가 쓴 글처럼 중요시할지는 의문이다. …종합적으로 고려할 때… 독자는 스포츠면의 스포츠 작가에게 적법절차나 위증에 관하여 특히 잘 알고 있을 것으로 기대하지 않을 것이다. 그러한 맥락에서 법적인 결론은 아마도 글쓴이의 의견으로 해석된다는 것이 우리의 믿음이다."

를 야기할 만큼 충분히 경멸적이라면 의견의 표현은 명예훼손이 될 수 있다… 통신이 거짓이고 명예훼손내용이어야 한다는 요건에도 불구하고 의견의 표현도 명예훼손으로 청구될 수 있었다. 사실의 진술과 구분되어 의견의 진실 또는 허위가 객관적으로 결정될 수 있는 문제가 아니고 진실이 명예훼손청구에 대한 완벽한 항변이라 할지라도 이 견해는 유지되었다.

그러나 명예훼손법이 가치있는 공공의 토론을 억압할 수 있다는 우려 때문에 "공정한 논평" 특권이 명예훼손소송에 대한 적극 항변으로 보통법에 편입되었다. "공정한 논평"의 원칙은 사실의 진술이 진실이거나 또는 특권에 따른 것일 때 정당한 공적 이익이 되는 사안에 대해 의견을 정직하게 표현하는 행위에 면책을 부여하였다. 논평은 일반적으로 공적인 관심사에 관한 것이고, 진실한 사실이나 보호되는 사실에 기초하며, 발언자의 실제 의견을 표현하였고, 피해를 가할 목적만이 아니라면 일반적으로 면책특권이 있었다. 다수설에 따르면 공정한 논평 특권은 의견에 표현에만 적용되었고, 의견의 표현에서 사실이 명확하게 표현되었든 또는 암시되었든 간에 허위사실의 진술에는 적용되지 않았다. 그래서 보통법에서 "공정한 논평"의 특권은 활발한 공적 논의의 필요성과 기분나쁜 또는 무책임한 발언이 시민들에게 가한 피해를 보상할 필요성 사이에 적절한 균형을 유지하기 위해 채용된 장치였다.

1964년 우리는 뉴욕타임즈 판결에서 미국 수정헌법 제1조가 주의 명예훼손법 적용에 제한을 가한다고 판결하였다. 법원은 공직자가 '현실적 악의'-즉 거짓임을 알거나 거짓 여부에 대해 경솔하게 무시-를 가지고 진술하였다는 것을 증명하지 않는 한, 그의 공적인 행위와 관련한 명예훼손적인 허위진술에 대해 손해배상을 받는 것을 금지하는 연방법리의 필요성을 인정하였다. 이 법리는 공무수행하는 공직자에 대한 비판과 관련하여, 공무집행의 비판자에게 모든 주장 사실들의 진실성을 보증하라고 요구하는 주의 법리가 언론을 억압할 수 있다는 우려에서 나왔다.

3년이 지나서, Curtis Publishing Co. v. Butts, 388 U.S. 130 (1967) 판결에서 다수의견은 "뉴욕타임스 심사는 공직자 뿐만 아니라 공인 비판에도 적용되어야 한다"고 판결했다. 법원은 그 사건에서 발표된 헌법 특권을 '중요한 공공의 문제 해결에 직접 관여하거나, 그들의 명성에 의해 널리 사회의 관심대상이 된 사건을 만든' 공인에 대한 명예훼손적인 비판에도 확대하였다. 거츠 판결 336-337쪽. 워렌 대법원장이 별개의견에서 적은 바와 같이, "우리 시민들은 그러한 사람들의 행위에 대해 정당하고 실질적인 이익을 가지고 있고, 공공의 사안과 사건에서 그들의 관련성에 대해 거리낌없는 토론에 참여하기 위한 신문의 자유는 공직자의 사건에서와 마찬가지로 중요하다." Butts 판결 164. 법원은 또한 공직자들과 공인들은 분명하고 확실한 입증기준에 따라 뉴욕타임스 판결의 악의를 입증하여야 한다고 판결하였다.

이러한 헌법이론발전의 다음 단계로 공공의 관심사에 관한 진술과 관련된 사인의 명예훼손사건을 검토하였다. 법원은 결국 뉴욕타임스 판결의 악의 기준은 공공의 문제와 관련하여 명예를 훼손당했다는 점을 입증하는 사인에게는 부적절하다고 결론내렸다. 우리는 다음과 같이 설명했다.

"공직자들과 공인들은 대개 효과적인 통신 채널에 잘 접근해서 사인들이 보통 누리는 것보다 허위 진술을 반박하는 좀 더 실제적인 기회를 가지고 있다. 〔더 중요하게는〕 공직자들과 공인들은 자발적으로 그들과 관련된 명예를 훼손하는 거짓으로부터 피해를 입을 증가된 위험에 스스로를 노출하였다." 거츠 판결 344-345.

그럼에도 불구하고 법원은 이 분야에서 상당한 헌법적인 보호가 보장되고 있다고 믿었다. 첫째, 우리는 주는 과실의 증명을 요구하지 않고 책임을 부과할 수 없다고 판결했다. 거츠 판결 347-348. (이 접근법은… 불법적인 명예손상에 대해 사인에게 배상을 허용하는 주의 정당한 이익의 강력함을 인정하고 있지만, 신문이나 방송매체를 명예훼손의 엄격책임의 가혹함으로부터 보호하고 있다). 둘째, 우리는 주가 뉴욕타임스 판결의 악의 증명이 없으면 추정 손해 또는 징벌적 손해배상을 허용할 수 없다고 판결했다. 거츠 판결 350("추정 손해 이론처럼 징벌적 배상을 인정하는 배심의 재량은 매체의 자기 검열 위험을 불필요하게 증가시킨다.")

Philadelphia Newspapers, Inc. v. Hepps, 475 U.S. 767 (1987) 판결에서, 우리는 "명예를 훼손하는 언론이 허위라는 보통법상의 추정은 원고가 공공의 관심사를 다룬 언론에 대해 매체 피고들을 상대로 손해배상을 청구할 때는 유지될 수 없다."고 판결했다. 달리 말하면 법원은 원고가 피해배상을 받기 전에 과실과 거짓을 증명할 부담을 져야 한다는 헌법 요건을 만들었다. 원고에게 허위를 증명하도록 요구하는 것이 일부 허위 언론의 책임을 면제한다 할지라도, 법원은 공공의 관심사에 관한 언론을 공표하는 매체 피고들에게 주가 진실 입증의 부담을 부과하게 되면 부당한 책임을 지게 될 우려 때문에 그러한 언론활동을 단념하게 될 것이라는 이유로 정당하다고 믿었다.

우리는 또한 주의 명예훼손소송의 대상이 될 수 있는 언론의 유형을 헌법이 제한하고 있다고 인정하였다. Greenbelt Cooperative Publishing Assn., Inc. v. Bresler, 398 U.S. 6 (1970) 판결에서 부동산 개발업자는 그의 일부 부동산에 대해 지구 획정을 두고 지역 시협의회와 협의를 하면서, 동시에 시가 그로부터 사려고 하는 다른 토지에 대해 시와 협의를 하고 있었다. 지역 신문은 사람들이 개발업자의 협상 태도를 “공갈”이라고 간주하고 있다는 글을 게시하였고, 개발업자는 명예훼손으로 소송을 제기하였다. “공갈”이 개발업자가 실제 공갈죄를 저질렀다고 암시한다는 생각을 전제로 책임이 인정될 수 있다는 주장을 배척하고, 우리는 그러한 근거로 책임을 부과하는 것은 헌법이 허용하지 않는다고 판결하였다. 헌법문제로, 이러한 상황에서 “공갈”이란 말은 구두 명예훼손이 아니고, 그린벨트 뉴스 리뷰에 보도되었을 때 서면 명예훼손도 아니라고 판결했다. 보도된 내용은 정확하고 완전했다고 적으면서, 법원은 가장 부주의한 독자조차도 단어는 수사학적인 과장, 개발업자의 협상 태도가 극히 비합리적이라고 생각하는 사람들이 사용하는 신랄한 칭호일 뿐이라고 인식해야 한다고 판시했다. Hustler Mazagine, Inc. v. Falwell, 485 U.S. 46, 50 (1988) 판결 참조(수정헌법 제1조는 공인에 대해 실제 사실을 말하는 것으로 합리적으로 해석될 수 없는 광고 패러디에 대해 정서적인 충격으로 인한 주의 피해배상을 거부한다); Letter Carriers v. Austin, 418 U.S. 264, 284-286 (1974)(노조 불참자를 말하는 낱말 “반역자”는 “막연하고, 비유적인 의미로” 사용되었고 “단지 수사적인 과장이며, 노조원들이 느끼는 경멸을 활기차고 상상력이 풍부하게 표현”하였기 때문에 그 낱말의 사용은 연방 노동법상 명예훼손 소송의 근거가 아니다).

법원은 또한 수정헌법 제1조의 쟁점이 드러나는 사건에서, 하급법원 판결이 금지되는 자유 표현 영역을 침범하지 않도록 보장하기 위해 전체 기록을 독자적으로 조사할 의무가 있다고 판단했다. 명예훼손 사건 기록의 증거가 현실적 악의를 인정하기에 충분한지는 법률문제이다.

피상고인들은 위에서 논의한 확립된 안전장치에 추가하여, 우리에게 사실에 반대되는 "의견"으로 분류되는 명예훼손적인 진술에 대해 수정헌법 제1조에 기초한 보호를 인정해 달라고 요청한다. 이 주장은 주로 다음과 같은 거츠 판결의 의견에 의존하고 있다.

"수정헌법 제1조 아래에서, 허위 생각과 같은 것은 없다. 의견이 유해하다면, 우리는 판사들과 배심의 양심이 아니라 다른 생각과의 경쟁을 통해서 수정되는 것을 지지한다." 418 U.S., 339-340.

프렌들리 판사는 위 문장이 비록 사건의 쟁점과 관련이 없더라도, 의견에 대한 명예훼손소송에서 보호를 원하는 모든 주장에 도움이 된다고 보았다. 문맥에 따라 읽을 때, 문장의 올바른 의미는 둘째 문장에서 "의견"과 첫째 문장의 "생각"을 동등하게 다루고 있다는 것이다. Cianci v. New Times Publishing Co., 639 F.2d 54, 61(CA2 1980). 이 견해에 따르면 용어는 단지 홈즈 대법관의 고전적인 "사상의 시장"개념을 반복하고 있다. Abrams v. United States, 250 U.S. 616, 630 (1919)(홈즈 대법관 반대의견)(궁극적인 선은 생각의 자유로운 교환으로 더 잘 도달된다. 진실을 가리는 최고의 심사는 경쟁의 시장에서 스스로를 인정받도록 하는 사상의 힘이다).

그래서 우리는 거츠 판결의 위 문장이 "의견"이라고 말할 수 있는 것들을 모두 명예훼손책임에서 면제하기 위해 만들어졌다고 생각하지 않는다. 그러한 해석은 문장의 취지와 문맥에 모순되는 해석일 뿐만 아니라, 의견의 표현이 종종 객관적인 사실 주장을 내포하고 있다는 사실을 무시한다.

만약 발언자가 "내 의견으로는 존스는 거짓말쟁이다"라고 말한다면, 그는 존스가 거짓말을 했다는 결론에 이른 사실의 인식을 암시한다. 비록 발언자가 의견이 기초하고 있는 사실을 말했다 할지라도, 만약 그 사실이 틀리거나 불완전하다면, 또는 사실에 대한 그의 평가가 잘못이라면, 진술은 허위 사실의 주장을 암시하고 있을 것이다. 단지 그러한 진술을 의견으로 말하는 것이 이러한 암시를 없애지 않는다. 그리고 "내 의견으로는 존스는 거짓말쟁이다"라는 진술은 "존스는 거짓말쟁이다."라는 진술만큼 명예에 피해를 입힐 수 있다. 프렌들리 판사가 적절히 말했다 : "만약 글쓴이가 명시적이든 묵시적이든 단지 "나는 생각한다"는 말을 사용함으로써 명예훼손행위 책임으로부터 벗어날 수 있다면, 명예훼손법의 적용은 매우 제한될 것이다." 보통법에서 공정한 논평 특권조차 "명시적으로 말했든, 의견표현에서 암시되었든 사실의 허위 진술"에게까지 확대되지 않았다.

피상고인들이 거츠 판결을 인용하는 것 외에, "나의 의견으로는 존스는 거짓말쟁이다."와 같은 진술이 수정헌법 제1조에 따라 별도의 "의견" 특권으로 보호되어야 한다고 실제 주장하지 않는다. 그러나 그들은 모든 명예훼손 사건에서 수정헌법 제1조는 진술이 "의견" 또는 "사실"인지 확인할 것을 요구하고 있고, 후자만이 소송대상이 될 수 있다고 주장한다. 그들은 거츠 판결을 잘못 이해하고 있는 하급법원이 발전시킨 많은 요소들이 의견이나 사실이냐를 결정하는데 있어서 검토된 것이라고 주장하고 있다. 그러나 우리는 "표현의 자유가 살아 있기 위해 필요한 숨 쉴 공간"(Hepps, 475 U.S., 772쪽)은 의견과 사실 사이를 구분하는 인위적인 2분법이 없어도 현존하는 헌법 이론으로 적절하게 확보된다고 생각한다.

먼저 우리는 Hepps 판결이 공공의 관심사에 관한 진술에 대해 주의 명예훼손법에 따른 책임을 묻기 전에 이 사건처럼 피고가 언론 매체로 관련되어 있는 상황에서는, 허위로 증명될 수 있어야 한다는 의견을 나타내고 있다고 생각한다.[89] 그래서 "내 의견으로는 존스 시장이 거짓말쟁이다."는 진술과 달리, "내 의견으로는 존스 시장이 막스와 레닌의 가르침을 받아들임으로써 그의 지독한 무지를 드러내고 있다."는 진술은 소송대상이 될 수 없을 것이다. 공공의 관심사에 관한 의견의 진술이 허위 사실을 언급하지 않을 때, 완전한 헌법의 보호를 받는다는 점을 Hepps 판결은 보장하고 있다.[90]

89) 물론 Hepps 판결 이전에 공직자나 공인 원고들이 제기한 사건에서 뉴욕타임스 판결은 책임이 인정되기 전에 허위성의 증명을 이미 요구하였다. 475 U.S., 775.

90) 허위성의 쟁점은 진술이 내포하고 있는 명예훼손적인 사실과 관련되어 있다. 예를 들면 "나는 존스가 거짓말했다고 생각한다"는 진술은 2가지 정도에서 거짓말로 입증가능하다. 첫째, 발언자는 존스가 실제 거짓말했다고 생각하지 않지만, 어쨌든 말했고, 둘째, 존스가 실제 거짓말을 하지 않았다는 것. 첫번째 경우의 허위성도 피해회복을 위해 필요한 악의가 될 수 있지만, 물론 보통 명예훼손소송의 근거가 되는 것은 두번째 경우의 허위성이다.

다음으로 Bresler-Letter Carriers-Falwell의 판결들은 개인에 대하여 "실제 사실을 말하는 것으로 합리적으로 해석"될 수 없는 진술을 보호하고 있다. 이것은 공공의 토론이 전통적으로 우리나라의 담론 형성에 많은 기여를 한 "상상 속의 표현", 또는 "수사적인 과장"의 부족을 겪지 않도록 보증하고 있다.

뉴욕타임즈-Butts-거츠 판결의 책임요건은 공적인 사안에 관한 토론이 "거리낌없고, 활발하며, 널리 열려"있어야 한다는 것을 보장하고 있다. 그래서 합리적으로 보아서 공공의 관심사에 대한 "의견"의 진술이 공직자나 공인과 관련하여 허위이자 명예훼손적인 사실을 함축하고 있는 경우에, 그러한 개인들은 그 진술이 허위임을 알거나 진실을 경솔하게 무시하였다는 것을 증명하여야 한다. 비슷하게 그러한 진술이 공공의 관심사에 관하여 사인에 대한 것일 때에는 원고는 허위사실의 언급이 거츠 판결이 요구하듯이 과실에 의해 이루어진 것이라는 점을 밝혀야 한다.[91] 마지막으로 상급심의 재심리는 위와 같이 결정이 "자유 표현의 영역으로 금지된 개입에 해당"되지 않다는 것을 확인하는 방식으로 이루어져야 한다. Bose Corp., 466 U.S., 499쪽.

이러한 보호에 더하여 수정헌법 제1조가 보장하는 표현의 자유를 확보하기 위해 "의견"에 대해 별개의 헌법 특권이 필요하다고 생각하지 않는다. 이때 이 사건에서 결정적인 질문은 합리적인 사실인정자가 Diadium 칼럼의 내용이 상고인 밀코비치가 재판절차에서 위증을 했다는 주장을 함축하고 있는지 여부가 된다. 우리는 이 질문이 긍정적으로 답변되어야 한다고 생각한다. 오하이오주 대법원이 스스로 관찰한 바와 같이, "9개 문장과 표제의 명확한 효과는 밀코비치가 진실을 말한다는 엄숙한 선서를 한 후에 청문회에서 거짓말을 했다."는 것이다. 이것은 글쓴이가 상고인이 위증죄를 저질렀다는 인상을 부정하는 막연하고, 비유적이거나 과장하는 종류의 언어가 아니다. 글의 일반적인 취지가 이 인상을 부정하지도 않는다.

우리는 또한 상고인이 위증죄를 저질렀다는 암시는 충분히 진실 또는 허위가 증명될 여지가 있을 만큼 사실적이라고 생각한다. 상고인이 이처럼 거짓말을 했는지의 판단은 협회에서 증언과 사실심법원에서의 증언을 비교함으로써 객관

91) 물론 뉴욕타임스 판결과 거츠 판결이 확립한 추정 손해 또는 징벌적 손해에 관한 제한은 이 사건 쟁점이 된 진술 유형에도 적용된다.

적인 핵심 증거로 가능하다. 스콧 법원이 그 사건의 원고와 관련하여 적었듯이 "스콧이 진짜 위증죄를 저질렀는지는 청문회에서의 증언과 조서를 인용한 증거로 위증행위를 확인할 수 있다. 주관적인 주장과 달리, 증언으로 말한 언어는 객관적으로 확인가능한 사건의 명확한 표현이다." 상고인 밀코비치도 마찬가지이다.

명예훼손소송에서 수정헌법 제1조에 따른 피고들의 보호를 확립한 많은 판결들은 수정헌법 제1조가 공공의 사안에 대하여 자유롭고 제약받지 않는 토론을 필수적으로 보장한다는 것을 법원이 인정하고 있음을 명백히 보여준다. 그러나 평형상태의 다른 측면이 또한 있다. 우리는 명예훼손법에 들어 있는 중요한 사회적인 가치를 인정해왔고, 그리고 "사회는 명예에 대한 공격을 막고 시정하는 광범위하고 강력한 이익을 가지고 있다"는 것을 인정하고 있다. 대법관 스튜어트는 Rosenblatt v. Baer, 383 U.S. 75, 86 (1966)에서 그다운 명료함으로 말했다.

"정당하지 않은 침입과 잘못된 피해로부터 자신의 명예를 보호하는 사람의 권리는 모든 인간의 본질적인 품위와 가치라는 기본 관념－질서있는 자유의 품위있는 체제에 뿌리를 둔 관념－을 반영하고 있다… 명예를 훼손하는 거짓이 가져 올 피해는 종종 이를 회복시키는 법의 역량을 넘게 된다. 그러나 불완전하다 할지라도, 피해배상소송은 거짓말로 명예를 훼손당한 사람을 변호 또는 시정하기 위해 법이 주는 유일한 희망이다." 92-93(별개의견).

우리는 이 사건의 결론이 진실로 균형을 유지하는 것이라 믿는다. 오하이오 항소법원의 판결을 취소하고, 이 판결과 일치되도록 추가 절차를 위해 환송한다.

**[대법관 브레넌의 반대의견**(대법관 미살 참여)**]**

보통법의 보호에도 불구하고 이 법원이 수정헌법 제1조가 의견의 진술에 일정한 보호를 제공한다고 암시한 이래로,[92] 법원과 학자들은 보호의 범위와 수

92) 예컨대 뉴욕타임즈 판결, 292, 주 30(수정헌법 제14조가 사실의 정직한 허위 진술에 대한 조건적인 특권의 인정을 요구한 이래, 공정한 논평의 항변이 있거나 진실한 사실의 진술을 바탕으로 의견의 정직한 표현에도 주어져야 한다); 거츠 판결, 339-340 ("수정헌법 제1조에는 거짓 생각과 같은 것은 없다. 그러나 의견이 유해한 것처럼 보인다면, 우리는 판사와 배심의 양심이 아니라 다른 생각과의 경쟁을 통해 시정되는

정헌법 제1조의 법리론에 속해 있는 다른 이론들과의 관계에 대해 고심해왔다. 오늘 처음으로 법원은 이 문제를 직접 다루었고 내 생각으로는 설득력있고 거의 대부분 올바르게 판단했다. 나는 Philadelphia Newspapers, Inc. v. Hepps, 475 U.S. 767, 777 (1986) 판결에서 완결된 일련의 판결에 따르면, 거짓임이 증명될 수 있는 명예훼손적인 진술만이 명예훼손법상 책임을 진다는 법원의 의견에 동의한다.93) 또한 원고가 Hepps 판결에 의해 거짓을 증명하여야 하는 진술은 반드시 공표된 문구가 아니라, 그보다는 합리적인 독자가 글쓴이가 말했다고 이해한 것이라는 법원의견에 동의한다.

달리 말하면 오늘 법원은 우리가 이미 수정헌법 제1조가 보장하는 것으로 인정한 보호에 이른바 의견 특권이라는 오해를 없앴고, 현존하는 수정헌법 제1조 원리가 순수한 의견의 진술을 보호한다고 결정했다. 법원이 설명하기를, 헌법의 완전한 보호는 개인에 대한 실제 사실을 말하는 것으로 합리적으로 해석될 수 없는 공공의 관심사에 관한 진술에 확대된다. 법원이 이 사건의 진술을 분석하면서 보여준 바와 같이, 진술이 개인에 대한 실제 사실을 말하거나 암시하는지 여부를 확인하는데 있어서 법원이 세밀히 조사할 정황가운데는 사실의 진술과 의견의 진술 사이를 구분하기 위해 하급심법원이 지난 수십년간 의존한 것들이 있다 : 사용된 언어의 유형, 문맥상 진술의 의미, 진술이 확인가능한 지, 진술이 행해진 넓은 사회적 상황.

위와 같은 모든 것들에 대해 나는 기본적으로 동의한다. 나는 문제의 진술이 상고인에 대해 명예를 훼손하는 사실을 말하거나 암시한 것으로 합리적으로 해석될 수 없다고 보기 때문에 이 사건의 진술에 이러한 일반 법리를 적용하는 지점에서 법원의 의견과 갈린다. 그러므로 다수의견이 명료하게 정리한 법리에 따라 진술은 완전한 헌법의 보호를 받는다. 나는 정중히 반대한다.

---

것을 의지한다").

93) Hepps 사건에서 피고는 주요 일간신문이었고, 다수의견이 적은 대로, 법원은 신문에 적용되는 법리가 언론매체가 아닌 피고에게도 적용되는지를 결정하지 않았다. 475 U.S., 779 주 4. 나는 계속 "공중에게 정보를 제공하는 역할이라는 의미에서 언론의 내재적인 가치는 회사든, 결사든, 조합이든, 또는 개인이든 정보의 출처에 좌우되지 않는다는 수정헌법 제1조의 근본적인 원리와 그러한 구분이 양립할 수 없다"고 믿는다. 780(대법관 브레넌 동조의견).

# I

다수의견이 인정하듯이, 사용된 언어의 종류와 문맥은 독자들에게 글쓴이가 실제 알려진 사실을 말하거나 암시하려고 하지 않았다는 것을 보여줄 수 있다. 그러한 사건에서 이 법원은 반대되는 주장을 배척하였고, "헌법 문제로" 책임이 부과될 수 없다고 인정했다. 예를 들면 Bresler 판결에서 우리는 Bresler가 "공갈"로 비난받았어도 피해배상을 받을 수 없다고 인정하였다. 왜냐하면 독자들은 글쓴이가 Bresler가 교활하고 극히 비합리적이라는 의미로 글을 썼다고 이해할 것이기 때문이다. Letter Carriers 판결에서 우리는 원고들이 "반역자"로 비난받았어도 피해배상을 받을 수 없다고 보았다. 왜냐하면 독자들은 글쓴이가 정확하게 보도된 원고들의 행동이 비난받을 만하고 사회 체제에 파괴적임을 의미하였지, 원고들이 반역죄를 저질렀다는 의미는 아니라고 이해할 것이기 때문이다.

다수의견이 동의하듯이, 믿음 또는 의견의 진술들은 개인에 대한 실제 사실을 말하는 것으로 이해되지 않는다는 점에서 과장과 비슷하다. 그러나 그 진술들이 만약 거짓과 명예훼손적인 사실들의 존재를 암시한다면 소송대상이 될 수 있다. 다수의견은 의견의 진술이 사실 주장을 암시하고 있음을 확인하는 일반지침을 제공하고 있다. 그러나 보호되는 표현이 억압되지 않는다는 것을 보증하기 위해 제한된 한계내에서 보호되지 않는 범주의 설정은 추가로 주의할 가치가 있는 문제이다. 비록 의견의 진술이 거짓 및 명예훼손적인 사실의 주장을 함축하고 있다 할지라도, 항상 그렇지는 않다. 어느 진술이 거짓 및 명예훼손적인 사실을 함축하고 있는지를 분간하는 일은, 이 법원이 과장되거나 풍자적인 특정한 진술이 그러한 사실들을 주장하고 있다고 합리적으로 이해될 수 있는지를 결정할 때 수행하는 꼼꼼하고도 철저한 평가가 필요하다. 홈즈 대법관은 오래 전에 말했다 : "단어는 투명하고도 변하지 않는 수정이 아니다. 그것은 살아있는 생각의 피부이고, 사용된 상황과 시간에 따라 색깔과 내용이 매우 다양하게 변한다." Towne v. Eisner, 245 U.S. 418, 425 (1918).

예를 들면 "존스는 거짓말쟁이다."는 진술, 또는 다수의견이 예로 든 "내 의견으로는 존스는 거짓말쟁이다."라는 진술은 발언자에게 알려진 사실을 함축하는 것으로 합리적으로 이해될 수 있다. 그러나 만약 발언자의 말이 그 대신에 다음과 같다면 결과가 달라야 한다; "존스 형제는 나에게 거짓말을 한 적이 있다; 존스는 25살이라고 말했다; 나는 존스를 전에 만난 적이 없고 그의 나이나 신상을 알지 못한다. 그러나 그는 16살로 보였다; 나는 존스가 방금 나이에 대해 거짓말했다고 생각한다." 6건의 진술이 있다. 그들 중 둘은 소송대상이 될 수도 있다. 첫번째 진술은 사실적이고 명예훼손적이어서 존스 형제들의 명예훼손소송 대상이 될 수 있다. 그러나 "나는 존스가 방금 거짓말을 했다고 생각한다."는 두번째 진술은 말한 사실로부터 발언자가 추론하는 진술, 즉 존스가 특정한 거짓말을 했다고 발언자가 추론하는 진술로서만 문맥속에서 합리적으로 해석될 수 있다. 발언자가 실제 존스가 거짓말을 했는지를 알지 못하고, 거짓말했다고 생각하는 다른 이유를 가지고 있지 않다는 것이 듣는 이에게는 명백하다.[94] 그래서 두번째 진술에서 암시되는 유일한 사실은 발언자가 그 추론을 했다는 것이다. 만약 추론이 진지하거나 명예훼손적이 아니라면, 발언자는 손해배상책임이 없다.[95]

---

94) 불법행위론(The Restatement(Second) of Torts) 566, Comment c(1977)은 비슷하게 보고 있다. "나는 C가 알콜 중독자임이 틀림없다고 생각한다"는 진술에는 발언자가 진술이 정당하다는 비공개 사실을 알고 있었다는 점이 들어 있다고 배심이 인정할 수 있기 때문에 명예훼손 가능성이 있다고 설명한다. 대조적으로 다음 진술은 명예훼손적인 사실을 담고 있지 않다고 본다.

"A는 그의 이웃인 C에 대해 B에게 다음 글을 썼다 : 그는 6개월 전에 이사왔다. 그는 시내에서 일하고 나는 그 시간에 2번 그를 보았는데, 5:30경 뒤뜰에서 휴대용 의자에 앉아 휴대용 라디오로 뉴스를 듣고 있었고, 그의 손에는 술이 있었다. 나는 그가 알콜 중독자가 틀림없다고 생각한다."

문제는 합리적인 독자들이 진술을 명예훼손적인 사실을 담고 있는 것으로 실제 해석하는지 여부이다.

95) Hepps 판결은 Bresler-Letter Carriers-Falwell 판결들과는 별개로 실제 거짓과 명예훼손적인 사실을 말하지 않거나 함축하지 않고 있는 언론에 대한 보호를 요구한다. 원고가 손해배상을 받기 위해서 진술이 거짓임을 증명하여야 한다는 헌법 원리에는 먼저 실제 어떤 진술이 있었는지를 결정하는 요건이 들어 있다. Hepps 판결이 원고에게 요구하는 증거는 진술이 합리적으로 무엇을 의미하는 것으로 해석될 수 있는지에 달려 있다. 예컨대 만약 Riley가 그의 친구들에게 스미스가 카드를 치면서 속였다고 말하고 스미스는 편의점에서 훔치지 않았다고 증명한다면, 스미스는 다른 주장을 허위라고 증명했기 때문에 이를 근거로 명예훼손으로 인한 손해를 배상받을 수 없다. 마찬가지로 존스는 "나는 존스가 방금 나이를 거짓으로 말했다고 생각한다"는 진술에

## II

오늘 다수의견은 문제된 진술이 명백하게 거짓 및 명예훼손적인 사실을 말하고 있다고 인정하고 결정한 것이 아니다. 그렇게 할 수도 없었다. 밀코비치가 법원 절차에서 거짓말했음이 틀림없다는 Diadiun의 가정은 명백히 억측이다.[96] 그러나 다수의견은 Diadiun의 진술이 소송대상이라고 결론지었다. 왜냐하면 이러한 진술들이 밀코비치가 재판절차에서 위증을 했다는 사실적인 주장을 암시한다고 보았기 때문이다. 나는 동의하지 않는다. Diadiun은 그가 알고 있는 사실을 공개했을 뿐만 아니라, 그는 어느 지점에서 사실이 바닥나서 단지 추측하고 있다는 것을 명백히 하고 있다. 문맥속에서 읽을 때, 진술은 사실을 암시하는 것으로 합리적으로 해석될 수 없다.

Diadiun은 칼럼을 시작하면서 법원은 메이플 하이츠의 레슬링팀이 1년간 주가 개최하는 경기에 참석하지 못하도록 한 협회의 결정을 번복하였다고 적었다. 그는 적법절차를 이유로 번복되었다고 덧붙였다. Diadiun은 독자들에게 팀의 자격정지를 부른 싸움이 일어난 레슬링 경기에 참석했고, 협회 청문회에 참석했다고 강조한다. 그는 메이플 하이츠 코치인 밀코비치의 과격한 몸짓과, 경쟁팀 멘토를 상대로 고함치고 사람들을 부추기는 행동이 싸움의 원인이라고 보았다. 그리고 그는 협회에서 밀코비치의 증언을 설명하면서, 자신의 무고함을 확신시키려고 할 뿐만 아니라, 놀랍게도 사건의 책임을 Mentor로 떠넘기기 위해 계획적인 허위진술을 한 것으로 간주한다. Diadiun은 밀코비치가 그의 레슬링

---

대해 나이에 대해 거짓말을 하지 않았다는 증거를 제시하여 명예훼손배상을 받을 수 없다. 왜냐하면 스미스처럼 그는 다른 주장을 거짓이라고 증명했기 때문이다. 존스가 거짓임을 증명해야 하는 주장은 발언자가 사실상 존스가 거짓말을 했다고 추론을 했다는 점이다.

96) 억측은 그대로 인식될 때, 청중에게 진술이 믿음이지 사실이 아니라고 주의를 준다. 청중은 발언자가 단지 가설을 말했다고 이해한다. 비록 가설이 사실적인 문제와 관련되어 있다 하더라도, 그의 "최선의 추측"으로 이해된다. 물론 만약 추론적인 결론이 이미 말한 전제사실들 다음에 오고, 하나 또는 그 이상의 사실이 거짓이고 명예훼손에 해당된다면, 명예훼손소송은 그것에 대해 제기될 수 있다. 그러나 추론적인 결론 자체가 다른 허위 그리고 명예훼손적인 사실의 존재를 담고 있을 때에만 소송대상이 된다.

선수들은 싸움에 관여하지 않았고 그는 단지 어깨를 으쓱한 것이라는 취지로 청문위원들에게 말한 진술을 인용한다.

글의 그 부분에서 글쓴이는 공공연하게 추측하기 시작한다. Diadiun은 밀코비치와 다른 관련자들의 이야기는 협회가 꿰뚫어볼 수 있었던 넉넉한 모순과 명백한 거짓을 담고 있고, "아마도" 메이플 하이츠팀의 자격정지는 난투극 만큼 증언에 대한 불쾌감을 반영하는 것 "같다"고 말한다. 그리고 Diadiun은 법원 심리시에서 2명의 관련자들은 분명하게 사건을 다듬어 재구성하였고 판사는 그들을 믿은 것으로 추측한다. 처음으로 칼럼은 제3자의 사건 설명을 인용한다. 취재원인 협회 위원이 그 절차에 참석한 것으로 묘사된다. 칼럼은 법정의 증언을 더 이상 인용하지 않으며, 밀코비치가 법정에서 무엇을 말했는지 설명하지 않는다. 증언이 매우 생소하게 들린다는 협회 위원의 모호한 진술만이 있다.97) Diadiun은 그가 개인적으로 경기와 협회 청문회에 참석했다고 강조한 후에 처음으로 직접 경험한 내용이라고 말하지 못한다. 다시 판사가 밀코비치와 메이플 하이츠에 유리하게 판결하였다고 적은 후, Diadiun은 다음과 같이 선언한다; "메이플 하이츠든, 멘토든, 제3의 관찰자든 경기에 참석한 사람들은 누구나 밀코비치와 스콧이 심리절차에서 진실을 말하겠다고 엄숙히 선서한 후 거짓말을 했다는 것을 가슴으로 안다."

합리적인 독자라면 Diadiun은 밀코비치가 위증을 했다는 것을 사실로서 은연중에 주장하고 있다고 이해할 수 없다. 또한 독자는 Diadiun이 그의 믿음이 기초하고 있는 밀코비치의 법정 증언에 관한 추가적인 정보를 갖고 있다고 추론할 수 없다. Diadiun이 법원 심리절차에 참석하지 않았다는 것은 칼럼에서 분명하다. Diadiun은 밀코비치가 법정에서 말한 내용에 관한 자세한 간접 정보를 갖고 있지 않다는 것도 명백하다. 대신에 "상세한 내용"과 "논조"는 협회

97) 위원이 다음과 같이 말한 것으로 인용되었다. "나는 판사에게 말한 일부 이야기는 매우 익숙하지 않게 들린다고 말할 수 있다… 그들이 우리에게 말한 것과는 분명히 다르게 들린다." 이 인용은 또한 Diadiun의 추측이 근거한 사실적인 전제로 여겨질 수 있다. 그러나 밀코비치는 그 인용에 대해 문제삼지 않았다. 어떤 경우든, 명예훼손으로 인정될 것 같지 않다. Diadiun은 이미 협회에서 두 직원들의 증언을 "명백한 허위"로 분류했다. 그래서 법정 증언이 다르다는 위원의 주장이 매우 모호하다. 직원들이 새로운 거짓말을 했다기보다는, 위원들에게 말한 내용과는 달리 법원에서 진실을 말했거나 직원들이 완전히 다른 사안을 논의했다는 것을 가리킬 수 있다.

청문회에서의 인용-칼럼을 촉발한 법원의 결정과 비교하여 오래된 뉴스-과 협회 위원으로부터 모호한 인용에 따른 것이다. 독자들은 Diadiun이 협회 결정을 법원이 번복한 것에 초점을 맞추고 있고 화가 나서 어떤 결정이 나와야 하는 지를 말하고 있는 것으로 볼 수 있다.[98]

밀코비치가 협회 청문회에서 말한 허위진술을 법원에서 반복했다는 암시조차도 밀코비치가 실제 법원에서 말한 것을 Diadiun이 모른다는 틀림없는 표시로써 "듣자 하니"라는 조심스런 용어 뒤에 오고 있다. "조심스런 용어나 의문은 독자에게 읽은 내용이 의견이라고 알려주고, 그래서 글쓴이가 피해를 가하는 비공개 사실들을 알고 있다고 추론하기 어렵다. 요컨대 합리적인 독자가 조심스런 용어와 마주쳤을 때, 뒤따라오는 것들을 가볍게 보는 경향이 있다." Ollman v. Evans, 750 F. 2d, 983. 그러므로 Diadiun의 글로부터 그가 밀코비치는 위증을 했다는 결론에 대해 말하지 않는 다른 이유가 없다는 것이 분명하다.

나아가 글의 말투와 형식이 독자들에게 추측과 개인 판단임을 예상하라고 알려주고 있다. 말투는 날카롭고, 과장되어 있고 정서적인 수사법과 도덕적인 분

98) 주법원과 연방법원은 청중이 사실을 말하지 않거나 사실에 관한 주장을 담고 있지 않은 억측을 과장처럼 인식할 수 있다고 인정했다. 예를 들면 Potomac Valve & Fitting, Inc. v. Crawford Fitting Co., 829 F.2d 1280, 1290 (CA4 1987)사건에서, 법원은 산업 잡지에서 시험의 방법론에 관한 7가지의 관측 목록에 따라 실시된 제품 시험에 관하여 비난하는 내용은 단지 시험 결과로부터 개인적인 추론일 뿐이라고 인정했다. 같은 이유로 Dunlap v. Wayne, 105 Wash.2d 529, 540, 716 P.2d 842, 849 (1986) 사건에서 법원은 "청중이 주장에 들어 있는 사실을 알 때와 명예훼손적인 진술 자체의 진실성을 판단할 수 있을 때 청구 가능성은 사라진다." 또한 National Assn. of Government Employees, Inc. v. Central Broadcasting Corp., 379 Mass. 220, 226, 396 N.E.2d 996, 1000 (1979) 참조(라디오 토크쇼 진행자가 결론에 이르게 된 사실을 말했을 때, 듣는 이들이 자신들만의 생각을 할 수 있고 진행자와 같거나 다른 의견이나 생각을 가질 수 있다고 인정).

보통법의 공정한 논평 이론도 그러한 의견에 바탕을 두고 있다. 독자가 비평의 근거가 되는 사실을 알거나 들었고, 그래서 독자적으로 논평이 합리적인지 여부를 판단할 수 있다면, 피고의 비합리적인 논평은 그가 말한 대상보다는 자신의 명예를 훼손한 것으로 인정되었다. Hill, Defamation and Privacy Under the First Amendment, 76 Colum.L.Rev. 1205, 1229 (1976). "토마스 제퍼슨이 그의 취임연설에서 말했듯이, 의견의 잘못은 이성이 자유롭게 논박할 수 있다면 법원이 시정할 필요나 의무가 없다." 위 Potomac 판결, 1288-1289, Thomas Jefferson's first Inaugural Address 인용(The Complete Jefferson 385 (S. Padover ed. 1943)).

개로 가득 차 있다. 예를 들면 Diadiun은 결코 밀코비치가 위증죄를 저질렀다고 말하지 않는다. Diadiun은 대회에 참석한 사람 모두가 가슴으로 아는 것이 무엇인지 조사했다는 의미가 아니라면서, "대회에 참석한 사람은 누구나…. 밀코비치가 거짓말－명백한 과장－했다는 것을 가슴으로 안다."고 말한다.

글의 형식은 글쓴이의 사진과 "TD Says"가 붙은 편집자의 서명 칼럼이다. 칼럼이 게재된 면의 제목－Diadiun은 메이플이 거짓말했다고 말한다－조차도 독자들이 한 사람의 비평을 읽고 있다는 것을 상기시킨다. 서명 칼럼들은 사실의 진술을 담고 있는 것은 분명한데, 그들은 또한 "넉넉히 인정되고 있는 의견과 비평의 고향"이다. 사설, 평론, 정치적 풍자만화, 편집자에 대한 편지와 같은 형식은 독자에게 글쓴이가 실제 사실로 알고 있는 것과 거리가 있다는 것을 예상하게 한다. Ollman v. Evans, 985쪽("편집자 칼럼이나 의견 면의 칼럼을 읽는 합리적인 독자는 그곳의 진술들이 신문의 뉴스 지면이나 첫 면에 기재된 것과 같은 '확실한' 뉴스가 아니라는 것을 충분히 안다")[99)]

## III

비록 내재된 사실적인 주장은 심사대상이 되어야 한다는 다수의견에 동의하지만, 이 사건에서 다수의견의 심사는 개인의 명예보호와 언론의 자유 사이의 진실된 균형을 유지하지 못하고 있다. 이 사건 진술들이 사실의 허위주장을 말하거나 암시하지 않았고, 법원이 오늘 재확인한 법리에 따르면, 그들은 헌법 문제로 명예훼손으로 인정되어서는 안 된다. 칼럼의 독자들은 밀코비치가 실제 법정에서 무슨 말을 했는지를 Diadiun이 모른 채 칼럼에서 명백히 한 사실적인 전제로부터 짐작하고 있다는 신호를 반복적으로 받고 있다.[100)]

---

99) Diadiun 칼럼의 독자들은 Diadiun의 신문이 레슬링대회에서 상처받은 팀인 멘토 고등학교가 위치한 지역에서 간행되었기 때문에, Diadiun의 공평하다는 암묵적인 주장을 의심하였을 것이다. 독자들이 글쓴이가 논쟁의 한 쪽을 대변한다는 것을 알 때, 표현된 의견이 사실적인 근거보다는 감성에 치우칠 수도 있다는 것을 적절하게 경계한다. 예를 들면 위 Potomac 판결, 1290쪽(회사의 잡지내용은 경쟁사 제품의 시험에 대한 냉정하고 공평한 평가로서보다는 회사의 이익을 반영한다고 이해될 것이라고 설명); Information Control Corp. v. Genesis One Computer Corp., 611 F.2d 781, 784 (CA9 1980)(소송초기에 한 쪽 당사자의 다른 당사자에 관한 진술이 근거없는 주장을 포함할 가능성이 있고, 청중이 이를 사실의 진술로 이해할 가능성은 매우 낮다고 인정).

법원이 "전통적으로 우리나라의 담론형성에 많은 기여를 하였다"고 인정한 "상상적 표현"과 "수사적 과장"처럼, 추측은 "수정헌법 제1조의 핵심"인 "공공의 이익과 관심사에 관한 생각과 의견의 자유로운 흐름"에 필수적이다. Falwell, 485 U.S., 50쪽. 일반인과 신문은 우리의 삶에 영향을 미치는 사람들의 활동을 자주 조사한다. "미국 시민의 특권 중 하나는 사람과 정책을 비판하는 권리이다." 그러나 가끔 일부 사실만이 알려지고, 지속적인 조사뿐만 아니라 추측, 끈질긴 설득을 통해서만 중요한 공공의 문제는 이 나라가 엄숙히 약속한 "거리낌 없고, 활발하며, 널리 열린" 토론에 붙여질 수 있다. 뉴욕타임즈 판결, 270.

NASA 직원이 우주선 챌린저호가 폭파될 거라는 타당한 경고를 무시했는가? 쿠바출신 미국인 지도자가 케네디 대통령의 암살을 준비했는가? 발트하임이 나치당원이었는가? 사실이라 해도, 그러한 질문은 모든 사실들이 밝혀지기 오래전부터 공공의 관심사들이다. 추측은 그러한 질문에 대한 국가적인 논의를 부채질하고, 더 많이 알고 있는 사람들로부터 답변을 이끌어내기 위한 공공의 압력을 자극하는 수단이다. 정부가 국민의 뜻에 답하고 평화적인 수단으로 변화가 이루어지기 위한 목적으로 자유로운 정치 토론의 기회, 공화국의 안전에

---

100) 밀코비치는 Diadiun이 말한 전제들의 정확성을 다투지 않는다. 또한 그는 Diadiun이 실제 밀코비치가 법정에서 틀림없이 거짓말을 했다는 전제로부터 결론짓지 않았다고 주장하거나 증거를 제시하지 않았다. 그러므로 Philadelphia Newspapers, Inc. v. Hepps, 475 U.S. 767 (1986) 판결에 따라 어떤 상황에서 불성실한 추론이 허위 및 명예훼손적인 진술을 구성하는지를 검토할 이유는 없다. 그러나 나는 법원이 진술이 거짓임을 인정할 충분한 증거가 있다고 결정하고 배심심리로 넘기기 전에, 발언자가 자신이 공언한 의견을 믿지 않았다는 서류 증거 또는 목격자 증언이 필요하다고 생각한다. 만약 그러한 객관적인 증거가 없다면 배심 판단은 말한 내용에 관한 배심의 견해에 지나치게 영향을 받을 수 있다. 우리가 오래 인정해왔듯이, 배심은 "언론의 내용에 대해 중립적일 것 같지 않고, 만약 수정헌법 제1조와 제14조의 보장이 우선된다면 보호되어야 하는 격렬하고, 신랄하고, 때때로 불쾌하게 날카로운 공격을 억압하기 위한 도구가 될 수 있는 현실적인 위험이 있다." Monitor Patriot Co. v. Roy, 401 U.S. 265, 277 (1971) (뉴욕타임즈 판결, 270쪽 인용). Bose Corp. v. Consumers Union of United States, Inc., 466 U.S. 485, 510-511, 주 29 (1984) (언론의 자유가 걸려 있을 때 배심에게 다양한 문제를 다루게 하는 위험성 논의); 거츠 판결, 349쪽 (허위사실 공표로 입은 개인의 피해배상보다는 인기없는 의견을 처벌할 배심에 관한 걱정을 표현); R. Smolla Law of Defamation 6.05(3)(a)-(c) (1990); Zimmerman, 18 U.C.D.L. Rev. at 430.

본질적인 기회를 보장하는 것은 우리 헌법 체제의 근본 원칙이다. 뉴욕타임즈 판결, 269쪽.

정부가 애초에 스파이가 아니었다고 했음에도 파워가 사실은 스파이였다고 추측한 1960년의 사설보다 Diadiun의 추측이 더 혼란스러운 것은 칼럼 결론의 순진함이다. 법원 결정의 근거는 협회가 적법절차를 위반했다는 것이었다. Diadiun은 이를 알고 있었고 칼럼에 포함시켰다. "적법절차"의 의미를 알고 있는 사람은 법원이 레슬링 대회에서 일어난 일에 대한 일부 거짓말을 믿었다고 보지 않는다. 왜냐하면 대회에서 일어난 일은 쟁점과 밀접한 관계가 없을 것이기 때문이다. 발생한 일에 관한 증언이 있었거나, 그 증언이 위증일지도 모르지만, 법률 전문 용어를 이해하는 사람에게는 법원의 결정으로부터 그러한 증언이 있었다고 추측할 이유가 없다.

그러므로 Diadiun은 잘못했다. 결론을 속단하고, 어리석게도 법원의 결정이 항상 본안판단에 따른 것이라고 가정하고, 변호사를 바보로 본 것이 그의 잘못이다. 그러나 그는 명예훼손책임이 없다. 무지가 결코 언론의 자유를 억누르기 위해 이용된 적은 없었다. "헌법의 보호는 '제시된 생각과 믿음의 진실, 인기, 사회적 효용'에 달린 것은 아니다." 뉴욕타임즈 판결, 271쪽.

나는 개인 명예의 피해를 회복하려는 법원의 관심을 인정한다. 그러나 독자에게 확실한 정보가 아니라 추측이 제공되었다는 것이 분명하다면, 명예에 대한 위험은 "전체적으로 개인의 자유와 공동의 진실 탐구, 사회의 활력"을 추구하기 위해 감수하기로 한 것이다. 독자들은 순수한 불명예 여부를 평가하는 만큼 추측적인 결론의 시비를 독립적으로 평가할 수 있다. 그러한 추측을 벌하는 것은 공공의 토론을 위해서 정말로 유익한 체계를 파괴하는 비용으로 명예를 보호하게 된다. "정부가 주권자의 동의에 의존한다는 원칙을 엄숙하게 받아들이는 사회에서는, 신문의 자유는 가장 소중한 원리임에 틀림없다."

그러므로 언론의 자유가 위험할 경우, 우리는 수정헌법 제1조가 요구하는 원리를 명백히 밝힐 때뿐만 아니라 그들을 적용할 때에도 특별히 주의를 기울여야 한다. "명예훼손 분야에 추가되는 것은 모두 자유 토론의 영역에서 나온 것이다." 나는 비록 다소 다른 이유라 할지라도 오하이오 항소법원의 피상고인 승소판결을 인용하기 때문에 정중히 반대한다.

# 9. 인터넷상 외설물을 미성년자에게 보내는 행위의 금지와 규제의 모호성

**Reno v. American Civil Liberties Union**

521 U.S. 844 (1997)

**[요약]**

1996년 통신품위법(the Communication Decency Act : CDA)의 두 조항(이하 "법조항")은 수백만명이 "사이버공간"에서 서로 통신하고 전세계적으로 방대한 양의 정보에 접근할 수 있는 상호 연결된 컴퓨터들의 국제적인 네트워크인 인터넷에서 해로운 자료들로부터 미성년자들을 보호하려고 하고 있다. 47 U.S.C. §223(a)(1)(B)(ii)는 18세 미만의 수신인에게 "외설적인" 메시지를 고의로 보내는 행위를 처벌하고 있다. 223(d)는 18세 미만에게 "맥락속에서 당대의 공동체 기준으로 평가해서 명백히 불쾌한 용어로 성적인 또는 배설 행위나 그 신체기관들을 그리거나 묘사하는" 메시지를 고의로 보내거나 전시하는 것을 금지하고 있다. 금지된 통신에 미성년자들의 접근을 제한하는 "선의로…효과적인…조치"를 취하거나, §223(e)(5)(A), 확인되는 신용카드나 성인확인번호와 같은 나이를 증명하는 지정된 형식을 요구함으로써 접근을 제한하는 업체를 위해 면책항변이 규정되었다. §223(e)(5)(B). 많은 원고들이 §§223(a)(1)과 223(d)의 합헌성에 도전하면서 소송을 제기하였다. 광범위한 사실인정을 한 후, 법에 따라 구성된 지방법원의 3인 재판부는 두 조항의 집행을 금지하는 명령을 내렸다. 법원 판결은 §223(a)(1)(B)가 "외설" 통신에 관련되어 있는 범위에서 정부가 조항의 집행을 중지하였으나, 금지되는 음란물이나 아동포르노행위를 조사하고 기소하는 정부의 권한은 명백히 유지하였다. 223(d)는 음란물이나 아동포르노에 대한 별도의 언급을 포함하고 있지 않기 때문에 그 조항의 집행금지명령은 인용되었다. 정부는 법조항이 너무 광범위하기 때문에 수정헌법 제1조를 위반하였고, 모호하기 때문에 수정헌법 제5조를 위반하였다는 지방법원의 판결은 잘못이라고 주장하면서 이 법원에 상고하였다.

**[요지]**

법의 "외설적인 전송"과 "명백하게 불쾌한 전시"규정은 수정헌법 제1조가 보호하는 언론의 자유를 제한하고 있다.

(a) 비록 법조항의 모호함이 수정헌법 제1조의 지나친 광범성 문제와 관련이 있다 하더라도, 지방법원의 판결은 수정헌법 제5조의 쟁점을 다루지 않고 인용되어야 한다.

(b) 정부가 근거하고 있는 선례들－Ginsberg v. New York, 390 U.S. 629; FCC v. Pacifica Foundation, 438 U.S. 726; Renton v. Playtime Theatres, Inc., 475 U.S. 41－은 법조항의 합헌성 의문을 해소하기 보다는 오히려 의문을 제기하고 있다. 법조항은 위 사건에서 승인된 다양한 법과 명령과는 여러 면에서 다르다. 위 사건은 부모가 아이들의 규제된 자료 사용에 동의하는 것을 허용하지 않은 것; 상업 거래에 한정되지 않은 것; "외설적인"의 정의를 하지 않고 "명백하게 불쾌한" 자료가 사회적으로 보완하는 가치가 부족하다는 요건을 빠뜨린 것; 특정한 시간에 대한 넓은 금지를 제한하지 않거나 매체의 독특한 성격에 친숙한 사람의 평가에 기초하지 않은 것; 징벌적 손해; 라디오와 달리 수정헌법 제1조의 완전한 보호를 받는 매체에 적용; 언론의 내용에 기초한 전면 제한이기 때문에 시간, 장소, 방법 규제 형태로 적절하게 해석될 수 없는 것을 포함하고 있다. 이 선례들은 법원에게 법조항을 승인하도록 요구하지 않으며 가장 엄격한 심사를 적용하는 것과 완전히 일치한다.

(c) 이 법원의 일부 사건에서 방송매체의 규제가 정당하다고 인정한 특별한 요소들－방송에 대한 정부의 광범위한 규제 역사, Red Lion Broadcasting Co. v. FCC, 395 U.S. 367, 399-400; 초기에 이용가능한 주파수의 희소성, Turner Broadcasting System, Inc. v. FCC, 512 U.S. 622, 637-638; "침입적" 성격, Sable Communications of Cal., Inc. v. FDD, 492 U.S. 115, 128－은 사이버공간에는 없다. 그래서 이러한 선례들은 인터넷에 적용되는 수정헌법 제1조의 심사 수준을 정하는 근거를 제공하지 않는다.

(d) 법조항이 모호해서 수정헌법 제5조를 위반했는지와 무관하게, 적용범위

와 관련하여 많은 모호성은 수정헌법 제1조의 목적에도 문제가 있다. 예를 들면 정의되지 않은 용어인 "외설적인"과 "명백히 불쾌한"의 사용은 두 기준이 서로 어떻게 관련되어 있는지와 그들이 정확히 무엇을 의미하는지가 불확실하다. 형사법의 억지효과와 함께 그와 같은 내용에 근거한 규제의 모호함은 자유언론에 대한 분명한 위축효과 때문에 수정헌법 제1조의 특별한 관심을 유발한다. 정부의 주장과 반대로, "명백하게 불쾌한" 기준이 Miller v. California 판결에 설정된 3가지 음란물 심사의 2번째 요건을 되풀이하고 있다는 사실에 의해 법조항이 모호함으로부터 구제되지 못한다. 밀러 판결의 두번째 요건은 금지자료가 적용가능한 주법에 의해 구체적으로 정의되어야 한다고 요구함으로써 "명백하게 불쾌한"이라는 용어의 모호함을 줄이고 있다. 추가로 밀러 판결은 "성적인 행위"에만 적용되는 반면, 법조항의 금지는 "배설 행위"와 성적이고 배설적인 성격의 "신체기관들"에도 적용된다. 밀러 판결의 나머지 2개의 요건도 음란물 정의의 불확실한 범위를 결정적으로 제한하고 있다. 3가지 요건을 포함하고 있는 정의는 모호하지 않기 때문에, 그러한 제한들 중 하나만으로 모호하지 않다고 할 수 없다. 법조항의 모호함은 해로운 자료로부터 미성년자를 보호하려는 의회의 목적을 이루기 위해 주의깊게 맞춰졌을 가능성을 줄인다.

(e) 법조항은 주가 언론의 내용을 규제할 때 수정헌법 제1조가 요구하는 정확성이 부족하다. 비록 정부가 해로운 자료로부터 아이들을 보호하는 이익을 갖고 있다 하더라도, 법조항은 성인들이 보내거나 받을 수 있는 헌법상의 권리를 갖고 있는 많은 부분을 억압하면서 그 이익을 추구하고 있다. 그 광범위함은 선례가 전혀 없다. 성인 언론에 대한 법조항의 부담은 만약 법의 정당한 목적을 달성하는데 제한이 적은 대안이 효과적이라면 받아들일 수 없다. 정부는 그렇지 않다는 것을 증명하지 못했다. 다른 한편으로 지방법원은 현재 이용가능한 이용자 기반의 소프트웨어로 인해 부모들이 부적절하다고 믿는 자료에 자녀들이 접근하는 것을 막을 수 있는 효과적인 수단이 곧 널리 이용될 수 있을 것으로 예상하고 있다. 나아가 이 법원에서의 주장들은 부모가 쉽게 통제할 수 있도록 외설적인 자료에 표시를 달거나, 예술 또는 교육적 가치를 가진 메시지를 제외하거나, 부모의 선택으로 예외를 두거나, 이용자별로 인터넷의 일부를 규제하도록 요구하는 것과 같은 가능한 대안을 말하고 있다. 특히 의회의 자세

한 사실인정이 없거나 법조항의 구체적인 문제를 다루는 청문회조차 없다는 점에 비추어보면, 이 법원은 법조항이 제한적으로 맞춰지지 않았다고 본다.

(f) 법조항의 적극적인 금지를 유지하기 위한 정부의 3가지 추가 주장은 배척되었다. 첫째, 법이 많은 대체 "통신 경로"를 열어놓았기 때문에 법이 합헌이라는 주장은 법조항이 내용에 기초하여 언론을 규제하고 있어서, "시간, 장소, 방법" 분석이 적용되지 않기 때문에 설득력이 없다. 둘째, 법조항의 "인식"과 "특정한 사람" 요건은 전송인이 18세 미만으로 알고 있는 사람에 대해 허용되는 통신의 적용범위를 제한한다는 주장은 찬성할 수 없다. 대부분의 인터넷이 모든 이용자에게 열려 있고 "특정한 사람" 요건을 가장 엄격하게 해석해도, 방해꾼의 반대 형태로, 저속한 언론에 반대하는 사람에게 넓은 검열권한을 주게 될 것이기 때문이다. 마지막으로 과학, 교육, 또는 다른 사회적인 가치를 보완하는 자료가 반드시 금지에서 제외된다는 주장을 뒷받침하는 근거는 없다.

(g) §223(e)(5) 항변은 법조항을 구제하기 위해 "제한적으로 맞춰진" 종류의 것이 아니다. 정부는 전송자들이 내용을 알려주고 수신인이 적절한 소프트웨어로 수신을 차단할 수 있도록 하는 방법으로 외설 통신에 표시를 다는 "선의의 조치"를 취할 것이라는 정부의 주장은 그 조치가 효과적이어야 한다는 요건을 고려할 때 착각이다. 제안된 차단 소프트웨어는 현재 존재하지 않고 있지만, 존재한다고 하더라도 수신인이 실제 자료를 차단할 것인지 알 수 없다. 정부는 또한 §223(b)(5)의 확인 항변이 성인 언론에 대한 법조항의 무거운 부담을 상당히 줄일 것이라는 증명을 하지 못했다. 비록 그 확인이 실제 외설물을 제공하는 일부 상업적 제공자에 의해 사용된다 할지라도, 지방법원의 사실인정은 대부분의 비상업적 발언자에게는 경제적으로 가능하지 않다는 것을 보여준다.

(h) 이 법원이 분리할 수 있는 조항인 §608을 승인하고 분리되지 않은 용어를 제한적으로 해석함으로써 법조항의 합헌성을 유지하여야 한다는 정부의 주장은 한 가지 점에서만 받아들일 수 있다. 음란 언론은 완전히 금지될 수 있고, §223(a)의 음란물 제한은 "외설적인" 자료 제한과 분리될 수 있기 때문에, 법원은 법률에서 "또는 외설적인"이라는 용어를 분리하고, 나머지 §223(a) 내용을 유효한 것으로 남겨둘 수 있다.

(i) 인터넷의 성장을 촉진하는 정부의 중대한 이익이 법조항의 합헌성을 승

인하는 독립적인 근거가 된다는 정부의 주장은 대단히 설득력이 없다. 이 새로운 광장의 극적인 팽창은 이 주장－외설적이고 명백히 불쾌한 자료의 규제되지 않은 이용가능성은 사람들을 인터넷으로부터 벗어나게 한다－의 바탕에 놓여 있는 사실과 모순된다.

지방법원 판결을 인용한다.

대법관 스티븐스가 법원의 의견을 작성하고 대법관 스칼리아, 케네디, 수터, 토마스, 긴즈버그, 브레이어가 참여하였다. 대법관 오코너가 일부 동조, 일부 반대의견을 작성하였고 대법원장 렌퀴스트가 참여하였다.

**[대법관 스티븐스]**

쟁점은 인터넷상에서 “외설적이고” “명백하게 불쾌한” 통신으로부터 미성년자들을 보호하기 위해 제정된 법 조항 2개의 합헌성이다. 아이들을 해로운 자료로부터 보호하는 의회의 목적이 정당하고 중요함에도 불구하고, 우리는 법이 수정헌법 제1조가 보호하는 언론의 자유를 제한하고 있다는 지방법원 3인 재판부의 의견에 동의한다.

## I

지방법원은 광범위한 사실을 인정했고, 대부분은 당사자들이 준비한 상세한 예측에 기초하고 있다. 929 F. Supp. 824, 830-849 (ED Pa. 1996).101) 사실인정은 인터넷의 성격과 범위, 외설물의 이용가능성, 인터넷 통신의 수신인을 위한 나이 확인에 관련된 문제를 설명하고 있다. 그러한 사실인정은 법적인 쟁점을 위한 기초를 제공하기 때문에 우리는 다툼없는 사실을 요약하면서 시작한다.

<인터넷>

인터넷은 상호 연결된 컴퓨터의 국제적인 망이다. 1969년에 “ARPANET”102) 이라 불리는 군대 프로그램으로 시작되어 발전한 것이다. ARPANET은 군대,

101) 지방법원은 410건의 사실인정을 했는데 당사자들이 합의한 356건과 공개법정에서 받아들인 증거를 바탕으로 인정한 54건이다. 929 F. Supp. 830, 주 9, 842, 주 15.

102) Advanced Research Project Agency가 발전시킨 네트워크의 머리글자.

방위 계약자들, 방위 관련 연구를 수행하는 대학들이 운영하는 컴퓨터들의 일부 네트워크가 전쟁에서 피해를 입어도 중복된 채널로 서로 통신이 가능하도록 하였다. ARPANET은 이제 존재하지 않지만, 수많은 민간 네트워크의 발전을 위한 사례가 되었고, 결과적으로 서로 연결되어 이제는 수천만명이 서로 통신하고 전세계적으로 방대한 양의 정보에 접근할 수 있게 되었다. 인터넷은 전세계 사람들 통신의 독특하고도 완전히 새로운 매체이다.

인터넷은 놀랄만한 성장을 경험하고 있다. 정보를 저장하고 통신을 중계하는 호스트("host") 컴퓨터의 수는 1981년 300개에서 1996년 재판 시점에 대략 940만개로 늘어났다. 이 호스트 컴퓨터의 대략 60%는 미국에 있다. 재판 무렵에 인터넷 이용자는 약 4천만명이고 1999년까지 2억명에 달할 것으로 예상되고 있다.

개인들은 일반적으로 호스트들이나 호스트와 연계된 기관과 같은 많은 다른 원천에서 인터넷에 접속할 수 있다. 대부분의 대학은 학생들과 교수들에게 접속을 제공한다. 많은 회사는 직원들에게 사무실 네트워크를 통해 접속하도록 한다. 많은 공동체와 지역 도서관들도 자유로운 접속을 허용한다. 증가하는 컴퓨터 가게들은 소액의 시간제 요금을 받고 접속을 제공한다. America Online, CompuServe, Microsoft Network, Prodigy와 같은 몇 개의 주요한 전국 "온라인 서비스"는 자신의 광범위한 네트워크뿐만 아니라 인터넷의 더 큰 자원에 대한 연결을 제공한다. 이러한 상업 온라인 서비스는 원심 재판 무렵 거의 1천 2백만명 개인 회원을 보유하고 있다.

인터넷에 접속하는 사람은 누구나 매우 다양한 통신과 정보 검색 수단을 이용할 수 있다. 이 도구들은 지속적으로 진화되어 왔고 정확하게 분류하기도 어렵다. 그러나 이 사건에 가장 관련된 것은 전자우편, 자동 우편 주소록 서비스("mail exploders," 종종 "listservs"로 불린다), "뉴스그룹," "대화방," 그리고 "World Wide Web"이 모든 수단들은 문자를 보내는데 사용될 수 있고, 대부분은 소리, 사진, 영화를 전송할 수 있다. 종합해 볼 때, 이 도구들은 독특한 매체－사용자들에게 "사이버공간"으로 알려진－를 형성하고 있는데 특정한 지리적 위치가 없지만 인터넷에 접속하는 어느 곳에서나 누구나 이용할 수 있다.

전자우편은 개인이 전자 메시지－일반적으로 노트나 편지와 비슷－를 다른 사람이나 수신인 집단에게 보낼 수 있도록 해준다. 메시지는 일반적으로 전자적으로 저장되고, 때때로 수신인이 우편함을 확인하도록 기다린다. 그리고 때때로 어떤 신호를 통해서 우편 도착을 알린다. 메일 exploder는 일종의 전자우편 그룹이다. 회원은 메시지를 공동 전자 우편 주소로 보낼 수 있고, 그 후 다른 회원들에게 메시지가 전달된다. 뉴스 그룹은 정기적인 참여자들 집단에게 서비스하지만 다른 사람들도 읽을 수 있다. 수천개의 그러한 그룹들이 있고 각 그룹은 바그너의 음악부터 발칸 정치, 에이즈 예방, 시카고 불스에 이르기까지 특정 주제에 관한 정보나 의견을 교환할 수 있다. 매일 약 10만개의 뉴스가 게시된다. 대부분의 뉴스 그룹에서는 게시물은 일정한 시간 간격으로 자동적으로 제거된다. 나중에 읽을 수 있는 메시지를 올리는 것외에, 즉시 통신하기를 원하는 2명 또는 그 이상의 개인들은 대화방에 들어가 거의 동시에 다른 사람 컴퓨터 스크린에 나타나는 메시지를 서로 입력하면서 실시간 대화를 나눌 수 있다. 지방법원은 어느 때라도 수만명의 이용자들이 광범위한 주제에 관하여 대화를 나눈다고 인정하였다. 인터넷상의 내용이 사람의 생각만큼 다양하다고 본 것은 과장이 아니다.

인터넷 통신으로 가장 알려진 범주는 World Wide Web("WWW")이다. WWW는 이용자들이 멀리 떨어진 컴퓨터에 저장된 정보를 찾아서 가져올 수 있게 할 뿐만 아니라, 어떤 경우에는 지정된 사이트에 전달할 수 있게 해준다. 구체적으로 웹은 전 세계의 컴퓨터에 저장된 수많은 서류들로 이루어져 있다. 이 서류들 중 일부는 정보를 담고 있는 단순한 파일이다. 그러나 보통 웹 페이지라고 알려진 더 복잡한 서류들도 일반적이다. 웹페이지는 전화번호와 같은 자신의 주소를 가지고 있다. 웹페이지는 정보를 갖고 있고 종종 이용자가 페이지(또는 사이트)의 저자와 통신하도록 허용한다. 그들은 일반적으로 그 사이트의 저자나 다른 관련된 사이트가 만든 다른 서류들로 "연결"된다. 전형적으로 링크들은 초록색이거나 밑줄친 글－또는 이미지이다.

웹을 돌아다니는 일은 상대적으로 간단하다. 이용자는 알고 있는 페이지의 주소를 치거나 관심있는 주제에 대한 사이트를 찾기 위해 상업적인 "검색엔진"에 하나 또는 그 이상의 핵심어를 입력한다. 특정 웹페이지는 이용자가 구하는 정보를 갖고 있을 수 있다. 또는 링크를 통하여 인터넷의 어느 곳에 있는 다른 서류들로 가는 길일 수 있다. 이용자는 일반적으로 웹페이지를 탐험하거나, 페이지의 아이콘이나 링크 중 하나를 컴퓨터 마우스로 클릭하면서 다른 페이지로 이동한다. 대부분 웹페이지에 대한 접근은 자유롭게 이용가능하지만, 상업적 제공자로부터 권리를 산 사람에게만 접근을 허용하는 것도 있다. 그래서 웹은 독자의 관점에서 이용 가능하도록 분류된 수백만권의 출판물을 갖고 있는 거대한 도서관과 상품과 서비스를 제공하는 뻗어나가는 상점가와 비교될 수 있다.

발행인의 관점에서는 전 세계의 수백만 독자들, 보는 사람들, 연구자들, 그리고 구입자들에게 말하거나 듣는 거대한 기반이다. 인터넷에 연결된 컴퓨터를 가진 사람 또는 조직은 정보를 제공할 수 있다. 발행인들은 정부 기관들, 교육기관들, 상업 조직, 활동 그룹과 개인들을 포함하고 있다. 발행인들은 그들의 자료를 모든 인터넷 이용자들이 이용할 수 있게 하거나, 요금을 지불하는 사람들과 같은 선택된 집단에게만 접근을 허용할 수 있다. “어느 한 기구가 웹의 회원지위를 통제할 수 없고, 개인의 웹사이트나 서비스를 웹에서 차단시킬 수 있는 하나의 중앙 지점이 존재하지 않는다.”

<외설물>

인터넷상의 외설물은 글, 사진, 그리고 잡담을 포함하고 있고 가장 얌전하게 흥을 돋우는 것부터 가장 노골적인 것까지 있다. 이러한 파일들은 비외설물과 똑같은 방법으로 만들어 제목을 붙이고, 게시된다. 그리고 의도적으로 또는 무의식적으로 부정확한 검색 과정에서 접할 수 있게 된다. “일단 제공자가 콘텐츠를 인터넷에 올리면, 그 콘텐츠가 어느 공간으로 들어가든 막을 수 없다.” 그래서 예를 들면,

“캘리포니아 사진 박물관이 그 웹사이트에 새로운 전시회가 볼티모어와 뉴욕시에서 열린다는 것을 알리기 위해 웨스턴과 메이플소프의 누드사진을 올릴 때, 이 이미지들은 로스엔젤리스, 볼티모어, 그리고 뉴욕시 뿐만 아니라, 신시내티, 모빌, 또는 베이징, 인터넷 이용자가 살고 있는 어느 곳에서나 이용될 수 있다. 비슷하게 패스가 10대의 수신인이 이해할 수 있도록 속어로 써서, 그 웹사이트에 올린 더 안전한 성관계 설명은 필라델피아 뿐만 아니라 프로보와 프라하에서도 이용될 수 있다.”

외국 인터넷상의 일부 통신도 외설물이다. 비록 그러한 자료를 널리 이용할 수 있다 하더라도, 이용자는 그 내용을 우연히 접하지는 않는다. "서류의 제목이나 서류의 설명은 대개 서류 자체에 나타나 있고… 많은 경우에 이용자는 서류에 접근하는 조치를 취하기 전에 사이트의 내용에 관하여 자세한 정보를 얻게 된다. 거의 모든 성적 이미지들은 내용에 대한 경고가 먼저 나온다." 라디오나 TV로부터 받는 통신과 달리, "인터넷상의 정보 수신은 단지 다이얼을 돌리는 것보다는 더 신중하고 일련의 적극적인 조치가 필요하다. 어린이가 자료를 불러오고 혼자서 인터넷을 이용하기 위해서는 읽을 수 있는 능력과 지능이 필요하다."

부모가 집에서 컴퓨터로 인터넷에 접속할 수 있는 자료의 통제를 도와주는 방법이 개발되어 왔다. 성인물이 포함되어 있지 않은 것으로 확인되어 승인된 사이트로만 접속이 가능하도록 제한하거나, 적절하지 않다고 지정된 사이트 접속을 차단하거나, 못마땅한 특징을 갖고 있는 메시지를 차단할 수 있다. "부모통제 소프트웨어가 현재 일부 선정적인 단어나 알려진 외설 사이트를 조사할 수 있다 하더라도, 외설 이미지를 조사할 수는 없다." 그럼에도 불구하고 증거는 "부모가 외설물이나 부적절하다고 믿는 다른 자료에 자녀들의 접근을 막을 수 있는 합리적이고 효과적인 수단이 곧 널리 이용가능할 것"이라는 것을 알려주고 있다.

<나이 확인>

나이 확인 문제는 인터넷의 다른 이용과는 다르다. 지방법원은 "전자우편, 메일 익스플로러, 뉴스그룹, 또는 대화방을 통하여 자료에 접근하는 이용자의 신원이나 나이를 확인하는 효과적인 방법은 없다."고 판단하였다.[103] 정부는 수신

103) 지방법원 판결 845(사실인정 90) : "이메일주소는 이메일 '별명'을 사용하거나 익명의 재전송자일지 모르는 수신인에 대한 믿을만한 정보를 제공하지 않는다. 세계적인 또는 믿을만한 이메일주소 및 이름 또는 전화번호 목록도 없고, 그러한 목록이 있다 해도 곧 불완전하게 된다. 이러한 이유로 많은 경우에 보낸이가 이메일 수신인이 성인인지 미성년자인지를 알기 위한 합리적인 방법은 없다. 이메일 나이 확인의 어려움은 보낸이의 목록에 있는 모든 이메일주소로 정보를 자동으로 보내는 listserv와 같은 업체들에게 더욱 늘어난다. 정부전문가 올슨 박사는 현재의 기술로는 특정 메일전송업체의 목록에 어른만이 들어있다는 보장을 할 수 없다고 인정했다."

인들과 참여자들의 나이를 조사하는 확실한 방법이 있다는 증거를 제시하지 않았다. 나아가 잠재적으로 "외설적인" 또는 "명백히 불쾌한" 게시물을 이끌어낼 수 있는, 예술, 정치, 또는 다른 주제의 토론을 포함하고 있는 뉴스그룹과 대화방에 미성년자의 접속 차단이 기술적으로 가능하다 할지라도, 그 자료에 대한 미성년자의 접속 차단은 불가능할 것이다.

웹사이트의 운영자들이 신용카드나 성인 비밀번호와 같은 정보를 요구하여 나이를 확인하고 접속을 허용하는 기술이 있다. 그러나 신용카드 확인은 카드가 사용되는 상업적인 거래와 관련하여서만, 또는 확인 대행업체에 돈을 주어야 가능하다. 나이 입증 방법으로 신용카드를 이용하는 것은 비상업적 웹사이트에 비용을 부과하게 되고 상당수가 문을 닫을 수 있다. 그러한 이유로 1심 재판 무렵에 신용카드 확인은 상당수의 인터넷 콘텐츠 제공자들이 효과적으로 이용할 수 없는 것이었다. 또한 그러한 요건의 부과는 신용카드를 갖고 있지 않은 성인을 완전히 차단하게 될 것이다.

이용자들에게 요금을 받은 상업적인 포르노 사이트들은 나이 확인 수단으로 비밀번호를 할당해왔다. 기록에는 이 기술이 믿을만하지에 관한 증거는 없다. 비밀번호가 저속한 자료의 상업적 제공자들에게 효과적이라 할지라도, 지방법원은 성인 비밀번호 요건이 비상업 사이트에 상당한 부담을 준다고 보았다. 왜냐하면 이용자들이 사이트에 접속하는 것을 방해하고 조사 시스템을 만들고 유지하는 비용이 너무 크기 때문이다.104)

요약하면, 지방법원은 다음과 같이 인정하였다.

"비록 신용카드 확인이나 성인 비밀번호 확인이 이행된다 하더라도, 정부는 그러한 시스템이 비밀번호나 신용카드의 이용자가 실제 18세 이상이라는 것을

104) 전부가 아니더라도 적어도 ACLU, 수용자강간근절, 에이즈 종식과 같은 일부 비영리 기구는 그들의 언론 접근에 요금을 부과하는 것은 많은 사람이 무료로 자료를 보기를 바라는 목표와 상반되는 것으로 여기고 있다.

"성인 이용자들, 특히 일상적인 인터넷이용자들은 신용카드나 비밀번호 사용을 요구하는 정보 열람을 꺼릴 것이다. 앤드류 앵커는 HotWired는 회원이 이름과, 이메일 주소, 비밀번호를 제공하도록 요구하는 등록체계에 대해 많은 불평을 들었다고 증언하였다. 광고주들은 사이트가 널리 이용되고 자주 방문된다는 증거에 의존하기 때문에 나이확인요건이 광고와 수입을 줄일 것이라는 우려가 영리 콘텐츠 제공자에게 있다."

보증할 수 있는지에 관한 증언을 제시하지 않았다. 신용카드나 성인비밀번호 확인 시스템의 부담 때문에 상당한 수의 인터넷 콘텐츠 제공자가 이들을 효과적으로 이용할 수 없게 된다."

## II

1996년 통신법은 드물게 중요한 입법이었다. 103쪽에 기재한 주요 목적은 규제를 줄이고 "새로운 통신 기술의 빠른 발전"을 장려하는 것이었다. 법의 주요한 구성 내용들은 인터넷과 관계가 없다. 그들은 지역 전화 서비스 시장, 다채널비디오 시장, 방송시장의 경쟁을 촉진하기 위해 설계되었다. 법은 7개의 장(Titles)으로 되어 있고, 그 중 6개는 대규모 위원회 청문회의 산물이었고 상원 및 하원 위원회가 준비한 보고서의 토론 주제였다. 대조적으로 5장(CDA)은 청문회가 끝난 후, 또는 입법과정에서 참가자 토론중 제안된 개정내용으로 추가된 조항을 담고 있다. 상원이 제시한 개정내용은 이 사건에서 도전받고 있는 2개 조항이다. 그것들은 비공식적으로 "외설적인 전송"조항과 "명백하게 불쾌한 전시"조항으로 설명되었다.[105)]

첫째, 47 U.S.C. §223(a)는 음란한 또는 외설적인 메시지임을 알고서 18세 미만의 수신인에게 전송하는 행위를 금지하고 있다. (이하 법조문 인용부분 생략)

둘째 조항, §223(d)는 18세 미만의 사람이 이용할 수 있는 방법으로 명백하게 불쾌한 메시지임을 알고서 보내거나 전시하는 행위를 금지하고 있다. (이하 법조문 인용 부분 생략).

이러한 금지들의 광범성은 2가지 적극 항변으로 제한된다. §223(e)(5). 하나는 금지된 통신에 미성년자들이 접근하는 것을 제한하기 위해 "선의로, 합리적이고, 효과적이며, 적절한 조치"를 취한 사람에게 적용된다. §223(e)(5)(A). 다른 하나는 확인된 신용카드나 성인 확인 번호와 같은 지정된 나이 증명을 요구함으로써 자료에 대한 접근을 제한하는 사람에게 적용된다. §223(e)(5)(B).

105) 정부와 반대의견이 §223(d)(1)을 "명백하게 불쾌한"과 "전시"로 분리하고 있지만, 우리는 §223(d)(1)을 하나의 조항으로 설명하고 있는 양당사자들의 합의뿐만 아니라 지방법원의 명령과 의견에 따른다.

## Ⅲ

1996. 2. 8. 대통령이 법에 서명한 후 20명의 원고들이 미국 법무부장관과 법무부를 상대로 소송을 제기하여 §§223(a)(1)과 223(d)의 합헌성에 도전하였다. 1주일 뒤, "외설적인"이라는 용어가 너무 모호하여 형사기소의 근거가 될 수 없다는 결론에 따라, 지방법원 판사 Buckwalter는 외설 통신에 적용되는 범위에서 §§223(a)(1)(B)(ii)의 집행을 금지하는 임시명령을 하였다. 두번째 소송은 27명의 다른 원고들이 제기하였다. 두 사건은 병합되었고, 법의 §561에 따라 3인 재판부가 구성되었다. 증거심리 후, 두 조항의 집행을 금지하는 명령을 내렸다. 3명의 판사는 각각 별개의견을 작성하였으나 결론은 만장일치였다.

재판장 Sloviter는 법의 적용대상인 방대한 온라인 자료를 규제하는 정부의 이익이 강력한지에 의문을 품었으나 일부 자료와 관련해서는 "중대"하다고 인정했다. 그럼에도 불구하고 그녀는 법이 필요한 정도 이상으로 폭넓게 적용되고 그럼으로써 성인들의 표현을 위축시키며 "명백하게 불쾌한"과 "외설적인"이라는 용어가 "모호"하다고 결론내렸다. 그녀는 또한 적극 항변은 기술적으로나 경제적으로 대부분의 인터넷 제공자들에게 가능할 것 같지 않고, 특히 독자들이 원치 않은 전송을 차단할 수 있도록 자료에 표시함으로써 책임을 면할 수 있다는 주장을 검토하고 배척하였다. 또한 법의 범위를 상업 포르노업자에게만 적용되는 것으로 제한적으로 해석될 수 있다는 정부의 제안을 배척하였다.

판사 Buckwalter는 §223(a)(1)(B)의 "외설적인"이라는 단어와 223(d)(1)의 "명백히 불쾌한"과 "맥락상"라는 용어는 너무 모호해서 그에 따른 형사처벌은 "단순한 공정성"의 "헌법의 근본 원칙"과, 수정헌법 제1조 및 제5조의 특별한 보호를 위반하였다고 결론내렸다. 그는 음란물과 달리 "외설물이 중요한 문학, 예술, 정치 또는 과학적 가치를 지닌 작품을 배제하는 것으로 정의되지 않았다"고 하면서, 조항들이 음란물에만 적용된다는 정부 주장의 법적인 근거를 발견하지 못했다. 나아가 작품이 "맥락상" 명백하게 불쾌한 것으로 고려되어야 한다는 정부의 주장은 그 자체로 모호하다. 왜냐하면 관련된 맥락은 "전체로서 통신의 성격, 전달된 시간, 사용된 매체, 발언자의 신원, 또는 적절한 경고가 수반되었는지 여부 등을 말할" 것이기 때문이다. 그는 인터넷의 특이한 성격이 법의 모호함을 더하고 있다고 믿었다.

판사 Dalzell는 증거에 의해 드러난 "인터넷 통신의 특별한 속성"을 검토한 후 수정헌법 제1조는 인터넷상 보호되는 언론의 내용을 규제할 의회의 권한을 거부하고 있다고 확신했다. 그의 의견은 상업 포르노업자들은 상대적으로 영향을 받지 않지만, 법조항이 보호되는 중요한 언론, 특히 비영리 언론을 제한하고 있다고 믿는 이유를 길게 설명하였다. 그는 이 사건을 대량 통신의 규제 분석과 관련하여 "매체에 특정한"접근법을 요구하고 있는 것으로 해석하고, 인터넷은－지금까지 개발된 가장 참여적인 대량의 언론 형태로서－"정부의 간섭으로부터 가장 높은 보호"를 받아야 한다고 결론내렸다.[106]

지방법원 판결은 정부가 "외설적인" 통신에 관련되어 §223(a)(1)(B)의 금지를 집행하는 것을 중단시켰지만, 금지된 음란물이나 아동 포르노물을 조사하고 기소할 정부의 권한은 명백히 보전하였다. 223(d)(1)과 (2)에 대한 집행금지 명령은 두 조항이 별도로 음란물 또는 아동포르노물을 언급하지 않고 있기 때문에 인용되었다.

정부는 법의 특별한 상소 조항(§561, 110 Stat. 142-143)[107]에 의해 상고하였고, 우리는 심판권을 갖는다. 519 U.S. 1025 (1996). 정부는 상고심에서 지방법원이 법조항이 지나치게 광범위하기 때문에 수정헌법 제1조를 위반하였고 모호하기 때문에 수정헌법 제5조를 위반하였다고 판결한 것은 잘못이라고 주장하

---

106) 929 F.Supp., 877 : "인터넷 통신의 4가지 특징은 법조항이 문면상 위헌이라는 판결에 중요한 의미가 있다. 우리는 이러한 특징을 사실인정에서 설명했고, 나는 여기서 짧게 되풀이한다. 첫째, 인터넷은 진입장벽이 매우 낮다. 둘째, 이 진입장벽은 발언자와 이용자에게 똑같다. 셋째, 낮은 장벽으로 놀랄 만큼 다양한 내용이 인터넷에서 이용가능하다. 넷째, 인터넷은 매체에서 발언하고자 하는 모든 사람에게 중요한 통로를 제공해주고, 발언자들 사이의 상대적인 균등성을 만들어내기도 한다." Dalzell 판사에 따르면, 이러한 특징들과 지방법원의 나머지 사실인정에 의해 "의회는 인터넷상의 외설물을 모두 규제하려고 하지 않았다는 결론에 이르게 된다." 피상고인들은 이 법원에서 이 주장을 하지 않았기 때문에 우리는 고려하지 않는다. 피상고인들은 정부가 일반적으로 미성년자들을 "외설적"이고 "명백하게 불쾌한" 언론으로부터 보호하는 중대한 이익을 갖고 있다는 것을 다투지 않는다.

107) 옮긴이 주) 이 사건은 문면상 위헌여부에 관하여 지방법원의 3인 재판부에서 심리하고, 그 판결에 대해서 연방대법원에 직접 상고를 허용하는 법규정에 따라 연방항소법원의 재판은 생략되었다.

고 있다. 우리는 수정헌법 제1조의 지나친 광범성 질문과 관련되어 있기 때문에 법조항의 모호성을 검토하지만, 수정헌법 제5조 쟁점을 다루지 않고도 지방법원 판결이 인용되어야 한다고 결론내린다. 우리는 정부가 기초하고 있는 주요한 근거들을 검토하면서 우리의 분석을 시작한다. 그리고 법조항의 지나친 광범성을 설명한 후, 우리는 법조항을 분리하거나 적용범위를 사법적으로 제한함으로써 법을 구제할 수 있다는 것을 포함한 정부의 구체적인 주장을 검토한다.

## Ⅳ

정부는 원심판결의 취소를 구하면서, 법조항이 우리의 판례 3건에 비추어 합헌이라고 주장하고 있다. (1) Ginsberg v. New York, 390 U.S. 629 (1968) (이하 "긴즈버그 판결"); (2) FCC v. Pacifica Foundation, 438 U.S. 726 (1978) (이하 "패시피커 판결"); Renton v. Playtime Theatres, Inc., 475 U.S. 41 (1986) (이하 "렌턴 판결"). 그러나 이 판례들을 자세히 보면 법조항의 합헌성에 관한 의문을 해소하기 보다는 오히려 제기하게 된다.

긴즈버그 판결에서 우리는 성인들에게는 음란하지 않다고 하더라도 미성년자에게는 음란하다고 여겨지는 자료를 17세 미만의 미성년자에게 파는 것을 금지한 뉴욕주법의 합헌성을 승인하였다. 우리는 성적인 자료를 읽고 보기 위해 헌법이 시민들에게 보장한 표현의 자유 범위는 시민이 성인이냐 미성년자이냐에 달려 있을 수 없다는 피고의 광범성 주장을 배척하였다. 우리는 젊은이의 안녕에 관한 주의 독립적인 이익뿐만 아니라 "집에서 자녀들을 기르는 부모들의 권한은 우리 사회 구조의 근본이라는" 원칙을 일관되게 인정한 것에 근거하였다.[108)]

4가지 중요한 점에서, 긴즈버그 판결에서 승인된 법은 이 사건 법조항보다 더 제한적이다. 첫째, 우리는 긴즈버그 판결에서 "미성년자들에 대한 판매 금지

108) 390 U.S., 639. 우리는 Prince v. Massachusetts, 321 U.S. 158, 166 (1944) 판결을 인용하였다 : "아이들의 보호, 돌봄, 양육은 우선 부모들의 책임이고, 부모들의 원래 역할과 자유는 주가 제공, 또는 막을 수 없는 의무에 대한 대비를 포함하고 있다는 것이 우리에게는 가장 중요한 일이다."

는 자녀들을 위해 잡지를 구입하기를 희망하는 부모들을 막지 못한다"고 적었다. 반면에 이 사건 법조항은 통신에 부모가 동의하거나 참여한 경우에도 적용된다. 둘째, 뉴욕주법은 상업적 거래에만 적용되는데 반해 이 사건 법조항은 그러한 제한이 없다.[109] 셋째, 뉴욕주법은 미성년자들에게 해로운 자료의 정의를 "미성년자들을 위한 사회적인 중요성을 전혀 갖지 않는다"는 요건과 결합하였다. 이 사건 법조항은 §223(a)(1)에서 사용되는 "외설적인"이라는 단어의 정의를 제시하지 않았고, 223(d)의 적용대상인 "명백하게 불쾌한" 자료가 진지한 문학, 예술, 정치, 또는 과학적 가치를 결여하고 있다는 요건을 빠트리고 있다. 넷째, 뉴욕주법은 미성년자를 17세 미만의 사람으로 정의한 반면에, 이 사건 법조항은 18세 미만의 모든 사람에게 적용하면서 1년을 추가하였다.

패시피커 판결에서 우리는 과거에 생방송으로 전달되었던 "추잡한 말"이라는 제목의 12분 독백물의 방송은 행정 제재의 대상일 수 있다고 판결하면서, 연방통신위원회의 명령을 승인하였다. 위원회는 아이들이 듣고 있는 오후 방송에서 배설, 성관계 또는 신체기관을 말하는 단어들을 반복적으로 사용하는 것은 명백히 불쾌하다고 인정하고 독백은 방송으로서 외설적이라고 결론내렸다. 피상고인은 오후 방송이 명백히 불쾌하다는 사실인정을 다투지 않았지만, 선정성을 자극하지 않고 있기 때문에 관련법의 의미상 "외설적"이지 않다고 주장하였다. 피상고인의 주장을 배척한 후, 우리는 2가지 헌법 주장과 마주하였다. (1) 외설적인 언론을 금지하는 위원회 권한의 해석이 너무 광범위하여 비록 문제의 방송이 보호되지 않는다 할지라도 그 명령은 무효이다. (2) 녹음물은 음란하지 않기 때문에, 수정헌법 제1조가 라디오로 방송할 권리의 제한을 금지하고 있다.

대법관 파웰과 블랙먼이 참여하지 않은 다수의견에서 수정헌법 제1조가 언론의 내용에 기초한 정부 규제를 모두 금지하지는 않는다고 판시하였다. 따라서 음란하지 않지만 외설적이고 불쾌한 독백의 헌법적 보호 가능성은 방송의 맥락에 달려 있었다. 모든 형태의 통신 중에서 방송은 가장 제한되는 수정헌법 제1조의 보호를 받는다는 전제에 따라, 법원은 긴즈버그 판결에서 인정한 관심

109) 어른이 미성년자에게 보내는 많은 이메일이 가족들간의 대화일 가능성을 고려할 때, 이 좁은 영역에서도 법의 조항들이 "우리가 긴즈버그 판결에서 승인한 법과 다르지 않다"는 일부 반대의견은 정확하지 않다. 892쪽.

사와 함께, 어린이들이 쉽게 방송에 접할 수 있다는 것은 외설적인 방송의 특별한 취급을 정당화한다고 결론내렸다.

긴즈버그 판결에서 문제가 된 뉴욕주법과 함께, 패시피커 판결에서 승인된 명령과 이 사건 법조항 사이에 상당한 차이가 있다. 첫째, 패시피커 판결에서 명령은 수십 년 동안 라디오 방송을 규제해왔던 직원이 발부한 것인데, 특정한 매체에서 그와 같은 프로그램을 언제 방송할 수 있는지 – 방송가능여부보다는 – 를 결정하기 위해 전통적인 프로그램 내용에서 극적으로 이탈한 특정 방송을 목표로 삼았다. 이 사건 법조항의 넓은 범주에 따른 금지는 특정 시간에 한정되지 않고 인터넷 특유의 성격에 익숙한 직원의 평가에 의존하지 않는다. 둘째, 이 사건 법조항과 달리 위원회의 명령은 형벌을 가하지 않는다. 우리는 외설적인 방송이 정당한 형사 기소 대상인지에 관하여 결정하지 않았다. 마지막으로 위원회의 명령은 역사적으로 가장 제한된 수정헌법 제1조 보호를 받았던 매체에 적용되었다. 왜냐하면 주로 경고만으로는 예상하지 못한 프로그램 내용으로부터 청중을 적절하게 보호할 수 없기 때문이다. 그러나 인터넷은 비교할 만한 역사가 없다. 게다가 지방법원은 인터넷의 특성상 특정한 자료에 접근하기 위해서는 일련의 적극적인 조치(검색, 클릭 등)가 필요하기 때문에 우연히 외설적인 자료를 마주칠 위험은 거의 없다고 인정하였다.

렌턴판결에서 우리는 성인영화극장을 거주지역 바깥으로 설치하도록 한 지역제한 법령을 승인하였다. 법령은 극장에서 보는 영화의 내용이 아니라, 극장이 조장할 "2차적 효과" – 범죄나 재산가치 하락 등 – 를 목표로 삼았다. 지역제한 법령이 막으려고 한 것은 불쾌한 언론의 배포가 아니라 2차적 효과이다. 정부에 따르면 이 사건 법조항은 인터넷상의 일종의 "사이버 지대 설정"이기 때문에 합헌이다. 그러나 법은 모든 사이버 공간에 넓게 적용되고, 입법 목적은 "외설적이고", "명백히 불쾌한" 언론의 2차적 효과보다는 원래 효과로부터 아이들을 보호하는 것이다. 그래서 이 사건 법조항은 언론의 내용에 기초한 전면 제한이고, 시간, 장소, 방법 규제의 형태로 적정하게 분석될 수 없다. 475 U.S., 46.

이 선례들은 우리로 하여금 법조항을 승인하도록 요구하지 않으며 가장 엄격한 심사를 적용하는데 완전히 일치하고 있다.

## V

Southeastern Promotions, LTD. v. Conrad, 420 U.S. 546, 557 (1975) 판결에서 우리는 "각각의 표현 매체는 자신의 문제를 갖고 있다"고 보았다. 그래서 일부 판례들은 다른 발언자들에게 적용될 수 없는 방송매체 규제에 특별한 정당성을 인정하였다. Red Lion Broadcasting Co. v. FCC, 395 U.S. 367 (1969); 패시피커 판결. 이 사례들에서 법원은 방송 매체에 대한 광범위한 정부 규제의 역사, Red Lion, 395 U.S., 399-400; 초기에 이용가능한 주파수의 희소성, Turner Broadcasting System, Inc. v. FCC, 512 U.S. 622, 637-638 (1994); "침입적" 성격, Sable Communications of Cal., Inc. v. FDD, 492 U.S. 115, 128 (1989)(이하 "세이블 판결") - 에 근거하였다.

그러한 요소들은 사이버공간에는 있지 않다. 법의 제정 전이든 후든 인터넷의 광대한 민주적 광장은 방송 산업계에 수반되는 정부의 감독과 규제에 따르지 않는다.[110] 게다가 인터넷은 라디오나 TV만큼 "침입적이지(invasive)" 않다. 지방법원은 특히 "인터넷상의 통신은 개인의 가정을 침입하지 않거나 컴퓨터 화면에 스스로 나타나지 않는다. 이용자들은 우연히 내용물과 거의 마주치지 않는다."고 인정하였다. 지방법원은 또한 "거의 모든 외설이미지들은 내용에 관한 경고가 붙어 있다"고 인정하였고, "이용자가 우연히 외설물을 마주칠 가능성은 희박하다"는 증언을 인용하였다.

우리는 이러한 근거에서 세이블 판결에서 패시피커 판결을 구별하였다. 세이블 판결에서 회사는 사전 녹음된 외설적인 전화 메시지를 제공("disl-a-porn"으로 알려짐)하는 사업을 하는 회사가 1934년의 통신법 개정내용의 합헌성에 도전하였다. 그 개정내용은 음란한 상업 전화 메시지뿐만 아니라 외설적인 내용도 전면 금지하였다. 우리는 법이 음란메시지에 적용되는 한 합헌이고 외설

---

110) Pacifica Foundation v. FCC, 556 F. 2d 9, 36 (CADC 1977) (Levanthal 판사 반대의견), 패시피커 판결에서 취소됨. 패시피커 판결이 결정되었을 때, 라디오 방송국은 오직 연방허가에 따라서 운영되었고, 의회는 허가받은 자의 외설물 방송을 금지하는 법을 제정하였으며, 라디오청취자들이 라디오에서 듣는 것이 무엇이든 일정한 공식적인 또는 사회적인 승인을 받았다고 추론할 위험이 있었다. 556 F.2d, 37, 주 18. 그러한 위험은 연방기관이 감독하지 않는 인터넷에서 받은 메시지에는 없다.

메시지에 적용되면 무효라고 판결하였다. 외설적인 상업 전화 메시지의 전면금지 및 형사처벌을 정당화하기 위해, 정부는 패시피커 판결을 근거로 아이들이 그러한 메시지에 접근하지 못하도록 막기 위해 금지가 필요하다고 주장하였다. 우리는 "미성년자들의 신체와 정신의 안녕을 보호하는 중대한 이익이 있고" 어른 기준으로는 음란하지 않은 저속한 메시지로부터 그들을 보호하여야 한다는 점에 동의하였지만, 패시피커 판결의 "단연코 제한된 결정"과는 구별하였다. 왜냐하면 그 판결은 전면 금지와 무관하고 다른 통신 매체와 관련된 판결이었기 때문이었다. 127. 우리는 "전화걸기 매체는 청자에게 통신을 수신하기 위한 적극적인 조치를 취하도록 요구한다."고 설명하였다. 127-128. 계속해서 "전화통화를 신청하는 행위는 라디오를 틀어서 외설 메시지에 놀라는 것과 같지 않다."라고 하였다. 128.

마지막으로 의회가 처음 방송 영역의 규제를 허용할 때의 조건과는 달리, 인터넷이 "드문" 표현 수단이라고 거의 생각될 수 없다. 인터넷은 모든 종류의 통신을 위한 상대적으로 무제한의, 저비용 용량을 제공한다. 정부는 "오늘날 4천만명이 인터넷을 사용하고 있고, 그 숫자는 1999년까지 2억명에 이를 것으로 예상된다."고 추정하고 있다. 이 역동적이고 다방면에 걸친 통신 유형은 전통적인 신문과 뉴스 서비스뿐만 아니라 오디오, 비디오, 사진, 실시간 상호 대화를 포함하고 있다. 전화선을 가진 이는 누구나 대화방을 이용하여 가두연설보다 더 멀리 퍼져나가는 목소리를 가진 사람이 될 수 있다. 웹페이지를 이용하여, 메일 익스플로더, 뉴스 그룹, 개인은 유인물의 작성자가 될 수 있다. 지방법원은 "인터넷 내용은 인간의 생각만큼 다양하다."고 인정하였다. 우리는 선례들이 이 매체에 적용되어야 하는 수정헌법 제1조 심사의 수준을 결정하는 근거를 제공하지 않았다는 지방법원의 결론에 동의한다.

## VI

이 사건 법조항이 모호해서 수정헌법 제5조를 위반했는지와 무관하게, 적용범위에 관한 많은 불확실성은 수정헌법 제1조의 목적상 문제가 있다. 예를 들면, 법조항의 두 부분은 각각 다른 언어 형태를 취하고 있다. 첫째 부분은 "외설적인"이라는 단어를 사용하고 있지만, 47 U.S.C. §223(a), 둘째 부분은 "맥락상 당대의 공동체 기준으로 평가해서 명백하게 불쾌한 용어로, 성적인 또는 배설 행위나 신체기관을 그리거나 묘사한" 자료를 말하고 있다." §223(d). 각 용어의 정의가 없다는 점에서,[111] 언어상의 차이는 발언자들 사이에서 두 기준들이 서로 어떻게 관련되어 있는지[112]와 그들이 정확히 무엇을 의미하는 지[113]에 관하여 불확실성을 초래한다. 발언자가 피임 실무, 동성애, 패시피카 판결의 첨부문이 제기한 수정헌법 제1조 문제, 또는 피수용자 강간 결과에 관한 진지한 논의가 이 사건 법조항을 위반하지 않을 것이라고 확실하게 가정할 수 있겠는가? 이러한 불확실성이 법조항이 해로운 자료로부터 미성년자들을 보호하는 의회의 목적에 신중하게 맞추어졌을 가능성을 낮추고 있다.

법조항의 모호함은 2가지 이유로 특별한 관심 대상이다. 첫째, 법조항은 내용에 기초한 언론의 규제이다. 그러한 규제의 모호함은 자유 언론에 대한 명백한 위축 효과 때문에 수정헌법 제1조의 특별한 관심을 받는다. 둘째, 법조항은 형사법이다. 형사처벌의 비난과 불명예에 더하여, 각 위반행위에 대해 2년까지의 징역형을 포함하여 형벌로 위협하고 있다. 가혹한 형사제재는 발언자로 하여금 불법적일 수 있는 단어, 생각, 이미지를 통신하기 보다는 침묵하도록 하는 원인이 될 수 있다. Dombrowski v. Pfister, 380 U.S. 479, 494 (1965). 실제 문제로 이 억지 효과의 증가는 모호한 규제의 차별적 집행의 위험과 함께, Denver Area Ed. Telecommunications Consortium, Inc. v. FCC, 518 U.S. 727 (1996) 판결에서 검토된 민사규제보다 더 큰 수정헌법 제1조의 관심을 야기한다.

정부는 Miller v. California, 413 U.S. 15 (1973) 판결(이하 "밀러 판결")에

111) "외설적인"은 문언상 다른 내용으로부터 도움을 받지 않고 있다. "명백하게 불쾌한"은 "맥락"에서 받아들이고 "당대의 공동체 기준으로 평가되는" "성적인 또는 배설 행위 또는 신체기관"과 관련되어 있는 범위에서만 적용된다.

112) Gozlon Peretz v. United States, 498 U.S. 395, 404 (1991)("의회가 법의 한 조항에 특정 용어를 포함하였으나 같은 법의 다른 조항에서 빠트린 경우, 일반적으로 의회가 의도적으로 그렇게 한 것으로 추정된다").

113) 법은 "명백하게 불쾌한"과 "외설적인" 판단이 미성년자 또는 전체 인구와 관련하여 결정되어야 하는 지를 알려주지 않는다. 정부는 적절한 기준은 "미성년자들에게 맞는 자료"라고 주장한다. 그러나 회의참석자들은 그러한 "미성년자들에게 해로운"기준을 부과하는 개정안을 명백히 거부하였다. 또한 해로움을 상쇄하는 가치가 적은 것으로 금지 대상 자료를 제한하는 개정안도 거부하였다.

서 확립한 음란물기준보다 이 법이 더 모호하지 않다고 주장한다. 그러나 그렇지 않다. 밀러 판결에서 이 법원은 요청하지 않은 개인들에게 외설행위의 사진이 들어 있는 책자를 우편으로 보낸 상업적 판매자에 대한 형사처벌을 검토하였다. 음란물 정의를 내리기 위해 고민한 후, 우리는 밀러 판결에서 오늘날까지 적용되는 음란물 심사 내용을 다음과 같이 설정하였다.

"(a) 평균인이 당대의 공동체 기준을 적용하여 자료를 전체적으로 보았을 때, 선정적인 관심을 자극하는 지; (b) 자료가 적용가능한 주법으로 구체적으로 정의되는 성적인 행동을 명백히 불쾌한 방식으로 그리거나 묘사하는지; (c) 자료를 전체적으로 보았을 때, 진지한 문학, 예술, 정치, 또는 과학적 가치를 결여하는지 여부." 24.

법조항의 "명백하게 불쾌한" 기준(그리고 우리는 논의상 "외설적인"기준도 동의어라고 가정한다)이 밀러 심사의 3가지 요건 중 하나이기 때문에, 정부는 모호하여 헌법에 위반되지는 않는다고 한다.

정부의 주장은 사실 문제로서 틀렸다. 밀러 심사의 2번째 요건－주장되는 비슷한 기준－은 법조항에서는 빠진 중요한 요건을 포함하고 있다 : 금지된 자료는 "적용가능한 주법으로 구체적으로 정의"되어야 한다는 요건. 이 요건은 법조항의 "명백하게 불쾌한"이라는 무제한 용어에 내재하는 모호함을 줄이고 있다. 나아가 밀러 정의는 "성적인 행동"으로 제한되어 있지만, 이 사건 법조항은 (1) "배설 행위" 뿐만 아니라 (2) 성적이고 배설적인 성격의 "신체기관"을 포함하는 것으로 확대되었다.

정부의 논증은 또한 흠이 있다. 3개의 제한을 포함하고 있는 정의가 모호하지 않다는 이유로, 그 제한들 중 한 개의 제한이 단독으로는 모호하지 않는 것이 아니다. 밀러 판결의 2가지 요건－(1) 전체적으로 보았을 때, "선정적인" 관심을 자극하는 것, (2) 진지한 문학, 예술, 정치, 또는 과학적 가치를 결여한 것－은 음란물의 불확실한 범위를 결정적으로 제한하고 있다. 후자는 특히 중요하다 왜냐하면 "명백하게 불쾌한"과 "선정적인 관심"과 달리, 당대의 공동체 기준으로 판단되지 않기 때문이다. 이 사건 법조항에는 없는 이 "사회적 가치"요건은 항소법원들이 법률문제로서 사회적으로 보완하는 가치가 있다면 음란물의 범위를 일부 제한하는 것을 허용하고 있다. 법원이 그러한 법적인 제한을 이 사건 법조항에 가할 수 있을 것이라는 정부의 주장은 자료가 공동체 기준에 따라서 "명백하게 불쾌한" 것인지를 배심이 결정하도록 한 밀러 판결의 논리와 모순된다. 그러한 질문은 본질적으로 사실의 문제이다.[114)]

밀러 판결 및 다른 선례들과 대조적으로, 이 사건 법조항은 실제 법 적용의 범위밖에 있는 언론을 검열하는 더 큰 위협을 드러내고 있다. 적용범위의 모호한 윤곽을 고려할 때, 헌법의 보호를 받는 메시지의 발언자들은 침묵할 게 틀림없다. 그 위험은 법이 지나치게 광범위하지 않아야 된다는 강력한 주장에 추가 이유를 제공하고 있다. 보호 언론에 대한 법조항의 부담은 더 주의깊게 성안된 법으로 피할 수 있다면 정당하지 않다.

## Ⅶ

우리는 법조항에는 법이 언론의 내용을 규제할 때 수정헌법이 요구하는 정확성이 없다고 본다. 미성년자의 유해한 언론 접근을 차단하기 위해서, 성인들이 서로 주고받을 수 있는 헌법적인 권리를 갖고 있는 다량의 언론을 사실상 억압하고 있다. 법이 추구하고자 하는 정당한 목적을 달성하는데 제한이 덜한 대안이 효과적이라면 성인 언론에 대한 그 부담은 받아들일 수 없다.

성인의 자유 언론 권리를 평가하면서, 우리는 "외설적이지만 음란하지 않은 (indecent but not obscene) 성적인 표현은 수정헌법 제1조에 의해 보호된다."고 명확히 밝혔다. 세이블 판결, 126. Carey v. Population Services Int'l, 431 U.S. 678, 701 (1977)(음란물이 아니면, 언론이 일부 사람들에게 불쾌할 수 있다는 사실이 억압을 정당화하지 않는다고 일관되게 판결해왔다). 패시피커 판결 자체가 "사회가 언론을 불쾌한 것으로 인정할 수 있다는 사실은 규제의 충분한 이유가 되지 못한다."고 충고하였다.

우리가 해로운 자료로부터 아이들을 보호하는 정부의 이익을 반복적으로 인

---

114) 413 U.S., 30("무엇이 선정적인 취향을 자극하는지 또는 명백하게 불쾌한지는 본질적으로 사실의 문제이고, 필요한 사전 합의가 존재한다고 가정해도, 우리나라는 너무 크고 다양해서 이 법원이 50개주 모두에 적용될 수 있는 하나의 공식으로 그러한 기준을 만들어 내는 것을 합리적으로 기대할 수 없다"). 법이 밀러 판결의 "당대 공동체 기준"에 따르면 법에서 국가적으로 단일한 내용 규제 기준을 세우려고 한 의회 자신의 주장과도 맞지 않는다.

정해 온 것은 사실이다. 그러나 그 이익으로 성인들을 향한 언론을 불필요하게 넓게 억압하는 것은 정당하지 않다. 우리가 설명해왔듯이, 정부는 "성인 인구를 … 어린이들에게 맞는 것으로 … 한정할 수 없다." Denver, 518 U.S., 759.[115) "아이들을 보호하는 정부의 이익이 강하다는 것과 무관하게, 우편함에 도달하는 담론의 수준을 모래놀이통(어린이가 안에서 모래를 가지고 노는 통)에 적합한 것으로 제한할 수 없다." Bolger v. Youngs Drug Products Corp., 463 U.S. 60, 74-75 (1983).

지방법원이 법조항이 사실상 세이블 판결에서 무효가 된 "전화 포르노" 금지와 닮았다고 본 것은 옳다. 세이블 판결에서 우리는 젊은이들의 외설 통신 접근을 막는데 전면 금지가 효과적이라는 의회의 판단을 존중하여야 한다는 주장을 받아들이지 않았다. 129. 그래서 세이블 판결은 언론에 대한 법의 규제가 아이들의 외설물 노출을 방지하는 중요한 목적을 위해 제정되었다는 사실이 그 유효성에 관한 질문을 배제하지 않는다는 것을 분명히 했다.[116) 그 질문은 의회가 "언론에 대하여 불필요하게 많은 제한을 하지 않고" 목적을 달성하기 위해 법을 설계하였다는 것을 확인하기 위한 "매우 중요한 약속"을 담고 있다. Denver, 518 U.S., 741.

정부는 이 사건 법조항이 성인 통신을 줄이지 않고 있다고 주장하면서, 수신인이 미성년자라는 사실이 알려질 때 전송의 금지는 성인 대 성인 통신에 간섭하는 것은 아니라는 잘못된 전제에 근거하고 있다. 지방법원의 사실인정은 이 전제가 성립될 수 없다는 것을 분명히 밝혀주고 있다. 대부분 메시지의 이용자

---

115) Butler v. Michigan, 352 U.S. 380, 383 (1957) (아이들에게 해롭다고 여겨지는 책의 성인 판매 금지는 위헌); 세이블 판결, 128(외설적인 전화 메시지 금지는 제한적으로 맞춰지지 않아 위헌); Bolger v. Youngs Drug Products Corp., 463 U.S. 60, 73 (1983) (일방적인 피임광고물 우송의 금지는 위헌).

116) 세이블 판결에서 문제가 된 법에 대하여 입법상의 주의가 부족한 것은 이 사건과 마찬가지이다. 492 U.S., 129-130쪽("논의과정에서 1년전의 실질적으로 같은 법안의 청문회에서 나왔던 비슷한 주장들과 법안 찬성자들의 결론적인 진술 외에… 우리에게 제출된 의회기록은 FCC의 최근 규제가 얼마나 효과적인지 또는 효과가 없었는지를 보여주거나 증명해주는 증거가 없다 … 하원의원 또는 상원의원은 미성년자들이 얼마나 자주 그리고 어느 정도까지 규제를 피하여 전화 포르노 메시지를 들을 수 있는지에 관한 깊이있는 판단을 제시하지 않았다.").

규모를 볼 때, 실현가능한 나이 확인 절차가 없으면, 송신인은 반드시 한 명 또는 그 이상의 미성년자들이 보게 된다는 사실을 알았다고 비난받게 되어 있다. 예컨대 100명 대화 집단의 1명 또는 그 이상의 회원이 미성년자라는 것을 아는 것은 – 그리고 그 집단에 외설 메시지를 보내는 것이 범죄라고 아는 것은 – 성인들 사이의 통신에 명백히 부담이 될 것이다.[117)]

지방법원은 재판 무렵에 송신인이 인터넷에서 성인의 접근을 거부하지 않고 미성년자들의 통신 접속을 막는 효과적인 기술이 존재하지 않는다고 인정하였다. 지방법원은 전자우편, 메일 익스플로더, 뉴스 그룹, 또는 대화방을 통하여 자료에 접근하는 이용자의 나이를 확인하는 효과적인 방법을 발견하지 못했다. 또한 현실적인 문제로, 이용자들이 성인임을 확인하는 웹사이트를 가진 비영리 운영자들 – 일부 상업 사이트 운영자도 포함 – 에게 엄청난 비용이 들 것이라고 보았다.[118)] 이러한 제한은 불가피하게 인터넷상 상당한 분량의 성인 통신을 축소시킨다. 반면에 지방법원은 "그러한 제한에도 불구하고, 현재 이용가능한 이용자 기반의 소프트웨어가 부모들이 자녀들의 외설물과 부적절하다고 믿는 자료 접근을 막는 합리적이고 효과적인 방법이 곧 널리 이용가능"할 것임을 시사한다고 보았다.

이 사건 법조항의 넓은 적용범위는 전례없는 일이다. 긴즈버그 판결과 패시피카 판결에서 승인된 규제와 달리 법조항의 범위는 상업 언론 또는 업체에 한정되지 않는다. 그 무제한의 금지는 외설적인 메시지를 올리거나 미성년자들이 있는 자리에서 컴퓨터에 그 메시지를 보여주는 모든 비영리 단체와 개인들도 포함하고 있다. "외설적인"과 "명백하게 불쾌한"이라는 일반적이고 정의되지 않은 용어는 진지한 교육적 또는 다른 가치를 지닌 상당량의 비포르노 자료도 포함하고 있다.[119)] 나아가 인터넷에 적용되는 잣대로서 "공동체 기준"은 전국적인

117) 정부는 송신인이 메시지를 받는 특정한 사람들 중 적어도 한 사람이 미성년자라는 것을 알면서 한 명 이상의 수신인에게 메시지를 전송할 때마다 이 조항들이 적용될 수 있다고 하였다.

118) 정부는 "상업 웹사이트 운영자에게 … 이용과 연관된 적당한 부담을 요구해도 헌법문제는 없다"고 주장한다. 그러나 "적당한 부담"이 효과적인지의 증거는 없다.

119) 인터넷이든 다른 매체이든, 음란물과 어린이 포르노물을 전송하는 행위는 연방법상 성인에 대해서나 청소년에 대해서나 이미 불법이다. 18 U.S.C. §§ 1464-1465 (음란물처벌); § 2251 (어린이음란물 처벌). 사실 의회가 이 사건 법조항을 검토했을 때,

이용자들이 이용가능한 통신에 대해 메시지를 가장 불쾌하게 여기는 공동체의 기준에 의해 판단될 것임을 의미한다.[120] 규제 대상은 범죄에 해당될 수 있는 패시피커 판결의 독백에서 사용된 7개의 "더러운 단어들"도 모두 포함하고 있다. 그것은 누드주제와 카네기 도서관의 목록을 포함하고 있는 피수용자 강간, 안전한 섹스, 예술적 이미지에 관한 논의에도 확대될 수 있다.

이 판결의 목적상, 우리는 수정헌법 제1조 메시지가 얼마나 많은 가치를 가지고 있는지와 부모의 승인여부와 무관하게 17세 아이들에게 전달되는 모든 "외설적인" 그리고 "명백히 불쾌한" 메시지의 전면 금지를 불허하지 않는다는 정부의 주장을 받아들이거나 배척할 필요가 없다. 적어도 미성년자를 보호하는 강력한 정부 이익은 이 광범위한 법률 적용에서 시종일관 똑같지 않다는 것은 분명하다. 법조항에 의해 17세 자녀가 부모의 판단으로는 적절하다고 생각하는 인터넷상의 정보를 가정의 컴퓨터를 통해 얻는 것을 허락하는 부모는 장기간의 감옥행에 직면할 수 있다. 비슷하게 17세 대학 신입생에게 전자우편을 통해 피임에 관한 정보를 보낸 부모는 그들 가정 공동체에서 아무도 그 자료가 "외설적이거나" 또는 "명백하게 불쾌하다"고 인정하지 않는다 하더라도, 대학도시 공동체가 달리 생각한다면 감옥에 갈 수 있다.

이러한 내용에 기초한 언론 제한의 광범성은 특별히 정부에게 제한이 적은 조항이 이 사건 법조항만큼 효과적일 수 없는 이유를 설명하여야 하는 무거운 부담을 준다. 정부는 설명하지 못했다. 이 법원에서 가정에 들어오는 자료를 부모가 통제하기 쉽도록 저속한 자료에 표시를 붙이거나, 예술 또는 교육적 가치를 지닌 메시지의 예외를 두거나, 부모의 선택에 따른 면책을 규정하거나, 상업 웹사이트와 같은 인터넷의 일부 영역을 대화방과 같은 다른 부분과 달리 규제하는 것과 같은 가능한 대안들을 주장하고 있다. 특히 의회의 자세한 사실인정

---

정부는 현행법이 이미 진행중인 음란물, 어린이 음란물의 기소 활동을 허용하였기 때문에 불필요하다는 견해를 나타냈다.

120) 피상고인들은 Church of Lukumi Babalu Aye, Inc. v. Hialeah, 508 U.S. 520 (1993) 판결을 인용하면서, CDA가 엄격심사를 통과하지 못한 추가 이유를 제공하고 있다. 그들은 많은 외설물들이 해외에서 제공되기 때문에 CDA가 효과적일 수 없다고 주장하고 있다. 이 주장은 법조항이 의도한 범위와 허용가능한 해외 적용범위와 관련한 어려운 문제를 제기하고 있다.

이 없고, 법조항의 구체적인 문제를 다룬 청문회조차 없다는 점에서, 우리는 이 사건 법조항이 제한적으로 맞춰지지 않았다고 본다.

## Ⅷ

법조항의 문면상 광범성을 줄이고, 법조항을 유지하기 위해 정부는 3가지 추가 주장을 폈다. (1) 법조항은 통신할 수 있는 많은 "대체 경로"를 열어놓았다. (2) 법조항의 "인식"과 "특정한 사람" 요건은 허용되는 적용을 상당히 제한하고 있다. (3) 금지는 거의 항상 사회적 가치가 없는 자료에 한정된다.

처음에 정부는 법조항이 대화 집단, 뉴스 그룹, 그리고 메일 익스플로더와 같은 많은 인터넷 유형들의 담론을 실제로 검열하게 된다고 할지라도, 발언자들이 www에서 제한된 언론에 참여할 "합리적인 기회"를 제공하기 있기 때문에 합헌이라고 주장하였다. 이 주장은 법조항이 내용에 근거하여 언론을 규제하고 있기 때문에 설득력이 없다. 그러므로 "시간, 장소, 방법"분석은 적용될 수 없다. Consolidated Edison Co. of N.Y. v. Public Serv. Comm'n of N.Y., 447 U.S. 530, 536 (1980). 그래서 그러한 언론이 웹상에서 가능한지 여부는 중요치 않다. 정부의 입장은 개인들이 자유롭게 책을 출간할 수 있는 한 법이 일부 주제에 대한 인쇄물을 금지할 수 있다는 주장과 같다. 내용과 무관하게 거리에서의 유인물배포를 금지했던 많은 법을 무효로 하면서, 우리는 "다른 장소에서 행사될 수 있다는 구실로 적절한 장소에서 표현의 자유 행사를 제한하지 못한다."고 설명했다. Schneider v. State(Town of Irvington), 308 U.S. 147, 163 (1939).

정부는 또한 §§223(a)와 (d)의 "인식" 요건이 특별히 §223(d)의 "특정한 아동" 요소와 함께, 법조항의 지나친 광범성을 구제한다고 주장한다. 두 부분은 18세 미만으로 알려진 사람들에게만 외설적인 메시지의 배포를 금지하고 있기 때문에, 전송자에게 외설적인 자료를 성인들에게 전달하는 것을 중단하도록 요구하지 않는다고 정부는 주장한다. 즉 18세 미만으로 알고 있는 사람들에게 배포하는 행위만을 제한한다. 이 주장은 대화방, 뉴스 그룹, 메일 익스플로더, 그리고 웹을 포함한 대부분의 인터넷 광장이 모든 사람에게 열려 있다는 사실을 무시하고 있다. 그러므로 인식 요건이 성인 통신을 보호하고 있다는 정부의 주장은 받아들일 수 없다. §223(d)의 "특정인" 요건을 가장 효과적으로 해석해도 법을 구할 수 없다. 그것은 "방해자의 거부권" 형태로, 간단하게 접속하여 17세 아이가 있다는 것을 발언자들에게 알려주는, 외설 언론을 반대하는 사람에게 폭넓은 검열권을 부여하게 될 것이다.

마지막으로 우리는 과학, 교육, 또는 다른 사회적인 가치를 가진 자료가 반드시 "명백하게 불쾌한"과 "외설적인"의 금지 대상이 아니라는 정부의 주장을 뒷받침하는 근거를 발견하지 못했다.

## IX

정부의 나머지 3가지 주장은 §223(e)(5)에 규정된 항변에 초점을 맞추고 있다. 첫째, "선의의, 합리적, 효과적, 그리고 적절한 조치"조항에 근거하여, 정부는 "표시붙이기"가 법조항의 합헌성을 뒷받침하는 항변이라고 주장한다. 그 주장은 전송자가 내용을 알리는 방법으로 저속한 통신에 암호를 추가하여, 수신인이 적절한 소프트웨어로 수신차단을 허용한다고 가정하고 있다. 이 항변을 착각으로 만드는 것은 선의의 조치가 효과적이어야 한다는 요건이다. 정부는 제안된 소프트웨어가 현재 존재하지 않는다고 인정하고 있다. 존재한다 하더라도, 수신인이 실제 암호화된 자료를 차단할 것인지를 알 방법은 없다. 미국에서 모든 보호자가 "표시"를 조사하는 것은 불가능하기 때문에, 전송자는 그의 조치가 효과적이라고 기대할 수 없다.

항변과 관련된 둘째 및 셋째 주장－우리가 함께 검토한다－에 대해서 정부는 전송자가 신용카드나 성인 인증을 확인하도록 요구함으로써 접속을 제한할 때 적용되는 §223(e)(5)의 후반부에 근거하고 있다. 그 확인은 이용가능한 기술이고 외설물을 상업적으로 제공하는 공급자가 실제 이용하고 있다. 그러므로 그 제공자들은 항변에 의해서 보호될 것이다. 그러나 지방법원의 사실인정에 따르면, 대부분의 비상업적 발언자들이 그러한 확인방법을 채용하는 것은 경제적으로 가능하지 않다. 따라서 이 항변은 비영리 언론에 대한 법의 부담을 줄이지 못한다. 이 항변에 의해서 보호될 수 있는 상업적 포르노업자와 관련해서도, 정부는 이 확인 기술이 실제 미성년자들이 성인으로 가장하는 것을 방지한다는 증거를 제시하지 못했다.[121] 속담에 나오는 다모클레스의 칼(언제 닥칠지 모르는 위험)처럼 콘텐츠 제공자 위를 맴도는 형사 제재의 위험을 고려할 때, 지방법원이 법을 구제할 증명되지 않은 미래 기술에의 의존을 거부한 것은 타당하다. 정부는 그래서 제공된 항변이 불쾌한 전시를 금지함으로써 성인언론에 대한 무거운 부담을 상당히 줄였다는 것을 증명하지 못했다.

우리는 이 사건 법조항이 보호 언론에 무거운 부담을 가한 것은 받아들일 수 없고, 항변들이 명백하게 무효인 위헌 조항을 구제할 수 있는 "제한적 맞춤"에 해당되지 않는다는 지방법원의 결론에 동의한다. 세이블 판결에서, 우리는 그 사건의 언론 제한은 "빈대 잡으려다 초가삼간 태우는 것"이라고 평하였다. 법조항은 자유언론위에 더 어두운 그림자를 던지면서, 많은 인터넷 공동체 영역에 불을 지르려고 위협하고 있다.

## X

정부는 구두 변론에서 만약 이 법원이 법조항이 충분하게 맞춰진 것이 아니라고 결론내린다면, 우리가 분리유효 조항(47 U.S.C §608)을 존중하여 유효한 조항을 분리하여 법의 합헌성을 인정하여야 한다고 강조하였다. 이 주장은 한 가지 측면에서만 받아들일 수 있다.

분리유효 조항은 분리될 수 있는 조항을 필요로 한다. 우리는 법이 실제 분리되는 곳에 합헌적인 법의 내용을 남겨둠으로써 §608의 지침에 따를 것이다. "외설적인" 조항-47 U.S.C. §223(a)-은 "음란한 또는 외설적인 논평, 요청, 제안, 제의, 이미지, 또는 다른 통신"에 적용된다. 피상고인들은 법이 음란 언론에 적용되는 것에 이의하지 않고, 음란 언론이 수정헌법 제1조의 보호를 받지 못하기 때문에 완전히 금지될 수 있다는 것을 인정하고 있다. 법이 규정한 대로, 음란물의 제한은 우리가 위헌이라고 판단한 외설물의 제한과는 문언적으로 분리된다. 그러므로 우리는 "또는 외설적인"이라는 용어를 법으로부터 분리하고 나머지 §223(a)를 남겨둔다. 그러나 다른 부분에서는 그러한 문언적인 수술에 의해 §223(a)와 §223(d)는 구제될 수 없다.

---

121) 그래서 역설적으로 이 항변은 음란물의 상업적 공급자들을 상당히 보호하지만, 사회적, 또는 예술적 가치가 있는 외설 메시지를 전송하는 자에게는 거의 또는 전혀 혜택이 돌아가지 않을 것이다.

정부는 또한 법의 분리 유효 조항의 추가적인, 덜 전통적인 면에 의존하고 있다. 법원에게 헌법이 허용할 수 있는 "다른 사람들 또는 상황"에 적용되는 법조항이 무효가 되지 않도록 판결해 달라고 요청하고 있다. "상쇄되는 고려사항"이 없으면, 법은 "널리 적용되는 범위까지 무효로 선언되어야 하지만, 그렇지 않으면 그대로 두어야 한다."는 이 법원의 판결을 인용하고 있다. Brockett v. Spokane Arcades, Inc, 472 U.S. 491, 503-504 (1985). 이 주장에는 2가지 흠이 있다.

첫째, 이 신속한 심리를 위해 우리에게 관할권을 부여한 법－1961년의 통신법 §561, 이어지는 47 U.S.C. §223－은 그 심판권을 "문면상(on its face)" 법에 이의를 제기하는 소송으로 제한하고 있다. §561에 따라 이 소송을 제기한 원고들과 지방법원 3인 재판부는 이 소송을 문면상 도전으로 다루었다. 우리는 이 특정한 상황에서 이 사건을 "적용(as-applied)" 도전으로 바꿀 권한이 없다. 다수의 원고들, 다양한 표현 활동, 법의 모호함을 감안할 때, 우리의 판결을 사법적으로 한정된 특정한 적용으로 제한하는 것은 현실적이지 않을 것이다.

둘째, Brockett판결에서 언급된 "상쇄되는 고려사항"중의 하나가 이 사건에 있다. 문면상 도전을 검토하면서, 이 법원은 법의 제한적 해석이 "쉽게 허용될 수 있을" 때에만 그러한 해석을 할 수 있다. Virginia v. American Booksellers Assn., Inc., 484 U.S. 383, 397 (1988). 법조항의 무제한적인 성격은 적용범위의 제한에 대한 아무런 지침을 제공하지 못한다.

그러므로 이 사건은 의회의 의도를 보여주는 문헌이나 다른 자료를 통해 이 법원이 분명한 경계를 확인할 수 있어서 법을 제한적으로 해석한 사건들과 다르다. Brockett, 472 U.S., 504-505(단어 "성욕"이 실제로 또는 효과적으로 법으로부터 삭제되는 범위에서만 음란물법을 무효로 함); United States v. Grace, 461 U.S. 171, 180-183 (1983)(건물, 대지와 그 곳의 사람들을 보호하는 의회 목적에 부합하는 다른 대지와 인도 사이의 분명한 경계가 그어질 수 있을 때 공공 인도에 확대되는 범위에서 표현적인 전시행위를 금지하는 연방법을 무효로 함). 그보다는 United States v. Treasury Employees, 513 U.S. 454, 479, n.26 (1995)이 적용될 수 있다. 그 사건에서 우리는 "의회가 새로운 경계를 어디에 그어져야 하는지에 관하여 일관되지 않은 신호를 보냈을 때, 지나치게 광범위한 법의 적용을 받는 언론 범주들 사이에 하나 또는 그 이상을 구분하는" 것을 사양하였다. 왜냐하면 "그렇게 하는 것은 입법영역에 대한 심각한 침해가 되기" 때문이다.[122] 이 법원은 "헌법 요건에 맞도록 법을…다시 쓰지 않을 것이다." American Booksellors, 484 U.S., 397.[123]

## XI

이 법원에서 정부는 아이들을 보호하는 이익에 추가하여 인터넷 성장을 촉진하는 동등하게 중요한 이익이 법조항의 합헌성을 승인하는 독립적인 근거라고 주장하였다. 정부는 인터넷상의 "외설적인" 그리고 "명백히 불쾌한" 자료가 규제되지 않고 이용될 가능성은 해로운 자료에 시민들 또는 그들 사녀들이 노출되는 위험이 있기 때문에 시민들이 매체를 떠나게 될 것이라고 가정하고 있는 것 같다.

우리는 이 주장이 매우 설득력이 없다고 본다. 이 새로운 사상의 시장이 극적으로 확장되고 있는 것은 이 주장과 모순된다. 기록은 인터넷이 경이적으로 성장하고 있음을 보여주고 있다. 반대되는 증거가 없는 한, 전통적인 헌법 문제로서, 우리는 언론의 내용에 대한 정부의 규제는 생각의 자유로운 교환을 권장하기 보다는 간섭할 것으로 추정한다. 민주 사회에서 표현의 자유를 장려하는 이익은 이론적인 그러나 증명되지 않은 검열로 인한 혜택을 능가한다.

위와 같은 이유로, 지방법원의 판결을 인용한다.

### [대법관 오코너의 일부 동조, 일부 반대 의견(대법원장 참여)]

나는 법조항을 통해 의회가 인터넷상에 "성인 지대"를 설정한 것이나 다름없

122) 이 법원이 오래전에 설명하였다. "만약 입법부가 모든 가능한 위반자들을 붙잡기 충분할 만큼 큰 그물을 쳐놓고, 법원이 안으로 들어가서 누가 합법적으로 구금되고 누가 석방되어야 하는지를 결정하게 하는 것은 확실히 위험할 것이다. 이것은 일정 정도 정부의 입법 부분을 사법부분으로 대체하게 될 것이다." United States v. Reese, 92 U.S. 214, 221(1876). 부분적으로 권력분립 때문에, 우리는 분리 조항이 "단지 보조물이지 불변의 명령은 아니라고" 판결했다. Dorchy v. Kansas, 264 U.S. 286, 290 (1924).

123) Osborne v. Ohio, 495 U.S. 103, 121 (1990)(법률을 사법적으로 다시 쓰는 것은 의회가 먼저 법을 제한적으로 맞추어 제정하려는 동기를 떨어뜨릴 것이다).

다고 보는 이유를 설명하기 위해 별도로 의견을 작성한다. 우리의 선례는 그러한 지대의 설정이 헌법적으로 유효할 수 있다고 지적하고 있다. 그러나 그 목적의 건전함에도 불구하고, 법조항 부분은 위헌이다. 왜냐하면 헌법 심사를 통과한 "지대 설정 법률(zoning law)"을 만들기 위해 우리의 선례가 발전시켜온 구도에서 벗어났기 때문이다.

피상고인은 법의 3개 조항에 대해 문면상 도전을 하고 있다. 법원이 "외설적인 전송"조항으로 설명하고 있는 첫째 조항은 송신자가 18세 미만으로 알고 있는 사람에게 음란하거나 외설적인 메시지나 이미지를 알면서 전송하는 행위를 범죄로 규정하고 있다. 47 U.S.C. §223(a)(1)(B). 법원이 "명백하게 불쾌한 전시"조항으로 분류하고 있는 것은 실제로는 2개의 별개 조항들이다. 이들 중 첫째 조항은 18세 미만의 특정인에게 명백하게 음란한 메시지나 이미지를 알면서 보내는 행위를 범죄로 규정하고 있다("특정인" 조항). §223(d)(1)(A). 둘째 조항은 미성년자들이 이용할 수 있는 방법으로 명백하게 불쾌한 메시지나 이미지를 전시하는 행위를 범죄로 규정하고 있다("전시"조항). §223(d)(1)(B). 이 조항들은 이러한 언론을 접하는 수정헌법 제1조의 권리를 갖고 있는 성인들로부터 외설적인(또는 명백하게 불쾌한) 자료를 차단하려고 하지 않는다. 새이블 판결, 126("외설적이지만 음란하지 않은 성적인 표현은 수정헌법 제1조에 의해 보호된다"). 그래서 법조항의 부정할 수 없는 목적은 인터넷에서 외설적인 자료를 미성년자들이 접근할 수 없는 어떤 지대로 분리하려는 것이다.

"성인 지대"의 설정이 새로운 개념은 아니다. 주들은 성인들이 자주 방문하는 시설에 미성년자들이 접근하는 것을 오랫동안 거부해왔다. 주들은 미성년자들에게 해로운 것으로 여겨지는 언론에 대한 접근도 거부해왔다. 법원은 과거에 성인들과 미성년자들의 수정헌법 제1조 권리를 존중하는 경우에만 그러한 지대 설정 법률들을 승인해왔다. 지대 설정 법률은 (ⅰ) 자료에 대한 성인의 접근을 부당하게 제한하지 않고; (ⅱ) 미성년자들이 금지된 자료를 읽거나 보는 수정헌법 제1조의 권리가 없을 경우에만 유효하다. 1997년에 존재하는 인터넷에 적용되는 "전시" 조항과 "외설적인 전송" 및 "특정인" 조항은 일부 상황에서 보호되는 자료에 대한 성인들의 접근을 제한함으로써 위 첫번째 제한 원칙에 따르지 않았다. 그러나 법원과 달리 나는 그러한 상황에서만 조항들을 무효화시킬 것이다.

# I

우리의 판례들은 성인들이 규제된 언론을 여전히 얻을 수 있는 경우에만 지대 설정 법률이 유효하다는 것을 명확히 했다. 법이 단순히 아이들이 접할 권리가 없는 언론으로부터 그들을 차단하는 것 이상이라면, 헌법이 보호하는 언론을 접하는 성인들의 권리에 간섭하게 되고 사실상 "성인들이 아이들에게 적합한 것만을 읽게 되는" 결과가 된다. Butler v. Michigan, 352 U.S. 380, 383 (1957). 수정헌법 제1조는 그러한 간섭을 용인하지 않는다. Butler(청소년의 도덕을 디락시키는 단어나 그림을 포함하고 있는 책을 미성년자늘 또는 성인들에게 판매하는 것을 금지한 미시간 형사법을 폐기); 세이블 판결 (미성년자들과 성인들에게 음란하지 않지만 외설적인 상업 전화메시지를 전송하는 행위를 범죄로 규정한 연방법을 무효로 함); Bolger v. Youngs Drug Products Corp., 463 U.S. 60, 74 (1983)(요구하지 않은 피임 광고물을 우편으로 보내는 행위를 금지한 연방법 폐기). 그러나 만약 법이 헌법으로 보호하는 언론에 성인이 접근하는 것을 부당하게 제한하지 않는다면 유효하다. 예를 들면 긴즈버그 판결에서 법원은 성인들이 여전히 포르노 잡지를 살 수 있다는 이유로 가게 소유자가 미성년자들에게 포르노잡지를 파는 행위를 금지한 뉴욕주법을 승인하였다.

긴즈버그 판결에서 법원은 뉴욕주법이 문면상 단지 미성년자들만 접근을 금지하기 때문에 헌법적으로 적절한 성인 지대를 설정하였다고 결론지었다. 법원은 성인지대가 일단 설정되면 규제된 언론에 대한 미성년자들의 접근을 거부하지만 성인들의 접근을 보장할 것인지를 묻지 않았고, 따라서 필연적으로 전제하였다. 지금까지는 이 전제에 의문을 가질 이유가 없었다. 왜냐하면 법원은 현실 세계, 즉 "성인 지대"를 설정하도록 하는 2가지 특성－지역과 신분－을 가진 세상에서 작동하는 법만을 검토하였기 때문이다. Lessig, Reading the Constitution in Cyberspace, 45 Emory L. J. 869, 886 (1996). 미성년자는 성인 춤을 제공하는 시설에 들어갈 때에만 성인춤을 볼 수 있다. 그리고 들어가려고 시도한다면, 미성년자는 그의 신원(또는 나이)를 완전히 감출 수 없을 것이다. 그래서 지역과 신원의 2가지 특성으로 인하여 시설소유자는 아이들이 시설에 들어가는 것을 막을 수 있지만 성인들의 출입을 허용할 수 있다.

전자세상은 근본적으로 다르다. 전자 경로의 상호 연결에 지나지 않기 때문에, 사이버공간은 발언자와 청중이 자신들의 신분을 감출 수 있다. 사이버공간이 일부 지역 형태를 띠고 있다는 것은 부인할 수 없다. 예를 들면 대화방과 웹사이트는 인터넷의 특정한 "지역"에 존재한다. 그러나 이용자들은 인터넷에서 신원이나 나이에 관련된 것을 드러내지 않고 메시지를 전송하고 받기 때문에, 현재 신원에 근거하여 메시지에 접근하는 것을 막을 수 없다.

사이버 공간은 다른 기본적인 면에서 현실 세계와 다르다. 사이버공간은 가변적이다. 그래서 사이버공간에서 방벽을 만들어서 신원을 점검하는데 이용할 수 있고 사이버공간을 현실 세계와 비슷하게, 결과적으로 지대 설정 법률이 더 잘 수용될 수 있다. 사이버공간의 이 변형은 이미 진행 중이다. 인터넷 발언자들(인터넷에 자료를 게시하는 이용자들)은 "관문(gateway)"기술을 이용하여 사이버공간을 지대로 구분하기 시작하였다. 그러한 기술은 인터넷 이용자들이 일부 사이버공간에 접근하기 전에 자신들 정보－아마 성인인증번호 또는 신용카드 번호－를 입력하게 한다. 마치 나이트클럽에 들어가기 전에 경비원이 운전면허증을 확인하는 것과 같다. 정보에 접근하는 인터넷 이용자들은 스스로 사이버공간의 지대를 구획하려고 시도하지 않았지만, 부모들이 잠금 박스를 설정하여 아이들이 TV보는 것을 통제하는 것처럼 사이버공간에서 정보 접근 권리를 제한하려고 하였다. 이러한 이용자의 구획설정은 차단 소프트웨어 또는 점검기능을 갖춘 브라우저를 이용하여 가능해졌다. 두 가지는 "성인" 사이트와 연관된 단어의 주소나 내용을 검색하고 만약 이용자가 원하면 그러한 사이트에 접근을 차단한다. 인터넷 내용 선택 플랫폼은 인터넷 발언자들이 모든 점검 프로그램이 인식하는 코드들을 이용하여 언론내용의 등급을 정하도록 권장함으로써 이용자 기반의 구획설정을 도와주도록 설계되고 있다.

이러한 진전에도 불구하고 사이버공간의 변형은 완전하지 않다. 비록 관문기술이 www에서 때때로 이용가능하다 할지라도, 모든 웹 발언자들이 이용할 수 있는 것은 아니다. 그리고 이제서야 대화방과 USENET 뉴스그룹에게 기술적으로 가능해지고 있다. 관문 기술은 사이버 공간에서 흔하지 않다. 그리고 그 기술이 없으면 나이 확인방법이 없기 때문에, 사이버공간은 여전히 대부분 구획되어 있지 않은 채로 남아 있으며, 구획될 수도 없다. 이용자 기반의 구획설정도 또한 태동단계이다. 그것이 효과적이려면, (ⅰ) 합의된 코드(또는 표시)가 존재해야 하고; (ⅱ) 조사능력을 가진 점검 소프트웨어나 브라우저가 "표시"를 인식할 수 있어야 하고; (ⅲ) 인터넷 이용자들이 그러한 프로그램을 널리 이용할 수 있고 이용되어야 한다. 현재 이러한 조건은 갖추어져 있지 않다. 점검 소프트웨어는 오늘날 널리 이용되지 않으며 소수의 브라우저만이 점검 기능을 갖고 있다. 게다가 이러한 프로그램들이 인식할 수 있는 합의된 "표시"는 없다.

비록 인터넷의 구획이 앞으로 가능하다 할지라도, 나는 오늘날 존재하는 인터넷에 적용되는 대로 법조항의 합헌성을 평가하여야 한다는 법원의 의견에 동의한다. 현재 상태의 사이버공간을 고려할 때, 나는 "전시"조항이 심사를 통과할 수 없다는 법원의 의견에 동의한다. 1997년은 아니지만 관문 기술이 사이버공간에서 이용가능할 때까지, 발언자는 그가 전시한 언론을 "성인 지대"로 한정하는 것이 불가능하기 때문에 성인들에게만 도달할 것이라는 점을 합리적으로 보증할 수 없다. 그래서 발언자가 법조항의 책임을 면하기 위한 유일한 방법은 외설물 이용을 완전히 금지하는 것이다. 그러나 이러한 강요된 침묵은 성인들이 이러한 언론을 제작하고 이용하는 수정헌법 제1조의 권리를 침해하고 있고, 모든 의도와 목적상, "인터넷의 성인 인구들이 오직 아이들에게 적합한 것만을 읽도록 하고 있다." Butler, 352 U.S., 383. 따라서 "전시"조항은 심사를 통과할 수 없다.

"외설적인 전송"과 "특정인" 조항도 적용이 위헌이 아니기 때문에 비슷한 쟁점을 보여주고 있다. 위에서 논의한 것과 같이 "외설적인 전송"조항은 송신자가 수신인이 18세 미만이라는 사실을 알면서 외설적인 메시지를 고의로 보내는 행위를 범죄로 규정하고 있다. "특정인"조항은 송신인이 외설적인 메시지의 수신인이 미성년자라는 것을 알아야 한다고 분명하게 요구하지 않고 있지만, 같은 행위를 금지하고 있다. 정부는 법원이 그러한 고의 요건을 부과하는 조항으로 해석하도록 촉구하고 있고, 나는 그렇게 할 것이다. Edward J. DeBartolo Corp. v. Florida Gulf Coast Building & Constr. Trade Council, 485 U.S. 568, 575 (1988) ("수용할 수 있는 법률 해석이 심각한 헌법 문제를 일으키는 경우, 법원은 의회의 의도와 명백히 모순되지 않는 한 그러한 문제를 피하기 위해 법을 해석할 것이다")

그렇게 해석하면, 두 조항은 한 사람의 성인과 한 사람 이상의 미성년자들이 관련된 대화, 즉 성인 발언자가 수신인이 미성년자라는 것을 알면서 이메일을 보낼 때, 또는 대화방에서 성인과 미성년자가, 또는 다른 미성년자들과 대화할 때 적용되면 합헌이다. 이러한 맥락에서 이 조항들은 우리가 긴즈버그 판결에서 승인한 법과 다르지 않다. 성인과 미성년자들의 통신을 제한하는 것이 다른 성인들과 통신하려는 성인의 능력을 제한하지 않는다. 그가 대화방에서 다른 성인들에게 외설적으로 말하는 것이 금지되지 않으며(대화에 참여하는 다른 성인들이 없기 때문에) 다른 성인들에게 자유롭게 외설적인 전자우편을 보낼 수 있다. 관련된 영역은 한 사람의 성인만을 포함하고 있고, 그 영역에서 성인은 외설적인 언론의 이용을 억제할 힘을 가지고 있고 결과적으로 모든 그러한 언론을 "성인" 지대에 있는 방안에 가두어둘 힘을 가지고 있다.

그러나 한 사람 이상의 성인이 대화 당사자일 때, 긴즈버그 판결 유사물은 실패한다. 만약 미성년자가 성인들이 이용하는 대화방에 들어간다면, 법조항은 대화방의 성인들에게 외설적인 언론의 사용을 중단하도록 요구한다. 만약 그렇게 하지 못하면, 성인들은 한 명의 미성년자가 포함된 특정인들에게 외설적인 메시지를 전송할 것이기 때문에, 그들이 그룹에게 전달한 저속한 내용에 대해 "외설적인 통신"과 "특정인"조항에 의해 기소될 수 있다. 그러므로 법조항은 미성년자가 일단 가게에 들어오면 서점주인이 포르노잡지를 파는 행위를 범죄로 규정한 법과 비슷하다. 그러한 법이 미성년자들을 가게에서 완전히 차단하는 합리적인 대안으로서 실제 세상에서는 합헌이라고 가정해도, 미성년자들을 사이버공간의 대화방에서 차단하는 수단이 없다는 것은 대화방에서 외설적인 언론에 참여하는 성인들의 권리를 제한한다. "외설적인 통신"과 "특정인" 조항은 이러한 흠을 갖고 있다.

그러나 이 두 조항은 모든 상황에서 성인들의 언론을 침해하지는 않는다. 아래에서 논의한 바와 같이, 나는 미성년자들이 읽고 볼 권리를 가지고 있는 실질적인 분량의 언론 접근을 제한하고 있다는 의미에서 지나치게 광범위하다고 인정하지 않는다. 따라서 법조항은 일부 상황에서 헌법에 맞게 적용될 수 있다. 보통 이 사실에 따라 법원이 직접적인 문면상 도전을 배척할 수 있다. United

States v. Salerno, 481 U.S. 739, 745 (1987) (법에 대한 문면상 도전은 도전자가 법이 유효한 상황이 존재하지 않는다는 점을 밝혔을 경우에만 성공한다). 그러나 피상고인들의 주장은 수정헌법 제1조에 따라 제기되고 있고 법조항이 헌법이 보호하는 실질적인 분량의 언론을 지나치게 광범위하게 제재하고 있기 때문에 문면상 무효라고 주장하고 있다. 나는 조항들이 얼마나 많은 성인들이 통신에 참여하는 지를 불문하고, 성인들과 미성년자들 사이의 모든 대화를 대상으로 삼고 있기 때문에 지나치게 광범위하다는 점에서 법원 의견에 동의한다.

그러나 이 결론은 이 사건처럼 "법에 도전하는 당사자들이 지나치게 광범위한 법률이 처벌하려고 하는 보호 언론에 참여하려고 하는 사람들이고…법이 너무 멀리 적용되는 범위까지 무효라고 선언"될 경우에 문제가 끝나지 않는다. Brocket v. Spokane Arcades, Inc., 472 U.S. 491, 504 (1985). 의회가 한 사람의 성인과 1명 이상의 미성년자들 사이의 어떤 통신을 금지하려고 한 것에는 의문이 없다. 또한 지나치게 광범위하여 무효가 선언될 것으로 알았다면 의회가 더 제한된 내용으로 입법하였을 것이라는 점에도 의문이 없다. 그러므로 나는 통신을 시작한 사람이 수신인 모두가 미성년자들이라고 알았을 경우에 인터넷 통신의 전송에 적용되는 범위에서 "외설적인 통신"과 "특정인" 조항들을 승인할 것이다.

## II

법조항이 미성년자들의 수정헌법 제1조 권리에 실질적으로 간섭하고 유효한 지대 설정 법률의 두번째 특성과 충돌하는지도 문제다. 긴즈버그 판결에서 우리가 승인한 뉴욕주법은 "미성년자들에게 해로운" 잡지를 미성년자들에게 판매하는 행위를 금지하였다. 법에 따르면 미성년자들에게 음란할 때에만 잡지가 미성년자들에게 해로웠다. 390 U.S., 632-633. 음란언론은 수정헌법 제1조가 보호하지 않고 뉴욕주가 미성년자들에 대한 음란물 정의를 자유롭게 조정할 수 있다고 하면서, 법원은 법이 미성년자들에게 보장된 표현의 자유 영역을 침해하지 않았다고 결론내렸다. 그래서 뉴욕주법은 미성년자들의 수정헌법 제1조 권리를 침해하지 않았다. Erznoznik v. Jack-sonville, 422 U.S. 205, 213 (19

75) (미성년자들에게조차 음란하지 않은 누드를 금지한 시 조례를 폐기).

법원은 법조항이 미성년자들의 수정헌법 제1조 권리에 실질적으로 간섭하기 때문에 문면상 지나치게 광범위하다는 주장을 받아들이지도 배척하지도 않는다. 나는 이를 거부한다. 긴즈버그 판결은 헌법상 미성년자들의 음란물 접근을 거부될 수 있다고 밝혔다. 긴즈버그 판결이 설명하듯이, 만약 자료가 ( i ) 미성년자에게 … 전체적으로 적당하다고 보는 성인 공동체의 일반적인 기준에서 명백히 불쾌하고, (ii) 미성년자의 선정적인 관심을 자극하고, (iii) 미성년자를 위해 보충하는 사회적 중요성이 전혀 없다면, 미성년자들에게 음란하다. 390 U.S., 633. CDA가 미성년자들을 위해 보충적인 가치가 있거나 선정적인 관심을 자극하지 않아도 미성년자가 "명백히 불쾌한" 물건을 취득할 권리를 거부하고 있다. 이 때문에, 의회가 긴즈버그 판결의 "미성년자들에게 해로운" 기준을 거부한 것은 법조항이 미성년자들에게 음란하지는 않지만 "외설적인"(즉 "명백히 불쾌한") 언론을 금지할 수 있다는 것을 의미한다.

나는 이 가능성을 부인하지 않지만, 문면상 도전에서 이기기 위해서는 원고가 지나친 광범성을 "일부" 밝히는 것으로는 충분치 않다. 우리의 선례들은 "현실적"이고 "실질적인" 지나친 광범성의 증거를 요구하고 있다. Broadrick v. Oklahoma, 413 U.S. 601, 615 (1973). 그리고 피상고인들은 이 사건에서 그 책임을 이행하지 않았다. 나의 견해로는 법조항으로 금지되지만 헌법이 미성년자들에게 보호하는 언론의 영역－즉 미성년자들을 위한 보충적인 가치를 가지고 있거나, 선정적인 관심을 자극하지 않지만 "명백하게 불쾌한" 물건의 영역－은 매우 작다. 피상고인들은 이 영역에 들어가는 언론의 사례를 인용하지 않았고 분명하게 정당한 법률의 범위와 관련하여 그 영역이 실질적이라는 이유를 설명하려고 하지 않았다. 법조항이 일부 가치가 있는 자료를 입수할 미성년자들의 권리를 부인하고 있다는 것은 대부분 논점을 벗어났다. 피수용자 강간이나 누드 예술에 관한 토론이 성인들에게 교육적인 가치를 가지고 있을 수도 있는 반면, 반드시 미성년자들에게 그러한 가치를 가지고 있지 않다. 그리고 긴즈버그 판결에 따르면, 미성년자들은 그들을 위한 보충적인 사회적 중요성을 갖고 있는 명백히 불쾌한 물건을 입수할 수정헌법 제1조의 권리를 가지고 있다. "성인으로부터 미성년자로 가는 많은 전자우편이 가족들 사이의 대화"라는 주장을 뒷받침하는 증거는 기록상 없고, 그러한 언론이 절대적으로 규제로부터 면제된다는 법리적 근거도 없다. 따라서 내 견해로는 법조항이 헌법이 보호하는 미성년자들 언론의 실질적인 분량에 부담을 주지 않는다.

그래서 지대 설정 법률로서 법조항의 합헌성은 성인들의 수정헌법 제1조 권리에 실질적으로 개입하는 정도에 달려 있다. 성인들의 권리는 "전시"조항과 한 사람 이상의 성인이 관련되어 있는 통신에 적용되는 "외설적인 통신"과 "특정인" 조항에 의해서만 침해되기 때문에, 나는 그 범위에서만 무효로 한다. 그러나 "외설적인 통신"과 "특정인" 조항이 성인과 한 명 이상의 미성년자들 사이의 통신에서 외설적인 언론의 이용을 금지하는 한, 그 조항들은 유지될 수 있고 유지되어야 한다. 법원은 반대되는 결론에 도달했기 때문에, 그 부문에서 반대한다.

## 10. 공공의 관심사에 관한 불법 도청 내용 공개

**Bartnicki v. Vopper**

532 U.S. 514 (2001)

**[요약]**

펜실베이니아주 고등학교 교사들의 노동조합과 지역 교육위원회 사이의 단체교섭이 진행되는 도중에, 신원이 확인되지 않은 사람이 교섭대표와 노조 대표자(이하 상고인들)의 휴대전화 대화를 도청하고 녹음하였다. 교섭당사자들이 전체적으로 교사들에게 유리한 중재안을 받아들인 이후에, 라디오 비평가인 피상고인 보퍼는 그의 시사토크쇼에서 합의를 보도하면서 도청된 대화내용을 틀었다. 상고인들은 연방 및 주의 도청방지법에 따라 이 사건 손해배상소송을 제기하였다. 상고인들은 알려지지 않은 사람이 그들의 대화를 몰래 도청하였고 피상고인 요컴과 노조의 요구에 반대하는 지역 단체 대표는 테이프를 입수하여 의도적으로 언론매체에 제공하였고, 그들은 불법도청사실을 알았거나 알만한 이유가 있었음에도 불구하고 반복해서 대화내용을 공개하였다고 주장하였다. 지방법원은 법문상으로 개인이 불법도청을 통해 정보를 얻었다는 사실을 알았거나 알만한 이유가 있을 때 비록 그가 불법도청에 관여하지 않았다 하더라도 고의로 통신내용을 공개하면 연방법을 위반한다고 보았다. 지방법원은 도청이 고의적인지는 사실여부에 관한 쟁점이 된다고 보았다. 또한 비록 공개행위가 법을 위반했다 하더라도 수정헌법 제1조가 보호한다는 피상고인들의 항변을 배척하면서, 도청방지법은 자유언론을 사전적으로 제한하거나 위축하지 않고 일반적으로 적용될 수 있는 내용중립법이라고 판단하였다. 연방제3항소법원은 중간상소를 받아들였고 연방정부는 연방법의 합헌성을 방어하기 위해 소송에 참가하였다. 항소법원은 중간심사를 적용하여 법이 이 사건의 사적인 이익을 보호하기에 필요한 정도 이상으로 언론을 심각하게 제한하고 있기 때문에 무효라고 판단하고 피상고인 승소판결을 위해 사건을 환송하였다.

**[요지]**

수정헌법 제1조는 이 사건에서 피상고인들의 공개행위를 보호한다.

(a) 개정된 범죄통제 및 거리안전법(1968년) 3편은 유선, 전자, 구두 통신의 도청을 금지하고 있다. §2511(1)(a)항은 의도적으로 통신내용을 도청한 사람에게 적용되고, (c)항은 불법 도청을 통해 입수한 통신이라는 사실을 알거나 알만한 이유가 있으면서 고의로 통신내용을 공개한 사람에게 적용된다.

(b) 법원은 도청이 불법이고 피상고인들이 도청사실을 알고 있었다는 점을 인정하였다. 따라서 공개는 법을 위반하였다. 이 사건에 법을 적용하는 것이 수정헌법 제1조를 위반하였는지의 남아 있는 문제에 답하면서, 법원은 피상고인들이 불법도청에 관여하지 않았고 정보를 합법적으로 입수하였으며 대화가 공공의 관심사를 다루고 있었다는 주장을 인정하였다.

(c) §2511(1)(c)항은 일반적으로 적용되는 내용중립적인 법이다. 입법목적은 유선, 전자, 구두 통신의 사생활을 보호하는 것이고, 주제보다는 정보의 입수방법에 의해, 불법도청된 대화에 적용된다. 반면에 공개금지는 언론의 제한으로 분류된다.

(d) New York Times Co, v. United States, 403 U.S. 713 (1971) 판결(이하 "뉴욕타임스 판결")에서 연방대법원은 제3자가 훔친 서류에서 입수한 공공의 중대한 관심사에 관한 정보를 공개하는 신문사의 권리를 인정하였다. 법원은 훔친 서류의 성격과 공개의 결과에 주목했지만 서류가 도난당했다는 사실에는 주목하지 않았다. 또한 신문사나 제3자가 정보를 불법 입수한 경우에 정부가 불법 입수뿐만 아니라 이어지는 정보의 공개를 처벌할 수 있는 지에 관한 문제는 해결하지 않고 남겨두었다. 이 사건의 쟁점은 그러한 의문보다 더 제한적이다. 불법적으로 정보를 입수한 출처로부터 적법하게 정보를 얻은 경우에, 정부가 절차상의 흠결 때문에 이어지는 공개행위를 처벌할 수 있는가이다. 법원이 이 쟁점을 더 확대하여 해석하는 것을 거부하는 것은, 진실한 정보의 공개를 처벌하는 것이 수정헌법 제1조에 위반되는지에 관하여 대답하기를 반복하여 거부하는 것과 일치한다. 따라서 법원은 이 사건의 사실관계를 전제로 §2511(1)(c)항의 이익들이 언론 제한을 정당화하는지를 검토한다.

(e) 정부가 특정한 첫째 이익－사적인 대화를 도청하는 유인을 제거함－은

공적인 정보의 공개에 §2511(1)(c)항을 적용하는 것을 정당화하지 않는다. 불법 행동을 막는 정상적인 수단은 그 행위를 한 사람을 처벌하는 것이다. 제3자의 불법 행위를 제지하기 위해 적법하게 정보를 소유한 자의 언론을 제한할 수 있다고 보는 것은 놀랄만한 일이다. 실제 모든 §2511(1)(a),(c),(d)위반사건에서 도청자의 신원은 밝혀진다. 의회가 공개금지로 불법도청을 막을 것이라고 생각한 증거는 없고, 금지가 도청을 줄인다는 가정을 뒷받침하는 증거도 없다.

(f) 정부의 둘째 이익－불법적으로 도청당한 사람의 피해를 최소화함－은 상당히 강력하다. 대화의 사생활은 중요한 이익이다. 그러나 이 소송에서 공적으로 중요한 문제를 공개하는 이익과의 균형을 고려할 때 사생활보호는 양보되어야 한다. 공적인 일에 참여하는 비용 중의 하나는 그에 따른 사생활의 상실이다. 공공의 사안에 대한 토론은 거리낌 없고 활발하게 널리 열려있어야 한다는 원칙에 대한 심오한 국가적인 약속은, 사실의 오류나 명예훼손적인 내용, 또는 둘을 합한 것으로도 공공의 행위 비판을 허용하는 수정헌법 제1조의 보호막을 제거하기에 충분하지 않다는 뉴욕타임스 판결에 의해 뒷받침되었다. 마찬가지 이유로 낯선 자의 불법행위는 공공의 관심사에 대한 언론을 보호하는 수정헌법 제1조의 보호막을 제거하기에 충분하지 않다는 결론에 이르게 된다. 항소법원의 판결을 인용한다.

**[대법관 스티븐스**(대법관 오코너, 케네디, 수터, 긴즈버그, 브레이어 참여)**]**

이 사건은 불법 도청된 내용을 공개한 행위에 대해 수정헌법 제1조가 어느 정도 보호하는가에 관한 중요한 문제를 제기하고 있다. 연방법이 1934년 이후 그러한 공개를 금지하고 있다는 사실에도 불구하고 우리가 이러한 쟁점을 다룬 것은 처음이다.

이 사건은 공공의 사안에 관한 휴대전화 대화의 불법 도청 내용을 반복하여, 의도적으로 공개한 사건이다. 공개한 사람들은 도청에 가담하지 않았지만 불법 도청이라는 사실을 알았거나 최소한 알 만한 이유가 있었다. 따라서 이 사건은 한편으로는 공공의 사안에 관한 정보의 자유롭고도 충분한 통신과 다른 한편으로는 개인의 사생활, 더 자세히는 사적인 대화의 보장이라는 가장 높은 이해관계 사이의 충돌을 보여주고 있다. 수정헌법 제1조 제정자는 분명히 대화, 도청,

또는 이 사건과 같은 충돌을 낳는 과학의 진보를 예상하지 못했다. 그래서 연방대법관 뿐만 아니라 항소법원판사들도 이 쟁점에 수정헌법 제1조를 적용하는데 있어서 다른 결론에 이른 것은 놀랄 일이 아니다. 그럼에도 불구하고 관련된 이해관계를 고려할 때 우리는 이 사건 사실관계에서 피상고인의 공개행위를 수정헌법 제1조가 보호한다고 확신한다.

## I

1992년과 1993년에 와이오밍 밸리 서부 고등학교 교사들을 대표하는 노동조합인 펜실베이니아주 교육조합은 교육위원회와 단체교섭을 진행하고 있었다. 당시 지역노조의 대표인 상고인 케인은 교섭이 논쟁적이었고 언론의 많은 관심을 받고 있었다고 증언하였다. 1993. 5. 노조의 수석 교섭대표로 활동하던 상고인 바트니키는 차안에서 휴대전화로 케인에게 전화를 걸어 협상상황에 대하여 긴 대화를 하였다. 신원이 확인되지 않은 사람이 도청을 했고 대화내용을 녹음하였다.

케인과 바트니키는 대화에서 파업시기, 협상에 대한 사람들의 비평으로 인한 어려움, 위원회의 비타협성에 대한 극적인 대응의 필요성을 논의했다. 어느 시점에 케인은 다음과 같이 말했다. "만약 그들이 3%에 동의하지 않는다면, 우리는 그들의 집에 가야 할 것 같아요. 현관을 날려버리기 위해, 이 사람들에게 무슨 일이든 해야겠어요. 왜냐하면 정말로, 음, 진실로 이것은 나쁜 소식이기 때문이죠. (청취불능)"124)

1993년 가을 초, 당사자들은 교사들에게 대체로 유리한 중재안을 수용하였다. 합의를 보도하는 뉴스에서, 과거 조합에 비판적이었던 라디오 비평가 피상고인 보퍼는 그의 시사토크쇼에서 대화를 도청한 테이프를 틀었다. 다른 방송사도 테이프를 방송하였고 지방 신문도 도청 내용을 공개하였다. 바트니키와 케인(이하 상고인들이라 함)은 보퍼와 다른 언론 매체 대표자들을 상대로 소송

124) "If they're not gonna move for three percent, we're gonna have to go to their, their homes. To blow off their front porches, we'll have to do some work on some of those guys. (PAUSE). Really, uh, really and truthfully because this is, you know, this is bad news. (UNDECIPHERABLE)."

을 제기한 후, 증거개시절차를 통해 보퍼가 협상과정의 노조 요구에 반대하는 지역 납세자 단체 대표인 피상고인 요컴으로부터 테이프를 입수한 사실을 알게 되었다. 피고로 추가된 요컴은 도청 직후 그의 우편함에서 테이프를 발견했고 바트니키와 케인의 목소리임을 알게 되었다고 증언하였다. 요컴은 교육위원회 위원들에게 테이프를 들려주었고 나중에 테이프를 보퍼에게 전달하였다.

## Ⅱ

상고인들은 변경된 소장에서 그들의 전화대화는 전자장치를 이용한 누군가에 의해 몰래 도청되었고 요컴은 대화 테이프를 입수하였으며 다른 사람들과 언론 매체 대표자들 뿐만 아니라 보퍼에게 의도적으로 제공하였다고 주장하였다. 그 이후 보퍼와 다른 매체 관계자들은 대화 내용을 되풀이해서 공개하였다. 상고인들은 각 피고들이 사적인 전화 대화의 녹음이 불법 도청에 의해 이루어진 것이라는 사실을 알았거나 알만한 이유가 있었다고 주장하였다. 연방 및 펜실베이니아주 법규정에 따라 상고인들은 실제 손해와 법정손해, 징벌적 손해, 변호사 비용과 소송비용을 청구하였다.

증거개시절차를 마친 후 당사자들은 약식판결을 신청하였다. 피상고인들은 (a) 도청에 전혀 관여하지 않은 점, (b) 대화가 우연히 도청되었을 수도 있기 때문에 그들의 행동은 불법적이지 않다는 점을 이유로 법을 위반하지 않았다고 주장하였다. 나아가 피상고인들은 설령 도청된 대화를 공개하여 법을 위반했다 할지라도, 공개는 수정헌법 제1조가 보호한다고 주장하였다. 연방지방법원은 법규정상 불법 도청을 통해 "정보를 얻은 것이라는 점을 알거나 알만한 이유"가 있을 때 전자통신내용을 의도적으로 공개하는 행위는 연방법을 위반한 것이기 때문에 첫번째 주장을 배척하였다.[125] 두번째 주장에 대하여 지방법원은 상고인들이 고의로 도청했다는 점을 입증하여야 한다는 것에는 동의하였으나, 고의의 점에 관하여 사실관계에 관한 쟁점이 형성되었다고 결정하였다. 사실상의

---

125) 18 U.S.C. §2511(1)(c)는 다음과 같이 규정하고 있다. "정보가 이 조항을 위반하여 유선, 구두, 또는 전자 통신의 도청을 통해 입수된 것이라는 것을 알거나 알만한 이유가 있으면서, 의도적으로 유선, 구두, 또는 전자 통신의 내용을 다른 사람에게 공개하거나 공개하려고 하는 자는… 처벌된다." 펜실베이니아 법도 비슷한 조항을 갖고 있다.

쟁점은 지방법원이 상고인들의 신청을 거부하는 근거가 되었다. 마지막으로 지방법원은 피상고인들의 수정헌법 제1조 항변을 배척하였는데 그 이유는 법이 “사전 제한 또는 자유 언론을 위축시키는 내용이 없는”, 내용 중립법이기 때문이라고 보았다.

그 후 지방법원은 중간항소를 받아들였다. 법원은 결정적인 법적 쟁점으로 다음 2가지를 들었다. (1) 테이프가 피고들과 관계없는 누군가에 의해 불법 도청 및 녹음되었을 때, 피고 보퍼의 라디오 뉴스/시사 프로그램에서 보도가치가 있는 테이프를 방송한 것만으로 도청법에 따라 매체 피고들의 책임을 인정하는 것이 수정헌법 제1조를 위반하는 지, (2) 익명으로 도청되고 녹음된 테이프를 매체 피고들에게 제공한 행위만으로 피고 요컴이 도청법에 따라 책임을 지는 것이 수정헌법 제1조를 위반하는 지. 연방항소법원은 항소를 받아들였고 연방정부는 연방법의 합헌성을 방어하기 위하여 항소인으로 참가하였다.

3명의 항소법원 판사들은 연방 및 펜실베이니아의 도청법이 내용중립적이므로 “중간 심사(intermediate scrutiny)”가 적용된다는 것에 항소인들 및 정부와 의견이 일치했다. 그 기준을 적용하여 다수의견은 법률이 사생활 보호에 필요한 이상으로 심각하게 언론을 제한하고 있기 때문에 무효라고 결정하였다. 항소법원은 피상고인들 승소판결을 위해 사건을 파기하였다. 반대의견에서 폴락 판사는 공개금지는 불법도청에 대한 유인을 없애고, 널리 공개함으로써 도청 피해가 악화되는 것을 막기 위해서 필요하다고 보았다. 그는 연방DC항소법원의 비슷한 사건〔Boehner v. McDermott, 191 F.3d 158(CA5 2000)〕[126]의 다수의견에 동의하고 있다. 우리는 의견불일치를 해결하기 위해 상고를 허가하였다.

126) Boehner 사건에서, 자동차전화 대화가 도청되었으나, 피고는 누가 대화도청에 책임이 있는지와 어떻게 도청을 했는지를 알고 있었다. 191 F.3d, 465. 다수의견을 보면 피고는 언론매체에 제공하기 위해 테이프를 불법 입수하였다. 476. 도청에 책임이 있는 두 사람이 “직접 또는 간접으로 상업 이익이나 사적으로 금전적인 이익을 얻기 위한 목적으로” 도청하지 않았기 때문에, 그들은 500불의 벌금형을 받았다. §2511(1)(c)의 손해배상청구와 관련된 다른 비슷한 사건에서 매체 피고는 사실상 문제가 된 도청에 참여하였다. Peavy v. WFAA-TV, Inc., 221 F.3d 156(CA5 2000).

## III

우리가 Berger v. New York, 388 U.S. 41 (1967) 판결(이하 "버거 판결")에서 지적했듯이 구두 대화를 엿듣거나 전화내용을 도청하는 정교한 (그리고 정교하지 않는) 방법은 수십 년 동안 주로 사법당국이 사용해 왔다.[127] 버거 판결에서 우리는 경찰의 폭넓은 도청을 허용한 뉴욕주법이 수정헌법 제1조를 위반하였다고 판결하였다. 그 판결과 공중전화시설 외부에 듣고 녹음하는 장치를 부착하는 것은 수색에 해당한다는 Katz v. United States, 389 U.S. 347 (1967) 판결에 따라, 의회는 특별한 조건으로 전자감시에 의해 얻은 증거의 사용을 허용하는 동시에 다른 용도로 사용을 금지하는 광범위한 입법 작업에 착수하였다. 이러한 노력의 결과가 범죄통제 및 거리안전법(1968년) 3편의 도청 및 전자감시이다.

3편의 목적 중 하나는 "유선 및 구두 통신의 사생활을 효과적으로 보호하는 것"이었다. 법집행 목적으로 전자감시를 허용하고 규제하는 것에 추가하여 개인의 행위를 규제하고 있다. 이 규제들 중 하나는 벌금 10,000달러 이하, 또는 5년 이하의 징역에 처할 수 있는 5가지 위반행위를 규정하고 있다. §2511(1). (a)항은 고의로 유선 또는 구두 통신을 도청하는 사람에게 적용되고 (b)항은 구두 대화를 도청하는 장치를 고의로 사용하는 행위에 적용된다. (d)항은 불법적으로 취득한 유선 또는 구두 통신 내용의 사용에 적용된다. (e)항은 법집행목적으로 허용된 도청내용을 권한없이 공개하는 것을 금지하고 있다. (c)항은 이 사건에 직접 관련이 있는 규정인데, "이 조항을 위반하여 유선 또는 구두 통신을 도청하여 얻은 정보라는 것을 알거나 알만한 이유가 있으면서 다른 사람에게 의도적으로 유선 또는 구두 통신을 공개하거나 공개하려고 시도하는 사람"

127) 특히 휴대 및 무선 전화내용은 전통적인 유선 전화보다 더 쉽게 도청되었다. Hubert v. Metrophone, Inc., 898 F.2d 401, 404-405(CA3 1990). 비록 휴대 및 무선 전화내용이 쉽게 도청될 수 있다고 하더라도 의도적인 도청이 얼마나 자주 일어나는지 분명치 않다. 1992년부터 1997년까지 18 U.S.C. §2511 위반으로 100건 이하의 사건이 기소되었다. 그러나 휴대 및 무선 전화를 도청하는 기술과 장비에 관한 정보는 수많은 출판물, 잡지, 인터넷 사이트에서 찾을 수 있다. 1997년의 의회 청문회에서는 조금 수리한 일반 스캐너가 의원들의 전화를 도청하는데 사용된다는 사실이 확인되었다.

에게 적용된다. 법에 의해서 보호되는 구두 통신은 도청대상이 아니라고 알고 있는 상황에서 말하는 내용만 보호된다.

1968년에 입법된 3편(Title Ⅲ)은 무선전송을 감시하는 행위에 적용되지 않았다. 그러나 의회는 1986년의 전자통신 사생활보호법에서 구두 또는 유선 통신 뿐만 아니라 전자통신의 감청을 금지하기 위하여 3편의 적용범위를 확대하였다. 1994년 무선 전화 통신에 적용되는 것으로 개정되어 3편은 이제 휴대전화와 무선전화의 대화 도청에 모두 적용된다. 비록 그러한 통신의 도청에 가벼운 형벌이 부과된다 하더라도 구두, 유선, 전자 통신에 대해 모두 손해배상청구가 가능하다.

## Ⅳ

우리의 헌법적 의문은 이 사건의 특정한 사실관계에 적용될 때 법이 유효한지이다. 우리는 도청이 고의적이고 불법이었으며 최소한 피상고인들이 불법이라는 점을 알만한 이유가 있었다는 상고인들의 주장을 받아들인다. 따라서 요컴이 교육위원회 위원들과 언론사에게 도청된 대화내용을 공개하고 이어서 언론매체 피고들이 대중에게 공개한 행위는 연방법과 주법을 위반하였다. 그러므로 연방법과 펜실베이니아주법 규정에 따르면, 상고인들은 피상고인들로부터 손해배상을 받을 권리가 있다. 남은 문제는 이러한 상황에서 그 법을 적용하는 것이 수정헌법 제1조를 위반하느냐이다.[128)]

우리는 대부분의 §2511 사건들과 구분되는 3가지 사실들에 관한 피상고인들의 주장을 받아들인다. 첫째, 피상고인들은 불법도청에는 전혀 관여하지 않았다. 그보다는 그들은 도청이후에야 도청을 알게 되었고 도청한 사람(들)이 누구인지 전혀 알지 못했다. 둘째, 비록 정보 자체는 누군가에 의해 불법적으로 도청되었다 하더라도 피상고인들은 테이프의 정보를 합법적으로 얻었다. 셋째, 대화 주제가 공공의 관심사에 관한 것이었다. 만약 교섭 회의와 같은 공적인 자리에서 노사협상에 관한 대화가 이루어졌다면 보도가치가 있었을 것이다. 또한

---

128) 이 문제에 답하면서 우리는 매체 피상고인들과 요컴을 구분하지 않는다. New York Times Co. v. Sullivan, 376 U.S. 254, 265-266 (1964); First Nat. Bank of Boston v. Bellotti, 435 U.S. 765,777 (1978).

만약 제3자가 Bartnicki와 케인이 비밀리에 같은 말을 하는 것을 우연히 엿들었어도 마찬가지일 것이다.

## V

우리는 펜실베이니아법뿐만 아니라 §2511(1)(c)가 일반적으로 적용되는 내용중립법이라는 상고인들의 주장에 동의한다. "특정 규정이 내용에 기초한 것인지 또는 내용 중립적인지를 결정하는 것은 항상 쉬운 일은 아니다. …법조문에 의해서 표현된 생각이나 견해를 바탕으로 좋아하는 언론과 싫어하는 언론을 구분하는 법은 내용에 기초한 것이다." Turner Broadcasting System, Inc. v. FCC, 512 U.S. 622, 642-643 (1994). 규정이 내용에 기초한 것인지 내용중립적인 것인지를 결정하기 위해 우리는 규정의 목적을 본다. 전형적으로 "표현활동에 대한 정부의 규제는 언론의 내용을 보지 않고 정당화되는 한 내용중립적이다." Ward v. Rock Against Racism, 491 U.S. 781,791 (1989).[129]

이 소송에서 쟁점이 된 법률의 기본 목적은 "유선, 〔전자〕, 구두 통신의 사생활을 보호"하기 위한 것이다. 법은 도청된 대화의 내용을 구분하지 않으며 그 대화의 내용을 보고 적용여부가 결정되지 않는다. 이 사건의 대화는 주제보다는 출처로 인하여 불법 도청되었다는 사실만 지적되고 있다.

다른 한편으로 단순한 공개금지는 언론 자체의 규제로 분류된다. §2511(1)(d)에서 불법 도청된 내용의 "사용"을 금지하는 것과 다르게 (c)는 행위의 규제가 아니다. 테이프를 전달하는 것이 행위로 여겨질 수 있으나, 전달의 목적이 녹음된 대화내용을 제공하려는 것이라는 점에서 유인물이나 소책자의 전달과 비슷하다. 그리고 수정헌법 제1조가 보호하는 것은 "언론"이다.[130] 항소법원의 다수의견과 같이 "만약 정보를 공개하거나 공표하는 행위가 언론에 해당하지 않는

---

129) "그러나 내용에 기초한 목적이 어떤 상황에서는 규제가 내용에 기초하고 있다는 점을 증명하기에 충분하지만, 모든 사건에게 그러한 증명이 필요하지 않다. 뿐만 아니라 내용 중립 목적이라는 단순한 주장이 문면상 내용에 기초한 차별을 하는 법을 구제하기에 충분하지 않을 것이다." Turner Broadcasting System, Inc. v. FCC, 512 U.S. 622, 642-643 (1994).

130) 달리 말하면 이 사건에서 법적 책임을 불러일으키는 것은 테이프에 들어 있는 정보다.

다면 표현적인 행위와 구분되는 범주에 속하는 것이 무엇인지 상상하기 어렵다."

## VI

일반적으로 "진실한 정보의 공개를 처벌하는 주의 행위는 거의 헌법 기준을 충족할 수 없다." Smith v. Daily Mail Publishing Co., 443 U.S. 97, 102 (1979)(이하 "데일리메일 판결"). 좀 더 특별하게 이 법원은 "만약 신문이 합법적으로 공공의 중요한 문제에 관하여 진실한 정보를 얻었다면, 주 공무원이 그 정보의 공개를 처벌하는 것은 가장 높은 (주의 이익을 증진할) 필요성이 없는 한, 헌법적으로 허용될 수 없다." 위 판결, 103.

따라서 뉴욕타임즈 판결에서, 법원은 제3자가 훔친 서류로부터 얻은 공공의 커다란 관심사에 관한 정보를 공개하는 신문의 자유를 인정하였다. 그 판결은 공개의 사전 제한을 반대하는 기본 법리와 만약 공개된다면 국가의 안전을 심각하게 위협할 수 있는 정보의 비밀을 보장하는 이해관계 사이의 충돌을 해결하였다. 그 과정에서 연방대법관들은 훔친 서류 내용의 성격과 공개의 결과에 대해 주의를 집중하였다. 비록 신문이 훔친 서류에서 입수한 정보를 공개하려고 했다는 사실은 할란 대법관의 반대의견에 다툼없는 사실로 기재되어 있지만 다수의견이나 반대의견이나 그 점을 중요시하지 않았다.

그러나 위 뉴욕타임즈 판결은 "신문사나 정보원이 정보를 불법적으로 입수한 경우 정부가 불법적인 입수 뿐만 아니라 뒤이은 공개를 처벌할 수 있는지"의 문제도 제기했으나 해결하지 않았다. 그러나 이 사건의 문제는 여전히 미해결된 문제보다 더 협소한 것이다. 단순하게 말하면 이 사건의 쟁점은 다음과 같다. "정보의 공개자가 문제의 정보를 불법 취득한 정보원으로부터 적법한 방법으로 입수한 경우 정부가 연결과정의 흠결을 바탕으로 그 정보의 뒤이은 공개를 처벌할 수 있는가?"

우리는 이 사건의 사실관계속에서 §2511(1)(c)가 추구하는 이익에 의해 언론 제한이 정당한지를 검토하여야 한다.

정부는 법이 추구하는 2가지 이익을 제시하였다. 첫째, 사람들에게 사적인 대화를 도청하게 하는 유인을 없애는 것, 둘째, 대화가 불법적으로 도청되는 사람들에게 미치는 피해를 최소화하는 것. 우리는 그러한 이익들은 도청자가 §2511(1)(a)를 위반하여 입수한 정보를 도청자 스스로 사용하는 것을 금지한 §2511(1)(d)에서 적절하게 보호된다고 추정한다. 그러나 최초 불법행위에 가담하지 않은 사람이 공공의 이해관계에 관한 정보를 합법적으로 입수하여 공개하는 행위의 처벌은 이러한 목적을 달성하는데 용인할만한 수단이 결코 아니다.

불법행위를 막는 정상적인 방법은 불법행위에 관여한 사람을 적절하게 처벌하는 것이다. 만약 현재 §2511(1)(a) 위반에 가해지는 제재가 충분한 범죄억제를 제공하지 못한다면 아마도 그 제재가 더 엄격해져야 한다. 그러나 탈법적인 제3자의 행위를 제지하기 위해 정보를 적법하게 소지한 사람의 언론이 제한될 수 있다고 보는 것은 매우 놀랄만한 일이다. 비록 언론을 억누르는 법이 다른 사람의 범행을 막으려는 이익에 의해 정당화되는 드문 경우가 있을 수 있다 할지라도, New York v. Ferber, 458 U.S. 747 (1982),[131] 이 사건은 그런 경우가 아니다.

소수의 예외를 제외하고 §2511(1)(a)의 위반사례는 금전적인 이익 또는 집안싸움에 의해 시작되었다.[132] 거의 대부분의 사례에서 대화를 도청한 사람은 신원이 밝혀졌다.[133] 나아가 상고인들은 의회가 스캐너(scanners)와 다른 감시장치를 부적절하게 사용하는 사람들의 신원을 확인하기 어렵고 따라서 그러한 행위를 막기 어려워 이에 대한 대응으로 공개금지를 검토했다는 증거를 제시하지 않았다.[134] 공개금지가 불법도청을 줄인다는 가정을 뒷받침하는 실증적인 증거

131) 문제되는 언론의 가치가 매우 적을 경우다. Osborne v. Ohio, 495 U.S. 103 (1990); New York v. Ferber, 458 U.S. 762 (1982) ("외설적인 성관련 행위를 하는 어린이들의 생방송과 사진 복제를 허용하는 가치는 사소하지는 않을지라도 매우 적다"). 정부는 수령이나 물품 소지의 금지가 원래의 불법행위를 저지하는데 사용되는 다른 2개의 법-즉 우편 도둑과 훔친 재산-을 지적하고 있다. 550-551(대법원장 렌퀴스트 반대 의견). 그러나 이러한 예는 언론에 대한 금지와 무관하다. 그래서 그것들은 수정헌법 제1조 해석과 관련이 없다.

132) 언론매체 피상고인들은 §2511(1)(a)의 사건 143건과 §2511(1)(c)와 (d)의 사건 63건을 서면에 첨부하였다.

133) 언론 매체 피상고인들이 제시한 206건의 도청사례 중 도청자의 신원이 전혀 확인되지 않는 사건은 5건뿐이었다.

134) 1968년 법의 입법과정은 의회가 "가족 관계와 산업 스파이 상황"에서 사적인 도청에 관심을 가졌다는 것을 보여준다. S. Rep. No. 1097, 90th Cong., 2d Sess., 225 (19

가 없다.135)

비록 이 사건이 익명의 도청자가 금전 보상이나 대중의 칭찬을 기대하지 않고 정보를 전달함으로써 형사기소를 모면하는 상황이라 할지라도, 이것은 분명히 예외적인 사건이다. 게다가 피상고인들을 제재하는 것이 미확인된 도청자의 은밀한 도청 반복을 중단시킬 것이라는 가설을 뒷받침하는 근거는 없다. 표현에 대한 그러한 부담은 "심각한 위해에 대한 단순한 추정 이상의 더 강한" 정당화가 있어야 한다. United States v. Treasury Employees, 513 U.S. 454, 475 (1995).136) 따라서 공공 정보의 공개에 대해 §2511(1)(c)를 적용하는 것이 정당하다는 정부의 첫번째 주장은 불충분하다.137)

---

68). 비슷하게 1986년의 개정법과 관련하여 한 상원의원은 "기업 스파이, 정당한 사유없는 경찰관, 단순한 염탐꾼"으로부터 사적인 통신을 보호하는 이익을 말하였다.

135) 반대의견은 우리가 "의회의 사실인정" 또는 "의회의 사실관계 예측"을 적정하게 존중하지 않았다고 주장한다. 550. 그러나 관련된 사실적인 근거는 입법 기록에서 발견되지 않는다. 나아가 반대의견은 의회가 그 의견의 가설을 뒷받침하는 경험적인 증거를 제공하였다고 주장하지 않으며, 불법 도청과 관련된 대다수의 사건에서 도청에 책임있는 자의 신원이 알려졌다는 사실에 이의를 제기하지 않는다. 그 대신에 반대의견은 9건이 "알려지지 않은 또는 증명되지 않는 도청자"와 관련있다고 말하면서, 우리와 숫자에서 작은 불일치를 보이고 있다. 552. 주 9. 반대의견은 9건에 의심되지만 도청자의 신원이 쟁점이 아니었거나 증거가 불충분하기 때문에 도청자의 신원이 증명되지 않은 사건을 포함하고 있다. 어느 경우든 §2511의 206건에서 익명 도청자와 관련된 사건이 5건이든 9건이든, 불법 도청이 관련된 대부분의 사건에서 도청자의 신원은 비밀이 아니었다. 만약 시장고갈이론의 지지자로서, 불법 도청에 책임이 있는 자를 확인하기 어렵다면(그래서 최초 불법행위와 무관하거나 책임이 없는 제3자에 의한 공개를 금지할 필요가 있다면), 도청자의 신원이 알려지지 않은 더 많은 사건을 볼 수 있기를 기대할 수 있다. 입법 기록에 시장 고갈 이론을 옹호하는 증거가 부족할 뿐만 아니라, 개정법 당시의 증거도 이와 반대된다.

136) 상업 언론에 대한 규제가 정당하려면 "단순한 추측이나 억측" 이상의 입증이 필요하다. Greater New Orleans Broadcasting Assn., Inc. v. United States, 527 U.S.173, 188 (1999).

137) 물론 우리 판결은 관련 정보를 불법적으로 입수한 당사자들의 처벌에는 적용되지 않는다. "수정헌법 제1조가 뉴스를 확보하기 위해 기자나 뉴스원에게 형법을 위반하는 면허를 준다는 주장-이 사건에서는 그런 주장이 없다-은 경박할 것이다. 비록 서류를 훔치거나 사적인 도청이 보도가치가 있는 정보를 제공할 수 있다고 하더라도, 뉴스의 유통에 어떤 충격이 있더라도 기자나 뉴스원이 그러한 행위로 면책되지 않는다." Branzburg v. Hayes, 408 U.S. 665, 691 (1972).

그러나 정부의 두번째 주장은 상당히 강력하다. 대화의 사생활보호는 중요한 이익이고, Harper & Row, Publishers, Inc. v. Nation Enterprises, 471 U.S. 539, 559 (1985),[138] 3편의 규제는 그러한 이익을 보호하고, 그럼으로써 개인들이 억압받지 않고 생각과 정보를 교환하는 것을 권장한다. 나아가 사적인 대화가 공개되는 두려움은 사적인 언론을 위축시키는 효과를 낳을 것이다.

"민주사회에서 시민들이 창의적이고 건설적으로 생각하고 행동한다면 대화의 비밀은 필수적이다. 언론이 누군가에 의해 감시되고 있다는 두려움 또는 의심은 그러한 행동이 실제 일어나지 않는다 하더라도 비판적이고 건설적인 생각을 말하려는 의욕을 심각하게 제한하는 효과를 낳을 수 있다." President's Commission on Law Enforcement and Administration of Justice, The Challenge of Crime in a Free Society 202 (1967).

따라서 헌법 해석의 양쪽 측면에서 고려되어야 할 중요한 이익들이 있는 것으로 보인다. 균형을 고려할 때 우리는 사생활에 대한 어떤 침해는 다른 것들보다 더 불쾌하고, 사적인 대화내용의 공개가 도청 자체보다 더 큰 사생활침해가 될 수 있다는 것을 인정한다. 그 결과 비록 공개금지가 최초의 도청을 방지하는데 중요한 역할을 하지 않는다 하더라도, 불법 도청된 내용을 적법하게 입수한 사람들이 그 내용을 공개하는 행위를 금지하는 것은 정당하고 유효하다.

우리는 그 이익이 기업비밀 또는 가정내 소문 또는 순전히 사적인 관심사에 해당하는 정보의 공개행위에 §2511(1)(c)를 적용하는 것이 정당할 만큼 충분히 강력한 가를 결정할 필요는 없다. 달리 말하면 이 사건의 결론이 수정헌법 제1조를 위반하지 않는 대부분의 법위반행위에 관하여 §2511(1)(c)를 적용할 수 있는지에 달려 있는 것은 아니다. 그러나 이 사건에서 위 규정은 공공의 관심사에 관한 진실한 정보의 공개에 제재를 가하고 있기 때문에 수정헌법의 핵심목적과 관련되어 있다.

---

138) "수정헌법 제1조의 본질적인 의의는 생각을 자발적으로 공개 표현하는 행위에 대한 부당한 제한을 금지하는 것이다; 그것은 다른 사람들이 그가 침묵하기를 원할 때, 말하거나 출판하기를 원하는 사람을 보호한다. 적절하게 정의된 분야에서, 적극적인 측면에서의 언론의 자유와 똑같은 궁극적인 목적에 봉사하는 공개적으로 말하지 않을 부수적인 자유가 반드시 있다." Harper & Row, Publishers, Inc. v. Nation Enterprises, 471 U.S., 559.

이 사건에서 공공의 중요한 문제를 공개하는 이익과 상충될 때 사생활보호는 양보되어야 한다. 워렌과 브랜다이스가 법학지 논문에서 말했듯이 : "사생활권은 공공의 또는 일반적인 이해관계가 있는 사건의 공개를 금지하지 않는다." 공적인 일에 참여하는 것과 관련된 비용중의 일부는 사생활의 부수적인 상실이다.

"다양한 수준으로 타인에게 스스로를 노출시키는 것은 문명사회의 삶에 수반된다. 이러한 노출의 위험은 언론과 출판의 자유에 주요한 가치를 두는 사회에서 살아가는 삶에서 본질적으로 발생하는 일이다. '토론의 자유가 이 나라에서 역사적인 기능을 수행한다면 그 자유는 사회의 구성원들이 시대의 위기를 극복하기 위해 어떤 정보가 필요하거나 적절한지에 관련된 모든 사항들을 수용해야 한다.'" Time, Inc. v. Hill, 385 U.S., 388 (1967).[139]

New York Times Co. v. Sullivan, 373 U.S. 254 (1964) 사건에서 우리는 "공공의 문제에 관한 표현의 자유가 수정헌법 제1조에 의해 보장된다는 일반명제"를 확립한 많은 판결들은 검토하였다. 그 사건들은 모두 "공적인 문제에 관한 토론은 거리낌없고 활발하게 널리 열려 있어야 한다는 원칙에 대한 심오한 국가적 약속"에 바탕을 두고 있다. 공직자의 행위 비판에 대한 수정헌법 제1조의 보호를 제거하기에 충분할 만큼 허위사실이 없고 명예훼손적인 내용이 없으며 그 2가지가 결합된 것도 없다는 우리의 판단에는 그 약속의 압도적인 중요성이 들어 있다.

우리는 비슷한 추론이 누군가의 불법 행동이 공공의 관심사에 관한 언론으로부터 수정헌법 제1조의 보호막을 제거하기에 충분하지 않다는 결론을 요구한다는 것은 명백하다고 생각한다.[140] 와이오밍 밸리 서부지역 고등학교 교사들에 대한 적절한 수준의 보상에 관한 수개월간의 협상은 의심할 여지없이 공공의 관심사였다. 피상고인들은 분명히 그 관심사에 대하여 논의를 하고 있었다. 그 논의는 Whitney v. California, 274 U.S. 372 사건의 브랜다이스 대법관의 고

139) 나아가 "우리의 판례는 예외 상황이 아니면 명예법익만으로는 진실한 언론의 금지가 정당하지 않다는 점을 확립했다." Butterworth v. Smith, 494 U.S. 624, 634 (1990).

140) Florida Star v. B.J.F.491 U.S. 524, 538 (1989)(언론매체의 진실한 정보 공개 행위를 처벌함으로써 유발되는 '소심함과 자기검열'을 인정).

전적인 의견을 자극한 공산주의자의 수사보다는 평범하지만 헌법의 보호를 받을만한 가치가 적은 것은 아니다.

항소법원의 판결을 인용한다.

**[대법관 브레이어의 동조의견**(대법관 오코너 참여)**]**

나는 이 사건의 다음과 같은 특별한 상황으로 제한된 판결에 동의한다. (1) 라디오 방송인들이 (마지막 공개할 때까지) 적법하게 행동했고, (2) 공개된 정보는 드문 공공의 관심사, 즉 다른 사람에 대한 잠재적인 신체 위협과 관련이 되어 있다. 이 판결이 왜 언론 매체에 대한 상당히 넓은 헌법적 면책을 의미하지 않는 것인지를 별도로 설명한다.

법원이 인정하듯이, 이 사건의 문제－법에 따른 민사 책임의 면책 문제－는 대립되는 헌법 관심을 내포하고 있다. 법은 매체의 정보 공개를 금지한다는 점에서 자유 표현에 직접 개입하고 있다. 동시에 법은 개인의 사생활－"혼자 있을 권리(right to be let alone)" 뿐만 아니라, "사적인 언론을 장려하는 … 이익"을 포함하는 이익－을 보호하는데 도움을 주고 있다. 이러한 대립하는 이익이 "방정식의 양쪽"에 있을 때, 중요한 것은 타당한 적합성이 있느냐의 문제이다.

나는 법이 언론 제한과 언론 증진 사이에 합리적인 균형을 잡고 있는지는 물어볼 것이다. 또는 법이 상응하는 사생활과 언론 관련 혜택과 비교했을 때, 그러한 혜택을 보장하기 위한 제한의 필요성뿐만 아니라 이러한 혜택의 종류, 중요성, 범위를 고려하면서 균형에 맞지 않게 언론을 제한하고 있는가? 이 법원이 "엄격 심사"－위헌성의 강한 추정－라고 부르는 것은 이 사건처럼 대립하는 중요한 헌법 이익이 관련되어 있는 경우에 보통 어울리지 않는다.

이 사건 법의 제한은 사사로운 언론을 직접 장려하고 있다. 법은 가정내 사생활의 보장만큼이나 전화 대화의 사생활을 보장하고 있다. 사생활의 보장은 우리가 사적인 대화의 공개를 걱정할 때 사적인 일들의 토론을 꺼리는 것을 극복하도록 도와준다. 그리고 법의 제한은 일어나지 않았을 수도 있는 대화를 결과적으로 장려하게 된다.

동시에, 이 법은 공공의 언론을 직접, 신중하게, 그리고 필요에 따라 제한하고 있다. 법은 도청을 막기 위한 수단으로서 뿐만 아니라 목적에 따라 매체의 공개를 적용 범위에 넣고 있다. 사사로운 대화를 언론 매체가 보도하는 것은 휴대전화를 도청한 사람에게 최초로 공개되면서 발생하는 피해를 넘어 발언자들에게 심각한 피해를 입히게 된다. 그리고 널리 공개하는 위협은 도청자와 소수의 사람들에게 공개하는 상대적으로 가벼운 위협보다 사적인 대화를 더 강력하게 위축시킬 수 있다. 이 법이 사적인 대화를 널리 공개하는 것으로부터 보호하는 한에서는, 개인의 침실에서 훔친 정보를 공개함으로써 발생한 손해를 배상하는 법을 닮았다. 워렌과 브랜다이스, 사생활의 권리, 4 Harv. L. Rev. 193 (1890).

일반적인 문제로 법이 직접적으로 언론을 제한하고 있음에도, 연방 헌법은 이러한 사생활과 언론 관련 복석의 중요성 때문에 이러한 종류의 법을 용인해야 한다. Katz v. United States, 389 U.S. 347, 350-351 (1967) 참조("개인의 일반적인 사생활권의 보호-혼자 있을 권리-는, 그의 재산과 생명의 보호처럼, 대부분 개별적인 주 법에 맡겨져 있다."). 이러한 종류의 입법을 금지하기보다는, 헌법은 매체의 자유와 사적인, 언론 관련 사생활을 합리적으로 조정하는 법을 마련하기 위한 입법적인 노력을 요구한다.

그럼에도 불구하고 더 구체적으로 보면 이 사건에 적용되는 법은 대립하는 헌법 목적을 합리적으로 조정하지 않았다. 그 보다는 법은 매체의 자유에 균형에 맞지 않게 개입하고 있다. 이 사건에서 방송사들은 다른 사람이 이미 얻은 정보를 공개하는 것 외에 다른 불법 행위에 관여하지 않았다. 그들은 "도청을 장려하거나 직접 또는 간접으로 도청에 참여하지 않았다." 누구도 그들이 도청 행위, 도청자가 테이프를 중개자에게 전달하는 행위, 또는 중개자가 매체에 전달하는 행위를 지시, 조언, 권유하거나, 또는 달리 교사, 방조하였다고 주장하지 않는다. 그리고 법원이 지적히듯이, 법은 테이프 자체의 수령을 금지하지 않는다. 법원은 판결이 "정보를 불법적으로 얻은 행위의 처벌에 적용하지 않는다"고 덧붙였다.

또한 발언자들은 특정 대화의 사생활을 유지하는데 정당한 이익을 갖고 있지 않다. 그 대화는 "집 현관을 날려버리고," 그리고 "이 사람들에게 무슨 일이든 한다", 이로 인하여 다른 사람들의 안전에 심각한 우려를 일으키는 제안을 담고 있다. 사적인 정보의 공개가 불법 행위가 될 경우, 법은 공공의 안전에 대한 위협을 알리는 것을 허용하는 특권을 인정하고 있다. 공개 시점에 위험이 사라진 경우에도, 그 이전 발언자의 사생활 기대는 정당하지 않다. 공개 결정을 빨리 해야 하는 편집자들이 이러한 위협의 공개 전에 현재의 위험 또는 계속된 위험이 있는지를 결정해서는 안 된다.

나아가 교사노동조합의 대표와 협상책임자인 발언자들은 자발적으로 공적인 대화에 관여하였기 때문에 "제한된 공적 인물"이다. 그들은 스스로를 더 많은 공공의 감시에 노출하였고 순전히 사적인 일을 하는 개인보다는 사생활에 대한 이익이 더 적다. Wolston v. Reader's Digest Assn., Inc., 443 U.S. 157, 164 (1979); Hutchinson v. Proxmire, 443 U.S. 111, 134 (1979); Gertz v. Robert Welch, Inc., 418 U.S. 323, 351 (1974).

헌법이 공적 인물을 포함하여 누구나 모든 사적인 통신, 즉 도청으로부터 자유로운 통신의 권리를 포기하도록 요구하고 있다고 말하는 것은 아니다. 그러나 이 사건 대화의 주제는 언론매체가 전적으로 사적인 문제를 공개하는 상황과는 거리가 멀다. Michaels v. Internet Entertainment Group, Inc., 5 F. Supp. 2d 823, 841-842 (C.D. Cal. 1998) (유명 여배우와 가수 사이의 성관계 비디오 테이프의 방송은 정당한 공공의 관심사안이 아니다); 워렌과 브랜다이스 214 ("공동체의 정당한 관심과 무관한" 사안을 인정)를 보라. Time, Inc. v. Firestone, 424 U.S. 448, 454-455 (1976) (공공의 흥미에도 불구하고 부자의 이혼은 "공공의 논쟁대상"은 아님) 비교.

그래서 이 사건과 같은 불법 도청된 대화를 공개하는 헌법 특권을 인정하는 데 있어서, 법원은 사생활보호의 일반 원칙을 배제하는 "공익"의 예외를 만들지 않는다. 그보다는 특별한 종류의 도청 정보 공개를 헌법이 보호하는 것을 인정한다. 이 사건에서 발언자의 정당한 사생활기대는 매우 낮고, 그러한 기대를 배척하는 공익은 매우 높다. 피상고인 행동의 합법적인 성격과 함께 이 사건 법의 집행은 균형에 맞지 않게 언론매체의 자유를 억압하게 될 것이다.

내 견해로는 미래 기술이 개인의 기본적인 사생활 이익에 미치는 변화에 의회가 융통성있게 대응하는 것을 헌법이 허용하기 때문에 나는 이 사건의 특정한 상황을 강조한다. 단순히 침실에서 서류를 훔치는 것과 달리, 사생활의 은밀하고도 만연한 침해는 지속적인 기술발전의 결과로서 가능해진 일이다. 거리에서 일상적인 휴대전화 대화의 도청(많은 통화자가 묵인하는 것 같은)은 비밀 휴대전화 대화, 침실에서 이루어지는 대화의 도청과는 매우 다른 문제이다. 그러나 전자를 허용하는 기술은 후자도 허용하게 되었다. 그리고 전자의 상황에서 덜 중요한 것 같은 법은 후자의 상황에서는 더 중요해질 것 같다. 의회는 이 사건과 같은 법을 검토하기로 결정하고, 예컨대 좀 더 효과적인 사생활 보호기술을 장려하는 것과 같은 더 나은 규정을 창안할 수 있을 수도 있다.

이러한 이유로, 우리는 지나치게 넓은 또는 엄격한 헌법 원칙을 채택하여 불필요하게 의회의 유연성을 제한하는 것을 피해야 한다. 나는 결과적으로 이 사건에 적용되는 법이 헌법을 위반하였다는 다수의견에 찬성하지만, 그 판결을 현재의 상황을 넘어 확대하지 않을 것이다.

**[대법원장 렌퀴스트의 반대의견**(대법관 스칼리아, 토마스 참여)**]**

기술발달로 이제 방대한 전자 네트워크를 통하여 수많은 중요하고 비밀스런 대화가 오가고 있다. 그러나 이러한 발전은 심각한 사생활 관심을 불러 일으킨다. 우리는 개인 또는 업무 이메일, 의료와 재정 기록, 또는 무선 전화와 휴대전화 대화에 누군가 접근할지 모른다는 사실을 알지 못하는 불편한 상황에 놓여 있다. 가장 악명높은 사생활 침해를 막기 위하여, 연방정부와 콜럼비아 특별구, 40개 주는 전자 통신의 의도적인 도청과 공개를 금지하는 법을 제정하였다. 법원은 불법 도청된 대화가 법원이 개념 정의조차 시도하지 않은 무형의 개념인 "공공의 관심사"의 문제와 관련되어 있는 한, 이러한 법률들 모두가 수정헌법 제1조를 위반한다고 판결한다. 그러나 법원의 결론은 수정헌법 제1조의 목적을 증진하기 보다는 훼손함으로써 매일 전자 통신 기술에 의존하는 수백만 미국인들의 언론을 위축시키고 있다.

30년여 전 1968년의 범죄 통제 및 거리안전법 Ⅲ편에서, 의회는 다음과 같이 인정하였다.

"엄청난 과학 기술 발전으로 오늘날 전자 감시 기술은 널리 이용되고 남용되고 있다. 통신 사생활은 감시 기술에 의해 심각한 위험에 처하게 되었다… 짧게 말하면 모든 사람이 가정에 돌아가서 혼자 있는 것이 불가능해졌다. 개인의 사사로운 결혼, 종교, 정치, 또는 상업적인 관심에 관련된 모든 말은 보이지 않는 청취자에 의해 도청될 수 있고 청취자에게 유리하게 이용될 수 있다." S. Rep. No. 1097, 90th Cong., 2d Sess., 67 (1968)(이하 "No. 1097").

이러한 사생활 관심은 개인적인 대화는 솔직하고 방해받지 않아야 하고, 비밀 감시와 의도적인 공개의 두려움으로 제한되지 않아야 한다는 희망과 불가분적으로 결합되어 있다.

"만약 시민들이 창의적이고 건설적으로 생각하고 행동하려고 한다면 민주 사회에서 통신의 사생활 보장은 필수이다. 누군가 발언을 감시하고 있다는 두려움이나 의심은, 설령 그러한 행위가 없더라도, 비판적이고 건설적인 생각을 말하려는 의욕을 심각하게 방해하는 효과를 가질 수 있다." 법집행에 관한 대통령위원회, 자유 사회에서 범죄의 도전 202 (1067).

이러한 중요한 사생활 및 언론 이익을 충족하기 위하여, 의회와 대다수 주는 의도적인 도청과 전자 통신 내용의 고의 공개를 금지하였다. 18 U.S.C. §2511(1)(c)("유선, 구두, 전자 통신의 도청을 통하여 얻은 정보라는 사실을 알면서 또는 알만한 이유를 갖고 있으면서, 고의로 유선, 구두, 또는 전자 통신의 내용을 다른 사람에게 공개하거나 공개하려고 하는…자"를 규제).

법원이 이를 가장 높은 이익, 즉 "개인의 사생활과 사적인 언론을 장려하는 이익"에 봉사하는 "일반적으로 적용가능한 내용중립법"이라고 본 것은 올바르다. 그럼에도 불구하고 법원은 보통 다른 견해나 생각을 검열하기 위한 정부의 시도에 적용하는 엄격심사를 이 법에 적용하고 있다. 법원의 암묵적인 엄격 심사 적용을 뒷받침하는 선례나 논거는 거의 없다.

내용 중립 규제는 다음과 같은 경우에 승인된다.

"중요하거나 실질적인 정부의 이익을 증진할 때; 정부의 이익이 자유 언론의 억압과 무관할 때; 그리고 만약 수정헌법 제1조 자유의 우연적인 제한이 그 이익의 증진에 필수적인 것보다 크지 않을 때." Turner Broadcasting System, Inc. v. FCC, 512 U.S. 622, 662 (1994)(United Sates v. O'Brien, 391 U.S. 367, 377 (1968) 인용).

이 사건에서 의회와 펜실베이니아 주의회는 "규제된 언론의 내용을 참조하지 않고" 법을 제정했다. 이 법들이 "인기없는 생각이나 정보를 억압하거나 공적인 토론을 조작하려 하거나 또는 표현된 생각이나 견해를 바탕으로 선호하는 언론과 선호하지 않는 언론을 구분한다는" 내용은 없다. 위 Turner Broadcasting 판결, 641,643. 공개금지조항은 대화가 획득된 방법에만 기초하고 있고 대화의 주제나 발언자의 견해와 무관하다. 합법적으로 얻었다면, 같은 정보는 처벌받지 않고 공개될 수 있다. Seattle Times Co. v. Rhinehart, 467 U.S. 20, 34 (1984)("당사자는 정보를 법원의 절차와는 다른 수단을 통해 얻는 한, 동일한 정보를 배포할 수 있기 때문에" 중간 심사에 따라 증거개시절차 동안 얻은 정보의 보호 명령을 승인). 엄격 심사를 적용할 사유가 없어서, 언론에 대한 내용중립 규제는 중간 심사만을 통과하면 된다.

법원이 데일리 메일 판결과 같은 신문 판결들에 의존하여 이러한 선례를 회피하려고 한 것은 설득력이 없다. 그 사건들에서 우리는 언론매체가 다음과 같은 진실한 정보를 공개하는 행위를 금지하는 것은 수정헌법 제1조 위반이라고 판결했다. 강간 피해자의 이름, Florida Star v. B.J.F., 491 U.S. 524 (1989) (이하 "플로리다 스타 판결"); Cox Broadcasting Corp. v. Cohn, 420 U.S. 469 (1975), 주 사법심사 위원회의 비밀 절차, Landmark Communications Inc. v. Virginia, 435 U.S. 829 (1978), 청소년 피고인의 이름, 위 Daily Mail 판결; Oklahoma Publishing Co. v. District Court, Oklahoma Cty., 430 U.S. 308 (1977). 우리는 "만약 신문이 적법하게 공공의 중요성을 가진 문제에 대한 진실한 정보를 얻는다면, 주 공무원은 가장 높은 주의 이익을 증진할 필요가 없는 한 그 정보의 공개를 벌할 수 없다."고 판시했다. 데일리 메일 판결, 103. 그러나 데일리 메일 판결 원칙이나 위 사건들의 다른 측면들이 있기 때문에 이 사건에서 법원의 엄격 심사 적용이 정당하지 않다.

데일리 메일 판결에서 쟁점이 된 법들은 언론의 내용 또는 주제를 규제하였다. 이 사실만으로 엄격심사를 적용하기에 충분하고, 이 사건의 공개금지조항과 충분히 구분된다. 그러나 플로리다 스타 판결에서 이러한 사건들을 종합하여 보여주듯이, 3가지 요소들이 데일리 메일 원칙의 적용범위를 알려주었다.

첫째, 신문이 공개한 정보는 정부로부터 합법적으로 얻은 것이었다.[141] "정보

---

141) 기자가 미성년자 피고인의 이름을 범죄 목격자로부터 얻은 데일리 메일 사건은 하나의 예외였다. 443 U.S., 99. 그러나 쟁점이 된 법은 정보의 공개를 전면 금지하였다. 98-99. 대조적으로 이 공개금지 조항은 정보가 합법적인 원천으로부터 나오면 공개

가 정부에 맡겨져 있을 때, 사적인 사실들의 배포를 막기 위해 진실한 공개를 처벌하는 것보다 덜 엄격한 수단은 거의 항상 존재한다." 플로리다 스타 판결, 534. Landmark Communications, 841, 주 12(주는 절차의 비밀을 보호하기 위해 비밀의무를 위반한 위원들을 모욕죄로 처벌하는 것과 같은 조치를 취할 수 있다). "공식 재판기록에 포함함으로써, 주는 공적인 이익을 달성하였다고 결론내린 것으로 추정되기 때문에" 정보를 통제하기 위해 규제가 필요하다는 주장은 부당하다. Cox Broadcasting, 495. 이 요소는 공공의 영역으로부터 벗어난 사적인 대화를 다루고 있는 이 사건과 무관하다.

둘째, 각 사건에서 정보는 이미 "공개적으로 이용가능해서," 추가 배포행위를 처벌하는 것이 정부의 비밀유지 이익을 증진하지 않았다. 플로리다 스타 판결, 535. 이 사건은 이와 다르다. 이 사건 법들은 오직 "공개"만을 금지하고 있고, 이미 공적 영역에 있는 것을 공개할 수는 없다. Black Law Dictionary 477(7판. 1999)("공개"를 "이전에 알려지지 않는 것을 알리는 행위나 절차; 사실의 누설"로 설명); No. 1097, 93("이미 '공개된 정보' 또는 '주지의 사실'이 되어버린 도청된 통신 내용의 공개는 금지되지 않는다"). 그래서 이 사건 법조항들은 "관련 정보가 이미 공개 기록에 나타났을 때 사생활 이익은 사라진다"는 격언에 포함되지 않는다. Cox Broadcasting, 494-495.

셋째, 위 사건들은 "언론매체가 진실한 정보의 공개로 인하여 처벌됨으로써 발생할 수 있는 소심함과 자기 검열"에 관련되어 있다. 플로리다 스타 판결, 535. 그러나 "소심함과 자기 검열"의 두려움은 공개금지조항들을 폐기하는 것이 아니라 승인하는 근거가 된다. 법조항은 사적인 대화가 방해받지 않고 이루어지는 것을 허용한다. 그리고 고의요건이 없었던 플로리다 스타 판결의 쟁점 법과 달리, 이 사건 법조항은 불법 도청된 대화임을 알면서 공개하는 행위만을 다루고 있다.[142] 이 사건 법조항은 정보의 출처를 물어 볼 의무를 요구하지 않

---

를 금지하지 않았다.

142) 1986년 의회는 공개에 대해 가장 비난받을 행위만 책임을 지도록 주관적 요건을 "고의적(willful)"에서 "의도적(intentional)"으로 높였다. 18 U.S.C. §2511(1)(c); S.Rep. No. 99-541, 6 (1986)("보호되는 통신을 우연히 받은 행위는 범죄가 아니라는 것을 강조하기 위해, 소위원회는 3편의 내심 요건을 '고의적'에서 '의도적'으로 바꿨다").

고 있고 불법 도청된 통신 내용을 과실에 의해 공개하는 자는 처벌하지 않는다.

요컨대 법원이 의존하고 있는 데일리 메일 사건들은 이 사건의 문제를 다루고 있지 않다는 것이 분명하다. 우리의 판결들이 이를 분명히 하고 있다. "데일리 메일 원칙은 정보를 신문이나 다른 곳에서 불법적으로 얻은 사건들에서, 정부가 불법 취득 뿐만 아니라 공개도 처벌할 수 있는지에 관한 쟁점을 해결하지 않는다." 플로리다 스타 판결, 535, 주 8; 데일리메일 판결, 105(이 사건에서 우리의 판결은 제한적이다. 불법 출판의 쟁점은 없다.); Landmark Communications, 435 U.S., 837("우리는 여기서 불법 수단으로 정보를 확보하고 그 이후에 폭로한 자에게 법을 적용할 가능성에 대해서는 언급하지 않는다").[143]

의연하게도 법원은 불법 도청 내용을 받은 자가 처벌되지 않았다는 사실에 지나치게 무게를 두고 있다. 그러나 이 때문에 그러한 통신을 알면서 받거나 공개하는 자가 "법을 준수"한 것은 아니며 그들에게 데일리 메일 원칙이 적용되지 못한다. 도청된 통신을 도청자로부터 제3자로 전송하는 것은 그 자체로 불법이다. 그리고 이 사건처럼 제3자가 알면서 통신내용을 공개하는 경우, 또 다른 불법행위다. 이 상황에서 제3자는 합의에 의한 인터뷰나 공공 서류에서 정보를 합법적으로 얻은 데일리 메일 사건들의 기자들과 같을 수 없다.

이 사건 법들은 내용중립적이다. 그들은 불법적으로 얻은 정보만을 규제하며 이미 공유 영역에 있는 것의 재공개를 제한하지 않는다. 그들은 언론매체에 특별한 부담을 지우지 않으며 공정한 경고를 제공하기 위해 고의 요건을 갖고 있다. 휴대전화를 이용하는 사람들의 사생활과 언론자유를 증진하고 있다. 불법 도청된 통신의 공개를 더 제한적으로 맞추어 금지하는 방법을 상상하기 어렵고, 엄격 심사라는 치명적인 기준으로 이 사건 법조항을 심사하는 것은 우리의 선례들을 왜곡하게 된다. 그러므로 만약 법조항이 자유 언론의 억압과 무관하게 실질적인 정부의 이익을 증진한다면 승인되어야 한다.

---

143) 효과적으로 우리는 플로리다 스타 판결에서 "민감한 정보가 개인의 손에 있을 때, 정부는 일정한 상황에서 동의없는 입수를 금지할 수 있고, 그렇게 얻은 정보의 공개에 대해 데일리 메일 원칙을 적용하지 않을 수 있다"고 판시하였다. 534-535("공개의 원인제공자가 아닌 사람을 제재하는 것은 매우 이례적이다").

의회와 대다수 주가 불법 도청 통신임을 알면서 공개하는 행위를 제재하는 것은 극히 적발하기 어려운 도청 자체를 제지한다. 의회가 8년 전에 그러한 장비의 판매를 금지한 사실에도 불구하고, 47 U.S.C. §302a(d), 무선통신을 도청할 수 있는 2천만개의 도청기가 현재 작동중인 것으로 평가된다. Thompson, Cell Phone Snooping : Why Electronic Eavesdropping Goes Unfinished, 35 Am. Crim. L. Rev. 137, 149 (1997). 의회가 인정한 바와 같이, "사생활의 침해 자체는 알려지지 않은 채 너무 자주 일어난다. 문제의 모든 측면을 공격함으로써만 사생활은 적절하게 보호될 수 있다." No. 1097, 69.

그럼에도 불구하고 법원은 "공개 금지가 불법 도청사례를 줄일 것이라는 가정을 뒷받침하는 경험적인 증거"를 의회가 제시하지 못했다고 한다. 그리고 "피상고인들에 대한 제재 부과가 확인되지 않은 도청자가 지속적으로 비밀도청에 관여하는 것을 제지할 것이라고 가정할 근거가 없다"고 고집한다. 실망스러운 것은 이 사건 법조항의 필요성에 관하여 의회와 많은 주들의 판단이 아니라 법원의 이유이다.

"입법 판단에 대한 강화된 사법 심사를 충족시키는데 필요한 경험적인 증거의 양은 제시된 정당성의 새로움과 가능성에 따라 증감할 것이다." Nixon v. Shrink Missouri Government PAC, 528 U.S. 377, 391 (2000). "법원은 의회의 예측 판단을 실질적으로 존중하여야 한다." 이러한 존중은 의회가 복잡한 사안에 관련된 막대한 자료를 평가하는데 사법부보다 더 적합하고, "건전한 정책형성은 가끔 입법자에게 장래의 사건들을 예측하게 하고, 완전한 경험적인 근거자료를 이용할 수 없기 때문에 연역과 추론에 바탕을 두고 이러한 사건들의 가능한 충격을 예상하도록 요구한다"는 점을 인정하고 있다. Turner Broadcasting, 665. 비록 우리가 헌법 심사를 할 때 그러한 의회의 사실인정을 독립적으로 평가하지만, 이것이 "증거를 새로 평가하거나 의회의 사실적인 예측을 우리 자신의 것으로 대체하는 면허장은 아니다." 위 판결, 666.

범죄자가 범죄의 과실을 향유하는 것을 방지함으로써 단속하기 어려운 불법행위를 막을 수 있다는 "시장 고갈(dry-up-the-market)" 이론은 새롭지도 믿기 어렵지도 않다. 장물 소유의 금지와 같은 수많은 법들을 뒷받침하는 오랜 세월에 걸쳐 유효성이 증명된 이론이다. 우리 스스로가 비슷한 이유에 근거하여, "공무원이 수정헌법 제1조를 무시하는 유인"을 제거함으로써, Elkins v. United States, 364 U.S. 206, 217 (1960), "불합리한 수색을 방지"할 것이라고 믿으면서, Oregon v. Elstad, 470 U.S. 298, 306 (1985), 증거 배제 규칙을 채택하였다.

같은 논리가 이 사건에 적용되고 수정헌법 제1조 자유의 우연한 제한은 개인 통신의 사생활 보호 이익을 증진하는 본질적인 것보다 더 크지 않다. 공개금지가 없다면, 대화를 공개하려는 불법도청자는 제3자를 통해 익명으로 도청을 합법화하고 그럼으로써 적발을 피할 수 있게 된다. 만약 영향을 받지 않고 공개될 수 있다면 불법 획득된 사적인 정보 수요는 늘어날 것이다. 법원이 유효하다고 인정한 도청반대법은 이 공개금지조항이 없다면 전혀 효과가 없을 것이다.

비슷한 이유로 우리는 수정헌법 제1조 도전에도 불구하고 어린이 음란물 배포금지법을 승인하였다. New York v. Ferber, 458 U.S. 747 (1982). 불법 도청된 전자 통신과 마찬가지로, 우리는 그 판결에서 어린이 음란물 제작의 "눈에 띄지 않고, 비밀스러운 산업"을 단속하는 어려움을 판시하였고, "유일한 현실적인 법집행 수단이 아니라면 가장 효과적인 것은 음란물을 팔거나, 광고하거나 달리 판매촉진하는 사람을 엄하게 형사처벌함으로써 음란물 시장을 고갈시키는 것" 이라는 36개주 의회의 견해에 동조하였다. 그러면서 우리는 의회도 제공하지 않은, 이 기초적인 삼단논법을 보강하는 경험적인 증거를 요구하지 않았다. 우리는 Osborne v. Ohio, 495 U.S. 103, 109-110 (1990)에서 이론의 유효성을 재확인하였다. 우리는 "만약 주가 어린이 음란물을 소지하고 보는 사람을 처벌하고, 그로 인하여 수요를 줄인다면 생산도 줄어들 것이라는 결론은 매우 합리적"이라고 인정하였다.[144]

기본적으로 이 사건 법조항을 위헌으로 판결한 법원은 연방의회와 41개 주

144) 법원이 가치가 적은 언론이라는 이유로 Ferber 판결과 Osborne 판결은 이 사건과 다르다고 한다. 그러나 이는 "시장고갈" 이론의 합리성과 아무 관계가 없다. 법원은 또한 의회가 단지 휴대전화 통신 도청에 대한 처벌을 강화할 수 있었다고 가정하고 있다. 그러나 이러한 조언은 최초 도청만을 금지하는 것만으로는 효과적으로 휴대전화 이용자들의 사생활 이익을 보호하지 못할 것이라는 의회 판단의 합리성을 흔들지 못한다.

의회의 합리적인 판단을 자신의 예상으로 대체한 것에 지나지 않는다. 법원은 의회가 이 법의 유효성에 관한 통계상의 증거를 어떻게 어디에서 얻어야 하는지를 설명하지 않는다.145) 그리고 "현실적인 문제로 부정적인 내용을 입증하기가 쉽지 않기 때문에, 결정적인 자료를 모을 수 있을 것 같지 않다." Elkins 판결, 218. "시장 고갈"이론에 의존하는 것은 논리적이고 대단히 합리적이며, 우리의 선례는 그것이 "단순한 추측보다 더 강력하다"고 명백히 밝혔다. United States v. Treasury Employees, 513 U.S. 454, 475 (1995).

이 사건 법조항은 사생활의 은밀한 침해를 막고 사적인 통신의 무의식적인 방송을 막는 중요한 이익을 보호하고 있다. 한 세기 전에 워렌과 브랜다이스는 "발전하는 문명에 따라 삶의 격렬함과 복잡함은 세상으로부터 종종 은둔을 필요로 하고, 문화의 고상한 영향아래 사람은 공개에 더 민감해진다. 그래서 고독과 사생활은 개인들에게 더 본질적인 것이 된다." 사생활권, 4 Harv. L. Rev. 193, 196 (1890). "필연적으로 적절하게 정의된 영역에서 공개적으로 말하지 않을 자유가 있다. 적극적인 측면에서 언론의 자유처럼 궁극적으로 같은 목적에 봉사한다." Harper & Row, Publishers, Inc. v. Nation Enterprises, 471 U.S. 539, 559 (1985). 전화로 말하는 사람은 "그가 입 밖으로 꺼낸 말이 세상으로 방송되지 않을 것이라고 전제할 권리가 분명히 있다."

이 사건 법들이 이러한 존엄한 사생활의 권리를 보호하는 것은 부인할 수 없다. 부수적으로 대화하는 당사자들의 수정헌법 제1조 권리들을 보장한다. "수정헌법 제1조의 핵심에는 사람이 스스로 표현, 숙고, 그리고 고수할만한 생각과 믿음을 결정해야 한다는 원칙이 놓여 있다." Turner Broadcasting, 512 U.S.,

145) 법원은 §2511(1)에 따라 기소된 많은 사건에서 "통신을 도청한 자가 알려졌다"고 보았다. 530. 206건의 사건 중에서 §2511(1)(a)와 관련된 143건이 불법 도청이 문제되었고 공개는 문제되지 않았다. 물론 도청자의 신원이 밝혀지지 않은 경우에 의도적인 도청 사건들이 추적되지 않는다는 것은 놀랄 일이 아니다. §§2511(1)(c)와 (d)에 따라 사실을 공개한 61건의 공개 및 이용 사건중에서 9건은 알려지지 않은 또는 증명되지 않은 도청자들이고, 1건은 합법적인 전화기록장치, 5건은 비밀스럽지 않은 녹음이었다. 그래서 46건의 공개 사건들은 도청자들이 알려진 사건들이다. 이 숫자로부터 모은 정보가 무엇이든, 그것이 "시장 고갈"이론을 뒷받침하지 않는다고 말했을 때, 법원은 마법의 통계를 이용하고 있다. 531. 주 17. 위 사건들은 제지된 도청과 공개에 대해 말하지 않는다.

641. "개인의 사상과 표현의 사생활을 보호함으로써," United States v. United States Dist. Court for Eastern Dist. of Mich., 407 U.S. 297, 302 (1972), 이 사건 법조항은 사인들의 "거리낌없고, 활발하며 널리 열린" 사적 당사자들의 언론을 발전시킨다. New York Times Co. v. Sullivanm 376 U.S. 254, 270 (1964). 일부 개인 집단의 신원과 행동을 보호하는 데에만 활용된 데일리 메일 사건들에서 쟁점이 된 법들과 달리, 이 사건 법조항은 매일 전자적으로 통신하는 수백만의 사람들을 보호하고 있다. 이러한 사적인 대화에 미치는 법원 판결의 위축효과는 확실히 클 것이다. 약 4천 9백만 아날로그 휴대전화가 현재 이용되고 있다.

비록 법원이 사생활의 권리를 인정하고 그 미덕을 찬양했지만, 이는 단지 "말일 뿐"이고, "공공의 관심"의 대상이 된 불법 취득한 정보를 공개하는, 법원이 새로 발견된 권리에 의해 무시되었다. 법원은 바트니키와 케인 사이의 사적인 대화는 "헌법의 보호를 받을 만한 가치가 있다"고 결론지었다. "만약 노조교섭에 관한 진술이 공개적인 무대－예를 들면 노조협의중－에서 이루어졌다면, 보도가치가 있었을 것"이라는 법원의 판단은 옳다. 그러나 요점은 바트니키와 케인이 공공의 토론에 기여할 의도가 전혀 없었다는 것이다. 그리고 다른 사람의 불법 도청과 그들 대화의 고의적인 공개가 "헌법의 보호를 받을 가치가 있는" 언론이라고 보는 것은 이상하다. Hurley v. Irish-American Gay, Lesbian and Bisexual Group of Boston, Inc., 515 U.S. 557, 573 (1995)("자유 언론 원칙의 중요한 특징중의 하나는 말하기로 선택한 사람은 '말하지 않을 것'을 결정할 수 있다는 것이다"). 헌법은 개인 대화의 무의식적인 방송을 보호해서는 안 된다. 통신이 공적인 인물이나 공공의 문제에 관련되어 있을 때에도, 대화는 사적이고 보호할 가치가 있다. 비록 공인이 일부 영역에서 공개적인 심사로부터 차단된 삶을 살아갈 권리가 인정되지 않지만, 의도적으로 도청되고 고의로 공개되는 두려움 없이 사적으로 대화할 권리를 포기한 것으로 여겨져서는 안 된다.

공적으로 중요한 대화를 방송하는 권리를 불가침으로 인정한 법원의 결론을 뒷받침하는 우리의 선례는 거의 없다. 위에서 밝힌 바와 같이, 판결의 성격을 볼 때, 데일리 메일 사건들은 법원이 고려한 무게와 무관하다. 더 어리둥절한 장면은 법원이 베트남 전쟁에 관한 국방성 문서의 공개를 막으려는 연방정부의 시도에 관한 "펜타곤 페이퍼" 사건, 즉 뉴욕타임즈 판결에 의존한 것이다. 정부의 정보 통제에 더하여, 그 사건은 언론에 대한 사전 제한은 "위헌성의 강력한 추정"을 낳는다는 우리의 선례에 정확히 들어맞는다. 상상력을 발휘해도 이 사건 법조항을 "사전 제한"이라고 부를 수 없다. 그리고 법원이 다른 부적절한 사례들을 인용하는 것도 설득력이 없다.

"개인 사생활 이익"은 휴대 전화 대화의 은밀한 도청과 무의식적인 방송으로부터 자유로울 권리를 포함해야 한다. 법원은 그 권리를 스스로 말하고자 하는 사람의 요구가 아니라 도청된 다른 사람의 대화를 공개하려는 사람들의 요구에 의해 억제하고 있다. 자유롭게 말할 권리와 사생활 권리를 비교하여 균형을 잡으려는 의회의 노력은 이로써 수포로 돌아갔다.

# 11. 십자가 불태우기의 형사책임과 위협 목적 추정 조항의 문면상 위헌성

**Virginia v. Black**

538 U.S. 343 (2003)

**[요약]**

피상고인들은 "사람 또는 단체를 위협할 목적으로…다른 사람의 부동산, 고속도로 또는 그 밖의 공공장소에서 십자가를 불태우는 행위"를 중범죄로 처벌하고, "불태우는 행위는…사람 또는 단체를 위협하기 위한 목적을 추정하는 증거가 된다."고 규정한 버지니아주법을 위반한 죄로 각기 유죄판결을 받았다. 피상고인 블랙이 수정헌법 제1조를 근거로 십자가 태우기가 그 자체로 "위협할 목적"이 추정되는 충분한 증거라는 법원의 배심원 설명에 반대하였을 때, 검사는 그 설명은 버지니아주의 모범 설명례에 따른 것이라고 답변하였다. 피상고인 오마라는 법위반행위에 대해 유죄를 인정하였으나, 합헌성에 이의를 제기할 권리를 유보하였다. 피상고인 엘리어트의 재판에서, 판사는 배심에게 주의 입증사항에 대해 설명했으나, "위협하다"는 말의 의미와 법의 추정 증거 조항에 대해서 설명하지 않았다. 사건을 병합하여 버지니아주 대법원은 십자가 불태우기 법률은 문면상(on its face) 위헌이고, R.A.V. v. St. Paul, 505 U.S. 377 판결(1992)(이하 "R.A.V.판결")에서 위헌으로 인정된 규정과 다를 바 없으며, 법은 특별한 메시지 때문에 십자가 불태우는 행위만을 선택적으로 처벌하고 있으므로 내용과 견해에 기초한 차별이고, 법에 따른 기소가능성의 증가는 보호되는 언론의 표현을 위축시키기 때문에, 추정 증거 조항으로 인하여 법은 지나치게 광범위하다(overbroad)고 판결하였다.

**[요지]** 일부 인용, 일부 파기 환송

대법관 오코너는 Ⅰ, Ⅱ, Ⅲ에 관하여 버지니아주는 수정헌법 제1조와 부합되게, 위협할 목적으로 십자가를 불태우는 행위를 금지할 수 있다고 결론지은 판결문을 작성하였다.

(a) 미국에서 십자가를 불태우는 행위는 KKK(Ku Klux Klan)단의 역사와 얽혀 있다. KKK단은 1866년에 창립된 이래 남부지방에서 흑인들과 Klan에 반대하는 남부 백인들, "출세하기 위해 남부에 온" 북부 백인들을 폭행, 협박, 살해하는 테러를 해왔다. KKK단은 비록 십자가 불태우기가 KKK단의 핵심적인 특징이자 단체가 공유하는 동일성과 이데올로기의 상징이라 하더라도, 불태우기를 위협 수단과 폭력이 임박했음을 알리는 수단으로 이용해 왔다. 그러나 지금까지 메시지가 정치적인 것이든 또는 위협하려는 의미든지 간에, 십자가 불태우기는 "혐오의 상징"이다. 십자가를 불태우는 행위가 반드시 위협의 메시지를 전달하지는 않지만, 십자가를 불태우는 사람의 의도는 종종 메시지를 받은 사람이 생명의 위험을 느끼는 것이다. 그리고 십자가 불태우기가 위협목적으로 사용된다면 작은 메시지도 더 강력해진다.

(b) 언론과 표현적 행위에 대한 수정헌법 제1조의 보호는 절대적이지 않다. 이 법원은 오랫동안 정부가 헌법과 일치되게 어떤 종류의 표현은 규제할 수 있다고 인정해왔다. Chaplinsky v. New Hampshire, 315 U.S. 568, 571-572. 예컨대 수정헌법 제1조는 발언자가 특정한 개인이나 집단에 대한 불법 폭력을 행사하겠다는 의도를 심각하게 표현하는 의미를 담은 말을 포함하고 있는 "진정한 협박"의 금지를 허용한다. Watts v. United States, 394 U.S. 705, 708. 화자가 실제로 협박을 수행할 의도를 가질 필요는 없다. 그 보다는 진정한 협박의 금지는 폭력이 일어날 가능성 뿐만 아니라 폭력의 두려움과 두려움이 일으킬 혼란으로부터 개인들을 보호한다. 헌법이 금지하는 의미의 위협은 발언자가 신체 상해나 사망의 두려움을 갖게 할 의도로 개인이나 집단에게 협박하는 진정한 협박의 한 유형이다. 피상고인들은 일부 십자가 불태우기가 이러한 위협 언론의 의미와 일치한다는 것을 다투지 않는다. 이 나라에서 십자가 불태우기의 역사가 보여주듯이, 그 행위는 종종 피해자들에게 폭력의 대상이라는 두려움을 갖게 하는 의도를 가진 협박이다.

(c) 수정헌법 제1조는 십자가 불태우기가 특히 해로운 위협의 형태이기 때문에 버지니아주가 위협할 목적으로 십자가를 불태우는 행위를 금지하는 것을 허

용하고 있다. 모든 위협 메시지를 금지하는 대신에, 버지니아는 십자가 불태우기가 임박한 폭력의 신호로서 오래되고 유해한 역사를 가졌다는 점에서 규제되는 위협메시지를 선택할 수 있다. 위협할 목적을 가지고 진행되는 십자가 불태우기의 금지는 이 법원의 R.A.V. 판결과 완전히 일치한다. 버지니아주 대법원의 이유와 반대로, R.A.V. 판결은 금지가능한 언론의 영역에서 수정헌법 제1조가 모든 형태의 내용에 기초한 차별을 금지한다고 판결하지 않았다. 그 보다는 법원은 특정한 유형의 내용 차별은 전체 내용 자체가 금지될 수 있는 것으로 이루어져 있을 때 수정헌법 제1조를 위반하지 않는다고 특별히 언급하였다. 예를 들면 가장 불쾌한 선정성을 가진 것이 명백한, 즉 가장 음란한 성적 행위를 보여주고 있는 음란물을 금지하는 것은 허용될 수 있다. 비슷하게 버지니아주법은 위협할 목적으로 십자가를 불태우는 행위를 금지하는 한 수정헌법 제1조와 충돌하지 않는다. R.A.V. 판결에서 쟁점이 된 법률과 달리, 버지니아주법은 싫어하는 특정한 주제들 중의 하나에 관한 언론만을 추려내지 않았다. 피해자의 인종, 성, 종교 때문에, 또는 피해자의 정치관계, 노조가입, 동성애를 이유로 위협할 목적으로 십자가를 불태웠는지는 관련이 없다. 그러므로 주가 선정적인 내용때문에 가장 음란한 음란물을 규제할 수 있듯이, 신체 피해를 입을 두려움을 가장 자극하는 위협의 유형을 골라서 금지할 수 있다.

대법관 오코너〔대법원장, 대법관 스티븐스, 브레이어 참여〕는 Ⅳ, Ⅴ에서 버지니아주법의 추정증거조항은 피상고인 블랙 사건의 배심 설명처럼 해석되고 적용된다면 문면상 위헌이라고 결론지었다. 설명은 주의 모범 배심설명례와 같고 버지니아주 대법원은 분명히 거부할 기회를 가졌기 때문에, 설명의 추정 조항 해석은 정확한 단어로 법률에 기재된 것과 같다. 배심설명이 해석하듯이, 추정 증거 규정은 주가 위협목적을 가진 십자가 불태우기를 금지하려는 바로 그 이유를 없애고 있다. 조항은 피고인들이 헌법상 권리를 행사했으나 항변하지 않고 있는 모든 십자가 불태우기 사건에서 배심이 유죄를 인정하도록 허용하고 있다. 그리고 블랙과 같은 피고인이 항변해도, 규정 때문에 배심은 특정한 사실과는 무관하게 위협목적을 인정할 가능성이 크다. 주가 십자가 불태우기 그 자체로 체포하고 기소하고 유죄를 인정하도록 허용하고 있다. 그렇게 해석된다면 아이디어를 억압하는 받아들일 수 없는 위험을 초래하게 될 것이다. 십자가 불태우기는 헌법이 금지할 수 있는 위협에 관련된 것이거나, 또는 단지 정치적인 발언에 관련될 수도 있다. 추정 증거 규정은 특정한 십자가 불태우기가 위협할 의도였는지를 결정하기 위해 필요한 모든 정황적인 요소들을 무시하면서, 다른 의미들 사이의 경계를 흐리고 있다. 수정헌법 제1조는 그러한 쉬운 길을 허용하지 않는다. 그러므로 블랙의 유죄는 인정될 수 없고, 그에 대한 판결은 인용된다. 거꾸로 엘리어트의 배심은 추정 증거규정에 관한 어떤 설명도 듣지 못했고, 오마라 사건에서는 그가 유죄를 인정했기 때문에 그 규정은 쟁점이 아니었다. 규정이 분리될 수 있는 가능성, 분리될 수 있다면 엘리어트와 오마라가 재심을 받을 수 있는지는 열려 있다. 그리고 환송심에서 버지니아주 대법원이 추정 증거 규정을 위에서 설명한 헌법 제한을 피하는 방식으로 해석하는 이론적인 가능성도 열려 있다.

대법관 오코너는 Ⅰ, Ⅱ, Ⅲ부분에 관하여 판결을 선고하고 법원의 의견을 작성하였고, 대법원장, 대법관 스티븐스, 대법관 브레이어가 동조한 Ⅳ, Ⅴ부분에 관한 의견을 작성하였다.

이 사건에서 우리는 "사람 또는 집단을 위협할 목적"으로 십자가를 불태우는 행위를 금지하는 버지니아주 법률이 수정헌법 제1조를 위반했는지 여부를 검토한다. 우리는 주가 수정헌법 제1조와 부합되게, 위협한 목적으로 진행되는 십자가 불태우기를 금지할 수 있지만, 모든 십자가 불태우기를 위협 목적 추정 증거로 인정하는 버지니아주 법률의 규정은 현재의 형태로는 위헌이라는 결론에 이르렀다.

## Ⅰ

피상고인 배리 블랙, 리차드 엘리어트, 조나단 오마라는 각기 버지니아주 십자가 불태우기금지법을 위반한 죄로 유죄판결을 받았다. 그 법은 다음과 같이 규정하고 있다. §18.2-423.

"사람 또는 집단을 위협할 목적으로 다른 사람의 부동산, 고속도로 또는 그 밖의 공공장소에서 십자가를 불태우거나 불태우게 한 행위는 위법하다. 이 규정을 위반한 자는 6급 중죄에 해당한다."

"십자가 불태우기는 사람 또는 집단을 위협하는 목적이 추정되는 증거이다."

1998. 8. 22. 배리 블랙은 버지니아의 캐롤 카운티에서 KKK단 집회를 열었다. 25명에서 30명의 사람들이 개인 토지 소유자의 허락을 받아 그 토지에서 열린 집회에 참석하였다.

캐롤 카운티의 보안관이 KKK단 집회가 열린 것을 알고서 길옆에서 관찰하였다. 보안관이 현장에 있던 약 1시간 동안, 40, 50대의 차량이 그 곳을 지나갔고, 그 중 몇 명은 멈춰서 보안관에게 무슨 일인지 물어보았다. 8~10채의 집이 집회 근처에 있었다. 집회가 열린 토지 소유자의 친척인 레베카는 친척 집 풀밭에 앉아서 무슨 일이 일어나는지 지켜보았다. 그녀는 KKK단이 집회를 준비하고 이어서 집회를 진행할 것으로 생각하였다.

집회 중에 세크리스트는 KKK단 회원이 "그들이 누구인가"와 "그들이 무엇을 믿는가"에 관하여 말하는 것을 들었다. 발언자들은 흑인들과 멕시칸들에 대해 정말 나쁘게 말하였다. 한 발언자는 모인 사람들에게 "나는 총을 들고 무차별적으로 흑인들을 쏘고 싶다"고 말하였다. 또한 "클린턴 대통령과 힐러리"에 대해서 말했고 그들의 세금이 어떻게 흑인들에게 가는지에 대해서 말했다. 세크리스트는 이러한 말 때문에 겁에 질렸다고 증언하였다.

집회가 끝날 때, 군중들은 8미터 크기의 십자가 주위를 빙 둘러 섰다. 십자가는 길에서 280미터 및 320미터 떨어져 있었다. 보안관에 따르면 "그 때 십자가가 갑자기 불에 타올랐다." 십자가가 타면서 KKK단은 확성기로 찬송가 놀라운 은총(Amazing Grace)을 틀었다. 레베카는 십자가 불태우기로 무서움과 공포를 느꼈다고 말했다.

보안관은 십자가를 태우는 것을 보고, 상관에게 책임자를 가려내고 버지니아 주에서 이러한 행위를 할 수 없다는 것을 그들에게 설명할 필요가 있다고 보고

하였다. 보안관은 집회장소로 가서 십자가를 불태우는 행위의 책임자가 누구인지 물었다. 블랙은 "내가 집회의 주최자이기 때문에 나일 것 같다."고 대답하였다. 보안관은 블랙에게 "버지니아주법상 당신은 십자가를 불태울 수 없고 이 혐의로 당신을 체포하겠다."라고 말했다.

블랙은 사람 또는 집단을 위협할 목적으로 십자가를 불태운 혐의로 기소되었다. 재판에서 배심은 "위협할 목적이란 의도적으로 사람 또는 집단으로 하여금 신체적 피해를 입을 두려움을 갖게 하려는 동기를 의미한다. 그러한 두려움은 단지 피해자의 기질상 소심함보다는 피고인의 고의적인 행위로부터 나와야 한다."는 설명을 들었다. 또한 사실심 법원은 배심에게 "십자가 불태우기는 그 자체로 그 목적을 추론할 수 있는 충분한 증거가 된다."고 설명하였다. 블랙이 수정헌법 제1조를 근거로 후자의 설명에 대해 이의를 했을 때, 검사는 설명이 "바로 버지니아주의 모범 배심설명례로부터 가져온 것"이라고 답변하였다. 배심은 블랙의 유죄를 인정하고 2,500달러의 벌금을 부과하였다. 버지니아주 항소법원은 블랙의 유죄를 인용하였다.

1998. 5. 2. 피상고인 리차드 엘리어트와 조나난 오마라는 제임즈 주빌리의 집 정원에서 십자가를 불태우려고 시도하였다. 흑인인 주빌리는 버지니아 비치의 엘리어트 옆집에 살았다. 사건 발생 4개월전, 주빌리와 그 가족은 캘리포니아에서 버지니아 비치로 이주했다. 십자가를 불태우기 전에 주빌리는 엘리어트의 어머니에게 엘리어트 집 뒤에서 발사된 총성에 대해 물어보았다. 엘리어트의 어머니는 주빌리에게 아들이 취미로 총을 쏘며 뒷마당을 사격장으로 사용한다고 설명하였다.

5. 2. 밤에 피상고인들은 주빌리의 집으로 트럭을 몰고 가서 마당에 십자가를 세우고 불을 붙였다. 그들의 분명한 동기는 사격에 대한 이의제기 때문에 주빌리에게 "앙갚음하려는" 것이었다. 피상고인들은 KKK단의 회원은 아니다. 다음날 아침, 주빌리가 차를 빼면서, 그의 집에서 6미터 떨어진 곳에서 일부 불에 탄 십자가를 발견하였다. 십자가를 본 후 주빌리는 "다음 단계는 무슨 일이 일어날지 알지 못했고", "불에 탄 십자가는 첫째 단계임을 말하기" 때문에 매우 불안하였다.

엘리어트와 오마라는 십자가 불태우기 미수와 공모혐의로 기소되었다. 오마라는 십자가 불태우기 법의 합헌성에 관하여 이의를 제기할 권리를 유보하고 유죄를 인정하였다. 판사는 오마라에게 90일간의 구금과 2,500달러의 벌금형에 처하고 그 중 45일 및 1,000달러 벌금의 집행을 유예하였다.

엘리어트 재판에서 판사는 원래 배심에게 "십자가 불태우기는 그 자체로 목적을 추론할 수 있는 충분한 증거가 된다."고 설명하려고 하였다. 그러나 법원은 배심에게 버지니아는 "피고인이 십자가를 불태우려는 의도가 있었다", "피고인은 십자가 불태우기의 실행을 향한 직접 행동이 있었다", "피고인이 사람 또는 집단을 위협할 목적을 가지고 있었다."는 점을 입증하여야 한다고 설명하였다. 법원은 "위협하다"는 말의 의미와 추정 증거 조항에 관하여 배심에게 설명하지 않았다. 배심은 엘리어트 십자가 소각 미수에 대해 유죄, 십자가 소각 공모에 대해서는 무죄로 인정하였다. 배심은 엘리어트에게 90일간의 구금과 2,500달러의 벌금에 처하였다. 버지니아 항소법원은 엘리어트와 오마라의 유죄를 인용하였다.

피상고인들은 법이 문면상 위헌이라고 주장하면서 버지니아주 대법원에 상고하였다. 버지니아주 대법원은 3 사건을 병합하고 법이 문면상(on its face) 위헌이라고 판결하였다. 주대법원은 버지니아 십자가 소각법은 "R.A.V. v. St. Paul, 505 U.S. 377 (1992) 판결에서 위헌이라고 판정한 규정과 비슷하다고" 판단하였다. 버지니아 법은 "독특한 메시지 때문에 십자가 소각행위만을 선택적으로 골랐"기 때문에 내용에 기초하여 차별하였다고 판단하였다. 법원은 추정 증거 규정으로 "법에 따른 기소가능성이 증가하여 보호되는 언론의 표현을 위축시키고 있기 때문에" 법이 지나치게 광범위하다고(overbroad) 판단하였다.

3명의 대법관은 반대하면서 버지니아 십자가 소각법은 진정한 협박을 구성하는 행위만을 금지하고 있기 때문에 헌법적 기준을 통과하였다고 결론지었다. 그들은 R.A.V.판결에서 위헌으로 인정된 규정과 달리 버지니아 법은 "인종, 피부색, 교리, 종교 또는 성별을 기초로" 십자가 소각행위를 규제하지 않고 있다고 지적하였다. 그보다는 "버지니아법은 위협할 목적으로 십자가를 불태웠다는 것을 조건으로 어떤 이유로든 불태운 사람에게 적용된다." 반대자들은 또한 다수의견의 추정 조항 해석에도 반대하였는데, 추론만으로는 "피고인이 위협할 목적으로 십자가를 불태웠다는 것을 합리적 의심없이 증명하기에 불충분하기"

때문이다. 반대의견은 위협할 의도를 증명하기 위한 입증책임은 여전히 버지니아주에 있다고 지적하였다. 우리는 이송명령을 발부하였다.[146]

## II

십자가 불태우기는 원래 14세기 스코틀랜드 부족이 서로 신호를 보내는 수단이었다. 작가 월터 스콧은 호수의 여인에서 십자가소각을 극적인 효과로 이용하였고, 불타는 십자가는 소집과 군대동원을 의미하였다. 그러나 미국에서 십자가 소각은 오래 전에 스코틀랜드 기원과는 멀어졌다. 미국에서 십자가 소각은 KKK단의 역사와 얽혀 있다.

1차 KKK단은 1866년 봄 테네시주 풀라스키에서 시작되었다. 비록 KKK단이 사교 모임으로 시작되었다 하더라도, 곧 다른 모습으로 바뀌었다. KKK단은 도망간 흑인들의 정치과정 참여를 허용하는 남북전쟁 후 재건시대 및 그 이후 시대 흐름과 싸웠다. 곧 KKK단은 남부지역에 "실제 공포시대"를 강요하였다. KKK단은 채찍질, 화형위협, 살인과 같은 전술을 구사하였다. 흑인들, KKK단에 반대하는 남부 백인, "출세하기 위해 남부에 온" 북부 백인들이 KKK단의 희생자였다.

KKK단의 활동은 전국적으로 입법조치를 촉발하였다. 1871년 "그랜트 대통령은 남부 주들에서 KKK단의 공포지배는 생명과 재산의 안전을 보장하지 못한다는 메시지를 의회에 보냈다." 의회는 이에 대한 응답으로 오늘날 KKK법으로 알려진 법을 통과시켰다. 그랜트 대통령은 남부 캘리포니아에서 KKK단을 억압하기 위해 이 새로운 권한을 사용하였다. 그 결과 다른 주들에서도 KKK단의 활동은 급격히 줄어들었다. 1877년 재건시대 말기에 1차 KKK단은 더 이상 존재하지 않았다.

2차 KKK단은 1905년 토마스 딕슨의 책 '클랜스맨 : KKK단의 역사 이야기' 출간과 함께 시작되었다. 딕슨의 책은 1차 KKK단을 동정적으로 묘사하였고,

146) 우리가 이송명령을 발부한 후, 주는 주법원이 확인한 헌법 문제를 구제하기 위해 다른 법을 제정하였다. Va. Code Ann. §18.2-423.01 (2002). §18.2-423.01은 "사람과 집단을 위협할 의도로" 행해질 때 "물건"을 불태우는 행위를 금지한다. 법은 추정증거조항을 갖고 있지 않다. 그러나 §18.2-423.01은 이 사건에서 문제가 되고 있는 십자가 불태우기 조항, §18.2-423을 폐지하지 않았다.

KKK단을 흑인들과 재건의 공포로부터 남부를 구한 영웅들의 집단으로 그렸다. 1차 KKK단이 실제로는 십자가를 불태우지 않았지만 딕슨의 책은 KKK단이 노예들의 처형을 기념하기 위해 십자가를 불태운 것으로 묘사하였다. 이로써 십자가 불태우기는 1차 KKK단과 연관되게 되었다. 영화감독 그리피스가 1915년 딕슨의 책을 영화 '국가의 탄생'으로 만들었을 때, 십자가 불태우기와 KKK단의 연관성은 끊을 수 없게 되었다. 십자가 불태우기에 더하여, 영화 광고지는 두건을 쓴 말을 타고 두건을 쓴 KKK단원이 왼손으로 말고삐를 잡고 오른손으로 머리위에 불타는 십자가를 들고 있는 모습을 담고 있었다. 그 직후인 1915년 11월 2차 KKK단이 시작되었다.

2차 KKK단의 시작부터 십자가 불태우기는 폭행의 위협과 공유하는 이념을 전파하기 위해 이용되었다. 출범식은 조지아주 애틀랜타 근처 돌산에서 열렸다. 12미터 높이의 십자가가 타는 동안 KKK단원들은 충성맹세를 했다. 이 십자가 불태우기는 미국에서 기록된 2번째 사건이다. 첫번째로 알려진 십자가 불태우기는 KKK단 출범식 1달 전에, 조지아 폭도들이 레오 프랭크에 대한 폭행을 기념하기 위해 애틀랜타에서 보일 정도로 거대한 십자가를 위 돌산에서 불태웠을 때였다.

새로운 KKK단의 이념은 1차 KKK단과 크게 다르지 않았다. KKK단 유인물이 강조하듯이, "우리는 인종간의 구분을 공언하며…백인우월주의를 충실히 유지하며, 그에 관한 어떤 타협도 격렬하게 반대할 것이다." 또한 폭력은 새로운 KKK단의 구성요소였다. 1921년 9월까지 뉴욕 월드 신문사는 152건의 KKK단 폭력행위를 기록했는데, 4건의 살해, 41건의 채찍질, 27건의 모욕행위가 들어 있었다.

KKK단은 종종 십자가 불태우기를 협박 도구와 임박한 폭력의 위협으로 이용하였다. 예를 들면 1939년과 1940년에, KKK단은 유대교 회당과 교회 앞에서 십자가를 불태웠다. 유대교 회당에서 십자가가 불탄 후, 한 KKK단원은 만약 십자가를 불태워도 "유대인들이 입을 닥치지 않으면, 우리가 목을 벨 것이고 무슨 일이 일어나는지 보게 될 것이다."라고 적었다. 1941년 마이애미에서 KKK단은 저소득층 주택단지 현장에서 "우리는 깜둥이들을 당신 도시에서 쫓아내기 위해 왔다…법이 못한다면 우리에게 요청하라."고 선언하면서 4개의 십자가를 불태웠다. 1942년 앨라배마에서 "소용돌이치는 채찍질과 공포 주간의 정점에서", KKK단은 노동조합 선거 전날에 노조사무실과 노조위원장의 집 앞에서 십자가를 불태웠다. 이러한 십자가 불태우기는 KKK단이 자신들의 목적에 반대한다고 여기는 사람들에 대한 협박을 담고 있었다. 그리고 이러한 협박은 오래된 KKK단 폭력의 역사에서 나오는 특별한 위력을 갖고 있었다.

KKK단은 제2차 세계대전 후에도 위협용으로 십자가 불태우기를 계속 이용했다. 백인들만 살았던 지역으로 가족과 함께 이사 온 흑인 교사가 마당에서 십자가가 불탄 후…시 경찰의 보호를 요청한 사건도 있었다. 1940년대 후반, 버지니아주 서픽에서 십자가가 불탄 후, 주지사는 "어떤 인종의 주민들이든 KKK단이나 다른 조직의 테러나 위협을 받는 것을 허용하지 않을 것"이라고 말하였다. 이러한 십자가 불태우기 사건들은 버지니아주가 1950년에 신속하게 십자가 불태우기법을 제정하도록 도와주었다.

1950년대와 1960년대의 민권운동과 함께, 연방대법원의 Brown v. Board of Education, 347 U.S. 483 (1954) 판결은 또 다른 KKK단의 폭력을 자극하였다. 이러한 폭력행위들은 폭탄투척, 폭행, 저격, 칼로 찌르기, 수족절단을 포함하였다. KKK단원들은 민권운동을 하는 사람들의 집 마당에서 십자가를 불태웠고, 민권운동가를 공격했으며, 교회에 폭탄을 던지고, 흑인뿐만 아니라 KKK단이 보기에 민권운동에 동정적인 백인들을 살해하였다.

KKK단의 역사를 통해서 십자가 불태우기는 집단의 정체성과 이념을 공유하는 상징물로 남아 있었다. 십자가 불태우기는 KKK단 자체의 상징이자 집회의 핵심 특징이 되었다. KKK 규약에 따르면, "불타는 십자가"는 "우리가 신봉하는 신성한 목적과 원칙에 대한 모든 단원들의 엄숙하고 이타적인 헌신의 상징"이었다. 그리고 KKK단은 가끔 불타는 십자가란 이름으로 소식지와 잡지를 발간하였다.

전국적으로 KKK단 집회에서 십자가 불태우기는 모임과 창립식의 정점이 되었다. KKK단 집회를 알리는 광고지는 종종 십자가를 쥐고 있는 단원들을 내세웠다. 십자가 불태우기는 지부 목사의 기도로 시작하고 이어서 '앞으로, 기독교 병사들이여'를 노래한다. 그리고 KKK단은 십자가에 불을 붙이고, 단원들은 불타는 십자가를 향하여 왼팔을 들고 노래를 부른다. KKK단은 자신들의 의식에서 불타는 십자가를 계속 이용해왔다.

단원들에게 십자가는 축하와 의식의 신호였다. 1940년의 한 나찌-KKK 합동 집회는 불타는 십자가 아래서 KKK의 의복을 입고 결혼한 2명의 KKK단원의 결혼식으로 마무리되었다. 2차 세계대전 후 주의 입법과정에서 제안된 복면금지법안에 대해 KKK단은 십자가를 불태우며 항의하였다. 1960. 3. 26. KKK단은 1,000만명의 단원을 모집하기 위한 시도로 남부 전역에서 집회를 하고 십자가를 불태웠다. 1960년대에, 둘 다 KKK단을 거부한 닉슨과 케네디 사이의 3번째 토론에서 KKK단이 사회적 논란이 되었다. 이 토론회 후 KKK단은 십자가를 불태우며 닉슨에 대한 지지행동을 되풀이하였다. 그리고 십자가 불태우기는 KKK단이 인종통합을 중단시키기 위해 좀 더 비폭력 전술로 옮기려고 할 때 KKK단 집회의 두드러진 특징이 되었다. 요약하면 십자가 불태우기는 KKK단의 이념과 KKK단 통합의 상징으로 남아 있었다.

오늘날까지 메시지가 정치적인 것이든 또는 위협적이든 무관하게, 십자가를 불태우는 행위는 "혐오의 상징"이다. 그리고 십자가 불태우기가 때때로는 위협적인 의사를 담고 있지 않지만, 다른 경우에는 위협적인 메시지만이 유일하게 전달된다. 예를 들면 KKK단과 무관한 특정인을 향해 십자가를 불태웠을 때, 그 십자가는 피해자에게 신체적인 피해를 입는다는 두려움을 불러일으키는 위협 메시지로 작용하기도 한다. 나아가 KKK단의 폭력적인 역사는 상해 또는 사망의 가능성이 단지 가상의 일이 아니라는 것을 보여준다. 특정인을 향해 십자가를 불태운 사람은 피해자가 KKK단의 복수를 당하지 않으려면 KKK단의 요구를 따라야 한다는 것을 의미하는 심각한 위협을 가하고 있다. 피상고인 엘리어트와 오마라 사건에서처럼, KKK단과 무관하지만 다른 사람을 협박하거나 위협하고자 하는 개인들은 십자가 불태우기와 폭력 사이의 이러한 연관성 때문에 십자가를 불태우기도 하였다.

요컨대 십자가 불태우기는 반드시 위협 의사를 전달하지 않지만, 때때로 불태우는 사람의 의도는 메시지의 수령자가 생명의 위협을 느끼도록 하는 것이다. 그리고 십자가 불태우기가 위협하기 위해 사용되었다면, 작은 메시지라도 매우 강력하다.

## III

### A

수정헌법 제14조를 통해 주에게 적용되는 수정헌법 제1조는 "의회는 언론의 자유를 제한하는 … 법을 제정하지 못한다."라고 규정하고 있다. 자유 언론 보호의 특징은 압도적인 다수가 싫어하거나 불편해하는 의견조차도 자유로운 교환을 허용하는 것이다. Abrams v. United States, 250 U.S. 616, 630 (1919)(대법관 홈즈 반대의견). Texas v. Johnson, 491 U.S. 397, 414 (1989)(만약 수정헌법 제1조의 근본 원칙이 있다면, 정부는 사회가 의견 자체를 불쾌해하거나 동의할 수 없다는 이유만으로 의견의 표현을 금지할 수 없다는 것이다). 그러므로 수정헌법 제1조는 일반적으로 대다수 시민들이 잘못되었고 나쁜 결과가 뒤따를 것이라고 믿는 사회, 경제, 정치적 주장을 전개하는 것을 주가 금지하는 권한을 인정하지 않는다. Whitney v. California, 274 U.S. 357, 374 (1927)(Brandeis, J., concurring). 수정헌법 제1조는 실제 언론뿐만 아니라 상징적 또는 표현적 행동도 보호한다.

그러나 수정헌법 제1조의 보호는 절대적이지 않고, 우리는 정부가 헌법에 맞게 일정 범주의 표현을 규제할 수 있다고 인정해왔다. Chaplinsky v. New Hampshire, 315 U.S. 568, 571-572 (1942). 수정헌법 제1조는 진실로 향하는 단계로서 사회적인 가치가 적어서 그로 인한 이득보다 질서와 도덕에 관한 사회의 이해관계가 명백히 우선하는 일부 분야에서 언론 내용의 규제를 허용한다. R.A.V.판결, 382-383.

그래서 예를 들면 주는 발언으로 피해를 가하거나 즉각적인 치안방해를 일으킬 수 있는 말들을 처벌할 수 있다. 우리는 그 결과 "보통시민들에게 말했을 때, 상식적으로 폭력적인 반응을 일으킬 것 같은 욕설"인 폭언은 일반적으로 규제될 수 있다. Cohen v. California, 403 U.S. 15, 20 (1971). "자유 언론과 자유 출판의 헌법적 보장은, 무력 사용의 옹호나 법위반의 옹호가 즉각적인 무법행위를 자극하거나 발생시키고 그러한 무법행위를 자극하거나 발생시킬 것 같은 경우를 제외하고, 주가 이들 옹호를 금지하거나 규제하는 것을 허용하지 않는다." Brandenburg v. Ohio, 395 U.S. 444, 447 (1969). 그리고 수정헌법 제1조는 주가 "진정한 위협"을 금지하는 것을 허용한다.

"진정한 위협"은 발언자가 불법 폭력을 특정인이나 집단에게 가하려는 목적을 진지하게 표현하려는 말을 포함한다. 발언자가 실제로 협박을 실행하려고 의도할 필요는 없다. 그보다는 진정한 위협의 금지는 위협한 폭력이 일어날 가능성으로부터 사람들을 보호하는 것에 더하여, "개인들을 폭력의 두려움과 그 두려움이 야기할 혼란으로부터 보호"한다. 발언자가 피해자를 신체 상해나 죽음의 두려움에 떨게 할 목적을 가지고 개인 또는 집단을 협박하는 경우, 진정한 위협은 헌법이 규제할 수 있는 의미의 위협에 속한다. 피상고인들은 일부 십자가 불태우기가 이러한 의미의 위협하는 발언이라는 점은 다투지 않는다. Ⅱ항에서 기재한 대로 이 나라에서 십자가 불태우기의 역사는 십자가 불태우기가 위협하는 것이 희생자들에게 폭력의 대상이라는 두려움을 일으키는 것이라는 점을 보여준다.

### B

버지니아주 대법원은 R.A.V. 판결에 따라, 비록 내용중립방식으로 십자가 불태우기를 금지하는 것이 합헌이라 할지라도, 버지니아의 십자가 불태우기 처벌법은 내용과 견해를 바탕으로 차별하고 있기 때문에 위헌이라고 판결하였다. 버지니아주 대법원이 판시하듯이 십자가 불태우기는 상징적인 표현이다. KKK단이 집회에서 십자가를 불태우거나 개인들이 다른 사람의 마당에 불타는 십자가를 놓아두는 이유는 발언자가 전달하고자 하는 의사를 나타낸다. 개인들은 십자가 불태우기가 효과적이고 극적인 방법으로 의사를 전달하기 때문에 다른 전달 수단에 대립되는 것으로 십자가를 불태운다.[147]

그러나 십자가 불태우기가 상징적 표현이라는 사실이 헌법 문제를 해결하지

147) 대법관 토마스는 반대의견에서 십자가 불태우기는 "행동이지 표현이 아니다"라고 주장한다. 394. 물론 십자가를 불태우는 것은 행동이지만, 수정헌법 제1조는 순수한 언론 뿐만 아니라 상징적 행동도 보호한다. 토마스 대법관이 과거에 인정했듯이, 십자가 불태우기는 "혐오의 상징"이고 "백인 우월주의의 상징"이다. Capitol Square Review and Advisory Bd. v. Pinette, 515 U.S. 753, 770-771 (1995)(대법관 토마스, 동조의견).

못한다. 버지니아주 대법원은 R.A.V. 판결에 따라 법이 내용에 기초하여 차별한다면 위헌이라고 결론내렸다. 우리는 동의하지 않는다.

우리는 R.A.V.판결에서 "인종, 피부색, 교리, 종교 또는 성에 기초하여 다른 사람에게 분노, 공포, 원한을 자극한다는" 인식을 가지고 행해지는 십자가 불태우기를 포함한 상징적인 행위를 금지하는 지역의 법령이 위헌이라고 판결하였다. 우리는 법령이 법에서 규정한 근거에 따라 폭력을 유발하는 개인들만을 대상으로 함으로써 내용에 기초하여 차별하였기 때문에 헌법 심사를 통과하지 못했다고 판결했다. 법령은 다른 생각과 연관되어 폭언을 이용하는, 예를 들면 정치적 성향, 노조 가입, 동성애를 근거로 한 적개심을 표현하려는 사람들을 포함하지 않았다. 이러한 내용에 기초한 차별은 시가 선호되지 않은 주제에 관하여 견해를 표현한 발언자를 특별히 규제하는 것을 허용하기 때문에 위헌이다.

우리는 R.A.V.판결에서 수정헌법 제1조가 규제가능한 언론의 영역내에 있는 모든 형태의 내용에 기초한 차별을 금지한다고 판결하지 않았다. 그보다는 우리는 특별히 일부 형태의 내용 차별은 수정헌법을 위반하지 않았다고 말했다. "내용 차별의 근거가 문제된 언론의 모든 종류를 규제할 수 있는 이유로 구성되어 있다면, 심각한 생각이나 견해 차별의 위험은 존재하지 않는다. 수정헌법 제1조의 보호로부터 특정 언론의 모든 종류가 배제될만큼 충분히 중립적이라고 판단되는 이유는 그 종류내에서 차별의 기초가 되지 않는다." 388.

우리는 특정한 형태의 협박 금지는 합헌이라고 판단하였다. "연방정부는 대통령을 향한 폭력의 위협을 형사처벌할 수 있는데, 대통령에게 적용되었을 때 수정헌법의 보호범위 밖이라는 이유가 특별한 힘을 갖고 있기 때문이다." 그리고 주는 가장 명백하게 선정적인 면에서 불쾌할 때, 즉 성적인 행위를 가장 음란하게 보여주는 음란물일 경우 금지할 수 있다. 그 결과 R.A.V.판결은 주가 불쾌한 정치적인 메시지에 기초한 음란물의 금지나, 빈민지역 원조에 관한 정책을 주장하는 대통령에 대한 위협의 금지를 허용하지 않지만, 수정헌법 제1조는 문제가 된 특정한 종류의 언론이 규제될 수 있다는 바로 그 이유에 기초하여 내용 차별을 허용한다.

비슷하게 버지니아법이 위협할 목적을 가진 십자가 불태우기를 금지하는 한 수정헌법 제1조와 충돌하지 않는다. R.A.V.판결에서 문제가 된 법과 달리, 버지니아법은 선호되지 않은 특정 주제 중 하나에 대한 것이라는 이유만으로 규제대상을 고르지 않았다. 개인이 피해자의 인종, 성, 종교, 또는 피해자의 정치적 연관성, 노조원, 동성애 때문에 위협할 목적을 가지고 십자가를 불태웠는지는 문제가 되지 않는다. 나아가 실제 십자가를 불태운 자가 인종적 또는 종교적 소수자들만을 향해서 위협행동을 한 적은 없다. 엘리어트와 오마라의 사건에서 적어도 피상고인들이 인종적인 적의로 십자가를 불태웠는지는 불분명하다.

수정헌법 제1조는 십자가 불태우기가 특별히 해로운 형태의 위협이기 때문에 위협할 목적으로 불태우는 행위의 금지를 허용하고 있다. 모든 위협 메시지를 금지하는 대신에, 버지니아는 임박한 폭력의 신호로서 십자가 불태우기가 갖고 있는 오래되고 유해한 역사를 고려하여 위협메시지의 조합을 규제할 수 있다. 주가 선정적인 내용 때문에 가장 음란한 음란물만을 규제할 수 있듯이, 주는 가장 신체적인 피해의 두려움을 일으킬 것 같은 형태의 위협만을 금지할 수 있다. 위협할 목적의 십자가 불태우기 금지는 R.A.V.판결의 판단과 완전히 일치하며 수정헌법 제1조에 의해서도 금지될 수 있다.

## Ⅳ

버지니아주 대법원은 십자가 불태우기가 사람 또는 집단에 대한 위협 목적의 추정 증거가 된다는 조항 때문에 버지니아 십자가 불태우기 법은 지나치게 광범위해서 위헌이라고 판결했다. 버지니아주는 1968년에 추정 규정을 추가하였다. 하급심 법원은 이 규정이 십자가 불태우기 법의 남은 부분과 분리될 수 있는지를 판단하지 않았다. 이 법원에서도 버지니아주 대법원에서와 마찬가지로 피상고인들은 추정 증거 규정이 그들에게 적용될 때 위헌이라고 주장하지 않고 있다. 대신에 그들은 규정이 문면상 위헌이라고 주장하고 있다.

버지니아주 대법원은 추정 증거 조항의 의미에 대해 판단하지 않았다. 그러나 십자가만을 불태우는 행위는 위협목적에 관한 증거가 없어도, 체포 및 기소하기에 충분하고, 주는 증명의무에서 면제될 것이다. 엘리어트 사건에서 배심은 추정 증거 규정에 관한 설명을 듣지 못했고, 오마라 사건에서는 그가 유죄를 인정했기 때문에 조항은 쟁점이 되지 못했다. 그러나 블랙 사건에서 법원은 배심에게 "십자가 불태우기는 그 자체로 목적을 추론할 수 있는 충분한 증거가 된다."는 의미라고 설명하였다. 배심 설명은 버지니아주의 모범 배심 설명례와 같다.

배심 설명에 의해 해석된 추정 증거 조항으로 인하여 법은 위헌이 된다. 이 배심 설명은 모범 배심 설명이고, 버니지아 대법원은 배심 설명을 부인할 기회를 분명히 가졌기 때문에, 추정 증거 조항의 배심 설명 해석은 주법의 문제에 관하여 정확한 단어가 법률에 기재된 것처럼 우리가 따라야 한다. 배심 설명이 해석하듯이, 추정 조항은 주가 위협목적을 가진 십자가 불태우기를 금지하는 바로 그 이유를 제거해 버린다. 추정증거조항은 배심이 모든 십자가 불태우기 사건에서 피고인들이 헌법상 권리를 항변할 수 없는 가운데 유죄를 인정하도록 허용한다. 그리고 블랙과 같은 피고인들이 항변을 해도, 추정 증거 조항은 배심으로 하여금 구체적인 사실과 무관하게 위협목적을 인정하게 할 가능성이 높다. 조항은 주가 십자가 불태우기 그 자체만으로 체포, 기소, 유죄판결을 할 수 있게 허용하고 있다.

규정이 그렇게 해석되면 아이디어의 억압이라는 받아들일 수 없는 위험을 낳게 될 것이 분명하다. 십자가를 불태우는 행위는 헌법이 금지하는 위협을 하고 있다는 의미일 수 있다. 그러나 같은 행위는 행위자가 핵심적인 정치 발언을 하고 있다는 의미일 수도 있다. 추정 증거 조항은 이러한 십자가 불태우기의 2가지 의미 사이에 경계를 흐리게 한다. 배심 설명이 해석하듯이, 조항은 주가 수정헌법 제1조가 보호하는 적법한 정치 발언에 관여하고 있는 사람을 기소하고 유죄로 인정할 가능성 때문에 헌법이 보호하는 정치 언론을 위축시키고 있다.

십자가 불태우기 역사가 가리키는 것처럼, 십자가 불태우기는 늘 위협할 목적으로 이루어지는 것은 아니다. 때때로 이념의 표현이고 집단 연대의 상징이기도 하다. KKK단 집회에서 사용되는 의식이고 KKK단 자체를 상징하기 위해서 사용되기도 한다. 그러므로 "정치 집회에서 십자가 불태우기는 거의 분명하게 보호되는 표현일 것이다." 십자가를 불태우는 사람이 이념을 표현하지 않거나 위협할 목적이 없는 경우도 있다. 미시시피 버닝과 같은 영화에서, 월터 스콧의 호수의 여인이 연극으로 공연될 때 십자가 불태우기가 나온다.

추정 증거 조항은 이러한 다른 유형의 십자가 불태우기들의 차이를 구분하려고 하지 않는다. 분노와 적개심을 불러일으키려는 목적의 십자가 불태우기와 피해자를 협박하거나 위협할 목적의 십자가 불태우기 사이를 구분하지 않는다. 공공집회에서의 십자가 불태우기와 이웃집마당에서 십자가 불태우기 사이를 구분하지 않는다. 개인을 향한 십자가 불태우기가 비슷한 생각을 가진 신자들 집단을 향한 것과 달리 취급되지 않는다. 법규정은 배심에게 토지 소유자의 묵인 아래 그 토지에서 십자가를 불태우는 행위와 토지소유자의 허락없이 십자가를 불태우는 것을 똑같이 취급하도록 허용한다. 이 점에서 위협목적의 증거가 상대적으로 약하고 불태우는 행위가 이념적인 이유와 거의 일치하는 사건에서 추정 증거 규정이 배심의 재량을 유죄 쪽으로 왜곡할 수 있다는 수터 대법관의 의견에 나는 동의한다.

십자가 불태우기는 정치집회에서 조차 이를 본 대다수의 시민들이 분노와 혐오의 감정을 갖는다. 그러나 이러한 분노와 혐오의 감정만으로 모든 십자가 불태우기를 금지하는 것은 충분하지 않다. 군터는 "내가 나찌 독일에서 보낸 어린 시절과 이 나라에서 보낸 더 행복한 성인시절로부터 이끌어낸 교훈은, 편견이 심한 사람의 해로운 생각을 나의 모든 힘으로 맹렬히 비판하는 것과, 동시에 법의 힘으로 해로운 생각을 억압하려는 공동체의 시도에 도전하는 어려운 길을 걸어야 할 필요성이다."라고 말했다. 이 사건에서 추정 증거 규정은 특정한 십자가 불태우기가 위협할 목적으로 행해졌는지를 결정하기 위해 필요한 모든 요소들을 무시하고 있다. 수정헌법 제1조는 그러한 지름길을 허용하지 않는다.

이러한 이유들로 배심설명에서 해석되고 블랙 사건에서 적용된 추정 증거 조항은 문면상 위헌이다. 우리는 버지니아주 대법원이 추정 증거 조항의 의미를 권위있게 해석하지 않았다고 본다. 스칼리아 대법관과 달리 우리는 추정증거 조항의 어떤 해석이 수정헌법 제1조를 충족하는 지에 관하여 추측하기를 거부한다. 대신에 우리의 판단은 배심설명에 의한 추정 증거 규정의 해석 때문에, 조항은 문면상 무효라는 것이 전부이다. 또한 우리는 환송심에서 법원이 우리가 설시한 헌법 제약을 피하기 위해 이제까지와는 다른 방법으로 규정을 해석할 수 있는 이론적인 가능성이 있다고 본다. 우리는 그 가능성을 열어놓는다.

또한 우리는 규정이 분리될 가능성과, 분리된다면 엘리어트와 오마라사건이 재심리될 수 있는 가능성도 열어둔다.

## V

우리는 블랙에 대한 유죄판결이 인정될 수 없다는 버지니아주 대법원의 판결을 지지하며 인용한다. 엘리어트와 오마라 사건에 관하여, 우리는 버지니아주 대법원의 판결을 취소하고 추가 절차를 위해 환송한다.

**[대법관 스티븐스의 동조의견**(생략)**]**

**[대법관 스칼리아의 일부 동조, 일부 반대 의견**(대법관 토마스 Ⅰ, Ⅱ에 참여)**]**

나는 R.A.V. 판결에 따라 주가 위협할 목적으로 행해지는 십자가 불태우기를 금지하는 것이 수정헌법 제1조를 침해하지 않는다는 다수의견에 동의한다. 따라서 나는 다수의견의 Ⅰ - Ⅲ항에 동의한다. 또한 우리가 버지니아주 대법원의 판결을 파기하고 환송함으로써 그 법원이 버지니아주법의 추정 증거 조항을 권위있게 해석할 기회를 갖도록 해야 한다는 것에 동의한다. 그러나 나는 위 조항의 정확한 해석이라고 믿는 바를 설명하고 조항이 문면상 무효라는 다수의견의 정당한 근거가 없다고 믿는 이유를 설명하기 위해 별개의견을 쓴다.

## I

§18.2-423는 십자가를 공개적으로 불태우는 행위는 "위협 목적의 추정 증거가 된다."고 규정하고 있다. 이 부분이 헌법에 위반되는지를 결정하기 위해서, 먼저 추정 증거 조항이 달성하고자 하는 것을 정확하게 확인할 필요가 있다.

"추정 증거"는 전형적으로 다음과 같이 정의된다.

"법적인 판단으로 사실을 증명하기에 충분한 증거는… 만약 반증이 없거나 반박되지 않는다면 충분한 증거로 남을 것이다. 만약 설명이 없거나 반박되지 않는다면, 그 증거가 뒷받침하는 쟁점을 인정하는 판단을 유지하는데 충분하지만, 다른 증거에 의해 번복될 수 있다." Black's Law Dictionary 1190(6th ed. 1990).

이전 사건에서 버지니아 대법원은 핵심 법률용어의 권위있는 해석을 수용해

왔다. Babbitt v. Miller, 192 Va. 372, 379-380, 64 S.E. 2d 718, 722 (1951) ("추정 증거"는 번복되지 않는다면 쟁점이 되는 사실을 증명하거나 사실을 추정하기에 충분한 증거이다).

버지니아에서 "추정 증거"의 확립된 의미는 완벽하게 전통적이다 : 자체로 특정한 사실을 증명하기에 충분한 증거이다. 그러나 이것은 번복되지 않는 한도 내에서만 사실이다. "사실의 추정 증거는 법적 판단으로 사실을 증명하는 충분한 증거이다. 그리고 번복되지 않는다면 충분한 증거로 남는다."

만약 원한다면 버지니아가 "추정 증거"의 핵심 해석을 자유롭게 버릴 수 있다. 또한 다른 법률 목적상 다른 방법으로 문구를 해석하는 것도 허용된다. 그러나 이 사건에서 버지니아 대법원은 그렇게 하지 않았나. §18.2-423에서 "추정 증거"가 무엇을 의미하는 지의 문제에 관련해서, 이전의 관행이나 일반적인 법적 의미로부터 조금도 벗어나지 않았다. 그보다는 §18.2-423에서, "위협할 목적의 증거가 없이 십자가를 불태우는 행위만으로도 체포 및 기소하기에 충분하다."고 설명하였다. 달리 말하면 피고가 공개적인 곳에서 십자가를 불태웠다는 사실을 버지니아가 증명한 경우, 피고가 번복할 증거를 제출하지 않으면 배심에게 범죄의 의도를 증명하는데 충분하다.

버지니아 대법원이 (블랙 사건에서 1심 법원의 배심 설명과 마찬가지로) 배심은 추정 증거 조항에 따라, 피고인이 십자가를 불태웠다는 증명을 바탕으로, 번복 증거를 무시하고 위협할 목적을 인정할 수 있다고 제안하지 않았다는 것을 주의하여야 한다. 또한 법원은 추정 증거의 제출은 항상 배심 재판을 하기에 충분하다거나, 심리 마지막에 피고인이 번복 증거를 제출했다 할지라도, 공개적으로 십자가를 불태웠다고 입증된 피고인에 유리한 평결을 지시할 수 없다고 말하지 않았다. 그 대신에 버지니아 대법원에 따르면, 추정 증거 조항의 효력은 더 제한적이다. 즉 피고인이 공개적으로 십자가를 불태웠다는 증거의 제시는 피고인이 번복 증거를 제출할 때까지만, 피고인이 위협할 목적을 가졌다는 추론을 자동적으로 뒷받침하기에 충분하다는 것이다.

## II

"추정 증거"의 의미를 이해했을 때, 나타나는 의문은 십자가 법률이 합헌인지 여부이다. 버지니아 법원은 부정적으로 답변하였다. "§18.2-423은 보호되거나 보호되지 않은 언론 모두를 체포 및 기소 범위내로 포함시켜버린다."고 판시하였다. 법률에 따라 기소가능성이 증가함으로써 보호되는 언론의 표현을 위축시키기에 충분할만큼 법률이 지나치게 광범위하다.

지나친 광범성에 관한 이러한 분석은 선례가 없는 것이다. 우리는 보호되는 행위를 한 개인이 체포 및 기소될 수도 있다는 위협때문에 법률이 지나치게 광범위하다고 판결한 적이 없었다. 그 보다는 우리의 지나친 광범성 법리는 일관되게 특정 법률의 금지 문구가 보호되는 행위에 미치는지 여부에 초점을 맞추어 왔다. 즉 우리는 보호되는 행위를 한 개인들이 법으로 처벌될 수 있는지를 알아보았고, 체포 및 기소될 수 있는 지를 알아본 것은 아니다. Houston v. Hill, 482 U.S. 451, 459 (1987)(헌법이 보호하는 행위의 실질적인 부분을 불법으로 규정한 법은 문면상 무효가 될 수 있다); Grayned v. City of Rockford, 408 U.S. 104, 114 (1972)(만약 헌법이 보호하는 행위를 금지한다면 법률은 지나치게 광범위할 수 있다); R.A.V. v. St. Paul, 505 U.S. 397(수정헌법 제1조가 보호하는 표현을 범죄시하기 때문에 문제의 규정은 필연적으로 지나치게 광범위하다).

버지니아주 법원의 새로운 형태의 광범성 분석을 수용하지 않고서, 이번 판결은 적절하게 §18.2-423에 의해 누가 체포 및 기소되는지 보다는 누가 처벌되는지의 문제에 초점을 맞추었다. 그래서 배심은 추정 증거 조항으로 피고인들이 헌법상 권리를 항변하지 않는 모든 십자가 소각사건에서 유죄평결을 할 수 있게 된다고 다수의견은 판시하였다.[148] 다수의견은 그러한 사건에서는 그 조항으로 인하여 버지니아가 십자가 불태우기 사실 자체만으로 체포, 기소, 유죄판결을 할 수 있도록 허용하고 있다고 설명한다. 다수의견에 따르면 십자가 불태우기가 항상 위협할 목적을 가지고 있는 것은 아니고 위협할 의도가 없는 십

148) 다수의견(plurality, 과반수에 이르지 못한 의견)은 "블랙과 같은 피고인이 항변을 한 경우에도, 추정 증거조항 때문에 배심이 사실관계와 무관하게 위협의도를 인정할 것 같다"고 주장한다. 365. 이 주장의 근거는 없다. Nance v. Commonwealth, 203 Va. 428, 432, 124 S. E. 2d 900, 903-904 (1962)에서 버지니아 대법원의 의견은 추정증거 사건으로 "법원이나 배심이 전체 증거를 통해 사실문제를 결정할 의무가 면제되지 않는다"고 확실하게 말했다.

자가소각은 금지될 수 없기 때문에, 이것은 헌법상 문제가 있다. 특히 다수의견은 십자가 소각이 이념의 표현 또는 KKK단 집회에서 단체연대의 상징으로서 기능할 수도 있고, 영화 미시시피 버닝처럼 예술적인 목적으로 사용될 수 있다고 지적하고 있다.

보호받는 언론행위를 하는 개인들이 추정 증거 조항 때문에 유죄판결을 받을 수 있다는 의미에서 다수의견은 옳다. 유죄가 위헌이라고 가정할 때 사건별로 검토될 수 있다. 그러나 다수의견은 아무 설명없이 그러한 유죄선고의 가능성 때문에 법률이 문면상 무효라는 결론으로 넘어가 버렸다.

§18.2-423을 문면상 무효라고 간주하면서 다수의견은 지나친 광범성 이론에 의존하고 있는 것으로 추정된다. 그러나 이는 참으로 드문 경우여야 한다. 우리는 "법이 지나치게 광범위하고 모호하다는 주장에 대해서 법원의 첫째 임무는 법이 헌법이 보호하는 실질적인 분량의 행위에 미치는지 여부"라고 판시하였다. 만약 §18.2-423의 핵심 조항(사람 또는 집단을 위협할 목적으로 십자가를 불태우거나 불태우게 하는 행위는 위법하다)을 본다면, 보호되는 행위를 대상으로 하고 있지 않는 것으로 보인다. 법문은 법원의 판결에 따라 주가 금지할 수 있는 행위로 제한되어 있다. 버지니아의 십자가 소각 법률로 영향을 받는 보호되는 행위를 확인하기 위해, 다수의견은 법률의 금지 조항이 아니라 추정 증거 조항과 배심이 금지 행위를 인정하는 절차에 초점을 맞추고 있다. 그 맥락에서도 다수의견은 추정 증거 조항만으로 부당한 유죄선고가 나온다고 주장할 수 없다. 다수의견이 인정하듯이 그 조항에 의해 잘못 유죄선고를 받은 유일한 사람들은 (수정헌법 제1조) 항변을 제기하지 않은 재판 전략을 택한 사람들이다.

그래서 다수의견은 버지니아의 십자가 소각법이 문면상 무효라는 주장을 지지하는 논리가 두드러지게 빈약하다. 다수의견이 생각하기에 §18.2-423으로 유죄선고를 잘못 받은 사람들은 (1) 십자가를 공개적으로 불태우고, (2) 위협할 목적을 가지지 않았고, (3) 그럼에도 불구하고 체포 및 기소되었고, (4) 항변을 제기하지 않은 사람뿐이다.

이런 사람들이 존재한다고 인정하더라도, 문면상 무효 문제는 일어날 수 없다. 왜냐하면 이 법원이 "법률이 표현 행위를 규제할 경우, 법률의 정당한 범위와 관련하여 판단했을 때 법률이 현실적으로 지나치게 광범위할 뿐만 아니라 그것이 실질적이지 않으면 위헌이 아니라고" 반복적으로 강조해왔기 때문이다. 다수의견이 유죄선고가 부당하게 내려진 것으로 확인한 사례들로 인하여 법률이 실질적으로 지나치게 광범위한 것으로 판정되었다는 견해는 비현실적이다. 다수의견이 지적하는 부당한 유죄선고의 가능성은 문면상 무효가 부적절하다는 점에 비추어 볼 때, 법률의 예외적인 적용으로 분류되는 것이 더 적절할 수 있다. Parker v. Levy, 417 U.S. 733, 760 (1974)[149]

아마 더 걱정스러운 것은, 다수의견은 피상고인 블랙사건에서 배심설명에 따라 추정증거규정을 이해하고 있다고 인정하고 있다. 만약 다수의견이 §18.2-423을 문면상 무효로 하지 않았다면 괜찮았을 것이다. 다수의견이 인용한 판례가 없듯이, 나는 헌법상 문제있는 배심 설명을 근거로 모호한 법률을 문면상 무효화시킨 사례를 알지 못한다. 그리고 그러한 판결을 한 선례가 없다는 것은 놀랄 일이 아니다. 왜냐하면 주법이 모호할 경우, 배심 설명을 법적 구속력이 있는 해석으로 다루는 것은 주법에 관한 엄청난 권한을 사실심 판사에게 넘겨주는 것이 되기 때문이다. 주 법에 대한 어느 판사의 특이한 해석이 주법의 무효

149) 이 법이 지나친 광범성 분석을 쉽게 통과한다는 논쟁의 여지가 없는 사실을 마주치자, 다수의견은 법적용이 모두 무효가 아닌 법이 그럼에도 불구하고 지나치게 광범위하지 않지만 문면상 무효라는 정말 놀랄만한 주장을 내놓고 있다. 다수의견이 우리의 법률학에서 찾을 수 있는 그 주장의 유일한 표현은 5대4 의견의 주석에 있다. Secretary of State of Md. v. Joseph H. Munson Co., 467 U.S. 947, 965-966, 주 13 (1984). 975쪽 (렌퀴스트 반대의견, 버거, 파웰, 오코너 참여). 6명의 대법관이 참여한 의견이 이를 단호하게 반대하였기 때문에, 선례구속의 원칙에 의해 잘못된 이론을 적용할 수 없다. United States v. Salerno, 481 U.S. 739, 745 (1987) (대법원장 렌퀴스트, 대법관 화이트, 블랙먼, 파웰, 오코너, 스칼리아 참여)(지나친 광범성 이론에 근거하지 않고 문면상 도전으로 성공하기 위해서는, "도전자"는 법이 유효한 상황이 존재하지 않는다는 점을 입증해야 한다).

다수의견처럼 우리가 Munson 판결의 의견을 반대했다는 사실을 무시한다 하더라도, 그 사건은 이 사건의 조건아래서 법을 문면상으로 무효화시키는 근거를 제공하지 않는다. Munson 사건에서 우리가 수정헌법 제1조의 지나친 광범성에 의존하지 않고 법을 문면상으로 무효로 하려는 뜻은 조항이 적용되는 모든 상황이 무효라는 결론을 전제로 하고 있다. 우리는 "법이 금지하는, 쉽게 확인가능하고 헌법이 규제가능한 행위의 핵심 내용이 없다고 설명하였다." Munson, 467 U.S., 965-966. 그리고 우리가 "법의 흠은 단지 허용할 수 없는 것을 적용대상에 포함하고 있다는 것이 아니라, 법이 적용되는 모든 사례에서 높은 비용은 사기행위를 판정하는 정확한 수단이라는 처음부터 잘못된 전제에서 작동하고 있다는 것이다." 966.

여부를 불러일으키게 된다. 이 사건에서 문제가 된 설명-십자가 태우기는 그 자체로 필요한 의도를 추론할 수 있는 충분한 증거이다-은 버지니아의 모범배심 설명례에서 그대로 가져온 것이다. 그러나 이 모범설명은 주의회가 공표하지 않았고 버지니아 대법원이 공식적으로 채택하지도 않았다. 다른 지역에서와 마찬가지로 버지니아에서도 법률내용을 정확히 말하지 않는 설명은 잘못이고 거부되어야 한다는 것은 명확하다.

만약 버지니아 대법원이 추정 증거 조항을 적정하게 해석하는 기준을 제시하지 않았다고 가정할 때, 다수의견이 배심 설명을 법적 구속력이 있는 것으로 인정하고 이를 근거로 §18.2-423을 폐기하려는 것은 놀랄 일이다. 보통 우리는 주의 최고법원이 법적 구속력이 있는 해석을 내놓을 때까지 모호한 주 법률의 합헌성을 심리하지 않기 때문이다. 그 원칙에 대한 예외가 있다면, 주 법률을 해석하는 2가지 해석 중 하나가 명백하게 위헌이고 다른 하나는 위헌이 아닐 경우이다. 그 상황에서 격언 "실효보다는 유효"[150]를 적용하는 것은 다수의견이 이 사건에서 한 것과는 정반대이다. 즉 우리는 법률을 위헌보다는 합헌으로 읽는 방안을 채택하게 된다. 다수의견의 분석은 배심설명에 내포된 §18.2-423의 해석과 버지니아 대법원이 제안한 해석사이의 불일치를 고려할 때 더 놀랄 일이다. 주대법원은 공개적으로 십자가를 불태운 증거가 제시되었을 때, 배심이 피고가 추정을 번복하는 증거를 제시했는지 여부를 묻지 않고 그 증거만을 근거로 위협 목적을 추정할 수 있다고 판시하지 않았다. 반대로 버지니아 대법원은 "추정증거규정"의 기초적인 이해를 가지고서, 그러한 증거는 증거제출절차에서 증거배제신청이 거부되기에 충분하다고 설명하였다. 주대법원은 배심이 §18.2-423에 따라 번복증거를 무시하고 검찰의 추정증거사건에 기초하여 위협 목적을 추정하는 것이 허용된다고 암시하지도 않았다. 추정증거규정에 의해 배심이 그러한 조건으로 목적을 추정하는 것이 허용된다고 말하지 않는 한, 그리고 말할 때까지, 이 법원이 §18.2-423을 문면상 무효라고 하는 것은 전적으로 부당하다.

배심설명에 비추어 법률을 문면상 무효로 보는 선례가 없는 결정을 얼버무리

150) ut res magis valeat quam pereat - that the matter may have effect rather than fail.

기 위한 명백한 노력에 따라 결론으로 다수의견은 다음과 같이 판시하고 있다.

"우리는 버지니아 대법원이 추정증거조항의 의미를 권위있게 해석하지 않았다는 것을 알고 있다. 또한 우리는 환송심 법원이 우리가 설명한 헌법 장애를 피하기 위해 지금까지와는 다른 방식으로 조항을 해석할 이론적인 가능성을 인식하고 있다. 우리는 그 가능성을 열어둔다.

이것은 정말 이해할 수 없다. 바로 앞선 문장에서 §18.2-423이 문면상 위헌이라고 선언하고서, 다수의견은 버지니아 대법원이 법률을 헌법에 맞게 해석할 가능성을 말하고 있다. 만약 §18.2-423의 합헌 해석이 가능하다면, 문면상 무효는 부적절하다는 것은 말할 필요가 없다. 그래서 다수의견은 §18.2-423이 아닌 자신의 가정적인 해석을 문면상 무효라고 하고서, §18.2-423을 실제 해석하기 위해 버지니아 대법원에 환송한 것 같다. 기교가 뛰어난 이러한 연주에 대한 나의 경이로움을 말로는 표현할 수가 없다.

## Ⅲ

I 항에서 분석한 바와 같이 나는 버지니아 십자가소각 법률의 추정증거규정이 헌법상 문제가 없다고 믿는다. 그럼에도 불구하고 버지니아 대법원이 아직 §18.2-423을 권위있게 해석하지 않았기 때문에 피상고인 엘리어트와 오마라에 대한 판결을 취소하고 환송하는 결정에 동의한다. 또한 나는 피상고인 블랙의 유죄판결이 유지될 수 없다는 데 동의한다. 위에서 말한 대로, 블랙사건에서 배심은 "십자가 불태우기는 그 자체로 목적을 추정하는 충분한 증거이다"라는 설명을 들었다. 이 설명을 들었을 때, 배심이 위협할 의도로 십자가를 불태웠다는 추정을 번복하는 증거를 포함하여 전체 사실관계를 보고 평결을 내릴지, 아니면 번복 증거를 무시하고 피고인이 십자가를 불태웠다는 사실에만 초점을 맞출 것인지를 결정하는 것은 불가능하다.[151] 나는 여전히 블랙 판결을 인용하는 다수의견에 동의할 수 없다. 그 판결에서 §18.2-423이 지나치게 광범위하다는 잘

151) 배심이 비록 그들의 의무를 (헌법이 허용가능하게) 이해한다고 하더라도, 그 가능성이 헌법적인 의문을 거두기에 충분하지 않다. Sandstrom v. Montana, 442 U.S. 510, 517 (1979)(배심이 모호한 설명을 헌법적으로 바르게 이해하였다는 가정을 거부; "우리는 배심이 설명을 부당하게 해석할 가능성을 낮게 볼 수 없다").

못된 결론을 내린 버지니아 대법원은 블랙의 유죄판결을 취소했을 뿐만 아니라 그에 대한 공소를 기각했다. 나는 블랙의 유죄판결에 있는 헌법 결함은 배심설명때문이고 법률 그 자체로부터 나온 것은 아니기 때문에 나는 공소를 기각하지 않고 원한다면 재배심을 하도록 허용하였을 것이다. 버지니아 대법원에게 법률의 문면상 무효를 해결하도록 하려는 다수의견의 의사가 블랙에 대한 공소기각을 지지하는지도 흥미로운 질문이다. 논리적으로 그러지 못할 이유는 없다.

**[대법관 수터의 일부 동조 및 일부 반대 의견**(대법관 케네디, 긴즈버그 참여)**]**

나는 버지니아주법이 위협 또는 협박 표현을 처벌하는 범주내에서 내용에 기초한 차별, 우리가 R.A.V. 판결에서 검토하였던 바로 그러한 유형의 차별을 하고 있다는 다수의견에 동의한다. 나는 R.A.V.판결의 위헌성으로부터 버지니아주법을 구할 예외가 있다거나 수용할만한 변경가능성이 있다는 점에는 부동의한다.

## I

R.A.V.판결에서 주대법원이 해석한 바와 같이, 무효선언된 볍령은 일반적으로 규제할 수 있는 폭언과 동등한 것으로 상징들(십자가소각을 포함하나 이에 한정되지 않음)의 사용을 금지하였다. 그러나 조례는 상징이 "인종, 피부색, 교리, 종교 또는 성에 근거하여" 도발적일 때에만 적용되었다. 비록 이 사건 버지니아주법은 금지되는 대상에 관하여 제한의 "근거"를 명시하지 않고 있지만 위협할 목적을 가진 십자가소각의 금지는 위협을 의미하는 모든 규제가능한 표현분야에서 특정한 내용의 상징을 선택하고 있다. 역사적으로 방화, 구타, 폭력과 함께 행해진 십자가 불태우기의 실체를 볼 때, 그 내용은 종종 십자가 소각자가 피해자를 아마도 신체적으로 해칠 것이라는 본질적으로 위협의사를 포함하고 있는 것은 분명하다. 그러나 상징적인 행위가 위협을 의미할 때에도 십자가 불태우기는 백인우월주의라는 다른 이념적 메시지를 담고 있을 수 있다. 이념적 메시지는 상징을 위협적으로 이용할 뿐만 아니라, 십자가소각이 위협적으로 이용되지 않고 이념과 이를 지지하는 사람들의 연대를 표현할 때에도 이용된다. 다수의견이 지적하듯이 십자가 불태우기는 협박과 이념을 함께 전달하기도

하고, 이념만을, 또는 피상고인 엘리어트와 오마라의 선택이었던 협박만을 전달하기도 한다.

쟁점은 이러한 상징으로 제한된 법의 금지가 일반적으로 금지할 수 있는 더 넓은 범주의 표현범위내에 있는 제한된 내용에 기초한 금지를 수용하지 않은 R.A.V.판결에 대한 예외가 될 수 있는지 여부이다. 위협수단으로서 십자가 불태우기의 기이한 힘 때문에, 법률을 가장 잘 구제할 수 있는 R.A.V.판결의 예외는 설시된 3가지 중 첫번째의 것, 즉 "언론의 모든 종류가 완전히 금지될 수 있는 것으로 구성되었다는 이유로" 내용차별의 예외라고 부른 것이다. 505 U.S. 388. 이것이 특히 매우 유해하여 금지할 수 있는 표현을 금지하는 법률에 포함시킨다는 것이 다수의견이 말한 예외이다.

나는 버지니아주 법이 R.A.V.판결에서 설명한 바와 같은 유해한 예외에 해당된다고 생각하지 않는다. 법이 R.A.V.판결에서 설명된 예시들-특정한 메시지와 연관된 의사전달을 포함하고 있지 않은 것들-과는 잘 맞지 않는다. 사실상 다수의견이 특별히 유해한 예외를 논의하는 것은 그 예외를 R.A.V.판결보다 더 유연한 개념으로 변화시키는 것이다. 나는 그러한 이론적인 발전에 관한 판단을 유보할 것이다. 왜냐하면 버지니아주법은 R.A.V.판결의 실용적인 개념과 그의 예외기준 조차 충족하지 못하고 있으며 가장 분명한 장애물은 법의 추정증거조항이다. 그 조항은 법률이 메시지를 억압하려는 경향이 R.A.V.판결의 일반 원리의 예외에 따른 구제를 받을 수 없는 이유를 이해하는데 필수적이다.

## II

R.A.V.판결은 표현의 내용에 기초한 금지 원리의 특별히 유해한 예외를 다음과 같이 정의하고 있다. 만약 문제의 언론 모두를 완전히 금지할 수 있다는 바로 그 이유를 근거로 금지되었다면 하위범주의 금지는 합헌이다. 법원은 하위범주가 가장 명백하게 금지될 수 있는 경우로 한정되었을 때, 생각이나 견해를 차별하는 심각한 위험은 존재하지 않는다고 설명하고 있다. 설명은 몇몇 예시적인 사례들로 마무리되었다. 그러나 사례들 중 어느 것도 이 사건을 닮지 않았다.[152)]

152) 3가지 예가 있으나 세번째는 이 사건에서 언급하지 않는다. 그것은 사기의 위험이

허용가능한 구별의 첫째 예는 선정적인 면에서 매우 불쾌한 음란물의 금지이다. 실제 사람들과 가상실험의 음란적인 묘사의 차이를 검토한 연방제7항소법원의 사건을 언급하였다. 항소법원이 판시하듯이 이것을 근거로 음란물을 구별하는 것은 전달되는 메시지를 근거로 한 차별을 의미하지 않는다. 십자가는 협박하는 특별한 힘 때문에 선택되었을 수 있으나, 또한 주의회가 백인우월주의는 유해한 이론이라고 생각했기 때문이든, 백인우월주의를 극적으로 공개리에 옹호하는 것은 사회적 혼란을 초래할 수 있다고 인정하였기 때문이든 백인우월주의라는 메시지를 거부하기 때문에 선택되었을 수도 있다. 그래서 십자가 소각법과 음란사례 사이에 유사함은 없다.

이 사건은 R.A.V.판결의 2번째 유해 사례이사 다수의견이 근기로 삼은 대통령에 대한 위협을 금지하는 법률과도 비슷하지 않다. 그 법의 내용 차별은 협박을 받은 자와 관련되어 있고 대통령을 협박하는 것과 연관된 특별한 위험과 비용을 반영하고 있다. 그러나 대통령에 대한 협박은 일반적으로 협박에 수반된 메시지의 내용을 참조하여 확인되지 않으며, 견해는 물론 피해자와 메시지 사이에 명백한 상호관계는 없다. 대통령에 대해서는 모든 주제에 관하여 모든 관점에서 매일 수백만건의 발언이 나온다. 폭력의 위협은 주제나 견해에 들어 있는 본질적인 내용은 아니다. 대통령에 대한 협박을 달리 취급하는 것은 특별한 메시지가 아니라 특별한 위험 때문이다. 반면에 십자가 불태우기의 내용에 기초한 금지는 협박하려고 행해졌을 때 십자가 불태우기가 야기하는 극심한 위협 뿐만 아니라 협박하지 않는 십자가 소각으로 전파되는 백인우월주의의 특정한 메시지를 금지하려는 미묘한 노력일 수 있다.

그래서 나는 R.A.V.판결의 특별한 유해의 예외들을 특정한 견해와 명확하게 연관되지 않고 비지니이주법과는 다른 금지를 포함하는 것으로 이해한다. 그러한 이해에 따라 나는 다수의견이 R.A.V.판결의 유해한 예외를 원래의 제안보다 더 유연하고 실용적인 방식으로 다루고 있다고 이해한다. 실제로 오늘 판결을 달리 보면, 예외의 본질이 생각을 억압할 현실적인 가능성이 없을 때, 내용에 기초한 차별을 규제가능한 범주로 허용하는 R.A.V.판결의 3번째 예외의 일

---

크다고 생각되는 특정 산업계에서 현혹시키는 광고이고, 별개의 이론과 기준으로 상업 언론을 다루고 있다. R.A.V 판결, 388-389.

부 수정으로 볼 수 있다. 특별히 규제가능한 심각한 표현을 처벌하는 법률이 표면상으로 유효한 이유가 정황상 메시지를 억압하는 책략이 아니라는 점을 보여줄 때, 비록 법률이 다른 이념들보다 어느 이념의 지지자들에게 더 큰(그러나 배타적이지는 않고) 충격을 가한다 할지라도 다수의견은 R.A.V.판결에 대한 예외를 인정하는 것으로 받아들일 수 있다.

## Ⅲ

나의 관심은 이론의 실용적인 움직임의 타당성이 아니다. 왜냐하면 법원이 R.A.V.판결의 일반 규칙에 대한 예외를 좀 더 실제적인 방식으로 인식하든지 간에, 내용에 근거한 법률이 생각을 억압하지 않는다는 고도의 가능성 없이는 R.A.V.판결의 실용적인 변경에서도 존속되어서는 안 되기 때문이다. 나는 추정증거 조항이 그러한 고도의 가능성을 발견하는 지점에 있다고 믿는다.

버지니아법은 다른 사람의 부동산, 고속도로, 또는 그 밖의 공공지역에서 십자가를 불태우는 행위는 "사람 또는 집단을 위협할 목적의 추정증거"라고 규정하고 있다. 그 문구는 위협할 목적을 가진 십자가 소각행위를 처벌하는 이전 조항을 수정하면서 추가된 것인 반면, 피상고인들이 십자가를 불태웠을 당시 금지법률의 일부분이었다. 그리고 피상고인들의 행위 시점에서 전체 법률은 수정헌법 제1조의 목적상 중요하다.

내가 증거조항의 중요성을 보면서, 그것의 본래 효과는 위협할 목적의 증거가 상대적으로 약하고 불태우는 이유가 오로지 이념적인 것과 거의 일치하는 사건에서 배심의 판단을 유죄쪽으로 왜곡하는 것이다. 조항이 어떻게 작용하는지를 이해하기 위해서 십자가를 불태우는 상징적 행위가 위협할 목적과 함께 위협할 목적없이 이념적인 발언을 할 목적이 있는 경우를 생각해보자. 354-357. 어떤 사람은 일부 추가 상황을 참조하여 위협하는 경우와 완전히 이념적인 경우를 구별할 수 있을 것이다. 물론 현실에서는, 실제 기소에서는 항상 추가 상황이 있을 것이고 사실인정자는 십자가를 불태웠다는 사실 이상의 것을 알 수 있을 것이다. 때때로 그러한 상황은 위협목적을 보여줄 것이지만, 때때로 그것들이 적어도 백인우월주의자 집단이 공개적으로 정치집회나 창립식에서 십자가를 불태우는 사례에서처럼 다의적일 것이다. 그러한 경우에 만약 사실인정자가 블랙사건의 배심처럼 추정증거조항을 알고 있다면 조항은 배심의 생각을 기소쪽에 유리하게 기울게 만드는 실질적인 효과를 가질 것이다. 중요한 것은 그 조항이 추가 정황 없이 금지할 수 있고 처벌할 수 있는 목적을 가지고 행동했다는 사실인정자의 결론을 허용하느냐가 아니다. 왜냐하면 그러한 정황은 거의 항상 제시되기 때문이다. 중요한 것은 상황 증거가 범죄목적 또는 허용되는 의도를 명쾌하게 짚지 못할 때, 그 조항이 사실인정자에게 위협목적을 인정하는 실수를 하도록 조장할 것이라는 점이다. 그러한 왜곡의 결과는 구제하기가 어렵다. 왜냐하면 피고인이 "기소에 가장 유리한 견지에서 증거를 검토했을 때, 합리적인 사실인정자가 합리적인 의심을 넘어 범죄의 본질적인 요건을 발견할 수 없다는 점"을 밝힐 수 있지 않는 한 유죄평결은 번복되지 않을 것이기 때문이다. 그래서 그 조항은 오코너 대법관이 설시하듯이 위협하지 않는 이념적인 표현을 금지되는 위협표현의 영역내로 이끌게 되기 쉽다.

추정증거조항이 기소를 왜곡하는 한도내에서 생각을 억압하는 방향으로 법률을 왜곡한다. 그래서 내 견해는 법률의 추정증거조항을 검토하는 적절한 방법은 분리해서 수정할 수 있는 지나치게 광범위한 법적 정의 또는 제한된 해석인 것처럼 보지 않는 것이다. 문제는 지나치게 광범위한 법률의 허용가능한 범위가 아니라, 내용에 근거한 금지라는 일반적인 금지에 대한 예외, 만약 법률의 용어가 생각을 억압할 수 있다는 것이 증명된다면 용납되지 않는 예외로서 명백하게 내용에 기초한 법률이라는 주장이다. 따라서 추정증거조항을 고찰하는 방법은 발생하는 것이 무엇인지를 검토하는 것이다. 그리고 우리가 이러한 목적으로 조항을 검토한다면, 그 조항은 분명히 싫지만 협박이 의심스러운 일부 표현을 법률상 금지범위내로 끌어들이는 장치로써 중요성을 갖고 있다.

위협을 암시하는 정황이 있다고 가정할 때, 십자가 불태우기 사건보다 더 입증하기 쉬운 위협사건을 상상하기 어렵다. 그러므로 외관상으로는 정당한 기소에 불필요한 조항은 내용에 근거한 버지니아주 법률이 유해한 형태의 위협으로부터 보호하는 것, 그 이상을 추구하고 있는지에 관한 의문을 일으키기에 충분하다. 결과적으로 그 조항은 R.A.V.판결의 일반 원리에 대한 예외는 "공식적인 억압이 발생할 현실적인 가능성이 없다"는 이유로 용납된다는 결론과 충돌하고 있다.[153] R.A.V.판결의 예외가 내용에 기초한 법률을 구제할 수 없기 때문에,

법률이 통과할 수 없는 가장 엄격한 심사인 주의 중대한 이익에 봉사하는 경우에만 살아남을 수 있다. 위협을 금지하는 내용에 근거한 법률은 특정 내용을 선택하지 않고도 같은 목적을 달성할 수 있을 것이다.

## IV

나는 3명의 피상고인을 기소한 법률이 수정헌법 제1조를 위반하였다고 결론짓는다. 왜냐하면 추정증거조항이 피상고인들의 개별 사건에 어떤 영향을 미치는지 관계없이 법률이 내용에 근거하여 구분하는 것은 기소된 행위시점에서 무효이기 때문이다. 내 견해로는 추정증거조항의 분리로는 피상고인들의 행위 당시 전체 법률의 위헌성을 제거할 수 없다. 그러므로 나는 피상고인들의 유죄를 취소하고 공소를 기각한 버지니아주 대법원의 판결을 인용한다. 따라서 나는 피상고인 블랙에 대한 법원의 판결에 동의하고 피상고인 엘리어트와 오마라에 대해서는 반대한다.

**[대법관 토마스의 반대의견**(생략)**]**

---

153) 같은 결론은 “2차 효과”와 관련된 2번째 R.A.V. 예외에도 맞다. 505 U.S., 389(Renton v. Playtime Theatres, Inc., 475 U.S. 41, 48 (1986) 인용). 우리의 “2차적 효과“의 법률학은 문제의 규제가 ”자유 표현의 억압과 무관하다“는 점을 전제로 하고 있다.

# 12. 전문가 조언 등 외국 테러단체 지원 금지와 언론 · 결사의 자유

**Holder v Humanitarian Law Project**

561 U.S. 1 (2010)

**[요약]**

"고의로 외국의 테러리스트 조직에게 실질적인 지원이나 자원을 제공하는 행위"는 연방범죄이다. 18 U.S.C. §2339B(a)(1). "외국 테러리스트 조직"으로 지정하는 권한은 국무성에게 있고, 이는 사법심사대상이다. "용어 '실질적 지원 또는 자원'은 의약품이나 종교물을 제외하고 현금이나 유가증권, 재정 보증, 금융 서비스, 숙박, 훈련, 전문가 조언이나 도움, 은신처, 허위 서류나 신분증, 통신 장비, 시설, 무기, 치명적인 물질, 폭발물, 인원(자신을 포함한 1인 이상의 개인), 운송수단을 포함한 무형 또는 유형 재산, 서비스를 의미한다." §2339A (b)(1). 법위반에 외국 단체의 테러리스트 조직 지정 또는 테러행위 수행의 인식이 필요하다는 것을 분명히 하기 위해 §2339B(a) (1); 그리고 용어 "훈련," §2339A(b)(2), "전문가 조언 또는 조력," §2339A(b)(3), 그리고 "인원" §2339B (b)(h)을 정의하기 위해 §2339B와 "실질적 지원 또는 자원"의 정의는 수년 동안 개정되어 왔다.

국무장관이 "외국 테러리스트 조직"으로 지정한 단체들 중에는 각각 터키의 쿠르드인과 스리랑카의 타밀인을 위한 독립국가 건설을 목표로 한 쿠르드노동당(PKK)과 타밀해방조직(LTTE)이 있다. 두 조직은 정치적이고 인도적인 활동에도 참여하고 있지만, 수많은 테러 공격을 하였고 그 중 일부는 미국시민에게 피해를 입혔다. 두 명의 미국인과 미국내 6개 단체(이하 원고들)는 적법하고 비폭력 활동을 지원하려고 한다고 주장하면서 실질적인 지원 조항에 대해 헌법적인 도전을 시작하였다. 소송을 12년의 복잡한 과정을 거쳤다. 결국 지방법원은 원고들에 대한 실질적 지원 조항의 집행을 일부 정지시켰다. 연방제9항소법원이 인용하였고, 원고들과 정부는 쌍방 상고하였다. 법원은 이송명령을 하였다.

원고들은 이 소송에서 4가지 형태의 실질적인 지원－"훈련," "전문가 조언 또는 조력," "서비스," 그리고 "인원"의 제공을 금지한 §2339B에 이의를 제기하고 있다. 원고들은 법률 용어가 모호하여 허용될 수 없다는 이유로 수정헌법 제5조의 적법절차 조항 위반이고, 언론 및 결사의 자유에 관한 수정헌법 제1조의 권리를 침해하였다고 주장하고 있다. 그들은 §2339B가 PKK단원들이 분쟁을 평화적으로 해결하기 위해 국제법을 이용하도록 훈련하고, PKK단원들에게 유엔 및 다른 구제 기구에 청원하도록 교육하고, 터키에 사는 쿠르드인들과 스리랑카에 사는 타밀인들을 위한 정치적인 지지행위에 참여하는 것을 포함하여 특정한 활동을 금지하는 범위에서 무효라고 주장한다.

**[요지]**

실질적인 지원 조항(§2339B)이 원고들이 외국의 테러리스트 조직에 제공하려고 하는 특정한 형태의 지원에 적용되는 것은 합헌이다.

(a) §2339B에 대한 이 소송의 도전은 헌법 제3조(Article Ⅲ)에 따른 정당한 사건 또는 논쟁이다. 원고들은 "확실한 기소 위협"에 처해 있고 "구제를 구하기 위한 유일한 방법으로 형사기소를 기다리거나 겪도록 요구되어서는 안 된다." Babbitt v. Form Workers, 442 U.S. 289, 298.

(b) 법원은 실질적인 지원 조항이 언론에 적용될 때, 외국 테러리스트 조직의 불법 활동을 조장하려고 의도했다는 증거를 요구하는 것으로 해석되어야 한다는 원고들의 주장을 받아들일 수 없다. 그러한 해석은 "고의로" 실질적인 지원을 제공하는 것을 금지하고 의회가 위반에 필요한 주관적 상태로서, 테러리스트 활동을 조장한다는 특정한 의도가 아니라 조직의 테러리즘 연결에 관한 인식을 선택한 §2339B의 법문과 일치하지 않는다. 원고들의 해석은 또한 §2339B와 달리 테러리스트 활동을 조장하려는 의도를 언급한 §2339B 이외의 조항들에 비추어 보아도 부당하다. §2339A(a), §2339C(a)(1). 마지막으로 §2339B의 같은 용어가 다른 형태의 실질적인 지원과 달리 언론에 관하여는 구체적인 의도를 요구하는 것으로 해석되어야 한다는 원고들 주장의 법문상 근거는

없다.

(c) 원고들에게 적용되면서, 실질적인 지원 조항은 위헌적으로 모호하지 않다. 연방제9항소법원은 부적절하게 원고들의 모호함 주장을 수정헌법 제1조 주장과 섞어서, "훈련," "서비스," 그리고 "전문가 조언 또는 조력" 부분이 적용이 명백한지를 불문하고 보호 언론에 적용되기 때문에 모호하여 허용될 수 없다고 판결하였다. 항소법원은 또한 "명백하게 금지되는 일부 행동에 참여한 원고는 다른 사람들의 행동에 적용될 때 법의 모호함을 불평할 수 없다"는 규칙을 위반하였다. Hoffman Estates v. Flipside, Hoffman Estates, Inc., 455 U.S. 489, 495.

원고들에게 적용될 때, 실질적인 지원 조항은 "보통의 지능을 가진 사람에게 무엇이 금지되는지를 공정하게 공지해준다." United States v. Williams, 553 U.S. 285, 304. 이 사건의 법률 용어-"훈련," "전문가 조언 또는 조력," "서비스," 그리고 "인원"-는 법원이 법률적인 정의, 제한된 맥락, 또는 확립된 법적 의미 없이는 전적으로 주관적인 판단을 요구하기 때문에 폐기한 '귀찮은' 그리고 '외설적인'과 같은 종류의 용어와 매우 다르다. 의회는 제한된 정의를 추가함으로써 §2339B 용어의 명확성을 높였고, §2339B의 고의 요건은 잠재적인 모호함을 더욱 줄이고 있다. Hill v. Colorado, 530 U.S. 703, 732.

법이 모든 적용사례에서 분명하지 않더라도, 결정적인 점은 그 용어들이 원고들의 행위에 적용할 때 분명하다는 것이다. 원고들이 참여하고자 하는 대부분의 활동은 "훈련"과 "전문가 조언 또는 조력"의 범위에 쉽게 포함된다. 사실 원고들 스스로도 그들 자신의 활동을 설명하기 위해 그 용어들을 되풀이하여 사용해왔다. 원고들이 "훈련"과 "전문가 조언 또는 조력"의 적용 한계를 시험하기 위해 가성적인 상황에 기대는 것은 이 소송이 그러한 상황과 무관하기 때문에 요점을 벗어났다. Scales v. United States, 367 U.S. 203, 223 참조. Gentile v. States Bar of Nev., 501 U.S. 1030, 1049-1051은 구분. 법이 원고들이 관여하고자 하는 정치적인 지지에 적용할 때 모호하다는 원고들의 추가 주장은 외국 테러리스트 조직과 전적으로 독립하여 행동하는 사람들의 지지를 명백히 제외하고 있고 협조 활동을 말하는 "서비스"의 보통 의미는 독립적인 지지를 포함하지 않는다는 점에서 §2339B(h)와 충돌한다. 문맥은 그 의미를 확

인한다 : 독립적인 지지는 "외국 테러리스트 조직"에 서비스를 제공하는 금지된 행위와 다르다. §2339B(a)(1).

그래서 원고들이 관여하려고 하는 독립적인 지지는 §2339B가 금지하지 않는다. 반면에 보통의 지능을 가진 사람은 "서비스"란 말이 외국 테러리스트 조직과 협력하여, 또는 그 지시에 의해 행해지는 지지를 포함하는 것으로 이해할 것이다. 원고들은 법조항의 이러한 해석이 "서비스"에 해당하는 활동에 필요한 지시나 협력이 정확하게 어느 정도인지의 어려운 문제를 야기한다고 주장한다. 그러나 원고들이 PKK와 LTTE와 협력하려는 정도의 특정한 예를 제시하지 않았기 때문에 이 소송에서 승소할 수 없다. Washington State Grange v. Washington State Republican Party, 552 U.S. 442, 454.

(d) 원고들에게 적용되는 실질적 지원 조항은 수정헌법 제1조가 보장하는 언론의 자유를 침해하지 않는다.

(1) 원고들과 정부는 이 점에 대해 극단적인 입장을 보이고 있다. 원고들은 의회가 그들의 순수한 정치 언론을 금지하였다고 주장한다. 그 주장은 실질적 지원 조항에 따르면 그들이 말하고자 하는 어떤 내용도 말할 수 있기 때문에 근거가 없다. §2339B는 PKK와 LTTE의 독립적인 지지나 회원가입을 금지하지 않는다. 그보다 의회는 대부분 언론의 형태를 취하지 않는 "실질적인 지원"을 금지하였다. 그리고 법은 발언자가 테러리스트 조직이라는 것을 알고 있는 외국 단체와 협력하여 또는 지시를 받은 좁은 범주의 언론만을 포함하는 것으로 주의깊게 선을 긋고 있다. 반면에 정부가 이 사건에서 현실적으로 유일한 쟁점은 행동이지 언론이 아니고, 올바른 심사기준이 United States, v. O'Brien, 391 U.S. 367, 377에서 설정한 중간 심사라고 주장하는 것은 잘못이다. 그 기준은 언론의 내용에 기초한 규제를 심사하기 위해 사용되지 않으며, §2339B는 내용에 기초하여 PKK와 LTTE에 대한 원고들의 언론을 규제하고 있다. 실질적인 지원 조항이 일반적으로 행동 규제로 작동한다 하더라도, 원고들에게 적용되면서 법의 적용범위는 메시지를 통신하는 행위를 포함한다. 그래서 법원은 O'Brien판결이 설명하는 것보다는 "더 엄격한 기준을 적용해야 한다." Texas v. Johnson, 491 U.S. 397, 403.

(2) 당사자들은 테러리즘과 싸우는 정부의 이익이 가장 우선순위의 긴급한

목적이라는 것에 동의하지만, 원고들은 이 목적때문에 PKK와 LTTE의 정당한 활동만을 촉진할 그들의 언론을 금지하는 것은 정당하지 않다고 주장한다. 외국 테러리스트 조직이 정당한 활동의 지지와 테러리즘의 지지를 의미있게 구분할 것인지는 경험적인 문제이다. 의회가 "테러리스트 활동에 관여하는 외국 조직은 범죄행동으로 물들어 있어서 그러한 조직에 대한 모든 기부는 그 행동을 도와준다."고 인정하면서 §2339B를 제정했을 때, 그 문제에 관한 원고의 입장을 배척하였다. 기록은 의회가 원고들의 견해를 정당하게 배척하였다는 것을 확인해준다. PKK와 LTTE는 치명적인 단체들이다. 의회처럼 그들의 폭력 행동의 오점은 너무 커서 그들과 협력하여 또는 그들의 명령에 따라 일하는 것이 그들의 테러 수법을 정당화하고 촉진한다고 결론짓는 것은 어렵지 않다. 나아가 평화롭고 적법한 행동을 증진하려는 실질적인 지원이 다양한 방식으로 테러리즘을 촉진하는 것으로 전환될 수 있다. 기록은 지정된 외국 테러리스트 조직은 사회적, 정치적, 그리고 테러리스트 기능 수행 사이의 조직적 경계, 또는 인도주의 활동을 위한 자금과 테러 공격을 하기 위해 사용되는 자금 사이의 금전적인 경계를 유지하지 않는다는 것을 보여준다. 어떤 형태로든 실질적인 지원을 제공하는 것은 테러리즘을 방지하기 위한 국제적인 협력 노력을 훼손하고, 외국 테러리스트 단체들이 수행하는 폭동에 대항하여 스스로를 보호하는 나라들을 포함하여 동맹국들과 미국의 관계를 긴장시키게 될 것이다.

(3) 법원은 기록상 증거로부터 나오는 사실적인 추론에만 의존하지 않지만, 테러리즘과 싸우는 정부 관계자들의 경험과 분석이 외국 테러리스트 조직에 대한 모든 기부 – 겉으로는 친절한 목적에 따른 것조차도 – 가 그 단체의 테러리스트 활동을 조장한다는 의회의 사실인정을 강하게 뒷받침하고 있다는 행정부의 견해를 고려한다. 민감한 국가 안보와 외교 관련 이익을 고려할 때, 의회의 평가처럼 그러한 사실들의 평가는 존중될 필요가 있다. 법원은 정부의 수정헌법 제1조 해석에 따르지 않는다. 그러나 정부의 사실적인 결론에 대한 존중은 법원이 국가안보와 외교에 관한 경험이 부족하고, 테러위협에 맞서는 노력이 정보를 얻기 어렵고 어떤 행동의 영향을 평가하기 어려우며, 결론이 확실한 증거보다는 정보에 입각한 판단에 바탕을 두어야 한다는 현실이란 면에서 적절하다. 법원은 또한 입법조치가 헌법적인 관심과 어떻게 결부되어 있는지를

검토하는 책임을 의회가 자각하고 있는 것이 중요하다고 인정한다. 가장 중요하게 의회는 독립적인 지지, 또는 외국 테러리스트 단체가 지시, 통제하거나, 이들 단체와 협력하지 않는 활동을 제한하지 않았다. 국가안보와 외교 관계의 민감한 이익을 고려할 때, 입법부는 외국 테러리스트 단체에게 훈련, 전문가 조언, 인원, 그리고 서비스 형태의 실질적인 지원을 금지하는 것이, 비록 그 지원을 제공하는 것이 단체의 비폭력 목적을 증진하는 것을 의미한다 하더라도, 테러를 방지하는 정부의 이익에 기여한다는 결정을 적절하게 구체화할 수 있다.

원고들이 수행하고자 하는 특정한 언론과 관련하여, 분쟁을 해결하기 위해 국제법을 어떻게 이용할 것인가에 관해 PKK를 직접 훈련하는 것이 그 단체에게 테러를 촉진하고 위협, 조종하고 혼란을 일으키기 위한 더 넓은 전략의 일부로 사용할 수 있는 정보와 기술을 제공하게 될 것이다. PKK에게 국제기구에 구제 청원을 하도록 가르치는 것은 PKK의 모금활동을 도와줄 것이고, 다시 폭력 활동에 흘러갈 것이다. 쿠르드와 타밀을 위한 정치적인 지지에 참여하려고 하는 원고들의 제안은 너무 일반적으로 표현되어 있어서 이 사전집행정지 사건에서 승소할 수 없다. 법원은 실질적인 지원 조항이 앞으로 언론 또는 지지행위에 적용되는 것이 수정헌법 제1조 심사를 통과할 수 있을지를 결정하지 않는다. 법원은 단지 §2339B가 이 사건 원고들이 제공하려고 하는 특정한 형태의 지원에 적용될 때 언론의 자유를 침해하지 않는다고 판결한다.

(e) 실질적인 지원 조항은 원고의 수정헌법 제1조 결사의 자유를 침해하지 않는다. 원고들은 법이 PKK나 LTTE와 연결된다는 단순한 사실을 범죄화하고 이로 인하여 법원의 선례와 충돌한다고 주장한다. 연방제9항소법원이 §2339B가 단순한 결사를 처벌하는 것이 아니라 외국 테러리스트 단체에 실질적으로 지원하는 행위를 금지하고 있다는 이유로 이 주장을 배척한 것은 옳다. 지정된 외국 테러리스트 조직을 지원하는 행위를 금지함으로써 발생하는 원고들의 결사의 자유에 대한 부담은 법원이 자유언론 주장을 배척한 동일한 이유로 정당하다.

항소법원판결을 일부 인용하고 일부 취소하여 환송한다.

대법원장 로버츠가 판결문을 작성하고 대법관 스티븐스, 스칼리아, 케네디,

토마스, 알리토가 참여하였다. 대법관 브레이어가 반대의견을 작성하고 대법관 긴스버그와 소토마요르가 참여하였다.

**[대법원장 로버츠]**

의회는 테러 활동에 관여한 외국 조직에 "실질적인 지원 또는 자원(material support or resources)"을 제공하는 행위를 금지하였다. 18 U.S.C. §2339B(a)(1). 그 금지는 특정 조직이 "범죄 행위로 얼룩져서 그 조직에 대한 기여는 그 행동을 도와준다"는 사실인정에 기초하고 있다. 이 소송에서 원고들은 2개 조직을 지원하려고 한다. 원고들은 그 단체들의 적법하고 비폭력적인 목적만을 추진하려고 하고 있고, 그러한 행위를 금지하기 위해 실질적인 지원 조항을 적용하는 것은 헌법에 위반된다고 주장한다. 특히, 원고들은 법이 너무 모호하여 수정헌법 제5조를 위반하였고, 수정헌법 제1조를 위반하여 언론 및 결사의 자유(freedom of speech and association)에 관한 권리를 침해하고 있다고 주장하였다. 우리는 실질적인 지원 조항(the material-support statute)이 원고들이 추구하고자 한다는 특정한 활동에 적용될 때 합헌이라고 결론짓는다. 그러나 우리는 장래에 법에 의해 발생할 수 있는 더 어려운 사건의 해결을 다루지 않는다.

## I

이 소송은 "고의로 외국 테러리스트 조직에 실질적인 지원 또는 자원을 제공하는 행위"를 연방범죄로 처벌하는 18 U.S.C. §2339B와 관련되어 있다.[154] 의회는 "실질적인 지원 또는 자원"의 정의를 정기적으로 개정했는데, 현재는 다음과 같이 정의되어 있다.

---

154) 18 U.S.C. §2339B(a)(1) 전문은 다음과 같다. "불법 행위-고의로 외국 테러리스트 조직에 실질적인 지원 또는 자원을 제공하거나 시도하거나 음모한 자는 이 편에 의해 벌금형 또는 15년 이하의 징역형, 또는 병과된다. 만약 사람이 사망한 결과가 발생하면, 제한없는 유기징역 또는 무기징역에 처한다. 이 절 위반에 해당하기 위해서는, 테러리스트 조직으로 지정된 사실 … 또는 조직이 테러리스트 활동에 관여했거나 관여하고 있다는 사실을 알아야 한다 …" "테러리스트 활동"과 "테러리즘"은 8 U.S.C. §1182(a)(3)(B)(iii)과 22 U.S.C. §2656(d)(2)에 각각 정의되어 있다.

'실질적인 지원 또는 자원'은 의약품이나 종교물을 제외하고 현금이나 유가증권, 재정 보증, 금융 서비스, 숙박, 훈련, 전문가 조언이나 도움, 은신처, 허위 서류나 신분증, 통신 장비, 시설, 무기, 치명적인 물질, 폭발물, 인원(자신을 포함한 1인 이상의 개인), 운송을 포함한 무형 또는 유형 재산, 서비스를 의미한다." §2339A(b)(1). §2339(g)(4).

"외국 테러리스트 조직"을 지정하는 권한은 국무장관에게 있다. 8 U.S.C. §§1189(a)(1). 재무장관 및 법무장관과 협의하여, 국무장관은 "테러리스트 활동" 또는 "테러리즘"에 관여하고 그로 인하여 "미국인들의 안전 또는 미국의 국가 안보를 위협"하는 조직을 지정한다. "국가 안보는 미국의 국가 방위, 외교 관계, 또는 경제적 이익을 의미한다." 외국 테러리스트 조직으로 지정된 단체는 그 지정일로부터 30일 이내에 연방DC항소법원에 그 지정의 재심을 청구할 수 있다.

1997년 국무장관은 30개 단체를 외국 테러리스트 조직으로 지정하였다. 이 단체들 중 쿠르드 노동당(Partiya Karkeran Kurdistan, 또는 PKK로 알려짐)과 타밀해방조직(Liberation Tigers of Tamil Eelam, LTTE)이 있다. PKK는 1974년에 터키 동남부에 독립 쿠르드국가 건설을 목표로 창설된 조직이다. LTTE는 1976년에 스리랑카에서 타밀 독립 국가 건설을 목적으로 창설된 조직이다. 이 소송에서 지방법원은 PKK와 LTTE가 정치적이고 인도주의적인 활동에 관여하고 있다고 인정하였다. 정부는 두 단체가 수많은 테러리스트 공격을 하였고, 그 중 일부가 미국시민을 해친 증거를 제출하였다. LTTE는 외국 테러리스트 조직 지정에 대한 사법심사를 청구하였고 연방DC항소법원은 그 지정을 승인하였다. PKK는 테러단체 지정에 이의하지 않았다.

이 소송의 원고들은 2명의 미국인과 6개의 미국내 단체이다 : 인도주의법기획(the Humanitarian Law Project, HLP)(UN 협의기구를 가진 인권 단체); 퍼티그(HLP의 대표, 전 행정법 판사), Nagalingam Jeyalingam(타밀인 의사, 스리랑카 출생과 미국시민권 취득); 그리고 타밀인들의 이익을 위해 활동하는 다섯 개의 비영리단체. 1998년 원고들은 연방법원에 실질적 지원 조항, §2339B의 합헌성에 도전하면서 소송을 제기하였다. 원고들은 금전 기부, 다른 유형적인 도움, 법률 훈련, 정치적인 지지의 형태로 PKK와 LTTE의 인도적이고 정치적인 활동을 지원하려고 하지만, §2339B에 따른 기소의 두려움 때문에 그렇

게 할 수 없다고 주장하였다.[155)]

원고들은 실질적 지원 조항이 2가지 이유로 위헌이라고 주장하였다. 첫째, 법은 원고들이 그 조직들의 불법 목적을 추진하려는 구체적인 의도를 가졌다는 점을 정부에게 증명하도록 요구하지 않고 PKK와 LTTE에게 실질적인 지원을 제공하는 행위를 형사처벌하고 있기 때문에 수정헌법 제1조의 언론 및 결사의 자유를 침해하였다. 둘째, 법이 모호하여 위헌이라고 주장하였다.

원고들은 예비적 집행정지명령(a preliminary injunction)을 신청하였고 연방지방법원은 일부 받아들였다. 지방법원은 원고들이 수정헌법 제1조의 언론 및 결사의 자유 주장에 관해서 승소 가능성을 밝히지 못했다고 판결하였다. 그러나 법원은 원고들이 "실질적인 지원"의 정의에서 "인원"과 "훈련"이란 법률 용어가 모호하여 허용될 수 없다는 주장에 관해서 승소가능성을 입증했다고 판결하였다.

연방항소법원은 인용하였다. 항소법원은 PKK와 LTTE에게 돈을 기부하는 행위를 금지한 §2339B가 수정헌법 제1조를 위반하였다는 주장을 포함하여 원고들의 언론 및 결사 주장을 배척하였다. 그러나 항소법원은 "인원"과 "훈련"의 범위내에 보호되는 표현이 포함된다고 상상하기 쉽기 때문에 그 용어들이 모호하다는 지방법원의 결론에 동의하였다.

예비적 정지명령이 결정되고 사건은 지방법원으로 되돌아가서 당사자들은 본안에 관하여 약식판결을 신청하였다. 지방법원은 원고들에게 "인원"과 "훈련" 지원 금지를 적용하는 것에 대하여 집행정지명령(a permanent injunction)을 하였다. 항소법원은 인용하였다.

2001년에 의회는 "전문가 조언 또는 조력"을 추가하기 위해 "실질적인 지원

155) 원고들이 처음 소송을 제기했을 때, 18 U.S.C. §2339B(a)(2000년)는 다음과 같이 규정하였다. "미국내에서 또는 미국의 재판관할권내에서, 고의로 실질적인 지원 또는 자원을 외국 테러리스트 조직에게 제공하거나 시도하거나 음모한 자는 이 편에 의해 벌금형, 10년 이하의 징역형, 또는 병과된다." Humanitarian Law Project v. Reno, 9 F. Supp. 2d 1205, 1207(CD. Cal. 1998). 그리고 18 U.S.C. §2339A(b)(2000년)는 "실질적인 지원 또는 자원"이 "의약품이나 종교물을 제외하고 현금이나 다른 재정 보증, 금융 서비스, 숙박, 훈련, 은신처, 허위 서류나 신분증, 통신 장비, 시설, 무기, 치명적인 물질, 폭발물, 인원, 운송, 그리고 다른 물질"을 의미하는 것으로 정의하였다.

또는 자원"의 정의를 개정하였다. 2003년에 원고들은 그들에게 적용되는 그 용어의 합헌성에 도전하는 2번째 소송을 제기하였다.

그 소송에서 정부는 원고들이 소송적격이 없고 집행정지청구가 아직 성숙되지 않았다고 주장하였다. 연방지방법원은 원고들이 "즉각적인 기소의 진정한 위협"을 충분히 증명하였고, §2339B가 원고들의 보호되는 표현을 위축시킬 잠재성을 갖고 있기 때문에 원고들의 청구가 정당하다고 판결하였다. 본안에서 지방법원은 용어 "전문가 조언 또는 조력"이 모호하여 위헌이라고 판결하였다. 그러나 지방법원은 새로운 용어가 실질적으로 지나치게 광범위하고 연합하는 언론을 형사처벌하고 있다는 원고들의 수정헌법 제1조 청구를 배척하였다.

당사자들은 쌍방 항소하였다. 쌍방 항소가 계류중에 연방제9항소법원은 원고들의 첫번째 소송(용어 "인원"과 "훈련" 관련)에 대한 2003년 판결의 전원부재심을 결정하였다. 전원재판부는 2004. 12. 14.에 변론을 열었다. 3일 후 의회는 다시 §2339B와 "실질적인 지원 또는 조력"의 정의를 개정하였다. Intelligence Reform and Terrorism Prevention Act of 2004(IRTPA).

IRTPA에서 의회는 §2339B를 위반하는데 필요한 주관적인 상태를 명확히 하면서, 외국 단체의 테러리스트 조직 지정 또는 단체의 테러공격 수행을 인식할 것을 요건으로 하였다. §2339B(a)(1). 의회는 또한 "실질적인 지원 또는 자원"의 정의에 용어 "서비스"를 추가하였고, §2339A(b)(1), "훈련"이 "일반적인 지식과 반대로 특별한 기술을 전해주기 위한 가르침이나 교육"을 의미하는 것으로 정의하였다. §2339A(b)(2). 또한 "전문가 조언 또는 조력"은 "과학, 기술, 또는 다른 특별한 지식으로부터 나오는 조언 또는 조력"을 의미하는 것으로 정의하였다. §2339A(b)(3). 마지막으로 IRTPA는 용어 "인원"의 범위를 다음과 같이 명확히 하였다.

"테러리스트 조직의 지시나 통제에 따라 일하기 위해 또는 그 조직을 구성, 유지, 감독, 또는 달리 조직 운영을 지시하기 위해, 고의로 외국 테러리스트 조직에게 1명 또는 그 이상의 개인(본인이거나 본인을 포함한)을 제공하거나, 제공하려고 시도하거나, 모의하지 않는 한, 누구도 용어 '인원'과 관련하여 [§2339B]에 따라 기소되지 않는다. 완전히 외국 테러리스트 조직과 독립하여 그 조직의 목표나 목적을 추구하기 위해 행동하는 개인들은 외국 테러리스트 조직의 지시와 통제에 따라 활동하는 것으로 보지 않는다." §2339B(h).

의회가 IRTPA를 제정한 직후, 항소법원의 전원재판부는 원고들의 첫번째 소송에서 2000년 판결이 설시한 이유로 원고들의 수정헌법 제1조 청구 기각을 인용하였다. 그러나 IRTPA에 비추어 전원재판부는 모호함에 관한 2003년 판결을 취소하고 추가 절차를 위해 지방법원에 환송하였다. 원고들의 두번째 소송에서 쌍방 항소사건("전문가 조언 또는 조력" 관련) 담당 재판부는 IRTPA에 비추어 환송하였다.

지방법원은 환송심에서 두 사건을 병합하였다. 법원은 원고들에게 새로운 용어 "서비스"에 대한 도전을 허용하였다. 당사자들은 약식 판결을 신청하였고, 지방법원은 모호함을 근거로 원고들에게 일부 구제판결을 하였다.

항소법원은 한번 더 인용하였다. 법원은 첫째 실질적인 지원 조항이 외국 테러리스트 조직의 불법 목적을 실현하려는 특정한 의도가 필요하다고 해석되지 않는 한 적법 절차를 위반한 것이라는 원고들의 주장을 배척하였다. 항소법원은 또한 법이 수정헌법 제1조를 위반하여 지나치게 광범위하지 않다고 판결했다. 모호함에 대해서는 항소법원은 원고들이 "문면상 모호함 이의(facially vagueness challenge)"를 제기하지 않았다고 판시하였다. 법원은 원고들에게 적용되는 용어 "훈련," "전문가 조언 또는 조력,"("다른 특별한 지식으로부터 나왔을 때"), 그리고 "서비스"가 헌법이 보호하는 옹호행위를 적용대상으로 하고 있기 때문에 모호하다고 판결하였다. 그러나 용어 "인원"은 수정헌법 제1조가 보호하는 순수한 언론을 처벌하지 않기 때문에 모호하지 않다고 판결하였다.

정부는 상고하였고 원고들은 조건부 상고하였다. 우리는 두 상고를 받아들였다.

## II

이 소송의 복잡한 12년 역사에서, 우리는 상고심의 문제를 명확히 한다. 원고들은 §2339B가 4가지 형태의 실질적인 지원－훈련, 전문가 조언 또는 조력, 서비스, 그리고 인원－를 금지하는 것에 도전하고 있다. 원고들은 3가지 헌법 주장을 하고 있다. 첫째, 4건의 법률 용어가 모호하여 허용될 수 없으므로, §2339B가 수정헌법 제5조의 적법 절차 조항에 위반된다고 주장한다. 둘째, §2339B가 수정헌법 제1조의 언론의 자유를 침해한다고 주장한다. 셋째, §2339B가 수정헌법 제1조의 결사의 자유를 침해한다고 주장한다.

원고들은 모든 적용사례에서 위 법률 용어에 도전하지 않는다. 그보다는 원고들은 §2339B가 어떤 특정한 활동들에 관여하는 것을 금지하는 범위에서 무효라고 주장한다. HLP 및 퍼티그와 관련된 활동들은 다음과 같다. (1) "PKK 단원들에게 분쟁을 평화롭게 해결하기 위해 인도주의와 국제법을 어떻게 이용할 것인지를 훈련"; (2) "터키에 사는 쿠르드인을 위한 정치적인 옹호 행위 관여"; (3) "PKK 단원들에게 유엔과 같은 다양한 대표기구에 구제를 신청하는 방법을 교육". 다른 원고들과 관련된 활동들은 다음과 같다. (1) "LTTE 단원들에게 중재인과 국제기구에 쓰나미 관련된 도움을 요청하도록 훈련" : (2) "LTTE와 스리랑카 정부 사이의 평화 협상에 법률 전문지식 제공"; 그리고 (3) "스리랑카에 사는 타밀인들을 위한 정치적인 옹호행위에 관여."

원고들은 또한 "LTTE가 최근에 스리랑카에서 군사적으로 패배했고," 그래서 "타밀 기구와 Jeyalingam박사가 제공하려고 하는 많은 지원은 지금은 비현실적이다."라고 말한다. 원고들은 그래서 스리랑카 밖에서 타밀인들의 권리를 옹호하는 정치 조직으로서 LTTE를 지지하려고 한다. 원고 대리인들은 특히 구두 변론에서 스리랑카에서 이제 LTTE의 역할이 없기 때문에 원고들이 이제 더 이상 LTTE에게 쓰나미 관련 도움을 요청하는 방법을 가르치지는 않는다고 말했다. 그러한 이유 때문에 LTTE가 스리랑카와 평화협상을 하는 것을 도우는 것은 역시 비현실적으로 보인다. 그래서 우리는 이 사건에서 그러한 활동에 §2339B를 적용하는 것을 고려하지 않는다.

마지막으로 원고들은 형사법의 사전 심사(preenforcement review)를 구하고 있다. 본안을 다루기 전에 우리는 이것이 헌법 제3조(Article Ⅲ)에 따른 정당한 사건 또는 논쟁임을 확신해야 한다. 우리들은 그렇다고 결론내린다. 원고들은 "확실한 기소 위협"에 처해 있고 "구제를 청원하기 위한 유일한 방법으로 형사기소를 기다리거나 겪도록 요구되어서는 안 된다." Babbitt v. Form Workers, 442 U.S. 289, 298 (1979). MedImmune Inc. v. Genentech, Inc., 549 U.S.

118, 128-129(2007).

원고들은 §2339B의 입법전에 PKK와 LTTE를 지원하였고 법의 위헌성이 제거된다면 다시 비슷한 지원을 제공할 것이라고 주장한다. 정부는 §2339B를 위반한 150명가량을 기소하였고 일부 기소는 이 사건의 법률 용어의 집행과 관련이 있다고 말한다. 정부는 이 법원에서 원고들이 원하는 일을 한다면 기소되지 않을 것이라고 주장하지 않는다. 이러한 검토를 바탕으로 우리는 원고들의 주장이 사법 심사에 적합하다고 결론짓는다.

## Ⅲ

원고들은 기초적인 문제로 우리가 헌법 사안을 다루지 않고 항소법원이 판결을 인용해야 한다고 주장한다. 우리가 실질적인 지원 조항이 언론에 적용될 때, 피고가 외국 테러리스트 조직의 불법 활동을 조장하려는 의도를 가지고 있다는 증거를 요구하는 것으로 해석해야 한다고 주장한다. 그 해석은 원고들의 활동이 언론이지만 원고들은 PKK 또는 LTTE의 불법 행동을 조장하려는 의도가 없기 때문에 사건을 종결지을 수 있다고 주장한다.

우리는 법문과 일치하지 않기 때문에 원고들의 §2339B 해석을 배척한다. §2339B(a)(1)은 "알고서" 실질적인 지원을 제공하는 것을 금지한다. 법은 인식 형태를 특별히 설명하고 있다. "이 절을 위반하기 위해서는 지정된 테러리스트 조직이다. …조직이 테러리스트 활동에 관여했거나 관여하고 있다… 또는 조직이 테러에 관여했거나 관여하고 있다는 것을 알아야 한다.…" 의회는 §2339B 위반을 위한 주관적인 상태를 명확하게 말하고 있고, 테러와 연결된 조직에 대한 인식을 선택하였고, 조직의 테러리스트 활동을 조장하기 위한 특정한 의도를 선택하지 않았다.

원고들의 해석은 §2339B 주위의 조항들이 테러리스트 활동을 조장하기 위한 의도를 말하고 있는 점에 비추어도 부당하다. §2339A(a)(실질적인 지원 또는 자원이 폭력적인 테러리스트 행동을 준비하거나 수행하거나, 그 행동을 금지하는 법률을 위반하여 사용된다는 것을 알면서 또는 의도하면서 제공하는 사람을 형사처벌); §2339C(a)(1)(자금의 모두 또는 일부가 불법적인 행동을 수행하기 위해 사용된다는 것을 알면서, 또는 그럴 의도를 가지고 불법적이고 고의로 자금을 제공하거나 모으는 사람을 형사처벌). 그러나 의회는 1996년에 §2339B를 입법할 때도, 2004년에 §2339B의 인식 요건을 명확히 할 때도, 의도 용어를 §2339B로 가져오지 않았다.

마지막으로 원고들은 구체적인 의도 요건은 실질적인 지원 조항이 언론에 적용될 때에만 요구된다고 주장한다. §2339B 문맥상 같은 조항을 어떤 상황에서는 의도를 요구하고 다른 상황에서는 요구하지 않는 것으로 해석할 근거가 없다. 그러므로 원고들은 명백히 우리에게 §2339B를 해석하지 말고 개정하라고 요청하고 있다. "비록 이 법원이 가끔 헌법에 따른 공격에 대항하여 법을 구제하는 해석을 하려고 하지만, 법의 목적을 곡해하는 정도까지 해석을 해서도 안 되고 하지 않을 것이다." Scales v. United States, 367 U.S. 203, 211 (1961).

Scales 판결은 원고들이 가장 크게 기대고 있는 사건이지만, 쉽게 구분될 수 있다. 그 사건은 폭력적인 정부 전복을 옹호하는 단체의 회원자격을 금지한 스미스법(the Smith Act)과 관련되어 있다. 법원은 단체의 불법 옹호와 폭력적으로 전복하려는 특정한 의도를 알지 못하면 법으로 처벌할 수 없다고 판결했다. 이 사건은 다르다. §2339B는 지정된 외국 테러리스트 조직의 단순한 회원자격을 처벌하지 않는다. 대신에 그 단체에 "실질적인 지원"을 제공하는 것을 금지한다. Scales 판결이 이 사건에서 특별한 의도 요건이 필요하다는 것을 시사하지 않는다. 나아가 Scales 사건의 법원은 법문과 스미스법의 관련 조항이 특별한 의도를 요구하는 것으로 해석한 선례에 의존하고 있다. 원고들은 이 사건과 비슷한 점을 지적하지 못하고 있다.

우리는 이 소송에서 원고들이 제안한 §2339B의 해석을 통해서 헌법 쟁점을 피할 수 없다.[156)]

---

156) 반대의견은 원고들처럼 "활동이 조직의 불법적인 테러리스트 행위를 도와줄 것이라고 피고인이 알거나 의도했을 때에만" 언론과 결사를 금지하는 것으로 법을 해석하려고 한다. 17쪽(브레이어 대법관 의견). 반대의견에 따르면 이 해석이 가능하고 이를 채택하면 헌법 우려를 면하게 된다. 반대의견의 §2339B에 대한 해석은 본질적으로 원고들과 같은 이유로 잘못이다. 의회는 §2339B에서 "고의로"가 의미하는 것을 설명하였고, 그 조항에 대한 반대의견의 해석을 선택하지 않았다. 반대의견은 비록 의회가 §2339B에서 뚜렷하게 다른 용어를 사용했더라도, 사실상 의회가 §§2339A, 2339C에서 채택한 것과 구별되는 주관적 인식 상태 요건을 제안하고 있다.

## IV

우리는 실질적인 지원 조항이 원고들에게 적용될 때, 수정헌법 제5조의 적법절차 조항에 위반하여 모호한지의 문제로 향한다. "법이 보통의 지능을 가진 사람에게 무엇이 금지되는지를 공정하게 공지하는데 실패한다면, 또는 법의 기준이 없어서 심각하게 차별적인 집행을 허용하거나 부추긴다면, 그에 따른 유죄는 적법절차에 부합하지 않는다." United States v. Williams, 553 U.S. 285, 304 (2008). 우리는 법이 문제가 되는 특정한 사실관계에 적용될 때 모호한지를 검토한다. 왜냐하면 "분명하게 금지되는 어떤 행동을 하는 원고는 다른 사람의 행동에 적용될 때 법의 모호함을 주장할 수 없기 때문이다." Hoffman Estates v. Flipside, Hoffman Estates, Inc., 455 U.S. 489, 495 (1982). 우리는 법이 "자유 언론 또는 자유 결사의 권리에 개입할 때, 더 엄격한 모호함 심사가 적용되어야 한다."고 말해 왔다. Hoffman Estates, 499. "그러나 표현적인 활동을 제한하는 규제라 하더라도 완벽한 명확성과 정확한 지침이 요구되지 않는다." William, 304.

항소법원은 이 원칙을 따르지 않았다. 대신에 하급법원은 원고들의 모호함 주장을 수정헌법 제1조 주장으로 흡수하고, 실질적인 지원 조항의 적용이 분명한지 여부를 가리지 않고 보호 언론에 적용되기 때문에 모호하여 위헌이라고 판결하였다. 항소법원은 보통의 지능을 가진 사람들이 "훈련"이란 낱말의 범위를 이해한다 할지라도, 그 낱말은 "수정헌법 제1조가 보호하는 언론과 지지를 포함하는 것으로 해석"될 수 있기 때문에 "모호하여 허용될 수 없다"라고 판시하였다. 552 F.3d, 929. 법원은 또한 "서비스"와 "전문가 조언 또는 조력" 부분이 보호되는 언론을 대상으로 하고 있기 때문에 모호하다고 인정하였다.

나아가 "문면상 모호함 도전"을 다루지 않는다는 판시내용에도 불구하고, 항소법원은 사건화되지 않은 사실에 대한 법의 적용을 검토하였다. 특히 제9항소법원은 법이 보호되는 지지행위를 금지하였고 따라서 모호하다고 결론짓기 위해, §2339B가 외국 테러리스트 조직을 지지하는 법정 조언자 서면의 제출－원고들은 그런 일을 원한다고 말하지 않았다－을 금지하게 될 것이라는 정부의 진술에 의존하였다. 법이 가정적인 상황에서 어떻게 적용되는지를 결정함으로써, 항소법원의 모호함 논리는 수정헌법 제1조의 지나친 광범성 이론의 요소들을 끼워넣은 것 같다. 929-930(§2339B에 의해 금지되는 보호 표현을 상상하기 쉽다고 인정); 930(모호함과 지나친 광범성을 둘다 언급).

이러한 두 가지 면에서 항소법원은 "분명하게 금지되는 행동을 하는 원고들은 다른 사람의 행동에 적용될 때 법의 모호함을 주장할 수 없다"는 법리에 위반된다. Hoffman Estates, 495. 그 법리는 언론 형태의 행동에도 예외가 없다. Parker v. Levy, 417 U.S. 733, 755-757 (1974). 그래서 강화된 모호함 기준을 적용해도, 언론이 분명하게 금지되는 원고가 공지의 결여를 이유로 수정헌법 제5조의 적법절차 조항에 따른 모호함 주장을 제기하는 것은 성공할 수 없다. 그리고 그는 다른 사람의 언론을 근거로 그렇게 할 수 없다. 위 원고는 수정헌법 제1조에 따라 지나친 광범성 주장을 할 수 있지만, 우리의 선례는 분명히 수정헌법 제5조에 따른 모호함 주장은 법이 보호되는 표현의 실질적인 양에 적용되는지에 달린 것은 아니다. 그렇지 않으면 법리는 실질적으로 중복될 것이다.

타당한 분석에 따르면 원고의 모호함 주장은 부당하다. 원고들은 실질적인 지원 조항이 정부에 너무 많은 집행상의 재량을 부여한다고 주장하지 않았다. 그래서 우리는 법이 "보통의 지능을 가진 사람에게 무엇이 금지되는지를 공정하게 공지했는"지만을 다룬다. Williams, 553 U.S, 304.

일반적으로 이 사건에서 문제되는 법적인 용어들은 우리가 지금까지 모호하다고 선언한 종류의 용어들과 매우 다르다. 우리는 과거에 "피고의 행위가 '귀찮은' 또는 '외설적인'-법적인 정의나, 맥락을 좁히거나, 확립된 법적인 의미가 없는 완전히 주관적인 판단-에 해당되는지 여부에 따라 형사책임을 지게 한 법률들을 폐기"하였다. Williams, 306. Papachristou v. Jacksonville, 405 U.S 156, 주 1 (1972)("건달과 부랑자", "곡예하는 사람", 그리고 "보통 밤에 돌아다니는 사람"를 포함하는 것으로 정의된 "유랑자들"의 형사처벌규정을 모호하다고 판결). 이 소송에서 법적인 용어-"훈련", "전문가 조언 또는 조력", "서비스" 그리고 "인원"-를 적용하는 것은 제한없는, 주관적인 판단을 요구하지 않는다.

의회는 주의깊게 여러 차례 실질적인 지원 조항의 정의를 좁히는 내용을 추가하였다. 이 정의들이 법률 용어의 명확성을 높였다. §2339A(b)(2)("훈련"은 일반적인 지식과 달리 특정한 기술을 주기 위해 계획된 지도 또는 가르침을 의미); §2339A(b)(3)('전문가 조언 또는 조력'은 과학, 기술, 또는 전문 지식으로부터 나오는 조언 또는 조력을 의미); §2339B(h)(인원의 범위를 정함). 그리고 법의 인식 요건은 우리가 비슷한 요건을 갖고 있는 다른 법률들에 관하여 판결했듯이 추가로 모호함의 가능성을 줄인다. Hill v. Colorado, 530 U.S. 703, 732 (2000).

물론 실질적인 지원 조항의 범위는 모든 경우에 분명하지 않을 수 있다. 그러나 이 사건에서 결정적인 요점은 법적 용어들이 원고들의 행동에 적용되는데 있어서 명확하고, 이는 원고들의 모호함 주장을 받아들일 수 없다는 것을 의미한다.

원고들이 참여하려고 하는 대부분의 활동들이 쉽게 "훈련"과 "전문가 조언 또는 조력"의 범위에 들어간다. 원고들은 "PKK단원들에게 분쟁을 평화적으로 해결하기 위해 인도주의와 국제법을 활용하는 방법을 훈련하고 PKK단원들에게 유엔과 같은 다양한 대표기구에 구제를 청원하는 방법을 가르치기를" 바란다. 보통의 지능을 가진 사람은 국제법을 통해 분쟁 해결을 지도하는 행위는 "일반 지식"이 아니라 "전문 기술"을 제공하기 때문에 법이 정의하는 "훈련"에 해당한다고 이해할 것이다. 원고들의 활동은 또한 "전문가 조언 또는 조력"의 범위에 넉넉히 들어간다. 합리적인 사람은 PKK에게 유엔에 인도적인 구제를 청원하는 방법을 가르치는 것은 법이 말하는 "전문 지식"에서 나오는 조언과 관련되어 있다고 이해할 것이다. 사실상 원고들은 스스로 이 소송에서 그들의 예상 활동을 설명하면서 "훈련"과 "전문가 조언"이란 용어를 계속 사용하였고, 이러한 흔한 용어가 쉽고 자연스럽게 원고들의 행위를 포함한다는 것을 밝혀주고 있다.

원고들은 "훈련"과 "전문가 조언 또는 조력"의 한계를 시험하기 위해 만든 가상 상황을 지적하면서 답변하고 있다. 그들은 이러한 용어들의 법률 정의가 "구체적인," "일반적인," 그리고 "전문적인"과 같은 정도를 표현하는 단어들을 사용하고 있고 특정한 사례에 적용하기가 어렵다고 주장하고 있다. 원고 서면 27(원고들은 지리에 관한 교육이 훈련에 해당하는지를 다툰다). 그리고 그들은 우리가 형사사건에서 변호인이 언론사에게 말할 때 "항변의 일반적인 내용을

… 간단하게 말할 수 있다"고 규정한 주 변호사협회 규정을 모호하다고 인정한 Gentile v. State Bar of Nev., 501 U.S. 1030 (1991) 판결을 인용하고 있다.

이 주장이 추상적으로 강력하더라도 그들은 요점에서 벗어났다. 원고들은 지리 교육을 하려고 하지 않았고 "특별한 기술"과 "일반 지식" 사이의 경계에 걸치는 상상속의 사례에서 안식처를 구할 수 없다. 우리는 Scales 판결에서 조직에서 "활동적인(active)" 회원과 "이름만의(nominal)" 회원 – 역시 정도의 용어 – 사이의 구분에 관하여 이론적인 의심이 있다 하더라도, 피고 사건이 그러한 문제를 제기하지 않았기 때문에 피고의 모호함 주장은 잘못이라고 판결하였다.

Gentile 판결은 달랐다. 주의 변호사 규정에 관한 모호함 주장은 직접 제소된 사건의 사실관계와 관련되어 있었다. 변호인은 그의 언론사에 대한 특정 발언이 규정을 위반하지 않았다고 생각할 이유를 가지고 있었지만, 징계를 받았다. 우리는 만약 변호인의 발언이 명백하게 금지된다면 그가 모호함을 근거로 징계를 피할 수 있다고 하지 않았다.

또한 원고들은 터기에 사는 쿠르드인들과 스리랑카에 사는 타밀인들을 위하여 "정치적인 지지"행위를 하려고 한다고 주장하고 있다. 그들은 그러한 지지행위가 "인원" 또는 "서비스"의 형태로 "실질적인 지원"으로 간주될 수 있다고 걱정하고 있고, 법조항이 그들로 하여금 발언할 수 없게 하고 있기 때문에 모호하여 위헌이라고 주장한다.

"인원"에 대하여 의회는 IRTRA에서 원고들의 모호함 우려에 답하여 개념정의를 좁히는 개정을 하였다. "인원"을 구성하여 실질적인 지원을 제공하는 것은 "테러리스트 조직의 지시나 통제에 따라 일하기 위해 또는 그 조직의 작전을 조직, 유지, 감독, 또는 달리 지시하기 위해" 고의로 사람을 제공하는 것으로 정의되었다. §2339B(h). 법은 "인원"이 독립적인 지지행위를 포함하지 않는다는 것을 명백히 했다. "외국의 테러리스트 조직과 완전히 독립하여 그 조직의 목표나 목적을 추구하기 위해 행동하는 개인들은 외국 테러리스트 조직의 지시와 통제에 따라 일하는 것으로 보지 않는다."

"서비스"는 비슷하게 독립적인 지지가 아니라 협력적인 활동을 말한다. 맥락상 보통의 사전적인 의미가 확인되고 있다. 법은 "외국의 테러리스트 조직에게" 서비스를 제공하는 것을 금지한다. §2339B(a)(1). 단어 "에게(to)"의 사용은 서비스와 외국 단체와의 연계를 가리킨다. 우리는 보통의 지능을 가진 사람은 하나의 대의를 독립적으로 지지하는 행위가 그 대의를 옹호하는 단체에 서비스를 제공하는 것과는 다르다는 점을 이해할 것이라고 생각한다.

나아가 만약 테러리스트 단체를 지지하는 독립적인 활동이 "서비스"로 여겨질 수 있다면, "인원"의 정의에서 법이 독립활동을 특별히 제외한 내용이 무의미해질 것이다. 의회는 "인원"에 따른 금지로부터 특히 면책되는 것을 "서비스"에 의해서 금지하지는 않았을 것이다. §2339A(b)(1)의 "숙박," "무기," "폭발물," 그리고 "운송"을 포함하여 법에 나열된 다른 유형의 실질적 지원은 외국 테러리스트 조직과 독립적으로 제공될 수 있는 형태의 지원이 아니다. 우리는 서비스를 동일한 법문을 따라서 해석한다. 그래서 원고들이 관여하고자 하는 독립적인 지지행위는 §2339B가 금지하지 않는다. 다른 한편으로 보통의 지능을 가진 사람은 "서비스"라는 용어를 외국 테러리스트 조직과 협력하여 또는 그 지시에 따라 수행되는 지지행위를 대상으로 한다고 이해할 것이다.

원고들은 이러한 법 해석이 "서비스"에 해당되기 위해서는 정확히 얼마나 많은 지시나 협력이 필요한지에 관한 어려운 문제를 드러낸다고 주장한다. 원고들 서면 14(어느 회원과 어떤 정도의 통신이 충분할 것인가? 지도자와의 통신? 관계는 고용 또는 계약관계와 같은 공식적인 요소를 갖추어야 하는가? 중간매개를 통한 관계는 어떤가?). 이러한 질문의 문제는 그것들이 전적으로 가정이라는 점이다. 원고들은 지지행위를 위해 PKK와 LTTE와 협력하려는 정도에 관하여 특별히 언급하지 않았다. 대신에 그들은 가장 일반적인 용어로만 의도하는 지지행위의 형태를 설명하였다. 원고들 서면 10-11(원고들은 "유엔과 미국 상원을 상대로 쿠르드인들과 PKK의 권리를 지지하는 서비스를 제공하려고 한다.") 59(원고들은 "PKK와 쿠르드 해방의 대의를 지지하는 책자를 작성하여 배포하고 터키 정치범들의 자유를 지지"하려고 한다).

그러한 일반적인 수준으로 설명한 활동이 법에 의해 금지되는 "서비스"에 해당하는 지를 결정하는 것은 "완전한 추측"－원고들이 법집행금지청구에서 승소할 수 없음을 의미－이 될 것이다. Washington State Grange v. Washington State Republican Party, 552 U.S. 442, 454(2008). 이러한 주장들과 관련하여 "사실 또는 책임의 차이는 형사책임에 관하여 영향을 미칠 것이라는" 점은 분명하고, 그래서 "법의 적용 범위와 합헌성의 판결은 구체적인 사실 관계를 기다려야 한다". Zemel v. Rusk, 381 U.S. 1, 20 (1965).

## V

### A

다음으로 우리는 실질적 지원 조항이 원고들에게 적용될 때, 수정헌법 제1조가 보장하는 언론의 자유를 침해하는 지를 검토한다. 원고들과 정부는 모두 이 문제에 대해 극단적인 입장을 취하고 있다. 원고들은 의회가 그들의 "순수한 정치 언론"을 금지하였다고 주장한다. 그렇지 않다. 실질적 지원 조항에 따르면 원고들은 어떤 주제에 대해서도 자유롭게 말할 수 있다. 그들은 PKK와 LTTE, 터키와 스리랑카 정부, 인권, 국제법에 관하여 자유롭게 말하고 쓸 수 있다. 그들은 유엔을 상대로 지지활동을 할 수 있다. 정부가 말하듯이 "법은 어떤 종류의 독립적인 지지나 표현을 금지하지 않는다." §2339B는 또한 "원고들이 PKK와 LTTE의 단원이 되는 것을 막지 않고 그에 대해 어떤 제재도 과하지 않는다." 그러므로 의회는 "순수한 정치적인 언론"의 형태인 생각이나 의견을 억압하려고 하지 않았다. 그보다는 의회는 대부분 언론의 형태를 띠지 않는 "실질적인 지원"을 금지하였다. 그리고 그렇게 할 때 법은 주의깊게 발언자가 테러리스트 조직임을 알고 있는 외국의 단체와 협력하거나 지시를 받는 좁은 범주의 언론만을 대상으로 했다.[157)]

그 부분에서 정부가 이 소송에서 유일한 실제 쟁점은 언론이 아니라 행동이라고 주장한 것은 지나치다. §2339B는 PKK 및 LTTE와 원고들의 상호관계를 대상으로 하고 있고, 정부는 우연히 그들의 표현에 부담을 준다고 주장한다. 그래서 정부는 타당한 심사기준은 United States v. O'Brien, 391 U.S. 367 (1968) 판결(이하 "오브라이언 판결")에서 설정한 것이라고 주장한다. 그 사건에서 법원은 비록 오브라이언이 징병제에 항의하면서 그의 카드를 불태웠다 할지라

157) 반대의견은 또한 법이 "평화로운 정치적 지지행위"나 "순수한 언론과 결사"를 금지하는 것처럼 법을 해석하고 있다. 9, 17쪽. §2339는 그렇지 않으며, 우리는 그 금지의 합헌성을 다루지 않는다. 우리의 판결이 그러한 유형의 제한을 분석한 이 법원의 판례와 일치하지 않는다는 반대의견의 주장(11-12쪽)은 따라서 근거가 없다.

도, 일반적으로 적용될 수 있는 징병 카드 파괴 금지의 유죄에 대한 수정헌법 제1조의 도전을 배척하였다. 그때 우리는 "중간 심사(intermediate scrutiny)"라고 부른 것을 적용하였고, "만약 내용 중립적인 규제가 자유 언론의 억압과 무관한 중요한 정부의 이익을 증진하고 그 이익을 추구하는데 필요한 정도 이상으로 실질적인 부담을 주지 않는다면, 그 규제는 수정헌법 제1조에 위반되지 않을 것이다."라고 판단하였다. Turner Broadcasting System, Inc. v. FCC, 520 U.S. 180, 189 (1997)(O'Brien 판결 인용).

정부가 이 소송에서 유일한 실제 쟁점이 행동이라고 한 것은 잘못이고, 오브라이언 판결이 올바른 심사 기준을 제공하고 있다고 주장한 것도 잘못이다.[158] 오브라이언 판결은 내용에 기초한 언론의 규제를 심사하는데 적용할 수 있는 기준을 제공하지 않는다. R.A.V. v. St. Paul, 505 U.S. 377, 385-386 (1992); Texas v. Johnson, 491 U.S. 397, 403, 406-407 (1989). 그리고 §2339B는 내용을 바탕으로 언론을 규제하고 있다. 원고들은 PKK와 LTTE에게 말하려고 하고 있고, §2339B에 의해 그렇게 할 수 있는지는 그들이 말한 내용에 달려 있다. 만약 그 단체들에 대한 원고들의 언론이 "특별한 기술"을 주거나 또는 "전문 지식"으로부터 나오는 조언-예를 들면 국제법의 이용에 관한 훈련 또는 유엔 진정에 관한 조언-을 전달하는 것-이라면 금지된다. 다른 한편으로 원고들의 언론이 일반적인 또는 비전문 지식을 주는 것이라면 금지되지 않는다.

정부는 그럼에도 불구하고 §2339B가 일반적으로 행동의 규제로 기능하기 때문에 중간 심사를 받아야 한다고 주장한다. 그 주장은 우리의 많은 선례들, 가장 두드러진 Cohen v. California, 403 U.S. 15 (1971) 판결과 충돌한다. 코헨 판결은 치안 방해를 금지하는 일반적으로 적용가능한 행동의 규제와 관련되어 있다. 그러나 코헨이 글자가 써진 웃옷을 입었다는 이유로 유죄판결을 받았을 때, 우리는 오브라이언 판결을 적용하지 않았다. 403 U.S., 16, 18. 그 대신에

158) 정부는 원고들의 활동이 언론에 해당하는 범위에서 그 언론은 수정헌법 제1조가 전혀 보호하지 않는다고 시사한다. 정부는 간단하게 외국의 테러리스트 조직과 연계된 언론을 음모를 구성하는 말처럼 범죄를 유발하는 언론과 비슷하다고 설명한다. 우리는 정부가 그 주장을 진전시키지 않았기 때문에 검토하지 않는다. 정부의 제안은 원고들에게 §2339B의 적용이 수정헌법 제1조의 심사가 필요없다는 것이 아니라 중간 심사대상이라는 것이다.

법은 그의 언론이 통신하는 내용－그의 특정한 메시지의 불쾌한 내용 때문에 치안방해법을 위반하였다－때문에 코헨을 대상으로 삼고 있었다고 인정했다. 따라서 우리는 더 엄격한 심사기준을 적용하였고 그의 유죄를 취소하였다.

이 소송은 같은 범주에 들어간다. 이 사건 법은 코헨 판결의 법이 치안방해 행위를 대상으로 하듯이, 행동을 대상으로 하고 있다고 말할 수 있다. 그러나 원고들에게 적용될 때, 법적용을 야기하는 행동은 메시지를 전달하는 행위이다. 우리가 Texas v. Johnson판결에서 설명했듯이 "만약 정부의 규제가 표현과 무관하다면, 비통신적인 행동의 규제를 위해 우리가 오브라이언 판결에서 천명한 덜 엄격한 기준이 적용된다. 만약 표현과 관련이 있다면 그 때는 우리는 오브라이언 심사가 아니라 더 엄격한 기준을 적용해야 한다." 491 U.S., 403.

B

이 사건의 수정헌법 제1조 쟁점은 원고들이나 정부가 주장하는 것보다 더 세밀히 구별된다. 그 것은 정부가 순수한 정치 언론을 금지할 수 있는지 또는 행동의 형태인 실질적인 지원을 금지할 수 있는지가 아니다. 정부가 원고들이 하려고 하는 것－언론의 형태로 PKK와 LTTE에게 실질적인 지원 제공－을 금지할 수 있는가이다.

테러리즘과 싸우는 정부의 이익이 가장 시급한 목적이라는 점은 모두 동의한다. 원고들의 청구는 그들이 하려고 하는 것에 적용되는 실질적인 지원 금지는 "그 목적을 추구하기 위해 필요"하지 않다는 것이다. 원고들은 그들의 지원이 테러리즘이 아니라 지정된 테러리스트 조직의 합법적인 활동만을 촉진할 것이기 때문에 테러리즘과 싸우는 목적은 그들의 언론을 금지하는 것을 정당화하지 않는다.

외국의 테러리스트 조직이 테러리즘의 지지와 적법한 활동의 지지를 의미있게 분리하는지 여부는 경험적인 문제이다. 의회가 1996년에 §2339B를 제정했을 때, 국제 테러리즘에 의한 심각한 위협에 관하여 특별한 사실인정을 하였다. 그들 중의 하나는 원고들의 지원이 PKK와 LTTE의 테러리스트 활동을 조장하지 않을 것이라는 원고들의 주장을 명백히 배척하고 있다. "테러리스트 활동에 관여하고 있는 외국의 조직은 범죄 행동으로 물들어 있어서 그러한 조직에 대한 어떠한 기여도 그 행동을 도와준다."

원고들은 여기서 "어떠한 기여"는 금전 지원만을 의미한다고 주장한다. 의회가 §2339B에서 금전 지원보다 더 많은 것을 명확하게 금지하였기 때문에 그렇게 제한적으로 해석할 이유는 없다. 의회가 용어 "기여"를 사용한 것은 외국 테러리스트 조직"에게(to)" 제공되는 어떤 형태의 실질적인 지원도 금지되어야 한다는 판단, 즉 실질적인 지원 조항이 정확하게 금지하고 있는 것을 반영한 것으로 해석된다. §2339B를 제정했을 때, 의회는 동시에 테러리스트 활동에 "직접 관련이 없는 사람들에 대한 인도적인 지원" 형태의 실질적인 지원 제공을 위한 §2339A(a)의 예외를 삭제하였다. 이 삭제는 의회가 겉으로는 평화적인 도움이 해로운 영향이 없다는 견해를 검토하고 배척하였다는 것을 보여준다.

우리는 의회가 그 견해를 배척한 것이 정당하다고 확신한다. PKK와 LTTE는 치명적인 단체이다. "PKK의 폭동은 22,000명 이상의 목숨을 앗아갔다." LTTE는 많은 자살폭탄과 정치적인 암살에 관여하여 스리랑카 대통령, 보안장관, 국방장관을 죽였다. "1996. 1. 31.에 LTTE는 콜롬보의 중앙은행에서 약 450킬로그램의 폭발물로 가득한 트럭을 폭파하여 100명이 숨지고 1,400여명이 다쳤다. 이 폭발은 1996년 전세계에서 발생한 최악의 테러리스트 사건이었다." 의회와 마찬가지로 그러한 폭력 활동의 "오점"이 너무 커서 PKK와 LTTE의 지시 또는 협력하여 일하는 것이 그들의 테러리스트 수단을 합법화하고 촉진하는데 기여할 것이라고 결론내리는 것이 어렵지 않다.

"평온하고 합법적인 행동을 촉진하는" 의미의 실질적인 지원이 외국 단체의 테러리즘을 다양한 방식으로 조장할 수 있다. "실질적인 지원"은 유용한 자원이다. 그러한 지원은 폭력적인 목적에 투입될 수 있는 조직내의 다른 자원의 제한을 풀어준다. 또한 중요하게는 외국 테러리스트 단체에게 합법성－그 단체들이 더 쉽게 존속하고, 단원들을 모집하고 자금을 모금하는 합법성－이것들은 모두 테러리스트 공격을 더욱 도와준다－을 가장하는데 도움을 준다. "테러리스트 조직은 지원과 혜택을 공유하고 섞는 것을 막거나 금지하는 조직적인 차단막을 유지하지 않는다." "수사관들은 테러리스트 단체가 어떻게 자선적인, 사회적인, 정치적인 간판 뒤에 그들의 활동을 체계적으로 감추는지 밝혀왔다." "일부 지정된 외국의 테러리스트 조직은 사회적이고 정치적인 활동을 이용하여 테러리스트 작전 수행 인원을 모집하고 그 작전을 돕기 위해 테러리스트들과 그들의 가족을 지원한다."

돈은 대체 가능하고, "2중 조직을 갖고 있는 외국 테러리스트 조직이 모금할 때, 그들은 돈이 쓰일 수 있는 시민적이고 인도적인 목적을 강조한다." 그러나 "외국 테러리스트 조직이 시민의, 비폭력 활동을 위해 모금한 자금과 폭력적인 테러리스트 작전을 지원하는데 사용되는 자금 사이의 합법적인 재정상의 차단막을 유지하지 않는다." 그래서 "과거에 겉으로는 자선 목적으로 모금된 자금이 일부 테러리스트 단체가 무기와 폭탄을 구입하는데 흘러간 것으로 조사되기도 하였다." PKK와 LTTE가 특히 "인도적인 활동과 폭력 활동 사이의 경계를 구분하지 않았다는 증거가 있다." (맥쿤 진술서 인용부분 생략)

반대의견은 외국 테러리스트 조직의 합법 활동을 도와주는 것이 테러리스트 조직을 전체적으로 활성화한다는 주장의 "예외가 없다"고 주장한다. 그러나 의회는 그러한 예외를 만들었다. 법은 지정된 외국 테러리스트 조직의 지시에 따라 또는 협력한 실질적인 지원만을 대상으로 하고 있다. 단체의 합법성을 추구하는 것으로 여겨지는 독립적인 지지는 적용대상이 아니다.[159]

외국 테러리스트 단체에게 어떤 형태로든 실질적인 지원을 제공하는 것은 미국과 동맹국과의 관계를 긴장시키고 테러리스트 공격을 막기 위한 국가들 사이의 협력 노력을 약화시켜서 테러리즘을 조장한다. "인질을 잡고 국제적으로 보호되는 사람의 살해, 비행기 납치와 파괴를 포함하여 다양한 테러리스트 행동에 관련되어 있는 사람들에 대한 국제적인 형사재판권을 제공하는 많은 다자간 협약이 체결된 사실이 보여주듯이 테러리즘에 대한 효과적인 대응을 위해 국제 협력이 필요하다"는 의회의 인정에 우리가 의문을 제기할 이유가 없다. 실질적인 지원 조항은 미국의 외교 상대국을 해치는 외국 테러리스트 단체의 지원을 금지함으로써 이러한 국제적인 노력을 증진한다. "많은 지정된 외국 테러리스트 조직은 미국이 가깝고 우호적인 관계를 유지하려고 활발하게 노력해 온 온

159) 반대의견은 원고들이 제공하려고 하는 특정한 종류의 실질적인 지원은 자금이나 물품과 똑같은 직접적인 방식으로 테러리스트 활동으로 전환될 수 없다고 주장한다. 8-9쪽. 상식과 정부가 제출한 증거에 비추어 테러리스트 단체의 합법 활동에 대한 실질적인 지원이 단체가 테러리스트 행동을 촉진하게 될 "자금," "금융," 그리고 "물품"을 더 쉽게 모으도록 한다는 것은 명백하다.

건한 정부를 공격하였고," 그러한 공격은 그 정부들의 "사회, 경제, 그리고 정치 안정을 위협하였다." "다른 외국의 테러리스트 조직은 우리의 나토 동맹국을 공격하였고 중요하고 민감한 다자 안보 협정에 영향을 주었다."

예를 들면 나토 회원인 터키공화국은 PKK가 일으킨 폭동을 방어해왔다. 터키와 우리의 다른 동맹국들은 PKK와 같은 외국 단체에 실질적인 지원을 제공하는 미국인들에게 날카롭게 반응할 것이고, 지원이 단체의 "합법" 활동을 도와주는 것만을 의미한다는 설명으로 거의 진정되지 않을 것이다. 터키의 입장에서는 그와 같은 활동은 없다. 352 F.3d, 389(터키는 PKK 가입을 금지하고 그 단체에 지원을 제공하는 자는 지원이 합법 활동에 대한 것인지와 무관하게 기소한다).

## C

외국 테러리스트 단체의 폭력 활동과 비폭력 활동의 실질적인 지원을 구분하는 것이 실제 가능한지를 분석하면서, 우리는 기록상의 증거로부터 이끌어낸 추론에만 의존하지 않는다. 우리는 그 문제에 대한 행정부의 결론을 진술하고 있는 인증진술서를 갖고 있다. 국무부는 "테러리즘과 싸우는 임무를 맡고 있는 미국 정부 직원의 경험과 분석은" 외국 테러리스트 조직에 대한 모든 기여는 그들의 테러리즘을 촉진한다는 의회의 결론을 강력하게 뒷받침하고 있다고 우리에게 알려주고 있다. 맥쿤 진술서, 133. 행정부의 견해로는 "목적, 조직 구조, 그리고 외국 테러리스트 조직들의 비밀 본성을 볼 때, 이 조직들에 대한 실질적인 지원이 겉으로는 비폭력, 반테러리스트 활동을 지원하려는 의도인지 여부와 무관하게 그 지원은 궁극적으로 그들의 범죄적인 테러리스트 기능에 이용될 가능성이 매우 높다."

의회의 평가처럼 행정부의 사실관계에 대한 평가는 존중을 받아야 한다. 이 소송은 국가안보와 외교관계의 민감하고 중요한 이익을 포함하고 있다. PKK와 LTTE는 해외의 미국시민들을 상대로 테러행위를 저질렀고, 실질적인 지원 조항은 우리의 동맹국과의 관계를 포함한 심각한 외교정책적 관심사를 다루고 있다. 우리는 "이 법원의 구성원들 뿐만 아니라 대부분의 연방판사들이 우리나라와 국민들에 대한 새롭고 심각한 위협을 설명하는 보고로 하루를 시작하지 않는다."고 적었다. Boumediene v. Bush, 553 U.S. 723, 797(2008). 이 맥락에서 "입법부의 합리적인 평가를 우리 자신의 증거 평가로 대체하지 않는" 것이 매우 중요하다.

오래되거나 새로운 우리의 선례들은 국가안보와 외교관계의 관심사때문에 법원의 역할 포기를 정당화하지 않는다. 우리는 그러한 관심사가 관련되어 있을 때에도, 정부의 수정헌법 제1조 해석에 따르지 않는다. 우리는 이러한 문제에서 정부의 "권한과 전문성이 헌법이 개인들에게 부여한 보호를 보장하는 법원 자신의 의무를 자동적으로 앞서지 않는다."는 반대의견과 같은 의견이다. 그러나 이 분야에서 증거를 모으고 사실관계를 추론하는 일에서는, "법원의 역량 부족이 두드러지고," 정부의 결론을 존중하는 것이 적절하다.

그렇게 존중하는 하나의 이유는 국가안보와 외교정책의 관심사가 정보를 얻기가 어렵고 어떤 행동의 영향을 평가하기 어려운 분야에서 증가하는 위협에 맞서려는 노력과 연관되어 발생한다는 점이다. 반대의견은 원고들의 활동이 테러리스트 공격을 지지하고 있다는 엄격한 증거-"자세한," "구체적인 사실," 그리고 "구체적인 증거"를 요구함으로써 이러한 현실적인 제한을 무시하고 있다. 그것은 위험한 요구일 수 있다. 이러한 맥락에서 결론은 종종 구체적 증거보다는 정보에 입각한 판단에 기초해야 한다. 실질적인 지원 조항은 문면상 예방적인 수단-테러리스트 공격 자체를 처벌하는 것이 아니라 그 공격을 더 쉽게 하는 도움을 처벌-이다. 정부가 국제 관계와 국가 안보의 맥락에서 즉각적인 위해를 방지하려고 할 때, 우리가 경험적인 결론에 무게를 두기 전에 정부가 퍼즐의 모든 조각을 맞추도록 요구하지 않는다. Zemel v. Rusk, 381 U.S., 17 ("현재 국제관계의 가변적이고 폭발하는 성격 때문에 … 의회는 … 관례적으로 국내 영역에서 사용하는 것보다는 필연적으로 붓으로 더 넓게 칠해야 한다").

이 맥락은 코헨과 같은 판결에서의 상황과 다르다. 그 사건에서 법의 적용은 문제된 언론의 불쾌함에 달려 있었다. "한 사람의 상스러움은 다른 사람의 서정시이다."라고 보면서, 정부 공직자들이 이 분야에서 원칙에 따라 구분할 수 없다는 일부 이유로 우리는 코헨의 유죄판결을 취소하였다. 403 U.S., 25. 대조적으로 이 소송에서는 의회와 행정부가 테러리스트 행동을 촉진하고 미국 외교정책을 약화시킬 활동과 그렇지 않을 활동 사이를 원칙에 따라 구분하는 독특한 위치에 있다.

우리는 의회가 입법 당시 헌법의 관심사를 어떻게 함축하고 있는지를 고려하는 자신의 책임을 의식하였다는 점이 중요하다고 본다. 첫째, §2339B만이 지정된 외국 테러리스트 조직에 적용된다. 행정부가 지정하는 그 조직은 제한된 숫자이고 지금까지 그래왔다. 그리고 지정된 어떤 단체도 지정을 다투면서 사법심사를 청구할 수 있다. 둘째, 이 소송의 하급법원 판결에 응답하여, 의회는 §2339B 위반에 필요한 요구되는 인식요건을 설명하였고, 용어 "훈련," "인원," 그리고 "전문가 조언 또는 조력"의 좁은 정의를 규정함으로써 법내용에 명확성을 추가하였다. 셋째, 수정헌법 제1조 권리를 제한하지 않는다는 의도를 실현하면서, §2339B( i ), 의회는 실질적인 지원 금지에 대한 제한적인 예외를 실정함으로써 주의깊게 이익의 균형을 추구하고 있다. §2339A(b)(1). 이 분야에서 대립하는 이익을 저울질하는 아마 다른 누구보다도 더 뛰어난 입법자의 역량은 "우리가 특히 무엇이 바람직한지에 관한 우리의 판단으로 의회의 판단을 대체하지 않도록 주의해야 한다."는 것을 의미한다. 마지막으로 그리고 가장 중요하게도, 의회는 독립적인 지지, 또는 외국 테러리스트 단체의 지시, 또는 통제, 협력하지 않은 활동을 제외하였다.

근본적으로 원고들은 지정된 외국 테러리스트 조직에게 실질적인 지원을 제공하는 것이, 겉으로는 선한 지원이라 하더라도 그 조직의 테러리스트 활동을 조장한다는 의회와 행정부의 숙고된 판단에 동의하지 않는다. 그러나 그 판단은 상당한 무게가 있고, 우리는 이를 유지하기 위한 설득력있는 증거를 갖고 있다. 국가 안보와 외교관계의 민감한 이익을 고려할 때, 입법부가 테러리즘을 방지하는 정부의 이익을 달성하기 위하여 단체의 비폭력 목표만을 추구하려고 했다 하더라도, 외국테러리스트 단체에 대한 훈련, 전문자 조언, 인원, 서비스의 형태로 실질적인 지원을 제공하는 행위를 금지할 필요가 있다는 판단을 적절하게 구체화해왔다.

우리는 원고들이 하려고 하는 특정한 언론을 본다. 첫째, 원고들은 "분쟁을 평화적으로 해결하기 위해 인도법 및 국제법을 이용하는 방법에 관하여 PKK 단원들을 훈련"하려고 한다. 의회는 수정헌법 제1조와 일치하여 이러한 직접 훈련을 금지할 수 있다. PKK가 원고들이 제공하려고 하는 "특별한 기술"을 테러리즘을 진척시키는 더 넓은 전략의 일부로 사용할 수 있다는 것은 전적으로 예상가능하다. 예를 들면 PKK는 단기간의 후퇴를 만회하기 위하여 시간을 벌고, 반대자들을 달래서 안주하도록 하고, 궁극적으로 새로운 공격을 준비하는 수단으로 평화 협상을 시도할 수 있다. 국제법 체계안으로 들어 온 외국 테러리스트 조직은 위협, 조작, 분열시킬 목적으로 정보를 이용할 지도 모른다. 이 가능성은 현실이다.

둘째, 원고들은 "PKK 단원들에게 유엔과 같은 다양한 대표기구에게 구제를 신청하는 방법을 가르치려고" 한다. 정부는 이러한 언론을 금지하는데 있어서 수정헌법 제1조의 구조안에서 처리하고 있다. 왜냐하면 그 방법은 조직에게 원고들이 구체적으로 밝힌 적이 없는 "구제"를 청원하는 방법을 가르치고, 그 구제는 쉽게 금전적인 도움을 포함할 수 있다. 실제 이 소송 초기에 원고들은 LTTE에게 "중재자와 국제기구에 쓰나미 관련 도움을 신청하는 것을" 가르치려고 하였고 그 신청은 당연히 금전 구제를 포함하였다. 돈은 대체될 수 있고, PKK와 같은 테러리스트 단체가 원고들이 가르치려고 하는 기술을 이용하여 얻은 돈은 그 단체의 테러리스트 활동을 지원하는 돈으로 전용될 수 있다.

마지막으로 원고들은 "터키에 살고 있는 쿠르드인들을 위한 정치적인 지지활동"과 "스리랑카에 사는 타밀인들을 위한 정치적인 지지활동"에 참여하려고 한다. 위에서 설명했듯이 원고들은 PKK나 LTTE와 예상되는 협력의 정도를 구체화하지 않거나 그들의 "옹호"활동이 정확하게 무엇으로 이루어지지 밝히지 않았다. 원고들의 제안은 너무 일반적인 수준에서 표현되고 있어서 이 사건 법 집행금지 소송에서 승소할 수 없다.

이와 관련하여 반대의견은 관련된 현실적인 위험을 다루는데 실패하고 있다. 원고들이 제안하고 있는 활동의 예상가능한 혜택을 추상적으로만 고려하고 있다. 반대의견은 지정된 외국 테러리스트 조직에게 국제기구를 이용하는 방법을 훈련하고 조언하는 일이 테러리스트 활동을 도와주는 방식으로 그 조직에 이익이 될 수 있다는 가능성을 받아들이려 하지 않는다. 반대의견에서는 그러한 훈련은 무조건 환영할 일이다. 그러나 의회와 행정부는 우리가 다른 세상에 살고 있다고 결론지었다. 지정된 외국 테러리스트 조직이 "그들의 범죄행위로 너무 오염되어 있어서 그 조직에 대한 어떠한 기부도 그 행동을 도와주는" 세상. 예를 들면 "북부 이라크의 쿠르드인 난민 캠프가 PKK의 통제아래 들어가 있고 PKK는 캠프의 중립적이고 인도적인 성격을 존중하지 않았기 때문에, 유엔고등난민위원장은 그 캠프를 폐쇄하였다." 맥큔 진술서, 135-136. 유엔과 함께 일하는 방법에 관한 훈련과 조언은 유엔 캠프를 테러리스트 활동을 위한 기지로 사용하려는 PKK를 도와주기 쉽다.

만약 국제분쟁해결에서 우리의 적들을 훈련함으로써 좋은 일이 일어날 수 있다면, 미국시민들이 2차 세계대전동안 분쟁을 해결하기 위해 일본정부를 훈련하여 국제조직과 절차를 이용하도록 하는 것을 금지해도 위헌이 될 것이다. 반대의견의 논리에 따르면, 의회가 일본을 그 부분에서 도와주는 것은 일본의 전쟁 역량을 좀 더 일반적으로 도와줄 것이라고 결론지었기 때문에, 그것은 "신중한 무력"을 통해 분쟁을 해결하려는 우리의 책무와 모순될 것이다. 그 견해는 수정헌법 제1조가 우리에게 수용하도록 요구하는 것은 아니다.

앞으로 언론이나 지지행위에 대한 실질적 지원 조항의 적용이 수정헌법 제1조 심사를 모두 통과할 것이라고 말하는 것은 아니다. 또한 언론과 테러리즘에 관한 다른 법이 수정헌법 제1조를 충족한다고 말하는 것은 아니다. 특히 우리는 독립적인 언론의 규제는 만약 정부가 그러한 언론이 외국 테러리스트 조직에게 이롭다는 점을 밝혔다 하더라도 헌법 심사를 통과할 것이라고 시사하지 않는다. 우리는 또한 의회가 미국내 조직에게 문제의 실질적 지원을 동일하게 금지할 수 있다고 시사하지 않는다. 우리는 단지 원고들이 외국 테러리스트 단체에게 주려고 하는 특정한 형태의 지원을 금지하는데 있어서 §2339B가 언론의 자유를 침해하지 않았다고 판결한다.

## VI

원고들의 마지막 주장은 실질적 지원 조항이 수정헌법 제1조의 결사의 자유(freedom of association)를 침해하였다는 것이다. 원고들은 법이 PKK 및 LTTE와 결사했다는 사실만으로 형사처벌하고 있고, 이 때문에 DeJonge v. Oregon, 299 U.S. 353 (1937)과 같은 판결과 우리가 공산당 가입을 이유로 한 제재를 취소한 사례들과 저촉된다고 주장한다. Keyishian v. Board of Regents of Univ. of State of N.Y., 385 U.S. 589 (1967); United States v. Robel,

389 U.S. 258 (1967).

항소법원이 법이 외국 테러리스트 조직과의 단순한 결사만을 처벌하지 않는다는 이유로 이 주장을 배척한 것은 옳다. 제9항소법원은 다음과 같이 판시하였다. "법이 지정된 단체의 회원이 되거나 그 단체의 정치적인 목적을 열렬히 추진하고 지원하는 행위를 금지하지 않는다. §2339B가 금지하는 것은 실질적인 지원을 주는 행위이다." 원고들은 후자를 하려고 한다. 그래서 단순한 결사 또는 모임에 대한 벌칙을 심사한 우리의 판결들은 적절하지 않다. Robel, 262("수정헌법 제1조에 위반되는 것은 회원지위의 실질 및 정도와 무관하게, 법이 공산주의자 행동 단체와 모든 형태의 결사를 무차별적으로 적용대상으로 하고 있기 때문이다"); De Jonge, 362.

원고들은 실질적인 지원 조항이 다른 단체는 금지하지 않고 지정된 외국 테러리스트 조직에 대한 지원의 제공만을 금지하고 있기 때문에 결사의 자유에 부담을 주고 있다고 주장하고 있다. 이 점에서 원고들의 결사의 자유에 대한 부담은 우리가 원고들의 언론 자유 침해 주장을 배척한 것과 같은 이유로 정당하다. 만약 헌법이 의회가 실질적인 지원에 해당하는 어떤 형태의 언론을 금지하는 것을 허용하지만, 위험하고 불법적인 특정 외국 조직에 대한 지원 금지를 허용하지 않는다면 이상할 것이다. 헌법은 의회가 모든 단체에 대한 실질적인 지원을 금지하거나 또는 모두 허용하도록 요구하지 않는다.

***

헌법 전문은 미국민이 제정했고 "공동의 방위를 위해" 정부를 설립하였다고 선언하였다. 매디슨이 설명하듯이, "외국의 위험에 대한 안보는 … 미국 연합의 공인되고 본질적인 목표이다." 우리는 의회가 원고들이 외국 테러리스트 조직에 제공하려는 특정한 형태의 지원을 규제하면서 수정헌법 제1조와 제5조의 제한에 맞추어 그 목적을 추구하였다고 판결한다.

연방제9항소법원의 판결은 일부 인용하고 일부 취소하며, 이 의견에 일치한 추가 절차를 위해 환송한다.

**[대법관 브레이어의 반대의견**(대법관 긴즈버그, 소토마요르 참여)**]**

다수의견처럼 나는 이 사건 법조항이 모호하여 위헌이라고 생각하지 않는다. 그러나 나는 지정된 조직의 합법적인 정치적 목적을 추구하는 행위를 지지하고 협력하여 교육하는 일에 참여하는 행위로 인하여 원고들을 형사적으로 기소하는 것을 헌법이 정부에게 허용했다는 다수의견의 결론에 동의할 수 없다. 나는 언론과 결사에 관련된 활동을 금지하는 법의 해석이 테러리즘과 싸우는 정부의 중대한 이익에 봉사한다는 증명책임을 정부가 다하지 못했다고 본다. 그리고 나는 이러한 종류의 활동을 법의 적용범위에서 제외하는 것으로 법을 해석할 것이다.

## I

이 사건 법조항은 "훈련," "전문가 조언 또는 조력," "인원," 그리고 "서비스"를 포함하는 것으로 정의된 "실질적인 지원 또는 자원"을 "외국의 테러리스트 조직"에 고의로 제공하는 행위를 금지하고 있다. 국무장관은 PKK와 LTTE를 "외국 테러리스트 조직"으로 지정하였다. 조직이 외국에 있고, 미국 또는 미국민들의 안전을 위협하고, 비행기 납치와 암살 또는 개인 또는 사람들의 안전을 직접 또는 간접적으로 위협할 의도로 무기 또는 위험한 물건을 사용하는 활동을 포함하는 것으로 정의된 테러리스트 활동에 관여하고 있는 경우에 지정된다.

모두 미국인이거나 미국내 단체인 원고들은 법을 위반하지 않고, (1) "분쟁을 평화적으로 해결하기 위해 인도주의법과 국제법을 이용하는 방법에 관하여 PKK단원들을 훈련"; (2) "터키에 살고 있는 쿠르드인들을 위해 정치적인 지지행위에 참여"; (3) "PKK 단원들이 유엔과 같은 다양한 대표기구에 청원하는 방법을 교육"; (4) "스리랑카에 사는 타밀인들을 위한 정치적인 지지행위에 참여." 이러한 모든 활동은 수정헌법 제1조가 통상 보호하는 유형이다.

내 견해는 정부가 수정헌법 제1조에 따라 이러한 활동에 참여하는 사람들의 형사 기소를 정당화하는데 필요한 강력한 증명을 하지 못했다는 것이다. 모든 활동들은 정치적인 생각과 정치 목적을 이루는 적법한 수단의 통신 및 지지와 관련되어 있다. 원고들이 가르치고자 하는 주제－예를 들면 분쟁을 평화롭게 해결하기 위해 국제법을 이용 또는 유엔에 청원－도 정치적인 언론과 관련되어 있다. 우리는 이러한 언론의 일부가 미국바깥에서 발생하고 외국정부를 향한 것이라는 근거로 이러한 사실들의 헌법상 중요성을 회피할 수 없다. 왜냐하면 활동은 이 나라에서 우리 정부와 그 정책을 향한 지지행위와도 관련되어 있기 때문이다. 예를 들면 원고들은 간행물을 작성하여 배포하기를 원하고 미국의회 앞에서 말하기를 원하고 있다.

이러한 정치적인 목적의 언론과 결사는 본래 수정헌법 제1조가 보통 가장 강력히 보호하는 종류의 활동이다. New York Times Co. v. Sullivan, 376 U.S. 254, 269 (1964)(수정헌법 제1조는 "국민들이 원하는 정치적이고 사회적인 변화를 불러오기 위한 생각의 자유로운 교환을 보장하기 위해 만들어졌다"); Lovell v. City of Griffin, 303 U.S. 444, 452 (1938)("자유를 방어하는 역사적인 무기"인 "책자와 유인물"의 배포에 대한 허가 제도를 배척); R.A.V. v. St. Paul, 505U.S.377, 422 (1992)(스티븐스 대법관의 별개의견)("우리의 수정헌법 제1조 판결은 핵심적인 정치 언론이 가장 높고 가장 보호받는 위치에 있는 계층 체계를 만들었다"); Hill v. Colorado, 530 U.S. 703,787(2000)(케네디 대법관의 반대의견)("정부 정책의 적법성과 도덕성에 이의를 제기하는 언론을 처벌하는 법은 수정헌법 제1조가 경계하는 전제권력의 본질이다"); Citizens United v. Federal Election Comm'n, 558 U.S.___ , ___ (2010)("만약 수정헌법 제1조가 힘을 가지고 있다면, 의회가 정치언론에 관여하고 있다는 이유만으로 시민들이나 시민들의 결사를 감옥에 보내거나 벌금을 부과하는 것을 금지한다.")

비록 다수의견의 견해로는 법이 PKK가 피고인의 활동에 협력하여 도와주는 경우에만 적용된다 하더라도, "협력(coordination)"이라는 단순한 사실만으로 수정헌법 제1조의 보호를 쉽게 제거할 수 없다. 수정헌법 제1조는 결사의 자유도 보호한다. NAACP v. Claiborne Hardware Co., 458 U.S. 886, 911 (1982)(수정헌법 제1조의 언론, 집회, 결사, 청원의 보호는 동일하지는 않더라도 분리할 수 없다(Thomas v. Collins, 323 U.S. 516, 530 (1945) 판결 인용)); De Jonge v. Oregon, 299 U.S. 353, 364 (1937)("평화롭게 집회할 권리"를 "자유언론 및 자유 출판의 권리와 같은 종류이고 동등하게 기본적이라고 설명"); Roberts v. United States Jaycees, 468 U.S. 609, 622 (1984). 정치 단체와의

“협력”은 회원지위와 마찬가지로 결사와 관련되어 있다.

불법 활동에 관여하고 있는 단체와 “협력”은 어떤 전통적인 범주의 보호 예외에 의해서도 원고들에 대한 수정헌법 제1조의 보호를 박탈하지 않는다. 원고들은 범죄를 권유하려고 하지 않았다. 그들은 사기나 명예훼손에 관여하거나 음란물을 돌리는 일에 관여하지 않을 것이다. 그리고 수정헌법 제1조는 지지행위가 “즉각적인 불법행위를 자극 또는 일으키지 않거나 그리고 그러지 않을 것 같으면” 불법행동의 지지조차도 보호한다. Brandenburg v. Ohio, 395 U.S. 444, 447 (1969). 여기서 원고들은 정치적인 목적을 추구하기 위해 평화적이고 합법적인 행위를 지지하려고 한다. 그리고 그들은 다른 사람들에게 같은 일을 하는 방법을 가르치려고 한다. 아무도 이 소식들에 대한 원고들의 언론이 Brandenburg 판결의 자극으로서 금지될 수 있다고 말하지 않는다.

나아가 법원은 과거에 목적을 이루기 위해 불법 수단을 사용하는 단체와 연계된 사람은 반드시 결사의 자유에 관한 수정헌법 제1조 보호를 상실하지 않는다고 판결했다. Scales v. United States, 367 U.S. 203, 229 (1961)(합법적이고 불법적인 목표를 갖고 있을 수 있는 준정당 또는 다른 단체는 범죄목적으로 정의되는 기술적인 음모와는 다르다); NAACP, 908(“결사의 권리는 그 단체의 일부 구성원들이 그 자체로 보호되지 않는 행동이나 이념에 참여하고 있다는 이유만으로 모든 헌법의 보호를 상실하지 않는다”). 대신에 법원은 무력이나 폭력에 의해 정부 전복을 지지하는 단체와 결사하는 점에 대해서 다음과 같이 지적하였다. “만약 사람들 집회가 범죄를 저지르고 있다면…, 그들은 유효한 법률의 위반으로 기소될 수 있다. 그러나 그들을 그러한 위반으로 기소하는 대신에, 평화 집회와 적법한 공공 토론에 단순히 참여하는 행위를 형사기소의 근거로 삼을 때는 다른 문제이다.” De Jonge, 365(정당의 목적에도 불구하고, 피고는 여전히 그의 개인적인 언론자유의 권리와 적법한 목적을 가진 평화 집회에 참여할 권리를 갖고 있기 때문에 공산당 모임에 참여하여 도와준 행위의 유죄판결을 취소).

국제 테러리즘의 “심각하고 치명적인 문제”조차도 수정헌법 제1조 권리의 자동적인 박탈을 요구할 수 없다. 무엇보다 이 법원은 “전쟁권한도 본질적인 자유를 보호하는 헌법의 한계를 넘지 못한다”고 인정해왔다. United States v.

Robel, 389 U.S. 258, 264 (1967). Abrams v. United States, 250 U.S. 616, 628 (1919)(홈즈 대법관 반대의견)(전쟁에 특유한 위험에 대항해서도, 다른 것들에 대항해서도, 언론 자유 권리의 원칙은 항상 같다). 그래서 이 사건에 적용되는 일반적인 수정헌법 제1조의 예외는 없다. 만약 법이 이 맥락에서 합헌이라면, 강력한 정당성이 뒤따라야 한다.

원고들이 제안한 활동들을 형사적으로 금지하는 것의 합헌성을 결정하면서, 다수의견이 행동에 적용하는 수정헌법 제1조의 중간심사 유형이 아닌, "더 엄격한 기준"을 적용한 것은 놀랄 일이 아니다. 이 사건처럼 법이 적어도 내용에 기초한 구별을 바탕으로 형사처벌을 적용할 경우, 우리는 "제한이 적은" 방법이 수용될 수 없는 "중대한" 필요에 의해 금지가 정당화되는 지를 결정하기 위해 법과 정당성을 "엄격하게" 심사한다. Huston v. Hill, 482 U.S. 451, 459 (1987)(형사처벌); Ashcroft v. American Civil Liberties Union, 535 U.S. 564, 573(2002)(내용에 기초); Simon & Schuster, Inc. v. Members of N.Y. State Crime Victims Bd., 502 U.S. 105, 118 (1991)(동일); Consolidated Edison Co. of N.Y. v. Public Serv. Comm'n of N.Y., 447 U.S. 530,540 (1980)(엄격 심사); First Nat. Bank of Boston v. Bellotti, 435 U.S. 765, 786 (1978)(동일)

그러나 우리가 논의상 "엄격심사"가 적용되지 않는다고 가정한다 해도, 적어도 "의회가 수정헌법 제1조의 구체적인 금지와 달성하려고 하는 목표에 대해서 의회가 채택한 수단의 유효성을 평가"해야 한다는 것은 누구도 부인할 수 없다. Robel, 268, 주) 20(법원이 "국가안보이익으로 제정된 연방법과 개인의 수정헌법 제1조 권리의 행사사이에 명백한 충돌"을 마주했을 때 헌법적인 임무를 설명). 그리고 여기서 나는 정부의 해석대로라면 법이 합리적으로 적용가능한 수정헌법 제1조 기준을 통과할 수 있는지 의문이기 때문에 더 나아갈 필요가 있다. Turner Broadcasting System, Inc. v. FCC, 520 U.S. 180, 189 (1997)(중간 심사를 설명)

정부는 중대한 이익, 즉 외국테러리스트 조직에게서 금전적이고 다른 대체가능한 자원을 차단함으로써 그 조직이 드러낸 위협으로부터 미국의 안보와 미국민을 보호하는 이익을 밝혀야 한다. 나는 이러한 이익의 중요성을 다투지 않는다. 그러나 그 이익이 법의 형사적 금지를 정당화할 수 있는지에 대해 다툰다. 더 구체적으로 말하면, 이 사건의 활동에 법을 적용하는 것이 정확히 어떻게 중요한 안보 관련 목적을 달성하는데 도움을 주는가? Simon & Schuster, 502 U.S., 118("제한적으로 맞춘" 수단이 최소한의 제한적인 수단으로 "중대한 주의 이익"을 증진할 것을 요구); Turner, 189(중요한 정부 이익의 증진이 그러한 이익을 증진하는데 필요한 정도 이상으로 실질적으로 언론에 부담을 주지 않고 자유 언론의 억압과 무관할 것을 요구); Robel, 268, 주) 20(달성하려고 하는 안보 목적으로 의회가 채택한 수단의 평가를 요구); Federal Election Comm'n v. Wisconsin Right to Life, Inc., 551 U.S. 449, 478(2007)(대법원장 로버츠의 의견)("법원은 … 법의 제한을 정당화하는 이익이 법의 개별 적용을 지지한다는 것을 확실히 해야 한다")

정부는 이 문제에 대답하기 위해서 2가지 시도를 했다. 첫째, 정부는 원고들의 조직에 대한 지원은 다른 형태의 금지된 지원과 같은 의미에서 대체가능하다. 원고들의 지원은 예를 들면 조직이 다른 자원을 테러리스트 목적으로 돌리게 해준다는 점에서 대체가능하다.

그러나 2가지 종류의 "지원"이 대체가능하다는 주장은 명백하게 진실이 아니다. 평화로운 수단 또는 정치적인 변화를 위해 UN에 청원하는 방법을 PKK와 LTTE에게 가르침으로써 정치적인 변화를 지지하는 일이 돈, 음식의 기부 또는 컴퓨터 교육이 대체가능한 것처럼 더 사악한 목적에 투입되는 다른 자원과 대체가능한 분명한 방법은 없다. 이러한 지지 활동이 그 자체로 테러리스트 목적으로 전용될 수 있거나, 다른 자원을 그 목적에 전용될 수 있게 한다는 것이 명백하지 않다. 그래서 우리는 정부의 주장을 뒷받침하는 증거를 제출했는지를 결정해야 한다.

정부는 이 주장을 확실하게 뒷받침하는 경험적인 정보를 우리에게 제공하지 않았다. 대신에 정부는 의회가 일반적으로 자원, 주로 돈과 물품의 "대체가능한" 성격을 우려한다는 증거만을 인용하고 있다. 정부는 "테러리스트 활동에 관여하는 외국 조직은 범죄 행동으로 물들어 있어서 그러한 조직에 대한 어떤 기부도 그 행동을 도와 준다"는 의회의 사실인정을 가리키고 있다. 또한 "자금과 물품 또는 서비스를 공급하는 것은 겉으로는 합법 활동을 하는 테러리스트 조직에 비용 지출을 도와 줄 것이다."는 하원보고서를 지적하고 있다. 마지막으로 정부는 겉으로는 자선적인 기여가 테러리스트 목적으로 전용되거나, 비록 자선적으로 사용되더라도, 자선적인 기부가 어떻게 폭력적인 테러리스트 활동을 도와주고 이러한 활동들의 정치적인 지지를 얻는데 사용되는지, 다른 자원들로부터 방해받지 않는 자금을 모금하는지를 설명하는 국무부 직원(맥쿤)의 진술서를 참조하고 있다.

이러한 진술이 정부에게 유리한 내용은 대부분 정부의 주장을 매우 일반적으로 지지하고 있는 것으로 읽힐 수 있다. 그러나 진술들은 어떻게 원고들의 정치적인 지지 관련 활동이 실제로 대체가능하고 그래서 테러리스트용도로 전환될 수 있다는 것인지 자세히 설명하지 않고 있다. 또한 그 진술들은 의회 스스로가 이러한 종류의 "지원"에 관심을 가졌다는 점을 보여주지 않는다. 진술서는 "자금," "금융," 그리고 "물품"을 말하고 있는데 원고들의 활동을 포함하지 않는다. 법문과 하원보고서는 원고들의 활동을 포함하는 것으로 해석될 수도 있는 "기여"와 "서비스"와 같은 포괄적인 용어를 사용하고 있다. 그러나 맥락상 이러한 용어들은 테러리스트 목적으로 전환되거나 자금 전용이 가능한 물품, 돈 또는 훈련 그리고 다른 서비스(즉 컴퓨터 프로그래밍)의 기여를 말하는 것으로 더 자연스럽게 이해된다. 평화로운 정치적 지지는 명백하게 이러한 범주에 들어가지 않는다. 그리고 법 자체는 의회가 언론 또는 결사의 자유를 제한하지 않는다는 것을 시사하고 있다. §2339(B)( i )("이 조항은 수정헌법 제1조가 보장하는 자유의 행사를 제한하는 것으로 해석되거나 적용되지 않는다")

둘째, 정부는 원고들의 활동이 "공동체내에서 테러리스트 조직의 효율과 힘을 보강해줄 것이고 그 단체들을 비합법화하고 약화시키는 국가의 노력을 손상시킬" 것이라고 말한다. 법원(다수의견)의 견해 역시 원고들의 활동이 부분적으로 테러리즘에 관여하고 있는 단체에게 "합법성"을 제공해 줄 수 있다는 이유로 헌법은 그러한 활동에 법의 적용을 허용하고 있다고 한다. 법원은 이러한 더 큰 "합법성"으로 무장한 조직들은 의회가 명백히 금지하려고 했던 종류의 실질적인 지원－돈, 무기, 숙소 등의 지원을 더 쉽게 얻을 수 있을 것으로 보고 있다.

그러나 정부는 법이 테러리스트 단체를 "합법화하는" 어떤 언론도 금지한다고 주장하지 않는다. 그보다는 정부는 법이 (1) 테러리스트 조직의 회원지위, (2) "합법 토론을 위해 PKK와 LTTE의 단원들과 평화적으로 회합" 또는 (3) 이러한 조직을 위한 "독립적인 지지"를 허용하는 것으로 해석하고 있다. 다수의견은 테러리스트 단체와 협력하지 않은 활동은 금지되지 않는다고 강조하고 있다. 그리고 테러리스트 조직의 평화로운 정치적 목적을 추구하기 위한 말하기, 글쓰기 교육은 그러한 단체들이 더 쉽게 존속하고 단원들을 모집하고, 자금을 모금하게 해 줄 것이다.

그러나 이 "합법성" 정당성은 그 자체로 정치 언론과 지지, 그리고 결사의 억압을 정당화할 수 없다. 단체들을 위한 언론, 결사, 그리고 관련된 활동들은 종종, 아마도 항상 그 단체의 합법화를 도와줄 것이다. 그래서 법의 금지가 정당하다는 충분한 근거로서 당연히 그리고 무조건 "합법화하는" 효과를 수용한다면, 수정헌법 제1조 투쟁은 승리해야 할 헤아릴 수 없는 사례들에서 패배하게 될 것이다.

일단 이 주장을 받아들인다면, 예외는 없다. 그 주장은 협력적인 지지 만큼 독립적인 지지에 강하게 적용된다. 그 사실은 이 사건에서 지정된 단체가 고용한 변호사가 유엔 또는 심지어 이 법원에 의견서를 제출하는 것이 금지된다는 정부 주장에 일부 반영되어 있다.

일부 사례에서 합법성 주장을 받아들이는 것과 다른 사례에서 받아들이지 않는 경계선을 긋기가 어렵다는 점에도 반영되어 있다. 언론활동이 언제 다수의견이 제안하는 인과관계의 연결－합법성에 대한 평화적인 지지가 테러리스트 활동을 지원하는 물품의 공급으로 연결－이 시작되고 시작되지 않을 지를 구별하는 것이 매우 어렵다. 우리가 구분하는 선을 발견한다고 하더라도, 적용은 내재적으로 불확실하여 종종, 아마도 항상 경계를 넘어 보호되는 언론을 위축시킬 것이다. 요약하면 정당성은 제한없이 추상적인 용어로 말하자면 항상 충분하거나 결코 충분하지 못할 것이다. 원고들 활동의 성격을 볼 때, "항상"은 수정헌법 제1조의 응답일 수 없다.

여하튼 "합법성" 정당성은 매우 중요한 수정헌법 판례와 일치하지 않는다. 수정헌법이 평화로운 활동만을 추구하기 위한 의도로 공산당에 가입한 사람들에게 제공한 보호와 관련된 판례들을 검토해보자. 그 사례에서 이 법원은 공산당이 이론적으로 뿐만 아니라 실제로 무력과 폭력으로 정부를 전복하려고 했다는 의회의 인정을 고려하였다. 법원은 그 이전에 미국공산당이 (1) 세계 공산주의자 운동–"공산주의자 일당 독재를 실현하기 위해 필요한 간첩, 파괴행위, 테러리즘"을 이용하려는 운동–의 "통제, 지시, 그리고 훈련" 아래 행동했고, 그리고 (2) 필요하다면 무력으로… 현재 정부를 전복하려고 시도한 "공산주의자 행동 조직"이었다는 의회의 결정을 받아들였다. Communist Party of United States v. Subversive Activities Control Bd., 367 U.S. 1, 5-6 (1961).

그럼에도 불구하고 법원은 당원지위가 "합법화"시키는 효과가 무엇이든지 간에 정당의 불법 목적을 공유하지 않는 한 수정헌법 제1조는 그 정당에 소속된 미국인의 권리를 보호한다고 판결했다. De Jonge, 299 U.S. 353; Scales, 367 U.S., 228-230; Elfbrandt v. Russell, 384 U.S. 11, 17 (1966); Keyishian v. Board of Regents of Univ. of State of N.Y., 385 U.S. 589, 605-610 (1967); Robel, 389 U.S. 258(국가안보이익은 국방관련 시설에 근무하는 공산주의자와 연계된 조직의 회원에 대한 광범위한 형사적 금지를 정당화하지 않는다고 판결). 그러한 판례들은 대부분의 불법 활동의 순수한 지지조차도 그 지지가 "즉각적인 불법행동을 일으키거나 자극하거나… 또는 그럴 것 같은 쪽으로 향하지 않는 한" 허용하는 다른 판례들로부터 추가 지지를 이끌어내었다. Brandenburg, 395 U.S., 447. 정부의 "합법성"이론은 이러한 사건들에 똑같이 정당하게 적용되는 것 같다. 그리고 만약 인정된다면 이는 법원이 과거에 내렸던 것과는 다른 결론을 이끌어 내게 될 것이다.

정부는 단지 법적용대상이 되는 활동을 독립적인 지지보다는 협력적인 지지에 관련되어 있는 사람들로 좁힘으로써 이러한 고려사항을 극복할 수 없다. 대화, 토론, 또는 논리적인 협의가 이 사건 문제가 되는 언론 관련 활동을 수행하는데 필요한 것으로 증명될 수도 있다(대화와 토론은 어느 조직에서나 회원지위의 필요한 부분인 것처럼). 정부는 이러한 종류의 "협력"을 다른 것과 구분하지 않았다. 나는 최소한 원고들이 제시하는 유형의 활동뿐만 아니라 정부가 허용하려고 하는 "독립적인 지지"를 심각하게 위축시키지 않고 "협력"을 설명하기 위해 사용되는 단어를 알지 못한다. 그리고 독립적인 지지와 협력적인 지지 사이를 구분하려는 정부의 의도에 따르더라도 전자가 후자보다 더 합법성을 제공해줄 것 같다. 그래서 다른 요소들이 동일하다면, "협력"에 따른 구분은 입법 목적을 추구하는데 자의적이다. 그리고 후자의 점에서 "합법성"주장을 적절하다고 인정하는 법리는 전자를 공격하려는 법을 구별해야 하는 어려움을 겪게 될 것이다.

정부의 주장에 대한 다수의견의 논리전개를 검토한다. 첫째, 다수의견은 "분쟁을 평화롭게 해결하기 위해 인도주의법 그리고 국제법을 사용하는 방법에 대해 PKK 단원들을 훈련하는" 원고들의 계획을 논의한다. 다수의견은 상당한 부분에서 "평화 협상은 반대자들을 달래서 안주하게 하는 시간을 벌게 해줄지도 모른다"는 이유로 이러한 활동들의 범죄화를 정당화하고 있다. 그리고 PKK는 "위협, 조작, 분열시키기 위해 국제법률체계의 구조"에 관한 새로운 정보를 이용할 수 있다.

이러한 주장-"국제법률체계"에 대한 작은 지식이 너무 위험한 것이고 반대자들의 협상의사가 기만당할 수 있고, 그래서 시도하는 방법을 가르치지 말자는 이유로 국제인권법의 평화로운 교육에 수정헌법 제1조의 보호를 거부하는 주장-과 관련하여 말하려는 것은 무엇인가? 이러한 주장은 "신중한 무력"을 통해 분쟁을 해결하려는 국가에 살고 있는 사람들이 이러한 주장에 대해 말하는 것은 무엇인가? Whitney v. California, 274 U.S. 357, 375 (1927)(브랜다이스 대법관 동조의견)

내 견해로는 다수의견은 "대체가능성"의 개념을 헌법의 한계를 넘어서 넓히고 있다. 의회나 정부는 이 특정한 가정적인 주장을 발전시키지 않았다. 나는 이 법원의 어떤 판례도 알지 못한다. Gitlow v. New York, 268 U.S. 652 (1925), Schenck v. United States, 249 U.S. 47 (1919), Abrams, 250 U.S. 616, 냉전시기에 결정된 공산당 사건에서도 협상시간을 나쁜 용도로 사용하는 반대자에게 협상시간을 벌어주지 않도록 언론 또는 교육이 범죄로 처벌될 수도 있다는 주장을 법원은 받아들이지 않았다.

나아가 배운 사람들이 순수한 언론이나 지식을 나쁜 용도로 이용할 위험은 어디에나 있다. 최소한 그 위험은 단지 짐작에 지나지 않는다. 이러한 종류의 주장을 단순히 받아들이고 국제 인권법과 같은 주제의 교육에 적용하는 것은 헌법과 수정헌법 제1조 선례들과 모순되게, 국가안보 이익이 수정헌법과 충돌하는 사건에서 어떤 주제의 교육도 자동적으로 금지되는 법리를 채택하게 된다. 헌법은 그러한 충돌에서 정부에 유리하게 결정하도록 허락하지 않았다.

다수의견은 원고들이 테러조직과 "협력하지" 않는 한 보호되는 활동을 자유롭게 할 수 있다는 주장으로 적용범위를 제한할 수 없다. "협력"없이 (인권법을 배우려는) 단체를 위해 수업을 조직하는 현실적인 방법은 없기 때문이다. 또한 다수의견은 이 사건의 특별한 제한적인 상황을 지적함으로써 적용범위를 제한할 수 없다. 다수의견이 그 일반 논지를 뒷받침하기 위해 제시하는 유일한 증거가 테러리즘에 관한 한 권의 책이기 때문이다. 그 책은 정부가 언급하지 않았고 PKK가 한 때 무장투쟁을 중단했다가 다시 시작했다고 말하고 있을 뿐이다.

둘째, 다수의견은 "PKK 단원들에게 유엔과 같은 다양한 대표기구에 구제 청원하는 방법"을 가르치겠다는 원고들의 제안을 검토하고 있다. 이 제안과 관련하여 다수의견의 유일한 논지는 그 구제는 PKK가 총을 사기 위해 사용할 수 있는 "금전적인 도움을 쉽게 포함할 수 있다"는 것이다. 다수의견은 단어 "구제"를 잘못 이해하고 있다. 기록이 명백히 보여주듯이 이 맥락에서 "구제"는 "돈"을 의미하지 않는다. 그것은 제네바 협약에 따른 인정을 가리킨다.

다수의견은 일관되게 의회의 "정보에 기초한 판단"에 따른다고 강조하고 있다. 그러나 의회가 이 사건에서 문제가 된 구체적인 활동과 관련하여 그렇게 판단했다는 증거는 없다. 어느 경우에도 "근본적인 자유 언론 및 집회의 권리가 침해되었다고 주장될 때마다, 그 때 명백한 위험이 실제 존재하는지, 위험이 존재한다면 급박한지, 그리고 파악된 해악이 실질적이어서 의회가 부과한 엄격한 제한을 정당화하는지는 〔사법 판단을 위해〕 열려 있어야 한다." Whitney, 378-379(브랜다이스 대법관, 동조의견). 그러한 상황에서는 "사법기능은 기소된 구체적인 행위가 법의 적용범위내에 있는지, 그리고 만약 그렇다면 법률이 헌법에 일치하는지의 분석을 요구한다." Landmark Communications, Inc. v. Virginia, 435 U.S. 829, 844 (1978). 그래서 입법과정의 진술은 "연방 헌법에 따른 정당성에 본질적인 조건들이 당시 및 그 상황에서 존재했는지의 문제에 대한 조사를 배제하지 않는다." Whitney, 378; Landmark, 843("입법상의 사실인정에 대한 존중은 수정헌법 제1조 권리가 걸려있을 때 사법 조사를 제한할 수 없다").

나는 외교문제에서 정부의 전문성이 터키와의 관계와 같은 많은 문제들에서 존중을 받을 수 있다고 인정한다. 그러나 이 법원은 정부가 그러한 이익이 수정헌법 제1조가 보호하는 언론 활동의 형사처벌을 정당화한다는 점을 증명했는지를 결정하여야 한다. 그리고 다른 국가들이 그러한 보호를 좋아하지 않을 것이라는 사실은 그 자체로 이 사건과 무관하다.

마지막으로 나는 정부나 다수의견이 이 사건의 언론 관련 활동이 특별한 방식으로 대체가능하다거나 PKK에 특별한 정당성을 부여한다는 것을 증명하는 구체적인 사실들을 지적하지 않았다는 점을 재강조하고자 한다. 그보다는 이 점에 대한 그들의 주장은 일반적이고 추측성이다. 그러한 주장은 사실상 (언론 관련 활동이 협력적인지와 무관하게) 2중 목적을 가진 단체의 평화로운 활동을 위한 모든 언론에 적용될 것이다. 수정헌법 제1조 논리와 판례법은 우리들이 "그렇게 추측하는 이익을 위해 수정헌법 제1조의 보호를 희생"하는 것을 금지하고 있다. Columbia Broadcasting System, Inc. v. Democratic National Committe, 412 U.S. 94, 127 (1973); Consolidated Edison Co., 447 U.S., 543("피해의 단순한 추측은 중대한 주의 이익을 구성하지 않기 때문에 기록에 의해 뒷받침되지 않은 주의 이익을 배척").

## II

위와 같은 이유로, 나는 정부가 해석하는 법의 적용이 심각하게 그리고 적절한 정당성도 없이 수정헌법 제1조가 보호하는 유형의 이익을 손상하고 있다고 믿는다. 그래서 법률의 합헌성에 "심각한 의심"이 있다. 그리고 그 경우, 우리는 "법률 해석으로 문제를 회피하는 것이 확실하게 가능한 지를 확인"해야 한다.

나는 헌법문제를 피할 수 있는 해석이 "상당히 가능"하다고 믿는다. 특히 나는 피고인이 언론이나 연대 활동이 조직의 불법 테러리스트 활동을 도와준다고 알고 있거나 의도했을 때에만 수정헌법 제1조가 보호하는 순수 언론과 결사를 처벌하는 것으로 법을 해석할 수 있다. 이러한 해석에서는 정부는 최소한 그 피고인이 조직의 불법 테러리스트 목적 수행을 상당히 도와줄 것이라고 알면서 지원을 하였다는 점을 증명하여야 할 것이다.

만약 행동이 실질적으로 조직의 테러리스트 목적을 지원할 상당한 가능성을 인식(또는 의도적으로 외면)하고 있었다면 그는 인식을 갖고 행동한 것이다. 만약 똑같은 테러리스트 목적을 수행하는 것이 "의식적인 목적(conscious objective (또는 purpose))"이라면 필요한 의도를 갖고 행동한 것이다. 다른 한편으로 내가 설시한 이유로, (합법 활동을 목표로 한) 지원이 단순히 조직을 합법화하는데 도움을 줌으로써 테러를 촉진하는 도움을 줄 수 있거나 줄 거라는 인식 또는 의도는 충분하지 않다.

이러한 법률 해석이 수정헌법 제1조가 통상 보호하는 순수한 언론과 결사에 관여하는 사람들을 보호한다. 그러나 피고인이 고의로 테러를 지원하려는 의도를 가진 경우나 활동이 테러를 도와줄 것이라 알고 있는 경우(또는 의도적으로 그 사실을 외면한 경우) 활동을 보호하지 않는다. 활동이 고의로 또는 알면서 테러리스트 목적을 지지하는 이러한 범주에 포함된 경우, 알려진 테러리스트 조직에 실질적인 지원을 제공하는 행위는 수정헌법 제1조의 이익에도 불구하고 금지될 수 있는 테러리스트 행동과 충분히 밀접한 관련을 갖고 있다. 동시에 이러한 해석은 정부에게 평화적인 그리고 비평화적인 목적 사이에서 피고인이 구체적으로 어느 쪽을 선호했는지를 증명하는 어려운 일을 하도록 요구하지 않는다. 인식으로 충분하다.

이 해석은 법률의 문장과 일치한다. 법은 "외국 테러리스트 조직에 대한 실질적인 지원 또는 자원을 고의로 제공하는 행위"를 금지한다. 보통 우리는 형사법을 범죄의 모든 구성요건에 범의요건을 적용하는 것으로 해석한다. 그렇게 해석될 때, 피고인은 다음 요건을 알거나 의도해야 할 것이다. (1) 그는 지원 또는 자원을 제공하고 있다. (2) 그는 외국 테러리스트 조직을 지원하고 있다. (3) 그는 실질적인 지원을 제공하고 있고, (4) 그의 지원은 조직의 테러리스트 목적을 촉진할 상당한 가능성을 갖고 있음을 의미한다.

이 4가지 구성요건은 법률이 단어 "실질적인"을 사용한 것에서 직접 나온다. 그 단어는 물질적이거나 세속적인 성격임을 의미할 수 있지만, 또한 "진짜 중요함 또는 매우 중요함"을 의미할 수 있다. 웹스터국제사전 3판, 1392 (1961). 여기서 그것은 후자를 의미해야 한다. 왜냐하면 다르게 해석하면 법은 물질적인 지원에만 적용되고, 언론에는 적용되지 않을 것이기 때문이다. §2339A(b)(1) ('실질적인 지원 또는 자원'을 '무체 또는 유체 재산'으로 정의). 그리고 만약 법이 진짜 중요하거나 매우 중요할 것 같은 지원에만 적용된다면, 지원은 조직의 테러리스트 활동과 관련된 중요성을 가져야 한다. 그것은 테러리스트 활동을 상당히 도와줄 것 같지 않은 지원은 입법목적상 중요성도 없고 매우 중요하지도 않을 것이기 때문이다.

"실질적인 지원"의 법적인 정의는 문제가 없다. 법은 이 사건에서 문제된 "훈련," "전문가 조언 또는 조력," "인원," 그리고 "서비스"를 포함하여 나열된 용어를 참조하도록 함으로써 "실질적인 지원"을 정의하고 있다. 이러한 용어들은 모두 "실질적인 지원"의 정의에 들어가기 때문에, 이러한 활동들은 "실질적" 일때에만 법의 적용범위에 포함된다.

그래서 법문상으로, 피고인이 그의 지원이 실질적이라는 것을 알았다는 법의 요건은 정부가 피고인이 도운 결과가 조직의 합법 목적이 아니라 테러리스트 목적을 촉진할 상당한 가능성을 가진다는 것을 알았다는 점을 밝히도록 요구하는 것으로 해석될 수 있다.

나는 이것이 "실질적인 지원"이 "현금," "재산," "유가증권," "재정보증," "금융서비스," "숙박," "은신처," "허위 서류나 신분증," "무기," "치명적인 물질," 또는 "폭발물," 등의 형태를 띠었을 경우에 가능한 유일한 법률 해석인지에 대해 결정할 필요가 없다. 그러한 종류의 도움은 직접적으로 또는 성격상 대체가능하기 때문에 내재적으로 조직의 테러리스트 활동을 도와줄 가능성이 크다. 그래서 (법의 다른 요건을 충족했다면) 개인이 그러한 종류의 지원을 제공했다는 증명은 보통 유죄의 충분한 증거가 될 것이다. 그러나 지원이 순수한 언론이나 결사에 해당될 경우, 나는 그러한 추정을 하지 않을 것이다. 그보다는 정부가 조직의 불법 테러리스트 목적 추구를 상당히 도와줄 것 같은 지원을 제공하였다는 것을 피고인이 알았다는 점(또는 피고인이 지원이 그렇게 이용될 것이라고 의도했다는 점)을 입증하여야 할 것이다.

법의 입법과정은 이러한 해석을 강력하게 지지하고 있다. 그 과정은 의회가 원래 대체가능한 돈과 물품의 기부 형태를 띠는 지원을 중단시키려고 했다는 것을 분명히 하고 있다. 예를 들면 "전문가 조언과 조력"을 참조할 때, 의회는 비행기 납치를 도와주는 항공전문가의 조언 또는 테러리스트 활동을 지원하기 위해 사용되는 자금의 은폐를 도와주는 회계사의 조언과 같이 테러를 직접 촉진하기에 충분히 대체가능한 훈련을 염두에 두었다. 하원 법사위원회 2001 반테러 법안 청문회, 107th Cong., 1st Sess., 61(2001).

그리고 상원법사위원회 위원장은 위원회에 관련된 법안을 보고할 때 다음과 같이 말했다.

"이 법안은 또한 테러리스트 활동에 관여하고 있다고 대통령이 인정함으로써 지정된 외국 단체의 테러리스트 기능을 실질적으로 지원하는 행위를 처벌하는 조항을 포함하고 있다."

그는 이때 다음과 같이 첨언하였다.

"나는 우리들 중 아무도 포기하지 않은 결사의 자유를 보호하는 한편 이러한 의무에 맞는 제한적이지만 효과적인 지정 조항을 고안하였다고 확신한다."

이 견해와 일치하여 법 자체는 다음과 같이 말한다.

"이 조항은 미국 수정헌법 제1조에 따라 보장되는 권리의 행사를 제한하는 것으로 해석되거나 적용되지 않는다." §2339B( i ).

어느 경우든 헌법 원칙은 이러한 해석을 요구한다. 이 사건 활동을 범죄로 처벌한다고 해석하는 한 법의 합헌성에 대해 "상당한" 의문－참으로 "심각한" 의문이 있다. 그래서 우리는 "그러한 해석이 의회의 의도에 명백히 반하지 않는 한, 헌법의 의심을 제거하기 위해 법을 해석"해야 한다." X-Citement Video, Inc., 513 U.S., 78.

이러한 이유로, 의회가 단어 "알면서"를 내가 쓴 것처럼 쓰지 않았다는 다수의견의 주장은 논점을 벗어났다. 우리의 해석은 법문과 일치한다. 그것은 의회의 기본 의도와 일치한다. 그것은 법대로 해석하였지만 달리 추가하지 않았다. United States v. Thirty-seven Photographs, 402 U.S. 363, 373-374 (1971)(법에는 기간제한이 없음에도 불구하고 헌법상 "몰수 절차는 14일 이내에 시작되고 60일 이내에 마치는" 요건을 추가); NLRB v. Catholic Bishop of Chicago, 440 U.S. 490, 507 (1979)(8개의 다르지만 명백한 예외에도 불구하고 헌법상 "사용자"에서 "교회가 운영하는 학교"를 묵시적으로 배제하는 것으로 해석). 우리는 이를 채택하여야 한다.

## III

지금까지 설명한 범의 요건을 더하는 것으로 법을 해석하면서, 나는 하급법원이 원고들이 관여하기를 바라는 정확한 활동을 더 구체적으로 검토하고, 확인 및 금지 구제 명령을 할 수 있는 지, 한다면 어느 범위까지 할 수 있는지를 결정하도록 환송한다. 나는 다수의견이 조직의 평화로운 대의의 지지와 관련된 원고들의 활동을 검토하기 위해 사건을 환송하지 않는 이유를 알지 못한다.

다수의견은 이러한 지지 주장이 너무 일반적이어서 원고들이 자동적으로 패소한다고 믿기 때문에 환송하지 않았다. 다수의견은 원고들이 그들의 지지가 정확히 어떤 활동을 말하는 지 제안하지 않았다고 하였다. 그러나 구체성의 부족에 관한 다수의견은 잘못이다. 기록은 이 단체들이 과거에 관여했고 계속적으로 관여할 것 같은 지지 형태를 자세히 설명한 서면과 진술서를 포함하고 있다.

나아가 다수의견은 원고들의 언론 관련 활동이 "행위"에 해당하고 그대로 심사되어야 한다는 정부의 주장을 배척한 것은 적절하다. 그래서 나는 다수의견이 하급법원이 적절한 심사기준을 적용하여 사건의 이러한 측면을 재검토하기를 원할 것으로 생각하였다.

## IV

요약하면 이 사건들은 우리에게 국가안보이익이 관련되어 있을 때 수정헌법을 어떻게 적용할 지를 검토하기를 요구하고 있다. 법원은 헌법이 국가방위를 위해 입법부와 행정부에 권한을 위임하였고, 대통령에게 외교 문제에 대해 특별한 권한을 부여한 사실을 인정하고 존중해야 한다. 그럼에도 불구하고 이 법원은 이러한 문제에 대한 권한과 전문성이 헌법상 개인의 기본권을 보장하는 법원 자신의 의무를 자동적으로 압도하지 못한다는 점을 분명히 하였다. Hamdi v. Rumsfeld, 542 U.S. 507, 536 (2004)("우리는 이 나라 시민들의 권리와 관련이 있을 때 … 전쟁 상태가 백지수표가 아니라는 점을 오랫동안 명백히 해왔다"). 이 사건에서 내가 설명한 이유로, 나는 법원이 충분한 주의를 가지고 정부의 정당성을 조사하는데 실패했다고 믿는다. 일반적인 주장보다는 구체적인 증거를 강조하는데 실패했다. 중대한 목적에 들어맞는 수단의 적합성을 요구하는데 실패하였다. 그리고 결국 이 사건의 개인들에게 수정헌법 제1조의 보호를 거부하였다.

그것이 내가 반대하는 이유이다.

# 13. 폭력비디오 게임의 미성년자 판매 금지와 엄격심사

**Brown v Entertainment Merchants Association**
564 U.S. ____ (2011)

**[요약]**

비디오 게임과 소프트웨어 산업을 대표하는 피상고인들은 폭력적인 비디오게임을 미성년자들에게 판매하거나 대여하는 행위를 제한하는 캘리포니아 법에 대해 법집행중지소송을 제기하였다. 연방지방법원은 법이 수정헌법 제1조를 위반하였다고 결론짓고 법집행을 중지하였다. 연방제9항소법원은 인용하였다.

**[요지]** 법은 수정헌법 제1조에 부합하지 않는다.

(a) 비디오게임들은 수정헌법 제1조의 보호를 받는다. 보호되는 책, 연극, 영화처럼, 그것들은 익숙한 매체 특유의 어문적 장치와 특징을 통해 생각을 전달한다. 그리고 "언론 자유의 기본 원리는" 새로운 그리고 다른 통신 매체에 따라 바뀌지 않는다. 가장 기본적인 원리 – 정부는 의사, 생각, 주제, 또는 내용 때문에 표현을 제한할 권한이 없다 – 에는 음란물, 범죄교사, 폭언과 같이 역사적으로 보호되지 않는 언론의 예외가 있다. 그러나 입법부가 심사기준을 통과하지 못하면 단지 사회적 비용에 대항하여 특정한 범위의 가치를 평가하여 처벌함으로써 보호되지 않는 새로운 범주의 언론을 만들어낼 수 없다. Ginsberg v. New York, 390 U.S. 629에서 인용된 뉴욕주법과 달리, 캘리포니아는 성인들에 관한 규정이 어린이들에게도 무차별적으로 적용되지 않도록 하기 위해 보호되지 않는 언론 유형의 경계를 조정하지 않았다. 그 대신에 주는 어린이들용 언론에만 허용되는 완전히 새로운 유형의 내용에 기초한 규제를 만들려고 한다. 그것은 선례가 없는 일이고 잘못이다. 이 나라는 폭력의 묘사에 대해 어린이들의 접근을 특별히 제한하는 전통을 가지고 있지 않다. 그리고 "상호 작용하는" 비디오 게임들은 게임자가 화면에서 폭력 행동에 참여하고 그 결과를 결

정한다는 점에서 특별한 문제를 드러낸다는 캘리포니아의 주장은 설득력이 없다.

(b) 법은 보호 언론을 내용에 기초하여 제한하고 있기 때문에 캘리포니아가 엄격심사, 즉 중대한 정부의 이익에 의해 정당화되고 그 이익을 달성하기 위해 제한적으로 정해졌다는 심사기준을 통과하였다는 것을 증명하지 못하는 한 무효다. 캘리포니아는 그 기준을 충족할 수 없다. 폭력 비디오게임에 노출되는 것과 어린이들에게 해로운 영향 사이의 연관관계를 보여주는 심리적인 연구들은 그러한 노출로 미성년자들이 공격적으로 행동한다는 점을 증명하지 못한다. 밝혀진 영향들은 미미하고 다른 매체가 만들어낸 영향과 거의 구분할 수 없다. 캘리포니아는 토요일 아침 만화와 같은 다른 매체를 제한하지 않았기 때문에, 비디오게임규제가 널리 포괄하지 못하고 있고 주가 주장하는 이익을 도모하는 것인지 아니면 특정한 발언자나 견해를 싫어하는 것인지에 대해 심각한 의문을 낳는다. 또한 캘리포니아는 법의 제한이 폭력 비디오에 아이들의 접근을 제한하기를 바라는 부모들의 실질적인 필요성을 충족하고 있다는 것을 밝힐 수 없다. 비디오 게임 산업의 자발적인 등급시스템은 이미 광범위하게 그 필요성을 충족하고 있다. 나아가 부모를 도와주는 수단으로써 법은 너무 포괄적이다. 왜냐하면 폭력 비디오게임의 구입이 금지된 모든 어린이들에게 구입을 불허하는 부모들이 있는 것은 아니기 때문이다. 법은 엄격심사를 충족할 수 없다. 인용한다.

대법관 스칼리아가 판결문을 작성하고 대법관 케네디, 긴즈버그, 소토마요르, 케이건이 참여하였다. 대법관 알리토는 동조의견을 작성하였고 로버트 대법원장이 참여하였다. 대법관 토마스와 브레이어는 반대의견을 작성하였다.

### [대법관 스칼리아]

우리는 폭력 비디오 게임을 제한하고 있는 캘리포니아주법이 수정헌법 제1조에 부합한지를 검토한다.

## I

캘리포니아 의회 법안 1179(2005)는 미성년자들에게 "폭력 비디오 게임"의 판매 또는 대여를 금지하고 포장지에 "18" 등급을 붙이도록 요구하고 있다. 법은 게임자가 이용할 수 있는 선택의 범위에 살인, 중상해, 절단 또는 사람 모습을 성폭행하는 행위를 포함하고 있는 게임들을 대상으로 삼고 있는데, 만약 그러한 행동들이 "합리적인 사람이 게임을 전체적으로 보았을 때, 미성년자들에게 비정상적이고 병적인 관심을 불러일으키는" 방식, "미성년자들에게 적합한지에 관한 공동체의 통용되는 기준에서 명백히 불쾌한" 방식, "전체적으로 게임이 미성년자들을 위한 진지한 문학, 예술, 정치, 과학적인 가치가 부족한" 방식으로 묘사된다면 적용된다. 법위반행위는 1,000불 이하의 과태료(a civil fine)에 처한다.

비디오게임과 소프트웨어산업을 대표하는 피상고인들은 캘리포니아 북부 연방지방법원에 소송을 제기하였다. 지방법원은 법이 수정헌법 제1조를 위반한다고 결론짓고 법집행을 중지하였다. 연방항소법원은 인용하였다.

## II

캘리포니아가 비디오 게임은 수정헌법 제1조의 보호를 받는다고 인정한 것은 맞다. 언론자유조항은 원칙적으로 공공의 문제에 대한 담론을 보호하기 위해 존재하지만, 우리는 정치와 오락 사이를 구분하기 어렵고 구분하려는 시도가 위험하다는 것을 오랫동안 인정해왔다. "모든 사람들은 허구를 통한 선전사례에 익숙하다. 한 사람에게는 오락인 것이 다른 사람의 이론을 가르친다." Winters v. New York, 333 U.S. 507, 510 (1948). 비디오게임보다 먼저 세상에 나온 책, 연극, 영화가 보호되는 것처럼, 비디오게임들은 많은 어문적인 장치(주인공, 대화, 줄거리, 음악 등)와 매체에 특유한 특징(게임자의 가상 세계와 상호작용)을 통해 생각과 사회적인 메시지를 전달한다. 그것은 수정헌법 제1조의 보호를 받기에 충분하다. 우리의 헌법아래서, "예술과 문학에 대한 심미적이고 도덕적인 판단은 개인들이 내리고, 다수의 승인이나 명령이 있더라도 정부가 판정하지 않는다." United States v. Playboy Entertainment Group, Inc.,

529 U.S. 803, 818(2000). 발전하는 기술에 헌법을 적용하는 문제가 무엇이든 지간에, 새롭고 다른 전달매체가 생겼을 때 "수정헌법 제1조와 같은 언론과 출판의 자유에 관한 기본 원칙은 바뀌지 않는다."

가장 기본 원칙은 이것이다 : "일반적으로 … 정부는 의사, 생각, 주제, 또는 내용 때문에 표현을 제한할 권한이 없다" Ashcroft v. American Civil Liberties Union, 535 U.S. 564, 573 (2002). 물론 예외는 있다. "1791년부터 현재까지… 수정헌법 제1조는 일부 제한된 분야에서 언론 내용의 제한을 허용해 왔고, 이러한 전통적인 제한을 무시할 자유를 포함하지 않고 있다." United States v. Stevens, 559 U.S.___, ___ (2010)(이하 "스티븐스 판결"). 이러한 제한적인 분야 - 음란물, Roth v. United States, 354 U.S. 476, 483 (1957), 범죄교사, Brandenburg v. Ohio, 395 U.S. 444, 447-449 (1969), 폭언, Chaplinsky v. New Hampshire, 315 U.S. 568, 572 (1942) - 는 잘 정의되어 있고 매우 제한된 언론의 종류들이고 이를 금지하고 처벌하는 것이 결코 헌법 문제를 일으키지 않는다고 생각되어 왔다.

스티븐스 판결에서 우리는 주의회가 어떤 언론이 너무 유해하여 허용할 수 없다고 결론내리고 보호되지 않는 언론 목록에 새로운 범주를 추가할 수 없다고 판결했다. 스티븐스 판결은 동물학대 묘사물을 제작, 판매, 소지하는 것을 형사처벌하는 연방법 사건이다. 법은 만약 동물에 대한 상해가 "제작, 판매, 소지" 당시 불법이라면, "살아 있는 동물을 고의로 불구로 만들거나, 절단, 고문, 중상해를 가하거나 죽이는" 묘사물에 적용되었다. 면책조항은 주로 우리의 음란물판결에서 빌려왔다. 진지한 종교, 정치, 과학, 교육, 신문잡지의, 역사 또는 예술적 가치를 가진 묘사는 면책되었다. 우리는 법이 내용에 기초하여 언론을 제한하고 있으므로 허용할 수 없다고 판결하였다. 비록 주가 동물 학대 행위를 금지하는 법을 오랫동안 가지고 있었다 할지라도, 동물학대 묘사물을 금지하는 미국의 전통은 없었다.

정부는 스티븐스 사건에서 역사적인 근거가 없어도 중요하지 않다고 주장하였다; 정부는 "단순한 균형 심사"를 적용하여 특정 유형의 언론의 가치를 그의 사회적인 비용과 비교, 평가하고 심사를 통과하지 못하면 그 유형의 언론을 처벌함으로써 보호되지 않는 새로운 범주의 언론을 만들 수 있다고 주장하였다.

우리는 그 "놀랍고도 위험한" 제안을 단호하게 배척하였다. "아마도 역사적으로 보호되지 않지만 우리의 판례에서 논의되거나 확인되지 않은 범주의 일부 언론이 있을 수도 있다." 그러나 내용에 따른 새로운 제한이 오래된 (지금까지 인식되지 않았다면) 금지 전통의 일부라는 설득력있는 증거가 없는 한, 입법부가 수정헌법 제1조에 들어있는 "정부를 제한하는 이익이 그 비용을 능가한다는 미국민들의 판단"[160]을 변경할 수 없을 것이다.

그 판단은 이 사건에 적용된다.[161] 스티븐스 판결에서처럼, 캘리포니아는 음란물규제의 면책조항을 추가함으로써 음란물 규제처럼 보이는 폭력 언론을 규제하려고 하고 있다. 그것은 충분치 않다. 우리의 선례들은 수정헌법 제1조에 대한 음란물 예외는 입법부가 충격적이라고 인정한 아무 것에나 적용되지 않고, 오직 "성적 행위"의 묘사에만 적용된다고 분명히 밝혀왔다. Cohen v. California, 403 U.S. 15, 20 (1971).

스티븐스 판결은 우리가 폭력 언론을 음란물에 끼워넣으려는 주의 시도를 배척한 첫번째 사건이 아니었다. Winters판결에서 우리는 "사람에 대한 범죄를 선동하기 위한 방법으로 유혈이 낭자하고 정욕을 묘사한 소설을 금지한" 뉴욕주의 형사법을 검토하였다. 333 U.S., 514. 뉴욕주 법원은 조항을 음란물법으로 인정하였다. 그 법원은 "어떤 종류의 책들이 공중도덕의 타락과 공공질서에 대해 비슷한 위해를 불러올 것인지에 관하여 공동체의 지속적이고 변화되는 경험

160) judgement of American people that the benefits of its restrictions on the Government outweigh the costs.

161) 대법관 알리토는 우리가 보기에 잘못된 이유로 스티븐스 판결을 구분하고 있다. 그는 동조의견에서 스티븐스 판결이 엄격심사를 적용하지 않았다고 시사한다. 만약 그렇다면(우리는 이를 의심한다), 이 사건은 더 유력한 논거를 갖게 된다. 그는 캘리포니아 법이 폭력 묘사물의 "제작" 또는 "소지" 보다는 판매 또는 대여를 처벌한다고 말한다. 그 구분은 스티븐스 판결 자체에는 나타나 있지 않다. 정부의 규제가 언론의 제작, 배포, 또는 소비에 적용되는지가 차이를 만들어내지 않는다. 그리고 마지막으로 대법관 알리토는 스티븐스 판결이 "좀 더 제한적으로 마련된 법"이 합헌일 수 있는 가능성을 열어놓았다고 지적한다. 사실이지만 전적으로 무관하다. 스티븐스 판결은 문제가 된 "동물학대 비디오"는 행위가 행해지는 지역의 법을 위반한 동물학대행위의 비디오로 제한된다면 심사를 통과한다고 말했다. 이 사건에서 문제가 된 상상 속의 비디오에서 묘사된 실제 주인공들이 형사적으로 책임이 있다는 주장은 제기되지 않았다.

보다 외설과 음란을 더 자세히 심사할 기준이 없을 것이다."고 말했다. 물론 이는 우리가 스티븐스 판결에서 배척한 이해균형에 기초하여 언론의 자유를 제한하기 위해 정부의 권한을 확대하는 견해와 똑같은 것이다. Winters판결에서 우리는 뉴욕주법이 수정헌법 제1조의 보호를 받는 언론의 제한에 적용되는 강화된 모호함 기준을 통과하지 못했다고 결론지으면서, 폭력은 헌법이 규제를 허용한 음란물의 일부가 아니라고 분명히 밝혔다. 법이 적용되는 언론은 "어떤 의미로든 과거에 법이 다룬 외설 또는 음란"을 담고 있지 않았다.

폭력 언론은 음란물과 다르기 때문에, 캘리포니아 법이 우리가 Ginsberg v. New York, 390 U.S. 629 (1968)에서 인용한 미성년자 음란물을 규제하는 뉴욕주법을 모방했다는 것은 전혀 문제가 되지 않는다. 그 사건에서 아이들이 보기에 음란스러운 성적인 자료의 미성년자 판매 금지를 승인하였다. 우리는 이러한 종류의 자료가 미성년자들의 성적인 관심에서 평가될 수 있도록 허용함으로써 주의회가 사회 현실에 맞추어 음란을 정의할 수 있다고 판결했다. 그리고 "음란은 보호되는 표현이 아니기" 때문에, 금지된 자료가 어린이들에게 해롭다는 주의회의 판단이 "비합리적이지 않는" 한 뉴욕주법은 유지될 수 있었다.

캘리포니아 법은 전적으로 다르다. 어른들을 위해 설정된 정의가 무차별적으로 어린이들에게 적용되지 않도록 비보호 언론 범주를 변경하지 않고 있다. 캘리포니아는 어른들에게 불쾌한 폭력물의 판매행위를 금지할 권한이 있다고 주장하지 않는다. 그리고 이는 스티븐스 판결에서 배척된 주장과 거의 같기 때문에 그러지 않는 것이 현명하다. 대신에 캘리포니아는 아이들을 향한 언론에만 허용될 수 있는 내용에 기초한 완전히 새로운 규제의 범주를 설정하기를 원하고 있다.

그것은 선례도 없고 잘못이다. "미성년자들은 수정헌법 제1조의 중요한 보호를 받을 자격이 있고, 상대적으로 제한되고 명확한 상황에서만 정부가 보호되는 물건을 그들에게 공개적으로 배포하는 것을 금지할 수 있다." Erznoznik v. Jacksonville, 422 U.S. 205, 212-213 (1975). 주가 아이들을 해악으로부터 보호하는 적법한 권한을 갖고 있다는 것은 의심할 여지가 없다. 그러나 그것은 아이들에게 노출되는 생각을 제한하는 자의적인 권한을 포함하고 있지 않다. "주의회가 단지 젊은이들에게 부적절하다고 생각하는 아이디어 또는 이미지들로부터 그들을 보호하기 위해서, 젊은이들에게 음란스럽지 않고 다른 적법한 금지대상이 아닌 언론을 억압할 수 없다." Erznoznik, 213-214쪽.

만약 이 나라에 특별히 어린이들의 폭력물 접근을 제한해 온 오랜 전통이 있다면 캘리포니아의 주장은 성공했을 것이나, 그러한 전통은 없다. 우리가 아이들에게 읽으라고 주거나 더 어렸을 때 읽어주는 책들에는 폭력적인 내용이 적지 않게 담겨 있다. 예를 들면 그림의 동화는 참으로 암울하다. 백설공주를 독살하려는 죄로 벌을 받아, 사악한 여왕은 바닥에 쓰러져 죽을 때까지 새빨간 슬리퍼를 신고 춤을 추어야 했는데 시기와 질투의 슬픈 사례이다. 신데렐라의 사악한 의붓자매들의 눈은 비둘기들이 쪼아 먹었다. 그리고 핸젤과 그레텔(아이들!)은 마녀를 오븐에 넣어 죽였다.

고등학생들의 도서목록에는 비슷한 것들로 가득 차 있다. 호머의 오딧세우스는 폴리페모스의 눈을 뜨거운 막대기로 비벼서 장님으로 만들었다. 신곡의 지옥에서 단테와 베르길은 부패한 정치인들이 수면 위 악마에게 꼬챙이로 잡히지 않도록 끓어오르는 호수 아래에 잠수하여 머물러 있는 것을 보았다. 그리고 골딩의 파리대왕은 새끼 돼지로 불리는 학생이 섬에 버려져 있는 동안 다른 아이들에 의해 어떻게 잔인하게 살해되는 지를 자세히 설명하고 있다.[162]

미성년자들이 폭력 오락을 하는 것이 결코 방해받아서는 안 된다고 말하려는 것은 아니다. 1800년대에 범죄를 묘사하는 삼류소설들과 "통속적인 싸구려 소설들"은 청소년 비행때문에 비난받았다. 영화가 등장했을 때, 그들이 대신하여 원흉이 되었다. "경찰이 삼류소설을 학교에서 가장 위험한 책으로 간주한 시기

162) 대법관 알리토는 우리들(다수의견)이 폭력 비디오 게임을 하는 것이 폭력적인 문학책을 읽는 것과 다르지 않다고 말했다고 비난한다. 물론 다르지만, 폭력 비디오 게임을 공급하고 보는 것이 책을 공급하고 읽는 것과 달리 표현 활동이 아니어서 수정헌법 제1조의 보호를 받을 수 없다는 식으로 다르지 않다. 단테를 읽는 것은 의심할 여지없이 폭력 게임을 하는 것보다 교양있고 지적 계발에 도움이 된다. 그러나 이러한 문화적이고 지적인 차이는 헌법과 무관하다. 잔인하게 폭력적인 비디오 게임들, 천박한 TV 쇼들, 값싼 소설과 잡지들은 신곡과 다름없는 언론 유형이고, 이들에 대한 제한은 엄격심사(우리가 Ⅲ항에서 관심을 기울이고 있는 문제)를 통과하여야 한다. 우리가 비록 그들에게서 "사회적인 가치를 발견할 수 없다 할지라도…, 그들은 최고의 문학작품과 같이 언론 자유의 보호를 받을 자격이 있다." Winters v. New York, 333 U.S. 507, 510 (1948).

가 끝나자, 그들은 영화가 삼류소설보다 감옥으로 이끄는 길에 더 쉽게 영향을 미치는 경향이 있다고 말한다." 범죄를 도와주는 영화, 뉴욕타임즈, 1909. 2. 21., Cato Institute의 서면에서 인용, 8쪽. 한동안 우리 법원은 유해한 목적으로 사용될 가능성 때문에 영화의 광범위한 검열을 허용했지만, Mutual Film Corp. v. Industrial Comm'n of Ohio, 236 U.S. 230, 242 (1915). 우리는 결국 방향을 바꾸었다. Joseph Burstyn, Inc., 343 U.S., 502쪽; Erznoznik, 212-214 (아이들을 보호하기 위한 자동차극장 제한을 무효화함). 그 다음은 라디오 드라마였고, 그 다음은 만화책이었다. 1940년대 후반과 1950년대 초반에 많은 사람들은 만화책을 청소년범죄율을 증가시키고 청소년들이 "폭력과 공포에 빠지도록" 조장한다고 비난했다. 만화책 규제, 68 Harv. L. Rev. 489, 490 (1955). 그러나 의회를 통해 만화책을 규제하려는 노력은 실패하였다. 법정조언자인 만화보호 재단 서면 11-15.[163] 그리고 만화책 이후에는 TV와 노래 가사를 비난하였다.

캘리포니아는 비디오게임들은 게임자가 화면의 폭력 행동에 참여하고 그 결과를 결정한다는 점에서 "상호 작용하기" 때문에 특히 문제가 있다고 주장한다. 그러한 특징은 새롭지 않다. 적어도 1969년에 '당신의 모험'과 '사탕수수섬'의 출간이래, 스스로 선택하는 모험이야기의 청소년 독자들은 어느 페이지로 갈 것인가에 관한 설명에 따라 줄거리를 결정할 수 있었다. Interactive Digital Software Assn. v. St. Louis County, 329 F.3d 954, 957-958(CA8 2003) 비디오 게임들이 폭력 행동을 일으킨다는 주장에 관하여, 우리가 보기에는 종류가 달라서가 아니라 정도의 문제인 것 같다. 포스너 판사가 주목하듯이, 모든 문학은 서로 작용한다. "더 훌륭할수록, 더 상호적이다. 문학이 성공적일 때 독자를 이야기 속으로 끌어들이고, 주인공들과 동일시하고, 그들을 판단하고 그들

---

163) 만화책 금지운동은 한 정신의학자가 이끌었다. 웨덤은 상원 법사위원회에서 "범죄만화산업이 현재와 같은 형태로 존재하는 한, 안전한 가정은 없다"고 말하였다. 미성년비행(만화책) : 미성년 비행 조사 소위원회 청문회, 83d Cong., 2d Sess., 84 (1954). 웨덤의 반대는 "특히 아이들의 윤리적 성장에 해롭다"고 설명하면서 만화책 수퍼맨으로까지 확대되었다. 86쪽. 웨덤의 반대운동으로 뉴욕주 의회는 미성년자들에게 일부 만화책의 판매를 금지하는 법안을 통과시켰으나, 주지사 토마스 듀이는 Winters 판결에 따라 위헌이라는 이유로 거부하였다.

과 다투고, 주인공들의 즐거움과 괴로움을 독자 자신의 것으로 경험하게 한다." American Amusement Machine Assn. v. Kendrick, 244 F.3d 572, 577(CA7 2001)(폭력 비디오게임들에 대한 비슷한 제한을 취소).

대법관 알리토는 상당히 독자적인 조사를 하여 피해자들의 팔다리가 잘리고, 목이 베이고, 배를 가르고, 불을 지르고, 잘게 썰어내고, 피가 분출하고, 튀기고, 흉건한 깜짝 놀랄만한 폭력이 난무하는 비디오게임들을 확인하였다. 그는 이러한 혐오스러운 비디오 게임들을 열거하면서 우리를 역겹게 만들고 있다. 그러나 역겨움은 표현을 제한하는 타당한 근거가 아니다. 그가 폭력에 인종적, 소수민족적 동기－흑인, 라틴, 유대인의 인종 청소－가 있다고 발견한 비디오게임들의 묘사의 경우도 마찬가지이다. 그가 이떤 목적으로 이것을 말했을까? 캘리포니아가 억압하려고 했던 "공격성"을 증가시킨다는 것인가? 누가 알겠는가? 그러나 그것이 이용자의 분노와 공포스러운 메시지를 종식시키려는 이용자의 욕구를 자극한다. 그래서 역설적으로 알리토의 주장은 캘리포니아 법이 드러낸 정확한 위험－폭력이든, 살인이든, 인종주의든 객관적인 결과가 아닌 언론으로 표현된 생각들이 정부 규제의 실제 이유가 될 수 있다－을 드러내고 있다.

## Ⅲ

법이 보호 언론의 내용에 따라 제한하고 있기 때문에, 캘리포니아가 엄격 심사－를 통과하였다는 것을 밝힐 수 없으면, 즉 중대한 정부의 이익에 의해 정당화되고 그 이익을 달성하기 위해 제한적으로 마련되지 않는 한 무효이다. R.A.V., 505 U.S. 395. 주는 해결할 필요가 있는 "실제 문제"를 특정하여야 하고, Playboy, 529 U.S., 822-823쪽, 언론 자유의 제한이 문제 해결에 실제적으로 필요해야 한다. R.A.V. 395쪽. 그것은 어려운 기준이다. "내용으로 인하여 언론을 제한하는 규제가 허용되는 것은 드문 일이다." Playboy, 818쪽.

캘리포니아는 그 기준을 충족할 수 없다. 주는 처음부터 폭력 비디오게임들과 미성년자들에 대한 유해성 사이의 직접 인과관계를 밝힐 수 없다고 인정하고 있다. 대신에 Turner Broadcasting System, Inc. v. FCC, 512 U.S. 622 (1994) 판결에 따라, 주는 입법기관이 경합하는 심리학적인 연구에 기초하여 그러한 인과관계가 존재한다는 추측성 판단을 할 수 있기 때문에 그러한 증거를 제시할 필요가 없다고 주장하고 있다. 그러나 Turner Broadcasting 판결에 의존하는 것은 잘못이다. 그 판결은 내용 중립 규제에 중간 심사(intermediate scruty)를 적용하였다. 캘리포니아의 책임은 훨씬 더 높고 불확실성의 위험을 부담하기 때문에, 모호한 증거는 충분치 않다.

주의 증거는 명확하지 않다. 캘리포니아는 주로 폭력적인 비디오 게임에 노출되는 것과 아이들에게 해로운 영향을 미치는 것 사이의 연관 관계를 보여주려는 앤더슨 박사와 다른 심리학자들의 연구에 의존하고 있다. 이러한 연구들은 검토한 모든 법원에 의해 합리적인 이유로 배척되었다. 그것들은 폭력 비디오게임들이 미성년자들을 공격적으로 행동하게 만든다는 것을 증명하지 못했다. 대신에 "거의 모든 연구는 인과관계의 증거가 아니라 상관관계에 기초하고 있고, 대부분의 연구는 방법론적으로 중요하고도 공인된 흠결을 갖고 있다." Video Software Dealers Assn. 556 F.3d, 964쪽. 그것들은 기껏해야 폭력물에 노출된 것과 실생활의 하찮은 영향 사이의 상관관계, 예컨대 비폭력 게임을 한 후와 비교하여 폭력 게임을 하고 몇 분만에 더 큰 소음을 내거나 어린이들이 좀 더 공격적인 느낌을 갖는다는 것을 보여주고 있다.[164)]

폭력 게임이 학생들의 공격성향에 일부 영향을 미친다는 앤더슨 박사의 결론을 받아들인다 해도, 그러한 영향은 적을 뿐만 아니라 다른 매체가 미치는 영향과 구분할 수 없다. 비슷한 소송의 증언에서 앤더슨 박사는 아이들이 폭력 비디오 게임에 노출되는 "영향의 정도"는 그들이 TV 폭력물에 노출되었을 때 받는 영향과 "대략 같다"고 인정하였다. 그리고 그는 아이들이 벅스 버니나 로드 러너가 출연하는 만화를 볼 때, 또는 "E"등급(나이제한없는)의 비디오게임을 할 때, 또는 심지어 그들이 총 사진을 보았을 때조차도 같은 영향이 발견된다고 인정하고 있다.[165)]

164) 예를 들면 우리의 연구 결과 폭력 비디오 게임을 마친 직후 어린이들은 글자넣기에서 "explo_e"에 "r"("explore" 탐험)을 쓰기 보다는 "d"("explode", 폭발)를 쓰기 쉽다. 상식적으로 예상될 수 있는 이러한 현상의 예방이 중대한 주의 이익은 아니다.

165) 대법관 알리토는 우리(다수의견)가 새롭고 빠르게 발전하는 기술을 고려하지 않았다고 생각하는 것은 잘못이다. 문제의 연구들은 새롭고 급속히 발전하는 기술에 관련되어 있고, 엄격심사가 요구하고 언론 제한이 정당화되는 정도의 확실함을 보여주지 못했다. 알리토 대법관이 우리를 폭력 비디오게임에 아무런 문제가 없다는 견해로 보는 것은 옳지 않다. 아마도 그것들은 문제가 있고, 우리들 중 아무도 우리 아이들

물론 캘리포니아는 (현명하게도) 토요일 아침 만화, 어린이 이용 등급 게임의 판매, 총 사진의 배포를 제한하지 않고 있다. 결과는 주가 주장하는 정당성을 바탕으로 판단했을 때, 포괄적이지 못하다(underinclusive)는 것이다. 포괄하지 못함은 사실상 주가 주장하는 이익을 추구하기보다는 특정 발언자 또는 견해를 싫어하는 것인지에 대하여 심각한 의문을 불러일으키게 된다. City of Ladue v. Gillo, 512 U.S. 43, 51 (1994); Florida Star v. B.J.F., 491 U.S. 524, 540 (1989). 캘리포니아는 서적상, 만화가, 영화제작자와 비교해서 비디오게임 배포자만을 선택해서 불리한 취급을 하고 있고 그 이유를 설득력있게 해명하지 못하고 있다.

또한 법은 비디오게임들이 다른 폭력 묘사물과는 질적으로 다르다는 별개의견과 반대의견의 주장을 부적절하게 만들어 버린 점에서도 상당히 포괄적이지 못하다. 캘리포니아 주의회는 부모(또는 숙모나 삼촌)가 좋다고 하면 이 위험하고 정신을 개조하는 자료를 아이들의 손에 남겨주려고 했다. 그리고 부모 또는 삼촌의 동의가 어떻게 확인되는지(아이들 또는 부모, 고모, 삼촌의 동의가 명백하게 충족되는지)에 관하여 아무런 요건이 없다. 이는 심각한 사회 문제를 다루는 방법이 아니다.

캘리포니아는 법이 부모의 권한에 따라 정당하다고 주장한다. 폭력 비디오게임들은 어른들만이 구입할 수 있다는 요건에 따라, 부모가 어떤 게임들이 적절

---

이 그 게임을 하도록 허락하지 않을 것이다. 그러나 정부가 표현의 자유를 제한할 수 없는 여러 가지 종류의 문제들이 있고, 게임보다도 더 심각한 것들도 일부 있다 : 예컨대 반유대주의를 조장하는 문제(National Socialist Party of America v. Skokie, 432 U.S. 43 (1977)), 헌법을 적대시하는 정치철학을 유포하는 문제(Noto v. United States, 367 U.S. 290 (1961)), 국기에 대한 불경을 조장하는 문제(Texas v. Johnson, 491 U.S. 397 (1989)).

대법관 브레이어는 폭력 비디오게임의 유해성에 관한 자신의 조사에 따라 캘리포니아가 엄격심사를 충족하였다고 판단하였다(폭력 비디오게임들의 유해성 여부를 논의한 연구 논문 목록을 첨부). 이 방대한 연구는 기록에 포함되어 있지 않다 – 그리고 어떤 경우에든 우리는 그 연구가 어떻게 브레이어 대법관의 결론에 이르게 되었는지 알지 못한다. 왜냐하면 그는 그 연구 결과들이 옳은지 그른지를 말할 수 없다고 인정하고 있기 때문이다. 마찬가지로 대법관 알리토는 비디오게임들과 다른 매체 사이에 헌법상 결정적인 차이가 있는지 확신할 수 없다고 말하고 있다. 만약 그렇다면 엄격 심사는 명백하게 충족되지 못하였다.

한지를 결정하는 것을 법이 보장하고 있다고 주장한다. 우리는 처음부터 부모들이 그 언론에 동의하지 않을 때에만 보호되는 언론을 아이들에게 전달하는 행위로 제3자를 처벌하는 것이 부모의 권위를 도와주는 정당한 정부의 조치인지 의문을 표시했다. 그 견해를 받아들이는 것은 "제한적으로 정해지고 명확한 상황에서만 정부가 보호되는 자료를 미성년자들에게 공개적으로 전달하는 행위를 금지할 수 있다."는 원리를 대폭 손상시키게 될 것이다. Erznoznik, 422 U.S., 212-213.

그러나 그 부분을 제쳐두고라도, 캘리포니아가 법의 제한으로 폭력 비디오게임들에 자녀들의 접근을 제한하려는 부모들의 실질적인 필요성을 충족시켰다고 말할 수 없다. 비디오게임 산업은 소비자들에게 게임의 내용을 알리기 위해 자발적으로 등급시스템을 두고 있다. 오락 소프트웨어 등급 위원회가 운영하는 시스템은 각 비디오게임에 대해 나이를 특정하는 등급을 부여하고 있다. 아동(EC); 모두(E); 10살 이상(E+10); T(Teens); M(17살 이상); 18살 이상(AO). 비디오 소프트웨어 판매 연합은 판매상들에게 가게에서 등급시스템 정보가 명확하게 보이도록 전시하라고 권장하고 있다. 그리고 성인 전용 게임들을 미성년자들에게 빌려주거나 판매하는 행위를 금지하고 "M"등급의 게임은 부모의 동의를 받은 미성년자들에게만 빌려주거나 판매하도록 권장하고 있다. 2009년에 연방통상위원회(FTC)는 이 시스템 결과, "(1) 성인 등급 제품의 아이들 판매 제한, (2) 등급 정보의 명확하고 뚜렷한 공개, (3) 판매점에서 아이들의 성인 등급 제품 접근 제한"에서 "비디오 산업은 영화와 음악 산업을 앞질렀다"고 인정하였다. 위원회, 의회보고서, 폭력오락물 아이들 판매(2009. 12.), http://www.ftc.gov/os/2009/12/P994511violent entertainment.pdf(2011. 4. 방문, 법원 기록 파일에 있음)(이하 "위원회 보고서"). 이 시스템은 미성년자들이 심각한 폭력 게임을 스스로 살 수 없고, 그 문제를 걱정하는 부모들이 자녀들이 집에 가져오는 게임들을 쉽게 평가할 수 있다는 것을 보장하고 있다. 걱정하는 부모들의 통제가 미치지 않을 수 있는 사소한 공백을 채우는 것은 중대한 주의 이익이 거의 될 수 없다.[166]

166) 대법관 브레이어는 위원회 보고서에 따르면 17살 이하 청소년의 20%가 여전히 M등급의 게임을 살 수 있기 때문에 남아 있는 공백이 중대한 주의 이익이라고 결론 내

마지막으로 법이 의도하는 부모의 권한에 도움을 주는 것은 매우 과도하게 포함되어(overinclusive)있다. 폭력 게임을 스스로 사는 것이 금지된 아이들 모두에게 폭력 비디오 게임을 살 것인지를 걱정하는 부모가 있는 것은 아니다. 주의회의 노력이 일부 아이들 부모가 실제로 원하는 것을 옹호하고 있는 반면에, 전체적인 효과는 주가 생각하기에 부모가 원해야 한다고 하는 것을 옹호하고 있을 뿐이다. 법은 수정헌법 제1조 권리의 제한이 요구하는 부모를 도와주는 일에 좁게 맞추어진 것은 아니다.

***

폭력 비디오게임을 규제하려는 캘리포니아의 노력은 미성년자들을 위한 폭력 오락물 검열을 위해 오랫동안 이어져 온 실패한 시도들의 마지막 이야기다. 우리가 위에서 비디오게임의 유해성을 뒷받침하기 위해 제시된 일부 증거가 설득력이 없다고 지적하였지만, 우리가 게임을 규제하려는 시도의 밑바탕에 있는 관심사를 얕보거나 가볍게 보려고 하는 것은 아니다. 우리는 폭력 비디오게임(또는 그러한 문제에서 다른 형태의 언론)이 젊은이들을 타락시키거나 도덕적 성장에 해롭다는 캘리포니아 주의회의 견해에 관하여 판단하지 않는다. 우리의 임무는 그러한 일들이 "언론의 금지와 처벌이 헌법 문제를 일으키지 않는다고 생각되어 온, 명확하고 좁게 제한된 종류의 언론"에 해당되는지, 그리고 이에 해당되지 않는다면, 그러한 규제가 우리가 중대한 주의 이익이라고 설명한 고도의 필요성에 의해서 정당화되는지에 관하여 말할 뿐이다. 아이들의 보호가 목적인 경우에도 정부 조치에 대한 헌법의 제한은 적용된다.

캘리포니아 주의회는 (1) 심각한 사회 문제를 다루고, (2) 걱정하는 부모들이 자녀들에 대한 통제를 도와주는 것 사이에 놓여 있다. 두 목적은 정당하지만, 그것들이 수정헌법 제1조의 권리에 영향을 주었을 때, 진정으로 과소하게 포함하거나 과다하게 포함되지 않는 수단에 의해 달성되어야 한다. Church of

린다. 그러나 일정 정도의 공백은 불가피하다. 미성년자들에게 술 판매는 오랫동안 불법이었지만, 2005년의 연구는 판매상의 약 18%는 미성년자들에게 여전히 술을 팔고 있다고 보고 있다. 비록 폭력 비디오게임의 미성년자 판매가 추가 규제로 중단될 수 있다 하더라도, 정부는 목적을 달성하기 위한 근소한 퍼센트 증가에 중대한 이익을 갖고 있지 않다.

Lukumi Babalu Aye, INC., v. Hialeah, 506 U.S. 520, 546 (1993). 아이들을 폭력 묘사물로부터 보호하는 수단으로, 주의회가 비디오게임 이외에 묘사물을 제외하였을 뿐만 아니라, 부모 또는 삼촌의 거부권을 허용하였기 때문에 지나치게 제한적이다. 걱정하는 부모들을 도와주는 수단으로, 부모(그리고 숙모들과 삼촌들)가 폭력 비디오게임들이 해롭지 않은 놀이라고 생각하는 경우에도 미성년자들의 수정헌법 제1조 권리를 제한하고 있기 때문에 진정으로 지나치게 포괄적이다. 그리고 하나의 목적을 달성하는데 있어 지나친 광범성(overbreadth)은 다른 목적을 달성하는데 과소성(underbreadth)에 의해 치유되지 않는다. 이것도 아니고 저것도 아닌 이러한 입법은 엄격심사를 통과할 수 없다.

우리는 연방항소법원의 판결을 인용한다.

**[대법관 알리토의 동조 의견**(대법원장 로버츠 참여)**]**

이 사건의 캘리포니아법은 주의회와 사람들이 생각하는 잠재적으로 심각한 사회 문제－게임이 만들어낸 가상 세계에 빠져 셀 수 없는 시간을 보내는 감수성이 예민한 미성년자들에게 특히 폭력 비디오게임의 영향－를 다루는 선구적인 노력을 보여주고 있다. 비록 캘리포니아법의 의도가 좋다고 할지라도, 그 용어가 헌법이 요구하는 정확성으로 짜여 있지 않아서, 나는 이 법이 유지될 수 없다는 법원 의견(다수의견)에 동의한다.

그러나 나는 법원 의견의 접근방식에는 반대한다. 새롭고 빠르게 발전하는 기술에 변하지 않는 헌법 원리의 적용을 검토하면서, 이 법원은 신중하게 시작해야 한다. 우리는 새로운 기술을 이해하는데 모든 노력을 기울여야 한다. 발전하는 기술이 시간이 흐르면서 분명해질 중요한 사회적인 의미를 고려해야 한다. 우리는 새로운 기술이 친숙한 기존의 것과 근본적으로 같다는 결론으로 비약해서는 안 된다. 그리고 우리는 새로운 기술의 의미를 평가하면서 우리보다 나은 위치에 있는 입법자의 판단을 성급하게 배제해서도 안 된다. 법원의 의견은 이러한 신중함을 보여주지 못하고 있다.

법원의 견해로는 폭력 비디오게임의 영향에 대하여 걱정하고 있는 모든 사람들－연방 및 주 입법자들, 교육자들, 사회과학자들, 부모들－은 쓸데없이 걱정하고 있다. 왜냐하면 폭력 비디오게임은 실제 심각한 문제를 드러내지 않고 있기 때문이다. 많은 무고한 피해자를 총으로 죽이는 주인공의 행동을 조종하면서 시간을 보내는 것은 문학작품속의 폭력 묘사를 읽는 것과 본질적으로 다르지 않다는 것이다.

법원은 이를 확신하지만 나는 아니다. 폭력 비디오게임의 경험은 독서, 라디오 청취, 또는 영화나 TV쇼 시청과는 매우 다르다는 점을 의심할만한 이유가 있다.

## I

이 사건에서 비디오 게임산업을 대표하고 있는 피상고인들은 2가지 이유로 캘리포니아법을 폐기하라고 요청하고 있다. 법원이 채택한 넓은 이유와 "폭력 비디오게임"의 법적 정의가 막연하여 허용될 수 없다는 더 좁은 이유. 나는 2번째 주장에 동의하기 때문에 법원이 다룬 더 넓은 수정헌법 제1조 쟁점으로 향할 필요성을 찾지 못한다.[167]

### A

적법 절차는 법이 보통의 지능을 가진 사람들에게 무엇이 금지되는 지에 관한 공정한 공지를 필요로 한다. Grayned v. City of Rockford, 408 U.S. 104, 108 (1972). 표현을 규제하는 법에서 그러한 공지의 부족은 명백한 언론의 자유 위축 효과로 인하여 수정헌법 제1조의 특별한 관심을 불러일으킨다. Reno v. American Civil Liberties Union, 521 U.S. 844, 871-872 (1997). 막연한 법은 잠재적인 발언자들에게 "금지된 지역의 경계가 명확하게 설정되었을 때보다… '위법 지역을 더 넓게 확장하도록'" 강요한다. Baggett v. Bullitt, 377 U.S. 360, 372 (1964). "표현 활동을 제한하는 규제에도 완벽한 명확성과 정밀한 지침이 요구되지 않지만," Ward v. Rock Against Racism, 491 U.S. 781, 794 (1989). "정부는 수정헌법 제1조 자유의 영역에서 제한적으로 특정한 방법으로만 규제할 수 있다." NAACP v. Button, 371 U.S. 415, 433 (1963), Hoffman

167) 하급심 법원이 다루지 않았으나 적정하게 제기된 다른 이유로 판결이 인용될 수 있다는 것은 확립된 견해이다. Washington v. Confederated Bands and Tribes of Yakima Nation, 439 U.S. 463, 478. 주 20 (1979).

Estates v. Flipside, Hoffman Estates, Inc., 455 U.S. 489, 499 (1982). 이러한 원칙은 아이들을 보호할 목적으로 표현을 규제하는 법에도 적용된다. Interstate Circuit, Inc. v. Dallas, 390 U.S. 676, 689 (1968).

캘리포니아법은 "폭력 비디오게임"을 헌법이 요구하는 "제한된 특정성"으로 정의하지 않았다. 수정헌법 제1조의 문제를 피하려는 노력으로 캘리포니아 주의회는 연방대법원이 Ginsberg v. New York, 390 U.S. 629 (1968) 판결(이하 "긴즈버그 판결")에서 승인한 뉴욕주법–성적인 자료의 미성년자 판매를 금지한 법–을 모델로 하여 폭력 비디오게임법을 만들었다. 그러나 캘리포니아 주의회는 중요한 점에서 긴즈버그 판결에서 벗어났고, 두 법률의 적용대상 자료 사이의 중요한 차이를 지나쳤다.

B

긴즈버그 판결에서 문제가 된 법은 "미성년자들에게 해롭다고" 간주되는 자료들을 미성년자들에게 판매하는 것을 금지하였고, 법은 법원의 음란물 판결에서 설정된 음란물의 정의요건에 단지 "미성년자들을 위해"라는 단어를 추가함으로써 "미성년자들에게 해로운"의 의미를 정의하였다.

폭력 비디오게임법을 긴즈버그 판결의 보호범위내로 가져오기 위해서, 캘리포니아 주의회는 Roth 판결과 Memoirs 판결에서 설정된 음란물 심사를 수정한 Miller v. California, 413 U.S. 15 (1973) 판결(이하 "밀러 판결")이 채택한 음란물 심사에서 출발하였다. 그 후 주의회는 폭력비디오 게임법의 목적을 담기 위하여 일부를 수정하였다.

밀러 판결에 따르면 음란물법은 법의 적용범위를 특별히 기술한 "노골적인(hard core)" 음란물로 제한하는 기초적인 한계를 포함하여야 한다. 413 U.S., 23-25, 27. "노골적인" 범주에 들어가는 자료는 3가지 추가 요구조건에 해당되면 음란한 것으로 간주될 수 있다.

(1) 당대의 공동체 기준을 적용할 때, 전체적으로 보아 선정적인 흥미를 끄는 것으로 보통 사람이 인정하여야 하고;

(2) 해당 주법이 특별히 정의하고 있는 성적인 행위를 명백히 불쾌한 방식으로 그리거나 묘사하여야 하고;

(3) 전체적으로 보아서 진지한 문학, 예술, 정치 또는 과학적 가치가 없어야 한다.

이러한 기준들을 채택하면서, 이 사건 캘리포니아법은 먼저 다음과 같은 기초적인 제한을 두었다 : "이용자가 이용할 수 있는 선택 범위에 살인, 중상해, 절단 또는 사람 모습을 성적으로 폭행하는 행위가 포함되어야 한다." §1746(d)(1). 이 기초적인 심사기준을 충족하는 비디오 게임은 3가지 추가 요건에 해당되면 법의 제한을 받는다.

( i ) 합리적인 사람이 게임을 전체적으로 보았을 때, 미성년자들의 비정상적이거나 병적인 흥미를 끄는 것으로 인정할 경우,

(ii) 미성년자들을 위해 무엇이 적절한지에 관한 공동체의 일반 기준에 명백히 불쾌할 경우,

(iii) 게임이 전체적으로 미성년자들을 위한 진지한 문학, 예술, 정치 또는 과학적인 가치가 없을 경우 §1746(d)(1)(A).[168]

## C

긴즈버그 판결의 법리와 캘리포니아 폭력 비디오게임 법률 사이의 첫번째 중요한 차이는 기초 요건에 관련되어 있다. 긴즈버그 판결은 성인음란물 심사에 관한 것이고, 밀러 판결에서 설정된, 그리고 현재의 성인음란물 심사는 특별히 정의된 "노골적인" 묘사물로 법적용을 제한하는 기초 요건을 갖고 있는 음란물법을 요구하고 있다. 밀러 판결은 "극단적인 성적 행위를 묘사하거나 명백히 불쾌한 표현", "수음, 배설기능, 성기의 외설적인 전시"에만 적용되는 법률을 예로 들었다. 밀러 판결은 명백한 기초 요건이 필수적인 공지기능을 수행한다고 보았다. 법원은 "우리는 이러한 특정한 전제조건이 영업활동으로 기소될 수도 있는 음란물 판매상에게 공정한 공지를 해 줄 것으로" 믿는다. 밀러 판결,

168) 캘리포니아법에서는, 법에 규정한 기초요건을 해당하는 게임은 만약 "게임자가 사람 모습이나 실질적으로 사람의 특성을 가진 등장인물에 대해 고문 또는 심각한 신체적 학대를 하여 특히 가증스럽고, 잔인하고, 또는 타락한 방식으로 심각한 상해를 가할 수 있도록 한다면" 폭력적이라는 요건을 충족한다. §1746(d)(1)(B). 항소법원에서 캘리포니아는 이 정의가 위헌이라고 인정했고, 556 F.3d 950, 954, 주5(CA9 2009), 그래서 판결문에 기재된 요건만이 판단대상이다.

27, Reno 판결, 873(밀러 판결의 기초적인 한계가 불명확한 용어인 '명백히 불쾌한'의 모호함을 줄일 수 있을 것으로 봄).[169]

대조적으로 캘리포니아법의 기초 요건은 밀러 판결의 한계가 수행하는 제한하는 기능을 하지 못하고 있다. 적어도 밀러 판결이 선고되었을 때 "노골적인" 성적 행동의 묘사는 주류 오락계에 나타난 일반 특징은 아니었다. 그러나 캘리포니아 법이 대상으로 하는 행위의 대부분이 비슷하다고 말할 수 없다. 비디오게임은 "이용자가 이용할 수 있는 선택 범위에 살인, 중상해, 절단, 또는 사람 이미지를 성적으로 폭행하는 행위가 포함"되지 않는 한, "폭력적"일 수가 없다고 규정하고 있다.

좋건 나쁘건, 우리 사회는 오랫동안 살인과 중상해의 묘사를 미성년자들이 널리 이용할 수 있는 오락을 포함하여 대중 오락의 적정한 특징으로 생각해왔다. 캘리포니아법의 기초 요건이 만약 더 좁은 범주의 상세한 묘사를 대상으로 했다면 밀러 판결의 한계와 더 가깝게 닮았을 것이다.

캘리포니아 기초 심사의 이러한 특징 때문에, 공정한 공지를 제공하려는 일은 대부분 이어지는 3가지 요건에 맡겨져 있으나 그 요소들이 감당할 수 없다. 폭력 비디오게임법을 입안하면서, 캘리포니아 주의회는 미성년자들(또는 특정 나이의 미성년자들)이 이용하는 게임에서 받아들일 수 있는 폭력의 종류나 정도에 관하여 독자적인 판단을 할 수 있었을 것이다. 그 대신에 주의회는 정의되지 않은 사회의 또는 공동체의 기준에 의존하였다.

여기서 문제되는 3가지 요건들 중의 하나는 "미성년자들을 위해 무엇이 적절한지에 관한 공동체의 일반적인 기준"을 말하고 있다. 다른 요건들은 "합리적인 사람이 게임을 전체적으로 검토하였을 때," "미성년자들의 비정상적이거나 병적인 흥미를 끄는 것으로 인정되는지"를 물어봄으로써 같은 방향을 가리키고 있다.

"비정상적"과 "병적"이라는 용어는 법에서 정의되지 않았고, 캘리포니아는 주법원이 일반적인 의미 이외의 어떤 의미를 제시할 것이라는 근거를 제시하지 않았다. 그러므로 나는 "비정상적"과 "병적"이 보통의 말속에서 전달하는 의미

169) 긴즈버그 판결의 뉴욕주법 조항은 비슷한 틀을 갖고 있다. 이 조항은 "누드"와 "성적 행위"의 묘사물에 적용되었다. 390 U.S., 645-647(판결문 부록 A).

를 갖고 있다고 가정한다. 형용사 “비정상적”은 보통 “받아들여진 규범에서 벗어나는 것”을 의미하고 “병적”이란 말은 질병과 관련되어 있거나 질병의 성질을 가진 것을 의미한다. 그러므로 폭력에서 “비정상적이거나 병적인 흥미”는 일반적으로 받아들여진 기준에 따라 정상적이고 건강하게 여겨지는 것에서 벗어나는 흥미인 것으로 보인다. 그래서 캘리포니아법은 미성년자들을 위해 폭력오락의 적절성에 관하여 일반적으로 받아들여진 기준을 확인하는 것에 주로 의존하고 있다.

캘리포니아 주의회는 이 기준들이 충분히 알려진 것이어서 보통의 지능을 가진 사람이 특정 게임에서 폭력의 종류와 정도가 “폭력” 게임에 해당되기에 충분한지를 공정하게 공지받은 것으로 추정한 것 같다. 그리고 밀러 판결이 공동체의 기준에 의지하고 있기 때문에, 폭력비디오 게임법에서 정의되지 않은 공동체 기준을 사용하는 것이 모호함의 문제를 일으키지 않으리라고 생각했던 것 같다.

그러나 음란물법과 폭력 오락을 규제하는 법 사이에 결정적인 차이가 있다. 1960년대 연방대법원의 획기적인 음란물 판례시기에 음란물은 오랫동안 금지되어 왔고, 이러한 경험은 성과 관련된 표현에 대하여 일반적으로 수용된 규범을 형성하는데 도움을 주었다.

폭력과 관련된 표현에 대해 비슷한 역사가 없다. 법원(다수의견)이 판시하듯이, 고전문학은 심한 폭력묘사장면을 포함하고 있고, 아이들의 소설도 가끔 매우 폭력적인 장면을 묘사하고 있다.

비록 우리 사회가 일반적으로 모든 폭력묘사물을 아이들 또는 청소년들에게 알맞은 것으로 여기지 않는다 하더라도, 아이들 문학과 오락에 폭력묘사장면이 들어 있기 때문에 “비정상적” 또는 “병적”인 충동을 일으키는지에 관하여 합리적인 사람이 동의하지 않을 수많은 사례들이 있다.[170)]

마지막으로 캘리포니아법에 들어 있는 공동체 기준을 확인하는 어려움은 주의회가 모든 미성년자들을 함께 묶어서 법에 포함시킨 결정으로 더 악화되고

---

170) Edward & Berman, Regulating Violence on Television, 89 Nw. U.L. Rev. 1487, 1523 (1995)(낮은 가치의 폭력에 관한 합의조차 이룬 적이 없기 때문에, 밀러판결 심사를 폭력 표현에 적용하는데 어려움이 있을 것이라고 보고 있다).

있다. 캘리포니아 법은 어린이들과 성년 나이에 가까운 청소년들을 구분하지 않는다.

구두 변론시 질문에 대한 답변에서, 캘리포니아법의 합헌성을 옹호하는 대리인은 주가 법을 좁게 해석하여 법이 말하는 미성년자들은 18세 직전의 미성년자들을 가리키는 것으로 해석할 것이라고 말했다. 그러나 "주법을 해석하고 제한하는 것은 우리 권한 밖이다." 우리는 단지 법률문장과 주 법원이 비슷한 법률을 권위있게 해석한 내용으로부터 허용되는 의미를 추론할 수 있을 뿐이다.

이 사건에서 캘리포니아는 주의회가 이러한 방식으로 제한하려고 했다는 어떤 증거도 제시하지 않았고, "10대 후반의 미성년자" 해석을 뒷받침하는 주법원의 판결을 원용하지 않았다.[171]

이러한 이유로 나는 캘리포니아 폭력비디오 게임법은 헌법이 요구하는 공정한 공지를 하는데 실패했다고 결론내린다. 그리고 나는 더 나아가지 않는다. 나는 적절하게 마련된 법이 수정헌법 제1조 심사를 통과할 것인지에 관하여 나의 견해를 표명하지 않는다. 우리는 그 질문을 해결할 필요가 있다면, 그리고 해결할 필요가 있을 때에만 그렇게 해야 한다.

## II

나는 이 사건을 어떻게 결정할 것인지를 설명하면서 나는 법원 의견에 의문을 표시하는 이유들을 간단히 설명하려 한다. 일부 이유들은 반대의견이 다루고 있고, 나는 지금 시점에서 대법관 토마스 또는 대법관 브레이어 만큼 멀리 갈 준비가 되어 있지 않지만, 그들은 타당한 관심사를 거론하였다.

### A

법원이 스티븐스 판결 법리가 "이 사건에 적용된다"고 말하는 것은 잘못이다. 먼저 스티븐스 판결의 법은 이 사건 문제의 법과 뚜렷하게 다르다. 스티븐

171) 구두변론때 캘리포니아는 "미성년자들"이 비디오게임을 하는 "전형적인 나이의 미성년자 그룹"을 말하는 것으로 해석될 수 있다고 설명하였다. 그러나 법 문장에는 그러한 제한을 뒷받침하는 것은 전혀 없다. 또한 캘리포니아는 법원이 이러한 방식으로 법을 제한할 것이라고 알려주는 판결을 전혀 원용하지 않았다. 기록상으로도 이러한 나이 그룹이 무엇인지를 가리키는 것은 없다.

스 판결은 누구나 영리 목적으로 동물 학대 묘사물을 만들거나, 팔거나, 소지하는 행위를 넓게 금지하는 법을 폐기하였다. 반면에 이 사건의 캘리포니아법은 폭력 비디오게임을 미성년자들에게 판매 또는 빌려주는 행위로 제한되어 있다. 캘리포니아법은 폭력 비디오게임의 제작, 또는 18세 이상이든 이하이든 모든 사람의 게임 소유를 제한하지 않고 있다. 캘리포니아법은 폭력비디오 게임을 어른들에게 판매 또는 빌려주는 행위를 규제하지 않고 있다. 그리고 부모들과 다른 가까운 친척들이 알맞다고 본다면 아이들 또는 어린 친척들을 위해 폭력 게임을 사거나 빌리는 것을 막지 않고 있다.

둘째, 스티븐스 판결은 이 사건 법이 엄격심사를 충족하여야 한다는 주장을 지지하지 않고 있다. 법원이 의존한 스티븐스 판결 부분은 동물 학대 묘사물은 명확히 수정헌법 제1조의 보호 범위밖에 있다는 정부의 주장은 배척하였다. 스티븐스 판결을 넘어서, 법원은 미성년자들이 폭력 비디오게임을 사는 행위를 금지하는 법은 가장 근접한 선례인 긴즈버그 판결에서 적용된 더 완화된 기준 대신에 엄격심사를 충족하여야 한다고 판결했다. 오늘 판결 결과로, 주는 긴즈버그 판결이 "누드 잡지"로 설명한 것을 미성년자들에게 판매하는 행위를 금지할 수 있지만, 아이들이 상상할 수 있는 가장 폭력적이고 타락한 비디오게임의 구입을 방지하려 한다면 주는 무시무시한 (아마도 넘을 수 없는) 장애물을 넘어서야 한다.

셋째, 스티븐스 판결은 동물 학대 묘사물을 대상으로 하여 더 주의깊게 마련된 법률은 수정헌법 제1조에 부합할 수 있다는 가능성을 분명히 열어놓았다. 비디오 게임 산업의 안팎에서 많은 사람들은 이 사건 법원의 의견을 폭력 비디오 게임에 미성년자들의 접근을 금지하지 못한다고 해석할 것이다.

## B

법원의 의견은 캘리포니아법의 영향을 왜곡하고 있다. 나는 정부가 "아이들에게 노출되는 생각을 제한하는 무제한의 권한"을 가지고 있지 않다는 법원의 의견과 확실히 같지만 캘리포니아법은 그 권한을 행사하지 않았다. 만약 부모들이 아이들에게 폭력 비디오게임을 주기를 원한다면, 캘리포니아법은 그 부모의 특권에 간섭하지 않는다. 대신에 캘리포니아법은 긴즈버그 판결에서 허용된 뉴욕주법에서와 똑 같은 방식으로 부모의 의사결정을 보강하고 있다. 두 법은 미성년자들이 어떤 물건을 사는 것을 방지하고 있다. 두 법에서 부모는 원한다면 이러한 물건을 아이들에게 자유롭게 제공한다.

비디오게임산업의 자발적인 등급 시스템을 인용하면서, 법원은 캘리포니아법이 "자녀들의 폭력 비디오게임 접근 제한을 원하지만 그렇게 할 수 없는 부모들의 실질적인 요구에 부응"하지 못했다고 주장하였다. 법원은 게임산업이 연방 규제 위협－법원이 지금 대부분 제거된 것으로 본 위협－에 대응하여 이 시스템을 채택했다는 사실은 거론하지 않고 있다. 법원은 캘리포니아법의 입법 시점에 이 시스템의 준수가 미진하다거나,[172] 비디오게임산업이 정부규제의 위협이 사라졌다는 것을 안다면 향후 등급제 시행이 쇠퇴할 수 있다는 것을 인정하지 않고 있다. 대법관 브레이어가 지적하듯이 법원은 오늘날 많은 부모들은 아이들의 컴퓨터와 게임기의 사용을 감시할 수 없다는 것을 주목하지 않고 있다.

## C

마지막으로 법원은 비디오게임을 하는 경험(비디오게임을 하는 미성년자들에 대한 영향)이 우리가 과거에 보았던 것들과는 매우 다를 가능성을 너무 쉽게 물리쳐버렸다. 비디오게임을 하는 경험의 평가는 지금 시장에 나와 있고 가까운 미래에 이용할 수 있을 비디오게임의 특성들을 고려해야 한다.

오늘날 가장 발전된 비디오게임들은 수백만의 이용자들이 수 시간 동안 계속해서 몰입하는 가상 세계를 만들어낸다. 이 게임들은 매우 진짜 같은 화면과 소리를 특징으로 하고 있고, 가까운 미래에 비디오 그래픽은 사실상 실제 비디오 영상과 구분될 수 없게 될 것이다. 시장의 많은 게임들은 이미 고화질의 이미지를 만들어 낼 수 있고, 비디오 게임 이미지가 3차원으로 보일 날이 멀지 않은 것으로 예상되고 있다. 또한 비디오게임은 곧 감각적인 반응을 제공할 것으로 예상된다. 특별한 옷 또는 다른 장치를 입고서, 게임자는 아마도 화면의 주인공이 느끼는 신체 느낌을 경험하게 될 수 있을 것이다. 피상고인들을 지지

172) 2004년 위원회 보고서는 13살부터 16살까지 어린이들의 69%가 M등급의 게임을 살 수 있었고 13살 아이들의 56%가 M 등급의 게임을 살 수 있었다는 것을 보여준다.

하는 일부 법정 조언자들은 가상현실의 총격전으로 피해자의 머리가 폭파되면서 피가 튀기는 것을 어린이들이 실제 느낄 수 있게 될 날을 예견하고 있다. 신문의 자유 기자회 서면 29.

비디오게임을 하는 사람들은 그 게임이 만들어 내는 가상세계에서 발생하는 사건에 참여하는 새로운 능력을 가지고 있다. 게임자들은 자신의 비디오게임 주인공을 창조할 수 있고, 사진을 이용해서 실제 사람과 닮은 주인공을 만들 수 있다. 복잡한 게임을 하는 사람은 수많은 선택을 할 수 있고 이로써 게임에서 행동 경로를 변경할 수 있다. 나아가 게임자가 비디오게임에서 행동을 통제하는 수단은 사람들이 실제 현실에서 행동을 통제하는 수단과 더 가까운 관련이 있다. 오래된 게임에서 행동은 종종 단추 또는 게임조작기로 지시되지만, 새로운 게임에서는 게임자가 주인공이 실행하기를 원하는 같은 행동을 함으로써 행동을 지시한다. 예를 들면 비디오게임 주인공이 야구방망이를 휘두르는 – 공을 치거나 두개골을 때려부수거나 – 행위를 하기를 원하는 게임자는 실제로 방망이를 휘두르는 행동을 흉내 내는 방법으로 실행한다.

이러한 오늘날 새로 드러나는 비디오게임의 특징들은 이미 시장에서 판매되는 폭력 게임들의 특징들과 함께 고려되어야 한다.

일부 게임들의 폭력은 깜짝 놀랄 정도이다. 수십명의 피해자들은 기관총, 엽총, 곤봉, 망치, 도끼, 칼, 사슬톱 등 모든 상상가능한 도구로 살해된다. 피해자들을 절단하고, 목을 베고, 내장을 드러내고, 불을 지르고, 작은 조각으로 잘라낸다. 그들은 고통으로 울부짖고 자비를 애원한다. 피가 분출하고 튀기고, 고인다. 잘라진 신체 부위와 남은 신체 덩어리들은 생생하게 보인다. 일부 게임에서 점수는 죽은 피해자의 숫자만이 아니라 살인 기술에 따라 주어진다.

또한 비디오게임 산업에서는 너무 비열하여 이용할 수 없는 반사회적인 주제는 없는 것 같다. 게임자는 콜롬바인 고등학교와 버지니아 공대의 살인범들을 흉내 내서 이들이 저지른 살인을 재현하는 게임들도 있다. 한 게임의 목적은 어머니와 그 딸들을 강간하는 것이다. 다른 게임에서 목적은 인디언 여자들을 강간하는 것이다. 게임자가 “인종 청소”를 하고 흑인, 라틴 사람, 유대인을 선택하여 총으로 쏘는 게임도 있다. 게임자가 케네디 대통령의 자동차 행렬이 지나갈 때 그의 머리에 총을 쏘는 게임도 있다.

만약 가까운 미래에 이용할 수 있는 복잡한 게임들의 기술적인 특징들이 이미 시장에 나와 있는 가장 폭력적인 게임의 특징과 결합한다면, 결과는 불안한 10대들이 매우 개인적이고 생생한 방법으로 말로 다 할 수 없는 폭력행위의 실행을 경험하게 하는 게임이 될 것이다.

법원은 이러한 가능성을 걱정하지 않고 있다. 법원에 따르면 비디오게임의 "상호 작용하는" 성격은 모든 문학이 상호적이기 때문에 새로운 것이 아니다. 이러한 평가에 반대하면서, 비디오게임의 성격을 이해하고 피상고인들을 지지하는 것으로 추정되는 국제게임개발자 협회는 비디오게임은 "훨씬 더 구체적으로 상호 작용한다"고 말한다. 그리고 이점에서 게임 개발자들은 확실히 옳다.

법원이 판시하듯이, "독자를 이야기 속으로 성공적으로 끌어들였을 때, 문학은 독자를 주인공들과 동일시하게 하고, 그들을 판단하고, 그들과 싸우고, 그들의 즐거움과 괴로움을 독자 자신의 것으로 경험하게 한다"는 것은 분명한 사실이다. 그러나 문학작품에서 살인을 묘사하는 부분을 읽은 이례적으로 상상력이 풍부한 독자만이 만약 그가 비디오게임에서 살인자의 역할을 맡았다면 경험할 만큼 생생하게 그 사건을 경험할 것이다. 예를 들면, 도스토옙스키의 죄와 벌에서 라스콜리니코프가 늙은 전당포주인을 도끼로 죽인 문장을 읽은 독자를 생각해보자. 그 독자를 자신의 이미지를 갖고 있는 아바타를 만든 비디오게임자와 비교해보자. 게임자는 피해자의 진짜 같은 이미지와 고화질의 살인 장면을 3차원으로 본다; 피해자를 죽여야 할지 말아야 할지를 결정하고 실행한다; 그리고 도끼를 잡고 피해자의 머리 위로 들어서, 내리치는 것을 흉내 낸다; 머리를 치는 도끼의 쿵 소리와 고통으로 우는 소리를 듣는다; 쪼개진 두개골을 보고 얼굴과 손에 피의 감각을 느낀다. 대부분의 사람들에게 두 경험은 같지 않을 것이다.[173)]

비디오게임의 모든 특징들을 고려할 때, 비디오게임을 하는 경험은 책을 읽고 라디오를 듣고, 영화를 보는 경험과 매우 다르다고 생각할 합리적인 근거가 있다. 그리고 만약 그렇다면 적어도 일부 미성년자들이 폭력 비디오게임을 하

173) 법원이 썼듯이, 어린 독자들이 주인공이 되어 이야기를 전개해 나가는 선택을 하도록 하는 어린이 책이 일부 있다. 그러나 인쇄매체의 성격 때문에 책이 비디오게임이 제공한 것과 같이 많은 선택을 제공하는 것은 불가능하다.

는 영향 역시 매우 다를 것이다. 법원은 성급하게 이러한 가능성을 배척하였다.

＊＊＊

이러한 이유로 나는 이 사건의 쟁점이 된 특정 법이 헌법이 요구하는 명확한 공지를 제공하는데 실패하였다고만 판결한다. 사람들이 중요하고 늘어나는 사회 문제로 인식하는 문제를 다루는 주의회의 시도를 나는 제한하지 않는다. 만약 주정부나 연방정부가 달리 틀을 짠 법률을 제정한다면, 그에 관한 사건이 상고되었을 때 우리는 그 법률의 합헌성을 검토할 수 있다.

**[대법관 토마스와 대법관 브레이어의 반대의견(생략)]**

## 14. 군인장례식장에서 동성애 비난 피켓시위와 공공의 관심사

**Snyder v Phelps**

562 U.S. ____ (2011)

**[요약]**

지난 20년 동안 웨스트보로 침례 교회 신자들은 신이 동성애, 특히 군대내 동성애에 관대한 미국을 싫어한다는 자신들의 믿음을 전파하기 위해 군인장례식에서 피켓시위를 해 왔다. 또한 교회의 피켓팅은 신부의 추문으로 천주교회를 비난하였다. 교회를 설립한 프레드 펠프스와 6명의 신도들(모두 펠프스의 친척)은 메릴랜드주로 가서 이라크에서 임무수행중에 사망한 미해병 매튜 스나이더의 장례식에서 피켓시위를 하였다. 피켓팅은 장례식이 열린 교회로부터 300미터 떨어진 공공용지에서 지방 경찰의 안내에 따라 개최되었다. 시위자들은 장례식이 시작되기 전에 약 30분 동안 "군인 사망에 감사," "동성애자 죽음의 나라," "미국은 파멸된다," "신부가 소년을 강간," "너는 지옥에 떨어질 것이다." 이라고 쓰인 피켓을 평화롭게 들고 있었다. 이 사건의 상고인인 매튜 스나이더의 아버지는 장례식으로 차를 몰고 가면서 피켓의 상단을 보았으나, 그 날 밤 뉴스를 보고 피켓내용을 알게 되었다.

스나이더는 펠프스와 피켓시위에 참가한 그의 딸들, 침례교회(이하 합하여 웨스트보로라고 함)를 상대로 소송을 제기하였다. 그는 고의에 의한 정신적 고통 유발, 사생활 침해, 민사 공모의 불법행위를 주장하였다. 배심은 웨스트보로에게 실제 손해 및 징벌적 손해배상으로 수백만달러 지급책임을 인정하였다. 웨스트보로는 평결이 전체적으로 과도하다고 주장하고 수정헌법 제1조가 자신의 언론을 보호한다는 점을 들어 법률문제로서 청구기각판결을 신청하였다. 지방법원은 징벌적 배상액을 줄였으나 평결을 바꾸지 않았다. 연방제4항소법원은 웨스트보로의 주장 내용은 공공의 관심사에 관한 것이고, 거짓이 아니며 과장법적인 수사를 통해서만 표현되었기 때문에 수정헌법 제1조의 보호를 받는다고 결론내리고 1심 판결을 취소하였다.

**[요지]** 수정헌법 제1조는 이 사건의 피켓시위에 대한 불법행위책임으로부터 웨스트보로를 보호한다.

(a) 수정헌법 제1조의 자유 언론조항은 고의에 의한 정신적인 고통유발을 포함한 주의 불법행위 소송에서 항변으로 작용할 수 있다. 수정헌법 제1조가 이 사건에서 웨스트보로의 책임을 면책하는지 여부는 주로 사건의 모든 정황에 비추어볼 때 언론이 공공의 또는 사적인 관심사에 관한 것인가에 달려 있다. "공적인 사항에 관한 언론은 수정헌법 제1조 가치 체계에서 가장 높은 위치를 점하며 특별한 보호를 받는다." 비록 무엇이 공공의 관심사에 관한 언론에 해당하는지의 경계가 분명히 그어지지 않았다 하더라도, 이 법원은 정치, 사회 또는 다른 공동체의 관심 문제에 관련되어 있는 것으로 공정하게 간주될 수 있을 때, 또는 보편적인 이해관계와 가치를 갖고 공중과 관련되어 있는 주제에 관한 것일 때 공공의 관심사에 관한 언론이라고 말해 왔다. 내용의 부적절하거나 논쟁적인 성격은 공공의 관심사 여부의 문제와 무관하다.

언론이 공적인 또는 사적인 관심사에 관한 것인지를 결정하기 위해서 이 법원은 독자적으로 전체 기록에 의해서 언론의 "내용과 형태, 맥락"을 조사하여야 한다. 내용, 형태, 맥락을 고려하는데 있어서 어떤 요소도 결정적이지 않고 언론의 모든 측면들을 평가할 필요가 있다.

웨스트보로 피켓의 내용은 분명히 사적인 문제보다는 공공의 문제와 관련되어 있다. 간판은 공공의 문제, 즉 미국과 시민들의 정치 도덕적 행위, 국가의 운명, 군대내 동성애, 그리고 천주교 신부가 관련된 성추문을 강조하고 있다. 그리고 웨스트보로는 가능한 많은 대중에게 전달할 수 있는 방법으로 자신들의 견해를 전파하였다. 비록 피켓 중 일부는 특정 개인과 관련된 내용으로 비친다 할지라도, 웨스트보로 데모의 주된 주제는 더 넓은 공적인 사항에 대해 발언했다는 사실은 변함이 없다.

매튜 스나이더의 장례식과 관련한 언론의 맥락은 그 자체로 웨스트보로 언론의 성격을 변형시킬 수 없다. 피켓내용은 대부분 현대사회에 대한 웨스트보로의 비판을 반영하고 있고, 공공의 사항에 대한 웨스트보로의 발언이 스나이더

개인에 대한 공격의 책임을 회피하기 위해 의도된 것이라고 말할 수 없다. 웨스트보로는 매튜 스나이더를 알기 오래 전부터 피켓시위에서 주장한 주제에 대해 적극 발언해왔다. 그리고 피켓시위가 공공의 사안에 대한 웨스트보로의 정직한 믿음을 나타내지 않고 있다는 주장은 성립될 수 없다. 웨스트보로는 자신의 견해에 대한 대중의 관심을 끌기 위해서 피켓장소를 선택했고, 그들의 발언은 특히 스나이더에게 고통스러운 것이었다. 그로 인하여 이 사건에서 그들의 언론이 수정헌법 제1조의 완전한 보호를 덜 받아야 하는 것을 의미하지 않는다.

보호되는 언론도 모든 장소와 시간에서 똑같이 허용되는 것은 아니다. 웨스트보로가 피켓시위 시간과 장소를 선택한 것이 정부의 규제범위(합리적인 시간, 장소, 방법의 제한)를 넘는 것은 아니다. 그러나 규제된 행동과 그 행동을 제한하는 방법과 관련하여, 이 사건은 법원이 내용중립적인 규정에 의해 시위장소가 적정하게 제한될 수 있다고 본 상황과는 사실관계가 매우 다르다. 메릴랜드주는 장례식 피켓팅을 제한하는 법을 제정했으나 이 사건이 발생할 때는 유효하지 않았다. 그래서 법원은 그 법이 연방대법원이 선언한 기준에 따른 합리적인 시간, 장소, 또는 방법 제한인지를 검토하지 않는다.

어디서 어떻게 말했는지의 전체 맥락속에서 볼 때, 웨스트보로가 말한 내용에 주어지는 특별한 보호는 주의 불법행위법을 적용하기 위한 요건으로 피켓팅이 고의에 의한 정신적 고통을 가할 정도로 불쾌했다는 배심의 판단에 의해 뒤집힐 수 없다. 배심평결은 공공의 관심사에 대한 배심의 견해로 인해 웨스트보로를 벌하게 되는 위험성을 너무 뚜렷하게 드러내게 될 것이다. 위와 같은 이유로 웨스트보로에게 고의로 정신적인 고통을 가한 행위로 인한 불법행위책임을 인정한 배심 평결은 취소되어야 한다.

(b) 스나이더는 또한 사생활침해의 불법행위에 대해 배상을 받을 수 없다. 그는 아들의 장례식에서 사로잡힌 청중이었다고 주장하였다. 그러나 사로잡힌 청중 이론은 이 사건 상황으로 확대되어서는 안 된다. 웨스트보로는 장례식장으로부터 떨어진 곳에 머물렀고, 스나이더는 피켓간판의 상단만 볼 수 있었기 때문에 피켓팅이 장례식 자체를 방해했다는 증거는 없다.

(c) 수정헌법 제1조로 인하여 스나이더가 고의로 정신적 고통을 가한 행위

또는 사생활침해에 대해 피해배상을 받을 수 없기 때문에, 이러한 불법행위에 기초한 민사 공모에 대해서도 피해배상을 받을 수 없다.

(d) 웨스트보로는 공공용지에서 평화로운 방법으로 지방경찰의 안내에 따라 공공의 문제에 대해 발언하였다. 매튜의 장례식을 방해하지 않았고 피켓 시간과 장소가 언론의 성격을 바꾸지 않았다. 이 나라는 공공의 토론이 억압되지 않도록 하기 위해 공공의 사안에 대해 고통스러운 언론조차도 보호하기로 결정하였기 때문에 웨스트보로는 이 사건의 피켓팅에 대한 불법행위책임으로부터 보호되어야 한다.

항소심판결을 인용한다.

대법원장 로버츠가 판결문을 작성하고, 대법관 스칼리아, 케네디, 토마스, 긴즈버그, 브레이어, 소토마요르, 케이건이 참여하였다. 대법관 브레이어는 동조의견을 작성하였다. 알리토는 반대의견을 작성하였다.

**[대법원장 로버츠]**

배심은 웨스트보로 침례교회 신자들이 군인의 장례식 근처에서 피켓시위를 한 행위에 대해 수백만달러의 손해배상책임을 인정하였다. 피켓내용은 미국이 종교적 죄에 대해서 너무 관대하고 신이 그에 대한 형벌로 미군들을 죽였다는 교회의 견해를 담고 있다. 이 사건의 쟁점은 수정헌법 제1조가 교회 신도들의 언론에 대한 불법행위책임에서 그들을 보호하느냐이다.

A

프레드 펠프스는 1955년 캔사스주 토페카에 웨스트보로 침례 교회를 세웠다. 교회 신자들은 신이 동성애, 특히 군대내 동성애에 관대한 미국을 미워하고 벌하고 있다고 믿었다. 교회는 자주 피켓시위를 통해 그 견해를 밝혀왔고 가끔 군인들의 장례식에서도 시위를 하였다. 웨스트보로 침례교회 신도들은 20년 넘게 그들의 견해를 선전해왔고 거의 600건의 장례식에서 피켓시위를 하였다.

해병 매튜 스나이더는 이라크에서 임무수행중에 사망하였다. 스나이더의 아버지는 스나이더의 고향인 메릴랜드주 웨스트민스터의 천주교 성당을 장례식장으로 정하였다. 지역신문은 장례식의 시간과 장소를 보도하였다.

펠프스는 매튜 스나이더의 장례식을 알게 되었고 6명의 신자들(2명의 딸과 4명의 손자)과 함께 메릴랜드로 갔다. 장례식 날 웨스트보로 신자들은 메릴랜드주 의회 의사당, 해군사관학교, 매튜 스나이더의 장례식장 근처 공공도로에 인접한 공공용지에서 피켓시위를 하였다. 3곳에서 피켓내용은 대부분 같았다. 예를 들면 다음과 같다. "신은 미국을 증오한다/9/11테러에 감사," "미국은 파멸된다," "미국을 위해 기도하지 말라," "군인사망에 감사," "교황은 지옥으로," "신부가 소년을 강간," "신은 동성애자를 증오한다," "너는 지옥에 떨어질 것이다," "신은 당신을 증오한다."

In March 2006, the Rev. Fred Phelps and members of his Westboro Baptist Church protested outside the funeral of Lance Cpl. Matthew Snyder, whose father lives in Spring Garden Township. The protesters observed the legal boundary outside the service. Members of the Patriot Guard Riders, in the background with American flags, set up a perimeter to shield people going to the funeral from the protesters. (Daily Record/Sunday News -- File)

교회는 미리 당국에 장례식이 열릴 때 피켓시위를 하겠다고 통보하였고 피켓시위자들은 시위를 진행하면서 경찰의 지시를 따랐다. 피켓팅은 임시 울타리 뒤에서 공공도로에 인접한 공공용지에서 3미터~8미터 지역에서 진행되었다. 그 지역은 장례식이 거행된 성당으로부터 300미터 가량 떨어진 곳이었다. 성당과 피켓장소 사이에는 건물들도 있었다. 웨스트보로 피켓시위자들은 장례식이 시작되기 전 약 30분 동안 피켓을 들고 찬송가를 부르거나 성경구절을 낭송하였다. 피켓시위자들은 성당지역이나 묘지에 들어가지 않았다. 그들은 소리치거나 불경스런 말을 하지 않았고 피켓팅과 관련된 폭력도 없었다.

장례행렬은 피켓장소에서 60~90미터 떨어진 지역을 지나갔다. 비록 스나이더가 차를 몰고 장례식장으로 가면서 피켓의 윗부분을 볼 수 있었으나 그 날 밤에 사건을 보도한 방송을 보고서야 피켓내용을 알게 되었다.[174)]

B

스나이더는 펠프스와 그의 딸들, 웨스트보로 침례교회(이하 모두 "웨스트보로")를 상대로 중복관할에 따라 연방메릴랜드지방법원에 소송을 제기하였다. 스나이더는 다음 5가지 주법상의 불법행위청구를 하였다. 명예훼손, 사생활의 공개, 고의에 의한 정신적인 고통 유발, 사생활침입, 민사공모. 웨스트보로는 피켓팅의 언론은 수정헌법 제1조에 의해 면책된다고 주장하면서 약식판결을 신청하였다.

지방법원은 명예훼손과 사생활공개에 관한 스나이더의 청구는 불법행위의 요건을 입증할 수 없었다는 이유로 기각하였다. 나머지 청구에 대해 배심재판이 열렸다. 스나이더는 재판에서 심각한 정신적 고통을 말하였다. 그는 사망한 아들과 웨스트보로 피켓팅을 분리해서 생각할 수가 없고, 피켓팅을 떠올릴 때 종종 슬프고 화가 나고 몸도 아프다고 증언했다. 전문가증인은 스나이더의 정신적 괴로움은 심각한 우울증을 낳았고 건강상태도 악화시켰다고 증언하였다.

배심원은 고의에 의한 정신적인 고통 유발, 사생활 침입, 민사공모 청구를

174) 장례식 후 몇주 지나서, 시위자중의 한 명이 웨스트보로 웹사이트에 피켓팅을 논의하고 긴다란 성서 인용문 사이에 끼워넣은 스나이더에 대한 종교적인 고발을 담고 있는 글을 올렸다. 스나이더는 아들 이름을 인터넷으로 검색하는 중에 낭사사들이 "장편(epic)"이라 부르는 게시글을 발견하였다. 장편은 상고되지 않았고 우리 분석대상이 아니다. 비록 장편이 배심에게 제출되었고 하급법원에서 논의되었다 하더라도, 스나이더는 상고허가신청에서 이를 언급하지 않았다. 뿐만 아니라 스나이더는 "비록 1심 청구의 근거로 장편이 주장되었더라도 상고는 피켓팅을 근거로 한 청구만을 다루고 있는 것 같다"는 상고허가반대의견에 대해 답변하지 않았다. 스나이더는 상고서면에서 한 단락으로만 장편에 대해 언급하였다. 인터넷 게시물은 이러한 맥락에서 다른 쟁점을 제기한다는 사실 등을 고려할 때 우리는 이 사건을 판단하는데 장편은 검토하지 않는다.

인정하고 웨스트보로에 290만달러의 손해배상금과 8백만달러의 징벌적 손해배상을 명하였다. 웨스트보로는 배심재판이후 배심평결이 전체적으로 과도하다고 주장하고 수정헌법 제1조에 관한 판단을 구하는 신청 등을 하였다. 지방법원은 징벌적 배상액을 210만달러로 감액하였으나 나머지 배심평결은 수정하지 않았다.

연방항소법원에서 웨스트보로의 주된 주장은 수정헌법 제1조가 웨스트보로의 언론을 완전히 보호하기 때문에 손해배상책임을 인정한 지방법원판결은 취소되어야 한다는 것이었다. 항소법원은 피켓내용을 검토하고 웨스트보로의 발언은 공공의 관심사에 관한 것이고 허위가 아니며 과장법적인 수사를 통해서만 표현되기 때문에 수정헌법 제1조의 보호를 받는다고 결론내렸다.[175]

## II

메릴랜드주에서 정신적 고통의 고의적인 유발에 관한 청구가 성립되기 위해서는 피고가 의도적으로 또는 중과실에 의해 극단적이고 불쾌한 행위를 함으로써 원고가 심각한 정신적인 고통을 압었다는 점을 입증해야 한다. 수정헌법 제1조의 언론자유조항－의회는 언론의 자유를 제한하는 법을 제정할 수 없다－은 주법상의 불법행위소송(정신적 고통의 고의적인 유발 소송을 포함)에서 항변이 될 수 있다. Hustler Mazagine, Inc. v. Falwell, 485 U.S. 45, 50-51 (1988).[176]

수정헌법 제1조가 이 사건에서 웨스트보로를 면책하는지 여부는 주로 모든 정황을 고려할 때 언론이 공공의 관심사인가 아니면 사적인 관심사인가에 달려 있다. "공공의 관심사에 관한 언론은 수정헌법 제1조가 보호하는 언론자유의

175) 스나이더가 불법행위청구와 관련하여 1심에서 배심 평결을 뒷받침하는 충분한 증거를 제시하지 못했다는 이유로 동조의견을 낸 판사가 있다. 580 F.3d, 227(판사 Shedd). 항소법원 다수의견은 "피켓시위자들이 자발적으로 항소심에서 그 주장을 포기했다"고 판단했다. 216. 항소법원처럼, 우리도 증거조사없이 피상고인의 언론이 불법행위에 해당된다는 것을 전제로 판단한다.

176) 반대의견은 이 사건과 명예훼손 또는 폭언와 관련된 가상의 사건을 비교하려고 한다. 그러나 하급법원이 적은 바와 같이, "이 사건 언론이 음란물 또는 폭언과 같이 수정헌법의 보호를 받지 못하는 범주에 들어간다는 주장은 없다." 580 F. 3d, 218, 주 12.

핵심이다." Dun & Bradstreet, Inc. v. Greenmoss Builders, Inc., 472 U.S. 749, 758-759 (1985). 수정헌법 제1조는 "공공의 관심사에 관한 토론은 거리낌 없고, 활발하게 널리 열려 있어야 한다는 원칙에 대한 국가의 심오한 약속을 반영하고 있다." New York Times Co. v. Sullivan, 373 U.S. 254, 270 (1964). "공공의 문제에 관련된 언론은 자기표현 그 이상이고 자치의 본질이기 때문이다." Garrison v. Louisiana, 379 U.S. 64, 74-75 (1964). 따라서 "공공의 문제에 대한 언론은 수정헌법 제1조의 가치 체계에서 가장 높은 위치를 점하며 특별한 보호를 받는다." Connick v. Myers, 461 U.S. 138, 145 (1983).

그러나 "모든 언론이 동등하게 수정헌법 제1조의 중요성을 갖는 것은 아니며." 순수하게 사적으로 중요한 문제가 관련된 경우에는 수정헌법 제1조에 의한 보호는 제한될 수 있다. 왜냐하면 순수하게 사적인 문제에 관한 언론을 제한하는 것이 공공의 이해관계가 있는 문제에 대한 언론을 제한하는 것과 동일한 헌법의 관심사라고 볼 수 없기 때문이다. 순수하게 사적인 문제의 제한은 "공공의 사안에 관하여 자유롭고 건강하게 토론하는 것을 위협하지 않는다. 의미있는 아이디어를 나누는 대화에 잠재적인 간섭은 없다. 법적 책임의 위협이 공공의 중요한 문제에 관한 자기검열의 위험을 낳지 않는다." Dun & Bradstreet 760.

우리는 얼마 전에 공무원의 언론이 공공의 관심사에 관한 것인지를 고려하면서 공공의 관심사에 관한 경계가 잘 구분되는 것은 아니라고 판시하였다. San Diego v. Roe, 543 U.S. 77, 83 (2004). 비록 지금도 마찬가지이나 우리는 법원 스스로가 의도하지 않은 검열자가 되지 않도록 언론에 대한 폭넓은 보호를 부여하는 원칙을 분명히 했다.

정치, 사회, 그 밖에 공동체의 관심사와 관련된 것으로 공정하게 판단될 수 있을 때 또는 정당한 보도의 대상일 때－즉, 보편적인 이익과 공공의 가치 및 관심의 대상일 때는 언론은 공공의 관심사를 다룰 수 있다. "내용의 부적절하거나 논쟁적인 성격은 공공의 관심사에 관한 것인지의 문제와 무관하다." Rankin v. McPherson, 483 U.S. 378, 387 (1987). 반면에 Dun & Bradstreet 판결에서 우리는 사적인 관심사에 해당하는 언론의 예를 보여주고 있다. 그 사건에서 특정한 개인의 신용보고에 관한 정보는 공공의 문제에 대한 관심사안이 아니라고 판단했다. 보고의 내용은 단지 보고자와 특정한 사업과 관련하여 구독자의 이해관계에 관한 것이었다. 이것은 특정 보고가 추가 배포가 금지된 채 5명의 구독자에게만 보내졌다는 사실에 의해 확인된다. 우리는 San Diego v. Roe판결[177]에서 공무원의 언론을 제한하는 정부기관이라는 맥락에서 명백히 성적인 행위에 관여한 공무원의 비디오는 공공의 관심과 무관하다고 결론내렸다. 그 비디오는 공공기관의 기능 또는 운영에 관하여 공중에게 아무런 정보를 제공하지 않고 있다.

언론이 공공의 또는 사적인 관심사에 관한 것인가를 결정하기 위해서는 언론의 "내용과 형태, 맥락"을 조사하여야 한다. 다른 수정헌법 제1조 사건에서처럼 법원은 판결이 표현의 자유 영역을 부당하게 침입하지 않도록 전체 기록을 독립적으로 조사할 의무가 있다. 내용, 형태, 문맥 중 어떤 요소도 결정적이지 않고 무엇을, 언제, 어떻게 말했는지를 포함하여 언론의 모든 정황을 평가할 필요가 있다.

웨스트보로 피켓의 내용은 순수하게 사적인 관심사라기보다는 사회의 넓은 관심사항에 충분히 관련되어 있다. 피켓에는 다음과 같이 쓰여 있다. "신은 미국을 증오한다/9/11에 감사," "미국은 파멸한다," "미국을 위해 기도하지 마라," "동성애 부대," "동성애 해병대," "신은 동성애를 증오한다," "메릴랜드 탈레반," "동성애가 나라를 망친다," "자비가 아닌 저주를," "군인 사망에 감사," "교황은 지옥으로," "신부가 소년을 강간," "너는 지옥에 떨어질 것이다." "신은 너를 증오한다." 이 메시지들은 품위있는 사회, 정치적 비평으로는 부족하지만 그들이 강조한 논점 – 미국과 시민들의 정치적이고 도덕적인 행동, 국가의 운명, 군대에서의 동성애, 천주교 신부들이 관련된 스캔들 – 은 공적으로 중요한 문제들이다. 피켓은 이러한 논점에 대한 웨스트보로의 입장을 가능한 한 폭넓게 대중에게 전달하기 위해 계획된 방식으로 전파하고 있는 게 분명하다. Dun & Bradstreet판결에서의 사적인 언론과는 다르다. 설령 "너는 지옥에 떨어질 것이다"와 "신은 너를 증오한다"와 같은 내용이 매튜 스나이더나 특별히 스나이

177) 옮긴이 주) 샌디에이고시 경찰공무원이 스트립쇼하고 자위하는 동영상을 만들어 판매하는 행위로 해고됨. 경찰관이 표현의 자유를 침해했다며 소송제기. 지방법원은 청구를 기각하였고 항소법원은 청구를 인용하였으나 연방대법원이 파기한 사건.

더 가족에 관련된 메시지를 포함하고 있는 것으로 보인다 할지라도, 데모의 전체적인 취지나 두드러진 주제는 더 넓은 공공의 논점을 말하고 있다는 사실이 변하지 않는다.

웨스트보로 피켓의 내용과 별개로 스나이더는 언론의 맥락 – 아들 장례식과 연관 – 이 언론을 공공의 관심사라기보다는 사적인 문제로 만든다고 주장한다. 그러나 웨스트보로가 장례식과 관련하여 말했다는 사실이 그 자체로 웨스트보로 언론의 성격을 변형하지 않는다. 공공도로 근처 공공용지에서 펼쳐진 피켓은 웨스트보로가 현대 사회를 비판하려고 했다는 사실을 반영하고 있다. 웨스트보로의 언론은 공공의 관심사에 관한 언론의 성격을 가진 것이고 장례식 상황이 그 결론을 바꾸지 못한다.

스나이더는 웨스트보로가 사실은 스나이더와 가족들에 대한 개인적인 공격을 하고서 미국의 동성애에 대한 관용 또는 천주교의 사악함에 항의했다고 주장함으로써 책임을 면하려고 하고 있다고 주장한다. 우리는 이 사건에서 웨스트보로의 공적인 문제에 관한 언론이 어떤 식으로든 사적인 문제에 대한 언론을 면책시키기 위해 계획되었다고 보지 않는다. 웨스트보로는 매튜 스나이더를 알기 오래 전부터 피켓팅에서 언급한 주제에 대해 적극 발언해왔다. 웨스트보로의 피켓팅이 공공의 주제에 관해 "정직하게 믿고 있는" 견해를 대변한 것이 아니라는 주장은 없다. 웨스트보로와 스나이더 사이에 과거에 어떤 관계나 갈등은 없었기 때문에 공공의 문제에 대한 웨스트보로의 언론이 사적인 문제로 스나이더를 공격하는 것을 감추려고 하였다는 점을 암시하는 것은 없다.

스나이더는 단어뿐만 아니라 웨스트보로가 메시지를 널리 전파하는 기회로 장례식을 이용했기 때문에 수정헌법 제1조의 보호가 제한되어야 한다고 주장한다. 웨스트보로가 공공의 관심을 끌기 위해서, 그리고 그 장소들과 견해 사이에 관련이 있고, 군인장례식의 경우에 국가 정책에 대한 형벌로서 신이 미군을 죽였다고 믿었기 때문에 피켓팅 장소로 해군사관학교, 메릴랜드 주 의사당, 매튜 스나이더의 장례식장을 선택한 것은 의문이 없다. 매튜 스나이더의 장례식과 연관하여 그들의 견해를 전달하기 위한 선택은 그들의 표현으로 인하여 많은 사람들에게, 특히 매튜의 아버지에게는 특별히 고통스러웠다. 법률용어인 "정신적인 고통"은 이미 헤아릴 수 없는 고통을 받고 있는 스나이더씨에게 웨스트보로의 장소 선택으로 인하여 가해진 비통함을 충분히 담지 못하고 있는 것이 분명하다. 그러나 웨스트보로는 공공도로에 인접한 공공용지에서 공적인 문제에 대해 평화롭게 피켓팅을 하였다. 그러한 공간은 수정헌법 제1조의 보호라는 의미에서 특별한 위치를 갖고 있다. 우리는 공공의 도로와 보도는 공중이 모여 토론하는 장소로 이용되어 왔다고 지적해왔고 전통적인 공개장의 원형으로서 공공도로를 반복적으로 언급해왔다. Frisby v. Schultz, 487 U.S. 474, 480 (1988).[178)]

보호되는 표현도 모든 장소와 시간에 동등하게 허용되는 것은 아니다. 웨스트보로가 언제 어디에서 피켓팅을 하는 가를 선택하는 것은 정부의 규제범위를 벗어나는 것은 아니다. 그것은 판례가 표명한 기준과 일치되는 합리적인 시간, 장소, 방법에 관한 제한을 받는다. 메릴랜드주는 43개의 다른 주들 및 연방정부와 마찬가지로 장례식 피켓팅을 규제하는 법을 가지고 있다. 이러한 법들은 내용중립적인 범위안에서 이 사건 불법행위 평결과는 다른 문제를 제기한다. 그러나 메릴랜드 법은 이 사건이 발생할 당시 유효하지 않았다. 그래서 우리는 그 법이 이 사건의 사실관계에 적용되는 지, 다른 규제가 합헌인지 여부를 검토하지 않는다.[179)]

우리는 내용 중립적이라고 판단되는 규정에 의해 피켓팅의 장소를 규제할 수 있는 제한적인 경우를 인정하였다. 예를 들면 프리스비 판결에서 특정 주거지 부근에서의 피켓팅 금지에 동의하였다. Frisby v. Schultz, 487 U.S. 474, 477 (1988). 매드슨 판결에서는 시위자들과 낙태 병원 입구 사이에 완충지대를 설정하는 명령을 승인하였다. Madsen v. Women's Health Center, Inc., 512 U.S.753, 768 (1994). 이 사건의 사실관계는 매우 다르다.

간단히 말하자면 웨스트보로는 장소를 선택할 권리가 있다. 웨스트보로는 지

---

178) 반대의견이 법원이 공공도로를 "책임에서 면제되는 무차별 언어공격 지대로 여긴다"고 말하는 것은 잘못이다. 웨스트보로가 공공도로 근처에서 피켓팅을 했다는 사실로 그 언론이 책임에서 면제되는 것은 아니고, 대신에 문제가 된 행위가 공공의 관심사에 관한 교회의 견해를 공중에게 전달하려는 노력이라는 점에 관심이 높아진다. 그것이 우리의 선례가 이 전통적인 공공광장의 특별한 중요성을 분명하게 인정한 이유이다.

179) 매릴랜드법은 장례식 또는 장례절차의 30미터 이내에서 피켓팅을 금지하고 있다. 웨스트보로의 피켓팅은 그 제한을 준수하였을 것이다.

방당국에 장례식 시위를 알렸고 경찰의 지시에 충실히 따랐다. 피켓팅은 장례식장에서 300미터 떨어진 곳에서, 보이지 않는 곳에서 경찰의 감독하에 진행되었다. 항의는 무질서하지 않았고 고함, 신성모독, 폭력도 없었다. 기록상 피켓팅으로 야기된 고통은 장례식 자체를 방해해서가 아니라 메시지의 내용과 견해 때문이라는 것이 확인된다. 웨스트보로가 시위하고 있는 바로 그 장소에서 "신이여 미국을 축복하소서"와 "신은 당신을 사랑한다"라고 적혀 있는 피켓을 들고 있던 다른 사람들은 책임을 지지 않을 것이다. 웨스트보로가 불법행위책임에 노출된 것은 그들이 말한 내용 때문이다.

웨스트보로의 언론이 공공의 관심사에 관하여 공공장소에서 이루어졌다는 점을 고려할 때 그 언론은 수정헌법 제1조로 특별한 보호를 받는다. 그러한 언론이 단지 화난다거나 모욕적이라는 이유만으로 제한될 수 없다. "만약 수정헌법 제1조의 근본원리가 있다면, 정부는 사회가 불쾌하다거나 동의할 수 없다는 이유만으로 생각의 표현을 금지할 수 없다는 것이다." Texas v. Johnson, 491 U.S. 397, 414 (1989). 모든 언론 보호의 요체는 다른 사람이 보기에는 잘못 알고 있거나 고통스러운 내용의 선택을 보장하는 것이다.

배심은 피켓팅이 불쾌한[180] 것이라면 정신적인 고통의 의도적인 유발에 대한 웨스트보로의 책임을 인정할 수 있다는 설명을 들었다. 그러나 "불쾌함"은 배심원의 기호나 견해, 또는 특정한 표현의 혐오에 기초하여 책임을 인정하도록 허용할 수 있는 본래 주관적이고 매우 가변적인 기준이다. 이 사건에서 배심원은 표현의 내용에 대해 중립적일 것 같지 않으며, 열정적이고 신랄하며 때때로 불쾌한 표현을 억압하기 위한 도구가 될 수 있는 현실적인 위험이 있다. 그러한 위험은 받아들일 수 없다. 공공의 토론에서 우리는 수정헌법 제1조가 보호하는 자유에 대해 적절한 '숨 쉴 공간'을 제공하기 위해 모욕적인, 심지어 충격적인 표현도 허용해야 한다. 언제, 어떻게 말하려고 했는지의 전체 맥락속에서 볼 때 웨스트보로가 말한 것은 수정헌법 제1조의 특별한 보호를 받는다. 그 보호는 피켓팅이 충격적이라는 배심의 인정에 의해 뒤집어질 수 없다. 위와 같은

180) 옮긴이 주) 정신적 고통에 대한 불법행위 책임의 요건으로서 "모든 합리적인 품위의 한계를 넘는 행위(conduct that exceeds all reasonable bounds of decency)"라고 설명된다.

이유로 정신적인 고통의 고의적인 유발에 대해 불법행위책임을 인정한 배심평결은 취소되어야 한다.

## III

배심은 또한 웨스트보로가 주법상 사생활침해와 민사공모의 불법행위책임이 있다고 인정하였다. 연방항소법원은 고의에 의한 정신적 손해의 유발 책임과 별개로 이러한 불법행위를 조사하지 않았다. 대신에 항소법원은 헌법이 보호하는 언론에 불법행위책임을 인정한 것은 잘못이라고 판결하면서 연방지방법원의 판결을 모두 취소하였다.

스나이더는 웨스트보로의 언론이 대체로 수정헌법 제1조의 보호를 받는다고 가정할 경우에도, 스나이더는 아들의 장례식에서 "사로잡힌 청중(captive audience)"[181]이기 때문에 웨스트보로가 사생활침해의 불법행위책임으로부터 면책되지 않는다고 주장하고 있다. 대부분의 경우에 "헌법은 정부가 듣거나 보기를 원치 않는 사람을 보호하기 위해 어떤 종류의 언론이 충분히 불쾌한지를 결정하는 것을 허용하지 않는다. …보통 눈을 돌려서 쉽게 정신적 충격을 피할 수 있는 보는 사람에게 입증책임이 있다." Erznoznik v. Jacksonville, 422 U.S. 205, 201-211 (1975). 그 결과 헌법과 일치되게, 다른 사람을 보호하기 위해 발언을 금지시키는 정부의 권한은 실질적인 사생활의 이익이 본질적으로 받아들일 수 없는 방법으로 침해되었는지의 증명에 달려 있다.

일반적으로 우리는 사로잡힌 청중이론을 언론으로부터 원치 않은 청중을 보호하기 위해 드물게 적용해왔다. 예를 들면 자택소유자가 불쾌한 편지의 배달을 금지시킬 수 있도록 허용하는 법과 개인의 집앞 또는 근처에서 피켓팅을 금지하는 규정을 합헌으로 선언하였다. 프리스비 판결 484-485.

이 사건에서 웨스트보로는 장례식 장소와 멀리 떨어져 있었다. 스나이더는 장례식으로 차를 몰고 갈 때 피켓내용의 상단만을 볼 수 있었다. 피켓팅이 장례식 자체를 방해했다는 증거가 없다. 우리는 이 사건의 상황에 사로잡힌 청중이론을 확대 적용하지 않는다.

우리는 수정헌법 제1조로 인하여 웨스트보로가 공모하여 실행한 불법행위인

181) 옮긴이 주) 장소제약 등으로 피하지 못하고 어쩔 수 없이 들어야 하는 청중.

고의에 의한 정신적 충격 유발 또는 사생활 침해로부터 스나이더의 피해회복이 금지되므로, 마찬가지로 스나이더는 이러한 불법행위에 관한 민사공모로부터 피해회복도 받을 수 없다고 판결한다.

## IV

우리의 판단은 제한적이다. 우리는 수정헌법 제1조 사건에서 기록을 주의깊게 검토해야 한다. 우리의 의견은 이 사건의 특정한 사실관계로 한정된다. 우리가 판시했듯이 "수정헌법 제1조와 주법상 권리 사이에 충돌하는 이해관계의 민감성과 중요성은 당해 사건의 적절한 맥락 이상으로 확대되지 않도록 하는 제한된 원칙에 의존하게 한다."

웨스트보로는 미국이 도덕적으로 결함이 있다고 믿었고 많은 미국인들은 웨스트보로에 대해서 똑같이 느낄 수 있다. 장례식 피켓팅은 분명히 고통스럽고 공공의 담론에 기여하는 바가 미미할 수 있다. 그러나 공공의 장소에서 중요한 공공의 문제에 대해 평화로운 방법으로 지방경찰의 안내에 충실히 따르면서 발언하였다. 매튜 스나이더의 장례식 날에 발언할 계획을 세웠으나 장례식을 방해하지 않았다. 그리고 웨스트보로가 그 시간과 장소에서 피켓팅을 하는 것이 언론의 본질을 바꾸지 않는다.

언론의 힘은 강력하다. 사람들을 행동하게 하고 기쁨과 슬픔의 눈물을 흘리게 하고 이 사건처럼 엄청난 고통을 줄 수 있다. 이 사건 사실관계에서 우리는 발언자를 제재함으로써 그 고통에 응답할 수 없다. 우리 국가는 공공의 토론을 억누르지 않기 위해 공공의 문제에 관해서는 고통스러운 언론조차 허용하는 길을 선택하였다. 그 선택으로 인하여 우리는 웨스트보로 피켓팅에 대해 불법행위책임을 인정할 수 없게 되었다. 연방제4항소법원의 판결을 인용한다.

### [대법관 브레이어의 동조의견]

나는 법원의 의견에 동의하고 참여한다. 그 의견은 상고허가신청에서 제기된 문제, 즉 웨스트보로의 피켓팅활동으로 국한된다. 법원 의견은 텔레비전 방송의 효과를 깊이 조사하지 않는다. 뿐만 아니라 인터넷에 올린 행위에 대해서도 말하지 않는다. 법원은 수정헌법 제1조가 이 사건 피켓팅이 주로 "공공의 관심사"를 다루고 있기 때문에 이를 보호한다고 판결한다.

나는 피켓팅이 공공의 관심사를 다루고 있다는 법원의 결론에 동의하지만, 우리의 수정헌법 제1조 분석이 그 지점에서 멈출 수 있다고 믿지 않는다. 주는 때때로 공공의 관심사에 관한 피켓팅을 규제할 수 있다. Frisby v. Schultz, 487 U.S. 474 (1988). 나아가 A가 (보도가치가 있는) 폭행이 공적인 관심사에 관한 그의 견해를 공개적으로 전송하는 기회를 제공한다는 것을 알면서 B를 신체적으로 폭행한다고 가정해보자. 헌법이 보호하는 목적(견해 표명)이 A의 불법적이고 보호되지 않는 수단(폭행)의 사용을 허용하지 않을 것이다. 그리고 어떤 상황에서는 말을 수단으로 사용해도 비슷하게 보호되지 않을 것이다. Chaplinsky v. Hampshire, 315 U.S. 568 (1942)(폭언).

반대의견은 이 사건에서 사용된 수단이 언론이라는 것을 인정하고 있다. 그러나 폭행처럼 언론이 사적인 개인을 심각하게 해치고 있다고 지적하고 있다. "고의에 의한 정신적인 고통 유발"로 인한 주의 불법행위는 "너무 심해서 합리적인 사람이 이를 참기를 기대할 수 없는" 고통을 낳고, 그 자체로 "모든 가능한 범위의 품위를 넘고 문명사회에서 지독하고 전혀 참을 수 없다고 여겨질 만큼 성격상 불쾌하고, 정도가 극심한" 행동만을 금지한다.

반대의견은 우리의 판결이 A가 (공공의 문제에 관한 견해로 주의를 끌기 위해) 사적인 개인 B에게 심각한 정신적인 피해를 입힐 것이라는 점을 알면서도, B 사생활의 가장 내면적인 내용을 폭로하면서 구두로 폭언을 할 경우에 까지 고의에 의한 정신적 고통의 유발 책임을 불합리하게 제한하고 있는 것은 아닌지 묻고 있다. 우리의 판결이 예컨대 가장 끔찍한 상황의 사생활 침해에 대해 개인을 보호할 권한이 주에게 없다고 하는가?

내가 법원의 의견을 이해하기로는, 법원은 주가 항상 사적인 개인에게 필요한 보호를 제공할 권한이 없다고 판결하거나 암시하지 않았다. 그보다는 법원은 때때로 수정헌법 제1조의 가치와 주가 보호하는 이익(즉 사생활 관련)이 심각하게 충돌할 때 필요한 것처럼 관련된 사실을 자세히 검토하였다. 검토 결과 웨스트보로가 그의 견해를 전달하는 수단으로 피켓팅이 합법이었고 경찰의 모든 지시에 따라 적법한 장소에서 피켓팅이 진행되었다는 것은 분명하다. 피켓팅은 장례식에서 보거나 들을 수 없었다. 그리고 스나이더는 장례식장으로 차를 몰고 갈 때 피켓의 상단만을 보았다고 증언하였다. 이러한 상황에서 주법의 적용을 용인하는 것은 심각한 정신적인 피해로부터 시민을 보호하는 주의 이익을 비례적으로 증진하지 않고 공적인 문제에 관한 그의 견해를 전달하는 행위 때문에 웨스트보로를 처벌하게 될 것이다. 결과적으로 수정헌법 제1조는 웨스트보로를 보호한다.

**[대법관 알리토의 반대의견**(생략)**]**

## 15. 제약회사의 처방자 확인 정보 이용 규제와 상업 언론

**Sorrell v. Ims Health Inc**

564 U.S. ____ (2011)

### [요약]

제약회사들은 "상세 설명(detailing)"이라는 절차를 통해 의사들에게 그들의 약을 광고하였다. 약국들은 처방을 처리할 때 "처방자 확인 정보"를 받아서 "정보수집가들"에게 그 정보를 팔고, 정보수집가들은 처방자 행위에 관한 보고서를 작성하여 제약회사에 제공한다. 제약회사가 고용한 "판촉사원들"은 그 보고서를 사용하여 판매전략을 세우고 의사들을 상대로 판매를 늘린다. 버몬트의 처방비밀법은 처방자의 동의가 없으면, 약국들이나 비슷한 업체들이 처방자 확인 정보를 팔 수 없고, 판촉 목적으로 공개하지 못하며, 제조회사들이 판촉 목적으로 그 정보를 이용할 수 없도록 규정하고 있다. Vt. Stat. Ann., Tit. 18, §4631(d). 처방자 확인 정보를 "보건 연구"와 같은 다른 목적으로 배포하거나 이용하는 것을 허용하는 예외조항들이 있다. §4631(e).

피상고인들인 버몬트 정보 수집가들과 유명상표 제약회사 협회는 주 공무원들(이하 버몬트라 함)을 상대로 확인 및 구제 명령을 청구하였다. 피상고인들은 §4631(d)가 수정헌법 제1조의 자유언론 조항에 의한 그들의 권리를 침해하고 있다고 주장하고 있다. 지방법원은 구제를 거부하였으나 연방제2항소법원은 §4631(d)가 정당한 사유없이 의약품 판매자들과 정보수집가들의 언론을 위헌적으로 제약하고 있다고 판결하면서 지방법원 판결을 취소하였다.

### [요지]

1. 보호되는 표현의 내용 및 발언자에 기초한 부담을 부과하고 있는 버몬트 주법은 강화된 사법심사대상이다.

(a) 문면상(On its face), 법은 처방자 확인 정보의 판매, 공개, 이용에 대하여 내용 및 발언자에 기초한 제한을 입법하였다. 법은 먼저 대부분 구입자의 언론 내용에 기초한 예외를 적용하면서 판매를 금지하였다. 그리고 나서 정보를 입수한 발언자가 그 정보를 판촉용으로 이용할 때 약국의 정보 공개를 금지하였다. 마지막으로 제약회사가 정보를 판촉용으로 이용하는 것을 금지하였다. 그래서 법은 판매행위, 즉 특정 내용을 가진 언론뿐만 아니라 제약회사들을 위해 판매하는 일을 하는 판촉사원과 같은 특정 발언자들에게 불이익을 주고 있다. 그러나 법은 처방자 확인 정보를 다른 형태의 언론이나 발언자들이 구입, 입수, 이용하는 것을 허용하고 있다. 기록과 공식적인 입법목적은 §4631(d)가 판촉사원, 특히 유명 의약품의 판매를 촉진하는 특정 판촉사원을 목표로, 내용에 기초한 부담을 가하고 있다고 확인해주고 있다. 실제 적용되는 과정에서 버몬트법은 단지 내용 차별을 넘어서 실제 견해차별에 이르고 있다. 강화된 사법심사가 적용된다.

(b) 강화된 심사가 적용되지 않는다는 버몬트 주장은 잘못이다. 주는 그 법이 단지 상업규제라고 주장한다. 그러나 언론에 대한 우연적인 결과를 낳는 것과는 달리, §4631(d)는 언론의 내용과 발언자의 신원에 기초하여 부담을 가하고 있다. 다음으로 주는 처방자 확인 정보가 법적인 의무에 따라 시작되었기 때문에, §4631(d)는 정부가 보유한 정보에 대한 접근 제한과 비슷하다고 주장한다. 그 주장은 Los Angeles Police Dept. v. United Reporting Publishing Corp., 528 U.S. 32에 따른 것이나 그 판결은 구별될 수 있다. 버몬트는 개인들이 보유하고 있는 정보에 대한 접근을 제한하고 있다. United Reporting판결은 그 상황, 즉 "발언자가 이미 보유하고 있는 정보를 전달하는 것을 정부가 금지하는 사례"는 제외하고 있다. 또한 United Reporting판결의 원고는 개인적으로 수정헌법 제1조의 피해를 입지 않은 것으로 추정되었지만, 피상고인들은 §4631(d)가 자신들의 언론을 제한하고 있다고 주장하고 있다. 그 상황은 강화된 심사를 허용하고 있다. 버몬트는 또한 처방자 확인 정보의 판매, 양도, 이용은 언론이 아니라 행위이기 때문에 강화된 사법심사가 적용되지 않는다고 주장한다. 그러나 정보의 제작 및 배포는 수정헌법 제1조의 취지상 언론이다. 그 규칙에 대한 버몬트의 예외 요청을 검토할 필요가 없다. §4631(d)는 보호되는 표

현에 발언자 및 내용에 기초한 제한을 가하고 있고, 처방자 확인 정보가 단지 상품이라고 가정하더라도 강화된 심사를 적용하는 것이 충분히 정당하다.

2. §4631(d)에 대한 버몬트의 정당성은 강화된 심사를 견디지 못한다.

(a) 이 사건 결론은 특정한 상업 언론 조사 또는 더 엄격한 사법심사 형태가 적용되는지 여부와 같다. §4631(d)가 목표로 삼은 보호되는 표현의 내용에 기초한 부담이 유지되기 위해서는, 버몬트는 적어도 법이 직접 실질적인 정부 이익을 증진시키고 수단이 그 이익을 달성하기 위해 마련되었다는 점을 밝혀야 한다. 버몬트는 법이 (1) 의사의 비밀, 괴롭힘의 방지, 의사와 환자 관계의 진실성을 포함하여 의료 사생활을 보호하기 위해 필요하고, (2) 공공 의료를 개선하고 의료 비용을 줄이는 정책 목표를 달성하는데 필수적이라고 주장하고 있다.

(b) 의사가 그들의 처방결정을 비밀로 유지하는 이익을 가지고 있다고 가정하더라도, §4631(d)는 그 이익에 이바지하기 위해 마련되지 않았다. 약국은 판촉용을 제외하고 처방자 확인 정보를 어떤 이유로 누구와도 공유할 수 있다. 버몬트는 정보의 판매나 공개를 일부 제한되고 정당한 상황에서만 허용하는 것과 같이 의사의 비밀을 "더 일관된 정책"으로 다룰 수 있었다. 그러나 그러지 않았다. 정보가 널리 이용될 수 있고 허용되는 이용도 많다는 것을 고려할 때, 버몬트가 주장하는 의사의 비밀에 관한 이익은 §4631(d)가 보호되는 표현에 부과하고 있는 부담을 정당화할 수 없다. 의사들이 처방자 확인 정보의 판매, 공개, 이용에 동의함으로써 법의 이점을 포기할 수 있다는 것도 진실이다. 그러나 주는 인위적인 2가지 선택만 제시하고 있다 : 의사의 처방자 확인 정보를 제한 없이 배포하거나 사용하도록 허용하는 동의; 또는 주가 동의하는 메시지를 가진 발언자들이 정보를 이용하도록 하는 동의의 유보. 피상고인들은 §4631(d)의 추가 흠은 개인적인 선택이 없으면 법적용이 추정될 수 있다는 것에 있다고 주장한다. 그러나 사전 선택에 따르는 것은 보호되는 표현에 부당한 부담을 가하고 있는 사생활 조치를 구하지 못할 것이다. 버몬트는 또한 내용에 기초한 넓은 규칙은 괴롭힘을 피하기 위해 필요하다고 주장하지만, 의사들은 간단하게 판촉사원을 만나지 않을 수 있다. 버몬트는 또한 처방자 확인 정보를 판촉사원들이 사용하는 것은 그들이 치료 결정에 영향을 미치도록 허용함으로써 의사와

환자의 관계를 훼손한다고 주장하고 있다. 그러나 만약 제약회사의 판촉이 치료 결정에 영향을 준다면, 설득력이 있을 때에만 그럴 수 있다. 언론이 설득할 수도 있다는 두려움은 언론을 침묵시키는 적법한 근거가 아니다.

(c) 의료서비스의 비용을 낮추고 공공 의료를 개선하는 버몬트의 목표는 타당하지만, §4631(d)는 허용할 수 있는 방법으로 이를 추구하고 있지 않다. 버몬트는 일부 발언자들의 일부 언론을 제한하는 간접 방법, 예컨대 처방결정에 영향을 미치는 판촉사원들의 역량을 줄이는 방법으로 그 목적을 달성하려고 하고 있다. 그러나 "사람들이 진실된 정보가 주어진다면 나쁜 결정을 할 수 있다는 두려움은" 언론의 내용에 기초한 부담을 정당화하지 않는다. 그 교훈은 청중-여기서는 처방하는 의사-이 "지적이고 경험이 많은" 소비자들일 때 충분하게 적용된다. 많은 청중들이 상세 설명을 유익하다고 인정하고 있는 사실에 의해 현재 법의 흠결은 분명히 있다. 버몬트는 처방자 확인 정보를 가진 판촉사원들이 유명 의약품을 판촉하는 행위를 싫어하겠지만, 주는 선호하는 방향으로 공적인 토론을 이끌기 위해 보호되는 표현에 부담을 줄 수는 없다. 버몬트는 그 법이 이 법원의 수정헌법 제1조 선례들의 취지상 허위 또는 오도하는 언론을 방지할 것이라고 주장하지 못하였다. 그래서 판촉사원들의 언론을 제한하는 주의 이익은 단지 의견의 차이에 따른 것뿐이다.

항소법원 판결을 인용한다.

대법관 케네디가 판결문을 작성하였고, 대법원장 로버츠, 대법관 스칼리아, 토마스, 알리토, 소토마요르가 참여하였다. 대법관 브레이어가 반대의견을 작성하였고 대법관 긴즈버그, 케이건이 참여하였다.

### [대법관 케네디]

버몬트법은 의사들의 처방 실무를 보여주는 약국 기록의 판매, 공개, 이용을 제한하고 있다. Vt. Stat. Ann., Tit. 18, §4631. 일부 예외가 있지만, 정보는 판촉 목적으로 약국들이 판매하거나 공개할 수 없고, 제약회사들이 판촉목적으로 이용할 수 없다. 버몬트는 그 금지는 의료 사생활을 보호하고 판촉활동이 환자들이나 주의 최상의 이익과는 다른 처방결정으로 이끌 가능성을 줄여준다고 주장한다. 이 이익은 중요하다고 생각될 수 있다. 그러나 의약품 판매를 돕는 언론은 수정헌법 제1조의 자유 언론 조항에 의해 보호되는 표현의 형태이다. 그 결과 버몬트법은 강화된 사법심사대상이 되어야 한다. 법은 그 기준을 충족할 수 없다.

# I

## A

제약 회사들은 "상세 설명(detailing)"이라는 절차를 통해 의사들에게 자신들의 약을 판촉한다. 이것은 종종 의사 사무실을 방문하여 특정 의약품을 처방하도록 설득하는 것을 포함하고 있다. 판촉사원들은 샘플 약 뿐만 아니라 "세부사항들"과 다양한 처방약들의 장점을 설명하는 의료 연구자료들을 가지고 다닌다. 관심있는 의사들은 듣고, 질문을 하고, 후속 자료를 받는다. 판촉사원들은 고객들의 구입선호와 배경을 알 때 좀 더 효과적일 수 있고, 제약회사 판촉사원들도 예외가 아니다. 의사의 처방 실무－"처방자 확인 정보"라 불림－를 알면 판촉사원은 어떤 의사들이 특정 약에 관심을 가질 것 같은지, 특정한 판매 의사를 가장 잘 표현하는 방법이 무엇인지를 더 잘 확인할 수 있게 된다. 상세설명은 돈이 많이 드는 작업이어서, 제약회사들은 이익이 많이 나는 유명 약을 판촉하기 위해서 가장 많이 사용한다. 일단 유명 약의 특허기간이 끝나면, 값싸고 효능이 비슷한 복제약들이 제조되고 팔린다.

약국은 영업관행과 연방법에 따라 처방을 처리할 때 처방자 확인 정보를 받는다. 21U.S.C. §353(b); Vt. Bd. of Pharmacy Admin. Rule 9.1 (2009); Rule 9.2. 많은 약국들은 처방자 확인 정보를 분석하고 처방자의 행위에 관한 보고서를 만드는 회사들인 "자료 수집업자들"에게 이 정보를 판다. 자료 수집업자들은 비공개합의하에 보고서들을 제약회사에 제공한다. 그리고 제약회사 소속의 판촉사원들은 판매전략을 다시 세우고 매출을 올리기 위해 보고서들을 이용한다.

2007년, 버몬트는 처방비밀법을 제정하였다. 법 80(Act 80)으로 지칭되고 있고 몇 개의 구성부분으로 되어 있다. 이 사건의 핵심 조항은 §4631(d)이다.

"건강보험회사, 자가보험 사용자(self-insured employer), 전자전송 중개인,

약국, 또는 다른 비슷한 업체는 처방자를 확인할 수 있는 정보를 담고 있는 기록을 대가를 받고 팔거나, 이용허락하거나, 교환해서는 안 되고, 처방자를 확인할 수 있는 정보를 담고 있는 기록을 처방자가 동의하지 않는 한 처방약의 판매 또는 광고를 위해 사용하도록 허락해서는 안 된다… 제약회사와 의약품판매인은 처방자가 동의하지 않는 한 처방약을 판매하거나 광고하기 위해 처방자를 확인할 수 있는 정보를 사용해서는 안 된다."

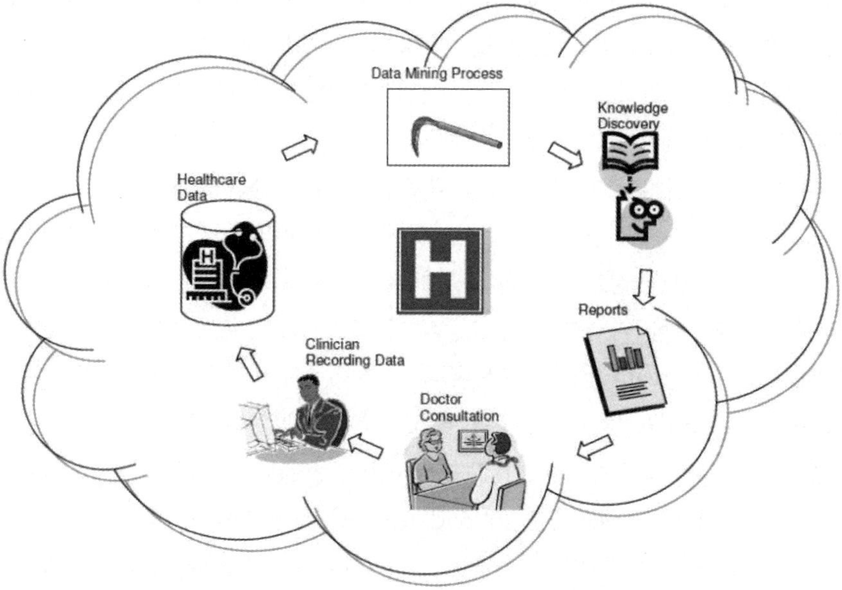


인용된 조항은 3부분으로 되어 있다. 먼저 조항은 처방자의 동의가 없는 한 약국들, 보험회사들과 비슷한 업체들이 처방자 확인 정보를 판매하는 것을 금지하고 있다. 이 사건 당사자들은 이 조항이 모든 판매에 적용되는지 또는 광고목적의 판매에만 적용되는지에 관하여 다툼이 있다. 조항은 이어서 처방자가 동의하지 않는 한 약국들, 보험회사들, 비슷한 업체들이 처방자 확인 정보를 판촉 목적으로 이용하는 것을 금지하고 있다. 결과적으로 이 조항은 약국들이 판촉 목적으로 정보를 공개하는 것을 금지하고 있다. 마지막으로 조항의 2번째 문장은 제약회사와 의약품 판매인이 처방자의 동의가 없으면, 처방자 확인 정보를 판촉목적으로 이용하는 것을 금지하고 있다. 버몬트의 법무장관은 위반자들에 대해 민사소송을 제기할 수 있다. §4631(f).

다른 법조항은 §4631(d)에 규정된 금지의 범위를 자세히 설명하고 있다. "판촉"은 "처방의약품의 판매나 시장점유율을 올리기 위해 사용되는" "광고, 홍보 또는 기타 활동"을 포함하는 것으로 정의되고 있다. §4631(b)(5). §4631(c)(1)은 버몬트의 보건부가 §4631(d)에 규정된 "목적에 사용되기 위해 처방자가 그 확인정보의 사용을 동의하는 것을" 허용해야 한다고 규정하고 있다. 마지막으로 판매, 공개 그리고 사용을 금지하는 것에는 예외가 있다. 예를 들면, 처방자 확인 정보는 "보건 의료 연구"를 위해; 건강보험형태 또는 선호된 의약품목록에 부합하도록 하기 위해; "치료 선택"과 같은 문제들에 관하여 환자들에게 "제공된 건강 관리 교육목적의 통신"을 위해; 법집행을 위해; 그리고 법이 달리 규정하는 목적을 위해 사용되거나 배포될 수 있다. §4631(e).

또한 법 80은 의사들과 다른 사람들에게 "처방약의 치료와 비용대비 효과가 높은 이용에 관한 정보와 교육"을 제공하기 위해 "증거에 기초한 처방약 교육 프로그램"을 위한 자금을 승인하였다. §4622(a)(1). 프로그램의 명확한 목표는 특허기간이 지났거나 곧 종료될 흔히 사용되는 유명 상표 의약품에 관하여 처방자들에게 조언을 하는 것이다. §4622(a)(2). 일반의약품의 이용을 홍보하는 비슷한 노력도 때때로 "역 상세 설명(counter-detailing)"이라고 언급된다. 역 설명자가 추천하는 대체물은 더 오래되고, 덜 비싼 약이고 의사들이 처방할 지도 모르는 유명 상표 약과 동등한 것은 아니다. 제약회사들처럼 일부 주에서 역설명자들은 업무효율성을 높이기 위해 처방자 확인 정보를 이용한다. 몇몇 주들은 이 프로그램에서 사용되는 처방자 확인 정보를 제공한다. 처음에 제정되었을 때, 법 80은 신약정보 담당자들에게 대체 치료 선택에 관한 정보를 제공하도록 요구하였다. 그러나 버몬트 의회는 그 조항을 폐지하였다.

법 80은 주의회의 사실인정에 따른 것이었다. 예를 들면 버몬트는 "판매프로그램의 목적은 주의 목적과 가끔 충돌하고 의약품 안전과 효율성에 관한 공론장은 유명 상표 회사가 의사들에게 값비싼 의약품판매 선전에 돈을 쓰고 있다는 점에서 자주 편향적이다."라고 인정하였다. 주의회는 상세 설명으로 인하여 의사들이 "불완전하고 편향된 정보"를 바탕으로 결정을 하게 된다고 보았다. 왜냐하면 버몬트 의사들은 빠르게 변화하는 의약품시장을 조사할 시간이 없기 때문이다. 그들은 제약 판매사원들이 제공하는 정보에 의존하고 있다. 주의회는 상세 설명이 보건의료 비용과 건강보험비용을 증가시키고 있다고 인정하였다. 또한 오래되고 덜 비싼 일반약과 비교하여 유명 상표약의 효과가 전문적으로 검증되기 전에, 유명 상표약에 성급하고 지나치게 의존하도록 권장하고; 괴롭힘에 이를 정도로 업무에 지장을 주는 반복적인 판촉 방문을 조장하고 있다고 인정하였다. 주의회는 처방자 확인 정보의 이용은 판촉사원들이 특정 의사들을 방문대상으로 삼는 것을 허용함으로써 상세 설명 프로그램의 효과를 높이고 있다고 지적하였다. 또한 처방자 확인 정보를 이용하여 판촉사원들이 처방자의 스타일, 선호도, 그리고 태도에 따라 맞춤설명을 함으로써 그들의 의사를 구체화하는 것을 도와주고 있다.

B

이 사건은 2건이 병합되었다. 하나는 버몬트 자료 수집가들이, 다른 하나는 유명 상표 약을 생산하는 제약회사들의 협회가 제기하였다. 이 업체들은 이 사건에서 피상고인들이다. §4631(d)가 수정헌법 제14조에 의해 편입된 자신들의 수정헌법 제1조 권리를 침해하였다고 주장하면서, 피상고인들은 버몬트 법무장관(Sorrell)과 다른 공직자들인 상고인들을 상대로 확인판결 및 구제 명령을 청구하였다.

사실심리 후, 버몬트 연방지방법원은 구제를 거부하였다. 지방법원은 "제약회사들이 본질적으로 정보 판매업계의 유일한 유상 소비자들이고," 비특허 일반 약의 상세 설명이 비용 대비 효과적이기 않기 때문에, 제약 판매 사원들이 유명 상표약만을 설명한다고 인정하였다. 지방법원은 추가로 "처방자 확인 정보가 신약판촉사원들이 신약의 판매를 증가시킬 수 있는 효과적인 판촉수단이라는 주의회의 결정은 기록으로 뒷받침된다."고 결론지었다. 연방제2항소법원은 취소하고 환송하였다. 항소법원은 §4631(d)가 부당하게 의약품 판매자들과 정보 수집자들의 언론에 부담을 줌으로써 수정헌법 제1조를 위반하였다고 판결하였다. 리빙스턴 판사는 반대하였다. 제2항소법원의 판결은 메인주와 뉴햄프셔주에서 제정된 비슷한 입법에 관한 연방제1항소법원의 판결과 충돌한다. 주 법률들의 합헌성과 관련하여 이러한 차이를 인식하고, 이 법원은 이송명령을 발부하였다.

## II

시작지점은 §4631(d)의 문장이다. 버몬트는 §4631(d)의 첫째 문장은 약국들과 다른 규제 대상 업체들이 처방자 확인 정보를 판촉 목적으로 배포하거나 파는 행위를 금지하고 있다고 주장한다. 달리 말하면 정보는 판촉 이외의 목적으로 팔거나 배포될 수 있다. 지방법원과 항소법원은 주의 해석을 받아들였다. 그러나 이 법원의 구두 변론에서 주는 처음으로 §4631(d)를 달리 해석하였다. 즉 약국들과 보험회사들 그리고 비슷한 업체들은 §4631(e)에 설정된 법적인 예외를 제외하고 처방자 확인 정보를 어떤 목적으로도 팔 수 없다고 하였다. 주의 새로운 해석은 너무 늦게 나왔다고 주장될 수 있다. 피상고인들, 지방법원, 그리고 항소법원은 법을 집행하는 주의 해석에 따르게 된다. 주가 입장을 변경하는 것은 원고들이 주법의 모호함에도 불구하고 그들 권리의 신속한 판정을 받는데 특별한 이익을 갖고 있는 수정헌법 제1조 사건에서 특히 문제가 있다.

어느 경우든 §4631(d)는 주가 지금 채택하고 있는 해석으로도 유지될 수 없다. 그 결과 이 법원은 §4631(d)의 첫 조항이 약국들, 보험회사들 그리고 비슷한 업체들이 §4631(e)에 설정된 법의 예외를 제외하고 처방자 확인 정보를 파는 행위를 금지한 것으로 추정할 수 있다. 그 해석에 따라 약국들은 예를 들면 의약품 판매자가 아닌 개인적인 또는 학술적인 연구자에게 정보를 팔 수 있다. §4631(d)의 나머지 내용에 대해서는 다툼이 없다. 그것은 약국들, 보험회사들 그리고 비슷한 업체들이 처방자 확인 정보를 판촉용으로 사용되도록 허락하거나 공개하는 행위를 금지하고 있다. 그리고 제약회사들과 판촉사원들이 판촉용으로 정보를 이용하는 행위를 금지하고 있다. 이제 의문은 §4631(d)가 강화된 사법심사에 의해 판단되어야 하는지, 만약 그렇다면 법이 정당한지 여부이다.

### A

#### 1

문면상(On its face) 버몬트 법은 처방자 확인 정보의 판매, 공개 그리고 이용에 관하여 내용 및 발언자에 기초한 제한을 담고 있다. 먼저 조항은 대부분 구입자의 언론 내용을 바탕으로 한 예외를 적용하면서 판매를 금지하고 있다. 예컨대 "교육적인 통신"에 관여하고자 하는 사람들은 정보를 살 수 있다. 정보를 얻은 발언자들이 정보를 판촉용으로 사용할 때 공개를 금지한다. 마지막으로 조항의 2번째 문장은 제약회사들이 판촉용으로 정보 이용 행위를 금지하고 있다. 그래서 법은 판촉, 즉 특정한 내용을 가진 언론에게 불이익을 주고 있다. 나아서 법은 특정한 발언자, 즉 제약회사들에 불이익을 주고 있다. 이렇게 내용 및 발언자에 기초하여 규정한 결과, 다양한 목적과 견해를 가진 다른 발언자들이 사거나 얻은 처방자 확인 정보라 할지라도 판촉사원들은 그 정보를 입수할 수 없다. 마찬가지로 다른 발언자들이 정보를 이용할 수 있다 할지라도 판촉사원들은 판촉용으로 정보를 이용하는 행위는 금지된다. 예컨대 버몬트는 유명 상표 제약회사의 메시지를 반박하고 일반 약의 처방을 늘리는데 사용하기 위해 학술단체에 처방자 확인정보를 제공할 수 있을 것 같다. 그러나 §4631(d)는 판촉사원이 처방자 확인 정보를 구입, 입수, 또는 사용하는 방법을 남겨놓지 않고 있다. 법은 문면상 싫어하는 발언자의 싫어하는 언론에 부담을 주고 있다.

§4631(d)가 판촉사원들을 목표로 내용에 기초하여 제한하고 있다는 의심은 기록과 공식적인 주의회의 사실인정에 의해 뒷받침된다. 지방법원이 설시했듯이, "제약회사는 본래 정보 판매 산업의 유일한 유료 소비자이다."; 그리고 제약회사들의 상세 설명은 유명 상표약을 지지하고 있다는 것은 거의 변치 않은 규칙이다. 그래서 버몬트법은 판촉사원들 - 오직 판촉사원들만 - 이 효과적으로 정보를 제공하는 방법으로 의사들과 통신하는 것을 금지하는 효과를 갖고 있다. Edenfield v. Fane, 507 U.S. 761, 766 (1993)(대면 권유의 "상당한 가치" 설명). §4631(d)에 수반되는 공식적인 주의회의 사실인정은 법의 명확한 목적과 실제 효과는 유명 상표약의 제조회사들이 벌이는 판촉활동의 효과를 줄이는 것임을 확인하고 있다. "문면상 법의 불가피한 결과 때문에 위헌이 되는 것처럼, 법의 목적도 또한 검토될 수 있다." United States v. O'Brien, 391 U.S. 367, 384 (1968). 이 사건에서 버몬트의 주의회는 특히 유명 상표 약을 판매하는 판촉사원들이 주의 목표와 충돌하는 메시지를 전달하고 있다고 설명하였다. 주의회는 못마땅한 치료를 하는 발언자들과 그들의 메시지들을 표적으로 삼기

위해 §4631(d)를 고안하였다. "실제 운영과정에서," 버몬트법은 "단순한 내용 차별을 넘어 현실적으로 견해 차별에 이르게 된다." R.A.V. v. St. Paul, 505 U.S. 377, 391 (1992). 주의회의 명확한 입법취지를 볼 때, §4631(d)는 언론의 내용에 기초하고 특정한 견해를 대상으로 부담을 주고 있다.

법 80은 보호 표현에 대해 구체적이고, 내용에 기초한 부담을 부과하기 위해 계획되었다. 강화된 사법심사가 적용되어야 한다. Cincinnati v. Discovery Network, Inc., 507 U.S. 410, 418 (1993)(상업적인 메시지를 배포하기 위한 판매대의 사용과 관련하여 범주를 제한하는 것에 강화된 심사 적용); 429, (규제의 기초가 보통의 신문과 상업 인쇄물 형태의 상업 언론 사이의 내용 차이이다… 그래서 용어의 상식적인 이해에 따라 이 사건의 금지는 내용에 기초하고 있다); Turner Broadcasting System, Inc. v. FCC, 512 U.S. 622, 658 (1994)(못마땅한 발언자들이 말하는 것에 대한 반감을 반영하는 규제에 엄격심사가 적용된다고 설명). 법원은 "언론에 부담을 주는 법과 언론을 금지하는 법 사이의 구분은 정도의 문제"이고 "정부의 내용에 기초한 부담은 내용에 기초한 금지와 똑같은 엄격 심사를 충족하여야 한다"고 인정하였다. United States v. Playboy Entertainment Group, Inc., 529 U.S. 803, 812 (2000). 입법자는 내용을 검열하지 못하는 것처럼 발언에 부담을 가하여 원치 않는 언론을 침묵시킬 수 없다. Simon & Schuster, Inc. v. Members of N. Y. State Crime Victims Bd., 502 U.S. 105, 115 (1991)(내용에 기초한 재정 부담); Minneapolis Star & Tribune Co. v. Minnesota Commissioner of Revenue, 460 U.S. 575 (1983)(발언자에 기초한 재정 부담).

수정헌법 제1조는 정부가 "언론이 전달하는 메시지에 동의하지 않기 때문에 언론의 규제"를 만들 때마다 강화된 심사를 요구한다. Ward v. Rock Against Racism, 491 U.S. 781, 791 (1989); Renton v. Playtime Theatres, Inc., 475 U.S. 41, 48 (1986)(내용 중립 언론 규제는 규제되는 언론의 내용을 보지 않고 정당화되는 것이라고 설명). 임박한 데모를 제지하려는 정부는 가두행진 허가 발급 2년전 통지를 요구하는 법을 통과시킬지도 모른다. 비록 문면상 가상의 조치가 내용과 발언자에 관하여 중립적으로 보일지라도, 언론을 억압하는 목적과 표현에 대한 부당한 부담 때문에 그 법은 위헌이다. Renton 판결, 48. 상업 언론도 예외는 아니다. Discovery Network, 429-430(중립적인 정당성이 없는 상업언론제한은 내용중립이 아니다). "상업 언론의 자유로운 흐름에 대한 소비자의 관심은 긴급한 정치 대화에 대한 관심보다 훨씬 더 예민할 수 있다." Bates v. State Bar of Ariz., 433 U.S. 350, 364 (1977). 이 현실은 정보가 생명을 구할 수 있는 의약품과 공중 보건 분야에서 연관성이 크다.

2

주는 법이 단지 상업 규제이기 때문에 강화된 사법심사가 적용되지 않는다고 주장한다. 보호 표현에 대한 제한은 경제 활동 또는 더 일반적으로 비표현적인 행동을 제한하는 것과는 구분되는 것이 맞다. 수정헌법 제1조가 상업 또는 행동의 제한으로 언론에 대한 우연한 제한을 부과하는 것을 금지하지 않는다. 그것은 인종에 기초한 고용 금지가 사용자들에게 "백인 신청자만" 표시를 삭제하도록 요구하는 이유이고, Rumsfeld v. Forum for Academic and Institutional Rights, Inc., 547 U.S. 47, 62 (2006); "야외 소각 금지 규정"이 "국기 소각"을 금지할 수 있는 이유이고, R.A.V., 385; 그리고 독점금지법이 "거래 제한 합의"를 금지할 수 있는 이유이다, Giboney v. Empire Storage & Ice Co., 336 U.S. 490, 502 (1949).

그러나 §4631(d)는 보호 표현에 대한 우연한 부담 이상을 부과하고 있다. 문면상으로나 실제 운영에서나 버몬트법은 언론의 내용과 발언자의 신원에 기초하여 부담을 가하고 있다. 제한된 언론은 경제적인 동기에서 나온 것이지만, 많은 중대한 표현도 마찬가지이다. Bigelow v. Virginia, 421 U.S. 809, 818 (1975); New York Times Co. v. Sullivan, 376 U.S. 254, 266 (1964); United States v. United Foods, Inc., 533 U.S. 405, 410-411 (2001)(언론의 효과가 우연적이지 않을 경우 수정헌법 제1조 심사를 적용하고, 사업과 생계를 생산품에 의존하고 있는 사람들도 의심할 여지없이 다른 집단들과 마찬가지로 수정헌법 제1조의 보호가 중요하다고 생각한다고 설시). 버몬트의 법은 단지 언론에 대한 영향이 아니라 일부 내용과 특정한 발언자들을 겨냥하고 있다. 헌법은 "허버트 스펜서의 사회 정학(Social Statics)"을 제정하지 않는다. Lochner v. New York, 198 U.S. 45, 75(대법관 홈즈 반대의견). 헌법은 수정헌법 제1조를 제정하였다.

버몬트는 §4631(d)가 언론이 아니라 단지 정보에 대한 접근만을 제한한다고 주장한다. 처방자 확인 정보는 법적인 의무를 따르기 위해 시작되었고 일종의 정부 정보라고 생각될 수 있다고 주는 주장한다. 이 주장은 원고가 정부가 보유하고 있는 정보의 접근에 관하여 내용에 기초한 제한에 대해 문면상 이의를 제기할 수 없다고 판결한 Los Angeles Police Dopt. v. United Reporting Publishing Corp., 528 U.S. 32 (1999) 판결과 관련되어 있다. 사적인 개인이 아무도 법적인 처벌의 위협을 받지 않기 때문에, 법원은 문제의 법이 "정부가 보유하고 있는 정보 접근을 정부가 거부하는 것일 뿐"이라고 분류하였다. 40. 그러한 상황에서는 원고들이 다른 사람의 권리를 주장하기 위해 수정헌법 제1조를 원용하는 것을 허용하지 않는다. 38-39. 원고가 문면상 도전(a facial challenge)을 제기할 수 없다고 인정하면서, 법원은 적용 도전(as-applied challenge)의 검토를 위해 환송하였다. 41. 그래서 United Reporting 판결은 문면상 도전 가능성에 관한 사건이다. 법원은 수정헌법 제1조의 주장에 대해 판단하지 않았다.

United Reporting 판결은 적어도 2가지 면에서 구별될 수 있다. 첫째, 버몬트는 개인이 갖고 있는 정보의 접근을 제한하였다. 이 점은 United Reporting 판결에서 유보되고 다루지 않은 상황이다. United Reporting 판결과 달리, 이 사건은 "정부가 발언자가 이미 보유하고 있는 정보를 전달하는 것을 금지하는 사건"이다. 40. 차이는 중요하다. 개인의 말할 권리는 자신이 갖고 있는 정보가 사용되거나 배포되는 방법에 제한을 받을 때 관련되어 있다. Seattle Times Co. v. Rhinehart, 467 U.S. 20, 32 (1984); Bartnicki v. Vopper, 532 U.S. 514, 527(2001); Florida Star v. B.J.F., 491 U.S. 524 (1989); New York Times Co. v. United States, 403 U.S. 713 (1971). Seattle Times 판결에서 이 법원은 강제적인 증거절차를 통해 알아낸 정보를 신문사가 공개하는 것을 금지하는 사실심법원의 명령을 유지하기 전에 강화된 사법심사를 적용하였다. Seattle Times 판결의 신문사와 달리 이 사건의 피상고인들은 공개가 제한되는 정보를 스스로 갖고 있지 않다는 것은 사실이다. 그 정보는 약국들과 다른 사적인 업체들의 손에 있다. "제소의 위협이 …그들의 머리를 떠나지 않고 있다"는 것은 의문이 없다. United Reporting, 528 U.S., 41. 그러한 이유로 United Reporting 판결은 피상고인들의 문면상 도전을 금지하지 않았다.

United Reporting 판결은 두번째로 그리고 더 중요한 이유로 구별될 수 있다. United Reporting 판결의 원고는 정부의 정보에 접근하려고 시도하지 않았고 이 법원에서 적용(as-applied) 위헌 주장을 하지 않았다. 그 결과 법원은 원고가 개인적으로 수정헌법 제1조의 피해를 입지 않았고 문면상 도전을 통해 다른 사람들의 권리를 주장함으로써만 이길 수 있다고 전제하였다. 반면에 이 사건에서 피상고인들은 §4631(d)가 자신들의 언론을 제한하고 있다고 주장하고 있다. 그 주장은 United Reporting 판결의 별개 의견들에서 언급되고 있다. 그 의견들은 정부가 보유한 정보의 공개에 대한 제한은 잠재적인 수신인들의 표현을 촉진하거나 부담을 줄 수 있고 그래서 수정헌법 제1조를 위반할 수 있다고 인정했다. 42(스칼리아 대법관 별개 의견)(신문의 접근을 허용하지만 동시에 다른 언론 목적으로 정보를 이용하고자 하는 사람의 접근을 거부하는 제한은 현실적으로 언론 제한이다); 43(긴즈버그 대법관 별개의견)(정부 정보 조항은 어떤 주제에 관하여 말하고자 하는 사람에 대한 일종의 보조금이고, 일단 주가 그러한 혜택을 공중에게 주기로 결정한 이상, 그러한 혜택을 어떻게 배부할 것인지를 결정하는 자유에는 제한이 있다); 46(스티븐스 대법관 반대의견)(주의 차별은 정보가 헌법이 보호하는 목적으로 사용되는 것을 막으려는 욕구에 기초하고 있기 때문에, 그 행동을 정당화하는 부담을 져야 한다). 버몬트법은 피상고인들 자신의 언론에 내용 및 발언자에 기초한 부담을 부과하고 있다. 그 고려사항은 United Reporting 판결과 구별되는 별개의 근거를 제공하고 있고 강화된 사법심사를 필요로 한다.

주는 또한 처방자 확인 정보의 판매, 양도, 이용은 행위이지 언론이 아니기 때문에 강화된 사법심사는 이 사건에 적용되지 않는다고 주장한다. 그 주장과 일치되게 연방 제1항소법원은 처방자 확인 정보를 쇠고기포와 마찬가지로 수정헌법 제1조의 보호를 받지 못하는 단순한 "상품"으로 분류하였다. 대조적으로 하급법원들은 처방자 확인 정보의 판매 금지는 요리책, 실험실 결과 또는 열차 시간표의 판매 금지와 비슷한 내용에 기초한 규정이라고 결론지었다. 630 F.3d, 271-272("수정헌법 제1조는 옹호, 정치 관련성, 예술 표현이 없는 건조한 정보도 보호한다"); 631 F.Supp. 2d, 445("공개 제한은 언론의 규제이고, 정보의 판매는 이익을 얻기 위한 공개일 뿐이다").

이 법원은 정보를 만들고 배포하는 것은 수정헌법 제1조의 언론이라고 판결해왔다. Bartnicki, 527("만약 정보를 공개하고 발행하는 행위가 언론을 구성하지 않는다면, 표현적인 행동 범주와 구분되어 무엇이 언론에 포함되는 지 상상하기 어렵다"); Rubin v. Coors Brewing Co., 514 U.S. 476, 481 (1995)("맥주 라벨의 정보"는 언론이다); Dun & Bradstreet, Inc. v. Greenmoss Builders, Inc., 472 U.S. 749, 759 (1985)(다수의견)(신용기록은 "언론"이다). 무엇보다도 사실이 인간의 지식을 향상시키고 사람의 일을 처리하는데 가장 본질적인 대부분의 언론을 위한 출발지점이다. 그래서 처방자 확인 정보가 수정헌법 제1조의 취지상 언론이라는 강력한 주장이 있다.

주는 정보가 언론이라는 규칙에 대한 예외를 요청하고 있으나 이 사건에서는 그러한 요청을 검토할 필요가 없다. 주는 처방자 확인 정보의 이용가능성과 이용에 대해 내용 및 발언자에 기초하여 제한하였다. 많은 발언자들이 판촉에 관여하지 않는 한, 정보를 얻고 이용할 수 있다. 그러나 판촉사원들은 다르다. 버몬트법은 잡지사들이 잉크를 구입하거나 이용하는 것을 금지한 법과 비교될 수 있었다. Minneapolis Star, 460 U.S. 575. 그 가상의 법처럼, §4631(d)는 보호되는 표현에 발언자 및 내용에 기초한 부담을 부과하고 있고, 그 상황에서 강화된 사법심사의 적용이 정당하다. 그 결과 이 사건은 주가 주장하듯이 처방자 확인 정보가 단지 상품이라고 가정한다 해도 해결될 수 있다.

### B

보통의 사건에서 법이 내용에 기초하고 있고 실제로 견해 차별적이라고 결론 내리는 것은 거의 결정적이다. R.A.V., 505 U.S., 382(내용에 기초한 규제는 무효로 추정된다). 주는 §4631(d)가 언론에 부담을 주고 있다고 가정해도, 상업언론에만 부담을 주고 있기 때문에 이 사건에는 다른 해석이 적용된다고 주장한다. 그러나 과거 사건처럼 특별한 상업 언론 조사 또는 더 엄격한 형태의 사법심사가 적용되느냐에 관한 결론은 같다. Greater New Orleans Broadcasting Assn., Inc. v. United States, 527 U.S. 173, 184 (1999). 같은 이유로 §4631

(d)가 제한하는 모든 언론이 상업적인지를 결정할 필요가 없다. Board of Trustees of State Univ. of N.Y. v. Fox, 492 U.S. 469, 474 (1989)("순수 언론과 상업 언론"이 서로 나눌 수 없게 얽혀 있어서, "전체가 비상업적이라고 분류되어야" 하는지 논의).

상업 언론 조사에서 수정헌법 제1조에 부합하게 내용에 기초한 법을 정당화하는 책임은 주에게 있다. Thompson v. Western States Medical Center, 535 U.S. 357, 373(2002). §4631(d)가 보호되는 표현에 대한 내용에 기초한 부담을 유지하기 위해서 주는 적어도 법이 실질적인 정부의 이익을 증진시키고 있고 조치가 그 이익을 달성하기 위해 마련되었다는 것을 밝혀야 한다. Fox, 480-481; Central Hudson Gas & Elec. Corp.v. Public Serv. Comm'n of N.Y., 447 U.S. 557, 566 (1980). 주의회의 목적과 그 목적을 달성하기 위해 선택된 수단이 적합해야 한다. Fox, 480. 다른 맥락에서처럼, 이러한 기준들은 주의 이익과 언론에 부과된 부담이 균형을 이루어야 하고 법이 싫어하는 메시지를 억압하지 않는다는 것을 보장한다. Turner Broadcasting, 512 U.S., 662-663.

§4631(d)를 위한 주의 정당성 주장은 2가지다. 첫째, 주는 법이 의사의 비밀, 괴롭힘 방지 그리고 의사-환자 관계의 진실성을 포함한 의료 사생활을 보호하기 위해 필요하다고 주장한다. 둘째, 주는 §4631(d)가 공중 보건을 향상시키고 의료 비용을 줄이는 정책 목표의 달성에 필수라고 주장한다. 어느 정당성도 심사를 통과하지 못한다.

1

버몬트는 의사들이 사신들의 처방자 확인 정보가 "처방을 조제하고 처리하는 것 외의 다른 목적으로 사용되지 않을" 것이라는 합리적인 기대를 가지고 있다고 주장한다. 여러 가지 이유로 의사들이 그들의 처방 결정 비밀을 유지하려는 이익을 가지고 있다고 가정할 수 있다. 그러나 §4631(d)는 그 이익을 추구하기 위해 마련되지 않았다. 버몬트법에 따르면 약국들은 정보가 판촉용으로 이용되도록 허용해서는 안 된다는 점을 제외하고 어떤 이유로든 누구와도 처방자 확인정보를 공유할 수 있다. 약국들은 "건강관리연구"를 포함한 일부 목적으로 처방자 확인 정보를 팔 수 있다. §4631(e). 그리고 보험자, 연구자, 언론인, 주 스스로 그 정보를 다른 사람들이 이용할 수 있게 하고 있다. §4631(d)가 그 자체로 비밀 이익을 증진하지 않고 있다고 거의 인정하면서, 주는 다른 법률들이 처방자 확인 정보의 공개를 별도로 금지하고 있다고 주장한다. 그러나 다른 조치들의 잠재적인 효과가 §4631(d)가 부과하고 있는 금지와 제재를 정당화할 수 없다.

아마도 주는 "더 일관된 정책"으로 의사 비밀을 다룰 수 있을 것이다. 예를 들면, 주는 좁고도 정당한 상황에서만 정보의 판매 또는 공개를 허용함으로써 사생활이익을 증진할 수 있을 것이다. 그러한 유형의 법률은 이 사건과는 다른 사건이 될 것이다. 그러나 주는 그러한 목적이나 구도를 갖춘 법률을 제정하지 않았다. 대신에 버몬트는 처방자 확인 정보를 거의 무제한으로 이용가능하도록 하였다. 법의 명백한 구조는 제한된 부류의 싫어하는 발언자들을 제외하고 모든 사람들이 연구하고 이용하는 것을 허용하고 있다. 정보를 널리 이용할 수 있고 허용되는 많은 이용방법이 있다는 것을 전제할 때, 의사의 비밀에 관한 주의 이익은 §4631(d)가 보호되는 표현에 부과하고 있는 부담을 정당화하지 못한다.

주는 의사들이 자신들의 처방자 확인 정보의 판매, 공개 그리고 이용에 동의함으로써 §4631(d)의 이익을 포기하는 것을 허용하고 있다고 지적한다. 사적인 의사결정은 정부의 불공정성을 피할 수 있고 사생활보호 조치를 수정헌법 제1조의 도전으로부터 차단할 수 있다는 것은 진실이다. Rowan v. Post Office Dept., 397 U.S. 728 (1970); Bolger v. Youngs Drug Products Corp., 463 U.S. 60, 72 (1983). 그러나 그 원칙은 이 사건과 무관하다. 버몬트는 의사들에게 인위적인 선택을 허용하였다 : 처방자 확인 정보를 제한없이 배포하고 이용할 수 있도록 하는 동의; 또는 주가 지지하는 메시지를 갖고 있는 발언자들이 정보를 이용하도록 하기 위해 동의의 유보. §4631(d)는 주가 선호하는 언론에 우호적인 조건에서만 제한된 정도의 사생활보호를 제공하고 있다. Rowan, 734, 737, 739, 주 6(사적인 당사자들이 자신들의 사생활에 관하여 "통제되지 않고," "제한없고" 그리고 "심사받지 않는" 선택을 하도록 허용한 법을 승인). 이것은 모든 사생활조치들이 내용에 기초한 규칙을 피해야 한다고 말하는 것은 아니다. 그러나 이 사건에서 주는 사생활보호를 주의 이익을 추구하기 위해 맞춰지지 않은, 내용에 기초한 규칙을 수용하는 것을 조건으로 하고 있다. §4631(d)가 허용하는 제한된 사생활보호를 얻기 위해, 버몬트는 의사들에게 싫어하는 발언자들의 싫어하는 언론을 제한하는 주의 목적에 따르도록 강요하고 있다.

피상고인들은 §4631(d)의 추가 결함이 의사들의 반대되는 선택이 없으면 적용가능성이 추정되는 점에 있다고 주장한다. 버몬트법이 만약 개인의 선택이후에만 작동한다면 언론에 대한 부담은 덜하겠지만, 그러한 수정이 반드시 §4631(d)를 구제하지는 못한다. 예를 들면 만약 이용가능한 범주가 특정한 정치적 신념을 선호한다면 사전 선택조차도 충분하지 않을 것이다. 보호되는 표현에 부담을 주는 규칙은 주가 제공하는 선택권이 너무 좁아서 정당한 목적을 증진하지 못하거나 너무 넓어서 언론을 보호하지 못할 때 승인될 수 없을 것이다. 이미 설명했듯이, §4631(d)는 처방자 확인 정보의 광범위한 이용을 허용하고 있고 의사 비밀에 관한 주의 이익을 증가시키지 못하고 있다. 대신에 제한된 범위의 사생활 선택권은 싫어하는 언론에 부담을 주는 허용할 수 없는 주의 목적을 반영하고 있다. 따라서 사적인 선택의 이용가능성과 범위가 다른 맥락에서는 관련되어 있다 할지라도, 선호하는 메시지를 장려하는 목적과 관계없이 법이 설계되었을 때처럼 버몬트의 주장은 실패다.

주는 또한 §4631(d)가 "귀찮은 판매 행위"로부터 의사들을 보호한다고 주장한다. 버몬트 주의회는 "버몬트의 일부 의사들은 의약품 판매인들의 공격성이 바람직하지 않을 정도로 증가하고 있다는 것을 경험하고 있고, 일부 의사들은 강압적이고 괴롭힘을 당하고 있다고 보고하였다." 의약품 판촉인들에 의한 강압과 괴롭힘을 느낀 일부 의사들에 대한 관심이 §4631(d)와 같은 광범위한 내용에 기초한 규칙을 승인할 수 있는지 의문이다. 많은 사람들은 그들이 좋아하지 않는 언론을 참아야 하지만 그것은 자유에 따르는 필요비용이다. Erznoznik v. Jacksonville, 422 U.S. 205, 210-211 (1975); Cohen v. California, 403 U.S. 15, 21 (1971). 어느 경우에도 주는 내용에 기초한 규칙이 아닌 다른 방법이 부적절하다는 이유를 설명하지 않고 있다. 의사들은 처방자 확인 정보를 이용하는 판촉사원들을 포함한 판매사원들과 만나기를 간단히 거절할 수 있고 종종 거절한다. 상세 설명을 거부하는 의사들은 사무실 관리자나 안내인에게 "영업 거절" 또는 "상세 설명 거절"이라는 지시를 자유롭게 할 수 있다. 자신의 집에서도 사생활은 "원치 않은 방문객들과의 대화를 거절하는 거주자의 당연한 권리"에 따라 "충분한 보호"를 받는다. Watchtower Bible & Tract Soc. of N.Y., Inc. v. Village of Stratton, 536 U.S. 150, 168 (2002); Bolger, 72. 의사의 사무실은 마찬가지로 사적인 곳이고 보호를 받는다.

버몬트는 판촉사원들이 처방자 확인 정보를 이용하여 치료결정에 영향을 미침으로써 의사–환자 관계를 손상한다고 주장한다. 주에 따르면, 의사들이 자신들의 처방 결정이 판촉사원들에 의해 관리되고 있다는 것을 알았을 때 원치 않는 압박이 발생한다. 일부 의사들은 판촉사원들이 처방 결정을 뒤집기 위해 염탐하거나 비밀스런 행동을 한다고 비난한다. 그리고 버몬트는 상세 설명이 사람들로 하여금 의사들이 환자들에게 최선의 이익이 되는 처방을 하는지를 걱정하게 한다고 주장한다. 그러나 주는 판촉사원들이 처방자 확인 정보를 이용하는 것이 §4631(d)가 허용하는 다른 이용보다 이러한 반대를 더 부추기는 이유를 설명하지 못한다. 어느 경우에도 이 이익은 수정헌법 제1조의 기본 원칙과 상반된다. 언론은 "사람들을 선동하여 행동하게 하고," "눈물 흘리게 하고," "커다란 고통을 겪게"할 때조차도 보호된다. Snyder v. Phelps, 562 U.S. ___ , __ (2011). 많은 사람들은 더 친절하고 유익한 의약품 판촉행위도 수정헌법 제1조의 보호를 받을 수 있다고 말할 것이다. 만약 의약품 판촉행위가 치료 결정에 영향을 준다면, 의사들이 설득력이 있다고 인정하기 때문이다. 이 사건에서 제시된 것과 다른 정황이 없으면, 언론이 설득할 것이라는 두려움은 언론을 잠재우는 적법한 근거를 제공하지 못한다. Brandenburg v. Ohio, 395 U.S. 444, 447 (1969).

2

주는 §4631(d)가 의료 서비스의 비용을 낮추고 공공 의료수준을 높임으로써 중요한 공공 정책 목표를 촉진하고 있다고 주장한다. 만약 판촉사원들이 처방자 확인 정보를 이용한다면, 상세 설명은 복제약보다 더 비싸고 덜 안전한 유명 상표약들의 판매를 촉진하는데 효과적일 것이라고 주는 주장한다. 이 논리는 §4631(d)에 수반된 주의회의 사실인정내용에 길게 나와 있다. 그러나 이 사건 구두 변론에서 주는 §4631(d)의 객관적인 목적과 실제 효과가 상세 설명을 금지하고 의사의 처방결정을 변경하는 것이라고 인정하기를 사양하였다. 주가 주의회의 근거를 인정하기를 주저하는 것은 그 입장의 취약함을 반영하고 있다.

버몬트가 주장하는 정책 목표가 적정할 수 있지만, §4631(d)는 허용되는 방식으로 그 목표를 추구하지 않는다. 항소법원이 적은 바와 같이, §4631(d)가 어떻게 주의 이익을 추구하는지를 설명하는 주 스스로의 설명이 타당하다고 말할 수 없다. 630 F.3d, 277. 주는 일부 발언자의 일부 언론을 제한하는 간접 수단, 즉, 처방 결정에 영향을 미치는 판촉사원들의 능력을 줄임으로써 정책목표를 달성하려고 한다. 자유 표현을 검열하거나 부담을 주려고 하는 사람들은 가끔 싫어하는 언론이 부정적인 효과를 갖고 있다고 주장한다. 그러나 진실한 정보가 주어진다면 사람들이 나쁜 결정을 할 것이라는 두려움은 언론에 대한 내용에 기초한 부담을 정당화할 수 없다. Thompson, 535 U.S., 374; Virginia Bd. of Pharmacy v. Virginia Citizens Consumer Council, Inc., 425 U.S. 748, 769-770 (1976). "수정헌법 제1조는 정부가 사람들에게 이롭다고 생각하는 것을 위해 그들을 무지의 상태로 유지하려고 하는 규제를 특히 의심하도록 하고 있다."[182] 44 Liquormart, 503(스티븐스 대법관 의견); Linmark Associates, Inc. v. Willingboro, 431 U.S. 85, 97 (1977). 이러한 관념은 청중－이 사건에서는 처방하는 의사들－이 "지적이고 경험많은" 소비자들로 이루어질 때 완벽하게 적용된다. Edenfield, 507 U.S., 775.

§4631(d)의 전제는 버몬트의 주의회가 인정하는 것처럼, 언론의 힘이 이를 억누르는 정부의 시도를 정당화할 수 있다는 것이다. 주는 "의약품 판촉활동이 의사들의 처방 실무에 강한 영향을 미치고 있다"고 강조함으로써 법을 옹호하고 있다. 이 논리는 수정헌법 제1조와 양립할 수 없다. 싫어하는 공중의 의견을 뒤집기 위해, 주는 슬로건에 의한 선전활동, 표시판을 든 피켓팅, 낮 동안의 행진을 금지할 수 없었다. 마찬가지로 주는 인상적인 추천 또는 마음을 끄는 홍보문구를 담고 있는 진실하고 오도하지 않는 광고를 금지함으로써 시장으로부터 인기가 있으나 싫어하는 제품을 제거하려고 할 수 없다. 주가 보기에 표

182) "The First Amendment directs us to be skeptical of regulations that seek to keep people in the dark for what the government perceives to be their own good."

현이 너무 설득력이 있다고 해서 언론을 침묵하게 하거나 전달자에게 부담을 가하는 것을 허용할 수 없다.

버몬트법의 흠결은 많은 청자들이 상세 설명이 유익하다고 인정한다는 사실에 의해서 명백하다. 일부 버몬트 의사들이 처방자 확인 정보에 근거한 상세 설명이 판촉사원들에게 개별 의사의 실무에 따라 메시지를 조정하도록 해주기 때문에 매우 유익하게 본다는 것을 기록은 보여주고 있다. 이 사건에서 버몬트를 지지하는 것으로 보이는 연방정부 조차 신약의 위험성이 환자에 대한 혜택보다 크다는 주의 불확실한 견해를 논의하는데 신중하였다. 상세 설명과 유명 상표 약들의 처방과 관련하여 다른 견해들이 있다. 헌법에 따르면 그 논쟁의 해결은 자유롭고 제한되지 않은 언론으로부터 나와야 한다.

버몬트의 한 의사가 말하였다. "정보는 힘이라는 의약계의 격언이 있다. 당신이 또는 누구나 더 많이 알수록, 더 나은 결정을 할 수 있다." 법에도 비슷한 격언들이 있다. "정보는 그 자체로 해롭지 않고, 만약 사람들이 충분히 정보를 제공받는다면 최선의 이익을 알게 될 것이며, 그 목적에 대한 최선의 수단은 통신채널을 닫기 보다는 열어두는 것이다." Virginia Bd., 425 U.S., 770. 정보를 억압하는 위험과 만약 정보를 자유롭게 이용할 수 있다면 오용할 위험 사이의 선택은 수정헌법 제1조가 우리를 위해서 마련한 것이다.

버몬트는 처방자 확인 정보를 이용하는 판촉사원들이 유명 상표 약을 효과적으로 홍보하는 것이 기분 나쁠 수 있다. 주는 자신의 언론을 통해서 그 견해를 표현하였다. §4622(a)(1)(처방약 교육 프로그램 설치). 그러나 주가 설득에 실패함으로써 반대의견을 무력화하는 것이 허용되지 않는다. 주가 선호하는 방향으로 공공의 토론을 이끌기 위해 다른 사람들의 언론에 부담을 줄 수 없다. "상업 시장은 사회 및 문화 생활의 다른 영역처럼, 생각과 정보가 번성하는 광장을 제공한다. 일부 생각과 정보는 매우 중요하고, 일부 하찮은 것들도 있다. 그러나 일반 원리는 정부가 아닌 발언자와 청중이 제시된 정보의 가치를 평가한다는 것이다." Edenfield, 767.

보호되는 표현에 대한 내용에 기초한 제한은 종종 허용될 수 있고 그 원칙은 상업 언론에도 적용된다는 것은 진실이다. 소비자들을 "상업 피해"로부터 보호하는 정부의 정당한 이익은 "상업언론이 비상업언론보다 더 많은 정부의 규제를 받을 수 있는 이유"를 설명한다. Discovery Network, 507 U.S., 426; 44 Liquormart, 517 U.S., 502(스티븐스 대법관 의견). 예컨대 법원은 "주는 사기의 위험이 크다고 볼 경우, 다른 산업계와 달리 어느 한 산업계에서 가격 광고를 규제할 수 있다." R.A.V., 505 U.S., 388-389. 그러나 여기서 버몬트는 법이 중립적인 정당성을 갖고 있다는 것을 밝히지 못했다.

주는 상세 설명이 이 법원의 수정헌법 제1조 선례의 의미상 거짓 또는 오도하는 내용이라고 주장하지 않았다. 또한 주는 이 사건 조항이 허위의 오도 언론을 막는다는 주장을 하지 않았다. (브레이어 대법관은 반대의견에서 정부가 이 점을 근거로 방어할 수 있는 규제들을 예시하고 있다). 대신에 판촉사원들의 언론에 부담을 주는 주의 이익은 의견의 차이에 따른 것일 뿐이다. Bolger, 463 U.S., 69; Thompson, 376.

***

정부가 요구하는 기록을 포함하여 개인 정보를 발견하고 공개하는 능력은 개인 사생활 및 품위 보호와 관련하여 심각하고 미해결된 쟁점들을 제시한다. 그러나 그러한 이익들을 어떻게 보호할 것인가를 검토하면서, 주는 토론을 자신들 쪽으로 이끌기 위해서 내용에 기초하여 차별할 수 없다.

만약 버몬트법이 처방자 확인 정보를 제한된 상황을 제외하고 팔 수 없고 공개할 수 없다고 규정하였다면 주는 더 강력한 위치에 있었을 것이다. 그러나 정보의 보유자들에게 정보의 공개와 관련하여 넓은 재량과 자유를 주었다. 동시에 주는 스스로 억압하고자 하는 언론에 맞서기 위해 정보를 이용할 수 있지만, 일부 발언자들과 일부 목적을 위해 정보를 이용하는 것을 제한하였다. 사생활은 사람에게 필수 개념이고 자유에 본질적인 권리어서 주가 선호하는 생각을 옹호하기 위해 이를 원용하는 것은 허용되지 않는다.

버몬트 주의회가 §4631(d)를 제정하였을 때, "의약품안전과 효과에 관한 공론장은 유명 상표 회사들이 의사들에 대한 광범위한 의약품 홍보에 돈을 쓴다는 점에서 자주 편향적이다"고 인정하였다. "판매 프로그램의 목표는 종종 주의 목표와 충돌한다."고 주의회는 말했다. 주의회의 사실인정과 함께 §4631(d) 내용과 지방법원이 축적한 기록은 버몬트가 이러한 목적으로 법을 제정하였다는 것을 보여준다. 주는 설득력이 강하다고 인정한 보호되는 표현에 부담을 가하였다. 동시에 주는 그 자신의 견해와 맞는 메시지를 가진 발언자들에게는 부담을 가하지 않았다. 주는 이러한 입법을 할 수 없다.

항소법원의 판결을 인용한다.

**[대법관 브레이어의 반대의견**(대법관 긴즈버그와 케이건 참여)**]**

이 사건 버몬트법은 오직 하나의 방법으로 표현에 부정적인 영향을 미친다. 그것은 정부의 규제에 따라 수집되어 더 나은 판매 메시지를 만드는데 도움이 되는 정보를 제약 및 정보수집 회사에게 허용하지 않고 있다. 내 견해로는 표현에 대한 이 결과는 상업 행위를 규제하는 정부의 적법한 노력과 불가분의 관계에 있다. 수정헌법 제1조는 법원에게 그러한 노력을 검토할 때 특별한 "강화된(heightened)" 검토기준을 적용하도록 요구하지 않는다. 그리고 어떤 경우에도 법은 이 법원이 과거에 상업언론을 규제하려고 할 때, 적용했던 수정헌법 제1조 기준을 충족하고 있다. 이러한 이유로 법원은 법을 합헌으로 승인해야 한다.

I

버몬트법은 약국과 다른 단체에게 다음과 같이 말하고 있다.

"처방자가 동의하지 않는 한, 〔1〕 처방자 확인 정보를 포함하고 있는 규제된 기록을 팔아서는 안 되며, 〔2〕 처방약을 판매하거나 광고하기 위하여 그 기록의 이용을 허용해서도 안 된다. 〔3〕 제약회사와 약 판매자들은 처방자가 동의하지 않는 한 처방약을 판매하거나 광고하기 위하여 처방자 확인정보를 이용해서는 안 된다."

나는 대부분 첫번째 및 두번째 금지에 초점을 맞춘다. Ⅳ항에서 세번째 금지가 결과적으로 차이가 없는 이유를 설명한다.

Ⅱ

Glickman v. Wileman Brothers & Elliott, Inc., 521 U.S. 457 (1997) 판결에서, 이 법원은 공동광고비를 지불하기 위해 과일생산자들에게 강제 기부를 요구한 연방 농산품 시장 규제에 대해 수정헌법 제1조의 적용을 검토하였다.

법원은 "경제 규제를 검토하는 적절한 기준에 따라" 상업 메지시를 자발적으로 선택하는 생산자들의 자유에 규제가 미치는 부정적인 영향의 적법성을 검토하였다.

이 사건에서 나는 버몬트의 규제 조항이 정당한 규제 목적을 추구하면서 균형에 맞지 않게 수정헌법 제1조의 이익에 피해를 주는지를 묻고 있다. 그리고 나는 이 법원이 Glickman판결에서 했던 것처럼 정당한 상업 규제 목적에 상당한 중요성을 부여할 것이다. 더 엄격한, 특히 다수의견이 이 사건 상업 규제 사례에 적용하려는 "강화된" 수정헌법 제1조 기준은 부적절하다.

A

공동체에서 함께 살고 있는 사람들의 많은, 아마도 대부분의 활동이 언론을 통해서 이루어지고 언론에 관련된 위험을 넘어서는 정당성은 맥락에 따라 다르기 때문에, 이 법원은 수정헌법 제1조의 취지상 언론이 발생하는 맥락들을 구분해왔다. 그래서 수정헌법 제1조는 핵심적인 정치 언론을 제한하려는 정부의 시도를 엄격하게 통제한 반면에, 정부가 상업 언론, 공무원의 언론, 또는 전통적인 규제 프로그램에 따르는 회사의 규제 관련 언론을 제한하려고 할 때 더 느슨하게 통제하였다. Boos v. Barry, 485 U.S. 312, 321 (1988)(정치 언론), Central Hudson Gas & Elec. Corp. v. Public Serv. Comm'n of N.Y., 447 U.S. 557 (1980)(상업 언론), Pickering v. Board of Ed. of Township High School Dist. 205, Will Cty., 391 U.S. 563 (1968)(공무원), Glickman(경제 규제).

이러한 구분들은 사상의 자유 시장, "사회, 정치, 심미, 도덕, 그리고 다른 생각이나 경험"을 접하게 되는 시장을 유지하는 헌법적 중요성을 반영하고 있다. 그러한 시장이 없다면, 공중은 국민의 뜻을 반영한 정책의 집행을 약속하는 정부를 자유롭게 선택할 수 없다.

동시에 우리 선례들은 수정헌법 제1조가 상품과 서비스를 위한 자유 시장의 유지에는 상당히 약한 보호를 제공한다는 것을 분명히 했다. Florida Bar v. Went For It, Inc., 515 U.S. 618, 623 (1995)("우리는 항상 수정헌법 핵심에 놓여있는 언론과 상업 언론을 주의깊게 구분해왔다"). 그리고 선례들은 선출된 정부가 효과적인 프로그램을 통하여 국민이 선출한 의원들이 투표로 선택한 정책의 집행을 허용하는 민주적 중요성을 반영하고 있다.

이 법원은 광고를 포함하여 상업 언론은 "정보 기능"을 갖고 있고 "사상의 시장에서 가치가 없"지는 않다고 인정해왔다. Central Hudson, 563; Bigelow v. Virginia, 421 U.S. 809, 826 (1975). 그러나 동시에 법원은 정부가 직접 상업 언론을 제한할 때 덜 엄격한, "중간적인" 수정헌법 제1조 심사를 적용해왔다. 그 심사에 따르면 더 제한되는 규제로는 달성할 수 없는 "실질적인" 정부의 이익을 직접 증진하는 한, 정부의 법과 규정은 언론을 상당히 제한할 수 있다. Central Hudson, 564. 나아가 법원은 "오도하고, 기만하고, 또는 공격적인 판매 관행"은 "중간" 기준보호도 받지 못한다고 인정하였다. 44 Liquormart, Inc. v. Rhode Island, 517 U.S. 484, 501 (1996); Central Hudson, 563; Virginia Bd. of Pharmacy v. Virginia Citizens Consumer Council, Inc., 425 U.S. 748,772 (1976). 그리고 법원은 "중간" 심사를 적용하면서,

"전통적으로 정부 규제에 따르는 영역에서 발생하는 상업 거래 관련 언론과 다른 다양한 언론 사이의 상식적인 구분"을 유지할 필요성을 강조하였다. Ohralik v. Ohio State Bar Assn., 436 U.S. 447, 455-456 (1978).

법원은 또한 덜 직접적인 방식으로 언론에 영향을 미치는 보통의 상업 또는 규제 입법에 대해 완화된 접근을 적용해왔다. 그러면서 법원은 상업 조항 또는 적법절차 조항과 관련된 사건에서 그래왔듯이 입법 판단을 매우 존중하면서 이 영역에서 법의 필요성을 고려해왔다. Glickman, 475-476. 브랜다이스 대법관은 그러한 사건에서 "우리의 기능은 해악의 존재와 제시된 대책의 효과에 대한 입법부 믿음의 합리성을 결정하기만 하면 된다."고 말했다. New State Ice Co. v. Liebmann, 285 U.S. 262, 286-287 (1932)(반대의견); Williamson v. Lee Optical of Okla., Inc., 348 U.S. 483, 488 (1955)("시정해야 할 해악이 있고, 특정한 입법 조치가 이를 시정하기 위한 합리적인 방법이라고 생각된다면 충분하다"); United States v. Carolene Products Co., 304 U.S. 144, 152 (1938) ("보통의 상업 거래에 영향을 미치는 규제 입법은 입법자들의 지식과 경험내에서 합리적인 근거에 기초하고 있다면 위헌으로 선언되지 않는다").

법원이 일반적인 경제 규제 프로그램(비록 그 프로그램이 상업 메시지를 만드는 회사의 능력에 얼마간 충격을 준다 하더라도)을 검토할 때, 당연하듯이

엄격한 수정헌법 제1조 기준을 적용하는 것은 이러한 더 기본적인 헌법 접근법에 어긋나게 될 것이다. 보통의 규제 프로그램은 언론, 특히 상업 언론에 무수한 방식으로 영향을 미칠 수 있기 때문에, 그러한 프로그램이 언론에 부담을 줄 때마다 강화된 수정헌법 제1조 심사기준을 적용하는 것은 정당한 입법 취지를 왜곡하거나 손상시킬 위험과 함께, 목적을 평가하고 수단을 선택하는 원래의 권한을 입법자로부터 판사에게로 이전하게 될 것이다. Glickman, 521 U.S. 476("과일 생산자들에게 그들이 동의하지 않는 광고비를 지불하라고 요구하는 프로그램의 바탕에 있는 정책 판단에 관련된 의문이 경제 규제를 검토하는 기초로서 수정헌법 제1조에 기대는 것을 정당화하지 않는다"). 그러한 사건에 강화된 검토 기준을 당연히 적용하는 것은 렌퀴스트 대법관이 Central Hudson 판결의 반대의견에서 묘사한 다음과 같은 위험을 낳게 된다.

"법원이 국가 정책을 이행하는 가장 적절한 수단이라는 자신만의 생각에 기초하여 국가가 채택한 경세 규제를 폐기하는 것이 일반적인 관행이었던 Lochner v. New York, 198 U.S. 45 (1905) 시대로 복귀" 447 U.S., 589.

B

법원이 버몬트법을 "수정헌법 제1조 사안에 적절한 강화된 기준"이 아니라 "경제 규제 검토에 적절한 기준"에 따라 검토해야 하는 몇 가지 이유들이 있다. Glickman, 521 U.S., 469. 먼저 버몬트법은 이론적인 것이든 제품의 판매에 관련된 것이든, 상징적인 언론의 형태에 참여하기 위해, 또는 특정한 견해를 지지하기 위해, 누구에게 무엇을 말하는 것을 금지하거나 요구하지 않는다.

다른 이유로, 이 사건 버몬트법에 적용되는 같은 수정헌법 제1조 기준들은 다른 주들이나 연방식품의약청(FDA, 이하 "식약청") 규제와 같은 연방정부가 취한 비슷한 규제 조치에도 적용될 것이다.

나아가 법의 요구조건은 전통적이고 광범위한 규제 체계의 일부를 형성하고 있다. 제약 산업은 적어도 1906년 이래 엄중하게 규제되어 왔다. 오래 지속되는 법과 규제는 제약 회사들에게 약이 안전하고 효능이 있다고 보증하기 위해 복잡한 약품 시험을 거치도록 요구하고 있다. 21 U.S.C. §§355(b)(1), 355(d). 제약회사들은 약의 설명내용과 약이 광고되고 판매되는 방식에 대한 FDA의

철저한 규제에 따를 때에만 약을 판매할 수 있다.

마지막으로 버몬트법은 정부의 규제에 의해서만 존재하는 정보를 대상으로 하고 있다. 연방법에 따라 어떤 약들은 의사들의 지시에 따라 약사들에 의해서만 판매될 수 있다. 버몬트는 품질과, 적합성, 약사들의 실무를 규제하고 있고, 약국에 누가 어떤 약을 처방했는지를 추적할 수 있는 "환자 기록 시스템"을 유지하도록 요구하고 있다. 그러나 이러한 규제들 때문에 약국에서 누가 소비자들에게 어떤 약을 사라고 말했는지를 알 방법이 없을 것이다.

규제자들은 종종 그들의 규제에 따르는 정보의 이용을 제한할 필요가 있을 것이다. 차량 대여를 원하는 소비자들의 신용점수를 알게 된 자동차 판매상은 새로운 소비자들을 찾기 위해 신용 자료를 이용하는 것이 금지될 수 있다. 15 U.S.C. §1681b. 환자들의 의료 기록을 가지고 있는 의료 전문가들은 새로운 환자들을 찾기 위해 의료 기록을 구입할 수 없다. 또는 가상으로 말하자면, 지역 석유 공급업자에게 개인 소비자들을 위한 이용 정보를 모으라고 지시한 공공설비위원회는 공급업자가 (에너지 비용을 줄이기 위해) 자료를 연구자들과 공유하는 것을 허용할 수 있지만, 석유난로를 판매하려는 제조업자에게 자료의 판매를 금지할 수 있다.

그러한 규제조치들은 적용가능한 법에 적합한지의 사법심사대상이 된다. 그리고 그것들은 "자의적이고, 불규칙하고 또는 재량권의 남용"에 해당되지 않는다는 것을 분명히 하기 위해 행정절차법에 따른 검토대상이 된다. 5 U.S.C. §706(2)(A). 적절한 사건에서 수정헌법 제1조의 고려사항도 검토될 수 있다. 그러나 이 사건과 같은 종류의 규제 조치는 수정헌법 제1조에 따른 헌법상 우려를 추가로 제기한다고 생각되지 않았다. 전형적인 규제 조치가 상업 언론에 영향을 미치는 경우 (즉, 상업 발언자가 메시지의 내용을 정하기 위해 이용할 수 있는 정보를 금지함으로써), 적어도 이 사건 쟁점에 비교될만한 잠재적으로 언론에 부정적인 결과를 수반하는 실제 또는 가상의 사례를 쉽게 지적할 수 있다는 것은 강화된 또는 중간적인 수정헌법 제1조 심사 기준을 적용하는 위험을 드러낸다.

그래서 오늘날까지, 이 법원이 수정헌법 제1조로 인하여 규제 의무 – 정보가 정부의 기록에 남아 있든지, 정보를 수집한 개인 회사에 남아 있든지 간에 – 에 따라 수집된 정보의 이용을 정부가 제한하는 것이 금지되지 않는다고 인정한 것은 놀랄 일이 아니다. 이 법원은 과거에 비슷한 사건에서조차 "강화된" 유형의 심사를 적용한 적이 없다. Los Angeles Police Dept. v. United Reporting Publishing Corp., 528 U.S. 32 (1999); Cincinnati v. Discovery Network, Inc., 507 U.S. 410, 426 (1993)("상업 피해를 막기 위한 정부의 이익 때문에 상업 언론은 비상업 언론보다 정부의 규제를 더 엄격하게 받을 수 있다").

## C

Central Hudson 판결보다 더 엄격한 기준을 적용한 법원은 언론에 부담을 주는 내용에 기초한 제한에 대해 강화된 심사를 해야 한다고 말한다. "상업 언론도 예외가 아니다"라고 덧붙인다. 그리고 법원은 이 사건은 "내용에 기초하고, 발언자에 기초한" 제한이라고 강조한다.

그러나 이러한 범주들-"내용에 기초한" 또는 "발언자에 기초한"-은 과거에 규제가 상업 언론에 영향을 미칠 때, 더 엄격한 심사를 정당화한 적이 없다. 그리고 그러한 선례의 부재는 이해할만하다.

규제 프로그램은 반드시 내용에 기초하여 구분하게 된다. Virginia Bd. of Pharmacy, 425 U.S., 761, 762(수정헌법 제1조의 보호를 받지 못하는 종류의 상업 언론이 있다면 … 내용에 의해서 구별되어야 한다). 예컨대 전기 규제자는 회사의 진술, 발표, 제안을 감시하되 오직 전기에 대해서만 본다. 연방준비제도 이사회는 진술, 광고, 대부 제안의 내용, 그리고 이자율 공개를 규제하지만 금융기관이 할 때에만 그렇다. 그리고 식약청은 의약품의 설명문, 광고, 판매 제안의 내용과 형식을 살펴보지, 가구를 감시하지 않는다. 내용에 기초한 규제 범주가 도처에 있음에도, 법원이 전형적인 규제의 "내용에 기초한" 성격으로 인하여 입법자나 규제자를 덜 존중하여야 하는 이유는 무엇인가? Board of Trustees of State Univ. of N.Y. v. Fox, 492 U.S. 469, 481 (1989)(수정헌법 제1조의 영역에서, 법원은 규제된 산업이 쟁점이 되었을 때 "입법기관과 행정기관에게 필요한 여지를 제공"해야 한다).

규제 프로그램의 맥락에서, 특정 규칙이 오직 일정한 업체, 즉 규제된 회사들에게만 영향을 미치는 "발언자에 기초하는" 것은 부자연스럽지 않다. 예컨대

에너지 규제자는 산업 설비 생산자는 제외하고, 가전제품의 제조회사에게 에너지 소비를 줄이는 방법을 공표하도록 요구할 수 있다. 또는 거래 규제자는 화장품이용을 반대하는 사람들이 그러한 주장을 입증할 필요가 없다 할지라도, 자세한 시험으로 그 주장을 실증하지 않는 한, 특정 회사가 화장품에 먼지와 기름을 없애는 클린징 성분이 들어 있다고 주장하는 것을 금지할 수 있다. 또는 식약청은 제약회사가 잠재적인 구입자들에게 약에 대해서 무엇을 말할 수 있고 말할 수 없는지를 자세히 통제할 수 있다. 예를 들면, 그 회사는 선의로 그리고 상당한 증거를 가지고 약이 도움이 된다고 믿었다 할지라도, 잠재적인 구입자(즉 의사)에게 식약청의 승인없이 약을 사용할 수 있다고 권유할 수 없다. 반면에 제3자(즉 연구자)는 의사에게 자유롭게 그러한 목적으로 약을 사용해서는 안 된다고 말할 수 있다.

만약 법원이 상업 언론의 내용에 영향을 미치는 규제에 헌법의 장애물을 만들려고 한다면, 선례없는 임무－폭넓게 허용된 규제 활동에 대한 상당한 사법개입을 위협하는 임무에 착수하게 될 것이다. 일부 발언자에게만 영향을 미치는 규제에 "강화된" 심사를 적용하는 임무도 쉽지 않을 것이다. 내가 예시한 예처럼 많은 규제는 전기 발전기 또는 천연가스보급과 같은 업체의 규제받는 발언자들이 보내는 메시지에만 영향을 미친다. 법원은 또한 제약회사와 법률의 관계를 설명할 때 "목표로 한"과 "표적으로 한"이란 단어를 사용한다. 그러나 이를 근거로 "강화된" 심사를 요구하는 것은 주가 산업을 규제하려고 할 때 자주 적용을 요구하게 된다. 어떤 법적인 발의는 입법 의제(agenda)로부터 나온다. 어떤 행정적인 조치는 규제 의제에서 나온다. 관련 법률들, 규제들, 프로그램들 그리고 선제 조치들은 항상 견해, 예컨대 그것들을 제정한 의회와 행정기관의 견해, 궁극적으로 유권자의 견해를 반영한다. 그리고 종종 정부와 회사들의 의견이 일치하지 않는 사안에 관련된 업무에 참여하는 특정 회사들을 목표로 하고 표적으로 한다. 예컨대 시장지배력 때문에 진실하고, 오도하지 않는 회사의 언론을 제한하는 셔만법(Sherman Act) 2절(15 U.S.C. §2)은 경쟁 환경에 영향을 줄 수 있고, 직접 독점기업체를 목표로 하고 표적으로 삼고 있다.

요컨대 이 영역에서 판례법은 수정헌법 제1조가 사상의 시장을 보호하고, 그럼으로써 정책의제를 설정하고 그 정책들을 시행하고, 반대되는 정책들을 제외하는 정부의 능력을 부적절하게 방해하지 않고 건전한 정부 정책을 민주적으로 만드는 것을 용이하게 하는 것을 보증할 필요성을 반영하고 있다. 상업 활동의 규제(가끔 언론을 포함)가 쟁점이 되었을 때 "강화된" 심사를 적용하는 것은 후자의 헌법 목적을 불필요하게 훼손한다. 이 사건의 다수 의견은 그러한 위험을 드러내고 있다.

나아가 상업 메시지를 향한 규제 조치의 정도를 볼 때, 법원의 심사 임무는 판사들이 경제적인 자유에 개입하기 위해 입법을 심사한 과거 시기로 되돌아가게 한다. 역사는 권한이 많이 남용되었고 개인 판사들이 선호하는 경제 이론의 합법화로 귀결되었다는 것을 보여주고 있다. Lochner v. New York, 198 U.S. 45, 75-76 (1905)(홈즈 대법관 반대의견). 오늘 다수의견은 주의 정당한 규제 이익이 (간접적으로도) 상업 언론을 건드릴 때마다 제한이 적은 방식으로 추구될 수 있는지를 심사하도록 요청함으로써, 우리의 선례들이 예상하지 못한 방식으로 과거의 잘못을 되풀이할 위험을 초래하고 있다. Central Hudson, 447 U.S., 589(렌퀴스트 대법관 반대의견); Railroad Comm'n of Tex. v. Rowan & Nichols Oil Co., 310 U.S. 573, 580-581 (1940)("이와 같은 논쟁은 법원이 자신의 편의성과 공정성의 관념으로 정책의 형성과 집행을 위임받은 기관들의 판단을 대체해서는 안 된다는 것을 늘 새롭게 상기하도록 요청한다").

버몬트법은 생각을 말하고 민주적 과정을 통해 다른 정책 목표를 추구하기 위해 주의 정책에 반대하는 사람의 능력을 훼손하지 않는다. 버몬트의 규제법이 (무의식적으로 그들에게 영향을 준 것과 반대로) 제약 회사를 표적으로 삼았는지 여부는 수정헌법 제1조의 요점과는 무관해야 한다.

이것은 언론에 영향을 미치는 경제 규제가 항상 적법하다는 것을 의미하는 것은 아니다. 법원은 전형적으로 법의 합법성을 합리성으로, 연방 규제는 "자의적, 불완전 또는 재량권의 남용"이 아님을 확인하기 위해 심사한다. 5 U.S.C. §706(2)(A). 그리고 우리의 가치있는 자유 언론 전통은 그러한 심사에서 중요한 역할을 한다. 그러나 법원은 보통 이 문제들을 "강화된" 수정헌법 제1조 심사, 특히 다수의견이 채용한 "중간" 심사를 요구하는 것으로 보지 않는다. 그러한 사례에서 "강화된" 심사 적용은 상업과 산업을 규제하는 입법기관의 권한을 매우 약화시키는 방식으로 입법과 사법의 균형을 심각하게 변경시킬 수 있기 때문에, 나는 이 사건에서 "강화된" 수정헌법 제1조 심사 기준을 적용하지 않을 것이다.

## III

헌법 문제로 돌아가면, 나는 버몬트 법은 Central Hudson 판결의 "중간적인" 상업 언론 기준 뿐만 아니라 "경제 규제" 심사를 통과한다고 믿는다.

### A

법은 상업 언론에 적은 피해만을 위협하고 있다. 나는 법이 제약회사들에게 더 효과적인 판매 메시지를 만드는데 도움이 되는 정보를 불허하고 있다는데 동의한다. 그러나 나는 약국들이 (판촉용을 제외하고) "어떤 이유로든 누구와도 처방자 확인 정보를 공유"하는 것을 허용하고 있다는 점에서 피해가 부당한 차별과 연관된다는 다수의견에 동의할 수 없다. 그러한 차별의 수정헌법 제1조 관련성이 무엇이든지 간에, 버몬트법에 존재한다는 증거는 없다. 기록에는 처방자 확인 자료가 널리 배포된다는 증거가 없다.

그러한 증거의 부재는 처방자 확인 정보를 널리 유포하는 것을 금지하는 다른 법적인 규정이 존재하기 때문일 수도 있다. 예컨대 버몬트의 약국 규정은 "비전문가적인 행동"을 "허용되지 않는 사람에게 환자 또는 의사 정보 또는 제공된 전문 의약 서비스의 내용을 폭로하거나 공개하는 행위"라고 정의하고 있다. 법은 의약 판촉이 문제되는 경우에 이 금지를 강화하고 있다. 그리고 법이 만든 예외는 좁고 공통의 관심사이고 처방 자료를 본질적으로 이용하는 것이다.

다수의견은 법이 선호하는 언론을 도와주고 싫어하는 발언자의 싫어하는 언론에 부담을 주고 있다는 자신의 주장을 뒷받침하는 기록상 근거를 찾을 수 없다. 법원은 법이 (1) 제약회사가 약을 효과적으로 파는데 도움을 줄 수 있는 개별적인 메시지를 만드는 것을 금지하고 있지만, (2) 처방자 확인 자료를 이용하는 메시지를 만들기 위해 복제약을 광고하는 역 상세 설명을 허용하고 있다고 보고 있다. 나는 논의를 위해서 이 결과는 상업 언론에 대한 법의 부정적인 충격을 매우 증가시키고 있다고 가정하려고 한다. 그러나 기록에는 그러한 개별적인 역상세설명이 버몬트에 널리 퍼져 있거나 또는 존재한다는 결론을 뒷받침하는 증거가 없다.

다수의견은 §4631이 "증거에 기초한 처방약 교육 프로그램"을 만들었고, 버몬트 보건국, 버몬트 대학이 약을 처방하고 판매할 책임이 있는 보건 전문가들에게 "처방약의 치료 및 비용 대비 효과가 좋은 이용에 관하여 정보와 교육을 하기 위해" 함께 일하고 있다고 지적하고 있다. 그러나 그 프로그램은 처방자 확인 자료를 이용하지 않는다.

다수의견은 "주는 스스로 역 상세 설명에서 사용되는 처방자 확인 정보를 제공한다"는 내용을 뒷받침하는 증인 2명의 증언을 인용하고 있다. 한 증인은 펜실베이니아의 학술 연구자가 주가 제공하는 의료 보호를 환자에게 제공하는 의사를 확인하기 위해 주 보건공무원과 함께 일하고 있다고 설명하였다. 다른 증인인 IMS 보건공무원은 버몬트는 처방자 확인 자료를 갖고 있고 의사들에게 그들의 처방 방식과 복제약과 관련한 낮은 비용에 대해서 말할 수 있는 데이터베이스를 갖고 있다고 보았다. 그러나 기록상 이러한 종류의 역 상세 설명이 실제 버몬트에서 시행된 적이 있다는 사실을 가리키는 것은 없다. 주가 지원하는 건강관리 전문가들이 때때로 소규모로 의사들과 모여서 일반적으로 최선의 처방과 복제약에 대해 논의하고 있다. 버몬트법은 유명 제약 회사들이 비슷한 시도를 금지하지 않는다.

결론은 기록상 이 법의 유일한 상업 언론 관련 피해는 내가 이전에 설명한 한 가지이다. 규제 프로그램을 통해 수집된 정보의 사용을 불허하고, 이를 통해 회사들이 최대로 효과적이라고 믿는 상업 메시지의 개발을 금지하는 것. 이러한 종류의 피해가 심각하다고 시사하는 판례가 없는 것은 이 사건의 피해가 기껏해야 적다는 결론을 뒷받침하고 있다.

## B

법이 달성하고자 하는 정당한 주의 이익은 "실질적"이어야 한다. Central Hudson, 447 U.S., 564. 버몬트는 다음과 같은 목적으로 법을 제정하였다.

"버몬트 사람들의 공공 건강 보호 및 처방자와 처방 정보의 사생활을 보호하는 주의 이익을 증진하고, 비용이 덜 드는 약을 홍보하고 처방자가 편향되지 않은 정보를 받도록 보장함으로써 사적인 건강 보호 분야에서 뿐만 아니라 처방약을 구입하는 구입자들의 비용절감을 위해" §4631(a).

이러한 목적은 중요하다. 그리고 그것이 구체화하고 있는 이익은 모두 언론과 관련하여 "중립적"이다.

공중 보건의 보호는 전통적으로 주의 정책 권한의 영역이다. 법원이 보통 "오도하는" 그리고 "속이는" 정보의 규제를 "중간적인" 상업 언론 심사의 엄격함에서도 면제한다는 사실은 "편향되지 않는 정보"를 확보하는 중요성을 입증하고 있다. 건강 보호 시스템에서 주요 납부자로서, 건강 보호 지출은 매우 중요한 주의 이익이다. 그리고 이 법원은 특정한 목적으로 공중에 이미 공개된 정보에 관해서 조차도 "사생활" 유지의 중요성을 중요한 공공 정책 목표로 인정하였다.

동시에, 법이 이러한 목적들을 직접 증진한다는 주의회의 결론을 지지하는 증거가 기록상 충분하다. 법은 아마도 다른 약(복제약을 포함하여)과 비교하여 약의 안전, 효능, 비용에 관하여 초점을 맞추고 판매 논의를 하도록 도와주고 있다. 약에 관련된 이러한 사실들은 제약 회사들이 갖고 있는 일반 정보와 관련된 모든 것이다. 판촉사원이 접촉하는 특정 의사의 이름이나 과거 처방 실무와는 거의 관계가 없다. 개인 의사의 과거 처방 관행을 바탕으로 판촉 메시지를 만드는 것은 특정 제약회사의 특정 약을 더 많이 판매하는데 도움이 될 것이다. 그러나 약의 안전과 효능뿐만 아니라 비용에 관한 과학적인 연구는 주의를 다른 데로 돌린다. 이 전환은 공중 보건과 주의 재정적인 이익을 희생한다.

버몬트는 이러한 논리를 증명하기 위해 실질적인 입법 자료들을 모았다. (자료의 이용이 불리한 정보를 감추고 유리한 정보를 부각하는데 도움이 된다는 증언, 처방자 확인 정보가 의사들을 교묘하게 조종하는 방법을 기획하는데 가장 좋은 도구라는 전 판촉사원의 진술, 자료 수집의 제한이 의사들이 공정하고 균형있는 정보를 받도록 하는 식약청의 요건의 실현을 보장한다는 진술, 상세 설명이 종종 환자에게 추가 혜택이 없고 환자들과 주의 보험 프로그램에 비용을 증가시키지만, 유명약을 더 처방하도록 유도한다는 연구 등의 내용을 인용한 부분 생략).

이러한 결론은 주의회가 이러한 문제를 개선할 것인지, 어떻게 개선할 것인지를 판단하도록 요구하고 있다. 그리고 이러한 종류의 판단을 하는 것은 규제기관과 주의회의 업무이다. 정보의 "공정한 균형"을 보장하기 위한 버몬트의 노력은 식약청의 비슷한 요구조건과 다르지 않다. 지금까지 누구도 연방 의약품 규제의 실질적인 부분이 위헌이라고 제안하지 않았다. 그런데 우리는 왜 버몬트법을 달리 취급해야 하는가?

기록은 또한 주의 사생활 목적을 적절하게 뒷받침하고 있다. 버몬트의 규제는 의사의 처방 실무 비밀이 규범으로 지켜져야 한다는 것을 분명히 하고 있다. 버몬트주에서 역상세설명을 위해 이 정보를 이용한다는 근거는 없다.

제약회사와 정보를 회사에 파는 자료 수집가들은 대부분 비밀정보의 추가 배포를 의미하는 추가적인 예외를 만들었다. 버몬트주는 그 문을 닫았다. 동시에 법은 자신들의 처방 실무 이용의 허락을 원하는 의사들에게 그렇게 하도록 허용하고 있다. Central Hudson 판결의 취지상, 이것은 법이 처방자 사생활 보호를 높이는 의미있는 이익에 봉사하고 있다는 것을 충분히 보여주는 것 같다. Fox, 492 U.S., 480(상업 언론 영역에서, 수정헌법 제1조는 "반드시 완벽하지는 않지만 합리적인 적합성; 꼭 단 하나의 최선의 조치는 아니지만 그 범위는 봉사되는 이익과 비례하는 적합성"을 요구한다).

## C

다수의견은 적절하게 승인되고, 비슷한 효과가 있는 "더 제한적인 규제"를 지적할 수 없다. Central Hudson, 447 U.S., 564. 다수의견은 의사들이 "간단하게 판촉사원 만나기를 거절할 수 있고 가끔 거절한다"고 말한다. 이 사실은 진실이라도, 논점이 아니다. 사무실을 완전히 닫는 것은 (대체 복제약의 유리함과 불리함을 비교하는 것에 더 큰 주의를 기울임으로써) 비용을 낮추는 것과 비슷한 성격을 갖고 있지 않다. 그리고 그것은 이미 자료 수집가들에게 배포된 정보의 비밀을 보호하지 않을 것이다. 어느 경우에도 의사들은 판촉사원들을 문에서 되돌려 보낼 것 같지 않다. 왜냐하면 그들이 균형있는 또는 불균형적인 메시지를 전달하든 안하든, 그럼에도 불구하고 많은 유용한 정보를 제공하기 때문이다. 그러므로 목표를 정한 판촉행위와 그렇지 않은 판촉행위 사이에 의사들의 선택에 초점을 맞추는 것은 공중 보건을 향상시키려는 주의 이익을 위험에 빠트리게 될 것이다.

다수의견은 또한 만약 "법이 제한된 상황을 제외하고 처방자 확인 정보를 판매하거나 공개할 수 없다고 규정한다면 주는 더 유력한 위치에 있게 될 것"이라고 판시하고 있다. 그러나 공개허용 예외는 매우 제한적이고, 유용한, 참으로 본질적인 목적에 봉사한다. 그럼에도 불구하고 이 대안은 "더 한정적인 제한"은 아니다. 왜냐하면 정보를 배포하는데 더 적은 것이 아니라 더 많은 부담을 줄 것이기 때문이다.

피상고인들의 대안은 도움이 되지 않는다. 피상고인들은 "버몬트는 의사들에게 제약회사들이 의사들과 대화하기 위해 처방이력정보를 이용한다고 쉽게 알릴 수 있다"고 제안한다. 그러나 그것이 어떻게 주의 기본 목적 달성에 도움이 될 것인가? 그것은 제약 판매활동에서 식약청처럼 주가 추구하는 정보의 "공정한 균형"을 만들어내지 못할 것이다. Reno v. American Civil Liberty Union, 521 U.S. 844, 874 (1997)(대안은 "적어도 법이 제정되어 추구하는 정당한 목적을 달성하는데 효과적"이어야 한다). 피상고인들은 또한 복제약의 사용 또는 복제약의 혜택을 가르쳐주는 의사들을 요구하는 정책을 제안한다. 그러한 프로그램이 버몬트 법이 목표로 삼은 불균형적인 판매 전략을 막았다는 표시는 없지만, 버몬트나 다른 주에서 일정 기간 동안 효과가 있었다. 어떤 경우에든 그러한 법들은 처방자의 사생활을 보호하는데 도움이 되지 않는다.

그래서 버몬트는 법이 실질적인 주의 이익을 의미있게 증진한다는 것을 충분히 보여주는 기록을 남겼다. 다수의견이나 피상고인들은 동일하게 효과적인 "더 제한적인" 규제를 제시하지 못했다. 그리고 버몬트법이 일으키는 수정헌법 제1조 피해는 기껏해야 경미하다. 따라서 나는 우리가 Central Hudson 판결의 "중간" 심사를 적용한다 할지라도 이 법은 합헌이라고 결론내린다.

## IV

"제약 회사와 판매인들은 처방자의 동의가 없는 한 판매 또는 홍보 목적으로 처방자 확인 정보를 이용"하지 못한다고 규정한 법의 3번째 제한은 어떤가? 원칙적으로 나는 이 문제를 다루지 않아야 한다. 그것은 피상고인 제약회사들, 판매인들, 자료 수집가들이 이 법 집행을 금지하는 확인판결과 명령을 구하고 있기 때문이다. 그리고 그들은 만약 처음의 두 가지 금지가 유효하다면, 그들이 상당한 양의 "처방자 확인 정보"를 얻을 수 있다고 주장하지 않았고 밝히지도 않았다. 내가 믿는 것처럼 만약 (정보의 판매와 공개에 관련된) 처음 두 가지 법적인 금지가 유효하다면, 세번째 금지의 유효성에 관한 다툼은 "현실적이고 실질적" 또는 "명확하고 구체적"이지 않다.

그러나 법원은 3가지 금지 모두 폐기하였고 그래서 나는 기본적으로 내가 이미 설시한 이유들 때문에 3번째 금지의 합헌성에 대해 다수의견에 동의하지 않는다는 것을 부기한다. 제약 회사들의 처방자 확인 정보 이용 금지는 경미한 수정헌법 제1조 피해를 낳는다. 금지는 편향되지 않는 판매 설명을 보장할 필요성에 의해 정당화되고, 불필요하게 높은 약구입 비용을 예방하며, 처방하는 의사들의 사생활을 보호한다. 동등하게 효과적이면서 더 한정적인 뚜렷한 대안은 없다.

## V

요약하면 나는 법이 상업 언론 제한에 적용해 온 이 법원의 "중간" 기준을 충족시킨다고 믿는다. 한층 더 강력하게 법은 이러한 종류의 상업 규제 사건-정부가 보통의 규제 수단(규제 의무에 따라 수집된 자료의 상업적 이용을 제한)을 이용해서 전형적인 규제 목적(약값을 낮추고, 더 균형있는 판매 메시지)을 추구하는 사건-에서 더 적절하게 적용된 기준도 충족한다. 이 사건의 언론 관련 결과는 간접적이고, 우연적이며 모두 상업적이다.

법원은 중요한 수정헌법 제1조의 범주-"내용에 기초한," "발언자에 기초한," 그리고 "중립적인"을 이용하여 그 결론에 도달하였다. 그러나 규제 맥락, 언론 영향의 성격, 위 수정헌법 범주가 증진하고자 하는 가치 그리고 선례를 충분히 고려하지 않았다. 법원은 우연히 상업 메시지에 영향을 미치는 보통의 규제 실무에 수정헌법 제1조에 의한 도전이라는 판도라 상자를 열고 있다. 최악은 법원이 보통의 경제 규제가 쟁점일 때, 민주적 결정을 사법 결정으로 대체하는 뉴딜 이전의 Lochner 판결 위협을 다시 불러오고 있다.

우리가 보통의 상업 언론 기준이든 부담이 적은 기준이든지 무관하게 나는 버몬트 법은 수정헌법 제1조에 부합한다고 믿는다. 그래서 나는 정중하게 반대한다.

## 16. 짧은 순간의 외설적 내용 방송과 적법절차에 따른 공정한 공지

**FCC v. FOX Television Stations, INC**

567 U.S. ____ (2012)

**[요약]**

18 U.S.C. §1464는 "음란, 외설 또는 신성모독적인 용어"의 방송을 금지하고 있다. 연방통신위원회(이하 "위원회")는 1970년대에 §1464를 집행하기 시작하였다. FCC v. Pacifica Foundation, 438 U.S. 726 (1978) 판결(이하 "패시피커 판결")에서, 이 법원은 칼린의 "추잡한 말"이라는 독백을 금지한 위원회의 명령이 수정헌법 제1조의 심사를 통과하였다고 인정하였으나, "가끔의 욕설에 대한 제재가 정당한" 지를 결정하지 않았다. 그 이후 위원회는 패시피커 판결의 제한적인 상황을 엄격하게 관찰하는 것에서 나아가 외설스런 말이나 그림을 나열한 목록으로 규제하기보다는 외설스런 방송의 전체 맥락을 평가하려고 하였다. 그러나 외설물의 단편적인 방송과 반복되는 방송 사이에 중요한 차이에 주의했다. 2001년 정책 발표에서 위원회는 무엇이 명백하게 위반되는 지를 결정하는 중요한 요소들 중의 하나로 "외설물이 오랫동안 위반되는 설명 또는 묘사를 하는지 또는 반복하는지"를 포함하였다.

3건의 사건 발생이 이러한 규제의 배경이었다. 2건은 피상고인 폭스 TV가 방송한 2건의 생방송에서 나온 음란한 발언이 대상이다. 3번째는 피상고인 ABC TV가 방송한 프로그램에서 성인 여성의 벗은 엉덩이가 약 7초간 그리고 그녀의 가슴부분이 잠깐 동안 방송되었을 때 발생했다. 이 사건들이 발생한 후 위원회는 폭스와 ABC에게 유책 통지를 보내기 전에, 잠깐의 욕설이 제재대상이 될 수 있다고 처음으로 선언한 골든 글로브 명령을 발표하였다. 그리고 나서 위원회는 폭스와 ABC 방송은 이 새로운 기준을 위반하였다고 결론내렸다. 폭스 방송이 외설적이라고 인정했으나 벌과금은 부과하지 않았다. 연방제2항소법원은 잠깐의 욕설을 규제하기 위해 외설 규제체계를 수정한 위원회의 결정이 자의적이고 변덕스럽다고 인정하면서 이를 취소하였다. 이 법원은 파기하고 피상고인들의 수정헌법 제1조 도전을 다루기 위해 환송하였다. FCC v. FOX Television Stations, INC., 556 U.S. 502. 환송심에서 연방제2항소법원은 위원회의 정책이 모호하여 위헌이고 전체적으로 무효라고 보았다. ABC 사건에서 위원회는 외설적이라고 인정하고, 방송을 한 ABC의 45개 연합 방송사들에게 각 27,500불의 벌과금을 부과하였다. 연방제2항소법원은 폭스 판결에 따라 이 명령을 취소하였다.

**[요지]** 위원회는 폭스와 ABC에게 문제의 방송이전에 잠깐의 욕설과 누드가 외설적이어서 제재대상이 될 수 있다는 공정한 고지를 하지 않았기 때문에, 이 방송들에게 적용되는 위원회의 기준은 모호하다.

(a) 사람이나 업체를 규제하는 법은 어떤 행동이 요구되고 금지되는지에 관한 공정한 고지를 하여야 한다는 근본 원칙은, 수정헌법 제5조의 적법절차 조항이 제공하는 보호의 핵심이다. 만약 법 또는 규정이 보통의 지능을 가진 사람에게 무엇이 금지되는지 공정하게 고지하지 못한다면, 또는 기준이 없어서 차별적인 법집행을 허용하거나 조장한다면 유죄판결이나 처벌이 적법절차에 위반하게 된다. 모호하여 무효 이론(명확성 이론)은 적어도 2가지 연결된 그러나 분리된 적법 절차 관심사를 다루고 있다 : 규제된 당사자들은 무엇이 요구되는지 알아야 하고 그래서 그에 따라 행동할 수 있다; 그리고 정확성과 지침은 법을 집행하는 자들이 자의나 차별하는 방식으로 행동하지 않도록 하기 위해 필요하다. 언론이 관련되어 있을 때, 그러한 요건의 엄격한 준수는 모호함이 보호되는 언론을 위축시키지 않도록 보장하기 위해 필요하다.

(b) 이 사건의 오래 걸린 절차는 무엇이 금지되는지를 공정하게 고지받지 못했다는 점을 보여준다고 방송사들이 주장하는 경우에, 이 관심사는 이 사건에 함축되어 있다. 방송되었을 때 적용되는 2001년 지침에 따르면, 중요한 고려사항은 "방송물이 위반되는 설명 또는 묘사를 오랫동안 계속하거나 장황하게 되풀이하는지 여부"였지만, 방송이후에 공표된 2004년의 골든 글로브 명령에서는, 위원회는 방침을 바꾸고 잠깐의 욕설들도 법위반일 수 있다고 판단했다. 그리

고 나서 이 사건들에 대해 새로운 원칙을 적용하였다. 위원회가 변경된 해석을 폭스와 ABC에게 고지하지 않은 것은 그들에게 "금지사유의 공정한 고지"를 하지 않은 것이다.

(c) 정부의 반론은 어느 것도 설득력이 없다. 정부는 위원회가 폭스에 대한 벌과금을 부과하지 않았고 방송 재인가 또는 다른 맥락에서 외설적인 방송을 고려하지 않을 것이라고 말했기 때문에 폭스는 모호하여 위헌이라는 점을 실증할 수 없다고 주장한다. 그러나 위원회는 벌과금을 부과할 때 "과거 위반 전력"을 고려하는 법적인 권한을 가지고 있다. 그리고 모호한 규제에 대한 적법절차보호는 규제받는 당사자들을 (위원회의) 도덕적 의무에 따른 처분에 맡겨두지 않는다. 문제의 명령은 또한 시청자들과 광고주 등에게 폭스의 명성에 관하여 부정적인 영향을 줄 수 있다.

정부는 방송이 외설로 간주될 것이라는 고지를 ABC가 받았다고 주장한다. 그러나 노출을 방송하는 것은 §1464에 위반될 수도 있다고 선언한 1960년 위원회 결정의 별도 의견은 정부가 불허하는 언론에 100만불의 벌과금을 부과하려고 할 때 요구되는 공정한 고지로 충분하지 않다. 나아가 과거 위원회 결정은 외설 내용의 돌발적이고 짧은 노출을 위반대상으로 인정하지 않았다. 이러한 결정들과 7초간의 엉덩이 노출이 외설적이라고 인정될 수 있다는 2001년 지침을 고지하지 않았다는 것에 비추어 볼 때, ABC는 제재받기 전에 헌법이 요구하는 충분한 고지를 받지 못했다.

(d) 이 판결의 범위에 관하여 3가지 의견을 말할 필요가 있다. 첫째, 법원은 적법절차 조항에 따라 공정한 고지를 근거로 이 사건을 해결했기 때문에, 위원회의 외설물 정책과 수정헌법 제1조의 관련성 또는 이 시점에서 패시피카 판결의 재검토는 다룰 필요가 없다. 둘째, 법원은 폭스와 ABC가 방송 당시에 존재하는 정책에 따라 방송물이 외설물로 판정될 수 있다는 고지를 받지 못했다고 결정하기 때문에, 골든 글로브 명령에 표현된 현재의 외설물 정책과 후속 결정의 합헌성을 다룰 필요가 없다. 셋째, 이 의견은 위원회가 공공의 이익과 적용 가능한 법적인 요건에 비추어 현재의 외설물 정책을 자유롭게 개정할 수 있고, 법원은 내용과 적용의 관점에서 현재 또는 개정된 정책을 자유롭게 심사할 수 있는 여지를 남겼다.

연방항소법원 판결을 취소하고 환송한다.

대법관 케네디가 판결문을 작성하였고 대법원장 로버츠, 대법관 스칼리아, 토마스, 브레이어, 알리토, 케이건이 참여하였다. 대법관 긴즈버그는 동조의견을 작성하였다. 대법관 소토마요르는 이 사건의 심리나 결정에 참여하지 않았다.

**[대법관 케네디]**

FCC v. FOX Television Stations, INC., 556 U.S. 502. 529 (2009) 판결(이하 "폭스 I ")에서, 법원은 이른바 잠깐의 욕설을 규제하기 위해 외설물 규제 체계를 개정한 연방통신위원회의 결정이 자의적이거나 변덕스럽지 않다고 판결했다. 그러나 그 때 법원은 연방제2항소법원이 다루지 않았기 때문에 정책의 합헌성을 다루지 않았다. 환송심에서 항소법원은 정책이 모호하고 결과적으로 위헌이라고 인정하였다. 613 F.3d 317(2010). 그 사건은 이제 헌법문제를 결정하기 위해 이 법원에 다시 왔다.

I

폭스 I 판결에서 이 법원은 위원회가 외설 방송을 규제하는 체계와 이 사건의 오래된 절차를 설명하였다. 법원은 그 모든 과정을 되풀이할 필요가 없지만, 이 사건이 드러내는 헌법 쟁점을 이해하기 위해 일부 예비적인 논의가 필요하다.

A

18 U.S.C. §1464는 "무선 통신에 의해 음란, 외설 또는 신성모독적인 말을 하는 자는 벌금… 또는 2년 이하의 징역에 처하거나, 병과된다."고 규정하고 있다. 위원회는 의회로부터 §1464를 밤 10시와 아침 6시 사이에 집행하도록 지시받았다. 그리고 위원회는 그 규제를 라디오와 TV 방송사들에게 적용해왔다. 위원회가 1948년(그리고 전신인 연방무선위원회는 1927년)이래로 §1464에 따라 외설적인 방송을 규제할 권한을 갖고 있다 할지라도, 1970년대까지 §1464를 집행하지 않았다.

이 법원은 패시피카 판결에서 처음으로 위원회의 외설 정책을 심사하였다.

패시피커 판결에서 위원회는 칼린의 "추잡한 말"이라는 독백물이 외설적이라고 판단했다. 그 방송물은 "방송매체에서 당대 공동체 기준으로 평가할 때 명백하게 위반되는 용어로, 아이들이 들을 수 있는 합리적인 위험이 있는 시간대에 성적이거나 배설적인 활동과 신체기관을 묘사하는 언어"를 포함하고 있었다. 이 법원은 위원회의 결정을 승인하였다. 방송사의 법적인 도전은 배척되었다. 법원은 위원회가 47 U.S.C. §326의 의미내에서 허용될 수 없는 검열을 한 것이 아니고, §1464의 외설 정의는 선정적인 흥미를 끄는 언론에만 국한되지 않는다고 판결했다. 738-741. 수정헌법 제1조 위반을 인정하지 않은 판결은 방송사 규제를 평가하는 헌법 기준을 설명하였다. 판결은 "방송 매체는 모든 미국인들의 삶에서 독특하게 보편적인 지위를 확립했고," "너무 어려서 이해할 수 없는 어린이들에게도 방송은 도달될 수 있다."고 보았다. 이러한 고려사항에서 볼 때, "방송은 …가장 제한적인 수정헌법 제1조의 보호를 받았다." 법원은 "가끔의 욕설이… 제재를 정당화하는지"를 결정하지 않았다고 설명하면서, 그 판결이 제한적이라고 명기하였다. 750; 760-761(대법관 파월의 별개의견)(법원의 판결은 라디오 방송 중에 이 사건의 피상고인이 한 언어충격요법과 구분되는, 위반되는 단어의 돌발적인 사용과 관련된 사건에 대해서는 말하지 않는다.)

1978년부터 1987년까지, 위원회는 패시피커 판결의 좁은 상황을 넘어서지 않았고 외설물에 대한 조치를 취하지 않았다. 위원회는 "패시피커 판결의 말과 비슷하거나 동일한 말이 인가받은 라디오나 TV에서 방송되는 사건에 개입하기 위한 일반적인 특권"을 패시피커 판결이 제공하지 않았다는 것을 인식하면서, (칼린의 독백에서와 같은) "외설적인 단어들의 반복"과 반드시 제재대상이 아닐 수 있는 "돌발적인" 또는 "가끔의" 욕설 사이를 구분하였다.

1987년에 위원회는 패시피커 판결기준을 너무 제한적인 방식으로 적용했다고 결정하였다. 위원회는 나중의 사건에서 외설적인 언어의 정의는 "칼린 독백에서 문제가 된 7개의 구체적인 단어보다 더 넓은 범위의 것들을 적절하게 포함"할 것이라고 밝혔다. 그래서 위원회는 1975년의 패시피커 명령에서 명시된 "일반적인 외설의 정의"를 사용할 것이고, 규제를 "외설적인 말 또는 그림 같은 묘사의 종합 지수"로 제한하기 보다는 외설 방송의 전체 맥락을 평가한다고 밝혔다.

이러한 맥락에 기초한 접근에서도, 위원회는 외설물의 돌발적인 방송과 반복 방송의 중요한 차이에 계속 주목했다. 욕설에 대해 위원회는 "명백하게 불쾌한 방식으로 계획적이고 반복 사용은 외설물 인정의 요건"이라고 결정하였다. "성과 배설 기능을 설명하거나 묘사하는" 언론에 대해서, "단지 특정한 단어나 구절이 반복되지 않았다는 사실이, 그렇지 않으면 명백한 위반이 외설적이 아니라는 인정을 요구하지 않는다."

2001년에, 위원회는 "18 U.S.C. §1464를 해석하는 결정례와 방송 외설물에 관한 정책집행에 관하여 방송산업계에 지침을 제공하기 위한" 정책자료를 발표하였다. 그 자료에서 위원회는 외설물이 되기 위해서는 성 또는 배설 기관이나 활동을 묘사해야 하고 방송매체에 대한 당대의 공동체 기준으로 평가했을 때 명백하게 위반된 것이어야 한다고 말하였다. 명백하게 위반된다고 판정되는 틀을 설명하면서, 위원회는 3가지 요소들이 중요하게 증명되었다고 설명하였다.

"(1) 성 또는 배설 기관이나 행위를 설명하거나 묘사하는 노골성 또는 생생한 성격; (2) 성 또는 배설 기관이나 행위 묘사를 길게 늘어놓거나 되풀이하는지; (3) 영합하거나 자극하기 위해 이용되는지 또는 충격적인 가치 때문에 제시된 것으로 보이는지"

2번째 요소를 주목하면서, 위원회는 "성 또는 배설 내용의 반복과 지속성에 대한 초점은 방송의 규정위반 가능성을 높이는 요소로 일관되게 인용되어 왔다. 대조적으로 성 또는 배설 관련 내용이 한 번 언급되거나 또는 지나가는 또는 순간적인 성격을 갖는 경우, 이러한 성격은 외설물 인정에 부정적으로 평가되는 경향이 있다."고 설명하였다. 그리고 나서 위원회는 순간적이고 단편적이기 때문에 외설물로 인정되지 않은 사례(생방송의 무의식적인 프로그램 맥락에서 "잠깐의 단편적인 발언"을 규제대상에서 제외)를 제시하고, 다른 요소들에 비추어 보아 잠깐의 언급을 명백하게 위반이라고 인정한 사례(어린이와의 성적 행위를 분명하게 말하는 잠깐의 말을 명백하게 위반이라고 인정)를 대조하였다.

## B

이 사건 3건의 외설물 사례가 발생한 것은 이러한 규제 배경에 반대된다. 첫째, 피상고인 폭스가 방송한 2002년 빌보드 음악 시상식에서, 가수 셰르는 즉석 수상연설에서 다음과 같이 외쳤다. "I've also had my critics for the last 40 years saying that I was on my way out every year. Right. So f***'em." 둘째, 폭스는 2003년 빌보드 시상식을 방송하였다. 리치라는 사람이 시상을 하면서 다음과 같은 즉석 발언을 하였다. 'Have you ever tried to get cow s***out of a Prada purse? It's not so f***ing simple." 세번째 사례는 피상고인 ABC 방송국에서 방송한 정기 TV 프로그램 뉴욕경찰(NYPD Blue)와 관련되어 있다. 2003. 2. 25.의 방송분에서 대략 7초간 성인여성의 벗은 엉덩이와 1초간 가슴부분을 보여주었다. 등장인물이 샤워를 하려고 준비하는 장면에서 그녀 애인의 아들이라는 어린이가 욕실에 들어왔다. 어색한 순간이 이어졌다. 위원회는 위 3건의 방송에 대해 외설물항의를 받았다.

위 방송 후, 위원회가 폭스와 ABC에게 유책 통지(Notice of Apparent Liability)를 보내기 전에, 위원회는 2003년 골든 글로브 시상식에서 가수 보노가 한 말 때문에 NBC를 제재하는 결정을 하였다. 음악상을 수상하면서 보노는 다음과 같이 외쳤다. "This is really, really, f***ing brilliant. Really, really great." 위원회는 F-단어의 사용을 외설적이라고 인정했다. 그 단어는 "영어로 성행위를 가장 상스럽고, 그림처럼, 그리고 노골적으로 묘사하는 것 중의 하나이고," 그래서 "그 단어나 변형어의 사용은 어떤 맥락에서든 내재적으로 성적인 함의를 갖고 있다."고 인정했다. 욕설의 돌발적인 성격에 대해, 위원회는 잠깐의 욕설은 외설이 아니라는 종전의 결정을 번복하였다. 위원회는 "특정한 단어나 구문이 계속되거나 반복되지 않는다는 사실로 인하여 방송매체에서 명백한 위반을 외설이 아니라고 판정할 수 없다"라고 보았다.

### C

비록 이 사건의 사례들이 골든 글로브 명령 이전에 발생했다 하더라도, 위원회는 잠깐의 욕설과 누드에 관한 새로운 정책을 적용하였다. 위원회는 피상고인 폭스와 ABC의 방송이 이 기준을 위반한 것으로 인정하였다.

### 1

폭스에 대해서 위원회는 2건의 빌보드 시상식 방송이 외설적이라고 인정하였다. 많은 당사자들이 연방제2항소법원에 명령의 재심사를 청구하였다. 항소법원은 당사자들의 이의제기에 답변할 수 있도록 위원회 스스로의 재검토요청을 수용하였다. FOX Television Stations, Inc. v. FCC, 489 F.3d 444, 453 (2007). 위원회는 재검토 후 2001년의 명령으로부터 명백히 위반되는 내용의 세 갈래 정의를 적용하고 두 방송이 그 범위에 들어간다고 인정하였다. 이 사건들의 헌법적인 쟁점에 대해, 위원회는 골든 글로브 명령에서 정리된 정책에 따라 "외설로 인정하기 위해 욕설의 반복 사용을 요구하는 것은 외설물에 대한 우리의 일반적인 접근과 맞지 않는다."고 적었다. 위원회는 폭스가 골든 글로브 명령이전에 리치의 발언이 외설에 해당한다는 것을 알았어야 한다고 생각했지만, 항소법원의 재검토 결정의 제한된 성격에 비추어 벌과금을 부과하지 않았다. 위원회는 "셰르의 발언이 방송되었을 당시 폭스가 그로 인하여 제재를 받을 수 있었을지 분명치 않았다."고 인정하였다. 그래서 골든 글로브사건에서처럼 그 방송에 대해 벌과금을 부과하지 않았다.

폭스와 다양한 소송참가자들이 위원회의 외설규제에 대해 행정과 법, 헌법상의 이의를 제기하면서 연방제2항소법원에 다시 왔다. 2 대 1 판결(Leval 판사 반대)에서, 항소법원은 "위원회가 '잠깐의 욕설'을 다루면서 180도 바뀐 태도를 취하고 그 변경의 정당성에 관하여 이유있는 설명을 제공하지 않았"기 때문에 명령이 자의적이고 변덕스럽다고 인정하였다. 위원회의 잠깐의 욕설 규제가 "헌법 심사를 통과할 것인지"에 관한 의문을 적었지만, 항소법원은 그 쟁점을 다룰 필요가 없다고 보았다.

사건은 이송명령에 의해 이 법원에 왔다. 행정절차법 5 U.S.C. §551 등을 인용하면서, 이 법원은 사법부는 자의적이거나 변덕스러운 행정 조치를 무효로 할 수 있다고 판시하였다. (잠깐의 욕설이 외설일 수 있다는 위원회의 결정과 같은)정책 변화의 맥락에서, 행정기관은 보통 실제 입장을 변경하고 있다고 인정하고 "새로운 정책을 위한 타당한 이유가 있다는 것을 보여주어야 한다"고 판시하였다. 그러나 행정기관이 모든 변화에 대해 자세한 정당성을 제시하거나 새로운 정책의 이유가 과거 정책의 이유보다 더 낫다는 것을 보여줄 필요는 없다.

이러한 기준에서 판단해 볼 때, 폭스 I 판결에서 법원은 위원회의 새로운 외설물 집행 정책이 자의적이지도 않고 변덕스럽지도 않다고 인정하였다. 법원은 위원회가 잠깐의 그리고 비문자적인 욕설이 규제 기준에 따라 외설적일 수 있다는 판정에서 새로운 근거를 인정하였다고 판시하였다. 법원은 집행활동의 범위를 확장하는 위원회의 이유가 합리적이라고 결론지었다. "위반어의 문자적인 사용과 비문자적인 사용 사이를 구별하는 것은 의미가 없다고 결정한 것은 확실히 합리적"일 뿐만 아니라, 법원은 성 또는 배설적인 단어의 돌발 사용의 명백한 위법성을 검토하려는 위원회의 결정은 패시피커판결에서 승인된 맥락에 기초한 접근에 맞는다고 동의하였다. "돌발 발언도 어린이들에게 해로운 충격일 수 있다"는 것을 고려할 때, 법원은 위원회가 "욕설의 비반복적 사용이 그 자체로 규제대상이 아니라는 과거의 방식에서 벗어날 필요가 있다고 결정"할 수 있다고 판결하였다. 위원회의 조치가 자의적이거나 변덕스럽지 않다고 인정하면서, 법원은 항소법원이 피상고인들의 수정헌법 제1조에 의한 도전을 다루도록 환송하였다.

폭스 I 판결에 따른 환송심에서 항소법원은 위원회의 외설물정책이 모호하여 위헌이고 완전히 무효라고 판결하였다. 항소법원은 2001년 지침과 이어지는 위원회 결정에서 드러났듯이, 그 정책은 방송사들에게 무엇이 외설적으로 고려될 수 있는 지에 관하여 충분한 고지를 하지 못했다고 인정하였다. 위원회의 많은 결정들을 조사한 후, 법원은 위원회가 명백하게 위반되는 단어에 관하여 일관되지 못했다고 인정하였다. 또한 위원회의 F-단어와 S-단어를 금지하는 것은 모호하여 혼란스럽다. 왜냐하면 위원회는 그러한 단어를 잠깐 사용하는 것이 선의의 뉴스 인터뷰 중에 있었거나 예술 또는 교육 성격의 일에 필수적이라고 밝혀진 경우라면 외설이 아니라고 인정한 경우가 있기 때문이다. 항소법원에 따르면 위원회의 이러한 예외 인정은 방송사들에게 욕설이 예술적으로 프로그램에 통합되었는가 또는 특정한 방송이 선의의 뉴스 인터뷰에 해당되는가를 추측하도록 하였다. 항소법원은 모호함이 방송사들에게 "논쟁적인 프로그램을 방송하지 않는 것과 막대한 벌과금 또는 심지어 방송인허가를 박탈당할 가능성을 감수하는 것 사이에 선택"하도록 강요한다면 모호함은 정책에 내재한다고 인정하였다. 그리고 법원은 이러한 어려운 선택이 보호되는 언론의 위축을 초래하였던 많은 증거가 기록상 있다고 판단하였다.

## 2

ABC에 대한 절차는 더 간단하다. 2008. 2. 19. 위원회는 뉴욕경찰에서 여성의 벗은 엉덩이를 노출한 것이 외설적이라고 인정하고 벌과금 명령을 내렸다. 위원회는 엉덩이의 노출은 "성적인 흥분과 넓게 연관되어 있고 대부분의 사람들에게는 배설 행위에 가깝게 연관"되어 있기 때문이다. 성 또는 배설 기관의 노출 범주에 들어간다고 결정하였다. 장면은 당대의 공동체 기준에 의해 평가해 볼 때 명백하게 위반된다고 판단되었다. 위원회는 "여성 배우의 누드는 명백히 시청자에게 영합하고 성적으로 자극하는 방식으로 표현되었다"라고 결정하였다. 폭스 사건과 달리 위원회는 외설 프로그램을 방송한 45개의 ABC 계열 방송국에 대해 각각 27,500불의 벌과금을 부과하였다. 연방제2항소법원은 벌과금명령을 취소하고, 위원회의 외설물 정책을 모두 폐기한 폭스 판결에 기속된다고 결정하였다.

정부는 판결의 재심사를 청구하였고 이 법원은 이송명령을 발부하였다.

## II

우리의 법률 체계에서 근본 원리는 사람 또는 단체를 규제하는 법은 금지되거나 요구되는 행위에 대해 공정한 고지를 하여야 한다는 것이다. Connally v. General Constr. Co., 269 U.S. 385, 391 (1926)(행위를 금지하거나 요구하는 법률이 모호하여 보통의 지능을 가진 사람이 그 의미를 추측할 수밖에 없고 그 적용에 관하여 의견이 다르다면, 그 법은 적법절차의 본질에 위반된다.); Papachristou v. Jacksonville, 405 U.S. 156, 162 (1972)(법치주의 아래 살아가는 것은 다양한 전제가 따르고, 그 중의 하나는 모든 사람은 주가 명령하거나 금지하는 것에 대해 고지를 받을 권리가 있다는 것이다). 규제의 명확성 요건은 수정헌법 제5조의 적법절차 조항이 제공하는 보호의 본질이다. United States v. Williams, 553 U.S. 285, 304 (2008). 그것은 허용될 수 없게 모호한 법의 무효를 요구한다. 만약 법이나 규제가 보통의 지능을 가진 사람에게 무엇이 금지되는지를 공정하게 고지하지 못한다면 또는 기준이 없어서 상당히 차별적인 집행을 허용하거나 조장한다면, 그 법이나 규제에 따른 유죄 또는 처벌은 적법절차에 부합하지 못한다. 이 법원이 설명한 바와 같이, 규제는 유죄가 되는 사실을 증명하기 어렵기 때문이 아니라 어떤 사실이 증명되어야 하는지에 관하여 불명확하기 때문에 모호하다.

언론의 자유가 쟁점이 아니더라도, 모호하기 때문에 무효 이론(the void for vagueness doctrine; 명확성 이론)은 적어도 2가지 연관된 그러나 별개의 적법절차 관심사를 다루고 있다. 첫째, 규제된 당사자들은 규제에 따라 행동할 수 있도록 무엇이 요구되는지 알아야 하고; 둘째, 법을 집행하는 사람들이 자의적이거나 차별적인 방식으로 행동하지 않도록 정확성과 지침이 필요하다. Grayned v. City of Rockford, 408 U.S. 104, 108-109 (1972). 언론이 관련되었을 때, 모호함이 보호되는 언론을 위축시키지 않도록 요건의 엄격한 준수가 필요하다.

방송사들은 처음부터 무엇이 금지되는지에 대해 충분한 고지를 받지 않았다고 주장하고 있기 때문에 이러한 관심사는 이 사건에 함축되어 있다. 문면상의 무효에 관한 관심은 제쳐두고, 방송사들은 위에서 설시한 오래 걸린 절차가 무엇이 금지되었는지에 관하여 공정한 고지를 받지 못했다는 점을 보여준다고 주장한다. 방송 당시 유효한 2001 지침에 따르면, 핵심적인 고려사항은 "방송물이 위반되는 설명 또는 묘사를 길게 늘어놓거나 되풀이하고 있는지"여부였다. 방송 후 2004년 골든 글로브 명령에서, 위원회는 방침을 바꿔 잠깐의 욕설이 법 위반이 될 수 있다고 결정하였다. 이 사건의 명령에서 위원회는 골든 글러브 명령에서 설정한 새로운 원칙을 적용하고 잠깐의 욕설과 짧은 순간의 외설이 규제대상이라고 결정하였다. 그러나 이 규제 역사를 보면 방송 무렵에 시행되는 위원회의 정책이 잠깐의 욕설 또는 짧은 누드 장면을 외설로 규제할 수 있다는 고지를 폭스나 ABC에게 하지 않은 것이 분명하다. 그러나 폭스와 ABC는 위반으로 인정되었다. 위원회가 폭스와 ABC에게 해석이 변경되어 방송에 포함된 잠깐 동안의 외설적인 내용도 위원회가 해석하고 집행하는 바에 따라 §1464위반이라는 고지를 하지 않은 것은 "보통의 지능을 가진 사람에게 무엇이 금지되는지에 대한 공정한 고지를 제공하는데 실패하였다." 이것은 어떤 주제든 갑작스런 규제변화에 관해서 타당하지만, "수정헌법 제1조 자유의 민감한 영역"을 다루는 규제들에 적용될 때 분명히 그렇다. Baggett v. Bullitt, 377

U.S. 360, 372 (1964); Reno v. American Civil Liberty Union, 521 U.S. 844, 870-871 (1997)(“내용에 기초한 언론 규제의 모호함은 명백한 위축 효과 때문에 특별한 수정헌법 제1조의 관심을 불러일으킨다”).

정부는 2가지 주장으로 답변하고 있으나 설득력이 없다. 2건의 지나가는 욕설에 대해, 정부는 “폭스가 방송시점에서 위원회가 반복되지 않은 욕설을 외설로 인정할 것이라는 합리적인 고지를 받지 못했다”는 점을 인정하고 있다. 그럼에도 불구하고 정부는 “위원회는 폭스가 그러한 고지를 받지 못한 경우의 제재를 부과하지 않았기 때문에 폭스가 그 점을 근거로 모호하여 위헌임을 확정할 수 없다”고 주장한다. 법원이 종전 사건에서 살펴본 바와 같이, 위원회가 폭스에게 벌과금을 부과하지 않은 것은 진실이다. 그리고 위원회는 방송인허가의 갱신여부를 검토하거나 또는 다른 맥락에서 그 외설 방송을 고려하지 않을 것이라고 밝혔다. 정부의 말대로, 이러한 “자제 방침”이 분쟁을 종결하기에 충분치 않다. “어떤 맥락에서든” 이전의 외설방송을 고려하지 않을 것이라고 밝혔다 하더라도, 위원회는 벌과금의 정도를 결정할 때 “과거 위반 사례”를 고려하는 법적인 권한을 가지고 있다. 47 U.S.C. §503(b)(2)(E). 수정헌법 제1조 맥락처럼, 모호한 규제에 대한 적법절차보호는 “규제된 당사자를 … (위원회의) 도덕적 의무에 따른 처분에 맡겨두지 않는다.” United States v. Stevens, 559 U.S.____ , ___ (2010). 위원회가 2003년 방송에 대해 폭스의 책임을 인정하는 것이 불공정하지 않다고 판단하고, 그 인정을 앞으로 벌과금을 증가시키기 위해 사용하는 법적인 권한을 가지고 있다는 것을 볼 때, 위원회가 그렇게 하지 않을 것이라는 정부의 보장은 헌법위반을 구제하기에 충분치 않다.

나아가 위에서 설명한 법적인 결과와 함께, 명성의 손상은 폭스에 대한 구제를 허용하는 추가적인 이유가 된다. Paul v. Davis, 424 U.S. 693, 708-709 (1976)(“명예훼손으로 인한 손해와 결합된 법적 지위의 변화는 … 절차적인 구제를 정당화한다”고 설명). 피상고인 CBS가 지적하듯이, 위법의 인정은 “시청자들과 광고주들에 대한 방송사의 명성”을 해치는 결과가 될 수 있다. 위원회의 기록에 영구히 남게 된 이 사건 명령은 강하게 거부하는 용어로 폭스가 방송한 외설 내용(“리치 발언의 노골적, 그래픽, 천박하고 충격적인 성격”이라고 기재)과, 그 내용에 아이들이 노출되지 않도록 하는 폭스의 노력을 묘사(폭스는 명백하게 불쾌한 방송을 피하기 위해 대중의 필요와 취향에 관한 합리적인 판단, 책임, 민감성을 이행하지 못했다고 인정)하고 있다는 점에서 이 예측은 거의 놀랄 일이 아니다. 외설물로 인한 위원회의 방송사 제재는 널리 공개된다. 이 사건 명령은 시청자와 광고주 등이 고려하게 되는 폭스의 명성에 부정적인 영향을 줄 수 있다.

7초의 노출에 대한 ABC와 계열 방송국의 벌과금은 거의 1.24 백만불이다. 정부는 그 대신에 "나체의 방송은 18 U.S.C. §1464에 위반되는 프로그램이라는 심각한 의문을 제기하게 될 것"이라는 위원회의 1960년 결정에 비추어보면, 뉴욕경찰의 장면이 외설로 간주될 수 있다는 고지를 ABC가 받았다고 주장한다. 이 주장은 타당하지 않다. 정부가 이른바 허용될 수 없는 언론에 대해 백만불 이상의 벌과금을 부과하려고 할 때, 1960년 위원회의 모호한 내용이 공정한 고지로는 충분하지 않다. 나아가 위원회는 ABC를 제재하기 전에 1회성의 짧은 알몸 노출이 외설이라고 인정하기를 거부한 결정을 발표했었다. (노출을 보여준 방송이 외설적이지 않고 반복 욕설과 1회성의 욕설 사이의 구별을 강조한 사례와 결정례 생략). 물론 강제수용소 수감자들의 알몸이 노출된 영화 쉰들러 리스트의 장면이 뉴욕경찰의 목욕장면과 같다고 말하는 것은 아니다. 그러나 정부는 ABC가 방송의 외설성이 고려될 수 있다는 적극적인 고지를 받았다는 점을 입증하지 못하고 있다. 마찬가지로 "이 사건에서 노출 장면이 다른 사건에서처럼 길거나 되풀이되지 않는다" 할지라도, 그럼에도 목욕 장면이 외설적이지 않다고 인정된 다른 방송과 비교해 볼 때 "노출 장면이 더 길거나 더 많다"는 점을 위원회가 주장하는 것은 충분지 않다. 이러한 불분명한 문장은 ABC가 그 방송이 외설로 인정될 수 있다는 공정한 고지를 받았다는 것을 증명하지 못한다. 사실상 뉴욕경찰 방송전의 위원회 결정은 30초의 엉덩이노출이 "매우 짧고" 방송의 내용속에서 외설적이지 않다고 여겼다. 이러한 결정들과 7초의 엉덩이 노출이 외설로 인정될 수 있다는 2001년 지침의 고지가 없었다는 점에 비추어 볼 때, ABC는 제재를 받기 전에 헌법이 요구하는 충분한 공지를 받지 못했다.

위원회는 폭스나 ABC에게 문제된 방송전에 지나가는 욕설과 잠시의 노출이 외설로 인정될 수 있다는 공정한 고지를 하지 못했다. 그러므로 이 방송들에게 적용되는 위원회의 기준은 모호하였고, 위원회의 명령은 취소되어야 한다.

## Ⅲ

이 판결의 범위에 관하여 3가지 의견을 말할 필요가 있다. 첫째, 법원은 적법 절차 조항의 공정한 고지를 근거로 이 사건을 해결하였기 때문에, 법원은 위원회의 외설물 정책과 수정헌법 제1조의 관계를 다룰 필요가 없다. 기술 변화와 시청자들을 위한 수많은 다양한 선택의 존재로 인하여 패시피커 판결의 합리성이 유지될 수 없기 때문에, 그 판결에서 법원의 판단(그리고 방송사 규제에 관련하여 제시된 덜 엄격한 심사기준)은 취소되어야 한다는 주장이 있었다. 그 점에 대해서 정부는 전통적인 방송을 허가할 때, 공중은 정부가 어떤 기준을 설정하는 것에 이해관계를 가지고 있다고 생각한다고 주장한다. 이 주장은 여기서 다룰 필요가 없다. 위원회의 정책이 공정한 고지를 제공하지 못했다는 법원 판단의 관점에서 볼 때, 지금 패시피커 판결을 재검토할 필요가 없다.

이것은 2번째 의견으로 이어진다. 법원은 방송 시점에서 폭스와 ABC가 방송물이 당시 존재하는 정책에 따라 외설로 인정될 수 있다는 고지를 받지 못했다고 판단했다. 이 점을 고려할 때, 법원이 골든 글로브 명령과 이어지는 결정들에서 나타난 외설물 정책의 합헌성을 다룰 필요가 없다. 법원은 법원에 오지 않은 사건들에 대해서 결정하지 않는다는 일반 실무에 따른다. Sweatt v. Painter, 339 U.S. 629, 631 (1950)("많은 쟁점들을 고려하도록 요청받았지만, 우리는 법원에 온 특정 사건의 맥락에서만 헌법 문제를 판정하는 원칙에 따른다")

셋째, 이 의견은 위원회가 공공의 이익과 적용가능한 법적 요건을 결정하기 위해서 자유롭게 현재의 외설물 정책을 수정할 수 있도록 하는 여지를 남긴다. 그리고 법원은 자유롭게 내용과 적용면에서 현재의 정책이나 수정된 정책을 심사할 수 있다.

* * *

연방제2항소법원의 판결을 취소하고, 이 판결이 설정한 원칙에 일치하는 추가 절차를 위해 환송한다.

# 17. 거짓말의 형사처벌과 내용에 기초한 제한의 엄격심사

**United States v. Alvarez**

567 U.S. ____ (2012)

**[요약]**

The Stolen Valor Act(이하 "법")는 군대 훈장이나 메달을 받았다고 거짓말하는 행위를 범죄로 규정하고 만약 의회 명예훈장이 관련되어 있으면 가중처벌하고 있다. 피상고인은 명예훈장을 받았다고 거짓말한 것이 유죄임을 인정했으나 그 법이 위헌이라고 주장하였다. 연방제9항소법원은 법이 수정헌법 제1조에 위반된다고 판단하였다.

**[요지]** 연방제9항소법원의 판결을 인용한다.

대법관 케네디(대법원장 로버츠, 대법관 긴즈버그, 소토마요르 참여)는 법이 수정헌법 제1조가 보호하는 언론을 침해하고 있다고 결론지었다.

(a) 헌법은 내용에 기초한 언론의 제한을 무효로 추정하고 정부가 합헌성의 입증 책임을 부담한다.

내용에 기초한 언론의 제한은 선동, 외설, 명예훼손, 범죄행위에 필수적인 말, 이른바 "폭언", 어린이포르노, 사기, 진정한 위협, 정부가 방지할 권한을 가지고 있는 심각하고 급박한 위협을 드러내는 언론을 포함하는 전통적인 몇 가지 언론의 범주에 속하는 경우에만 허용된다.

허위 주장은 이러한 예외 범주에 속하지 않는다. 정부는 Hustler Magazine, Inc., v. Falwell, 485 U.S. 46,52와 같은 판결들이 허위 내용은 가치가 없고 따라서 수정헌법 제1조의 보호를 받지 않는다는 자신의 견해를 뒷받침하고 있다고 주장한다. 그러나 정부가 인용한 모든 판결들은 명예훼손, 사기, 그 밖에 거짓말과 관련하여 합법적으로 인정된 피해를 검토한 사건들이다. 그 판결들에서 문제가 되는 언론의 허위성은 법원의 분석과 무관하지는 않았지만 결정적이지 않았다. 이러한 선례들은 허위성만을 목표로 한 이 사건 법과 같은 조치를 다루지 않았다.

명예훼손 또는 사기의 사례를 검토할 때조차도, 법원은 허위성만으로 수정헌법 제1조의 보호를 받지 못한다고 설명하지 않았다. 허위임을 알거나 경솔하게 무시한 내용이어야 한다. New York Times Co. v. Sullivan, 376 U.S. 254, 280. 정부는 불법행위 배상을 허용하는 명예훼손사건에서 조차 책임을 제한하는 법리를 더 넓은 담론과 표현의 영역으로 확대하려고 하고 있다.

정부가 제시하는 법원이 허용한 허위언론 규제의 3가지 사례는 모든 허위내용의 규제가 수정헌법 제1조의 엄격한 심사로부터 면제된다는 원칙을 확립한 것은 아니다. 공공의 문제와 관련하여 공무원에게 거짓말하는 행위를 형사법으로 금지한다고 해서 거짓말이 언제, 어느 맥락에서, 어떤 사람에게 하더라도 보호되지 않는다는 더 확대된 견해가 성립할 수 없다. 위증법과 관련하여 위증진술은 단지 허위여서가 아니라 위증이 법의 기능과 본분을 손상시키고 판결의 완전성을 위협하기 때문에 수정헌법 제1조의 보호를 받지 못한다. 마지막으로 정부를 대리하고 있다고 허위로 말하거나 공무원사칭을 금지하는 법률들이 있다. 사기나 범죄에 필수적인 말이 관련되어 있는 한, 이러한 예들은 이 사건에 적용될 수 없다.

전통적으로 보호되지 않았던 언론의 범주가 몇 개 있고 법원이 아직 특정하거나 논의하지 않은 범주가 있을 수 있는데, 정부는 거짓말이 (보호되지 않는) 새로운 범주가 되어야 한다는 점을 증명하지 못했다.

(b) 법은 실질적인 이익을 얻을 목적으로 거짓말을 했는지와 관계없이 거의 제한없는 시간과 상황에서 하나의 주제에 대한 모든 거짓말을 통제하고 억압하고 있다. 정부에게 이러한 언론을 형사범죄로 규정하도록 허용하는 것은 거짓말을 하면 처벌할 수 있는 대상목록을 축적할 수 있는 권한을 부여하게 될 것이다. 그러한 정부의 권한은 분명하게 제한된 원칙을 가지고 있지 않다.

(c) 법원은 보호되는 언론의 내용에 기초한 제한을 평가하는데 있어서 “가장 엄격한 심사”를 적용한다. 법은 그 심사기준을 충족하지 못한다. 명예훈장의 완전성을 보호하려는 정부의 이익에 의문이 없지만, 수정헌법 제1조는 제한의 부과와 피해의 방지 사이에 직접 인과관계를 요구하고 있다. 여기서 그 관계는

밝혀지지 않았다. 정부는 군대훈장에 대한 공중의 일반적인 인식이 피상고인의 거짓말에 의해 손상된다는 점을 뒷받침하는 증거를 제시하지 않았다. 그리고 정부는 왜 피상고인이 온라인이나 신문에서 받았던 조롱과 같은 반론으로 이익을 달성하기에 충분치 않은지 밝히지 못하였고 또 밝힐 수 없었다.

나아가 정부가 보호받는 언론을 규제하려고 할 때, 가능하고 효과적인 방안 중에서 가장 제한이 적은 수단이어야 한다. 정부는 개인들이 이미 하고 있듯이, 인터넷에서 접근하여 검색할 수 있는 훈장을 받은 사람들의 데이터베이스를 제작함으로써 군대훈장 체계의 완전성을 보호할 수 있을 것 같다.

대법관 브레이어(케이건 참여)는 현재의 법이 균형에 맞지 않는 헌법 피해를 야기하고 있기 때문에 중간심사를 통과하지 못했고 수정헌법 제1조를 위반하였다.

(a) 법이 수정헌법 제1조를 위반했는지를 결정하는데 있어서 법원은 규정이 야기할 수 있는 언론 관련 피해의 심각성, 이를 상쇄하는 입법 목적의 성질과 중요성, 법이 그 목적을 달성하려는 범위, 다른 덜 제한적인 대안이 있는지 여부를 고려하여 종종 법의 목적과 수단 사이의 적합성을 검토하는 것이 적절하다고 인정해 왔다. "중간심사"는 이러한 접근방법을 묘사하고 있다. 허위 사실의 진술은 진실한 사실의 진술보다 사상의 시장에 가치있는 기여가 적고, 정부는 종종 그러한 허위 언론을 금지할 타당한 이유를 갖고 있다. 그러나 그 규제는 언론 관련 피해를 위협할 수 있고, 그 접근 방법이 이 사건에 적용된다.

(b) 법은 거짓임을 알고 진실하게 받아들여질 것이라는 의도로 한 허위 사실의 진술만을 형사처벌하는 것으로 이해되어야 한다. 비록 법원은 자주 허위 사실의 진술이 수정헌법 보호를 거의 받지 못한다고 말하거나 암시해왔다 할지라도, 그러한 진술이 전혀 보호를 받지 못한다는 의미로 이해될 수 없다. 허위 사실의 진술은 많은 맥락에서 사람의 유용한 목적에 이용된다. 나아가 거짓말하는 행위를 형사 기소하는 위협은 발언자로 하여금 진실한 진술을 금지할 수 있고, 그럼으로써 수정헌법 제1조의 핵심에 놓여 있는 유형의 언론을 위축시킬 수 있다. 그리고 허위 사실의 진술이 퍼지는 것은 허위성을 기소할 권한을 가지고 있는 정부에 무기를 주게 된다. 인기없는 사람들은 정부가 그 무기를 그

들에 대해 선택적으로 행사하지 않을까 두려워할 것이다.

비록 허위 내용을 말하는 것을 불법으로 보는 법률과 보통법 원칙이 많지만, 예컨대 확인된 피해자에 대한 특별 손해의 증명을 요구하는 등 다양한 방법으로 적용범위를 축소하고 있다는 점에서 이 사건 법보다 제한적이다. 법은 그러한 제한된 특징이 부족하다. 비록 말한 사람이 개인적으로 알고 있는 범위에서 쉽게 확인가능한 사실들에 대해 알면서도 의도적으로 거짓말하는 것만을 금지하고 있다 하더라도, 넓게 적용될 수 있고 그러한 확장성은 수정헌법 제1조가 침해될 수 있는 심각한 위험을 낳는다는 것을 의미한다.

(c) 그럼에도 법은 실질적인 정당성을 가질 수 있다. 군대훈장의 형태로 그들의 희생을 인정하고 있다는 점을 온전히 보존함으로써 법은 나라를 위해 신체와 목숨을 바친 이들의 이해관계를 보호한다.

(d) 그러나 부담이 덜한 방법으로 정부의 목적을 실질적으로 이루는 것이 가능하다. 좀 더 정확하게 규정된 법률, 예를 들면 허위 내용이 특정한 피해를 유발하거나 좀 더 해로운 거짓말이나 또는 거짓말이 피해를 주는 정황에 초점을 맞추고 있다는 점을 입증하도록 요구하는 법률에 의해서, 법의 확장 적용으로 수정헌법 제1조의 위험은 감소되거나 제거될 수 있을 것이다.

대법관 케네디가 판결문을 작성하였고 대법원장 로버츠, 대법관 긴즈버그, 소토마요르가 참여하였다. 브레이어가 동조의견을 작성하였고 케이건이 참여하였다. 알리토가 반대의견을 작성하였고 스칼리아와 토마스가 참여하였다.

**[대법관 케네디]**

거짓말은 그의 버릇이었다. 피상고인 알바레즈가 디트로이트 레드윙즈에서 하키를 했다고 말했을 때, 멕시코 신인여배우와 결혼한 적이 있다고 말했을 때도 거짓말이었다. 그러나 그가 명예훈장을 갖고 있다고 거짓말했을 때 새로운 모험에 나섰다. 왜냐하면 그 거짓말은 연방형사법인 이 사건 법(18 U.S.C. §704)을 위반했기 때문이다.

피상고인은 2007년 지구 위원회의 위원으로 모임에 처음 참석하였다. 위원회는 정부기구로 캘리포니아 클레어몬트에 본부가 있다. 그는 자신을 다음과 같

Medal of Honor

Army, Navy, and Air Force versions of the Medal of Honor

이 소개하였다. "나는 25년간 복무하다가 퇴직한 해병이다. 2001년에 퇴직하였다. 1987년에 명예훈장을 받았다. 나는 한 사람한테서 여러 차례 부상당하였다." 모두 거짓이었다. 기록에서 알 수 있듯이 피상고인이 단지 존경을 받으려고 감상적으로 해 본 말이었다. 취업 또는 금전적인 이익을 얻거나 훈장을 받은 사람들에게 주어지는 특권을 행사하기 위해서 말한 것 같지는 않다. 피상고인은 모임에서 명예훈장에 대해 거짓말을 했다는 이유로 기소되었다. 캘리포니아 중앙지방법원은 의견이 엇갈린 판결에서 법이 수정헌법 제1조에 위반되어 무효라는 그의 주장을 배척하였다. 연방 제9항소법원은 법이 수정헌법 제1조에 위반된다고 판단하고 유죄판결을 파기하였다. 판사 7명의 반대가 있었음에도 전원부 재판은 거부되었다. 638 F.3d 1146.

이송명령이 발부된 후, 다른 사건에서 연방제10항소법원 역시 의견이 갈렸으나 법이 합헌이라고 판단했다. United States v. Strandlof, 667 F.3d 1146 (2012). 법의 유효성에 대해 항소법원들의 의견이 일치하지 않고 있다.

이 사건은 최근 2차례 개정기에 전쟁에서 미국을 위해 싸운 사람들의 명예를 폄하하거나 훼손하려는 언론을 검토하는 2번째 사건이다. Snyder v. Phelps, 562 U.S. ____ (2011) 참조. 훈장을 갖고 있다는 말은 고의로 한 확실한 거짓말이다.

한 세기 전에 의회가 상을 제정하여 나라의 권리와 명예를 지키기 위해 뛰어나고도 고귀한 의무를 수행하는 과정에서 비범하게 행동한 사람들을 국가가 최고로 존경하고 기리도록 한 것을 옳고도 타당하다. 이것이 정당한 정부의 목적이자, 참으로 가장 귀중한 정부의 소망이자 목표라는 것은 다툼의 여지가 없다. 그러나 여기서 의문이 그치는 것은 아니다. 헌법의 근본 원칙은 용감한 사람들을 존경하기 위해 제정된 법이 그들이 지키기 위해 싸운 헌법의 취지와 일치해야 한다는 것을 요구하고 있다.

정부는 형사 규제는 훈장을 제정하고 수여하는 목적을 증진하기 위한 적정한 수단이라고 주장한다. 그러나 내용에 기초하여 언론을 규제할 때는 엄격심사를 거쳐야 한다. 언론을 억압하거나 제한하는 법은 수정헌법 제1조의 때때로 불편한 원칙에 따라 판단되어야 한다. 이 기준에 의해 피상고인이 유죄판결을 받은 법규정은 무효이고 유죄판결은 취소되어야 한다.

## I

명예훈장을 갖고 있다는 피상고인의 말은 거짓이다. 해석이나 의미에 대해 다툴 여지가 없다. 이 점에서 피상고인은 §704(b)를 위반하였다. 그리고 거짓말이 명예훈장과 관련되어 있기 때문에 (c)항에 의해 처벌이 가중되었다. 규정은 다음과 같다.

"(b) 군대 훈장 또는 메달의 수령에 관한 거짓 주장－말 또는 글로 의회가 미국 군대를 위해 인정한 훈장이나 메달을 받았다고 사칭하는 사람은… 벌금형, 6개월 이하의 징역형에 처하거나 병과한다.
(c) 명예훈장과 관련된 위반에 대한 가중처벌－
(1) 원칙－만약 (a)(b)의 위반에 관련된 훈장이나 메달이 명예훈장이라면, 그 조항에 따른 처벌 대신에 위반자는 벌금형, 1년 이하의 징역형에 처하거나 병과한다."

피상고인은 법이 내용에 기초하여 규제할 수 있는 범주에 포함되지 않는 순수 언론을 내용에 기초하여 억압하고 있다고 주장하고 있다. 정부는 메달이 갖는 고귀함과 목적을 보존하기 위해 거짓말에 의해 손상되거나 훼손되지 않도록 거짓말을 금지하는 법이 필요하다고 주장하고 있다. 정부는 거짓말은 그 자체로 수정헌법 제1조의 가치가 없고, 보호되는 언론의 위축을 막기 위해 필요한 한도까지만 보호된다고 주장하고 있다. 비록 법이 피상고인의 말을 금지하고 있다 하더라도 정부는 보호되는 언론, 예를 들면 메달의 이념이나 군대의 중요성을 비판하는 언론을 위해 숨 쉴 공간을 남겨두었다고 주장하고 있다. 정부의 주장은 법의 합헌성을 뒷받침하기에 충분하지 않다.

# II

"일반적으로 수정헌법 제1조는 정부가 메시지나 사상, 대상, 내용 때문에 표현을 억압할 권한이 없다는 것을 의미한다." Ashcroft v. American Civil Liberty Union, 535 U.S. 564, 573(2002). 그 결과 헌법은 내용에 기초한 언론의 제한을 무효로 추정하고 … 정부는 합헌성의 입증책임을 부담한다." Ashcroft v. American Civil Liberty Union, 542 U.S. 656, 660 (2004).

내용에 기초한 제한이 가하는 자유로운 표현에 대한 실질적이고 광범위한 위협에 비추어 볼 때, 연방대법원은 "수정헌법 제1조의 적용범위를 판단하기 위해 상대적인 사회적 비용과 혜택을 임시로 비교하는 방법에 의한 … 막연한 심사를 놀랍고도 위험한" 것으로 거부하였다. United States v. Stevens, 559 U.S. ___, ___ (2010) 그 대신에 내용에 기초한 언론의 제한은 원칙적으로 오랫동안 법조계에 익숙한 역사적이고 전통적인 몇 가지 범주에 국한된다. 이러한 범주가운데는 급박한 불법행위를 자극할 목적의 공개 옹호, Brandenburg v. Ohio, 395 U.S. 444 (1969); 음란, Miller v. California, 413 U.S. 15 (1973); 명예훼손, New York Times Co. v. Sullivan, 376 U.S. 254 (1964)(공인에 대한 언론을 실질적으로 보호), Gertz v. Robert Welch, Inc., 418 U.S. 323 (1974)(사인의 명예훼손책임에 일정한 제한을 가함); 범죄행위에 필수적인 언론, Giboney v. Empire Storage & Ice Co., 336 U.S. 490 (1949); 이른바 "폭언", Chaplinsky v. New Hampshire, 315 U.S. 568 (1942); 어린이 포르노, New York v. Ferber, 458 U.S. 747 (1982); 사기, Virginia Bd. of Pharmacy v. Virginia Citizens Consumer Council, Inc., 425 U.S. 748, 771 (1976); 진정한 협박, Watts v. United States, 394 U.S. 705 (1969); 정부가 방지할 권한을 갖고 있는 심각하고 급박한 위협을 드러내는 언론, Near v. Minnesota ex rel. Olson, 283 U.S. 697, 716 (1931)이 있다. 마지막 범주의 제한이 가장 인정되기 어려운 것이다. New York Times Co. v. United States, 403 U.S. 713 (1971). 이러한 범주들은 연방대법원의 자유 언론 전통속에서 역사적인 근거를 갖고 있다. 우리의 전통속에서 항상 보호되는 언론과 사상의 자유의 넓은 영역은 이러한 범주와 법리를 지킬 때 보호될 수 있고 더

욱 확대될 수 있다.

거짓말에 대한 수정헌법 제1조의 일반적인 적용배제는 내용에 기초하여 언론을 규제하는 몇 가지 범주속에는 없다. 이것은 만약 공적이고 사적인 대화에서 견해를 자유롭게 그리고 활발하게 표현한다면, 즉 수정헌법 제1조가 보장하는 표현이 허용된다면 허위 주장이 불가피하게 나타날 수밖에 없다는 상식적인 이해와 맞는다.

정부는 이러한 전제에 동의하지 않고 있다. 정부는 거짓말이 가치가 없고 수정헌법 제1조의 보호를 받지 않는다는 주장을 뒷받침하기 위해 선례를 인용하고 있다. 선례에서 언급된 내용들은 거짓말이 일반적으로 헌법의 보호를 받지 못한다는 정부의 주장을 뒷받침하지 못하고 있다. 예를 들면 연방대법원은 "허위사실은 사상의 시장에서 진실추구 기능을 방해하기 때문에 특히 가치가 없고," Hustler Magazine, Inc. v. Falwell, 485 U.S. 46, 52 (1988), 허위 주장은 "진실한 말과 똑 같은 방식으로 수정헌법 제1조에 의해 보호되지 않는다." 고 판시하였다. Brown v. Hartlage, 456 U.S. 45, 60-61 (1982). Virginia Bd of Pharmacy 판결, 771쪽(허위 언론은 상업적이든 아니든 그 자체로 보호되지 않는다); Herbert v. Lando, 441 U.S. 153, 171 (1979)(허위 정보의 전파는 그 자체로 수정헌법 제1조의 적격이 없다); Gertz 판결, 340쪽(허위 사실을 말하는 것에 헌법 가치가 없다); Garrison v. Louisiana, 379 U.S. 64, 75 (1964)(허위임을 알거나 진실을 경솔하게 무시하고 허위사실을 말하는 것은 헌법의 보호를 받지 못한다).

이러한 인용문구는 모두 명예훼손, 사기, 또는 다른 사생활의 침해나 소송남용비용과 같이 거짓말과 연관되어 적법하게 인정된 피해를 검토한 사건들로부터 나온 것이다. 그 판결들에서 문제가 되는 거짓말은 우리의 분석과 무관하지는 않았지만 결정적이지 않았다. 법원은 정부가 제시한 논리 – 거짓말은 수정헌법 제1조의 보호를 받지 않는다 – 를 인정하지 않았다. 우리의 선례는 이 사건법과 같이 허위성만을 대상으로 삼은 법령을 다루지 않았다.

나아가 명예훼손과 사기 사건을 검토할 때에도, 법원은 허위성만으로는 언론이 수정헌법 제1조의 보호에서 제외되기에 충분치 않다고 주의깊게 판시하였다. 허위임을 알고 있거나 경솔하게 무시한 허위여야 한다. Sullivan, 280.

그래서 정부는 이 원칙을 새로운 용도로 사용하려고 하고 있다. 정부는 명예훼손사건에서조차 책임이 제한되는 법리를 변경하여 다르고도 더 넓은 담론과 표현의 영역에서 책임을 확장하는 법리로 바꾸려고 하고 있다. 명예훼손사건에서 피해회복의 조건으로 진실임을 알거나 경솔하게 무시하고 허위사실을 말해야 한다는 요건은 더 많은 언론을 허용하기 위해서 존재하는 것이지 언론을 제한하기 위해서가 아니다. 어떤 언론을 허용하기 위한 법리가 언론을 제한하는 법리의 근거가 되어서는 안 된다.

정부는 법원이 일반적으로 허용하는 거짓말에 대한 3가지 규제 사례를 제시하였다. 첫째, 공무원에게 한 거짓말의 형사처벌, 18 U.S.C. §1001, 둘째, 위증처벌법, §912, 셋째, 공무원 또는 정부를 위해 일한다고 말하는 사칭행위의 금지. §709. 그러나 이러한 규제들로 인하여 모든 거짓말의 금지가 수정헌법 제1조의 심사로부터 면제된다는 원칙이 확립된 것은 아니다.

정부 공무원에게 거짓말하는 것을 금지한 연방법은 "입법, 사법, 행정부가 관할하는 문제에 대해서 실질적인 거짓, 허구, 사기성 말이나 설명을 하는 사람을 처벌하고 있다." §1001. 공공의 문제에 관하여 공무원에게 거짓말을 하는 행위를 금지한 §1001은 거짓말이 어느 때 어느 맥락에서 누구에게 하더라도 보호되지 않는 것으로 확대되지 않는다.

법원이 연방법과 주법의 위증처벌법이 의문의 여지없이 합헌이라고 확인한 것도 마찬가지다. 위증이 단지 거짓이기 때문에 수정헌법 제1조의 보호를 받지 못한다는 것이 아니다. 위증으로 인하여 법원은 진실에 따르지 않는 판결을 할 수 있기 때문에 위증은 정의에 어긋난다. 위증은 법의 기능과 본분을 손상시키고 법률체계의 기본이 되는 판결의 완전성을 위협한다. 다른 상황에서의 말과 달리, 선서 후 증언은 공식적인 정부 조치, 종종 다른 사람의 권리와 자유에 영향을 미치는 조치의 기초가 될 수 있다는 것을 환기시켜 주기에 필요한 형식과 무게감을 갖고 있다. 선서증언은 선서하지 않고 단지 우쭐대기 위해 말하는 거짓말과 매우 다르다.

정부를 대신하여 말한다고 사칭하거나 공무원을 사칭하는 것을 금지하는 법률은 단지 거짓말을 제한하는 것과 달리 정부절차의 완전성을 보호한다. 예를 들면 18 U.S.C. §912는 미국정부의 공무원 또는 피고용인을 사칭하는 것을 금지하고 있다. 그 법이 기망으로 인한 실제 금전 또는 재산 손실을 입증하는 것을 요구하지는 않고 있다 하더라도, 법은 정부 서비스 자체의 일반적인 좋은 평판과 품위를 유지하는 것에 국한되어 있다. 연방수사국과 같은 연방 직원의 이름을 허락없이 사용하거나, 사채를 회수하면서 공식 승인을 받았다는 의미를 전달하기 위해서 "연방" 또는 "미국"과 같은 단어의 사용을 금지하는 것도 마찬가지이다. 범죄의 구성요소인 말이나 사기가 관련되어 있는 범위에서 이러한 예들은 이 사건에 적용될 수 없다. 이 사건 의견은 거짓말이 보호되지 않는 일반적인 범주에 속하는 것으로 추정되어야 한다는 개념을 거부한다.

비록 수정헌법 제1조가 그 보호범위를 벗어나는 새로운 종류의 언론을 공표하는 자의적인 권한에 반대한다 할지라도, 법원은 역사적으로 보호되지 않지만 판례법에서 특정하여 확인되거나 논의되지 않은 일부 언론들이 존재한다고 인정해왔다. 그러나 어떤 언론을 내용에 기초한 규제의 대상에서 제외하기 전에, 내용에 대한 새로운 제한이 (지금까지 인정되지 않았다면) 오래된 금지 전통에 속한다는 설득력있는 증거가 법원에 제시되어야 한다. 정부는 이 점에서 거짓말이 일반적으로 보호되지 않는 새로운 유형의 언론에 해당되어야 한다는 점을 입증하지 못했다.

## III

표현의 자유와 관련하여 예상되는, 그리고 법적용의 부정적인 결과는 기본적으로 내용에 기초한 언론의 금지를 불신하는 이유를 보여주고 있다. 법은 조문상으로 어느 때 어느 장소에서 누구에게나 한 거짓말에 적용된다. 연극에는 적용되지 않을 것이다. 법의 광범위한, 전례없는 적용범위는 수정헌법 제1조와 충돌한다. 이 사건에서 공개 모임에서 거짓말을 했으나, 법은 가정내에서 개인적인, 속삭이는 대화에도 마찬가지로 적용될 것이다. 법은 거의 제한없는 시간과 환경속에서 하나의 주제에 대한 모든 거짓말을 통제하고 억압하려고 하고 있다. 그리고 실질적인 이익을 얻을 목적으로 했는지 여부와는 전적으로 무관하다. 정부가 이러한 말이 범죄라고 규정하는 것을 허용하면, 지붕에서 소리치든, 거의 들을 수 없게 속삭이든, 거짓말을 하면 처벌되는 대상을 선택하는 권한을 허용하게 될 것이다. 우리의 헌법 전통은 우리가 오세아니아의 진실청(조지 오웰의 1984)을 필요로 한다는 관념에 반대한다. 이 법이 유효하다면 연방정부나 주가 선택(및 금지)할 수 있는 무수한 대상이 존재하게 될 것이다. 사기 또는 돈벌이나 다른 유용한 고려와 관련하여 허위주장을 하는 경우, 정부가 수정헌법 제1조와 무관하게 제한할 수 있다는 것은 당연하다. 그러나 이 사건 법은 그 적용범위가 제한적이지 않다. 만약 법원이 실질적인 이익을 얻기 위해서 사용되었다는 증거가 없는데, 진실한 논의가 필요하다는 이유만으로 언론의 금지를 허용한다면, 정부에게 법원의 판례나 우리의 헌법 전통에 존재하지 않는 넓은 검열권한을 부여하게 될 것이다. 만약 자유 언론, 사상, 담론이 우리 자유의 기초라면 이러한 잠재적인 권한 행사 가능성만으로도 수정헌법 제1조가 허용할 수 없는 위축효과를 가져올 것이다.

## Ⅳ

지금까지의 논의는 법이 자유 언론 원칙과 충돌한다는 것을 충분히 보여주고 있다. 그러나 좁은 적용범위를 살펴보아도 법은 살아남을 수 없다. 언론의 내용에 기초한 제한을 평가함에 있어서 법원은 자의적인 접근을 채택하지 않고, 가장 정밀한 심사를 적용하였다. 비록 정부가 법을 통해 이루고자 하는 목적이 의미가 없지는 않지만, 법이 정밀심사를 통과하지 못했다.

정부가 군사훈장이 군복무중 영웅적인 행동과 희생에 대한 고마움을 표현하는 중요한 공적인 기능을 수행하고 있고, 군인들의 임무수행과 단결심을 고양하고 있다고 말하는 것은 정당하다. 조지 워싱턴 장군은 용맹에 대한 보상은 “군인들에게 도덕적인 열망을 키우고 군대의 모든 종류의 장점을 장려하고 촉진할 것이다.”라고 보았다. 시간이 지나도 이러한 생각은 변함이 없다. 평화시기와 마찬가지로 전쟁시기에 군인들의 용맹과 고귀한 희생에 대한 공식적인 인정은 군대가 임무를 수행하기 위해 필요한 자부심과 국가의 결의를 강화시킨다.

이러한 이익은 일반적으로 군대 명예 체계, 그리고 특히 명예훈장의 완전성과 관련이 있다. 비록 용감한 결의를 갖고 수백만명이 복무하였지만, 적군에 대한 군사적인 용맹의 가장 영예로운 보상을 수여한 것은 3,476번뿐이다. 1861년에 시작된 훈장은 의무를 넘어서서 목숨을 건 용감하고 대담한 행위를 통해 뚜렷한 업적을 세운 사람들에게 수여되었다. 훈장을 받은 다음 사람들의 이야기는 감동을 주었다. 다코다 시장은 2009년 36명의 목숨을 구하기 위해 탈레반이 매복하는 지역 한복판으로 5차례 차를 몰고 갔다. 데스몬드 도스는 오키나와의 군의관으로 복무하면서 1945. 6. 5. 동료병사 76명을 구조했고, 부상을 당한 후에도 들 것을 양보하여 다른 사람들이 안전하게 이송되도록 하였다. 머리, 가슴, 다리, 팔에 총상을 입은 윌리엄 카니는 1863년 7월 북부연합군이 와그너항을 공격하는 동안 국기가 바닥에 쓰러지지 않게 들고 있었다. 훈장이 기념하는 용기있는 행동으로 인하여 트루만 대통령은 미국의 대통령이기보다 훈장을 목에 걸고 싶다고까지 이야기하였다. 명예훈장의 고귀함을 보호하려는 정부의 이익에 대해서는 이론의 여지가 없다.

그러나 정부의 중대한 이익을 언급하는 것으로 문제가 끝나는 것은 아니다. 수정헌법 제1조는 문제된 말에 대한 정부의 제한이 그 이익을 지키기 위해 실질적으로 필요하다는 것을 요구한다. 부과된 규제와 방지되어야 하는 피해 사이에 직접 인과관계가 있어야 한다. 군대 훈장 체계의 고귀함을 보호하려는 정부의 이익과 피상고인과 같은 거짓말쟁이의 허위 주장을 규제하려는 법 사이의 관계는 입증되지 않았다. 정부는 허위 주장이 군대 훈장의 가치와 의미를 떨어뜨리는 경향을 가지고 있다는 것이 상식이라고 주장하고 있다. 사칭하는 사람이 훈장을 갖고 있다고 거짓말했을 때, 훈장의 고귀한 목적을 훼손하고 명예를 떨어뜨리며 훈장이 실제 보다 더 자주 수여된다는 인상을 준다는 것은 인정되어야 한다. 나아가 거짓말은 실제 훈장을 받은 사람들을 불쾌하게 할 수 있다. 거짓말이 그들을 가짜와 같은 가치없는 사람으로 치부할 때, 그들의 용기와 고귀한 목적을 모욕한다는 견해도 있을 수 있다.

그러나 이러한 이익은 언론을 규제하려고 할 때 정부가 져야 하는 무거운 입증책임을 만족시키지 못한다. 정부는 일반인의 군대 훈장에 대한 인식이 알바레즈가 한 말과 같은 거짓말에 의해 나빠진다는 주장을 뒷받침하는 증거를 제시하지 않았다. 정부 측 법정조언자는 "알바레즈와 같은 허풍쟁이가 훈장을 받은 사람의 명예를 더럽히기 위해 할 수 있는 일은 없다."고 언급하고 있다. 비록 훈장을 받은 사람들이 화가 나고 기분나쁘다 하더라도 이러한 인식이 정상적이다.

정부는 왜 그 이익을 보호하기 위해 반론으로 충분하지 않는지를 입증하지 않았고 입증할 수도 없을 것이다. 이 사건의 사실관계는 자유 언론, 반론, 반박의 활력이 거짓말을 이길 수 있다는 것을 가리키고 있다. 피상고인은 공개 모임에서 거짓말을 했다. 연방수사국이 그의 거짓말을 조사하기 전에 이미 "알바레즈는 가짜로 알려졌다." 거짓말이 공개되자 그는 온라인상에서 조롱당했고, 언론에 보도되었으며, 동료 위원은 그의 위원직 사퇴를 요구하였다. 다른 거짓 주장자도 비슷한 운명에 처할 것이라고 믿을만한 이유가 있다(거짓 주장자들의 공개와 관련한 수많은 사례들 참조). 참으로 피상고인의 거짓말에 대한 분개와 경멸은 훈장과 훈장을 받은 사람, 고귀한 목적에 대한 대중의 존경을 다시 일깨우고 강화시키고 있다. 명예훈장을 받은 사람들이 받는 갈채는 대중이 허풍선이의 주장에 의해 오도된다거나 훈장을 받게 된 영웅적인 행위에 대해 냉소적이 될 것이라는 주장에 의문을 갖게 한다.

허위 언론에 대한 구제책은 진실 언론이다. 이것이 자유 사회의 정상적인 과정이다. 불합리에 대한 대응은 이성이다. 무지에 대한 대응은 계몽이다. 완전한 거짓말에 대한 대응은 단순한 진실이다. Whitney v. California, 274 U.S. 357, 377 (1927) (브랜다이스 대법관 동조의견)(만약 토론을 통해 거짓과 착오를 드러낼 시간이 있다면, 교육과정을 통해 해악을 막을 시간이 있다면, 필요한 구제수단은 더 많은 언론이지 강요된 침묵이 아니다. 우리의 헌법이론에 따르면 "가장 좋은 진실 검사는 시장의 경쟁속에서 진실로 받아들이게 하는 사상의 힘이다." Abrams v. United States, 250 U.S. 616, 630 (1919)(홈즈대법관 반대의견). 수정헌법 제1조는 우리가 좋아하지 않는 언론에 대응할 권리를 보장하고 있다. 언론 및 사상의 자유는 국가의 시혜가 아닌 사람의 양도할 수 없는 권리로부터 나온다. 정부가 언론을 억압하면 거짓의 폭로를 더욱 어렵게 만든다. 사회는 공개되고 역동적이며 합리적인 논의에 참여할 권리와 시민의 의무를 보유하고 있다. 정부가 내용에 기초한 규제를 통해 공개 토론을 조정하려고 할 때 이러한 목적을 이루기 어렵다.

정부는 반론으로는 충분하지 않다는 우려를 나타내면서, 일부 군대 기록들이 없어졌기 때문에, …일부 주장은 (진위를) 확인할 수 없다고 답변하고 있다. 그러나 확인할 수 있는 기록이 없으면, 법에 따른 형사기소가 더 어려워질 것이기 때문에 이 내용은 관련성이 거의 없다. 공개 반박으로 정부의 목적을 달성할 수 없다면 법도 마찬가지이다. 또한 정부는 많은 거짓 주장이 시정되지 않고 남아 있을 것이라고 주장한다. 정부는 그 주장을 뒷받침하는 자료를 제시하지 않았다. 그리고 어떤 경우에도 공개 반박이 적절한 대안이 아니라는 점을 보여주기 위해서는 정부는 거짓말이 일반인의 군대에 대한 인식과 훈장체계의 완전성을 훼손한다는 점을 밝혀야 한다. 이러한 입증은 없다.

알바레즈의 거짓말을 들었던 훈장의 진짜 보유자는 공동체가 표출한 분노와 훈장에 대한 국가의 경의에 의해서 명예를 완전히 회복하였을 것이라고 가정하는 것이 타당하다. 정부의 목적에도 동일하게 말할 수 있다. 미국인은 군대 영웅이 우리의 전통속에서 차지하고 있는 특별한 지위에 대한 경의를 표현하기 위해 형사기소라는 도움을 필요로 하지 않는다. 취약한 사회만이 진실을 보존하기 위해 정부의 보호나 간섭을 필요로 한다. 진실을 옹호하기 위해 수갑이나 배지가 필요하지 않다.

나아가 정부가 보호되는 언론을 규제하려고 할 때, 그 제한은 가능하고 효과적인 대안 중에서 가장 덜 제한적인 수단이어야 한다. 그러나 정부가 군대 훈장체계의 완전성을 보호하기 위한 수단으로 언론 제한이 덜한 방법이 한 가지 있다. 정부가 명예훈장을 받은 사람의 명단을 데이터베이스로 만들 수 있다. 그 데이터베이스를 인터넷으로 접속할 수 있다면 거짓말을 쉽게 확인하고 폭로할 수 있을 것이다. 이미 이와 비슷한 데이터베이스를 만든 사람들도 있고 온라인상으로 충분히 검색할 수 있는 데이터베이스가 있다. 법무차관은 비록 의회와 국방성이 2008년에 데이터베이스를 만들 것인지 조사했지만, 정부는 그러한 데이터베이스는 비실용적이고 너무 포괄적이라고 결론내렸다고 답변하고 있다. 특히 명예훈장을 받은 사람들의 데이터베이스가 존재하고 있는 상황에서 추가 설명이 없다면 정부의 주장을 평가하기 어렵다.

정부는 이러한 비판들에 대해 답변할 수 있을 것이나 법률의 필요성, 정밀심사가 요구하는 필요성을 분명하게 밝히지 못했다.

* * *

국가는 수정헌법 제1조가 치르는 비용중의 하나는 우리가 받아들이는 언론뿐만 아니라 우리가 혐오하는 언론도 보호한다는 것을 잘 알고 있다. 비록 피상고인의 말이 경멸대상이 아니라고 보는 사람은 거의 없다 할지라도, 그렇게 말할 그의 권리는 헌법이 보장하는 언론과 표현의 자유에 의해 보호된다. 이 사건 법은 수정헌법 제1조가 보호하는 언론을 침해하였다.

항소법원의 판결을 인용한다.

**[대법관 브레이어의 동조의견**(대법관 케이건 참여)**]**

나는 2005년의 이 사건 법이 수정헌법 제1조를 위반하였다는 다수의견(the plurality[183])을 지지한다. 그러나 나는 엄격한 범주 분석에 따라 결론을 내리지 않는다. 그보다는 나는 정부가 덜 제한적인 방법으로 정당한 목적을 달성할 수 있는 반면, 법이 수정헌법 제1조에 피해를 야기한다는 사실에 근거하여 결론을 내린다.

## I

법이 수정헌법 제1조를 위반했는지를 결정하면서, 이 법원은 법의 목적과 수단 사이의 적합성을 조사하는 것이 적절하다고 인정했다. 그러면서 언론 관련 피해, 정당성, 잠재적인 대안을 검토하였다. 특히 조항이 야기할 언론관련 피해의 심각성, 조항 목적의 성격과 중요성, 조항이 달성하고자 하는 목적의 범위, 덜 제한적인 방법이 있는지 여부를 고려하였다. 궁극적으로 법원은 법이 정당성에 비례하지 않는 언론 관련 피해를 일으키는지를 결정해야 했다.

때때로 법원은 이러한 접근을 "중간심사", "비례" 심리, "적합성" 조사 라고 말하거나, 때때로 명칭을 붙이는 것을 회피하였다. Turner Broadcasting System, Inc. v. FCC, 512 U.S. 622, 641-652 (1994)(중간 심사); Randall v. Sorrell, 548 U.S. 230, 249 (2006)(다수의견 plurality opinion)(비례); Board of Trustees of State Univ. of N.Y. v. Fox, 492 U.S. 469, 480 (1989)(이익에 비례하여 목적과 수단 사이의 적합성을 요구); In re R.M.J., 455 U.S. 191, 203 (1982)(언론 방해는 실질적인 정부 이익에 비례하여야 한다); Pickering v. Board of Ed. of Township High School Dist. 205, Will Cty., 391 U.S. 563, 568 (1968).

183) 옮긴이 주) 과반수(the majority)가 되지 못한 다수의견.

명칭에 관계없이, 법률이 헌법적으로 보호되는 이익에 부정적인 영향을 미치지만 거의 자동적인 비난(엄격 심사 적용)을 받지는 않거나, 거의 자동적인 승인(합리성 원칙 rational basis 심리)을 받지 않는 많은 사례에서 만약 수정헌법 제1조가 적정한 보호를 제공하여야 한다면 그러한 접근은 필요하다. Turner Broadcasting System, Inc. v. FCC, 512 U.S. 622, 641-652 (1994)(당연히 이행되어야 할 케이블 규제); Central Hudson Gas & Elec. Corp. v. Public Serv. Comm'n of N.Y., 447 U.S. 557, 566 (1980)(오도하지 않는 상업 언론); Burdick v. Takushi, 504 U.S. 428, 433-434 (1992)(선거규제); Pickering, 568(공무원 언론); United v. O'Brien, 391 U.S. 367, 377 (1968)(표현적인 행동에 일반적으로 적용될 수 있는 법의 적용). 나는 이 접근을 설명하기 위해 "비례"라는 용어를 사용해왔다. Thompson v. Wesrern States Medical Center, 535 U.S. 357, 388 (2002)(반대의견); Bartnicki v. Vopper, 532 U.S. 514, 536 (2001)(별개의견); Nixon v. Shrink Missouri Government PAC, 528 U.S. 377, 402-403 (2000)(별개의견). 그러나 이 사건에서 법원의 "중간 심사"라는 용어가 우리가 해야 할 바를 설명하고 있다.

반대의견이 지적하듯이, "주가 거짓 언론을 형사처벌하는 시도가 진실한 언론을 억압하는 심각하고 받아들일 수 없는 위험을 낳은 많은 영역이 있다" 철학, 종교, 역사, 사회과학, 예술 등을 제한하는 법이 그러한 우려를 제기하고 있고 엄격 심사를 요청하고 있다. 그러나 이 사건은 이러한 법과 관련이 없다. 이 사건처럼 쉽게 확인가능한 사실에 대한 거짓 진술을 규제할 경우 가치있는 생각을 억압하는 위험은 더 적다. 그러한 사실의 거짓 진술은 진실한 사실의 진술보다 사상의 시장에 기여하는 가치가 적을 것이다. 정부가 종종 그러한 허위 언론을 금지하는 타당한 이유를 가지고 있다. 그럼에도 불구하고 그 규제는 언론에 관련된 피해를 위협할 수 있다. 그러한 상황 때문에 나는 법원이 이 사건에서 "중간 심사"의 적용에 동의하게 한다.

## Ⅱ

### A

이 사건 법은 의회가 미국 군대를 위해 허가한 훈장 또는 메달을 받았다고 거짓으로 말하는 것을 범죄로 규정하고 있다. 18 U.S.C. §704(b). 나는 거짓임을 알면서도 진실로 받아들여진다는 의도로 허위사실을 말한 행위만 처벌한다고 정부에 유리하게 법을 이해한다. 그렇게 해석되면서 법은 거짓말만을 대상으로 한다. 그러나 이 해석으로 법이 수정헌법 제1조의 가치를 위협하는 정도를 줄였다 할지라도, 그 위협을 제거하지 못한다.

나는 정부가 지적하듯이, 연방대법원이 허위 사실 진술이 수정헌법 제1조의 보호를 거의 받지 못한다고 말했거나 암시해왔다고 인정해야 한다. BE&K Constr. Co. v. NLRB, 536 U.S. 516, 531 (2002)(허위 진술은 그 자체로 보호될 수 없다); Hustler Magazine, Inc. v. Falwell, 485 U.S. 46, 52 (1988)(허위 사실 진술은 특히 가치가 없다); Gertz v. Robert Welch, Inc., 418 U.S. 323, 340 (1974)(사실에 관한 잘못된 진술은 헌법적 보호를 받을 가치가 없다)

그러나 이러한 판시내용이 전혀 보호를 받지 않는다고 이해될 수 없다. 허위 사실 진술들은 인간의 유용한 목적에 기여할 수 있다. 예컨대 사회적인 맥락에서 그들이 당황스러움을 방지, 사생활을 보호, 사람을 편견으로부터 보호, 어린이의 순진무구함을 보전하는 경우; 공적인 맥락에서, 그들이 공포를 중단시키거나 또는 달리 위험에 직면하여 침착함을 보전; 기술, 철학, 과학의 맥락에서, (소크라테스 방법이 암시하듯이) 거짓 진술(비록 의도적으로 행해졌다고 할지라도) 궁극적으로 진실을 깨닫도록 도움을 주는 사고방식을 향상시킬 수 있는 경우. New York Times Co., 279, 주 19(거짓 진술도 공적인 토론에 가치있는 기여를 한다고 볼 수 있다. 왜냐하면 잘못과 대립되면서 진실을 더 명확하게 인식하고 더 생생하게 느끼기 때문이다. 존 스튜어드 밀의 자유론 인용)

나아가 법원이 가끔 말하듯이, 거짓 진술의 형사처벌 위협은 발언자가 진실한 진술을 하는 것을 금지할 수 있고 이로 인하여 수정헌법 제1조의 핵심에 자리잡고 있는 종류의 언론을 위축시킬 수 있다. Gertz 340-341. 그래서 법원은 우발적으로 발언에 책임을 질 수 있다는 순수한 발언자의 두려움을 줄여서 좀 더 가치있는 발언을 위한 "숨 쉴 공간"을 제공할 필요성을 강조했다.

좋은 동기든 나쁜 동기든, 생각이 있는 없든, 피해가 수반되는 안 되든, 거짓 진술이 퍼지는 것은 허위성을 기소하는 넓은 권한을 가진 정부에 무기를 제공한다. 그리고 인기없는 사람들은 정부가 그 무기를 선택적으로 사용, 즉 비슷한 거짓 주장을 하는 다른 정치 단체의 회원들은 무시하면서, 전쟁영웅이었다고 (거짓으로) 주장하였다는 이유로 평화주의자를 기소할까 두려워할는지 모른다.

또한 나는 많은 법률들과 보통법 이론들이 어떤 종류의 허위진술들을 불법으로 하고 있다고 인정한다. 그러나 그러한 금지는 이 사건의 법보다 더 제한적이다. 확인가능한 피해자에 대한 특정한 피해의 증명을 요구하거나, 다른 사람들에게 실제 피해가 발생할 것 같은 맥락에서 거짓말을 하거나, 특히 피해를 가할 것 같은 거짓말만을 금지하는 등 법적용의 범위를 제한하고 있다.

예컨대 사기법률들은 전형적으로 피해자가 의존하고 현실적인 피해를 일으킨 실질적인 허위진술의 증거를 요구하고 있다. 불법행위론(2 §525 (1976). 명예훼손법률들은 사람의 명예를 손상하거나 제3자가 피해자와 제휴하거나 거래하는 것을 막는 유형의 진술에 초점을 맞추고 있다. §§558, 559. 정신적인 고통의 의도적인 유발(피해자를 사실과 다르게 비치도록 하는 것과 관련된 불법행위처럼)에 관한 불법행위는 특정 피해자에게 정신적인, 고귀한, 사생활이 관련된 종류의 피해를 일으키는 거짓과 관계가 있다.

위증 법률들은 실질성의 증명을 요구하면서 선서아래 허위진술을 금지하고 있다. 18 U.S.C. §1621. 공직자에게 (선서없이) 거짓말하는 것을 금지한 법률들은 전형적으로 거짓말이 정부 기관의 기능을 방해함으로써 특정 및 특별한 피해를 일으킬 것 같은 상황으로 제한되어 있고, 역시 실질성의 증명을 요구하고 있다.

테러리스트 공격에 관한 거짓 주장 또는 범죄 실행이나 재난에 관한 거짓말을 금지하는 법률은 실질적인 공공의 피해가 직접 예측될 수 있다는 증거를 요구하고 있다. 47 CFR §73.1217(2011)(예측가능성과 현실적이고 실질적인 피해의 증명 요구); 18 U.S.C. §1038(a)(1)(테러리스트 공격이 발생하였다거나 발생하고 있다거나 발생할 것이라고 주장하는 허위 진술을 알면서도 하는 행위 금지).

공직자의 사칭을 금지하는 법률들은 전형적으로 단순한 말이 아니라, 사칭하는 행동에 초점을 맞추고 있고, 사기성 행동이 없었다면 하지 않았을 행위를 속아서 한 것과 같은 증명을 요구하고 있다.

상표침해를 금지하는 법률들은 아마도 이 사건 법률과 가장 비슷하다. 상표는 상품의 출처를 확인한다; 침해는 잠재적인 소비자들 사이의 (출처에 관한) 혼동을 일으키고 이로 인하여 상표의 소유자와 소비자, 경제에 상표의 가치를 희석시킴으로써 피해를 일으킨다. 비슷하게 메달이나 다른 훈장을 갖고 있다고 거짓으로 주장하는 것은 누가 받을 자격이 있는지에 관하여 혼동을 일으켜서 이를 받은 사람들과 그 가족들, 나라에게 그 가치를 희석시키게 된다. 그러나 상표법들은 상표의 가치를 희석시킬 수 있는 상업적인 광고 활동에 초점을 맞추고 있다. 상표법들은 전형적으로 혼동가능성의 증명, 피해가 실제 발생할 개연성의 증명을 요구하고 있다.

이 목록들이 전부가 아니지만, 특정한 문제에 대한 거짓말이라 해도 거짓말을 제한없이 단순히 금지하는 법률은 거의 없다는 것을 보여주기에 충분하다. 이러한 거의 모든 제한 사례에서, 피해 증명 요건은 특정한 피해가 발생할 개연성이 있는 거짓말들로 법의 적용범위를 좁히고 있다. 그러한 제한은 법률이 확실하게 책임이나 형사처벌의 위협이 널리 퍼지지 않도록 하고, 피해가 발생하지 않거나 금지의 필요성이 적은 맥락에서 거짓말하는 행위를 금지하거나 위축시키는 것을 허용하지 않도록 도와준다.

이 사건의 법은 그러한 제한 특성이 없다. 발언자가 개인적으로 아는 범위내에서 쉽게 확인가능한 사실에 관하여 알면서도 의도적으로 하는 거짓 행동을 금지함으로써 가치있는 언론이 위축되는 것을 줄인다고 해석될 수 있다. 그러나 법은 여전히 광범위하게 미친다. 그 광범성은 수정헌법 제1조의 피해가 발생할 상당한 위험을 낳는다. 위에서 쓴 바와 같이, 거짓말이 거의 피해를 유발하지 않을 가족, 사회, 다른 사적인 맥락에서도 적용된다. 또한 비록 그러한 거짓말이 피해를 일으킨다 하더라도, 검사들이 선택적인 검열을 할 위험이 높은 정치적인 맥락에도 적용된다. 군대에서 수여한 많은 상들(사격대회 메달부터 의회 명예훈장까지)과 함께 개인 기억의 잠재적인 흐릿함을 고려할 때, 법의 요건으로 완벽하게 제거되지 않는 위축의 위험은 남는다. 발언자는 비록 책임져야 할 고의를 갖지 않았다 하더라도 여전히 부주의한 거짓말때문에 기소될까 걱정할 수 있다. 그리고 금지되어서는 안 되는 경우, 예를 들면 술집 의자에 앉은 허풍선이 또는 정치판에서 정부가 싫어하는 발언자를 치밀하게 선택하여 금지하는 식으로 적용될 수 있다. 이러한 고려 때문에 나는 법률이 수정헌법 제1조의 중요한 피해를 유발한다고 믿게 된다.

B

다수의견과 반대의견처럼, 그럼에도 불구하고 나는 법이 실질적인 정당성을 갖고 있다고 믿는다. 이 나라를 위해 신체와 생명을 희생한 사람들의 이익을 보호하고 있다. 법은 나라가 군대 훈장의 형태로 그 희생을 인정하는 것을 그대로 보전함으로써 그 이익을 보호하고 있다. 그러한 명예를 얻지 못한 사람들의 거짓말을 허용하는 것은 상의 가치를 떨어뜨리게 된다. 국가는 군대의 상을 받았다고 주장하는 사람들이 진실을 말하지 않는 한, 나라의 명예를 위해 많은 것을 희생한 사람들의 명예를 완전히 지킬 수 없다. 그래서 법은 실질적으로 상쇄되는 목적을 달성하기 위해서만 보호되는 이익의 손상을 감수할 수 있다.

C

그러므로 우리는 부담이 적은 방법으로 정부의 목적 달성이 실질적으로 가능한지를 물어야 한다. 내 견해로는 이 질문에 대한 답은 "그렇다"이다. 수정헌법 제1조에 대한 일부 잠재적인 위협은 법을 허위성의 인식을 요구하는 것으로 해석함으로써 경감될 수 있다. 그러나 수정헌법 제1조의 다른 위험, 원래 광범위한 적용범위로부터 나오는 위험은 남게 된다. 허위 사실 언론을 규제하는 다른 많은 종류의 법률의 적용범위 제한이 가리키는 바와 같이, 비슷하지만 더 정교하게 맞춘 법을 제정함으로써 남아 있는 위험을 상당히 줄이거나 제거하는 것이 가능하여야 한다. 예를 들면 모든 군대의 상훈이 같지 않다. 의회는 어떤 것들은 다른 것들보다 더 큰 보호를 받아야 한다고 결정할 수 있다. 그리고 더 정교하게 맞춘 법은 허위 사실 진술을 금지한 다른 법들이 했던 것처럼, 허위 진술이 특정한 피해를 일으키거나 또는 적어도 실질적인 피해였음을 증명하게 하거나 또는 가장 해로울 것 같은 거짓말에 초점을 맞추거나, 그러한 거짓말이 피해를 가장 유발할 것 같은 맥락에 초점을 맞출 수 있을 것이다.

나는 어떤 맥락, 특히 정치적인 맥락에서는 그러한 제한이 항상 쉽게 되는 것이 아닐 것이라고 인정한다. 정치판에서 허위 진술은 행동의 차이(즉, 듣는 이가 발언자를 지지하는 투표를 하도록 유도해서)를 불러 올 것이지만, 동시에 형사 기소는 특히 위험하고(즉, 정치 선거 결과를 급진적으로 변경함으로써), 결과적으로 발언자와 그들의 생각을 검열하는 결과가 쉽게 나타날 수 있다. 그래서 법은 적용범위가 상당히 좁혀져야 할 것이다. 일부 하급 법원들은 대략 정치적인 맥락에서 비교할만하지만 좁게 맞춘 법의 합헌성을 인정하였다. United We Stand America, Inc. v. United We Stand, America New York, Inc., 128 F.3d 86, 93(CA2 1997)(정치기구에 대한 상표법의 적용에 대해 수정헌법 제1조의 이의를 배척); Treasure of the Committee to Elect Gerald D. Lostracco v. Fox, 150 Mich. App. 617, 389 N.W.2d 446 (1986)(수정헌법 제1조 아래서 재직중이라는 거짓 주장을 담은 선거운동 자료를 금지하는 법을 허용). 나는 이러한 판결들의 유효성에 대한 견해를 표명하지 않고, 다수의견처럼 이 분야에서 더 정확한 정보가 순리적으로 거짓말을 이길 수 있을 것이라고 본다. 정확하고 공개적으로 이용할 수 있고 정치적 반대자들이 쉽게 얻을 수 있는 군대 상훈의 등록이 거짓으로 상을 탔다고 주장하는 사람들에 대항하여 상훈의 순수성을 적절하게 지킬 것이다. 그리고 정보 유통 장치와 결합한 더 좁게 제한된 법률이 효과적으로 의회의 목적에 봉사할 것 같다.

정부는 더 정교하게 마련된 법률이 작동하지 않는 이유에 관하여 설득력있는 설명을 하지 않았다. 나의 견해로는 그러한 법은 중요한 입법 목적을 달성하면서도 수정헌법 제1조에 대한 피해 위협을 상당히 줄일 수 있을 것이다. 그래서 나는 현재의 법이 균형에 맞지 않게 헌법적 피해가 크다고 인정한다. 법은 결과적으로 중간심사를 통과하지 못했고, 수정헌법 제1조를 위반하였다.

이러한 이유로 나는 법원의 판결에 동의한다.

**[대법관 알리토의 반대의견**(대법관 스칼리아, 토마스 참여)**]**

가장 용감한 사람에게만 의회 명예훈장이 주어진다. 그러나 오늘 법원은 모든 미국인들은 이 뛰어난 상을 받았다고 주장할 헌법상 권리를 가졌다고 판결하였다. 법원은 군대 훈장에 관한 허위 주장이 퍼지는 것을 막기 위해 제정된 이 사건 법을 폐기하였다. 이러한 거짓말이 군대 명예에 관한 우리나라 시스템을 훼손하고 훈장수상자들과 그들의 가족들에게 실제 피해를 일으키고 있다고 의회가 합리적으로 결론내렸다.

군대 상훈체계를 보호하려는 이전의 노력을 토대로 의회는 이 문제에 대응하여 언론의 자유를 위협하지 않는 제한된 법을 공들여 입안하였다. 법은 발언자가 개인적으로 알고 있는 확실한 사실에 관한 허위 진술만을 대상으로 하고 있다. 이러한 거짓말은 그 자체로 아무 가치가 없고, 이들을 금지하는 것은 유익한 언론을 위축하지 않는다.

그럼에도 불구하고 법원은 수정헌법 제1조가 이들 거짓말을 보호한다고 판결함으로써, 언론의 자유에 관한 권리가 실제 피해를 유발하고 정당한 이익에 봉사하지 않는 허위 사실 진술을 보호하지 않는다고 인정한 오래된 선례들로부터 급격하게 벗어나고 있다. 나는 그 원칙에 따를 것이고 이 귀중한 법의 합헌성을 인정할 것이다.

## I

이 사건 법은 미국 군대의 복무로 훈장, 메달 또는 기장을 받았다고 사칭하는 행위를 경범죄로 규정하고 있다. 18 U.S.C. §704(b). 타당하게 해석되었을 때, 이 법은 5가지의 중요한 점으로 제한된다. 첫째, 법은 거의 항상 확실하게 진실이나 허위가 증명될 수 있는 객관적인 사실에 대한 허위 진술이라는 좁은 범주에만 적용된다. 둘째, 법은 발언자가 개인적으로 바로 알고 있는 사실에 관련되어 있다. 셋째, 정부가 주장하고, 다수의견 및 동조의견이 겉으로는 받아들이듯이, 법에 따른 유죄는 발언자가 실제로 진술이 허위임을 알았다는 점을 합리적인 의심을 넘어 입증할 것을 요구하고 있다.[184] 넷째, 법은 실제 사실을 말

184) 비록 법은 "인식" 또는 "알고서" 라는 용어를 사용하지 않지만, 우리는 형사법은 "범죄에서 범의 요건이 확고하게 갖추어져야 한다는… 보통법의 기본 규칙에 비추어" 해석되어야 한다고 설명해왔다. Staples v. United States, 511 U.S. 600, 605 (1994). 나아가 "허위로 진술" 문구의 사용은 인식요건을 의미한다.

하는 것으로 합리적으로 해석될 수 있는 진술에만 적용된다. 극 공연, 풍자, 패로디, 과장 등은 대상이 아니다.[185] 마지막으로 법은 엄격하게 견해 중립적이다. 법이 규제하는 허위 진술들은 특히 정치적 또는 이데올로기적인 메시지와 거의 연결될 가능성이 없다. 연결되는 드문 경우에, 그들이 정부, 군대, 군대 명예 체계를 비난하든 칭찬하든지간에 법은 모든 허위진술에 동등하게 적용된다.

이 사건 법은 우리나라 군대의 명예체계를 보호하려는 노력의 오랜 전통에 따르고 있다. 조지 워싱턴이 대륙 군대의 사령관으로서 우리나라 군복무를 위해 "명예로운 수훈 기장"을 만들었을 때, 그는 이러한 상훈이 참으로 받을만한 사람이 받아서 착용하도록 엄격한 체계를 확립했다. General Orders of George Washington Issued at Newburgh on the Hudson, 1782-1783, 35(E. Boynton ed. 1883) (reprint 1973)(사령관에게 뛰어난 공훈의 확고한 증거 제출 요구). 워싱턴은 실제 받지 않은 기장을 건방지게 받은 체 하는 자는 엄벌될 것이라고 경고했다.

이 전통에 입각하여, 의회는 오래 전에 허락없이 군대 훈장을 제조, 판매, 착용하는 자는 연방범죄에 해당하도록 하였다. 18. U.S.C. §704(a). 비록 연방대법원이 특정 조항의 합헌성에 관하여 의견을 표명한 적이 없다 할지라도, 우리는 허락없이 미국 군복을 입는 행위를 범죄로 규정한 §702를 "문면상 유효한 법"이라고 말했다. Schacht v. United States, 398 U.S. 58, 61 (1970).

의회는 군대 상훈의 수령에 관한 허위주장이 퍼지는 것에 대응하여 법을 제정하였다. 예를 들면 한 해에 600명 이상의 버지니아 주민들이 의회 명예 훈장을 받았다고 거짓 주장을 하였다. 인명록(Who's Who)의 온라인판에 최고 군대 상훈을 받은 것으로 나열된 333명을 조사한 결과 적어도 1/3이 입증될 수 없었다. 의회도서관이 참전용사들 구전 역사를 수집했을 때, 스스로 명예훈장을 받았다고 한 49명 중 24명은 실제 그 훈장을 받지 않았다. 수훈십자훈장을 받았다고 주장한 32명과 해군십자훈장을 받았다고 주장한 14명도 마찬가지였다.

185) Black's Law 사전 1327("진술"을 "사실의 발표"로 정의). Milkovich v. Lorain Journal Co., 497 U.S. 1, 20 (1990)(법원은 "개인에 대한 실제 사실들을 말하는 것으로 합리적으로 해석"될 수 없는 진술을 보호하여, "공적인 논의가 전통적으로 우리나라의 담론에 상당히 기여한 상상력이 풍부한 표현 또는 수사적인 과장 부족에 시달리지 않도록 하였다"(Hustler Magazine 판결 인용)).

의회의 관심을 끈 악명높은 사례에는 명예훈장 2개를 받았다고 거짓으로 주장하면서 모조 훈장을 법정에 전시한 판사 : 은성훈장을 받았다고 거짓으로 주장한 TV 군 상담자; 청동성장과 퍼플 하트 훈장을 받았다고 거짓말한 해병대 전 직법무관의 사례가 포함되어 있다.

의회가 인정하듯이 법이 금지하는 거짓말은 실질적인 피해를 발생시킨다. 많은 경우에 피해는 사실상 분명히 존재한다; 큰 돈이 되는 계약이나 정부 혜택과 같은 금전 또는 다른 물질 보상을 얻기 위해 종종 상훈을 받았다고 거짓으로 주장하는 사람들이 있다. 예컨대 미국의 한 지역에서 거짓 주장을 조사한 결과, 12명이 보훈기관을 속여서 140만불의 혜택을 받은 사실이 밝혀졌다. 다른 사건에서는 피해가 분명하지는 않았지만 그럼에도 불구하고 심각했다. 법이 금지하는 거짓말은 군대 상훈의 특수한 명예를 떨어뜨리곤 한다. 그리고 정당한 수상자들과 그들의 가족들은 사기꾼이 수행한 적도 없는 영웅적 행동에 대해 명성을 얻을 때 그들이 참아야 하는 불편함을 말한다. 어느 명예훈장 수상자는 그 느낌을 "희생하고 훈장을 받은 참전 용사들의 뺨을 때리는 것"으로 묘사하였다.

상표법에서 호화상품의 값싼 모조품이 보급되는 것은 진품의 구입자가 내보내는 신호를 더럽힌다고 인정되었다. 같은 방식으로 군대 상훈에 관한 거짓 주장이 퍼지는 것은 실제보다 더 평범한 것으로 보이게 하여 진짜 상훈이 내보내는 신호를 흐릿하게 한다. 이 희석 효과(diluting effects)는 군인정신을 함양하려는 노력을 방해한다. 우리나라 최고 무공훈장의 고결함을 보전하려는 목적은 적어도 고급 시계와 명품 핸드백과 연관된 특권을 보호하려는 것만큼 값진 일이라고 의회가 결론내린 것은 매우 합리적이었다. San Francisco Arts & Athletics, Inc. v. United States Olympic Comm., 483 U.S. 522, 539-541 (1987) 참조(용어 "올림픽"의 허락없는 사용을 금지한 법의 수정헌법 제1조 위반 청구를 배척하고 그러한 사용은 용어의 특수함을 경시함으로써 미국 올림픽 위원회에 피해를 입힌다고 인정).

다수의견과 대법관 브레이어는 의회가 형사금지를 제외한 다른 방법으로 군대 명예의 고결함을 보전할 수 있다고 주장한다. 그러나 의회가 다른 접근은 적절하지 않을 것이라고 믿는 많은 이유를 갖고 있다. 추천된 핵심 대안은 실제 훈장 수상자들의 광범위한 목록과 데이터베이스의 축적과 공개이다. 만약 대중이 쉽게 그러한 자료에 접근할 수 있다면, 사기꾼들은 빠르고도 쉽게 노출될 것이고, 군대 명예에 관한 거짓말은 종식될 거라고 주장한다. 이 방법은 불행하게도 작동하지 않을 것이다. 국방성은 2001년 이후에 수여된 최고 군대 훈장의 수상자들 데이터베이스를 만들 수 있다고 설명하였다.[186]

충분히 광범위한 데이터베이스는 비현실적이기 때문에, 다수의견이 "반대언론"이라고 부르는 것에 의해 군대 상훈에 관한 거짓말이 교정될 수 없다. 필요한 데이터베이스가 없다면, 거짓주장을 반박하기 위한 많은 노력들이 방해받게 되고, 일부 정당한 수상자들은 잘못 공격을 받을 것이다. 추가로 사기꾼들의 이야기가 매체에서 지속적으로 보도되면 대중들 사이에서는 상훈의 전체 체계에 대한 의혹이 커지게 될 것이다. 이것은 법이 막으려고 했던 피해를 더욱 악화시킬 것이다.

다수의견과 동조의견은 또한 의회가 더 제한된 법률을 제정하여 군대 명예 체계를 보호할 수 있다고 제안하고 있다. 다수의견은 "돈이나 다른 값나가는 이익을 확보"하기 위한 거짓말만을 규제하는 법을 추천하고 있다. 동조의견도 비슷하게 "더 정교하게 맞춘 법은 거짓 진술이 특정한 피해를 유발한다는 점을 밝히라고 요구할 것"이라고 말한다. 그러나 금전 또는 다른 물질 대가와 연결되지 않는 거짓 진술에 의해 실제 수상자들과 군대 명예 체계에 많은 피해가 발생하였다. 작은 금전 손실－훈장을 받은 참전 용사라고 거짓말하는 노숙자에게 준 1달러－조차도 수정헌법 제1조의 눈에는 군대 상훈체계의 고결함에 끼친 피해보다도 더 중요하지 않다면, 이 사건 법과 다수의견 및 별개의견이 승인할 것 같은 대안적 법률 사이를 구분짓는 근거는 없다.

대법관 브레이어는 또한 법의 적용범위를 좁혀서 더 적은 수의 군대 상훈 목록을 대상으로 하도록 제안하고 있다. 그러나 그가 생각하기에 그 경계를 어디에 그어야 할지에 관하여 힌트를 제공하지 않고 있다. 아마 그는 의회가 결국 정확한 지점에 경계선을 그은 법을 통과시킬 때까지 계속 시도하기를 기대

186) 나아가 국방성은 수령자의 사회보장번호나 생년월일을 공개하지 않을 것이기 때문에, 이 데이터베이스는 같은 이름을 가진 사람과 관련하여 주장의 정확성을 확인하는데 한계가 있을 것이다.

하는 것 같다.

## II

### A

이 법원은 여러 차례 일반적으로 허위 사실 진술은 수정헌법 제1조 고유의 가치를 갖지 않는다고 인정해왔다. Illinois ex rel. Madigan v. Telemarketing Associates, Inc., 538 U.S. 600, 612 (2003)("다른 형태의 공공연한 사기처럼, 부정한 자선 권유는 보호되지 않는 언론이다"); Hustler Magazine, Inc. v. Falwell, 485 U.S. 46, 52 (1988)("허위 사실 진술은 특히 쓸모없다; 그것들은 사상의 시장에서 진실 찾기 기능을 방해하고, 반론으로 쉽게 치유될 수 없는 개인의 명성에 손해를 입힌다"); Keeton v. Hustler Magazine, Inc., 465 U.S. 770, 776 (1984)(사실의 허위 진술에는 헌법적인 가치가 없다. Gertz v. Robert Welch, Inc., 418 U.S. 323, 340 (1974) 인용); Bill Johnson's Restaurant, Inc. v. NLRB, 461 U.S. 731, 743 (1983)(허위 진술은 수정헌법 제1조 언론의 자유로 면책되지 않는다); Brown v. Hartlage, 456 U.S. 45, 60 (1982)(물론 입증할 수 있는 허위는 수정헌법 제1조에 의해 진실한 발언과 똑같은 방식으로 보호되지 않는다); Herbert v. Lando, 441 U.S. 153, 171 (1979) (허위정보를 퍼트리는 것 그 자체는 수정헌법 제1조의 자격이 없다); Virginia Bd. of Pharmacy v. Virginia Citizens Consumer Council, Inc, 425 U.S. 748, 771 (1976)(상업적이든 아니든 진실하지 못한 언론은 그 자체로 결코 보호받지 못해 왔다); Gertz, 340(사실의 허위 진술은 헌법의 보호를 받을 가치가 없다); Time, Inc. v. Hill, 385 U.S. 374, 389 (1967)(수정헌법 제1조의 보장은 본질적 기능에 상당한 손상이 없는 계산된 허위에 대한 제재를 받아들일 수 있다); Garrison v. Louisiana, 379 U.S. 64, 75 (1964)(알면서 허위진술하거나 진실을 경솔할 정도로 무시하고 허위진술한 것은 헌법의 보호를 받지 못한다).

이러한 인정과 일치하여 많은 종류의 허위 사실 진술은 오랫동안 헌법적 문제를 제기함이 없이 금지되어 왔다. 예컨대 사기, 위증, 명예훼손을 금지하는 법은 수정헌법이 채택될 때 존재했었고, 그들의 합헌성은 지금 의문의 여지가 없다. Donaldson v. Read magazine, Inc., 333 U.S. 178, 190 (1948)(사기로부터 사람들을 보호하는 정부의 권한은 이 나라에서 항상 인정되어 왔고 확립되어 있다); United States v. Dunnigon, 507 U.S. 87, 97 (1993)(위증법의 합헌성은 의문이 없다); Beauharnais v. Illinois, 343 U.S. 250, 256 (1952)(명예훼손의 방지와 처벌은 헌법 문제가 제기되지 않는다고 간주되어 왔다)

우리는 또한 수정헌법의 채택 당시 불법이나 불법행위가 아닌 일부 허위 사실 진술이 수정헌법 제1조의 보호범위밖에 있다고 설시해 왔다. 비록 불법행위가 19세기 초에 법으로 인정되었다 할지라도, 언론 자유의 권리는 허위 진술에 의해 의도적으로 정신적인 고통을 안겨준 행위에 대해 피해회복을 허용했다. 법원은 언론 자유의 권리가 좀 더 현대적인 사생활 왜곡으로 인한 침해(개인을 실제와 다르게 묘사하거나 과장되게 묘사한 사생활침해)의 불법행위에 대해서도 피해회복을 허용한다고 결론지었다.

이러한 판결들과 함께, 보통법상의 비슷한 유사물이 없는 중요한 형사법률에 의해 수정헌법 제1조는 침해되지 않는다고 가정되어 왔다. 가장 잘 알려진 것은 아마도 18 U.S.C. §1001로서, 미국의 행정부, 입법부, 사법부가 관할하는 모든 문제에서 알면서 의도적으로 실질적인 허위, 허구의 또는 속이는 진술 또는 표현하는 것을 범죄로 규정하고 있다. 위증과는 달리 §1001은 선서 후 또는 정부의 공적인 심판위원회(tribunal)에서 이루어진 진술로 제한되지 않는다. 뿐만 아니라 정부에 대한 금전 또는 재산 손실의 증명을 요구하지 않는다. 대신에 법은 속이는 풍습으로부터 발생할지 모르는 왜곡으로부터 공무원을 보호할 필요성에 바탕을 두고 있다.

다른 법률은 연방정부를 대변하여 또는 연방정부의 승인을 받아서 말하고 있다고 거짓으로 진술한 행위를 범죄로 규정하고 있다. 18 U.S.C. §912. 우리는 §1001처럼 §912도 금전 또는 재산 손실의 증명을 요구하지 않고 있고, 그 목적은 정부 서비스의 일반적인 좋은 신용과 품위를 유지하기 위해서라고 인정했다. 연방 정부 직원들이 관계하는 분야와 관련하여 허위 진술을 처벌하는 연방 형사법률은 100개 이상이 있다.

이러한 예들은 사실의 허위 진술이 본래 수정헌법 제1조의 보호를 받지 못했다는 것을 상세하게 밝혀주고 있다.[187] 대법관 브레이어가 쓴 바와 같이, 무고한 피해자의 피해를 방지하기 위한 허위 진술과 이른바 "선의의 거짓말"을 포함하여 일부 구별되는 유형의 허위 진술을 우리 사회에서 많은 사람들은 승인하거나 묵인하는 것이 사실이다. 그러나 명예훈장을 받았다는 피상고인의 허위 주장은 이러한 유형에 들어가지 않는다. 그의 거짓말은 "당황함을 방지하거나, 사생활을 보호하거나, 사람을 편견으로부터 보호하거나, 아픈 사람을 위로해 주거나, 또는 아이들의 순수함을 보전"하지 않았다. 또한 그의 거짓말은 "공포를 중단시키거나 위기상황에서 침착함을 유지하거나, 철학 또는 과학 토론을 촉진"한 것도 아니다. 피상고인의 거짓말은 이 사건 법의 모든 적용대상처럼, 정당한 목적에 이바지하지 않는다.

피상고인과 이 사건 법을 공격하는데 참여한 이들은 다른 견해를 취하고 있다. 피상고인의 서면은 거짓말에 대한 진정한 찬가이다. 피상고인에 따르면 명예훈장에 대한 그의 거짓말은 21세기 보통의 미국사람들 모습일 뿐이다. 그는

---

187) 다수의견은 이 법리를 거부하고 있다. 비록 우리가 "진실이 아닌 언론은 결코 보호되지 않는다"는 것을 명백히 했다 할지라도, Virginia Bd. of Pharmacy v. Virginia Citizens Consumer Council, Inc, 425 U.S. 748, 771 (1976), 다수의견이 기껏 인정하는 것은 "언론의 허위성은 그것이 보호되는지 여부에 관련되어 있다"는 것이다. 이것은 과거 사례들에서 채택된 타당한 접근으로부터 극적인 – 그리고 완전히 부당한 – 이탈을 보여주고 있다.

피상고인과 그를 지지하는 법정조언자들은 이러한 법리를 일부 허위 진술들로 제한하려고 하고 있다. 피상고인 서면 53(특정한 피해를 일으킨 것으로 증명된 허위만이 수정헌법 제1조의 보호를 받지 못한다고 주장). 그러나 위에서 설명한 사례들은 그러한 시도가 잘못임을 드러내고 있다. 위 사례들은 법리가 적어도 다음에는 적용됨을 보여준다. (1) 1791년에 불법적이지도 않고 불법행위에도 해당되지 않는 특별한 유형의 허위 진술(의도적인 정신적 고통의 유발과 사생활의 왜곡으로 인한 침해의 불법행위는 수정헌법 제1조가 채택되었을 때 존재하지 않았다); (2) 금전 피해를 일으키지 않는 허위 언론(명예훼손, 의도적인 정신적 고통의 유발, 사생활 왜곡 침해로 구제되는 피해는 §§912와 1001에 의한 불법 진술이 유발한 피해처럼 종종 본래 비금전적이다); (3) 유해한 신뢰를 부여하지 않은 허위 언론(위증법이나 많은 연방 허위 진술 법들은 실제 허위 진술을 신뢰할 것을 요구하지 않는다); (4) 법원에서 특별한 피해가 발생했다고 증명되지 않는 특정 허위 진술(고의로 또는 경솔한 허위가 관련된 명예훼손 소송에서 손해는 추정될 수 있고, 많은 연방 허위 진술 법들에 따른 기소에서 특별한 피해의 입증이 요구되지 않는다); (5) 특별한 개인에게 피해를 일으키지 않는 허위 언론(많은 연방 허위 진술 법들의 목적은 정부의 절차를 보호하기 위한 것이다).

"모든 사람들이 거짓말한다."고 말한다. "우리는 언제나 거짓말한다." "사람들은 끊임없이 우리가 세상에 내보일 외적 인격을 선택하도록 강요받는다. 그리고 우리의 선택에는 만약 명백한 사기가 아니라면, 거의 항상 의도적인 누락과 허위진술이 들어 있다." 학술적 조언자들은 수정헌법 제1조가 "군대 훈장을 받은 것처럼 허풍을 떠는" 권리를 보호한다고 우리에게 말한다.

이러한 수정헌법 제1조의 급진적인 해석은 이 법원의 어떤 선례도 지지하지 않는다. 법의 적용대상인 거짓말은 내재하는 가치가 없고, 수정헌법의 범위에 속한 다른 표현을 위축시키지 않는 한 수정헌법 제1조의 보호를 받지 못한다. 나는 이제 그 문제를 다룬다.

## B

우리가 사실의 허위 진술은 그 자체로 수정헌법 제1조의 보호를 받지 못한다는 원칙을 되풀이하여 공언한 반면, 우리는 때때로 보호 언론의 충분한 "숨쉴 공간"을 보장하기 위하여 이러한 진술에도 "어느 정도 보호를 확대"할 필요가 있다고 인정하였다. Gertz, 418 U.S., 342(NAACP v. Button, 371 U.S. 415, 433 (1963) 인용). 그래서 공공의 관심사에 관한 진실한 언론의 위축을 방지하기 위하여, 우리는 공직자나 공인의 명예훼손 책임은 허위성을 인식하거나 경솔하게 무시하고 명예훼손진술을 하였다는 입증을 요구한다고 판결하였다. New York Times Co. v. Sullivan, 376 U.S., 279-280 (1964)(민사 책임); Garrison, 379 U.S.,74-75(형사책임). 공직자나 공인이 의도적인 정신적 고통 유발의 불법행위에 대한 배상을 청구할 때에도 같은 요건이 적용된다. Falwell, 485 U.S., 55-56. 그리고 우리는 다른 맥락에서도 진실한 발언이 위축되지 않도록 보장할 필요가 있을 때 "정확한 증거 요건"을 부과하였다. Madigan, 538 U.S., 620(사기 소송에서 청구인은 피고가 청중을 현혹하려는 의도로 실질적인 사실을 알면서도 허위로 진술하였고 그렇게 하는데 성공하였다는 것을 밝혀야 한다); BE&K Constr., 536 U.S., 531(객관적으로 근거없고 그리고 주관적인 동기가 불법 목적인 것으로 제한); Hartlage, 456 U.S., 61(정치 논쟁 과정에서 문제된 진술이 선의가 아니라거나 허위성을 인식하지 않았다거나 또는 허위 여부에 관하여 경솔할 정도로 무시하고 진술했다는 증거가 없는 경우 사실의 허위진술을 금지하는 법에 대한 수정헌법 제1조의 이의를 인정). 이러한 증거 요건들은 불가피하게 일부 허위 진술을 수정헌법 제1조의 보호를 받게 하지만, 이는 다른 가치있는 언론의 위축을 방지하기 위해 정당화된다.

이러한 예들은 허위 사실 진술이 일정 정도 헌법의 보호를 받는 상황의 전부는 아니다. 주가 의도적으로 허위언론을 금지하려는 시도가 심각하고 수용할 수 없는 진실 언론의 억압 위험을 드러내는 광범위한 분야들이 있다. 철학, 종교, 역사, 사회과학, 예술, 다른 공공의 관심사에 관한 허위 진술을 제한하는 법이 그러한 위협을 보여준다. 요점은 이러한 분야에서 진실 또는 거짓이 없다거나 또는 진실은 항상 확인될 수 없다는 것이 아니라, 주가 진실의 결정자가 되는 위험이다.

특정 문제에 관하여 널리 학계의 의견일치가 있는 경우에도, 보복의 두려움 없는 이의제기를 허용함으로써 진실이 밝혀진다. 오늘날 받아들여진 지식이 때때로 잘못으로 드러나기도 한다. 그리고 이러한 맥락에서 "허위 진술조차 오류와 대립을 통해, 진실의 더 명확한 인식과 더 생생한 인상을 가져오기 때문에 공공의 토론에 가치있는 기여를 하는 것으로 생각될 수 있다." Sullivan, 279, 주 19(존 스튜어트 밀. 자유론 인용).

이러한 분야에서 주가 허위 진술을 금지하도록 허용하는 것은 주가 그 권한을 정치적인 목적을 위해 사용하는 문을 열게 된다. 역사에 관한 진술은 이 점을 예시한다. 만약 역사적인 사건에 관한 허위 진술이 금지된다면, 금지되기 전에 진술이 허위임을 어떻게 확실할 수 있는가? 그리고 누가 그 추정을 하는가? 견해 차별을 금지하는 우리의 판례들이 주의 권한을 일정한 정도로 제한하지만, R.A.V. v. St. Paul, 505 U.S. 377, 384-390 (1992)(수정헌법 제1조는 정부가 보호되지 않는 언론의 규제라는 가장아래 견해 차별을 허용하지 않는다고 설명), 이러한 분야에서 주의 권한 남용 가능성은 매우 크다.

역사, 과학 그리고 비슷한 문제에 관한 허위 진술을 금지하는 가상의 법과 극명하게 대조적으로, 이 사건 법은 가치있는 언론이 억압될 위험을 전혀 갖고 있지 않다. 법이 처벌하는 언론은 확인가능한 거짓이고 본질적인 가치가 전혀 없을 뿐만 아니라, 수정헌법 제1조가 보호하는 중요한 목적에 봉사하지 않는다. 구두변론에서 이 사건 법이 어떤 진실 언론을 위축시키는가를 물었을 때, 피상고인의 대리인조차도 없다고 시인하였다.

C

과반수 대법관들이 지지한 두 의견 중 어느 것도 법의 적용대상인 허위 진술이 본질적이고 중요한 가치를 가지고 있다고 주장하지 않는다. 대신에 그 의견들은 법이 지나친 광범성을 갖고 있다는 다른 관심에 기초하고 있는 것으로 보인다. (다수의견; 법은 가정에서 개인적이고 속삭이는 대화에도 적용된다), (동조의견; 법은 가정, 사회, 다른 개인적인 맥락과 정치적인 맥락에서도 적용된다). 그러나 지나치게 광범위하다는 이유로 법을 폐기하기 위해서는, 절대적인 의미에서 뿐만 아니라 명백하게 타당한 적용범위와 관련되어 법이 실질적으로 지나치게 광범위하다는 것을 밝힐 필요가 있다. United States v. Williams, 553 U.S. 285, 292 (2008). 다수의견과 별개의견은 이러한 설명을 시도하지 않았다.

다수의견은 이 사건 법을 승인하는 결정이 의회와 주의회에게 대상을 가리지 않고 거짓말을 처벌하는 법을 제정하도록 부추기지 않을까 걱정하고 있다. 다수의견은 분명히 대학학위와 같은 민간의 상훈 또는 예술과 스포츠의 업적증명서에 관한 거짓말을 범죄로 규정하는 법을 보게 될까봐 두려워하고 있다.

이 우려는 근거 없을 것 같다. 군대 명예는 매우 타당한 이유로 전통적으로 민간의 상훈과는 다르게 여겨졌다. 거의 1세기 전에 의회는 허락없이 군대 메달을 다는 행위를 범죄로 규정하였다. 우리는 슈퍼볼 반지, 오스카상 또는 우등학생 열쇠 등과 관련하여 비교할만한 전통을 가지고 있지 않다.

만약 다수의견의 걱정이 전혀 비현실적이지 않다고 한다면, 그것은 어떤 경우에도 수정헌법 제1조의 영역 밖이다. 다수의견이 예측한 문제－주의회가 불필요하고 지나치게 침해하는 형사법을 제정－는 문제의 법이 언론 또는 비표현적인 행동에 관한 것인지와 무관하게 적용된다. 만약 고등학교 수석졸업생이었다고 거짓말하는 행위를 범죄로 규정한 법이 있다면, 문제는 언론의 억압이 아니라, 심각한 사회적인 피해를 일으키거나 위협하는 행위를 상대로 사용되어야 하는 형사법의 오용이다. 이러한 가상의 법에 대한 반대는 고등학교 수석졸업생이 표창받는 졸업식에서 감자칩을 먹는 행위를 범죄로 규정한 법을 반대하는 것과 마찬가지다. 그러한 법에 대한 안전장치는 민주주의이지 수정헌법 제1조가 아니다. 바보같은 법이 모두 위헌은 아니다.

선출된 대표자들이 군대 상훈에 관한 허위 진술이 민간의 상훈에 관한 허위 진술과는 다르다고 판단하였음을 법이 보여주고 있다. 이는 피상고인이 오용한 숭고한 명예에 관하여는 분명히 사실이다. 피상고인은 이란 인질 위기시기에 용감함으로 1987년에 명예훈장을 받았다고 주장하였다. 그러나 이 보기드문 상훈은 의무수행을 넘어서 목숨을 건 용맹함과 대담함으로 뚜렷이 구분되는 군인에게만 수여된다. 제1차 세계대전이후 명예훈장이 수여된 영웅적인 개인들의 절반 이상은 죽은 뒤에 받았다. 의회는 명예훈장을 받았다는 허위 주장이 질적으로 가장 명성높은 민간의 상훈과는 다르고 그 명예의 오용은 형사처벌을 받는다고 결론내릴 자격이 있다.

***

법은 중요한 문제를 다루기 위해 제정된 제한된 법이고 표현의 자유에 어떤 위협도 가하지 않고 있다. 나는 법의 합헌성을 인정하므로 정중하게 반대한다.

# 제2장 집회 · 시위의 자유

## 1. 외국 정부를 경멸하는 내용물 전시 행위와 내용에 기초한 제한의 위헌성

**Boos v. Barry**

485 U.S. 312 (1988)

**[요약]**

컬럼비아 특별구 법 §22-1115는 외국대사관 150미터 이내에서 외국 정부에 대해 "공개적인 증오"나 "공개적인 경멸"을 하는 표지를 전시하거나(전시 조항), 모여서 경찰의 해산 명령을 거부(집회 조항)하는 행위를 불법으로 규정하고 있다. 두 조항을 위반하는 행동을 하려고 하는 상고인들은 피상고인 시 공무원들을 상대로 지방법원에 소를 제기하고, §22-1115가 수정헌법 제1조에 의해 문면상 무효라고 주장하였다. 법원은 피상고인들 승소판결을 하였고 항소법원은 두 조항이 모두 합헌이라며 지방법원 판결을 인용하였다.

**[요지]** 일부 인용하고 일부 파기한다.

대법관 오코너가 Ⅰ, Ⅱ-B, Ⅲ, Ⅳ와 Ⅴ항에 대해 의견을 작성하였다.

1. §22-1115의 전시조항은 공공 광장에서 정치 언론의 내용에 기초한 제한이고 중대한 주의 이익을 달성하기 위해 제한적으로 맞춰진 것이 아니므로 문면상 수정헌법 제1조를 위반하였다. 외국 외교관들을 그들 정부 비판으로부터 보호함으로써 그들의 품위를 지키는 것이 수정헌법 제1조의 목적상 "중대

한” 이익이라고 가정한다면, 외국공무원들을 위협, 강요, 방해, 괴롭히거나 또는 그들의 직무수행을 방해하는 행위를 금지하는 18 U.S.C. §112와 같은 제한이 상당히 적은 대안을 쉽게 이용할 수 있다는 것은 전시 조항이 엄격한 심사를 충분히 통과할만큼 제한적으로 맞춰진 것이 아니라는 점을 보여준다. 피상고인들의 조항 옹호는 외교안보 및 반테러법 (1986)의 §1302에 의해 더 취약해진다. 그 법에서 의회는 컬럼비아 특별구가 수정헌법 제1조의 권리를 위하여 §22-1115를 재검토하여 개정하라고 요청하였고 컬럼비아 특별구는 §112의 확대적용을 조건으로 그 조항을 폐지하였다. 이 법원은 원래 국제법적인 의무를 이행할 책임이 있는 의회가 §112가 외교관을 적절하게 보호하는 정부의 이익을 충족하고 따라서 §22-1115의 전시 조항이 제한적으로 맞춰진 것이 아니라고 판단한 것을 신뢰한다.

2. §22-1115의 집회 조항은 항소법원이 해석하듯이 수정헌법 제1조를 문면상 위반한 것이 아니다. 비록 실제 법문이 대사관의 150미터 이내에서 어떤 사유로든 모든 모임에 적용되고 경찰의 해산권에 아무 제한이 없는 것처럼 보이기 때문에 문제가 있다 할지라도, 조항은 지나치게 광범위하지 않다. 이러한 어려움은 대사관을 직접 향하고 경찰이 대사관의 안전 또는 평온이 위협받고 있다고 합리적으로 믿었을 때에만 조항에 의해 해산이 허용된다고 항소법원이 제한적으로 해석함으로써 줄어든다. 그래서 조항은 단지 데모의 장소와 방법을 규제하고 있고 대사관의 150미터 이내의 지역에 특정되어 있고 평화적인 집회는 금지하지 않기 때문에, 헌법이 보호하는 실질적인 정도의 행위에 미치지 않는다. 또한 조항은 항소법원이 “평온”이라는 단어를 정의하거나 제한하지 않았다는 이유만으로 모호하지 않다. 조항이 만들어진 특정한 배경을 볼 때, 금지되는 소란의 정도는 정상적인 대사관의 활동이 방해되었거나 방해되고 있는지 여부에 의해 결정된다는 것은 명백하다.

3. §22-1116이 §22-1115의 금지로부터 노동 피켓팅을 제외하고 있기 때문에, §22-1115의 두 조항이 평등보호조항을 위반하여 노동활동과 비노동활동을 불평등하게 취급하고 있다는 주장은 이유없다. 전시 조항이 노동 피켓팅을 금지하지 않는다는 §22-1116의 원래 역할은 전시 조항이 수정헌법 제1조를 위반하였다는 이 법원의 결론에 의해 대부분 제거되었다. 나아가 항소법원이 집회

조항은 대사관의 안전이나 평온을 위협하는 집회에만 적용된다고 해석하므로, 평화로운 노동 집회를 포함하여 평화 집회는 허용된다. 이 법원은 §22-1116의 유일한 목적이 폭력적인 노동 집회를 보호하기 위한 것이라는 불합리한 해석을 채용하지 않을 것이다. 그래서 §22-1116은 평등조항을 위반하지 않았다.

대법관 오코너(대법관 스티븐스, 스칼리아 참여)는 II-A에서 특정 대사관 앞에서 피켓팅을 금지하느냐는 전적으로 피켓의 내용이 외국 정부를 비판하는지에 달려 있기 때문에, §22-1115의 전시조항은 내용에 기초한 것이라고 결론지었다. 조항이 특정한 견해들 사이에서 선택하지 않아서가 아니라 허용되는 메시지를 외국정부의 정책만을 근거로 결정하기 때문에 내용 중립적이라는 주장은 이유없다. 왜냐하면 견해 중립적인 규제조차도 모든 범주의 언론—이 사건에서는 외국 정부를 비판하는 내용—을 금지할 때 수정헌법 제1조를 위반할 수 있기 때문이다. 또한 조항의 진정한 관심사는 언론의 억압이 아니라 외교관의 품위를 해치는 언론으로부터 그들을 보호하는 국제법적 의무를 이행하는 "2차 효과"이기 때문에, 조항은 Renton v. Playtime Theatres, Inc., 475 U.S. 41 (1986) 판결(이하 "렌턴 판결")에 따라 내용중립이라는 주장도 배척된다. 렌턴 판결에서 사용된 "2차 효과"라는 문구는 특정한 형태의 언론과 관련이 있지만 내용과는 관계가 없는 2차적인 특징을 말한다. 반면에 이 사건에서 전시 조항은 피켓내용들과 청중에 대한 이들의 본래의 직접적이고 정서적인 충격에만 초점을 맞추고 있다.

대법관 브레넌(대법관 마샬 참여)은 렌턴 판결 해석에 따른다 해도, §22-1115의 전시 조항은 내용에 기초한 제한에 해당하고, "2차 효과"는 듣는 이의 언론에 대한 반응을 포함할 수 없다는 것에 동의하였다. 또한 언론 제한에서 내용에 기초하였다는 것은 제한이 "2차 효과"를 목표로 했는지에 따라 결정될 수 없고, 렌턴 판결 해석은 노골적인 성적 물질을 공급하는 사업이라는 맥락으로 제한되어야 하며 정치 언론에 적용되어서는 안 된다고 결론지었다. 렌턴 판결 해석은 광범위한 위험과 불확실성을 만들고, 발언자에게 동등하게 말할 권리와 듣는 이가 왜곡되지 않는 토론에 대한 권리를 부인하고 있다. 전통적으로 명확한 규칙은 계속 적용되어야 하고, 언론의 내용에 따른 언론 제한은 밑바탕의 동기와 무관하게 내용에 기초한 것이다.

대법관 오코너는 Ⅱ-A를 제외하고 법원의 의견을 작성하였다.

이 사건의 문제는 컬럼비아 특별구 법조항 §22-1115가 수정헌법 제1조를 위반했는지이다. 이 조항은 외국 대사관의 150미터 이내에서 외국 정부에 대해 "공개적인 증오"나 "공개적인 경멸"을 하는 표지의 전시를 금지하고 있다. 또한 외국 대사관의 150미터 이내에서 3명 이상이 모이는 것을 금지하고 있다.

## I

상고인들은 워싱턴 DC에 있는 소련과 니카라과 대사관의 150미터 이내에 있는 인도에서 이들 정부를 비판하는 표지를 전시하고자 하는 3명의 개인들이다. 예를 들면 상고인 브루커와 마이클 부스는 소련대사관 앞에서 "사하로프를 석방하라"와 "연대"라고 쓴 표지를 전시하려고 한다. 상고인 마이클 월러는 니카라과 대사관의 150미터 안에서 "살인 중지"라고 쓴 표지를 전시하려고 한다. 또한 모든 상고인들은 외국 관공서 건물의 150미터 안에 2명 또는 그 이상의 사람들과 함께 모이기를 원하고 있다.

§22-1115 (1981)가 이러한 표현 활동에 참여하는 것을 금지하고 있다고 주장하면서, 상고인들은 피상고인들을 상대로 컬럼비아 지방법원에 그 조항이 문면상 수정헌법 제1조를 위반했다는 내용의 소송을 제기하였다. 그들은 피상고인 시장과 컬럼비아특별구 법집행공무원들을 피고들로 지정하였다. 미국정부는 법의 합헌성을 지지하기 위해 법정조언자로 참여하였다.

의회는 1938년에 헌법 Ⅰ조, §8, 10항에 따라 "국제법 위반을 정의하고 처벌하기 위해" §22-1115를 제정하였다. §22-1115의 관련된 부분은 다음과 같다.

"외국 정부나 그 대표자들이 대사관, 공사관, 영사관 또는 다른 공직인 목적으로 컬럼비아 특별구에서 사용하는 건물 또는 부동산의 150미터 이내에서 … 외국의 정부, 정당 또는 기구 또는 이들의 공무원들을 위협하거나, 강압하거나, 공개적으로 증오하거나 또는 외국 정부, 정당 또는 기구의 정치, 사회 또는 경제 활동, 견해 또는 의도를 공개적으로 경멸하기 위해 만든 깃발, 현수막, 플래카드 또는 물건을 전시하는 행위… 또는 그 건물 또는 부동산의 150미터 이내에서 모여서 경찰의 해산명령을 거부하는 행위는 불법이다."

이 법의 첫째 부분인 전시 조항은 외국 정부나 정책을 비판하는 표지와 같이 외국 정부를 공개적으로 증오하거나 경멸하게 하는 표지에 적용된다. 전시 조항은 표지의 전시에만 적용되고 발언에는 적용되지 않는다. 법의 둘째 부분인 집회 조항은 다른 관심사항을 다루고 있다. 그것은 컬럼비아 특별구가 3명 또는 그 이상 사람들의 모임으로 정의하는 집회를 금지하고 있다. 일반적으로 이러한 2가지 금지는 대사관을 둘러싼 150미터 지역내에서 적용되지만, 법은 또한 만약 외국 공무원이 안에서 공적인 목적으로 근무한다면 다른 건물에도 확대될 수 있다.

지방법원은 수정헌법 제1조에 기초한 비슷한 청구에 대해 법을 승인했던 항소법원 판결, Frend v. United States, 100 F.2d 691 (1938)에 따라 피고 승소 판결을 하였다. 항소법원은 의견이 갈렸으나 지방법원 판결을 인용하였다. Frend 판결을 "설득력있는 선례"로 보았지만, 항소법원은 Frend 판결은 거의 반세기 전에 선고되었고 그 사이에 연방대법원에서 반드시 고려해야 하는 헌법 이론을 발전시켰기 때문에 구속력이 없다고 생각하였다.

항소법원은 §22-1115의 두 부분을 분리하여 검토하였다. 첫째, 법원은 전시 조항이 내용에 기초한 언론제한이라고 결론지었다. 그러나 연방대법원의 Perry Education Assn. v. Perry Local Educators Assn., 460 U.S. 37, 45 (1983) 판결 및 Carey v. Brown, 447 U.S. 455, 461-462 (1980) 판결에 따라, 법원은 그럼에도 불구하고 중대한 정부의 이익에 의해 정당화되고 그 이익을 추구하기 위해 제한적으로 맞춰진 것이기 때문에 합헌이라고 판단하였다. 둘째, 항소법원은 집회조항은 "경찰이 대사관의 안전 또는 평온에 대한 위협이 현존하고 있다고 합리적으로 믿을 때에만" 해산명령이 허용된다고 해석하고, 그렇게 해석되면서 집회조항은 수정헌법 제1조의 심사에서 살아났다고 결론지었다.

우리는 이송명령을 발부하였다. 우리는 전시조항에 관한 항소법원의 결론을 파기하지만, 집회 조항에 관하여는 인용한다.

## II

### A

전시 조항은 몇 가지 중요한 특징의 해석으로 시작되어야 한다. 첫째, 전시 조항은 상고인들이 고전적으로 정치 언론에 관여하는 행위를 금지함으로써 수정헌법 제1조의 핵심에서 작동한다. 우리는 수정헌법 제1조는 "공공의 사안에 대한 토론은 거리낌없고, 활발하며, 널리 열려 있어야 한다."는 원칙에 대한 "심오한 국가적인 약속"을 반영하고 있다고 인정하였다. New York Times Co. v. Sullivan, 376 U.S. 254, 270 (1964). 그리고 우리는 공공의 사안에 관한 언론을 보호하는 핵심적인 중요성에 대해 일관되게 판시해왔다.

둘째, 전시 조항은 공공 도로와 인도에서 그러한 언론을 금지하고 있는데, 이들은 전통적인 공공 광장으로서 "먼 옛날부터 모여서, 시민들 사이에 생각을 교환하고, 공공의 문제를 토론할 목적으로 사용되어 왔다." Hague v. CIO, 307 U.S. 496, 515 (1939). "수정헌법 제1조의 보호에서 특별한 위치를 차지하고" 있는 그러한 장소에서 표현 활동을 제한하는 정부의 권한은 "매우 제한된다." United States v. Grace, 461 U.S. 171, 180, 177 (1983).

셋째, §22-1115는 내용에 기초하고 있다. 개인이 외국 대사관앞에서 피켓팅을 하는지 여부는 전적으로 피켓의 내용이 외국 정부를 비판하는가 아닌가에 달려 있다. 비판 언론은 대사관의 150미터 이내에서 완전히 금지된다. 그러나 외국 정부에 우호적인 언론 또는 외국 정부와 노동분쟁에 관한 언론과 같은 다른 범주의 언론은 허용된다.

항소법원의 다수의견과 반대의견은 둘 다 이러한 법해석을 인정하고 전시 조항이 내용에 기초하였다고 판단하였다. 그러나 다수의견은 규제가 내용에 기초한 것이 아니라고 주장될 수 있다고 지적하였다. 피상고인과 미국 정부는 모두 이 법원에서 그러한 주장을 하고 있다. 그들은 정부 스스로가 많은 견해들 가운데에서 특정 견해를 선택하여 금지하지 않았기 때문에 법은 내용에 기초한 것이 아니라고 주장한다. 피켓 내용 중 허용되는 메시지는 외국 정부의 정책에 의해서만 결정된다.

우리는 비록 조항이 견해에 기초한 것은 아니라는 점에 동의한다 하더라도 이러한 주장을 배척한다. 전시조항은 외국 정부의 정책을 살펴봄으로써 어떤 견해가 받아들여질 수 있는지를 결정한다. 이것은 전시조항이 직접 견해에 기초하지 않도록 하지만, 이 때문에 법이 내용 중립적으로 되는 것은 아니다. 그보다는 "내용에 기초한 규제를 적대시하는 수정헌법 제1조는 모든 주제에 대한 공공 토론의 금지에도 확장될 수 있기 때문에", 우리는 정치 논쟁의 어느 쪽도 선호하지 않는 규제에도 불구하고 허용될 수 없다. 이 사건에서 정부는 모든 범주의 언론－외국정부를 비판하는 표지 또는 전시－이 허용되지 않는다고 결정했다.

우리는 가장 최근에 렌턴 판결에서 내용중립법의 정의를 검토하였다. 이전의 판결들을 인용하면서, 우리는 다음과 같이 설명하였다.

규제된 언론의 내용을 참조하지 않고 정당화되는 "내용 중립" 언론 제한 Virginia Pharmacy Board v. Virginia Citizens Consumer Council, Inc., 425 U.S. 748, 771 (1976). 렌턴 판결 48.

렌턴 판결에서 설명한 문제의 규제는 영화관의 유형을 참조하여 언론을 금지하는데, 다른 종류의 극장과 달리 성인 영화 전문 극장을 다루었다. 그러나 렌턴 판결의 규제는 특정한 범주의 언론에만 적용되지만, 그 규제의 정당성은 언론과는 관계없다. 극장 안에서 상영되는 영화의 내용은 관계없고 규제의 대상이 아니었다. 대신에 법령은 "주변 공동체에 그러한 극장이 미칠 2차 효과"를 목표로 삼았다. 그 효과는 범죄 예방, 재산가치의 유지, 주민 보호와 같은 성적으로 노골적인 영화를 취급하는 극장에 거의 특유한 효과였다. 요약하면 렌턴 판결의 법령은 자유 표현의 억압을 목표로 한 것이 아니었다.

피상고인들은 이 사건에서도 진정한 관심은 2차 효과, 즉 외교관들의 품위를 손상하는 언론으로부터 그들을 보호하기 위한 국제법의 의무라고 주장하면서 전시조항에 렌턴 판결을 원용하려고 하고 있다. 우리는 렌턴 판결을 잘못 이해하고 있다고 생각한다. 우리는 그 판결에서 규제대상이 특정 범주의 언론과 연관되어 있기 때문에 특정 범주의 언론에 적용되는 규제를 언급하면서 언론의 2차 효과를 말하였다. 규제의 정당성이 내용과 관계없는 한, 즉 범죄를 예방하는 희망이 성인영화관에서 상영되는 실제 영화와 관계없는 한, 우리는 규제가 내용중립으로 해석되는 것이 적정하다고 결론지었다.

청중에 대한 언론의 직접 영향에 초점을 맞추는 규제는 상황이 다르다. 언론에 대한 청자의 반응은 우리가 렌턴 판결에서 말한 "2차 효과"의 예는 아니다. 렌턴 판결과 실제 가까운 예를 들면, 만약 법령이 성인영화를 보는 것에 연관된 정신 피해를 방지하려는 희망에 의해 정당화된다면, 그 때는 내용에 기초한 법으로의 평가가 적절할 것이다. 가상적인 규제는 특정한 범주의 언론과 우연히 연관된 2차 특징이 아니라 그 언론의 직접 영향을 대상으로 한다.

이 원리를 이 사건에 적용하면 쉽게 전시 조항이 내용에 기초하였다는 결론에 이르게 된다. 조항은 언론의 내용을 참조하는 것으로만 정당화된다. 피상고인들과 미국정부는 대사관 앞에서 피켓 표지의 "2차 효과"를 지적하지 않는다. 그들은 혼잡, 출입 방해, 눈에 보이는 혼란, 또는 대사관의 안전보호 필요성을 지적하지 않는다. 그들은 외국 정부를 비판하는 언론으로부터 외교관들을 보호함으로써 외교관의 품위를 보호할 필요성에 기대고 있다. 이 정당성은 언론의 내용과 언론이 청자에게 미치는 직접 효과에만 초점을 맞추고 있다. 청중에 대한 언론의 정서적인 충격은 "2차 효과"가 아니다. 왜냐하면 전시 조항은 언론의 잠재적인 본래의 충격으로 규제하고 있기 때문에, 우리는 내용에 기초한 것으로 간주되어야 한다는 결론에 이르게 된다.

## B

이 사건은 공공 광장에서 정치적인 언론에 대하여 내용에 기초한 제한으로서, §22-1115는 가장 엄격한 심사가 적용되어야 한다. 그래서 우리는 주에게 "규제가 중대한 주의 이익을 추구하기 위해 필요하고 그 목적을 달성하기 위해 제한적으로 마련된 것이라는 점"[1]을 밝히라고 요구해왔다.

우리는 먼저 전시 조항이 외교관의 품위를 보호하는 중대한 정부의 이익을 추구하는 지를 검토한다. 외국 공무원들의 품위는 그들 정부나 정부 정책을 비판하는 표지에 의해 모욕당할 것이기 때문에, 국제법상 우리나라의 의무를 이행하기 위해 외교관들은 그러한 모욕으로부터 보호되어야 한다고 한다.

---

1) "regulation is necessary to serve a compelling state interest and it is narrowly drawn to achieve that end"

일반 문제로 우리는 공공 토론에서 우리의 시민들은 수정헌법 제1조가 보호하는 자유에 적절한 숨 쉴 공간을 제공하기 위해 모욕적이고, 난폭하기까지 한 언론을 감수하여야 한다고 판시해왔다. 우리가 Hustler 판결에서 배척한 "불쾌한" 기준처럼 "품위" 기준은 본래 주관적이어서 "문제의 언론이 청중에게 정신적인 충격을 준다는 이유로 언론을 처벌하는 것을 지속적으로 배척해 온 것과 일치하지 않는다." Hustler 판결 55.

우리는 외교관들과 미국 시민들 사이의 차이 때문에 이러한 원칙에서 벗어나야 한다는 점에 동의하지 않는다. 품위의 인정과 보호는 국제법상 미국정부 의무의 일부라는 점에서는 중대한 이익이라고 말할 수 있다. 당사자들이 현재 시행되는 국제법이라고 동의한 외교관계에 관한 비엔나 협약은 회원국들에게 다음과 같은 의무를 부과하고 있다.

"침입 또는 피해를 막고 외교사절의 평온 유지나 품위 손상 방지를 위해 외교사절의 부동산을 보호하는 모든 적절한 조치를 취할 특별한 의무"

일반적으로 미국이 국제법을 지켜야 할 중대한 국가 이익을 가지고 있다는 점은 물론 옳다. 헌법 자체도 의회에 공해상의 해적과 중범죄, 국제법위반 행위를 정의하고 처벌하는 권한을 명백히 부여함으로써 이러한 국익을 증진하도록 하고 있다. 나아가 외국 대사관을 보호하는 것은 오랜 역사와 고귀한 목적을 가지고 있다. 이 나라에서 외국의 대사와 공사들을 보호하는 국가적인 관심은 헌법보다 앞서 있기도 하다. 1781년 대륙의회는 특히 사람들과 집, 마차, 부동산에 대한 폭력에 대해 주에게 다음 행위를 처벌하는 법제정을 요청하는 결의문을 채택하였다.

"소집된 의회에서 미국이 승인하고 임명받은 대사들과 다른 공사들의 면책특권 침해"

외교관을 보호할 필요성은 국제관계에서 우리나라의 중요한 이익에 기초하고 있다. 1758년에 저명한 학자는 다음과 같이 말하였다.

국가들은 자국의 이익을 증진하기 위하여, …서로간의 피해를 방지하기 위하여,… 그리고 그들의 분쟁을 조정하고 끝내기 위해서 외교관계를 다루고 유지하여야 할 필요가 있다. E. Vattel, The Law of Nations 452 (1844).

경제활동의 전 지구적인 성격과 세계의 다른 지역 행위들이 우리 자신의 국가안보에 미치는 영향을 볼 때, 이 견해는 오늘날 더욱 진실이다. 외교관들은 이 나라의 안녕에 결정적인 국제문제를 다루는데 필수불가결하다. 대부분의 국제법 분야에 적용되는 호혜주의의 개념에 비추어 볼 때, 우리는 이 나라에서 외교관들을 보호할 이유를 가지고 있다. 그렇게 해야 미국을 대표하기 위해 우리가 외국으로 보내는 사람들에게 비슷한 보호가 주어진다는 보장을 하게 되고 우리 시민들을 보호하는 국가 이익에 이바지하게 된다. 최근의 역사를 보면 우리의 대사들과 다른 외교 관리들을 괴롭히고 해치는 시도가 많다. 이러한 목적으로 외교관을 보호하는 우리의 국익은 강력하다.

동시에 외국과의 조약이 의회나 다른 정부 기구에게 헌법의 제한으로부터 벗어나는 권한을 부여할 수 없다는 것은 확립되어 있다. Reid v. Covert, 354 U.S. 1, 16 (1957). 미국의 국제관계법론 §131 (1985)(국제법과 미국 국제 조약의 조항들은 권리장전과 헌법의 다른 금지, 제한 또는 요구에 제한되며 그들을 위반하여 효력이 부여될 수 없다)

그래서 국제법에서 인정된 이익이라는 사실이 수정헌법 제1조의 해석상 자동적으로 "중대한" 이익이 되지 않는다. 우리는 오늘 국제법의 요구에 따라 외교관리들의 이익을 수용하기 위해 수정헌법 제1조의 해석이 조정되어야 하는지, 어느 범위까지 조정되어야 하는 지를 결정할 필요가 없다. 비록 우리가 국제법이 품위 이익을 인정하고 있고 그것이 언론의 내용에 기초한 제한을 지지할 만큼 충분히 "명확"하다고 가정한다고 할지라도, 우리는 §22-1115가 그 이익을 추구하기 위해 제한적으로 맞춰진 것이 아니라는 결론이다.

§22-1115를 평가하는 가장 유용한 출발지점은 비엔나 협약에 따라 의무를 이행하는 본래의 책임 주체인 의회가 채택한 비슷한 법과 그 것을 비교하는 것이다. 18 U.S.C. §112(b)(2)는 "외교관들 또는 공식적인 초대손님을 위협, 강요, 협박, 괴롭힘 또는 직무수행과정에서 외교관들을 방해하는" 의도적인 행위나 미수를 형사범죄로 처벌하고 있다.

입법과정은 §112가 우리의 국제법 의무를 이행하기 위한 신중한 노력으로 마련되었다는 것을 보여준다. 동시에 그러한 입법이 수정헌법 제1조에 미칠 효과에 대한 실질적인 관심을 반영하고 있다. 예를 들면 원래 조항은 현재 조항처럼 외국 공무원들을 고의로 위협, 강요, 협박, 괴롭힘, 방해하는 행위 및 미수행위의 금지를 포함하고 있었다. 그러나 전시 조항과 비슷한 부분에서 다음 행위를 처벌하고 있었다.

"외국 공무원을 위협, 강요, 협박 또는 괴롭히거나, 직무수행중인 그를 방해할 목적으로 가두 행진(parade), 피켓시위, 깃발, 현수막, 표지, 플래카드 또는 물건의 전시, 단어, 구절, 소리 또는 소음을 내는 행위"

위 조항이 수정헌법 제1조 자유에 미칠 영향을 고려하여, 상원은 다음과 같은 새로운 조항을 추가하였다.

"이 조항은 미국 수정헌법 제1조가 보장하는 권리의 행사를 제한하기 위해 해석되거나 적용되지 않는다."

1972년에 §112가 통과된 후 수정헌법 제1조 영향에 관한 의회의 우려는 줄어들기보다는 늘어났다. 1976년 의회는 반피켓팅 조항을 폐지하고 "외국 공무원을 위협, 강요, 협박 또는 괴롭히는" 고의적인 행동 또는 미수행위를 금지하는 지금의 조항만을 남겨두었다. §112(b)(2). 의회는 수정헌법 제1조의 관심으로 인하여 §112를 개정하였다.

"원래의 반피켓팅 조항은 수정헌법 제1조가 보호하는 언론과 행동에 포함되기 때문에 심각한 헌법 문제를 일으킨다."

그래서 국제법 의무와 헌법상 표현의 자유 보호 사이에 주의깊게 균형을 맞춘 후, 의회는 §112가 컬럼비아 특별구 바깥의 외교관들을 보호하는 정부의 이익을 적절하게 달성하고 있다고 결정하였다. 의회가 우리의 국제법 의무를 이행하기 위해 채택한 필요하고도 적절한 조치였다.

§112는 미국의 컬럼비아 특별구 바깥 지역의 모든 행동에 적용된다. §112(b)(3). 입법과정을 보면 특별구를 법의 적용범위에서 제외한 것은 §22-1115에 대한 참조때문이라고 설명된다. 의회는 비슷한 법이 이미 특별구내에서 적용되고 있다고 알고 있었다. 그러나 두 법은 동일하지 않고 두 법의 차이는 헌법상 중요하다. 2가지 분명한 방식에서 §112는 §22-1115의 전시조항보다 제한이 상당히 적다. 첫째이자 가장 중요하게, §112는 언론의 내용을 제한적으로 대상으로 하고 있지 않지만, 금지 효과를 갖는 언론을 포함한 행동을 대상으로 하고 있다. 나아가 §112는 §22-1115와 다르게, 피켓팅을 금지하지 않는다. "위협, 강요, 협박, 괴롭히기"위한 활동만을 금지한다. 전시조항과 달리 폐지된 §112의 반피

켓팅 조항도 평화로운 피켓팅을 허용하였다.

비엔나협약을 이행하기 위해 상당히 덜 제한적인 법을 의회가 개발하였다는 것을 볼 때, 협약 때문에 전시조항에 반영된 문제의식이 필요하다는 의회의 판단을 우리가 존중하여야 한다는 주장은 설득력이 없다. 만약 다른 지역에서 필요한 전부가 §112라면, 상고인들은 컬럼비아 특별구에도 필요한 전부는 §112여야 한다고 주장한다. 피상고인들이 제시한 유일한 반론은 특별구는 다른 지역보다 외국 대사관들이 더 밀집해 있어서 더 제한적인 법이 필요하다는 것이다. 그러나 사실이 아닐 수 있고(뉴욕시에는 컬럼비아 특별구보다 더 많은 외국 대사관, 공관, 영사관이 있다고 보고되고 있다), 논리적으로도 요점을 벗어났다. 왜냐하면 대사관이 하나이든 100개이든 품위를 보호할 필요성은 똑같기 때문이다. 미국은 컬럼비아 특별구에 대한 의회의 독점 입법 권한을 지적하고, 그것이 더 광범위한 조치를 정당화한다고 주장한다. 그러나 우리는 더 광범위한 조치를 제정하는 입법 권한이 그러한 조치를 필요로 하는 이유를 알지 못한다. 이 사건에서 항소법원의 판결이래로 의회의 행동은 전시 조항의 유효성에 대해 더욱 의문을 드리우고 있고, 그 법원이 현재의 법에 대해서 같은 결론에 도달할 것인지에 대해 의문을 불러오고 있다. 1986년의 외교 안보 및 반테러법의 §1302에서 의회는 다음과 같이 말하고 있다.

"(1) 컬럼비아 특별구의 외국 공관 근처 데모에 관한 컬럼비아 특별구 법은 자유 언론 및 집회 권리의 합리적인 행사와 일치하지 않을 수 있고, 법은 선택적으로 적용될 수 있으며, 평화로운 시위자들은 불공정하게 법으로 체포될 수 있다.

(2) 외국 정부의 업무와 관리들에게 적절한 안전을 제공하는 미국의 의무는 자유 언론 및 집회의 권리를 합리적으로 행사하는 것과 균형을 맞추어야 한다.

(3) 그러므로 컬럼비아 특별구 의회는 국무부와 재무부와 협의하여 외국 공관 근처 데모와 관련한 컬럼비아 특별구 법을 재검토하고 적절하다면 개정해야 한다."

이 의회 결의는 §22-1115를 직접 폐지하고 특별구를 포함하기 위해 §112를 개정하자는 의안에서 나온 것이다. 이 의안의 발의자는 §112의 적용대상에서 특별구를 제외하면서 의회가 사실상 다른데도 §22-1115와 §112가 비슷하다고 보았음이 틀림없다고 말하고 있다. 상원은 §22-1115를 폐지하는 법안을 통과시켰지만, 상하 양원 협의회는 컬럼비아 특별구의 자치 원칙에 의해 반대의견을 검토하였다. 이러한 반대로 인하여 의회는 §22-1115를 폐지하지 않고 위에서 인용한 설명으로 대체하였다. 컬럼비아 특별구 정부는 §22-1115를 폐지함으로써 위 법에 들어 있는 의회의 요청에 응답했다. 그러나 폐지는 의회가 §112를 특별구로 확대하는 것을 조건으로 하였다.

§22-1115에 관련된 최근의 입법과정은 그 조항의 폐지에 이르지 못했지만, 피상고인들의 전시조항 항변을 상당히 무너뜨리고 있다. 비엔나 협약을 이행하는 이전의 의회 행동을 함께 고려할 때, 전시 조항이 충분히 제한적으로 맞춰진 것이라는 주장은 심각하게 약화되었다. 이 미묘한 영역에서 의회의 판단에 의지하면서, 우리는 §112와 같은 대안이 이용가능하다는 것이 전시조항이 수정헌법 제1조의 심사를 통과할 만큼 충분히 정교하게 고안된 것이 아니라는 점을 넉넉히 보여준다고 결론내린다. 외교 사절의 품위를 보호하는 이익에 봉사하지만 제한적으로 맞춰진 것은 아니다; 덜 제한적인 대안을 쉽게 이용할 수 있다. 그래서 현재의 목적상 품위 이익이 "명확"하다고 가정하더라도, 우리는 §22-1115의 전시조항은 수정헌법 제1조에 부합하지 않는다고 본다.

## III

상고인들은 처음에는 집회 조항이 경찰에 무제한의 재량권을 준다고 주장하면서 집회 조항을 공격하였다. 문면상 지나친 광범성 주장을 다루면서, 법원은 먼저 헌법이 보호하는 행동에 실질적으로 영향을 미치는지 여부를 확인한다. 우리는 이를 평가하기 위해서 실제 법문뿐만 아니라 발전되어 온 제한적인 해석을 검토한다.

집회 조항은 대사관, 공사관 또는 영사관의 150미터 이내에서 모여 경찰의 해산명령 후 해산을 거부하는 행위를 불법으로 규정하고 있다. 분리해서 보면, 이 구절은 어떤 이유로든 대사관의 150미터 이내의 모든 집회에 적용되고, 경찰의 해산권에 아무런 제한을 두고 있지 않는 것처럼 보이기 때문에 문제가 있다. 그러나 우리가 먼저 검토해야 하는 점으로, 항소법원은 집회 조항은 전시조항과는 구분되는 것으로 읽고서, 후자의 헌법 약점이 전자에게는 영향을 미칠 필요가 없다고 보았다. 둘째, 항소법원은 과거 몇 개 판결 내용에 따라서, 법이 대사관을 향한 집회의 경우에만 해산을 허용하는 것으로 결론지었다. 법은 근처 대사관과 아무런 관계가 없는 이유로 해산하는 권한을 경찰에게 주지 않았다. 마지막으로 항소법원은 법이 대사관의 안전이나 평온에 대한 위협이 현존한다고 합리적으로 믿을 때에만 해산을 허용하고 있다고 판단함으로써 경찰의 재량권을 제한하였다.

상고인들은 항소법원이 권한없이 법의 적용을 제한하였다고 항의하고 있다. 상고인들에 따르면 §22-1115는 법원의 해석이 합리적이고 분명하지 않는 한 연방법원이 주법을 제한 해석할 권한이 없는 주의 입법으로 검토되어야 한다. 컬럼비아 특별구가 이러한 목적상 주로 간주된다고 가정하더라도, 이 주장은 §22-1115는 컬럼비아 특별구 의회가 아니라 연방 의회가 제정하였다는 사실을 간과하고 있다. 연방법원은 연방 입법을 제한해석하는 권한을 가지고 있다는 것은 잘 확립되어 있다. 연방법원은 만약 그 해석이 공정하게 가능하다면, 그렇게 함으로써 헌법의 어려움을 피할 의무가 있다. 원래의 의회 결정은 컬럼비아 특별구 법의 일부가 되었지만, 이로 인하여 집회 조항에서 국가 이익이 줄어들지 않는다. 피상고인들 대리인이 구두 변론에서 지적하듯이, 여기서 컬럼비아 특별구의 독자적인 이익은 존재하지 않는다. 따라서 우리는 항소법원이 제한 해석한 것에 문제는 없다고 본다.

제한해석될 때 집회조항은 수정헌법 제1조의 지나친 광범성 심사를 견뎌 낸다. 그것은 헌법이 보호하는 행위에 실질적인 정도로 영향을 미치지 않는다. 그것은 단지 어떤 데모의 장소와 방법만을 규제하고 있다. 일반 치안방해법과 달리 집회 조항은 장소가 특정되어 있다. 그 것은 외국 대사관의 150미터 이내에만 적용된다. 게다가 집회 조항은 평화로운 집회를 금지하지 않는다. 그것은 안전에 위협을 가하는 집단에 제한적으로 미친다. 우리가 언급했듯이, 데모가 폭력적으로 변할 때, 그들은 수정헌법 제1조의 표현으로서 보호되는 성질을 잃는다. 이러한 2가지 제한은 집회조항이 헌법이 보호하는 행동에 실질적인 영향을 미치는 것을 방지하고 있고 수정헌법 제1조에 부합하게 한다.

상고인들은 항소법원이 제한하고 있다고 해도, 집회 조항은 허용될 수 없을 정도로 모호하기 때문에 무효라고 주장한다. 특히 상고인들은 "평온"이라는 단어가 정의되거나 제한되지 않았다는 것에 초점을 맞추고 있다. 우리는 같은 주장을 Grayned 판결에서 배척하였다. 그 사건은 학교 근처에서 사람들이 학교의 평온을 방해하는 행위를 금지하고 있는 법령에 관한 것이었다. 우리는 법령의 특정한 문맥에서, 적용범위에 관하여 공정하게 공지하고 있다고 판결했다.

비록 금지되는 방해의 정도가 법령에서 특정되지 않았다 하더라도, 척도는 학교의 정상 활동이 방해되었거나 방해될 것 같은지 여부에 따라 정해진다는 것은 법의 제정 목적으로부터 명백하다. 112쪽.

§22-1115는 같은 상황이다. 특정한 맥락에서 고안되었고, 그 맥락에서 금지되는 방해의 정도는 대사관의 정상 활동이 방해되었거나 방해될 것 같은 지 여부라는 것은 명백하다. 법은 일상에서 이해하는 단어로 적용범위를 알리고 있고, 따라서 상고인들의 모호함 주장은 이유없다.

## Ⅳ

전시 조항과 집회 조항에 대한 수정헌법 제1조 이의에 추가하여, 상고인들은 평등보호 주장을 제기하고 있다. Police Department of Chicago v. Mosley, 408 U.S. 92 (1972) 판결 및 Carey v. Brown, 477 U.S. 455 (1980) 판결에 의존하여, 상고인들은 전시 조항과 집회 조항이 모두 노동 피켓팅을 금지대상에서 제외한 §22-1116에 의해 평등보호조항을 위반하였다고 주장한다.

"§22-1115는 외국 정부 대표자들이 업무 목적으로 전체든 또는 일부분이든, 점유하고 있는 건물이나 부동산의 건축, 개축, 수리에 관련한 진정한 노동 분쟁의 결과로서 피켓팅을 금지하는 것으로 해석되어서는 안 된다."

§22-1116의 원래 의도는 피켓팅이 전시조항에 가장 직접 관련되어 있기 때문에 전시조항이 노동 피켓팅을 금지하지 않음을 보증하는 것이었다. 비록 §22-1116이 외국 공무원들의 품위를 손상하는 노동 표지의 전시를 전시조항의 일반적인 금지로부터 면제하려는 것이었다 할지라도, 그로 인하여 평등 보호 관심을 불러일으키고 있다. 우리는 이미 전시조항이 수정헌법 제1조에 위반된다고 결론지었다. 따라서 §22-1116이 적용될 수 있는 유일한 조항은 집회 조항이다. 항소법원은 이미 그 조항이 대사관의 안전 또는 평온을 위협하는 집회에

만 적용된다고 해석하였다. 그러므로 평화로운 노동집회를 포함하여 평화로운 집회는 금지되지 않는다.

따라서 만약 §22-1116이 폭력적인 노동 집회를 보호하는 것으로 해석된다면, 평등보호조항에 위반될 수 있는 노동과 비노동 피켓팅 사이의 차별 취급이 될 것이다. 우리의 견해로는 §22-1116은 그렇게 해석되어서는 안 된다. 첫째, 법이 헌법 문제를 피할 수 있는 해석이 공정하게 가능하다면 그렇게 해석되어야 한다는 것은 잘 확립되어 있다. 둘째, 법은 피켓팅을 금지하지 않는다고만 말하고 있다. 항소법원이 제한적으로 해석하듯이, 집회조항은 피켓팅을 완전히 금지하지 않는다. 그것은 데모의 장소와 방법을 규제하고 있을 뿐이다. 노동 피켓팅은 집회 조항과 완전히 일치한다. 셋째, §22-1116은 "진정한" 노동 분쟁만을 보호할 의도를 명시하고 있다. §22-1116의 유일한 목적을 폭력적인 노동 집회를 보호하는 방식으로 이 법을 해석하는 것은 불합리할 것이다.

§22-1116의 의도된 기능은 전시조항이 무효라는 우리의 결론에 의해 대부분 배제된다. 이러한 방식으로 조항을 보는 것이 비노동 집회와 노동 집회의 잠재적인 불평등 취급을 배제한다. 따라서 우리의 견해로는 §22-1116은 평등보호조항을 위반하지 않는다.

우리는 §22-1115의 전시 조항이 문면상 위헌이라고 결론내린다. 그 것은 공공 광장에서 정치 언론에 대한 내용에 기초한 제한이고, 중대한 주의 이익을 추구하기 위해 제한적으로 맞춰진 것이 아니다. 우리는 또한 집회 조항은 항소법원에 의해 제한해석되므로, 문면상 위헌이 아니다. 따라서 항소법원의 판결을 일부 파기하고 일부 인용한다(대법관 케네디는 이 사건의 심리와 판결에 참여하지 않았다).

**[대법관 브레넌 일부 동조 의견**(대법관 마샬 참여)**]**

나는 대법관 오코너의 의견 중 Ⅱ-A를 제외하고 모두 동의한다. 나는 렌턴 판결에 설명된 해석에 따른다 해도 전시조항은 엄격심사를 받아야 하는 내용에 기초한 제한이라고 결론내리는 범위에서 동의한다. "2차 효과"가 무엇을 의미하든, 나는 그것이 언론에 대한 청중의 반응을 포함할 수 없다는 것에 동의한다. 그러나 나는 언론에 대한 내용에 기초한 제한이 만약 언론의 2차 효과를 목표로 하고 있다면, 그 제한이 "내용 중립"으로 바뀔 수 있다는 의견에 계속 동의하지 않는다는 것을 별도로 밝혀둔다. 렌턴 판결 해석이 성적으로 노골적인 물건을 공급하는 사업이라는 맥락 뿐만 아니라, 정치 언론에 대해서조차 적용된다는 대법관 오코너의 가정에 반대한다.

렌턴 판결 해석이 드러낸 위험과 어려움은 광범위하다. 비록 이 사건에서 전시조항이 언론의 "2차 효과"를 목표로 하지 않고 있다고 결정하는 것이 쉽다고 할지라도, 미래의 소송당사자들이 비판 언론을 듣는 모욕감으로부터 청중을 보호한다는 주장으로 언론 제한을 옹호할만큼 용감하거나 솔직하지 않을 것 같다. 그 보다는 그들은 대법관 오코너가 암시하듯이, "혼잡 … 눈에 보이는 혼란 또는 … 안전"과 같은 2차 효과를 지적하면서 내용에 기초한 제한을 옹호할 것 같다. 그러나 그러한 2차 효과는 내용에 기초하여 정치 언론을 제한하는 것에 셀 수없이 면죄부를 준다. 일부 단체의 정치 집회는 다른 단체들보다 혼잡을 초래하는 대규모 군중을 끌어모을 것 같다는 주장은 의심의 여지없이 가능하다. 어떤 이유로 한 피켓팅은 다른 피켓팅보다 더 눈에 보이는 혼란을 초래할 수 있고, 특정한 메시지를 전달하는 발언자는 다른 사람들보다 더 무질서한 청중을 끌어모을 것 같다. 우리의 전통적인 해석은 언론의 내용에 기초한 그러한 연역적인 범주적 판단을 배척하고 있다. Police Department of Chicago v. Mosley, 408 U.S. 92, 100-101 (1972) 판결은 정부에게 어떤 내용을 가진 언론이 그러한 결과를 유도할 것이라는 예측에 기초하기 보다는 실제 혼잡, 눈에 보이는 혼란 또는 폭력을 바탕으로 규제하도록 요구하고 있다. 그러나 렌턴 판결은 검열자가 정치 언론의 내용을 규제하기 위한 2차 합리화를 꾸며낼 때마다 정부의 검열이 가능한 길을 열어준다.

나아가 렌턴 판결의 해석은 분명한 경계를 제공하지 않거나 수정헌법 제1조가 요구하는 안식처를 제공하지 않는다. 전통적인 접근은 명확한 원리를 확립하였다. 언론의 내용에 따라 적용하는 언론 제한은 그 아래에 놓여 있는 동기를 불문하고 내용에 기초한 제한이다. 그것은 우리가 "동기에 기초한" 심사라기보다는 "내용에 기초한" 심사라고 명한 사실속에 함축되어 있다고 생각한다. 그래서 전통적인 원리는 명확한 기준을 제공한다. 정부는 허용되지 않는 규제의 범위를 확인할 수 있다. 개인들은 헌법 보호의 범위를 확인할 수 있다. 반면에 렌턴 해석은 특히 렌턴의 접근에서처럼, 설정된 목적이 평이한 법률의 언어와 정면으로 상치될 경우, 악명높게 위험하고 불확정 질문인, 입법 동기라는 곤경으로 법원을 몰아넣고 있다. 그리고 동기에 관한 의문이 해결될 수 있을 때조차도, 렌턴 판결의 접근은 법원에게 언론의 직접 효과와 2차 효과 사이의 모호한 구분, 헌법의 법리론상 다른 직접/간접 구분이 증명하듯이 쓸모없는 구분을 하도록 하고 있다. Complete Auto Transit, Inc. v. Brady, 430 U.S. 274 (1977)(주간 통상의 직접 과세와 간접 과세의 구분을 비판하고 현명하게 배척함).

불확정성은 펜턴 판결의 가장 나쁜 결함이다. 왜냐하면 렌턴 해석의 뿌리깊은 문제는 그것이 문면상 언론의 내용에 기초하여 차별하고 있는 법이 내용이 아니라 법의 운영에 영향을 미치지 않는 2차 효과를 목표로 하고 있다는 의심스러운 의견에 의존하고 있기 때문이다. 그러나 렌턴 해석의 내재적으로 불명확한 성격은 분명히 싫어하는 언론을 억압하기 위해 제정된 많은 법들이 발견되지 않을 위험을 증가시킨다. 비록 동기에 관한 질문이 때로는 유용한 보충수단이지만, 반대를 억누르는 정부의 시도에 대한 최고의 보호는 입법동기의 순수성을 평가하는 우리의 능력에 달려 있지 않다. 그보다는 정부가 좋아하는 표현과 동시에 싫어하는 표현도 제한하는 내용 중립적인 수단을 통해 정부가 행동하도록 하는 요건에 놓여 있다. 거의 40년 전에 대법관 잭슨이 적절하게 말했다 : "법원은 법이 평등하게 운영되도록 요구하는 것보다 법의 정당성을 보증하는 더 나은 조치를 취할 수 없다.[2)]"

나아가 우리가 내용에 기초한 법이 언론의 "2차 효과"를 목표로 하고 있다고 판정할 능력에 대해 확신할 수 있다고 하더라도, 그러한 법은 발언자의 말할 권리를 거부하고 왜곡되지 않는 토론에 대한 청중의 권리를 거부함으로써 자유언론의 근본 이익을 여전히 침해하게 될 것이다. 불평등한 취급을 받는 언론이 정치 언론일 때, 그리고 왜곡된 토론이 정치 토론일 때 이러한 권리들은 더욱 소중하다. 언론(특히 정치 언론)의 내용에 기초한 제한에는 정당한 정부의 이익이 있을 것 같지 않고, 내용 중립 규제로 내용 중립 목적을 추구하기 위해 정

2) "Courts can take no better measure to assure that laws will be just than to require that laws be equal in operation."

부가 갖고 있는 풍부한 대안들을 고려할 때, 렌턴 접근이 불러 온 자유롭고 평등한 토론에 대한 위험, 불확실성, 그리고 피해는 더욱 유감스러운 일이다. 적어도 렌턴 판결에서 규제하려는 2차 효과(주민들의 타락)가 혼잡, 눈에 보이는 혼란 또는 폭력이 규제되는 방식으로는 직접 규제될 수 없다는 그럴듯한 주장이 있었다. 그러나 그와 같은 유형의 필요성이 밝혀지지 않을 때, 내용에 기초한 규제가 내용을 목표로 하지 않는다는 확실한 주장이 어떻게 가능할지 이해하기 어렵다. 또한 정치 언론의 내용을 규제하는 것이 내용 중립적인 2차 효과를 규제하는데 필요하다는 주장이 가능하게 되는 상황을 상상할 수 없다.

오늘날까지 렌턴 판결 해석이 적어도 정치 언론에는 적용된 적이 없다. 렌턴 자체는 "성적으로 노골적인 물건을 공급하는 사업"에만 적용되는 것 같다. 우리가 렌턴 판결을 선고한 날에 이에 참여한 3명의 대법관은 Pacific Electric Co. v. Public Utilities Comm'n, 475 U.S. 1, 20 (1986) 판결에서 전통적인 심사를 다시 되풀이하였다. (대법관 파월의 다수의견. "시간, 장소, 방법 규제가 정당하기 위해서는 규제되는 언론의 내용에 관해서는 중립적이어야 한다"). 사실 정치 언론에 대한 렌턴 판결의 이 사건 적용은 부수적이다. 이 사건 법은 렌턴 판결이든 전통적인 접근이든 내용에 기초한 것으로 다뤄질 것이다. 렌턴 판결에 따르더라도 법은 내용에 기초한 제한이기 때문에 렌턴 판결이 정치 언론에 적용되는지에 관한 쟁점은 다룰 필요가 없다고 쉽게 말할 수 있다. 그럼에도 불구하고 수정헌법 제1조의 자유를 박탈하는 길로 법원을 이끌 수 있기 때문에 불길한 의견이다. 나는 법원이 언론의 이른바 2차 효과를 목표로 한다는 정치 언론에 대한 내용에 기초한 규제가 관련된 사건을 실제 다룰 때, 렌턴 접근의 함정을 인식하고 피하기를 희망할 뿐이다.

그리고 위와 같이 밝힌 대로, 최소한 렌턴의 해석이 규제하려고 하는 2차 효과가 직접 규제에 해당되지 않는 상황으로 한정하는 강력한 주장이 존재한다.

**[대법원장 렌퀴스트의 일부 동조, 일부 반대 의견**(대법관 화이트, 블랙먼 참여) 생략**]**

# 2. 낙태병원 앞에서의 완충지대설정과 규제의 비례성

**Madsen v Women's health center**
512 U.S. 753 (1994)

**[요약]**

상고인들과 다른 낙태반대시위자들이 플로리다 낙태 병원 주위에서 피켓시위를 한 후에, 주 법원은 상고인들이 병원 접근을 막거나 방해하는 행위와 그곳을 출입하는 사람들을 신체적으로 괴롭히는 행위를 영구히 금지하였다. 나중에 피상고인 병원 운영자들이 금지명령의 확대를 청구했을 때, 법원은 병원접근이 여전히 방해받고 있고, 상고인들의 활동이 환자들에게 신체적으로 해로운 영향을 미치고 있으며, 환자들이 병원에 들어가는 것을 꺼리고 있고 의사들과 병원 직원들이 집에서 항의를 받고 있다고 인정하였다. 따라서 법원은 수정된 명령을 내렸는데, 상고인들 및 그들과 "협력하여" 활동하는 사람들에게 적용되었고 시위자들이 병원의 북쪽과 서쪽으로 병원입구와 도로, 사유 부동산의 10미터 완충지대에 들어가지 못하게 했다; 병원내 환자들이 들을 수 있는 거리내에서 지나친 소란을 금지하고 환자들이 볼 수 있는 이미지들의 사용을 금지하였다; 시위자들이 병원 주위의 90미터 지역내에서 대화를 원치 않는 환자들에게 접근하는 것을 금지하였다; 병원 직원들 집 주위에 90미터의 완충지대를 설정하였다. 수정헌법 제1조의 언론의 자유를 침해했다는 상고인들의 주장을 배척하고 수정된 명령을 인용하면서, 플로리다주 대법원은 문제의 장소는 전통적으로 공공 광장이라고 인정하였으나, Perry Education Assn. v. Perry Local Educators' Assn., 460 U.S. 37, 45 판결이 정한 엄격 심사의 적용을 거부하였다. 왜냐하면 명령의 제한은 내용 중립적이고 중요한 정부의 이해를 충족하기 위해 엄격하게 제한되었고, 통신을 위한 풍부하고도 열려 있는 통신 경로를 남겨놓았기 때문이다.

**[요지]**

1. 이 사건 명령은 단지 낙태반대 시위자들의 언론만을 제한하고 있다는 이유 때문에 내용 또는 견해에 기초한 것으로 엄격심사대상이 되는 것은 아니다. 반대로 상고인들의 주장을 받아들이면 모든 명령이 사실상 내용에 기초한 것으로 분류되어 버릴 것이다. 명령은 그 성격상 일반 대중에게 적용되는 것이 아니라, 특별한 분쟁의 맥락 속에서 과거행동 때문에 특정한 당사자들에게 적용되어 그들의 행동, 그리고 아마도 그들의 언론을 규제하게 된다. 이 명령이 낙태를 찬성하는 시위자들의 행동을 금지하고 있지 않다는 사실은 당연히 그러한 데모와 이로 인한 구제 청구가 없기 때문이다. 나아가 문제의 제한은 상고인들의 낙태반대 메시지의 내용에 대한 것이 아니다. 내용 중립성을 결정하는데 있어서 중요한 질문은 정부가 내용을 보지 않고 언론을 규제하느냐이다. 그러므로 정부의 목적이 기초적인 고려사항이다. 이 사건에서 명령은 상고인들이 반복적으로 1차 명령을 위반하였기 때문에 상고인들의 메시지에 우연히 제한이 가해졌다. 명령이 같은 견해를 가진 사람들을 대상으로 했다는 것은 법원의 명령을 위반한 사람들이 우연히 그 견해를 공유하고 있다는 것을 의미할 뿐이다.

2. 내용 중립 명령을 평가하는 기준은 문제되는 명령의 조항이 중요한 정부의 이해를 충족하는데 필요한 정도 이상으로 언론을 제한하고 있는 것은 아닌 가이다. 그러므로 명령은 정확하게 목적을 수행하는 가장 제한된 용어들로 구성되어야 한다. 비록 병원 주위의 장소가 전통적인 공공장소라 하더라도 일반적으로 적용되는 법령(특정한 이해관계를 도모하기 위한 입법 선택을 나타냄)과 명령(입법 또는 사법 결정의 실제 위반 또는 위반 위협을 구제하고, 법령보다 검열 및 차별적 적용의 더 큰 위험이 수반되지만 법위반이 이미 발생했을 경우 더 강한 구제를 함)의 차이는 이 사건에서 전통적인 시간, 장소, 방법 분석이 허용하는 것보다 일반적인 수정헌법 제1조 원칙의 조금 더 엄격한 적용이 필요하다. 플로리다주 대법원이 확인한 정부의 이해관계들－임신한 여성이 합법적인 의료 또는 상담 서비스를 받을 자유의 보호, 공공의 안전과 질서 확립, 공공도로와 인도에서 자유로운 교통흐름의 허용, 시민의 부동산에 관한 권리 보호, 주거의 사생활 보장－은 적절하게 정해진 명령을 정당화하기에 충분하다.

3. 환자들과 병원 직원들에 대한 피켓 시위, 병원 주변 장소의 협소함, 시

위자들을 병원 주차장에서 보고 들을 수 있다는 사실, 1차 명령의 목적 달성 실패에 초점을 맞출 때, 병원 입구와 도로 주변의 10미터 완충지대는 병원 접근을 보호하고 거리에서 질서 있는 교통흐름을 유도하기 위한 정부의 이익을 달성하는데 필요한 정도 이상의 부담을 언론에 가하지 않는다. 완전한 완충지대가 필요한지는 논쟁거리가 될 수 있지만, 논쟁의 배경과 사실관계에 대해서는 주법원이 정통하다는 것을 인정해야 한다. 상고인들은 플로리다주 대법원 판결문에 사실기록이 첨부되는 것에 반대하였고, 모든 기록을 확인하지 않았다. 그러므로 이 법원은 주법원에 제출된 증거와 증언이 병원 입구 근처에서 시위자들의 행위가 1차 명령에도 불구하고 병원 접근을 방해하고 있다는 사실인정을 뒷받침하고 있다는 가정하에 판단해야 한다.

4. 그러나 병원의 북쪽과 서쪽으로 사유지에 적용된 10미터 완충지대는 병원 접근을 보호하는데 필요한 정도 이상으로 언론을 제한하고 있다. 병원에 가려고 하는 환자들과 직원은 그 사유지를 건널 필요가 없다. 나아가 기록상 사유지에서 상고인들의 행위가 병원 접근을 방해하거나 차량 운행을 막거나 또는 병원 운영을 불법적으로 방해하고 있다는 근거가 없다.

5. 명령이 부과한 제한된 소음규제는 병원 환자들의 건강과 안녕을 보장하는데 필요한 정도 이상의 부담을 언론에 주지 않는다. 소음 규제는 수술과 회복 기간 동안 병원 시설 주위에서 특히 중요하다. 수정헌법 제1조는 그러한 시설에서 환자들이 정치적인 항의의 소음을 피하는 엄청난 노력을 하도록 요구하지 않는다.

6. "볼 수 이미지"에 대한 포괄적인 금지는 환자들에 대한 위협을 제한하고 병원내에서 환자들의 걱정과 긴장을 줄이는 목적을 달성하는데 필요한 정도 이상으로 광범위하게 설정되어 있다. 위협적이거나 은근한 협박으로 해석될 수 있는 자료의 전시를 금지한 것은 첫째 목적을 이행하게 될 것이지만, 병원은 현수막 내용을 싫어하는 환자를 보호하기 위해 단순하게 커튼을 칠 수 있을 것이다.

7. 시위자들의 발언 자체가 규제될 수 있다(예를 들면 "폭언" 또는 협박)는 증거가 없는 한, 또는 폭력을 부추겨서 신체적 가해의 협박과 구분될 수 없지 않는 한, 병원 주위의 90미터 접근금지지대는 병원 접근을 보장하고 위협을

방지하려는 목적을 달성하는데 필요한 정도 이상의 부담을 언론에 주고 있다.

8. 병원 직원들 집 주변의 90미터 완충지대는 가정의 평온함과 사생활을 보호하는데 필요한 정도 이상으로 광범위하게 설정되어 있다. 기록상 그와 같이 넓게 피켓 시위를 금지하는 것을 정당화하는 충분한 근거는 없다. 시간과 피켓 시위 기간, 더 좁은 지역밖에서 피켓의 수를 제한하는 것이 원하는 결과를 가져올 수 있다. 그러나 지역내에서 음성확성장치의 사용에 관하여, 항의가 이웃을 괴롭힌다면 정부는 상고인들이 소리를 낮추도록 요구할 수 있다.

9. 명령에 당사자로 기재된 상고인들은 당사자가 아닌 사람들에게 적용되는 "협력"조항을 다툴 지위에 있지 않다. 나아가 그 문구는 상고인들이 "지나친 광범성"의 이의 대상으로 삼을 것이 아니다. "협력"조항이 결사의 자유를 제한하는 것도 아니다. 그들은 특정한 견해를 표현하기 위해 다른 사람과 모이거나 결합하는 것이 금지되지 않는다. 그리고 수정헌법 제1조는 제3자의 합법적인 권리를 빼앗기 위해 다른 사람과 결합하는 것을 보호하지 않는다.

일부 인용, 일부 파기.

대법원장 렌퀴스트가 판결문을 작성하고. 대법관 블랙먼, 오코너, 수터, 긴즈버그가 참여하였다. 대법관 스티븐스는 Ⅰ, Ⅱ, Ⅲ－E, Ⅳ에 참여하였다. 대법관 수터는 동조의견을 작성하였다. 대법관 스티븐스는 일부 동조, 일부 반대의견을 작성하였다. 대법관 스칼리아는 일부 동조하고 일부 반대하는 의견을 작성하였고, 대법관 케네디와 토마스가 참여하였다.

### [대법원장 렌퀴스트]

상고인들은 낙태반대 항의자들이 낙태시술을 하는 병원밖의 일정 장소에서 다양한 방법으로 데모하는 것을 금지한 플로리다주 법원이 내린 명령(injunction)의 합헌성을 다투고 있다. 우리는 공공도로상의 10미터 완충지대를 설정하여 데모를 금지한 것은 수정헌법 제1조에 위반되지 않지만, 명령의 다른 몇 개 조항은 위반이라고 판결한다.

# I

피상고인들은 플로리다 중부지역에서 낙태 병원을 운영하였다. 상고인들과 다른 단체들 및 개인들은 플로리다 멜버른에 있는 병원 근처에서 열린 집회에 참가하였다. 그들은 병원으로 향하는 공공 도로에서 피켓을 들고 데모를 하였다. 1992. 9. 플로리다주 법원은 상고인들이 병원 접근을 막거나 방해하는 행위와 병원을 출입하는 사람들을 신체적으로 괴롭히는 행위를 영구히 금지하였다. 6개월 후, 피상고인들은 상고인들의 행동으로 병원 접근이 여전히 방해받고 있고, 환자들이 병원에 들어가는 것을 주저하게 하고 있으며 다른 사람들에게 신체적으로 해로운 결과를 낳고 있다고 주장하면서 명령의 확대를 청구하였다. 사실심법원은 이 사건의 대상이 된 확대된 명령을 발령하였다.

법원은 초기 명령에도 불구하고 시위자들이 병원으로 향하는 포장된 도로 딕시길(Dixie Way)에서 모여서 병원의 도로 앞에서 행진하면서 병원으로의 접근을 방해하고 있다고 인정하였다. 법원은 시위자들이 길을 이동하도록 병원으로 가는 차량이 속도를 늦추면, "거리 상담자들"이 접근하여 차량 안에 있는 사람들에게 낙태반대 유인물을 주려고 한다는 것도 인정하였다. 집회 인원은 소수인원에서 400명 가량이고, 소음도 노래와 성가를 부르는 것부터 확성기와 휴대용 확성기의 사용까지 다양했다.

법원은 시위자들이 병원의 환자들을 괴롭혔다고 인정했다. 병원 의사는 환자들이 병원으로 들어가기 위해 불쾌한 비난을 받은 결과, 더 불안해하고 긴장해서 수술을 받기 위해 더 많은 진정제를 투여해야 했고 수술과정의 위험도 증가하였다고 증언하였다. 시위자들의 소음은 병원내에서도 들렸고 수술과정과 회복실에서 회복하는 동안에도 환자들을 괴롭혔다. 그리고 군중 때문에 되돌아가는 환자들은 진료지연 때문에 건강상의 위험이 증가하였다.

의사와 병원직원들은 집에서도 마찬가지였다. 상고인들은 병원직원들의 집앞에서 피켓시위를 했고 통행인들에게 소리를 질렀으며 이웃집의 초인종을 눌렀고 특정한 병원직원들을 "아기 살해범"이라고 부른 유인물을 주었다. 때때로 시위자들은 집에 혼자 있는 병원 직원들의 아이들과 마주치기도 하였다. 이러한 증언으로 주법원은 애초 명령이 플로리다주 브레바드와 세미놀 카운티 여성들과 진료와 상담을 원하는 주변 카운티 여성들의 건강과 안전, 권리를 보호하는데 충분하지 않다고 결론지었다. 그래서 주법원은 이전 명령을 수정하여 금지활동 범위를 넓혔다. 수정된 명령은 상고인들[3]에게 다음 활동을 금지하였다.

(1) 벨버른 병원의 부동산 전면 출입 금지

(2) 병원의 건물 또는 주차장으로부터 진출하거나 접근하는 행위를 막거나 방해, 지체, 제지하는 행위 일체 금지

(3) 병원 부동산 경계에서 10미터 이내의 공공도로 또는 개인 토지에 들어가거나 데모하거나 모이거나 피켓시위를 하거나 무리지어 걸어가는 행위 전면 금지 … 10미터 완충지대에 대한 예외는 병원 동쪽으로 연결된 지역이다. 〔상고인들은〕 병원의 동쪽 경계에서 적어도 1.5미터 떨어져 있어야 한다. 10미터 완충지대에 대한 다른 예외는 병원의 북쪽과 서쪽 토지의 장부상 권리자들과 관련되어 있다. 10미터 완충지대에 대한 진입 금지는 사람들과 그들의 손님들에게 적용되지 않는다. 만약 소유자들과 손님들이 상고인들과 함께 행동한다면 금지는 적용된다.

(4) 월요일부터 토요일의 오전 7시 30분부터 12시까지와, 수술 및 회복기간 동안, 병원내 환자들이 듣거나 볼 수 있는 거리에서, 노래나 성가를 부르거나 휘파람소리를 내거나 소리지르거나 고함치는 것을 금지하고, 확성기, 자동차

3) 상고인들에 추가하여 주법원의 명령은 "Operation Rescue, Operation Rescue America, Operation Goliath, 그들의 간부와 직원들, 회원, 피고용인들, 그리고 Bruce Cadle, Pat Mahoney, Randall Terry, 그리고 그들과 또는 그들을 위하여 참여하거나 함께 행동하는 모든 사람들"에게 적용되었다.

경적, 음향증폭장비 또는 다른 소리나 이미지의 사용 금지.

(5) 병원의 90미터 이내의 지역에서 병원 서비스를 받으러 가는 사람이 〔상고인들〕에게 접근하거나 물어보면서 대화하기를 원하지 않는 한 그에 대한 신체적 접근 일체 금지.

(6) 〔피상고인들〕의 피고용인들, 직원, 소유자들이나 대리인들의 집 90미터 이내에 접근하거나 모이거나 피켓시위를 하거나 순찰, 데모, 휴대용 확성기나 다른 음향증폭장비의 사용 전면 금지. 임시적이든 다른 이유든, 〔피상고인들〕의 피고용인들, 직원, 소유자들 또는 대리인들의 집의 출입이나 도로를 막거나 장애물 설치, 차단, 방해하려는 등의 시도 일체 금지.

〔상고인들〕 및 이들과 함께 활동하는 사람들은 임시적이든 다른 이유든, 집이 위치한 도로로 유일하게 접근할 수 있는 어느 도로에 대한 사람들의 자유로운 진출입을 막거나 방해하거나 방해하려는 시도 금지.

(7) 〔피상고인들〕 병원에 출입하거나 일하거나 서비스를 이용하는 사람들을 신체적으로 학대하거나 붙잡거나, 협박하거나, 괴롭히거나, 만지거나, 밀거나, 밀치거나, 강요하거나, 폭행하는 행위 또는 병원 소유자, 직원, 환자의 집에 접근 시도 일체 금지.

(8) 현재 또는 과거 의사, 건강관리전문가, 다른 직원, 피고용인 또는 〔피상고인들〕 병원 서비스를 도와주고 있는 자원봉사자를 괴롭히거나 위협하거나 신체적으로 학대하거나 폭행 또는 협박 일체 금지.

(9) 다른 사람들에게 금지된 행동을 하도록 권장, 자극, 유도하는 행위 일체 금지.

플로리다주 대법원은 사실심법원의 수정된 명령의 합헌성을 인용하였다. 그 법원은 공공 도로, 인도, 통행권으로 이루어진 광장은 전통적인 공공 광장이라고 인정했다. Frisby v. Schultz, 487 U.S. 474, 480 (1988). 제한은 내용중립적이라고 결정하고, Perry Education Assn. v. Perry Local Educators' Assn., 460 U.S. 37, 45 (1983) 판결〔내용에 기초한 제한을 집행하기 위해서는 주는 그 규제가 주의 중대한 이익을 달성하는데 필요하고 그 목적을 이루기 위해 제한적으로 마련되었다는 것을 밝혀야 한다〕이 지시한 엄격심사의 적용을 거부하였다. 그 대신에 주대법원은 규제가 중요한 정부의 이익을 달성하기 위해 제한적으로 맞추어진 것인지, 다른 충분한 통신 경로를 남겨 놓았는지를 결정하기 위해 명령을 분석하였다. 주대법원은 긍정하였다.

플로리다 주대법원의 의견이 발표되기 직전에, 연방제11항소법원은 같은 명령에 대한 이의를 심리하였다. 항소법원은 분쟁이 "현실적인 언론의 금지와 낙태권의 자유로운 행사에 대한 잠재적인 방해" 사이의 충돌이라고 규정하면서 명령을 취소하였다. 항소법원은 공공의 안전과 질서에 관한 이익은 다른 적용가능한 법률로 이미 보호되고 있고, 이러한 이익은 다른 사람들의 수정헌법 제1조 권리를 침해하지 않고도 적절하게 보호될 수 있다고 판시하였다. 항소법원은 명령이 내용에 기초하고 있고, 중대한 주의 이익을 달성하는데 필요하지 않으며 그 목적을 이루기 위해 제한적으로 정해진 것도 아니라고 판단하였다. 우리는 명령의 합헌성에 관한 플로리다주 대법원과 항소법원 사이의 충돌을 해결하기 위해 이송명령을 발부하였다.

## II

우리는 먼저 주법원의 명령이 낙태반대자들의 언론만을 제한하는 명령이기 때문에 내용 또는 견해에 기초하고 있다는 상고인들의 주장을 검토한다. 그들은 우리가 가장 엄격한 심사기준으로 명령 전부를 조사하여야 한다고 주장한다. 우리는 동의하지 않는다. 상고인들의 주장을 받아들인다면 사실상 모든 명령이 내용이나 견해에 기초한 것으로 분류될 것이다. 명령은 본질적으로 특정한 단체(또는 개인들)에게만 적용되고 그 단체의 활동과 언론을 규제한다. 그러나 실제 사건 당사자 사이의 특정한 분쟁의 맥락에서 단체의 과거 행동 때문에 그렇게 된다. 명령을 구하는 당사자들은 그들의 권리 침해를 주장한다; 청구를 심리하는 법원은 일반 국민들에게 공표되는 법률을 만드는 것이 아니라, 특정 행위를 금지하는 구제책을 만들어 낼 임무가 있다.

이 사건 명령이 낙태를 찬성하는 데모행위를 금지하지 않고 있다는 사실은 낙태를 찬성하는 사람들의 비슷한 데모행위가 없고, 그리고 당연히 그들의 데모를 명령으로 규제해 달라는 청구가 없기 때문이다. 플로리다주법이 낙태와 관계없는 대상을 향한 비슷한 행위를 동등하게 제한하지 않는다는 근거는 기록상 없다. 법원이 부과한 제한이 상고인의 메시지 내용을 향한 것은 아니다.

내용 중립성을 판단하는 우리의 주된 질문은 정부가 규제되는 언론의 내용을 고려하지 않고 언론을 규제했는지 여부이다. Ward v. Rock Against Racism, 491 U.S. 781, 791 (1989)(소음규제 허용)(이하 "워드 판결"); R.A.V. v. St. Paul, 505 U.S. 377 (1992)(정부는 표현된 메시지에 대한 적의 또는 선호에 기초하여 언론을 규제할 수 없다). 그래서 우리는 기초적인 고려사항으로 정부의 목적을 본다. 이 사건에서 주법원은 상고인들이 법원의 원래 명령을 반복적으로 위반하였기 때문에 상고인들에 대한 제한을 추가하였고 그들의 낙태반대메시지는 부차적이다. 상고인들 모두가 낙태에 대해 같은 견해를 갖고 있다는 것이 그 자체로 일부 불공정한 내용 또는 견해가 명령 발부의 동기가 되었다는 것을 증명하지 않는다. 법원의 명령을 위반하는 단체의 행위가 우연히 병원에서 시술되는 낙태에 관하여 같은 의견을 가졌다는 것만을 시사한다. 요약하면 특정한 견해를 가진 사람들에 대한 명령은 그 자체로 명령을 내용 또는 견해에 기초한 것으로 만들지 않는다.[4] 따라서 이 사건에서 발부된 명령은 Perry Education Assn. 460 U.S. 45쪽에서 제시된 강화된 수준의 심사를 요구하지 않는다. 우리는 이어서 적용할 기준을 검토한다.

## III

만약 명령 대신에 내용 중립적이고, 일반적으로 적용되는 법률이라면, 합헌성은 워드 판결, 791쪽에서 제시된 기준으로 평가될 것이다. 병원 주위의 광장이 전통적인 공공 광장이라고 할 때, 우리는 시간, 장소, 방법의 규제가 중요한 정

---

4) 우리는 또한 상고인들이 주장하는 사전제한 해석을 채택하지 않는다. 사전 제한은 종종 금지명령의 형태를 띤다. New York Times Co. v. Unired States, 403 U.S. 713 (1971)(국방성 보고서의 공개 금지를 거부); Vance v. Universal Amusement Co., 445 U.S. 308 (1980)(텍사스의 주법원 판사들이 극장이 과거에 음란물을 상영하였다는 점을 근거로 아직 음란 판정을 받지 않은 영화의 향후 상영을 금지하도록 한 공공방해금지법이 무효인 사전 제한을 허용한 것으로 위헌이라고 판결). 그러나 우연히 표현에 영향을 줄 수 있는 모든 명령이 뉴욕타임즈 판결 또는 Vance 판결에서 사용된 의미에서 "사전제한"은 아니다. 이 사건에서 상고인들이 몇 가지 다른 방식으로 그들의 의견을 표현하는 것이 금지되지 않는다. 그들은 단지 그것을 10미터 완충지대내에서 표현하는 것이 금지될 뿐이다. 나아가 명령은 상고인들의 표현 내용(뉴욕타임즈 판결과 Vance 판결 에서처럼) 때문이 아니라 그들의 과거 불법 행동 때문에 발부되었다.

부의 이익을 달성하기 위해 제한적으로 맞추어졌는지를 판단한다.

그러나 명령과 일반적으로 적용될 수 있는 법령 사이에는 명백한 차이가 있다. 법령은 특정한 사회적 이익을 도모하는 입법 선택을 나타내고 있다. 반면에 명령은 입법적인 법령 또는 사법적인 명령의 위반(또는 위반의 위협)에 대한 구제책으로 부과된다. 명령은 또한 일반 법령보다 더 큰 검열 및 차별 적용의 위험을 안고 있다. 공직자가 소수자에게 부과하는 법의 원칙은 보편적으로 다수에게도 적용되어야 한다고 요구하는 것이 자의적이고 불합리한 정부에 대항하는 효과적이고 실용적인 보증이다. 법 위반이 이미 발생한 경우에 법률보다는 사실심판사가 더 정교한 구제책을 맞춤으로 제공할 수 있다는 점에서 명령은 일반적으로 적용되는 법률에 비해 일부 장점이 있다.

우리는 이 차이가 일반적인 수정헌법 제1조 원칙을 좀 더 엄격히 적용하도록 요구한다고 믿는다.[5] 언론을 제한하는 명령을 검토한 과거 사례에서, 명령이 희망하는 목적을 달성하는데 필요한 정도 이상으로 넓어서는 안 된다고 하는 한편 위와 같은 일반 원칙에 의존하였다. 명령의 목적과 언론의 제한 사이의 적합성에 관하여 우리가 주목하는 것은, 수정헌법 제1조의 고려사항과 별개로, "명령 구제(injunctive relief)는 원고들에게 완전한 구제방법을 제공하는데 필요한 이상으로 피고들에게 부담을 가해서는 안 된다."는 일반 원칙과 일치한다.

따라서 내용중립 명령을 검토할 때, 우리는 우리의 시간, 장소, 방법 분석이 충분히 엄격하지 않다고 생각한다. 그 대신에 우리는 명령의 조항이 중요한 정부의 이익을 달성하는데 필요한 정도 이상으로 언론에 부담을 주지 않았는지를 물어야 한다.

스티븐스와 스칼리아 대법관은 우리가 발표한 기준에 정책적인 이유로 동의하지 않고 있다. 스티븐스 대법관은 명령은 불법 행동에 관여한 개인들이나 단체에게 부과되기 때문에 "명령은 법령보다는 완화된 기준으로 판단되어야 한다."고 믿고 있다. 반면에 스칼리아 대법관은 내용중립 명령은 "적어도 내용에

5) 형평법 원칙상, 명령은 피고가 성문법 조항 또는 보통법을 위반하였거나 곧 위반할 것이고 "위반이 되풀이될 것이라는 위험"이 있다는 증명이 있는 경우에만 발부된다. United States v. W.T. Grant Co., 345 U.S. 629, 633 (1953).

기초한 법률의 제한과 마찬가지로 엄격한 심사를 받아야 한다."고 믿고 있다. 스칼리아 대법관은 명령이 내용(언론의 내용)을 공격하지 않는다 할지라도, 특정한 생각을 억압하는데 사용될 수 있다는 위험을 의식하고 있다; 개개인 판사들이 이러한 맥락에서 명령을 부과하는 임무가 맡겨져서는 안 된다; 명령은 절차적으로 법률보다 다투기가 더 어렵다. 우리는 법률과 명령 사이의 차이점과 유사성을 모두 고려하면 정책적인 문제로서 우리가 여기서 적용하는 기준이 타당하다고 믿는다.

스칼리아 대법관은 선례때문에 이 사건에서 엄격심사를 적용하여야 한다고 주장한다. 그 기준에 따라 우리는 규제가 중대한 주의 이익에 봉사하는데 필요한 지와 그 목적을 달성하기 위해 제한적으로 정해진 것인지를 묻는다. 스칼리아 대법관은 내용중립 명령에 이러한 기준을 적용한 판례를 인용하지 못했고 우리도 알지 못한다. 그는 추가 설명없이 자유로운 표현의 사전제한을 취소한 많은 사례를 인용하였다. 그러나 우리가 설명했듯이 우리는 이 명령이 사전제한이라고 믿지 않으며, 그래서 이 사건에서 위헌성의 강한 추정은 존재하지 않는다.

스칼리아 대법관은 또한 우리의 선례가 이 사건 맥락에서 엄격심사의 적용을 요구하고 있다는 그의 주장을 뒷받침하기 위해 NAACP v. Claiborne Hardware Co., 458 U.S. 886 (1982) 판결과 Carroll v. President and Comm'rs of Princess Anne, 393 U.S. 175 (1968) 판결을 들고 있다. Claiborne Hardware 판결에서, 우리는 단순하게 "규제의 정밀함"이 요구된다고 하였다. 스칼리아 대법관은 이 판결을 규제의 "외과수술과 같은 정밀함"을 요구하는 것으로 읽고 있지만 판결문 작성자인 스티븐스 대법관이 선택한 용어는 아니다. 우리는 "필요이상으로 언론에 부담을 주지 않는" 명령을 요구하는 기준이 "규제의 정밀함"의 예시라고 생각한다.6)

Carroll 판결에 관하여 스칼리아 대법관은 그 판결에서 채택된 "기준"은 "엄

6) 나아가 Claiborne Hardware 판결에서 "규제의 정확성"이 요구된다고 말하면서, 우리는 명령이 관련된 Carroll 판결과 주의 법률과 규제가 관련된 Keyishian v. Board of Regents, State Univ. of N.Y., 385 U.S. 589 (1967) 판결을 둘 다 인용하였다. 만약 대법관 스칼리아가 주장하듯이 우리의 선례가 법률과 명령을 달리 다루도록 요구하였다면, Claiborne 판결이 Keyishian 판결을 근거로 삼은 것을 설명하기 어렵다.

격심사"이고, 법원의 새로운 제안과 조금도 닮지 않았다고 믿고 있다. 그러나 Carroll 판결의 문언과 우리가 채택한 기준의 문구를 비교하면 스칼리아 대법관의 과장된 주장이 거짓임을 보여준다. 예를 들면 Carroll 판결은 명령은 그 정확한 목적을 달성하는 가장 엄밀한 용어로 이루어져야 한다고 요구하였다. 우리는 명령이 그 목적을 이루기 위해 필요한 정도 이상으로 언론을 제한해서는 안 된다고 요구한다. 우리는 두 기준 사이의 차이를 알지 못한다.

플로리다주 대법원은 정부의 중요하고 많은 이익이 명령에 의해 보호된다고 결론지었다. 주대법원은 주가 임신과 관련하여 합법 진료 또는 상담 서비스를 받으려는 여성의 자유를 보호하는데 강력한 이익을 갖고 있다고 지적하였다. 주는 공공의 안전과 질서를 확립하고, 공공 도로와 인도에서 교통의 자유로운 흐름을 촉진하고 시민들의 재산권을 보호하는 것에도 강력한 이익을 갖고 있다. 추가로 주법원은 Frisby v. Schultz, 487 U.S. 474 (1988) 판결에서 인정된 주거의 사생활에 관한 주의 강력한 이익이 의료 사생활에도 비슷하게 적용되어야 한다고 믿었다. 법원은 집 앞에서의 피켓 시위가 "피하지 못하는 (captive)" 거주자의 심리적인 평안함을 위협한 반면, 병원 부근 피켓 시위는 진료를 받는 상황때문에 "피하지 못하는" 환자들의 심리 및 신체의 평안함을 위협한다. 우리는 이러한 정부의 이익을 보호하기 위해 적절하게 마련된 명령이 충분히 정당하다는 플로리다주 대법원에 동의한다. 우리는 이제 명령의 각 조항이 그 목적을 달성하는데 필요한 정도 이상으로 언론에 부담을 주는지를 알아본다.[7)]

### A

10미터 완충지대부터 본다. 주법원은 상고인들이 병원으로 접근하는 길로써 병원의 부동산경계로부터 10미터 이내의 사유지나 공공도로구역에 들어가거나 데모하거나 돌아다니거나 모이는 행위를 금지하였다. 이 완충지대로 인하여 환

---

7) 상고인들은 주법원의 1993년 명령의 처음 2개 조항은 문제삼지 않는다. 그 조항들은 주법원의 1992년 명령 내용으로 구성되어 있다. 그들은 주로 병원과 그 주차장에 대한 접근을 막거나, 방해, 제지하는 행위를 다루었다. 또한 상고인들은 병원이나 집에 가려고 하는 병원의 의사들과 직원들 그리고 환자들을 괴롭히거나 신체적으로 학대하는 것을 금지한 7, 8, 9항의 제한을 문제삼지 않는다.

자들과 직원들이 자유롭게 드나드는 것을 상고인들이 되풀이하여 방해한 것으로 주법원이 인정한 병원진입로에서 떨어진 딕시길의 다른 지역으로 상고인들이 이동하여야 한다. Cameron v. Johnson, 390 U.S. 611 (1968)(법원을 포함한 공공 건물의 진출입과 가까운 거리의 인도 통행을 막거나 불합리하게 방해하거나 피켓시위를 금지하는 법률을 지지). 또한 완충지대는 병원 부동산의 북쪽과 서쪽방향의 사유지에도 적용된다. 우리는 완충지대 조항을 각각 검토한다.

우리는 완충지대에서 금지되는 집중적인 피켓 시위 유형과 유인물을 나눠주거나 요청하는 등과 같이 일반적으로 공공장소에서 완전히 금지될 수 없는 유형의 의사전달 사이의 차이를 구분해왔다. Frisby 판결, 486쪽(주법원의 명령으로 금지되는 집중적인 피켓시위 유형은 공공장소에서 완전히 금지될 수 없는 좀 더 일반적인 통신 수단과는 근본적으로 다르다). 이 사건에서 피켓시위는 주로 병원의 환자들과 직원들을 대상으로 하고 있다.

병원과 주차장 입구를 보호하는 10미터 완충지대는 병원의 진출입을 확보하고 상고인들이 딕시길의 이용을 막지 못하도록 하는 수단이다. 주법원은 병원 주위의 제한된 경계 때문에 접근을 확보할 다른 대안이 거의 없는 것으로 보인다. 플로리다주 대법원이 판시하듯이 딕시길은 병원 지역에서 유일하게 6미터 넓이의 거리이다. 주법원은 병원접근을 보호하기 위한 1차 명령이 실패하였다는 점에서, 상고인들을 병원의 인도와 차도에 남아 있도록 허용하는 것은 가능한 대안이 아니라고 확신하였다. 그리고 상고인들을 딕시길의 가운데에 서있도록 허용하면 차량통행을 막게 될 것은 명백하다.

병원 출입구와 도로 근처에 완전한 완충지대를 설정한 필요성에 대해서 논쟁이 있을 수 있지만, 강화된 검토기준아래에서도 당사자들 사이의 다툼 배경과 사실관계를 잘 알고 있는 주법원의 결정을 존중하여야 할 것이다. 게다가 주법원의 증거심리절차에서 상고인쪽 증인 한 사람은 완충지대가 상고인들을 병원에 접근하거나 떠나는 차량으로부터 3미터 정도 떨어져 있게 할 만큼 제한적으로 설정된 것이라고 인정하였다. 병원에서 제한된 거리에 서있는 시위자들을 여전히 병원 주차장에서 보고 들을 수 있다. 우리는 주법원이 원래 완충지대가 없는 명령을 발령했으나 병원 접근을 보호하는데 실패했다는 사실을 염두에 두고 있다. 1차 명령의 목적 달성 실패는 더 확대된 명령의 합헌성을 판단하는데 고려될 수 있다. 우리는 병원 출입구와 도로 주위의 10미터 완충지대는 관련된 정부의 이익을 달성하는데 필요한 정도 이상으로 언론에 부담을 주지 않는다고 판단한다.

스칼리아 대법관의 반대의견은 "병원 앞에서 데모하는 모습을 담은 비디오테이프는 명령을 정당화하는 최악의 행동으로 추정되는 것을" 보여준다고 주장한다. 이는 근거없는 추정이라고 생각된다. 비디오테이프는 피상고인들이 2차 명령 청구를 뒷받침하는 증거로 제출했다. 그러나 증인들은 3일간의 증거심리절차에서 관련된 사실을 증언했다. 상고인들은 주법원과 연방대법원에서 명령의 근거가 되는 사실관계에 대한 반박을 매우 자제하고 있다. 플로리다주 대법원에서 상고인들은 수정된 명령은 문면상(on its face) 근본적인 잘못을 갖고 있다고 말했다. 주대법원 상고에서 제기된 유일한 의문은 법적인 의문이고, 그 상고의 목적상 〔상고인들은〕 명령을 발부하기 위한 사실관계는 존재하는 것으로 가정하고 있다. 상고인들은 플로리다주 대법원에서 부록으로 사실 기록을 포함시키는 것에 반대하고 있고 모든 기록내용을 인정하지 않고 있다. 그러므로 우리는 주법원에 제출된 증거와 증언이 병원 입구 근처에 서서 행진하고 데모하는 시위자들이 1차 명령의 발부에도 불구하고 병원의 출입을 방해하고 있다는 사실인정을 뒷받침한다는 가정에 따라 판단한다.

10미터 완충지대에 있는 병원 뒤와 옆의 사유지를 포함한 것은 다른 관심을 불러일으킨다. 완충지대의 목적은 병원 접근을 확보하고 딕시길에서 질서있는 교통의 흐름을 보장하기 위한 것이다. 병원에 가려는 환자들과 직원들은 북쪽과 서쪽에서 병원으로 이어진 사유지를 건널 필요가 없고, 사유지에서 상고인들의 활동이 병원에 대한 접근을 가로막았다는 근거는 기록상 없다. 사유지에 있는 시위자들이 딕시길의 차량 통행을 막았다는 증거도 없다. 사유지에 서있는 상고인들이 병원접근과 차량통행을 막았다거나 달리 병원의 운영을 불법적으로 방해했다는 증거가 없이는, 이 부분 완충지대 조항은 플로리다주 대법원이 인정한 중대한 정부의 이익을 달성하는데 실패한다. 우리는 기록상 병원의 북쪽과 서쪽의 사유지에 적용된 10미터 완충지대는 병원 접근을 확보하기 위해 필요한 정도 이상으로 언론을 제한하고 있다고 본다.

### B

병원 밖의 소음에 대해 주법원은 상고인들이 월요일부터 토요일의 오전 7시 30분부터 정오까지 "병원내 환자들이 듣거나 볼 수 있는 거리에서, 노래나 성가를 부르거나 휘파람소리를 내거나 소리지르거나 고함치는 것을 금지하고, 확성기, 자동차 경적, 음향증폭장비 또는 다른 소리나 이미지의 사용"을 금지하였다. 물론 우리들은 이러한 제한이 필요한 정도 이상으로 언론에 부담을 주는지를 결정함에 있어서 규제가 적용되는 장소를 고려하여야 한다. 우리는 과거에 비슷한 소음규제를 인정하였는데, 공공 학교 근처에서 소음을 규제하는 지역 조례를 인정하면서 판시한 바와 같이, "장소의 성격, 전형적인 행동 양식은 합리적인 규제 유형을 낳는다." Grayned v. City of Rockford, 408 U.S. 104, 116 (1972). 소음 통제는 특히 병원과 의료시설 주위에서 수술 및 회복기간 동안 중요하며, 의료 시설이 관련된 다른 명령을 평가하면서 우리는 다음과 같이 판시하였다.

"병원은 공장, 광산, 조립공장이 아니다. 병원은 사람의 병을 치료하고, 환자들과 친척들이 정서적으로 긴장하고 걱정하고, 환자들을 기쁘게 하고 위로하는 것이 주요한 하루 활동이고, 환자와 그 가족은 편안하고, 정돈되고, 쉴 수 있고 편안한 분위기를 필요로 한다."

우리는 주법원의 명령이 부과한 제한된 소음규제는 병원에 있는 환자들의 건강과 안녕을 확보하기 위해 필요한 정도 이상으로 언론에 부담을 주는 것은 아니라고 판단한다. 수정헌법 제1조는 의료시설의 환자들이 정치적 항의의 소음을 피하기 위해 엄청난 노력을 기울이도록 요구하지 않는다. "만약 증폭된 확성기가 시민들을 공격한다면, 그 때 정부는 소리를 줄일 수 있다." 그것이 주법원이 이 사건에서 한 일이고, 우리는 그 조치가 적정했다고 본다.

### C

그러나 주법원 명령의 "볼 수 있는 이미지" 조항에 대해서 똑같이 말할 수 없다. 분명히 환자들 또는 그 가족들에게 전달되는 협박은 수정헌법 제1조에 따라 규제될 수 있다. 그러나 협박 또는 은근한 협박으로 해석될 수 있는 표시물의 전시를 금지하기보다는, 주법원은 모든 "관찰되는 이미지"를 전면금지하였다. 이러한 모든 "볼 수 있는 이미지"에 대한 넓은 금지는 환자들과 그 가족들에 대한 협박을 규제하는 목적을 달성하는데 필요한 정도 이상으로 언론에 부담을 주고 있다. 만약 "볼 수 있는 이미지"의 전면 금지가 병원내 환자들이 겪는 불안과 긴장을 낮출 의도였다면, 그것은 여전히 성공하지 못할 것이다. 병원내에서 "볼 수 있는 이미지"때문에 환자들이 걱정한다고 보는 유일한 이유는 만약 환자들이 그러한 이미지에 들어 있는 표현에 동의하지 못할 경우일 것이다. 그러나 환자가 귀를 막기보다는 병원이 커튼을 내리는 것이 더 쉽고, 병원 창문을 통해 현수막을 보는 것을 피하기 위해 그보다 더 필요한 일도 없다. 명령의 이 조항은 수정헌법 제1조를 위반하였다.

## D

주법원은 상고인들이 병원의 서비스를 구하는 사람이 병원 90미터 이내의 지역에서 통신할 희망을 밝히지 않는 한 그에게 신체적으로 접근하는 것을 금지하는 명령을 했다. 주법원은 병원 환자들과 직원이 병원에 접근하면서 상고인들에 의해 괴롭힘을 당하거나 미행당하는 것을 금지하려고 했다. International Society for Krishna Consciousness v. Lee, 505 U.S. 672 (1992)(대면 권유는 규제의 적절한 대상이 되는 강요의 위험을 보여준다. 기술 좋고 부도덕한 권유자는 아이들을 데리고 있거나 신체적인 장애를 겪고 있거나 권유를 피할 수 없는 사람들을 포함하여 가장 약한 사람들을 대상으로 삼을 수 있다).

그러나 병원 접근을 확보하고 위협을 방지하기에 필요한 정도 이상으로 언론에 부담을 주지 않고, 접촉이 얼마나 평화로운지를 가리지 않고, 병원 서비스를 구하는 사람들에 대한 원하지 않는 접근의 모든 금지를 정당화하기는 어렵다. 시위자들의 발언이 별도로 규제(예컨대 폭언 또는 협박)될 수 있다거나, 또는 신체 피해 협박과 다름없을 정도로 폭력에 물들어 있다는 증거가 없는 한, 이 명령 조항은 유지될 수 없다. "일반적으로 우리는 공공의 토론에서 수정헌법 제1조가 보호하는 자유에 대한 적절한 숨 쉴 공간을 제공하기 위해 우리의 시민들이 모욕적이고 불쾌하기까지 한 언론을 감수해야 한다고 판시해 왔다." Boos v. Barry, 485 U.S., 322쪽. "동의"요건은 이 조항은 무효로 한다. 이는

위협을 방지하고 병원 접근을 확보하기에 필요한 정도 이상으로 언론에 부담을 주고 있다.8)

## E

상고인들이 다투는 마지막 실질적인 규제는 병원 직원들 집의 90미터 이내에서 피켓팅, 데모, 확성기 사용 금지와 관련되어 있다. 집이 위치하고 있는 도로에 유일하게 접근할 수 있는 도로에 대한 접근을 금지하는 것을 포함하고 있다. 위에서 검토한 것과 마찬가지의 해석이 확성기의 사용에도 적용된다. 정부는 시위자들이 이웃들을 압도한다면 상고인들에게 소리를 줄일 것을 요구할 수 있다.

피켓팅에 관하여 특정 주거지 피켓팅을 금지한 법을 허용한 우리의 선례는 가정의 특별한 성격을 언급하면서 피곤하고 지치고 아픈 사람들의 마지막 안식처라고 하였다. Frisby, 487 U.S., 484쪽. 우리는 가정의 안녕과 평온, 사생활을 보호하는 주정부의 이익은 자유롭고 문명화된 사회에서 가장 높은 순위를 차지한다고 판시하였다.

그러나 이 사건에서 집 주위의 90미터 지역은 우리가 Frisby 판결에서 승인한 법령에서 설정하는 지역보다 훨씬 더 넓다. 그 조례는 개인의 집 또는 거주지 앞이나 부근에서 피켓팅하는 행위를 불법으로 하고 있었다. 특정한 집앞에서만 하는 특정한 피켓팅만을 금지하고 있다. 대조적으로 90미터 지역은 주거지역을 통과하는 일반적인 행진도 금지하게 되고, 거주구역 앞길을 걸어가는 것조차 금지할 것이다. 이러한 넓은 피켓팅 금지를 정당화하는 충분한 근거가 기록에 들어 있지 않다. 더 좁은 지역 밖에서 피켓팅의 시간과 기간, 피켓의 수를 제한하는 것이 희망하는 결과를 이룰 수 있을 것 같다.

## Ⅳ

또한 상고인들은 주법원의 명령이 모호하고 지나치게 광범위하다(vague and overbroad)고 다투고 있다. 그들은 당사자들과 협력하여 행동하는 사람들에게

8) 우리는 "보이는 이미지들"과 "접근 금지"조항이 내용에 기초하였는지를 결정할 필요가 없다.

적용되는 명령 부분에 반대하고 있다. 그러나 상고인들 스스로가 명령의 당사자들이고, 그들은 당사자가 아닌 사람들에게 적용되는 명령부분에 대해 다툴 위치에 있지 않다. 그 문구는 "지나친 광범성"으로 다툴 대상이 아니다. 문구 그 자체는 모든 행동을 금지하지 않고, 나중에 이 사건 당사자들과 협력하여 행동하는 것으로 인정되는 사람들에 대한 것이다. Regal Knitwear Co. v. NLRB, 324 U.S. 9, 14 (1945) 판결의 판단이 적용된다. 그 사건에서 명령의 당사자는 금지되는 당사자의 "승계인과 양수인"에게 적용된다는 조항 때문에 명령이 무효라고 주장했다. 청구 당사자는 승계인 또는 양수인이 아니라는 것을 지적하면서, 우리는 문제를 그러한 단어의 사용에 관한 추상적인 논쟁이라고 보았다.

상고인들은 또한 명령의 "협력" 조항은 수정헌법 제1조가 보장하는 결사의 자유를 제한하고 있다고 주장한다. 그러나 상고인들이 다른 사람들과 협력하거나 공동으로 특정한 견해를 표현하는 행위가 금지되지 않았다. 수정헌법 제1조가 보호하는 결사의 자유는 제3자의 적법한 권리를 빼앗을 목적으로 다른 사람과 협력하는 것으로 확대되지 않는다.

V

요약하면 우리는 소음규제와 병원출입구 및 차도 주위 10미터 완충지대는 인용한다. 왜냐하면 주법원의 명령이 그 대상으로 삼고 있는 불법 행동을 제거하기 위해 필요한 정도 이상으로 언론에 부담을 주지 않기 때문이다. 우리는 병원의 북쪽과 서쪽에 이어진 사유지에 적용된 10미터 완충지대, "관찰가능한 이미지"조항, 병원 주위의 90미터 접근금지지대, 집주위의 90미터 완충지대는 명령의 목표를 달성하는데 필요한 정도 이상으로 넓어서 위헌이므로 취소한다.

일부 인용하고 일부 취소한다.

**[대법관 스티븐스, 일부 동조 일부 반대 의견]**

상고인의 사실심법원 명령에 대한 3가지 주요한 이의제기에 의해서 3가지 쟁점이 제시되었다.[9] 법원은 명령이 자유언론에 대한 내용에 기초한 제한이라

9) 1. 전통적인 공공 광장에서 평화로운 낙태반대 언론을 금지하는 낙태병원주위의 10미

는 상고인들의 주장과 "협력하여" 행동하고 있는 사람들에 적용된다는 이유로 다투고 있는 점을 옳고도 명확하게 배척하였다. 그러므로 나는 첫째와 셋째 쟁점을 적정하게 해결한 법원의견(다수의견) Ⅱ항과 Ⅳ항에 동의한다. 그러나 나는 적용가능한 검토 기준의 설명을 포함하여 두번째 쟁점을 다루는 것에 의견을 달리 한다.

## I

나는 증명된 불법행위로 인한 사법 구제에 대한 수정헌법 제1조의 이의와 일반적으로 적용되는 법령에 대한 수정헌법 제1조의 이의를 다루는 기준은 달라야 한다는 법원 의견에 동의한다. 그러나 법원의견과 달리 나는 명령 구제는 법령보다는 더 완화된 기준으로 판단되어야 한다고 믿는다. 법원의견이 지적하듯이 법령은 개인 잘못과 무관하게 공동체 모두에게 부과된다. 대조적으로 명령은 불법적인 행동에 관여함으로써 불법행위의 결과로 사법적으로 일부 자유를 박탈당한 개인 또는 제한된 단체에게만 적용된다.[10] 이러한 차이를 고려할 때, 낙태병원의 10미터 이내에서 데모를 금지하는 법률은 아마도 수정헌법 제1조를 위반하게 될 것이다. 그러나 비슷한 지역에서 불법 행동을 한 사람들의 일부 단체를 대상으로 한 명령은 합헌일 것이다.

명령에 적용되는 기준은 명백히 2가지 차원이다. 하나는 명령은 완전한 구제를 제공하는데 필요한 정도 이상으로 부담이 가해져서는 안 된다. 다른 사건에서처럼 수정헌법 제1조의 맥락에서는 구제의 우선 순위는 거의 전적으로 위반

---

터 완충지대를 설정하는 주 법원의 명령이 자유 언론과 결사에 대한 내용 기초 제한으로 위헌인가.

2. 언론이 허용되기 전에 낙태 병원과 주거지역 주위의 90미터 완충지대내에서 동의요건을 신설한 주 법원의 명령이 합리적인 시간, 장소 그리고 방법 제한 또는 자유 언론에 대한 사전 제한으로 위헌인가.

3. 몇 개의 지정된 완충지대내에서 집회참가자들과 함께 행동하는 사람들이 평화로운 언론을 표현하는 것을 금지한 주 법원의 명령이 수정헌법 제1조의 언론 및 결사의 자유 보호를 위반했는가.

10) 대법관 스칼리아의 가정과 달리, 명령이 발생시킨 자유의 박탈은 처벌의 형태는 아니다. 나아가 사전 잘못에 대한 구제로 언론에 대한 일부 제한을 포함하는 명령 구제가 특이한 것은 아니다. National Society of Professional Engineers v. United States, 435 U.S. 679, 697-698 (1978).

의 성격과 재발 가능성에 의존한다. 이러한 이유로 법률의 합헌성을 결정하기 위한 기준이 명령을 평가하는데 사용되어서는 안 된다. 반면에 명령이 헌법 권리와 충돌할 때에도, 과거에 일어난 명확한 행동에 대한 단순한 금지 이상이 요구된다. 구제는 위반의 재발을 피하고 또 그 결과를 제거하기 위해 미래의 행동에 대한 적절한 제한을 포함해야 한다. 나아가 "증명된 법률 위반에 대한 사법 구제는 법이 공동체 전체에게는 부과하지 않는 명령이 종종 포함된다." Teachers v. Hudson, 475 U.S. 292, 309-310, 주 22 (1986). 마찬가지로 되풀이되는 위반은 만약 첫번째 위반자에게 적용되거나 법령으로 제정되었다면 무효였을 제재도 정당화할 수 있다. United States v. Paradise, 480 U.S. 149 (1987).

이 사건에서 사실심 판사는 3일간의 증언을 듣고 상고인들이 불법행위에 가담했을 뿐만 아니라, 1차 명령을 되풀이하여 위반하였다는 사실을 인정하였다. 그래서 명령은 일반적으로 적용가능한 법령상 금지와 2차례 달라졌고 사실관계에 익숙한 판사의 의견을 적절하게 존중하는 기준으로 판단되어야 한다.

## II

상고가 제기하는 2번째 문제는 "병원주위의 90미터 완충지대내에서 허용되기 전에 동의 요건이 자유 언론을 침해하여 위헌"인지를 묻고 있다. 이러한 제한은 듣는 이가 그들의 언론에 긍정적인 관심을 나타내지 않는 한 말할 수 없는 "언론 금지" 지역을 창설하였다고 상고인들은 주장한다. 그리고 법원 의견은 좀 더 엄격히 한정된 지역에서도 그러한 동의 요건은 헌법이 허용할 수 없다고 암시하는 것 같다. 그러나 상고인들의 주장과 법원의 결론은 명령 (5)항을 오해하고 있다. 그 문구는 발언을 금지하려고 하지 않는다. 행동 유형을 금지하고 있다. 특히 병원의 서비스를 구하는 사람이 상고인들의 접근이나 질문을 통해 통신하기를 원하지 않는 한 상고인들의 신체 접근을 금지하고 있다. "신체 접근"의 의미는 환자가 상고인들과 대화하거나 유인물을 받기를 거부할 때 적용되는 상세한 금지로 설명된다. 그러한 동의가 없을 때, 상고인들은 대화하기를 원치 않는 개인들과 동행하거나 둘러싸거나 포위하거나 귀찮게 하거나 협박하거나 또는 신체적으로나 말로 괴롭혀서는 안 된다. 상고인들이 이러한 방법으로 환자들에게 접근하지 않는 한, 그들은 자유롭게 일반 공중과 통신할 수 있을 뿐만 아니라 "거리 상담"을 통해 병원환자들에게 개별적으로 말로 또는 서면으로 조언할 수 있다.

병원환자들에게 상고인들이 상담하는 것은 노동 피켓팅과 비슷한 형태의 표현이다. 행동과 통신의 혼합이다. 노동 맥락에서는 특정한 생각의 표현이라기보다는, 제3자가 사업장에 들어가는 것을 가장 설득력있게 방해하는 행동요소이다. 피켓팅과 관련하여 똑같은 의사를 담은 유인물이 "상담"보다 효과가 떨어지는 주요한 이유는 유인물은 전적으로 생각이 가진 설득력의 힘에 의존하기 때문이다. 수정헌법 제1조가 피켓팅을 보호하는 것처럼 모든 통행인들에게 "거리 상담"을 제공하는 발언자의 권리도 보호한다. 그러나 그 보호는 적어도 이 사건 정황아래서 받아들이지 않는 또는 피하지 못하는 청중들을 괴롭히는 시도를 포함하지 않는다. 옷에 저속한 메시지를 붙여서 공적인 항의를 할 수 있고 그렇게 함으로써 싫어하는 구경꾼이 나올 수 있다. Cohen v. California, 403 U.S. 15, 21-22 (1971). 그럼에도 불구하고 그가 원치 않는 청중, 특히 의료 서비스를 받으려고 가는 사람을 따라가거나 괴롭힐 헌법상의 권리를 가지고 있다는 것을 의미하지 않는다.

사실심법원의 "신체 접근"조항은 위반에 대한 구제를 위해 필요한 보호보다 더 넓지는 않다. 사실심법원은 상고인들에 의한 원치 않은 접촉, 미행, 몰래 접근하는 것으로부터 병원 환자들과 직원들을 보호하기 위해 명령이 필요하다고 결론을 내린 후에 이 조항을 만들었다. 사실심법원이 상고인들의 과거 행동이 환자들에게 높은 수준의 불안과 긴장을 불러일으켰고 환자들이 원하는 진료절차와 관련된 위험을 증가시켰다고 인정한 점에서, 본질적으로 병원 환자들을 위한 적절한 보호이다.[11] 원치 않는 청중을 신체적으로 접근하거나 따라다니는 발언자를 제한하는 법원 권한에 대한 적정한 한계가 무엇이든지 간에, 수정헌법 제1조는 사실심법원이 이 사건에서 다툼없는 사실을 전제로 부과한 제한을

11) 특히 사실심 법원은 사실인정에서 다름과 같이 기록하였다.

"의사는 또한 시위자들이 환자들의 차량 옆과 앞으로 달려가서, 책자에 관심을 표시하지 않은 사람들에게 차 유리창안으로 밀어넣는 것을 보았다고 증언하였다. 그러한 불쾌한 상황을 겪어서, 수술을 받기 위해 진정되어야 하는 환자들이 불안과 긴장이 높아져서 수술에 따른 위험을 증가시킨다."

금지하지 않음이 분명하다.

플로리다주 대법원의 결론은 올바르다.

"수정헌법 제1조가 각 시민들에게 스스로를 표현할 강력한 권리를 부여한 반면, 피켓시위자가 다른 사람의 건강, 안전, 권리를 위험에 빠트리는 혜택을 주지 않았다. 어느 시민도 의료서비스가 정말 필요한 사람들에게 출입문을 의도적으로 막으면서, 병원이나 병원 문안으로 발을 들이밀고 듣기를 강요할 권리를 가지고 있지 않다. 어느 피켓시위자도 원치 않으며 무력한 사람들의 피할 수 없는 귀에 대고 강제로 말할 수 없다." Operation Rescue v. Womens Health Center, Inc., 626 So. 2d 664, 675 (1993).

그러므로 나는 이 사건 정황상 병원주위의 90미터 지역에서 "신체 접근" 금지는 상고인들의 수정헌법 제1조 위반 주장을 극복한다고 결론내린다. 나는 다수의견 Ⅲ-D에 반대한다.

## Ⅲ

나는 법원의견의 Ⅰ,Ⅱ,Ⅲ-E, Ⅳ에 동의하고 병원주위 90미터 지역은 합리적인 시간, 장소, 방법제한이라고 결론짓고 있기 때문에 더 이상의 논의는 불필요하다. 그러나 법원은 비록 상고인들의 이유서에서 언급되었다 할지라도 법원에 적정하게 제기되지 않은 명령에 대한 이의를 다루고 있다.

1차 쟁점으로 제기된 10미터 완충지대에 대한 내용에 기초한 다툼을 올바르게 배척하였음에도, 법원은 병원 출입을 보호하지 않는다고 믿는 일부 지역 부분을 수정하기로 결정하였다. 그러나 상고인들은 10미터 지역에 대해 오직 내용에 기초한 이의를 상고이유로 제시하였다. 그들은 시간, 장소, 방법에 대한 이의를 제기하지 않았다. 그들은 이 점에서는 오직 90미터 지역에 대해서만 다투었다. 그래서 10미터 지역범위는 적정하게 상고되지 않았다.[12)]

---

12) 10미터 완충지대에 대한 시간, 장소, 방법 도전이 첫번째 문제에 포함되었다고 가정해도, 상고인들은 10미터 완충지대 전체가 지나치게 광범위하다고 주장하면서 전체가 무효임을 청구하고 있다. 그들은 법원이 정면과 동쪽에 대한 제한을 승인하는 경우에 병원의 북쪽과 서쪽 지역 부분이 폐기되어야 한다고 주장하지 않았다. 우리는 피상고인들의 주장으로부터도 만약 지대의 다른 부분과 분리되어 검토된다면, 이 부분이 승인되어야 하는 이유를 발견하지 못한다. 나아가 기록상 상고인들의 출입방해와 별개

소음제한과 "(4)항의 볼 수 있는 이미지"조항도 마찬가지이다. 그 구절은 10미터 또는 90미터 완충지대를 말하지 않으며, "협력"조항의 합헌성과도 관계가 없다. 비록 소음과 이미지 제한을 존중하는 법원의 결론에 동의하고 싶지만, 나는 그것들이 이송명령에 의한 쟁점으로 다투어지지 않았기 때문에 법원은 합헌성 판단을 자제하여야 한다고 믿는다.

## Ⅳ

위와 같은 이유로 나는 법원의견(다수의견) Ⅰ, Ⅱ, Ⅲ-E, Ⅳ항에 동의하고 나머지 부분에 대해서는 정중하게 반대한다.

### [대법관 수터 동조의견]

나는 법원의 의견에 참여하고 기록에 2가지 문제를 명확히 하기 위해서만 별도로 의견을 작성한다. 첫째, 사실심 법원이 누가 피고들과 협력하여 행동하였는지의 쟁점은 개별사건에서 다루어져야 할 문제이지, 항의자들의 견해를 바탕으로 결정되지 않는다는 점을 분명히 한 것은 합리적이다. 둘째, 상고인들 스스로도 공공의 안전과 질서, 교통의 자유로운 흐름, 재산권의 보호에 관한 정부의 이익이 플로리다법에 반영되어 있다는 것을 인정하고 있다.

### [대법관 스칼리아, 케네디, 토마스 일부 동조, 일부 반대 의견(생략)]

---

로 10미터 완충지대를 뒷받침하는 상고인들의 행위와 관련하여 사실심법원이 인정한 사실관계를 보면 법원이 명령의 사소한 부분을 통제하는 것이 부적절하다. 예컨대 App. 53 ("병원은 서쪽과 북쪽에 울타리를 가지고 있고, 사람들은 때때로 울타리에 사다리를 놓고 울타리 위로 올라서서 병원에 들어가는 사람들(직원과 환자들)에게 소리쳐서 의사를 전달하려고 한다"); 54 ("의사가 병원을 떠날 때 근처 자동차에서 그에게 총을 쏘는 흉내를 내서 분노를 표시하는 [상고인들]과 연계된 사람들이 따라왔다"); 54-55(비슷하게 고용된 한 의사는 플로리다 북부 병원에서 낙태반대주의자에게 피살되었다).

## 3. 낙태병원 앞에서의 집회와 시간 · 장소 · 방법 규제

**Hill v. Colorado**

530 U.S. 703 (2000)

### [요약]

콜로라도법 §18-9-122(3)은 의료 시설 입구로부터 30미터 이내에서, "구두로 항의, 교육, 조언하거나, 광고지 또는 유인물을 전달하거나 표시물을 전시"하기 위해 동의없이 타인의 2.4미터 이내로 "고의로 접근"하는 행위를 불법으로 규정하고 있다. 법률이 문면상 무효라고 주장하면서 상고인들은 주법원에 법집행의 중단을 청구하였다. 지방법원 판사는 청구를 기각하면서, 콜로라도는 전달하는 메시지에 반대하기 때문에 언론의 규제를 채택하지 않았다는 점에서, 법률은 Ward v. Rock Against Racism, 491 U.S. 781 (1989) 판결(이하 "워드 판결")에 따라 중요한 정부 이익에 봉사하기 위해 제한적으로 마련된 내용중립적인 시간, 장소, 방법 규제를 하고 있다고 판단하였다. 주항소법원은 인용했고 주대법원은 상고를 불허하였다. 이 법원은 4.5미터 반경에서 언론이 허용되지 않는 유동적인 완충 지대[13]를 설정한 금지조항이 수정헌법 제1조를 위반하였다고 본 Schenck v. Pro-Choice Network of Western N.Y., 519 U.S. 357 (1997) 판결(이하 "셴크 판결")에 비추어 판결을 취소하였다. 환송심에서 주항소법원은 판결을 회복시켰고, 주대법원은 인용하였는데, 셴크 사건과 구별하여, 법은 중요한 정부 이익을 증진하기 위해 제한적으로 마련되었다고 결론지었고. 상고인들의 지나친 광범성 주장을 배척하면서, 상고인들에게 많은 대체 통신경로가 남아 있다고 결론내렸다.

---

13) 옮긴이 주) 병원출입구와 주차장의 4.5미터 이내에서 데모를 금지한 "고정된 완충 지대"와 달리, 병원시설에 출입하는 사람과 차량의 4.5미터 이내에서 데모를 금지한 것을 "유동적인 완충 지대(floating buffer zone)"라 함.

**[요지]**

언론관련 행위에 관한 §18-9-122(3)의 제한은 합헌이다.

(a) 양쪽은 정당하고 중요한 관심사를 가지고 있다. 상고인들의 수정헌법 제1조 이익은 명백하고 다툼 없다. 반면에 주의 경찰력이 시민들의 건강과 안전을 보호할 수 있고, 의료 시설 접근에 초점을 맞추어 환자들의 항의와 연관된 정신적 충격을 피하도록 하는 것은 정당하다. 나아가 법집행기관에게 특별한 지침을 제공하는 규칙은 법의 공평한 적용에 이바지한다. 또한 법은 발언자가 듣고자 하는 청중에게 말할 권리를 제한하지 않으며, 원치 않는 통신으로부터 청자(listener)를 보호하고 있다.

(b) §18-9-122(3)은 3가지 이유에서 워드 판결의 내용중립성 심사를 통과하였다. 첫째, 언론이 이루어지는 장소의 규제이지, “언론의 규제”는 아니다. 둘째, 언론의 메시지에 대한 반대 때문에 채택되지 않았다. 가장 중요하게, 주 대법원은 제한은 견해와 무관하게 모든 시위자들에게 적용되고, 법은 언론의 내용에 대해서는 아무런 언급을 하지 않았다고 명확하게 판결하였다. 셋째, 주의 이익은 시위자의 언론내용과 무관하다. 상고인들은 법이 “구두 항의, 교육, 또는 조언”하기 위해 타인의 2.4미터 이내로 “고의로 접근” 사람에게 적용되는 한, Carey v. Brown, 447 U.S. 455, 462 (1980) 판결(이하 “케리 판결”)의 “내용에 기초”하고 있다고 주장한다. 왜냐하면 발언자 말의 내용을 조사할 것을 요구하고 있기 때문이다. 그러나 이 법원은 법리가 행동에 적용되는 지를 결정하기 위해서 진술의 내용을 보는 것이 부적당하다고 판결한 적이 없다. 거리 상담자(sidewalk counselors)가 사회적 또는 임의의 대화가 아니라 구두 항의, 교육, 조언하는 지를 결정하기 위해 어떤 말을 하는지를 정확하게 알 필요는 없을 것 같다. 법은 노동쟁의중인 근로현장의 피켓팅을 제외하고 모든 피켓팅을 금지함으로써 특정한 한 가지 주제에 관련된 표현을 우대한 케리 판결에서의 법과는 쉽게 구분될 수 있다. 대조적으로 §18-9-122(3)은 단지 원치 않는 청자와 극히 넓은 범주의 통신에 작은 장소 제한을 가하고 있다.

(c) §18-9-122(3)은 또한 워드 판결에 따른 유효한 시간, 장소, 방법 제한이다. 왜냐하면 주의 중요하고 정당한 정부 이익을 달성하기 위해 “제한적으로 맞춘” 것이고, 충분한 대체 통신 경로를 남겨두었기 때문이다. 내용 중립 규제

가 다른 통신 경로를 완전히 차단하지 않을 때, 입법목적을 달성하기 위한 최소한의 제한 또는 간섭하는 수단이 아니라 할지라도 맞춤 조건을 충족할 수 있다. 2.4미터 지대는 관찰자가 시위대의 표시를 읽는데 어려움이 없어야 한다. 발언자가 거리상 듣기 어려울 수 있으나, 발언자들의 수나 소음 정도에 대한 제한은 없다. 법은 셴크 판결에서 배척된 "유동적인 완충 지대"와 같은 실패는 아니다. 이 사건 지대는 발언자가 "정상적인 대화가 가능한 거리"에서 통신하는 것을 허용하고 있다. 그리고 다른 사람들이 2,4미터 이내에서 지나가는 동안 한 장소에 남아 있는 것도 허용하였다. "고의" 요건은 금지된 거리에서 법을 우연히 위반하였다고 생각되는 발언자를 보호하고 있다. 2.4미터 간격이 대립하는 이해관계의 가장 바람직한 해결방법인지에 관하여 콜로라도 주의회의 판단이 존중되어야 한다. 유인물 배부에 관한 부담은 더 심각하지만 법은 배부자가 단지 보행자의 길 근처에 단지 서서 보행자가 받을 수도 거부할 수도 있는 자료를 건네는 것을 막지 않는다. Heffron v. International Soc. for Krishna Consciousness, Inc., 452 U.S. 640. 725-730.

(d) §18-9-122(3)은 지나치게 광범위하지 않다. 첫째, 법의 적용대상이 법제정을 이끈 특정한 관심보다는 더 넓다는 주장에는 헌법상의 흠결이 확인되지 않는다. 왜냐하면 주의회는 더 엄격한 기준보다는 워드 판결에 따라 평가한 일반적인 정책 선택을 할 수 있기 때문이다. 둘째, 법이 사실상 보호되는 표현 분야를 금지하고 있다는 주장은 법을 잘못 이해하고 있고 지나친 광범성 법리의 오해에 기초하고 있다. 법은 어떤 형태의 통신도 금지하지 않고 있고, 통신이 일어나는 장소를 규제하고 있다. 그리고 법리가 요구하는 것처럼, 상고인들은 다른 발언자들의 행위에 대한 법의 영향이 그들 자신의 거리 상담에 대한 영향과 다를 것이라는 점을 설득하지 못했다. Broadrick v. Oklahoma, 413 U.S. 601, 612, 615. 730-732.

(e) 보통 지능을 가진 사람이 법을 합리적으로 이해하는 기회를 제공하지 않았다거나, 법이 자의적이고 차별적인 집행을 허용하거나 권장하였기 때문에 모호하다는 이유로 §18-9-122(3)은 위헌은 아니다. Chicago v. Morales, 527 U.S. 41, 56-57. 첫째 고려사항은 §18-9-122(3)의 고의 요건에 의해서 개선되었다. 누구도 법에서 사용된 보통 용어를 이해하지 못할 것 같지는 않다. 그리

고 법원에 오지 않는 가정적인 상황이 대부분의 적용사례에서 명백히 유효한 법을 문면상으로 공격하는데 효용이 없다. 마찬가지로 법원은 부적절한 지침이 법집행기관에 주어진다는 점에 동의하지 않는다. §18-9-122(3)의 장점중의 하나는 지대를 특정하여 정의한 것이다.

(f) 마지막으로 §18-9-122(3)의 동의요건은 언론에 사전제한을 부과하지 않는다. 이 주장은 셴크 판결과 Madsen v. Women's Health Center, Inc., 512 U.S. 753 (1994) 판결(이하 "매드슨 판결")에서 배척되었다. 나아가 "사전 제한" 고려사항은 당국의 검열이 부과하는 제한과 관련이 있다. 이 사건의 규제는 보행자가 접근에 동의하지 않을 때에만 적용된다.

인용한다.

대법관 스티븐스가 법원의 의견을 작성하였고 대법원장 렌퀴스트, 대법관 오코너, 수터, 긴즈버그, 브레이어가 참여하였다. 대법관 수터는 동조의견을 작성하였고 대법관 오코너, 긴즈버그, 브레이어가 참여하였다. 대법관 스칼리아는 반대의견을 작성하였고 대법관 토마스가 참여하였다. 대법관 케네디는 반대의견을 작성하였다.

### [대법관 스티븐스]

의료 시설의 입구 30미터 이내에서 언론관련 행위를 규제하는 1993년 콜로라도 법의 합헌성이 쟁점이다. 법의 특정 조항이 소송 대상인데, 콜로라도 법 §18-9-122(3)은 규제된 지역에서 "구두로 항의, 교육, 조언하거나, 광고지 또는 유인물을 전달하거나 표시물을 전시…"하기 위해 동의없이 타인의 2.4미터 이내로 "고의로 접근"하는 행위를 불법으로 규정하고 있다.[14] 비록 법은 발언자

14) §18-9-122 전문은 다음과 같다.

(1) 의회는 의료 상담과 치료 목적으로 의료시설의 출입이 시민들에게 필수적이고; 어떤 의료 절차에 대해 항의하거나 상담할 권리의 행사는 다른 사람이 방해받지 않고 의료상담과 치료를 받을 권리와 균형을 맞추어야 하고, 의료시설에서 의료 상담과 치료의 이용을 고의로 방해하는 행위를 막는 것이 주 전체의 관심사안이라는 것을 인정한다. 그래서 의회는 의료시설의 출입을 고의로 막는 행위를 금지하는 법을 제정하는 것이 적절하다고 선언한다.

(2) 만약 고의로 의료시설의 출입을 막거나, 붙들거나, 제지, 지연, 방해하는 사람은

가 원치 않는 청자에게 접근하는 행위를 금지하고 있다 하더라도, 서 있는 발언자가 지나가는 사람에게서 떨어질 것을 요구하지 않는다. 또한 규제 지역의 안에서든 밖에서든 타인과 통신하기를 원하는 메시지의 내용을 제한하지 않는다. 그러나 법은 의료시설을 들어가거나 떠나는 사람에게 특히 유인물이나 광고지의 형태로 내키지 않는 조언을 하는 것을 어렵게 하고 있다.

쟁점은 발언자의 수정헌법 제1조 권리가 듣기를 원하지 않는 청자를 위해 법이 제공하는 보호에 의해 제한되는지 이다.

## I

법이 제정된 후 5개월이 지나서, 상고인들은 콜로라도 제퍼슨 카운티의 지방법원에 §18-9-122(3)이 문면상 무효임을 선언하고 집행 금지를 구하는 소송을 제기하였다. 그들은 법집행전에 낙태가 진행되거나 의료진이 낙태를 위해 여성을 다른 곳으로 보내는 시설의 입구 30미터 이내에 있는 공공도로와 보도에서 "거리 상담"을 하고 있었다고 말하였다. "거리 상담"은 "대화와 표시물의 전시, 유인물의 배부를 포함하여, 구두 또는 서면 발언에 의해, 낙태와 낙태의 대안에 관하여 교육, 상담, 설득, 알려주는" 노력을 포함하고 있다. 그들은 또한 그러한 활동은 자주 다른 사람의 2.4미터 이내로 접근하게 되고, 신법에 따른 기소의 두려움은 "헌법상 기본권의 행사를 위축"시킨다고 주장하였다.

소장의 청구이유(count) 5는 연방 수정헌법 제1조가 보호하는 언론자유권의 침해라고 주장하였고, 청구이유 6은 서면 자료를 배포할 권리의 제약은 출판자유권의 침해라고 주장하였다.[15] 소장은 또한 법의 동의 요건은 이용허락 요건

---

3급 경죄에 해당된다.

(3) 의료시설 출입문의 30미터 반경내 공공 도로 또는 인도에서, 전단지나 유인물 전달, 표지 전시, 구두 항의 또는 상담할 목적으로 동의를 받지 않고 다른 사람의 2.4미터 이내로 접근해서는 안 된다. 이 조항을 위반한 사람은 3급 경죄에 해당된다.

(4) 이 조의 목적상, '의료시설'은 이 주에서 치료업무를 하기 위해 법에 의해 허가, 인증, 달리 승인되거나 허용된 시설을 의미한다.

(5) 시나 군이 이 조항보다 더 제한적으로 의료 시설에 대한 접근을 통제하는 법을 채택하는 것을 금지하는 것으로 해석되지 않는다.

(6) 이 조항의 처벌에 추가하여 이 조항을 위반한 자는 §13-21-106,7, C.R.S.에 따라 민사 책임을 진다.

과 같은 사전제한으로서 무효이고, 법은 모호하고 지나치게 광범위하며, 중대한 주의 이익에 의해서 정당화되지 않는 내용에 기초한 제한이라고 주장하였다. 마지막으로 상고인들은 §18-9-122(3)은 2가지 이유로 내용에 기초하고 있다고 주장하였다 : 언론이 "구두 항의, 조언과 교육에 해당되는지"를 결정하기 위해 언론의 내용을 조사하여야 한다; 법은 발언자가 취한 입장을 불쾌하게 생각하여 기소할 수도 있게 되어 있어서 "견해에 기초"하고 있다.

피상고인들은 소장에 대한 답변에서 거의 모든 사실을 인정하였다. 그들은 법제정전의 청문회 회의록을 포함한 선서진술서를 제출하면서 약식판결을 신청하였다. 법의 지지자들과 반대자들의 증언으로부터 낙태 병원 앞에서 데모가 그 병원에 대한 접근을 방해하였고 종종 대치 상황이었다는 것은 분명하나,[16] 병원에 들어가거나 떠나는 사람들을 경호하고, 때때로 면전에서 강하고 사나운 언어를 사용하는 공격적인 상담자들로부터 보호하는 것이 흔히 있는 일이 되었다.[17] 또한 정서적인 대치가 환자의 의료 진료에 부정적으로 영향을 미칠 수 있다는 증거가 있었다.[18] 그러나 이 사건에서 상고인들이 하는 "거리 상담"이 난폭하거나 대치 상황이었다는 증거는 없다.

지방법원 판사는 피상고인의 신청을 받아들여 청구를 기각하였다. 법은 실제 상고인들에게 집행되지 않았기 때문에, 판사는 상고인들이 문면상 이의만 제기

15) 청구이유 1~4는 콜로라도 헌법 위반, 7은 평화로운 집회의 권리 침해, 8, 9는 수정헌법 제14조 적법절차와 평등보호조항의 위반을 주장하였다.

16) 주의회는 동물권에 관련된 시위처럼 의료시설에서 다른 유형의 시위도 사람들이 시설에 들어가는 데 어려움을 초래하였다는 증언을 들었다.

17) 한 간호사는 일부 낙태반대 항의자들이 "소리지르고, 얼굴에 표지를 들이밀고, 환자를 화나게 하여 우리가 무서운 상황에서 더 보호하기 어렵다"고 증언하였다. Hill v. Thomas, 973 P. 2d 1246, 1250(Colo. 1999). 병원 출입을 위해 환자를 보호하는 한 자원봉사자는 항의자들이 "피묻은 태아 표지를 재빨리 보여준다. 그들은 '당신은 아기를 죽인다'고 소리친다. 그들은 절단되고, 팔과 다리가 찢어지는 태아와 아기에 대해 말하고… 한 어머니와 딸을 즉시 에워싸고 소리치고 비명을 질렀다…"라고 증언하였다. 1250-1251.

18) 지난 8년간 35번의 수술 사례를 갖고 있는 콜로라도 장애인 연합을 대표하는 증인은 증언하였다 : "수술은 모두 힘든 일이다. 그리고 수술 전날 밤과 아침이 가장 힘들다. 더 이상의 스트레스가 필요 없다. 우리 모두는 자신의 개인 신앙에 대해 안다. 당신은 일생에서 가장 충격적인 것 중의 하나가 되는 일을 위해 나설 때, 당신 정면에서 당신에게 비명을 지르는 사람은 필요 없다. 그것이 왜 더 충격적이냐고?" 108.

한 것으로 인정하였다. 그는 거리 상담이 "전형적인" 공공 광장에서 이루어진다는 상고인들의 주장에 동의하였다. 그러나 법이 중요한 정부의 이익을 달성하기 위해 제한적으로 맞추어진 내용 중립적인 "시간, 장소, 방법 제한"을 설정하였고 충분한 대체 통신 경로를 열어 놓았다고 판단하였다. 워드 판결에 따라, "내용중립성여부를 결정하는데 있어 중요한 질문은… 정부가 언론이 전달하는 메시지를 반대하기 때문에 언론을 규제하였는지 여부이다."라고 판시하였다. 그는 법은 "특정한 견해에만 적용되기 보다는 모든 견해에 적용되고", 입법과정을 보면 주가 어느 하나의 견해를 선호하지 않는다는 것은 분명하다고 인정하였다. 법이 만든 "자유 지대"는 워드 판결에서 선언된 심사기준에 따라 제한적으로 마련된 것이고, 2.4미터 거리에서 표시물이나 광고지를 볼 수 있고, 말을 들을 수 있기 때문에 충분한 대체 통신 경로를 열어두었다고 결론지었다. 상고인들이 선서진술서에서 "보호되는 수정헌법 제1조의 활동을 계속 하려고" 한다고 말한 것을 지적하면서, 그는 "법이 보호되는 언론을 거의 막지 않는다"고 믿기 때문에 상고인들의 지나친 광범성 주장을 배척하였다. 마지막으로 그는 법은 모호하지 않고 법이 발언하기 전에 사전 허락 또는 허용을 요구하지 않기 때문에 사전 제한 법리는 적용될 수 없다고 결론내렸다.

콜로라도 항소법원은 지방법원 판사의 결론과 비슷한 이유로 인용하였다. 한 병원에서 진료를 받은 환자들의 7%만이 낙태 시술을 받았다 하더라도, 6만명의 병원 환자들 모두가 "시위자들에 의해 같은 취급을 당했다"고 지적하였다. 항소법원은 최근의 매드슨 판결을 검토하고 매드슨 판결의 논증이 법이 내용중립이라는 결론을 뒷받침한다고 판단하였다.

1996년 콜로라도 대법원은 재심리를 거부하였고, 상고인들은 연방대법원에 상고허가를 신청하였다. 그들의 신청이 계류 중에, 우리는 셴크 판결을 선고하였다. 우리가 그 사건에서 4.5미터 반경내에 언론이 허용되지 않는 "유동적인 완충 지대"를 만든 금지명령 조항은 수정헌법 제1조를 위반하였다고 판결하였기 때문에, 우리는 이송명령을 발부하고 콜로라도 항소법원의 판결을 취소하고 셴크 판결에 따른 재심리를 위해 사건을 환송하였다. 519 U.S. 1145 (1997).

환송심에서 콜로라도 항소법원은 법을 인용하는 판결을 회복시켰다. 셴크 판결에서 우리가 병원에 출입을 보장하는 정부의 유효한 이익은 출입하는 사람들 사이를 분리하는 지대를 정당화하기에 충분하지 않다고 판결하기를 명백하게 거부하였고, 워드 판결이 내용 중립적이고 일반적으로 적용되는 법의 유효성을 평가하는 기준을 제공한다고 판시하였다. 그 기준에 따라 비록 4.5미터 유동적인 완충지대가 시위자들이 정상적인 대화를 하는 거리에서 견해를 표현하는 것을 방해한다 할지라도 2.4미터라는 더 좁은 거리는 공공 인도에서 언론을 보호하기에 충분하다.

콜로라도 대법원은 항소법원의 판결을 인용하였다. 빈틈없는 의견에서 법원은 다투지 않는 문제를 논평하는 것으로 시작하였다. 법 제정과정을 자세히 검토하고 의료 절차에 반대하여 항의하거나 조언할 시민의 권리를 보호하고 정부가 진료와 치료를 받을 권리를 보장하는 것, 2가지 목적으로 만들어 졌다고 결론지었다. 지방법원과 항소법원은 법이 내용 중립적이라고 보았고 상고인들도 달리 주장하지 않으며, 법이 워드 판결이 선언한 심사기준에 따라 유효한 시장, 장소, 방법 제한인지가 쟁점임을 인정하였다고 판시하였다.[19)]

주대법원은 이 사건과 솅크 판결 사이의 2가지 중요한 차이를 확인하였다. 첫째, 솅크 판결은 사법 결정이 관련되어 있고 매드슨 판결에서 설명된 바와 같이, 그래서 일반 법령보다는 검열과 차별 적용의 위험이 더 크다. 둘째, 시위자는 환자가 4.5미터 이내에 들어올 때마다 대화를 중단하거나 보도에서 떠나야 하는 솅크 판결의 유동적인 완충지대와 달리, 콜로라도법의 “고의 접근” 요건은 의료 시설로 출입하는 사람이 지나가는 동안 시위자가 여전히 서 있는 것을 허용하고 있다. 워드 판결의 심사기준을 적용하여, 법원은 법이 중요한 정부 이익을 증진하기 위해 제한적으로 마련된 것이라고 판단하였다. 법이 주의 모든 의료 시설에 적용되기 때문에 충분히 제한적이지 않다는 상고인들의 주장을 법원은 배척하였다. 법원은 법이 널리 적용되는 것은 내용중립성을 뒷받침한다

19) 상고인들은 시간, 장소, 방법 규제에 대한 심사가 이 법의 합헌성평가를 위한 적절한 수단이라고 인정한다. 상고인들은 워드 판결에서 발표된 심사에 따라 §18-9-122

(3)이 창설한 “유동적인 완충지대”가 중대한 정부 이익에 봉사하기 위해 제한적으로 맞춰지지 않았고 그 조항은 충분한 대체 통신 경로를 제공하지 않았다고 주장한다. 우리는 동의하지 않는다.

우리는 지방법원과 항소법원이 모두 §18-9-122(3)이 내용중립이라고 인정했고, 상고인들이 달리 주장하지 않는다는 것을 적어둔다.

고 보았다. 나아가 주의회가 단지 낙태 상담과 절차만이 아니라, 의료 서비스를 구하는 사람들의 안전도 염려하였기 때문에 법을 제정하였다는 사실에 의해 법이 기여하는 정부의 실질적인 이익이 추가되었다. 마지막으로 충분한 대체 통신 경로가 남아 있다고 결론지었다. 왜냐하면 상고인들과, 그리고

"모든 사람들은 여전히 낙태에 관한 항의, 조언, 외침, 강요, 만류, 설득, 교육, 정보제공할 수 있고 유인물을 배포할 수 있다. 그들은 동의를 받지 않고 의료 시설입구의 30미터 이내에 있는 사람의 2.4미터 이내로 고의로 접근할 수 없을 뿐이다. 워드 판결에서 잘 정리되었듯이, 〔§18-9-122(3)〕이 〔상고인들의〕 발언을 듣는 청중수를 일정 정도 줄일 수 있다는 사실은 중요하지 않다. 왜냐하면 남아 있는 통신 경로가 부적당하다는 증명이 없기 때문이다."

사건의 중요성 때문에 우리는 이송명령을 발부하였다. 527 U.S. 1068 (1999). 우리는 인용한다.

## II

콜로라도법이 헌법이 보호하는 발언자의 권리와 듣기를 원치 않는 청자의 이익 사이에 균형을 반영하고 있는지에 관한 의문을 다루기 전에, 대립하는 이해관계를 검토하는 것이 적절하다. 논쟁의 양쪽을 간단히 검토하면 각자가 정당하고 중요한 관심을 갖고 있다는 것을 알 수 있다.

상고인들이 갖는 수정헌법 제1조의 이익은 분명하고 다툼이 없다. 상고인들은 3가지를 강조하였다. 첫째, 법이 보호하는 지역은 콜로라도주의 모든 지역에 있는 모든 의료 시설 입구의 30미터 이내에 있는 모든 공공도로를 대상으로 하고 있다고 그들은 정확하게 설명하고 있다. 입법과정을 보면 주로 낙태 병원 부근의 활동 때문에 법제정이 추진되었다는 것이 분명할지라도, 이 점에 관하여 이의는 없다. 둘째, 광고지 배부, 표시물 전시, 구두 통신은 수정헌법 제1조에 의해 보호된다고 올바르게 진술하고 있다. 그러한 통신에 의해 전달되는 의사가 수용자들에게 불쾌할 것이라는 사실 때문에 상고인들에 대한 헌법의 보호를 박탈하지 못한다. 셋째, 법이 미치는 공공 보도, 도로, 거리는 자유 언론을 위한 "전형적인" 공공 광장이다. 마지막으로 비록 규제된 지역에서 사람들과 효과적으로 통신하는 그들의 능력에 대한 법적 제한의 크기에 대해 논란이 있

다 하더라도, 그 능력, 특히 광고지를 배부하는 능력은 이 법에 의해 감소된다는 것은 의심할 여지가 없다.

반면에 상고인들은 법이 기여하고자 하는 주 이익의 정당성을 다투지 않는다. 시민들의 건강과 안전을 보호하기 위해 주가 전통적으로 권한을 행사했다. Medtronic, Inc. v. Lohr, 518 U.S. 470, 475 (1996). 그 이익은 특별히 의료시설에 대한 방해받지 않는 접근에 초점을 맞추어, 마주치는 항의와 환자들의 정신적 충격을 피하는 것을 정당화할 수 있다. 나아가 모든 주 경찰권의 행사처럼, 법집행기관에게 특별한 지침을 제공하는 규칙은 법의 공평한 적용에 이바지한다. 이러한 이익들이 특정 규제를 정당화하든 아니든, 의심할 나위 없이 정당하다.

또한 이익 분석을 할 때에는 원치 않는 청중에게 발언자가 말할 권리의 제한과 청중들을 원치 않는 통신으로부터 보호하는 제한 사이에 상당한 차이를 인식하는 것이 중요하다. 법은 후자만을 다루고 있다.

물론 자유언론의 권리는 다른 사람을 설득하여 견해를 바꾸도록 하는 권리를 포함하고 있고, 발언자의 의사가 듣는 이에게 불쾌하다는 이유만으로 그 권리가 제한될 수 없다. 그러나 불쾌한 메시지의 보호는 너무 침해적이어서 원치 않는 청중이 피할 수 없는 불쾌한 언론까지 받아들이는 것은 아니다. Frisby v. Schultz, 487 U.S. 474, 487 (1988). 〔Erznoznik v. Jacksonville, 422 U.S. 205, 210-211, 주 6 (1975)〕 공공 광장에서도 우리가 저속한 언어로 정부 정책에 반대하는 글이 기재된 옷을 입는 시위자들의 권리를 허용한 이유 중의 하나는 기분 나쁜 구경꾼이 쉽게 눈을 돌려서 감성적인 충격을 효과적으로 피할 수 있기 때문이다. Cohen v. California, 403 U.S. 15, 21 (1971)

원치 않은 통신을 거부하는 인정할만한 시생활 이익은 상황별로 매우 다양하다. "중앙공원에서 산책"할 때는 "자신의 집에 갇혀 있거나 피할 방법이 없을 때"보다 덜 중요하다. 그러나 중앙공원의 "잔디 광장" 부분의 평온함을 보전하려는 이익은 때때로 불쾌한 음악 표현에 대한 정부의 제한을 정당화한다. 워드 판결, 784, 792. 이 사건의 특수한 사실관계에서, 우리는 "수정헌법 제1조는 의료 시설에서 환자들이 정치적 항의의 소음을 피하기 위해 엄청난 노력을 해야 함을 요구하지 않는다."고 인정하였다. 매드슨 판결, 772-773.

원치 않은 통신을 피하려는 원치 않는 청중의 이익은 우리 판례들에서 반복적으로 확인되었다. 그것은 가장 현명한 대법관들 중 한 명이 "가장 포괄적이고 문명인의 가장 귀중한 권리"라고 특징지은 "간섭받지 않을 권리(right to be let alone, 혼자 있을 권리)"의 더 넓은 측면이다. Olmstead v. United States, 277 U.S. 438, 478 (1928)(브랜다이스 대법관 반대의견).[20] 달갑지 않는 언론을 피할 권리는 가정의 사생활 환경에서 특별한 힘을 가지고 있지만, 대치하는 상황에서도 보호될 수 있다. 직장에 자유롭게 오고 가는 권리에 관한 다음과 같은 해설이 의료 시설 접근에 동등하게－아마 더 강한 힘으로－적용된다.

"다른 사람의 권리를 침해하지 않으면서 어느 정도까지 타인을 설득하고 통신할 수 있을까? 직장에 오고 가면서, 다른 사람의 권리도 똑같은 특권을 향유하는 것과 동등하게, 사람들은 거리에서처럼 방해받지 않고 자유롭게 통행할 권리를 갖고 있다. 우리는 사회적 인간이므로 서로 불쾌하지 않은 방식으로 다가가서 말을 걸고 다른 사람의 행동에 영향을 미치는 견해를 가지고 통신하고 정보를 토론하기 위해 제안하는 것은 다른 사람의 권리에 대한 침해나 공격으로 받아들이지 않는다. 그러나 만약 제안이 적법하게 거절되었다면, 끈기있게 계속하고, 강요하고, 따라다니고, 미행하는 행위는 정당화될 수 없는 괴로움이 되고 곧 위협이 되는 장해물이 된다. 이러한 이유로 사람은 자유로울 권리를 가지고 있고, 그의 사용자는 그를 자유롭게 놓아 줄 권리를 가지고 있다." American Steel Foundries v. Tri-City Central Trades Council, 257 U.S. 184, 204 (1921).

우리는 그 이후로 "설득할 권리"는 연방법에 의해서 뿐만 아니라 수정헌법 제1조에서도 보호된다고 인정해왔다. Thornhill v. Alabama, 301 U.S. 88 (1940), 그러나 우리는 계속해서 "아무도 원치 않는 수용자에게 좋은 생각조차 강요할 권리를 가지고 있지 않다"고 밝혀왔다. Rowan, 397 U.S., 738. 통신 요청이 거절된 후에 끊임없이 "강요하고, 따라다니고, 미행하는 행위"로부터 "자유로울 권리"의 지속적인 중요성을 축소한 판례는 없다. 통신의 자유는 중요하지

20) 보통법상의 간섭받지 않을 "권리(right)"는 더 정확하게 주가 어떤 상황에서 보호하기로 결정할 수 있는 "이익(interest)"으로 분류된다. Katz v. United States, 389 U.S. 347, 350-351 (1967).

만, 모든 사람들의 간섭받지 않을 권리는 다른 사람의 통신권리와 함께 평가되어야 한다. 방해받지 않고 통행할 권리뿐만 아니라 콜로라도 법이 정당하게 보호하려는 권리도 마찬가지다. 콜로라도 법이 부과한 제한은 원하는 청중에 대한 통신보다는 이러한 권리에 간섭하려는 통신에만 적용된다.

반대의견은 "공공 광장에서 인기없는 언론을 피할 권리"를 인정함으로써 우리가 선례로부터 벗어났다고 주장한다. 우리는 물론 그러한 권리가 있는지를 다루지 않는다. 그보다는 우리는 단지 우리의 선례들이 반복적으로 "원치 않는 구경꾼 또는 청자가 피할 수 없을 경우에 이들의 청자의 이익"을 인정해왔다고 지적하였다. 우리는 Erznoznik 판결(208쪽)에서 "이 법원은 비슷한 쟁점 – 발언자의 수정헌법 제1조 권리와 원치 않는 구경꾼이나 청자일 수 있는 사람들의 사생활권의 분쟁 – 을 다양한 맥락에서 검토하였다. 그러한 사건들은 민감한 균형유지가 필요하다." 그러나 반대의견들은 원치 않는 청자들의 이익 – 그러한 이익을 발언자들의 권리와 비교형량하는 것은 제쳐두고 – 을 위헌이라고 인정하는 것 같다. 우리의 선례들은 이러한 견해를 지지하지 않는다.[21]

## III

법이 유효하다고 본 주법원의 4건 판결은 내용중립적인 시간, 장소, 방법 규제라고 판단하였다. 나아가 그들은 모두 워드 판결 법리에 따른 것이라고 하였다. 그러므로 법의 "내용 중립성"에 관하여 언급하는 것이 적절하다. 우리가 워드 판결에서 설명한 바와 같이,

"일반적으로 언론 사건과 특히 시간, 장소, 방법에 관한 사건에서 내용 중립성을 결정하는데 중요한 질문은 정부가 언론이 전달하는 의사에 반대하기 때문에 언론 규제를 채택하였는지 여부이다." 791.

21) 나아가 원치 않는 표현을 피하는 "권리"가 있는지 여부는 이 사건과 무관하다. 콜로라도법의 목적은 특정 메시지를 듣는 것으로부터 청중을 보호하려는 것이 아니다. 그것은 원치 않는 개인이 신체적으로 가까이, 즉 2.4미터 이내로 접근하여 의사(내용이 무엇이든)를 전달할 때 겪는 신체적이고 정서적인 피해로부터 진료를 바라는 사람들을 보호하는 것이다. 그 피해로부터 보호하면서, 의료 시설에 대한 자유로운 접근을 유지하는 동안, 주는 대법관 케네디가 언급한 인기없는 언론으로부터의 자유와 헌법적으로 구분되는 이익을 추구하고 있다.

콜로라도 법은 3가지 이유로 그 심사를 통과하였다. 첫째, "언론의 규제"가 아니다. 그보다는 언론이 행해지는 장소 규제이다. 둘째, "전달하는 의사를 반대하기 때문에" 규제하지 않았다. 이 결론은 콜로라도 법원의 입법과정 해석만이 뒷받침하는 것이 아니라, 더 중요하게는 법의 제한은 견해와 무관하게 모든 시위자들에게 동등하게 적용된다는 주대법원의 명확한 판결, 언론의 내용에 대해 아무런 언급을 하고 있지 않는 법률문언에 의해 뒷받침되고 있다.[22] 셋째, 의료시설 접근과 사생활을 보호하고 경찰에게 명확한 지침을 제공하는 주의 이익은 시위자들의 언론 내용과 관계가 없다. 우리가 되풀이하여 설명하듯이, 표현 활동의 정부 규제는 만약 규제된 언론의 내용을 언급하지 않고 정당화된다면 "내용중립"이다.

그럼에도 불구하고 상고인들은 법이 일부 구두 통신에 적용되는 범위에서 내용중립이 아니라고 주장하고 있다. 법은 광고지나 표시물을 전시할 목적으로 다른 사람의 2.4미터 이내로 "고의로 접근하는" 모든 사람에게 적용된다. 구두 진술의 내용은 무관하다. 그러나 광고지 전달자나 표시물 게시자가 아닌 사람에 대해서 "구두 항의, 교육 또는 조언할 목적으로" 접근하지 않는 한 법은 적용되지 않는다. 의료 시설 근처에서 보행자에게 "안녕하세요"라고 말하거나, 무작위로 뽑은 소설 내용을 읽어주기 위해 고의로 접근하는 사람은 법의 제한을 받지 않을 것이라고 상고인들은 주장한다. 접근하는 발언자가 하는 구두 진술의 내용은 때때로 고의 접근이 법의 적용대상인지를 결정하기 위해 조사되어야 하기 때문에, 상고인들은 케리 판결 이유에 따르면 법이 "내용에 기초하였다"고 주장하고 있다.

비록 이 의견이 소장에는 들어 있다 할지라도, 법이 내용중립이라고 판결한 4건의 콜로라도 법원 의견에는 거론되지 않았다. 이러한 이유로 그 주장은 포기된 것 같다. 추가로 콜로라도 대리인은 주법원이 "항의, 교육 또는 조언"이란 용어를 "모든 통신"을 포함하는 것으로 묵시적으로 해석했다고 가정해야 한다

---

22) 매드슨 판결에서 이러한 관찰은 이 사건에서 똑같이 적용될 수 있다 : "이 기록상 플로리다 법이 낙태와 무관한 목표를 향한 비슷한 행위를 똑같이 제한하지 않을 것이라는 근거는 없다; 법원이 부과한 제한은 상고인들의 메시지 내용을 가리키지 않았다." 512 U.S., 762-763.

고 주장한다.[23] 그러나 이러한 주장보다는 우리는 왜 상고인들의 주장이 이유가 없고 케리 판결에 의존하는 것이 잘못인지를 설명한다.

발언자의 목적을 판단하기 위해서는 통신의 내용을 조사하는 것이 법에서는 일반적이다. 특정한 진술이 협박, 공갈, 가격결정합의, 저작권 침해, 또는 상품 판매 제안에 해당하는지 여부는 진술의 정확한 내용에 달려 있다. 우리는 법리가 행위 과정에 적용되는지를 결정하기 위해 구두 또는 서면 진술의 내용을 보는 것이 부당하다고 판결하거나 암시한 적이 없다. 콜로라도 법의 대상인 행위와 관련하여 "거리 상담자들"이 순수한 사회적 또는 임의 대화보다는 "구두 항의, 교육 또는 조언"을 하는 것인지를 결정하기 위해 어떤 말을 했는지를 정확히 알 필요는 없을 것 같다.

물론 이론적으로 법적용 대상인지를 결정하기 위해 원치 않은 청자의 2.4미터 이내에 접근한 사람이 말한 내용을 조사할 필요가 있는 경우가 있을 수 있다. 그러나 그 조사는 "피켓팅" 또는 "시위"의 일반적인 금지가 유해하지 않는 언론에 적용되는 지를 결정하는 것보다 더 광범위할 필요가 없다. 그러한 표현활동의 규제가 용어정의자체로 사회적, 임의의 또는 다른 일상의 대화에는 적용되지 않는다. 웹스터 국제사전 600, 1710 (1993)("데모하다"를 "사람 또는 주장에 찬성 또는 반대하는 감정의 공개적인 표현을 하는 것"으로 정의하고 있고 "피켓"은 "설득하거나 달리 영향을 미치려는" 노력으로 정의). 그럼에도 불구하고 우리는 일상의 대화를 피켓팅의 규제 대상에서 제외하기 위해 필요한 간단한 조사에 문제가 있을 거라고 시사한 적이 없다.[24]

---

23) 콜로라도가 이 사건에서 처음부터 주장하듯이, 콜로라도 주대법원의 판단은 법문이 모든 통신에 대한 접근을 지칭하는 것으로 해석되어야 한다는 것을 확인한다.

24) United States v. Grace, 461 U.S. 171 (1983) 판결에서 연방대법원 건물과 지대에서 다른 표현 행동을 제외하고 피켓팅과 유인물 배포행위를 금지하는 것으로 해석되고 적용되는 연방법을 조사한 후, 우리는 "금지가 외견상 내용중립임이 명백하다"고 결론내렸다. 비슷하게 우리는 법이 모든 피켓팅을 동등하게 제한할 수 있다고 인정했다. 예컨대 Police Dept. of Chicago v. Mosley, 408 U.S. 92, 98 (1972)("모든 피켓팅이 항상 허용되어야 한다고 말하는 것은 아니다. 우리는 중대한 정부의 이익을 증진하기 위해 피켓팅의 합리적인 시간, 장소, 방법 규제가 필요할 수 있다는 것을 지속적으로 인정해왔다.") Frisby v. Schultz, 487 U.S. 474 (1988)(주거지 피켓팅의 일반적인 금지를 승인). 그리고 셴크 판결과 매드슨 사건에서 우리 판결은 "시위"를 금지한 금지명령을 승인하였다. 셴크 판결, 366-367, 주 3; 매드슨 판결, 759.

케리 판결에서 우리는 노동쟁의중인 고용장소에서 피켓팅하는 것을 제외하고 평화로운 피켓팅을 금지한 법을 검토하였다. 우리는 이 법이 수정헌법 제14조의 평등보호조항을 위반하였다고 결론지었다. 왜냐하면 피켓시위자의 메시지 내용에 기초하여 합법 행동과 불법행동 사이를 차별하였기 때문이다. 그 차별은 다른 모든 사안에 대한 토론을 금지하는 반면 특정한 주제－노동쟁의－에 대해서 우호적인 취급을 하였기 때문에 허용될 수 없었다. 비록 우리 의견이 "법 적용 범위내인지 밖인지를 결정하는 것은 언론의 내용"이라고 강조하였다 할지라도, 447 U.S., 462, 우리는 법이 다른 주제는 허용하지만, 특정 주제의 논의를 금지하였다는 사실, 헌법에 일치되지 않는다는 사실을 설명하는 주석을 붙였다.[25] 비록 견해에 기초한 규제만큼 매우 부당하지는 않는다 하더라도, 메시지 주제의 규제는 내용에 기초한 규제의 한 형태로서 허용될 수 없다. Consolidated Edison Co. of N.Y. v. Public Serv. Comm'n of N.Y., 447 U.S. 530, 538 (1980).

항의, 교육 그리고 조언의 장소를 규제하는 콜로라도 법은 쉽게 케리 판결과 구별된다. 법은 발언자가 논의하는 주제나 특정한 견해에 대한 제한이 없고 명백히 금지하지 않는다. 법은 원치 않는 청자와 함께 극히 넓은 범주의 통신에 대해 사소한 장소 제한을 가하고 있다. 접근하는 발언자가 말하려고 하는 주제에 따라서 구별하기 보다는 법은 자동차 판매원, 동물권리 활동가, 기금모금자, 환경운동가, 선교사에게 똑같이 적용된다. 이들은 원치 않는 청자에게 아무 주제에 대해서 교육하려고 할 수 있지만, 동의를 받지 않고는 2.4미터 이내에 접근할 수 없다.

그럼에도 불구하고 반대의견은 법이 "내용중립"이 아니라고 주장한다. 스칼리아 대법관이 지적하듯이, 이 맥락에서 내용에 기초한 입법의 해악은 "부당한 사상통제 목적에 이용된다."는 것이다. 그러나 법이 해결하려는 동일한 문제를 갖고 있는데, 일부는 법의 적용범위내에 있는 반면, 상당한 수의 통신은 법의

25) 물론 일리노이법이 발언자의 견해를 바탕으로 차별하지 않고, 단지 메시지의 주제를 기초로만 차별한다고 주장하는 것은 답이 아니다. 내용에 기초한 규제에 대한 수정헌법의 반대는 특정 견해에 대한 제한뿐만 아니라 모든 주제의 공적인 토론의 금지에도 확대된다. 케리 판결, 주 6 (1980)(Consolidated Edison Co. of N.Y. v. Public Serv. Comm'n of N.Y., 447 U.S. 530, 537 (1980) 인용).

적용범위 밖에 있는 있다면, 어떤 범주의 언론만을 제한하는 법은 부당한 이용 수단이 된다. 여기서 법의 규제는 의료 시설에 들어가는 사람들을 면전에서 큰 소리로 주장하고 아마도 원치 않는 유인물을 집어넣으려는 사람들의 괴롭힘, 소음, 지속적인 강요, 따라다님, 미행, 환자의 2.4미터 이내의 불쾌한 접근에 수반될 수 있는 신체적 접촉 위협으로부터 보호하기 위한 것이다. 법률 문구 "구두 항의, 교육 또는 조언"은 그러한 결과를 낳을 것 같은 언론 활동과 그러한 결과가 발생하지 않을 것 같은 언론 활동(스칼리아 대법관의 즐거운 언론과 같은)을 구분하고 있다. 법은 정당한 적용대상이 되는 언론 유형을 구별하지 않고 있다. 그러므로 법은 "내용 중립성"을 유지하지 못했기 때문에, 또는 "협소함" 때문에 폐기될 수 없다.

언론 제한 법은 담론이 발생하는 특정한 지역에 적용되기 때문에 내용에 기초하여 위헌이 된다는 케네디 대법관의 논리도 흠이 있다. 하레 크리슈나 교도(힌두교 종파)의 공격적인 접근 때문에 제정된 공항에서 강요행위 금지법은 공항—"담론이 발생하는 특정 지역"—에서만 적용된다는 이유로 내용에 기초한 것이 되지 않는다. 음식을 주문하지 않고 한 시간 동안 점심 식사 장소에 앉아 있는 행위를 경범죄로 규정한 법은 비록 민권운동가를 싫어하는 인종차별주의자가 제정한 법이라 하더라도 내용에 기초한 법은 아닐 것이다(정당한 주의 이익에 관하여 별개의 의문이 제기된다 하더라도).

비슷하게 법제정의 동기가 논란의 한쪽 당사자들의 행동 때문이었다는 이유만으로 법이 견해에 기초하고 있다는 주장(케네디 대법관 반대의견)은 근거가 없다. 오늘 반대의견 대법관들이 지지한 Frisby v. Schultz, 487 U.S. 474 (1988) 판결에서 승인된 반피켓팅 조례는 의사의 집에서 그를 설득하기 위해 시위하는 반낙태 시위자들과 낙태를 하는 그의 시술을 살인으로 간주하는 사람들의 행동에 대응하여 제정된 것이 명백하다. 우리는 그럼에도 불구하고 간결하게 법이 내용 중립적이라고 판단하였다.

케네디 대법관은 환자에게 접근하여 연방대법원과 낙태 판결을 칭찬하면서 노래를 부르고, "우리는 낙태할 권리를 지지한다."는 광고지를 나눠주는 발언자는 법의 적용을 받지 않는다고 말하고 있다. 그러나 법이 그 사람에게 적용되지 않는다고 믿을 이유가 무엇인가? 연방대법원 판결이 잘못되었다는 견해를 표현하는 낙태반대활동가들이 판결에 "항의하고" 그 점에 관하여 환자들을 "교육하는" 것처럼, 낙태찬성자는 "구두 항의"와 "교육"에 관여하고 있다. 더 적대적인 낙태반대자가 가까이 접근하면 일종의 신체적 괴롭힘으로 인식될 위험이 커지게 될 수 있다. 그러나 수정헌법 제1조에 관련된 요점은 법은 허락하지 않는 한, 2.4미터 이내의 지역으로 들어가는 것을 금지한다는 것이다. 법은 낙태를 반대하는 사람들로 제한하지 않는다. 케네디 대법관의 사례와 같은 시위참가자에게도 적용된다. 법은 낙태결정한 여성을 반대하든 지지하든 모든 "항의", 모든 "조언" 그리고 모든 시위참가자들에게 적용된다. 그것은 헌법이 요구하는 중립성의 정도이다.

콜로라도 법원이 §18-9-122(3)이 내용중립이라고 본 결론은 올바르다.

## IV

우리는 또한 §18-9-122(3)이 "제한적으로 맞춘 (narrowly tailored)" 것이기 때문에 워드 판결에서 적용된 심사기준에 따른 유효한 시간, 장소, 그리고 방법 규제라는 주법원들의 결론에 동의한다. 우리는 이미 법이 중요하고 정당한 정부의 이익을 추구하고 있고 제한이 내용중립이라고 판시하였다. 마찬가지로 우리는 법이 이러한 이익을 추구하기 위해 "제한적으로 맞춰지고" 풍부한 대체통신 경로를 남겨두었다고 인정한다. 우리가 강조하듯이 내용중립 규제가 통신수단을 모두 금지하지 않을 때, 입법목적을 추구하기 위한 최소한도로 제한적이라거나 침해 최소한의 규제가 아니라 하더라도 맞춤 요건을 충족한다.[26)]

§18-9-122(3)이 규제하는 3가지 형태의 통신은 표시물의 전시, 광고지 배부, 그리고 구두 언론이다. 발언자와 청자 사이의 2.4미터 분리는 시위참가자들이 전시한 표시물을 읽을 능력에 부정적인 영향을 미쳐서는 안 된다. 사실상 분리는 다른 사람들이 표시물을 둘러싸고 시야 방해를 방지함으로써 보행자가 표시물을 보는 것을 도와줄 것이다. 나아가 법은 현수막의 수, 크기, 문구, 이미지에

26) "이 점에 관하여 혼동이 없도록 하기 위해, 우리는 오늘 보호되는 언론의 시간, 장소 또는 방법 규제는 정부의 정당한, 내용중립 이익을 추구하기 위해 제한적으로 마련되어야 하지만, 최소한의 제한 또는 침해가 최소한이어야 할 필요는 없다고 재확인한다." 워드 판결, 798.

관하여 제한하지 않고 있다. 그리고 2.4미터 지대는 표시물과 함께 있는 시위참가자들에게 영향을 미치지 않는다.

구두 진술과 관련하여, 특히 만약 주변 소음의 정도가 높고 다른 발언자들이 보행자의 주의를 끌기 위해 경쟁하고 있다면, 거리는 발언자의 말을 듣기 어렵게 할 수 있다. 법은 발언자의 수, 또는 비록 우리가 과거 사례에서 제한을 승인하였다 할지라도 확성기의 사용을 포함하여 소음 수준을 제한하지 않고 있다. 더 중요하게는 이 법은 우리로 하여금 셴크 판결에서 “유동적인 완충지대”를 배척하게 만든 약점이 없다. 셴크 판결의 4.5미터 지대와 달리, 2.4미터 지대는 발언자가 “정상적인 대화 거리”에서 통신할 수 있도록 허용하고 있다. 추가로 법은 발언자가 한 장소에 머물러 있을 수 있고, 시위자의 법위반을 유발하지 않고 다른 사람들이 시위자의 2.4미터 이내에서 지나갈 수 있도록 하고 있다. 마지막으로 금지된 거리에서 보행자와 거리를 유지하였다고 생각한 발언자가 법을 부주의하게 위반하는 결과를 방지하기 위한 고의요건이 있다. 법의 제한이 반드시 발언자들이 메시지를 전달하려는 시도를 도와주는 것보다 방해할 것이라는 점은 분명치 않다. 법은 가장 공격적이고 떠들썩한 시위자들이 대치하여 괴롭히는 행위를 누그러뜨리고, 이로써 상고인들과 같은 사려깊고 법을 준수하는 길거리 상담자들이 자신들의 목소리를 더 쉽게 전달하게 할 수 있다. 그러나 2.4미터 간격이 대립하는 이해관계를 조정하는 최선의 방안이든 아니든, 우리는 콜로라도 주의회의 결정을 존중해야 한다. 원치 않은 청자에게 말하려는 시도만이 영향을 받는다는 점을 다시 한 번 반복할 가치가 있다.

유인물을 배부할 능력에 대한 부담은 더 심각하다. 왜냐하면 2.4미터 간격은 원치 않는 수령자에게 유인물을 전달하는 능력을 방해할 가능성이 있기 때문이다. 그러나 법은 전달자가 단지 보행자가 오는 길 근처에 서서 보행자가 쉽게 받을 수 있는 자료의 제공을 금지하지 않는다.[27] 그리고 모든 광고지 전달 상황에서 보행자는 자유롭게 전달을 거절할 수 있다. Heffron v. International

27) 케네디 대법관은 법이 평화로운 광고지 전달을 금지하고 있다고 말하고 있다. 이는 잘못이다. 그의 주장을 뒷받침하기 위해 인용하고 있는 모든 사례들은 원하든 원하지 않든 모든 수령자에 대한 표현 매체의 전면 금지와 관련되어 있다. 그러나 이 법에서는 자료의 제공을 금지하지 않고, 단지 원치 않는 수령인의 2.4미터 이내에 접근할 수 없을 뿐이다.

Soc. for Krishna Consciousness, Inc., 452 U.S. 640 (1981) 판결에서 우리는 인쇄물을 배부하려는 종교단체에게 지정된 장소－그 사건에서 칸막이 공간－에서만 배부하도록 요구한 주의 공정 규제를 승인하였다. 이 사건에서처럼 위 규제는 원래 원치 않은 독자와 통신하려는 배부자의 능력에 제한을 가한 것이다. 우리는 수정헌법 제1조는 "모든 시민이 원하는 청자들의 마음에 다가갈 권리를 보호하고 있고 그러기 위해서는 그들의 관심을 끌 기회가 있어야 한다"고 강조하였다. Kovacs v. Cooper, 336 U.S. 77, 87 (1949). 콜로라도 법은 그러한 권리를 적절하게 보호하고 있다.

마지막으로 법이 제한적으로 맞추어진 것인지를 결정하는데 있어, 우리는 "물론 이러한 제한이 필요한 정도 이상으로 언론을 제한하는지를 결정하기 위해서는 규제가 적용되는 장소를 고려하여야 한다."고 판시하였다. 매드슨 판결, 772. 주와 지방자치단체들은 공적이고 사적인 장소 주위의 활동을 통제할 실질적인 이익을 가지고 있다. 예를 들면 우리는 학교,[28] 법원,[29] 투표장소,[30] 가정[31] 주변에 정부의 특별한 이익을 인정해왔다. 추가적으로 우리는 의료 시설을 둘러싼 독특한 관심사를 언급한 적이 있다.

"병원은 공장, 광산, 조립공장이 아니다. 병원은 사람의 병을 치료하고, 환자들과 친척들이 정서적으로 긴장하고 걱정하고, 환자들을 기쁘게 하고 위로하는 것이 주요한 하루 활동이고, 환자와 그 가족은… 편안하고, 정돈되고, 쉴 수 있고 편안한 분위기를 필요로 한다." 매드슨 판결, 772.(NLRB v. Baptist Hospital, Inc., 442 U.S., 783-784, 주 12).

어떤 목적으로든 의료 시설에 들어가는 사람들은 특히 신체, 정서상 연약한 상태에 있다. 콜로라도는 발언자의 접근을 제한하는 매우 완화된 법을 제정함으로써 이러한 사람들을 원치 않은 만남, 대면, 폭행으로부터 보호하는 실질적이고 합당한 이익으로 대응하고 있다.

그러나 케네디 대법관은 법이 상고인들에게 적절한 통신 경로를 남기지 않았

---

28) Grayned v. City of Rockford, 408 U.S. 104, 119 (1972).

29) Cox v. Louisiana, 379 U.S. 559, 562 (1965).

30) Burson v. Freeman, 504 U.S. 191, 206-208 (1992); 214-216(대법관 스칼리아, 동조 의견).

31) Frisby v. Schultz, 487 U.S., 484-485.

다고 주장하고 있다. 이는 상당한 과장이다. 법은 의료 시설에 들어가려는 사람들을 보호하고 있고, 그들 중 많은 사람들은 시위자들의 신체 근접으로부터 특별한 신체 또는 정서적인 압박을 받고 있다. 법은 예방 조치를 취하고 있다; 법은 환영받지 못한 시위자들 모두 2.4미터 이내로 다가오지 못하게 했다. 우리는 법이 가끔 해롭지 않다고 증명된 시위자의 접근을 금지할 수도 있다는 것을 인정한다. 그러나 2.4미터 이내에서 각 개인 행동의 정확한 특성(괴롭힘 또는 괴롭히지 않음)의 구분을 요구함으로써, 행동의 개별적인 충격에만 초점을 맞춘 법적인 기준에 의해서 임산부를 신체적인 괴롭힘으로부터 보호하는 것이 매우 어렵기 때문에, 법의 예방적인 측면은 정당화된다. 개별적인 행동의 개별화된 특성을 정확하게 밝히기가 어려울 때도 있다. 명확한 예방 규칙은 보호를 하는 동시에, 언론 자체를 보호하기 위해 분명한 지침을 제공하고 주관적인 자의성을 피하기 위한 최선의 방법이다.

위에서 설명했듯이, 원치 않은 신체 접근에 대한 2.4미터 제한은 언론을 통한 의사 전달의 충분한 여유공간을 남기고 있다. 표시물, 사진, 목소리 자체는 쉽게 2.4미터 간격을 넘을 수 있다. 만약 콜로라도의 병원이 셴크 판결의 병원과 비슷하다면, 광고지를 가진 시위자들은 입구 인도(입구를 차단하지 않고)에 서서, 병원에 들어가는 사람들을 신체적으로 접근하지 않고 평화롭게 지나가는 사람들에게 광고지를 건네줄 수 있다.

마지막으로 2.4미터 제한은 의료 시설 30미터 이내－제한이 가장 필요한 장소－에서만 허용된다. 제한은 주거지 밖 인도에서 피켓팅을 완전히 금지한 것(Frisby v. Schultz, 487 U.S. 474 (1988)), 광고지 배부 장소를 장터 칸막이 공간으로 제한(Heffron v. International Soc. for Krishna Consciousness, Inc., 452 U.S. 640 (1981)), 또는 병원 밖에서 침묵을 요구하는 것보다는 발언자의 통신 능력에 대한 방해가 덜하다. 병원이 특히 넓은 경우 또는 다목적 건물내에 있는 경우 일어나는 특별한 문제는 법이 적용되면서 풀릴 것이다.

그러므로 이 제한은 합리적이고 제한적으로 맞춰진 것이다.

## V

상고인들은 §18-9-122(3)이 "지나치게 광범위(overbroad)"하기 때문에 무효라고 주장한다. 상고인들의 지나친 광범성 주장에는 2가지 부분이 있다. 한편으로는, 그들은 법이 대치하는 언론이 발생하는 시설의 환자들 보다는 너무 많은 장소에서 너무 많은 사람들을 보호하기 때문에 너무 광범위하다고 주장하고 있다. 비슷하게 나쁜 행동을 한 사람들보다는 모든 발언자들을 제한하고 있다. 다른 한편으로는 상고인들은 법이 표시물의 전시, 인쇄물의 배부 그리고 단순한 구두 진술을 포함하여 보호되는 언론을 사실상 전부 금지하고 있기 때문에 지나치게 광범위하다고 주장한다.

첫째 주장은 헌법 문제를 특정하지 못하고 있다. 법의 적용범위가 법제정을 이끌어낸 특별한 관심사보다 더 넓다는 사실은 헌법상의 중요성이 없다. 중요한 것은 의료 시설에 출입하는 모든 사람들은 법이 추구하는 이익을 공유하고 있다는 것이다. 그것은 콜로라도 주의회는 더 엄격한 기준보다는, 워드 판결, 791에서 설정된 헌법 기준에 따라 법을 제정하는 정책적인 선택을 하였기 때문이다. 상고인들이 인용한 선례들은 이 법과는 다르다. 그 선례들에서 정부는 보호되지 않는 행위를 규제하려고 하였다. 그러나 법이 지나치게 광범위하여 보호되는 언론도 포함되었다. Houston v. Hill, 482 U.S. 451 (1987); Secretary Of State of Md. v. Joseph H. Munson Co., 467 U.S. 947 (1984). 이 사건에서 보호되는 언론 활동에 영향을 미친다는 것은 다툼이 없다; 문제는 "보호되는 언론의 시간, 장소 그리고 방법에 대한 합리적인 제한"인가 이다. 이 사건 법의 포괄성은 정부의 차별적인 동기가 없다는 것을 보여주기 때문에 선이지 악이 아니다. 대법관 잭슨이 말했듯이, "공무원이 소수자에게 적용하는 법원칙이 보편적으로 적용되어야 한다고 요구하는 것보다 자의적이고 불합리한 정부에 대항하는 더 효과적이고 실용적인 보장은 없다." Railway Express Agency, Inc. v. New York, 336 U.S. 106, 112 (1949)(동조의견).

2번째 주장은 법을 오해하고 있고 지나친 광범성 이론을 잘못 이해하고 있다. 우리가 이미 설시한 바와 같이 §18-9-122(3)은 메시지를 금지하지 않고 있고, 마찬가지로 표시물, 인쇄물, 구두 진술을 금지하지 않고 있다. 법은 단지 통신이 일어나는 장소만을 규제하고 있다. 우리가 Broadrick v. Oklahoma, 413 U.S. 601, 612 (1973) 판결에서 설명한 바와 같이, 지나친 광범성 이론은 청구인들 자신의 자유로운 표현의 권리가 침해되었기 때문이 아니라, 법의 존재 자체가 재판당사자는 아니지만 헌법이 보호하는 다른 사람들의 언론 또는 표현을 억제할 것이라는 사법적 예측 또는 가정 때문에, 청구인들이 법에 이의를 제기할 수 있게 한다. 나아가 "특히 단순히 언론이 아니라 행동이 관련되어 있는 경우, 우리는 법의 지나친 광범성은 합법적인 범위에서 판단했을 때, 현실적이어야 할 뿐만 아니라 또한 실질적이어야 한다고 믿는다." 위 판결 615. 상고인들은 다른 발언자들의 행동에 미치는 법의 충격이 그들 자신의 거리 상담에 미치는 영향과 다를 것이라는 점을 설득력 있게 설명하지 못했다. Members of City Council of Los Angeles v. Taxpayers for Vincentm 466 U.S. 789, 801 (1984). 상고인들 자신의 행동처럼, 다른 시위자들과 상담자들이 모든 의료시설에서 하는 행동이 법의 적법한 범위내에 포함된다. 따라서 법은 지나치게 광범위하지 않다.

## VI

상고인들은 또한 §18-9-122(3)이 모호하여 위헌이라고 주장하고 있다. 그들은 조항의 3곳에서 명료함이 부족한 것을 발견하였다; "항의, 교육 또는 조언"의 의미; "동의" 요건; 그리고 2.4미터 안으로 "접근"하는지의 결정.

법은 2가지 이유 중 하나에 해당된다면 모호하여 허용될 수 없다. 첫째, 만약 보통의 지능을 가진 사람들에게 법이 어떤 행동을 금지하는지 이해하는 합리적인 기회를 제공하지 못할 경우. 둘째, 만약 자의적이고 차별적인 법집행을 허용하거나 권장할 경우. Chicago v. morales, 527 U.S. 41, 56-57 (1999).

이 사건에서 첫째 관심사항은 §18-9-122(3)이 고의 요건을 갖고 있다는 사실에 의해 개선되었다. 법은 다른 사람의 동의를 받지 않고 구두 항의, 교육 또는 조언할 목적으로 2.4미터 이내에 "고의로" 접근하는 사람에게만 적용된다. 이러한 일상의 용어를 이해하지 못할 가능성은 매우 적다. 상고인들은 법의 적용에 관하여 팔을 뻗은 것이 "접근"에 해당하는지와 같은 가정적인 이론들을 제시하고 있다. 그리고 "상상을 통해 용어들의 의미에 미묘한 의문이 드는 가상의 사례를 떠올릴 수 있지만," American Communications Assn. v. Douds, 339 U.S. 382, 412 (1950). 우리가 "단어를 사용하여야 하기 때문에, 우리는 결코 용어에서 수학적인 확실성을 기대할 수 없다." Grayned v. City of Rockford,

408 U.S. 104, 110 (1972). 이러한 이유들로 우리는 셴크 판결에서 문제의 명령에 대한 비슷한 모호함 주장을 배척하였다. 그래서 우리는 "조례가 전체로서 금지하는 것은 명백하다"고 결론지었다. Grayned, 408 U.S., 110. 더 중요하게는, 법원에 오지 않은 가상의 상황에서 대부분의 법적용이 명백히 유효할 때, 모호함에 대한 있을 수 있는 추측에 의해 문면상 공격이 성립되지 않을 것이다.

같은 이유로, 우리는 §18-9-122(3)이 법집행기관에 적절한 지침을 주지 못하고 있다는 주장에 동의하지 않는다. 조항의 장점 중의 하나는 법에서 정한 완충지대의 특정한 정의인 것 같다. "늘 그렇듯이 법집행은 일정 정도의 경찰 판단을 행사할 필요가 있고," Grayned, 408 U.S., 114. 이 사건에 관련된 판단의 정도는 받아 들일만하다.

## Ⅶ

마지막으로 상고인들은 §18-9-122(3)의 동의 요건이 언론에 대한 사전제한으로 위헌이기 때문에 무효라고 주장한다. 우리는 이 주장을 과거 셴크 판결과 매드슨 판결에서 배척하였다. 나아가 이 사건의 제한은 특정 발언자의 발언이 때때로 특정 지대내에서 완전히 금지된 셴크 판결과 매드슨 판결보다 사전 제한의 문제는 약하다. 이 법에서 통신 경로가 완전히 차단되지 않았다. 어느 발언자도 침묵에 빠지지 않는다. 어느 메시지도 금지되지 않는다. 상고인들이 "법에 의해서 발언자들은 말하기 위해 동의를 얻어야 하고 시민들이 표현 활동을 하기 위한 상고인들의 요청을 거부할 수 있도록 하였다"라고 주장했을 때 상고인들은 틀렸다. 반대로 이 법은 "반대자의 거부권"을 제공한 것이 아니라, 발언자가 모든 메시지와 견해를 자유롭게 표현하는 활동에 참여할 수 있지만 "접근"제한의 좁은 장소 요건만 따르도록 하고 있다.

나아가 "사전제한"에 관한 우리의 관심은 정부의 검열에 의한 제한과 관련되어 있다.[32] 이 사건 규제는 만약 보행자가 접근에 동의하지 않을 때에만 적용

32) 워드 판결, 795, 주 5("우리가 사전제한으로 무효라고 인정한 규제들은 공통으로 가지고 있는 것이 있다 : 그것들은 공무원에게 실제 표현하기 전에 미리 광장의 사용을 거부할 권한을 주었다.")(Southeastern Promotions Ltd. v. Conrad, 420 U.S. 546, 553

된다.[33] 사적인 시민들은 항상 스스로 그들이 무엇을 읽기 원하는지, 적당하게 어떤 구두 메시지를 검토할 것인지를 결정한 권한을 가지고 있다. 이 법은 사적인 시민들에게 2.4미터 이내에서 듣기를 원치 않는 메시지를 전달하는 발언자를 막을 능력을 가지고 의료 시설을 들어가는 권한을 부여하고 있다. 나아가 법은 보행자가 다른 장소나 다른 사람들과 관련된 행동에 영향을 미치는 것을 허용하지 않고 있다. 이러한 제한은 불법적인 사전제한에 해당되지 않는다.

***

콜로라도 주대법원의 판결을 인용하다.

**[대법관 수터 동조 의견**(대법관 오코너, 긴즈버그, 브레이어 참여)**]**

나는 법원의 의견에 동의하며 몇 마디 추가한다. 콜로라도 법조항이 다양한 언론들 가운데 내용에 기초한 차별인지를 결정하는 열쇠는 내용에 기초한 차별은 다른 사람을 지지 또는 고무하는 결과와 관계없이, 정부로 하여금 일부 메시지를 비난 또는 억압하도록 하기 때문에 그 차별은 엄격심사대상이라는 점이다. 그래서 정부는 특정한 주제의 논의, Simon & Schuster, Inc. v. Members of N.Y. State Crime Victims Bd., 502 U.S. 105, 116 (1991), 또는 적용대상인 특정한 견해를 싫어할 때, 케리 판결, 461-463, 매우 정확하고 거의 충족되지 않는 기준을 지키도록 되어 있다.

그러나 주제나 견해의 논의를 억압하기 위한 주의 권한 행사에 관한 관심은 법이 언론의 내용이 아니라 언론이 전달되는 상황에 관한 것일 때는 똑같은 방식으로 나타나지 않는다. 인기없는 견해를 표현할 권리로 인하여 발언자가 청중을 충격에 빠트리기 위해, United States v. O'Brien, 391 U.S. 367, 376

(1975)).

33) 우리가 과거 선례에서 정부가 사적인 개인에게 정부가 권한을 부여하는 것은 헌법상 문제가 있다고 인정했지만, 그 선례들은 구별될 수 있다. 그 선례들에서 규제는 한 사람의 개인 행위자가 일방적으로 발언자가 듣기를 원하는 사람에게조차도 말하지 못하도록 하는 권한을 부여하였다. Reno v. American Civil Liberties Union, 521 U.S. 844, 880 (1997)(법은 저속한 언론에 반대하는 반대자의 거부권 형태로 광범위한 검열권한을 부여하게 된다). 이 사건의 콜로라도 법은 그러한 검열권한을 보행자에게 부여하지 않고 있다.

(1968)(징병카드 소각) 또는 청중의 관심을 끌기 위해 허용될 수 없는 행동에 대한 책임에서 반드시 면제되는 것은 아니다. Kovas v. Cooper, 336 U.S. 77, 86-88 (1949)(트럭 소음); Frisby v. Schultz, 487 U.S. 474, 484-485 (1988)(주거지 피켓팅); Heffron v. International Soc. for Krishna Consciousness, Inc., 452 U.S. 640. 647-648 (1981)(강요행위. 발언자의 전달방식에 한정된 규제가 효과적인 담론으로부터 주제 또는 견해를 제거하는 결과가 되지 않는다면(또는 그 목적에 좁게 맞춰진 방식으로 중요한 공공의 이익을 증진시키는데 실패하지 않는다면), 발언의 시간, 장소 또는 방법에만 영향을 미치려고 하는 합리적인 제한은 완벽하게 유효하다. 워드 판결, 791(우리의 선례들은 제한이 규제된 언론의 내용을 언급하지 않아 정당성이 부여되고, 중요한 정부의 이익을 추구하기 위해 좁게 맞춰졌고, 정보의 전달을 위한 충분한 대체 경로를 남겨둔 것을 조건으로, 공공 광장에서조차도 정부가 보호되는 언론의 시간, 장소, 방법에 대한 합리적인 제한을 가할 수 있다는 것을 분명히 했다); 797(우리의 선례들은 보호되는 언론의 시간, 장소 또는 방법에 대한 제한은 단지 언론에 대한 부담이 적은 대안을 상상할 수 있다는 이유만으로 무효는 아니라고 분명히 판결했다).

일부 표현 행동의 처벌 유효성과 시간, 장소 또는 방법 규제의 허용가능성은 특정한 행동 또는 전달 방식이 특정한 주제 또는 의견과 무관하다는 것을 밝히는 것에 달린 일이 아니라는 것을 인식하는 것이 중요하다. 징병카드 소각자는 징병을 반대하였고, 낙태 항의자들은 낙태는 도덕적으로 나쁘다고 믿었다. 법이 논쟁의 한 쪽 편이 되는 행위를 규제할 때 항상 주제와 견해 사이에 상관관계가 있다. 그러나 그것이 그러한 행동의 모든 규제가 수정헌법 제1조 이론이 사용하는 용어로서 내용에 기초하였다는 것을 의미하지 않는다. 그보다는 올바른 원칙은 규제가 전달행위와 일체화된 불쾌한 행동 때문에 부과된 것이 아니라, 워드 판결, 791(일반적인 언론 사건과 특히 시간, 장소, 방법에 관한 사건에서, 내용 중립성을 결정하는 주요한 질문은 정부가 전달하는 메시지를 반대하기 때문에 언론의 규제를 선택했는지 이다), 언론의 내용 때문에 부과되었을 때에만 내용에 기초하였다는 것이 된다.

이점은 전통적인 언론 이론에서 기초적인 것이기 때문에, 오늘날 법원과 반대 대법관들 사이의 불일치는 이 사건의 사실관계를 평가하는데 있어서 특별한 어려움 때문이라고 추측할 지도 모른다. 그러나 그렇지 않다. 내용중립규제는 발언자가 의료 시설 입구 30미터 이내에서 행동 방법을 규제하기 위해서만 부과되는 것으로 사실관계가 조항의 유효성을 명확히 보여주고 있다.

치료(낙태든 다른 시술이든)를 앞두고 이미 긴장하거나 고통스러운 사람들을 원치 않는 낯선 이의 끈질긴 강요로부터 보호하는 정부의 실질적인 이익에 대해 아무도 다투지 않는다. 법원의 의견이 갈라지는 쟁점은 규제의 내용중립성, 규제가 달성하려는 이익과 규제의 적합성, 의사를 표현하는 다른 수단들의 이용가능성이다(그러나 신체적으로 가까운 통신이 없어도 불쾌함은 있을 수 있다).

이러한 각각의 쟁점들은 법조항이 모든 주제에 관하여 어떤 견해의 진술도 금지하지 않고 있다는 점으로 주로 다루어진다. 법조항은 30미터 지대 이내 또는 그 바깥에서 어느 견해를 표현하는 것이 부적합한 지를 선언하지 않았다. 법이 금지하는 것의 전부는 메시지를 전달하기 위해 (동의받지 않고) 다른 사람에게 2.4미터보다 더 가까이 접근하는 것이다. 누구든(항의자, 조언자 또는 교육자) 규제된 지역내에서 멈춰 서 있을 수 있고 보거나 듣는 거리에 있는 사람에게 메시지를 전달할 수 있다. 멈춰 서 있는 시위자는 조용히 있거나 환심을 사거나 또는 소리치거나 무례할 수 있다. 법은 규제할 수는 있지만 건드리지 않는다.

접근 제한이 언론에 영향을 미치지 않는다고 말하려는 것은 아니다. 물론 차이는 있을 것이다. 언론의 영향은 생각과 상황의 산물이고, 그리고 시간, 장소, 방법은 상황이다. 문제는 단지 상황을 규제하는 표면상의 이유가 실제로는 생각에 관한 것이나이다. 멈춰 서 있는 발언자의 언론이 이 법에 의해 규제되지 않는다는 사실은 접근 제한 이유가 접근에 대한 것이지, 접근하는 언론의 내용에 대한 것이 아님을 보여준다. 금지되는 것은 가까이 오기를 원치 않는 사람과의 근접한 대면이다. 그래서 보행자는 속삭이는 주장을 막기 위해 충분히 떨어져 있을 수 있고, 공개 비난에 따른 신체적인 충격을 완화시킬 수 있으며, 원치 않는 유인물을 피할 수 있다. 그러나 메시지의 내용은 2.4미터 거리에서 읽을 수 있는 표시물과 그 거리에서 들을 수 있는 진술에 남아 있을 것이다. 따라서 시위자의 행동이 아닌 낙태반대 메시지를 골라냈다는 주장은 받아들이기 어렵다.

공공의 이익을 확보하기 위해 필요한 정도 이상으로 언론을 제한하지 않기 위해 적정하게 마련되었는지의 문제는 케네디 대법관의 반대의견이 제기한 문제를 포함하여 특별히 언급할 만하다. 법조항은 현재의 상고인들이 아니라, 시설의 입구가 30미터 이내였다는 것을 모르거나, 의사의 사무실 또는 병원이 아닌 보건 시설의 30미터 이내의 사람들, 또는 시설업무와 무관한 사람을 상대하려는 다른 발언자들에게 적용될 수 있다. 그러나 이러한 목적들은 문면상 이의에 크게 영향을 미치지 않는다. 피고가 고의로 행동해야 한다는 요건에 의해 의료시설인지 모르는 사람들에 대한 책임은 사라진다. 법조항은 치과 환자들을 보호하기 위해 제정되지 않는 것은 사실이지만, 나는 치과 환자 보호가 정부의 이익에서 벗어나는 것이라고 말할 수 없다. 1시간 동안 치과치료를 받는 사람도 자유롭게 말하려는 낯선 이의 끼어드는 행동으로부터 합리적으로 보호되어야 할 것이다. 단순한 통행인은 보호될 필요가 없지만, 의료 시설의 업무와 무관하게 출입문의 30미터 이내에서 오가는 실질적인 보행자의 수가 얼마나 될지 의문이다. 그래서 나는 법원에 제소하지 않은 사람들의 언론권에 대한 관심때문에 실질적으로 지나친 광범성의 위험을 알지 못한다.

모호함의 주장에 관하여, 언뜻 보기에 받아들일 수 없는 것이 있다. 멈춰 서 있지 않는 사람들은 "구두 항의, 교육 또는 조언"할 목적으로 2.4미터 이내로 접근할 수 없을 것이다. 그 공식은 2.4미터 이내에서 시간이나 버스시간을 물어보는 것으로 인한 책임을 면제하지만, "교육"은 제한하는 방식으로 많은 의미를 전달하지 않고 있다. 그러나 그것이 치명적이지 않다. 중요한 것은 용어가 명백하게 제한하는데 실패하였다는 것이 아니라, 아주 명백하게 제한하는데 실패하였다는 것이다. 법조항은 건물 입구 바깥의 거리나 주차장에서 (일상의 인사, 항의 또는 도움 요청을 제외하고) 다른 사람에게 접근하는 사람의 발언을 대상으로 하는데 성공하고 있다. 낯선 이를 통해 다가가서 메시지를 전달하려는 사람은 "교육"이란 용어와 관련한 법적용을 이해할 것 같다. 그리고 적용범위가 명백하게 광범위해서, 입건을 할 것인지를 결정하는데 있어 경찰의 재량이 일반적으로 적용되는 형사법의 기소 재량보다 더 크지 않는 것 같다. Grayned

v. City of Rockford, 408 U.S. 104, 108 (1972)(모호한 법은 공정한 경고를 제공하지 않음으로써 죄없는 사람을 함정에 빠뜨릴 수 있고 만약 자의적이고 차별적인 법집행이 방지되어야 한다면, 법은 법을 적용하는 사람에게 명확한 기준을 제공하여야 한다고 판시). 완벽한 명료함과 명확한 지침은 표현 활동을 제한하는 규제에게도 요구된 적이 없다. 워드 판결, 794.

비록 상고인들이 보행자 주위 2.4미터의 "유동적인 거품"이라는 특성이 그 자체로 제한적인 법제정의 실패라는 점을 주장하지 않았지만, 나는 법조항(§18-9-122(3))의 작용과 셴크 판결에서 폐기된 금지명령의 작용 사이를 대조해보려고 한다. 셴크 판결에서 우리는 유동적인 거품 지대 집행의 어려움이 필요 이상으로 언론에 더 부담을 준다고 보았다. 셴크 판결에서, 유동적인 거품은 더 넓었고(4.5미터) 언론에 대한 거의 절대적인 금지와 연관되었다. 그러나 법조항이 2.4미터의 접근을 금지하고 있기 때문에 서 있는 발언자는 자유롭게 말할 수 있고, 언론을 제한하는 위험은 줄어들었다. 유동적인 거품지대가 본래 집행하기 어려워서 정해진, 언론 금지 지역(또는 고정된 지역내에서 걸어다니는 조언 금지)만이 심사기준을 통과하여야 하는 지는 우리의 심리대상이 아닐 뿐만 아니라 문면상 이의를 검토하기에는 적합하지 않다. 워드 판결, 794(피상고인이 시공무원이 말할 권리를 거부하는 자유재량을 갖고 있다고 주장하지 않았기 때문에, 피상고인의 주장이 규제당국의 이른바 자유로운 권한에 대한 문면상 이의에 해당되는지는 남아 있는 의문이다).

**[대법관 스칼리아 반대의견**(대법관 토마스 참여)**]**

오늘 법원은 의료시설 경계의 공공 통행로에서 발언자가 2.4미터 거리에 떨어져 말하도록 요구하는 규제가 언론의 규제가 아니고 언론이 일어나는 장소의 규제라고 결론내리고 있다. 그리고 어떤 범주의 언론(항의, 교육 그리고 조언)에만 적용되는 규제는 내용에 기초한 것이 아니라는 것이다. 이러한 이유로 법원은 공공 광장에서 언론의 내용에 기초한 억압에 적용되는 엄격심사로부터 면제된다고 말하고 있다. 그리고 나서 법원은 주가 아마도 평화로운 개인의 표현을 억압하는 근거로서, 그것이 수정헌법 제1조의 보장과 양립할 수 없다는 이유로 명백히 포기한 정부의 이익－시민들의 간섭받지 않을 권리 보호－을 추구하기 위해 제한적으로 맞춰졌기 때문에, 내용 중립적인 시간, 장소 그리고 방법 제한이라는 엄격함이 덜한 심사를 통과하였다고 판결하였다.

이러한 주목할만한 결론은 놀랄 일이 아니다. 무엇보다도 이 사건은 낙태반대자들을 향한 언론 규제이고, 그 규제는 법원이 선호하는 관행에 걸림돌이 되는 헌법 이론을 배척하기 위해 시동을 건 "임시 무효 기계(ad hoc nullification machine)"의 혜택을 받고 있다. 낙태반대자들에게서 낙태는 법으로 제한되어야 한다고 유권자를 설득하는 정치적 권리를 빼앗음으로써, 오늘 법원은 낙태를 생각하는 여성들에게 낙태가 잘못이라고 설득할 개인의 권리를 계속 공격하고 확대하였다. 우리의 다른 낙태 법이론과 마찬가지로, 오늘의 판결은 우리가 다른 맥락에서 적용하는 헌법 원칙과 극명하게 모순된다.

## I

콜로라도법은 광고지를 전달하거나, 표시물을 전시하거나, 구두 항의, 교육, 또는 조언할 목적으로 의료 시설 출입문의 30미터 이내에 있는 공공도로 또는 인도에서 다른 사람의 2.4미터 이내로 고의로 접근하는 행위를 범죄로 규정하고 있다. 다른 유형의 표현 활동 제한에 관하여 어떻게 말하든, 그 구두 통신에 적용되는 규제는 분명하고도 부인할 수 없는 내용에 기초한 것이다. 항의, 교육 또는 조언을 제외한 다른 메시지를 전달할 목적으로 다른 사람에게 접근하려는 발언자는 그 사람의 동의를 받지 않고 할 수 있을 것이다. 발언자가 2.4미터 이내로 접근하기 전에 허락을 받아야 하는지-그리고 허락을 받지 못해 감옥에 보내질 것인지-는 그가 그곳에서 말하고자 하는 내용에 전적으로 달려 있다. 나는 만약 반전 시위자들, 파업 이유를 대중에서 "교육"하려는 노조원들이 관련된 사건이었다면, 이 규제가 바로 내용에 기초하였다고 여겨질 것이라는 점에 의문이 없다. 우리는 "법의 금지 범위내에 있는지, 아니면 금지를 받지 않는지를 결정하는 것은 언론의 내용이다."라고 말했을 것이다. 케리 판결, 462. 그러나 이 법원의 법이론은 낙태가 관련되었을 때 방향을 바꾸고 있다.

법원은 이 법이 (1) 견해를 차별하지 않고 있고 (2) 발언자가 논의할 주제를 제한하지 않고 있기 때문에 수정헌법 제1조의 해석상 내용에 기초하지 않았다고 주장한다. 그러나 우리는 결코 내용에 기초한 규제 영역이 위 2가지 범주에 국한된다고 판결하지 않았고, 그러한 판결은 터무니없다. 예를 들면 만족감 또는 행복감을 전달하는 것을 제외한 모든 언론에 대한 특별한 장소-방법 제한을 상상해보라. "즐거운 언론" 제한은 견해에 기초한 것이 아니고-시민들은 나스닥 증시의 상승 또는 하락에, 공화당의 승리 든 패배든 간에 동등한 정도로 즐거움을 표현할 수 있을 것이다-기쁨은 무엇에 대해서도 표현할 수 있기 때문에 주제에 기초한 차별은 아닐 것이다. 또는 견해에 기초하지 않았고 특정한 주제에 제한되지 않고 시를 쓰거나 읊는 행위를 제한하는 법을 생각해보라. 이 법원은 그러한 규제를 "내용에 기초"하였고 가장 엄격한 심사를 받아야 한다고 보았을 것이다.[34)]

"내용에 기초한 입법-높은 엄격심사 기준을 통과하여야 하는 것-의 나쁜 점은 그것이 불공정한, 사상 통제 목적에 항상 이용된다는 것이 아니라, 그러한 목적에 이용되기에 적합하다는 점에 있다." 매드슨 판결, 794(스칼리아 의견). 항의, 교육 또는 조언하는 메시지를 전달하는 언론에만 작동하는 제한은 정확하게 이 위험을 드러낸다. 이 사건에서 의료시설의 입구에서 적용될 때, 낙태반대언론을 제한하는 수단이 된다. 법은 "중고자동차 판매원, 동물권 옹호 활동가, 모금인, 환경운동가, 전도사"에게 똑같이 적용되기 때문에 수정헌법 제1조의 자유에 특별한 위협이 아니라는 법원의 확고한 보장은, "법은 엄숙한 평등으로 가난한 사람들 뿐만 아니라 부자들도 다리 아래서 자는 행위를 금지한다."는 아나톨 프랑스 통찰의 훌륭한 모방(풍자는 부족)이다. 프랑스 부랑자법이 부자들을 목표로 삼지 않았듯이, 콜로라도 법은 중고차 판매원, 동물권 옹호

34) 법원은 언론 범주-주제 또는 견해와 대비하여-를 "제한하는 법은 법이 해결하려고 했던 같은 문제를 야기하는 상당수의 통신이 … 법의 적용범위 안과 밖으로 나뉠 때"에만 헌법적으로 우려스럽다고 답한다. 723. 나는 이것이 옳은 지는 의문이나 논의를 위해 옳다고 가정하자. 그리고 나서 법원은 "구두 항의, 교육 또는 상담이라는 법문은 괴롭힘, … 소음, … 지속적인 강요, … 따라다님, … 미행, … 함축된 신체적 접촉 위협의 문제를 드러낼 것 같은 언론 활동을 그러한 결과가 발생하지 않을 것 같은 언론 활동(내가 예로 든 즐거운 언론과 같은)을 구별한다"고 주장한다. 724. 그것은 "구두 항의"에는 해당되지만, "교육"과 "상담"이 그러한 행동에 특히 관여되지 않기보다는 특히 관여될 가능성이 있는 이유를 상상할 수 없다. 물론 "교육"과 "상담"이 여성들에게 낙태를 하지 않도록 설득하는 노력을 위한 단어가 아니라면-어느 경우든 법은 견해중립이 아닐 것이다.

활동가, 모금인, 환경운동가, 전도사를 표적으로 삼지 않는다. 우리는 콜로라도 주의회가 내용(항의, 교육 그리고 조언)을 신중히 선택하여 목표로 삼은 것은 의료 시설 주위의 도로와 인도에서 "어떤 의료 시술에 반대하는 항의 또는 조언할 권리"라는 것을 알고 있다.

법원이 법의 제한을 내용 중립 데모 및 피켓팅－데모의 정의를 '사람 또는 사안에 대한 찬성 또는 반대의 공개적인 표시'로, 피케팅을 '설득하거나 영향을 미치려는' 노력으로 넓게 확장하는 의견에서 즉시 의심을 하게 되는 것처럼－제한과 같게 보려는 시도는 설득력이 없다. 정부가 피켓팅 또는 데모행위를 규제할 때, 다수의견의 작성자(스티븐스 대법관)가 여러 차례 설명해왔듯이, 행동과 통신이 혼합된 표현의 특정한 방법을 제한한다. Frisby v. Schultz, 487 U.S. 474, 497 (1988)(스티븐스 대법관 반대의견), NLRB v. Retail Store Employces, 447 U.S. 607, 618-619 (1980)(스티븐스 대법관 동조의견). 후자의 의견은 더글라스 대법관의 말을 인용하였다.

"조직된 단체의 피켓팅은 특정 지역을 돌아다니는 것과 관련되어 있고, 이어진 피켓들의 존재는 전달되는 생각의 성격과 무관하게 행동을 유발하기 때문에 언론의 자유를 넘는다. 그래서 피켓팅의 이러한 측면으로 인하여 규제의 대상이 된다." Bakery Drivers v. Wohl, 315 U.S. 769, 776-777 (1942)(동조의견).

스티븐스 대법관이 이어서 설명하였다. "같은 메시지를 담고 있는 유인물이 노동 피켓팅보다 효과가 덜 한 이유는 유인물은 전적으로 생각이 갖는 설득력의 힘에 의존하고 있기 때문이라는 것에 의문이 없다." Retail Store Employees, 619. 물론 오늘 스티븐스 대법관은 유인물 배부뿐만 아니라 특정 내용을 1대 1로 대화하는 것조차도 규제하는 의견을 발표하였다. 법원의 의견이 간과한 한 가지 점은 전통적인 언론과 충실하고도 피할 수 없게 연결된 행동의 규제는 언론 자체의 규제라는 것이다. 수정헌법 제1조는 한 사람의 입술을 움직이는 행동을 규제함으로써 회피될 수 없다. 그리고 유인물을 건네기 위해 팔을 뻗거나 평화롭게 말하기 위해 접근하는 행동을 규제함으로써 회피될 수 없다. 모든 이러한 행동은 물론 규제될 수 있지만, 수정헌법 제1조의 엄격심사 법리의 요건을 충족하지 않고는 내용에 기초해서 규제될 수 없다.

물론 피켓팅에 대해서도 우리는 내용에 기초한 제한으로 엄격심사를 적용하였다. 케리 판결, 461(주거지 피켓팅의 허용여부를 전달되는 메시지의 내용에 따르도록 한 일리노이 법에 대해 엄격심사를 적용하여 무효화시킴). 위에서 말한 바와 같이, 이 사건의 금지는 내용에 기초한 것이다. 항의, 조언 또는 교육 이외의 목적으로 말하고자 하는 사람은 청자의 동의없이도 가까운 거리에서 말할 수 있다. 물론 오늘 의견이 새롭게 발견한 공상적인 피켓팅 정의(설득하거나 달리 영향을 미치려는 노력)를 사용하지 않는 한, 이것은 피켓팅의 전면금지와 닮지 않았다. 우리가 가끔 "협박, 공갈 그리고 가격 결정 합의, 저작권 침해, 공적인 안전 제공 또는 상품판매 제안에 해당"되는 지 여부를 결정하기 위해 통신의 내용을 조사한다."는 사실에 대한 법원의 의견에 대하여, 구분이 너무 명백하여 거론할 필요도 없다. 어떤 내용의 언론은 금지가 합헌이다. 법원은 "항의, 교육 그리고 조언"을 그러한 범주로 회부하는 조치를 아직 취하지 않았다.

마지막으로 의료시설 접근과 사생활을 보호하고 경찰에게 명확한 지침을 제공하는 주의 이익은 시위자의 언론의 내용과 관련이 없다는 의미에서, 규제되는 언론의 내용을 참조하지 않아서 정당화되기 때문에 이 사건 제한은 내용 중립이라는 법원의 판단은 옳지 않다. 그러나 그것은 우리 법리의 정확한 표현이 아니다. 법원은 "내용 중립성을 결정하는 중요한 질문은 … 정부가 언론이 전달하는 메시지를 반대하기 때문에 언론의 규제를 채택했는지 여부이다."라는 워드 판결의 내용을 너무 중시하고 있다. 그것은 중요한 질문 – 싫어하는 생각의 억압은 수정헌법 제1조의 가장 나쁜 위반이다 – 이지 유일한 질문은 아니다. 입법 목적이 특정한 내용의 억압과 관계없는 법조차도 금지되는 내용을 골라낼 수 있다. 소음을 억압(그러므로 규제된 언론의 내용을 보지 않아 정당화되는)하는 법령은 "항의" 메시지를 전달하는 음향트럭에게만 적용될 수 없다. "내용을 참조해서 정당화된다"는 용어를 우리가 처음 사용한 것을 보면 표면상 내용에 기초한 제한의 금지를 대신한 것이 아니라 이에 추가된 금지임이 분명하다. "공공 광장으로부터 선택적으로 배제하는 것은 내용만을 기초로 해서도 안 되고, 그리고 내용만을 참조함으로써 정당화될 수 없다." Police Dept. of Chicago v. Mosley, 408 U.S. 92, 96 (1972).

그러나 어느 경우든 만약 이 사건 규제가 추구하는 이익에 대한 법원의 설명을 받아들인다면, 규제는 분명히 내용에 기초하고 있고 내용을 참조함으로써 정당화되고 있다. 헌법이 금지하는 언론의 "2차 효과"는 의료시설에 대한 접근을 막거나, 방해, 지연, 제지하는 행위를 불법으로 규정한 법의 (2)항에서 직접 다루고 있다. 그 금지는 모든 신체적 위협과 신체적으로 위협하는 접근을 포함하기에 충분할 만큼 넓다. 그러나 (3)항의 목적은(법원에 따르면) 원치 않는 통신을 피하려는 원치 않는 청자의 이익을 보호하기 위한 것이다. 콜로라도는 어떤 범주의 언론－항의, 조언, 그리고 교육－제한하고 있는데, 이러한 내용의 언론만이 충분히 괴롭히고 화나게 할 것 같아서 가까운 거리에서 발생하기 전에 동의를 필요로 한다는 분명한 믿음을 갖고 있다. 낙태병원을 들어가는 여성에게 수술의 성격을 가르치고, 낙태에 반대하고 다른 대안을 선호하는 견지에서 조언을 하고, 그리고 아마도 (접근이 성공했다면 정도가 덜할지라도) 낙태 행위에 항의하는 이른바 "거리 상담자"의 가장 부드럽고 평화로운 접근조차도 가끔, 그리고 보통 낙태를 계획하고 있는 여성을 괴롭히고 화나게 하는 2차 효과라고 말하는 것에 해당한다고 결론짓는 것은 충분히 합리적이다. 그러나 언론의 내용을 참조하지 않고 발생하는 효과가 아니다. 싫어하는 통신으로 추정되는 행위를 배제하는 것은 Boos v. Barry, 485 U.S. 312, 321 (1988)에서 명시한 금지된 규제의 설명에 정확히 들어맞는다. 그것은 특정 범주의 언론에 직접적인 충격을 목표로 하고 있고 그러한 언론 유형에 우연히 연관된 2차 특징이 아니다.[35)]

요약하면 법원은 구두 통신에 적용된다는 면에서 이 법을 공공 광장에서 내용에 기초한 언론의 제한이 아니라고 생각하기 위해 현실에 눈을 감고 있다. 법은 우리 선례들이 엄격 심사라고 부른 가장 엄중한 헌법 심사에서 살아남아야 한다. 엄격심사는 제한이 중대한 주의 이익을 달성하기 위해 한정적으로 맞

35) 법이 언론의 규제가 아니라 언론이 발생하는 장소의 규제이기 때문에 내용 중립이라는 법원의 주장(719쪽)은 쉽게 이해할 수 없다. 첫째, 언론이 발생하는 장소에 대한 제한이 언론 제한이 아니라는 설시는 부당할 뿐만 아니라 무수한 선례들과 모순되기 때문이다. 둘째, 제한이 언론이 발생하는 장소의 규제라는 형태를 띠었다는 사실은 제한이 내용 중립적인지와 아무 관련이 없다. Boos 판결은 외국 대사관의 150미터 이내에서 "외국 정부를 공개적으로 증오하는" 현수막을 전시하는 행위의 금지를 내용에 기초한 것으로 판결했다.

춰지도록 요구하고 있다. 법원이 이 기준에 따라 규제를 승인하려고 시도하지 않았기 때문에 나는 간단하게 검토할 것이다. 만약 싫어하는 통신으로부터 사람을 보호하는 것(법원이 인정한 정부의 이익)이 중대한 주의 이익이라면, 수정헌법 제1조는 사문화되었다고 말하기 충분하다. 그리고 만약 (내가 아래에서 상술하지만) 평화롭고, 위협적이지 않지만 초대받지 않은 언론의 2.4미터 이내 접근 금지가 의료 시설 출입의 방해를 막기 위하여(주가 주장하는 정부의 이익) 제한적으로 마련된 수단이라면, '제한적 맞춤 입법'은 베르사체(패션업체)의 기준이 아니라, 텐트 제조회사인 오마르의 기준을 말하는 것이다. 그러나 마지막에 가서는 이러한 모든 것들은 중요하지 않다. 왜냐하면 내가 논의해 나가면서 구두 통신에 대한 제한이나 유인물 배부에 대한 제한도 우리가 전통적인 공공 광장에서 언론의 내용 중립적인 규제에 실제 적용하는 덜 엄격한 심사조차도 통과할 수 없기 때문이다.

## II

법원이 설명하는 바와 같이, 우리의 선례에 따라 내용 중립적인 시간, 장소, 그리고 방법 제한도 중요한 주의 이익을 추진하기 위해 제한적으로 맞춰져야 하고 충분한 대체 통신 경로를 남겨두어야 한다. 워드 판결, 802. 만약 정부의 정당한 이익을 추구하기 위해 필요한 정도 이상으로 언론에 대해 실질적인 부담을 지운다면 법은 유지될 수 없다. 워드 판결, 799.

이 때문에 우리는 먼저 주가 추구하고자 하는 중요한 이익이 무엇인지를 결정해야 한다. 여기서 콜로라도 법원과 이 법원 사이에 조금 의견이 불일치하는 것 같다. 콜로라도는 법문 자체에서 주가 추구하는 이익을 확인하였다. 주의 시민들이 의료시실에 가서 진료와 치료를 받는 것을 고의로 방해하는 행위를 금지함으로써 방해받지 않고 진료와 수술을 받도록 보장하는 것. 주는 법원에 제출한 서면에서 법에서 확인된 이익을 되풀이하여 추인하고 있다. 그럼에도 불구하고 법원은 콜로라도 법 조항은 '원치 않는 언론으로부터 시민들의 간섭받지 않을 권리를 보호하는 주의 이익'에 이바지하기 위해 제한적으로 맞춰졌다고 결론지었다.

상황은 그보다 더 기이하다. 법원이 그 분석의 핵심으로 삼은 이익은 주가 주장하지 않았다; 법이 특별히 설정한 이익과는 완전히 다르다; 주가 법원에 제출한 서면에서 명백히 포기하였고 상고인들이 주 판결의 신뢰를 떨어뜨리기 위해 내세운 "하찮은 이익"의 성격을 갖고 있다. 우리는 법원이 법을 승인하기 위해 주가 주장하지 않았고 적극 거부한 정부의 이익에 의존한 첫 판결을 연방대법원의 끈질긴 낙태찬성 법리학에 따른 긴 "첫 판결들" 목록에 추가할는지 모른다.

나는 첫째(A항), 법원이 창조한 허구인 주의 이익, 그리고(B항), 실제 법이 말하고 있고 콜로라도 대리인이 말한 이익을 전제로 이 법의 명백한 무효성을 논하려고 한다.

A

이 법의 목적을 시민들의 간섭받지 않을 권리를 보호하기 위한 것으로 오인하면서 상고인들이 이를 폄하하려 한다고 콜로라도가 주장하는 것에는 이유가 없지 않다. 3번의 개정기 전에 낙태반대 활동을 규제하는 명령을 승인하면서, 법원은 시설에 접근하고 들어가려는 사람들의 간섭받지 않을 권리에 의존하는 것을 거부하였다. 셴크 판결, 383. 이 "권리"가 수정헌법 법리론을 정확히 반영하고 있는지 의문을 표시하였다. 오늘 법원은 거부된 권리를 주가 보호하기로 결정한 이익으로 맵씨있게 재포장하고, 전통적인 공공 광장의 자유 언론 권리에 반대되는 쪽의 저울에 올려놓고 있다.

스스로 창조한 주의 이익의 정당성을 뒷받침하기 위해, 법원은 1928년 판결의 반대의견(우리가 셴크 판결에서 간과한 의견)에 있는 명언에 의존하고 있다. 법원은 "원치 않은 통신을 피하는 원치 않는 청자의 이익"을 브랜다이스 대법관이 Olmstead v. United States, 277 U.S. 438, 478 판결의 반대의견에서 새로 만들어낸 '간섭받지 않을 권리'의 더 넓은 측면으로 파악하고 있다. 재미있는 특징은 이 가냘픈 갈대조차도 법원의 입장을 지지하기 보다는 모순된다는 것이다. 브랜다이스 대법관이 확인한 간섭받지 않을 권리는 헌법이 부여한 것으로 정부를 상대로 요구하는 것이다, 이는 동료 시민들의 원치 않는 의견을 듣지 않을 일반화된 보통법상의 권리나 이익이 아니라, 그가 "문명인의 가장 포괄적이고 가장 존중되는 것"이라고 불렀던 권리이다. 브랜다이스 대법관이 의도한 의미에서 "간섭받지 않을 권리"를 우리의 선례들로부터 찾을 수 있는 범위에서, 이는 공공의 광장에서 발언자가 이 사건에서 콜로라도가 부과한 종류의 정부 개입으로부터 자유로울 권리이다.

어느 경우에도, 법원이 "간섭받지 않을 권리"를 "간섭받지 않을 권리를 보호하려는 정부의 이익"으로 위장하려는 시도는 발언자의 수정헌법 제1조 권리(다수의견은 수정헌법 제1조의 "이익"으로 강등시켰다)를 억압하기 위해 정당하게 평가될 수 있는 이익은 아니라는 단순한 이유로 가능하지 않다. 우리는 "보호되는 언론 중에서 어떤 유형이 원치 않는 청자나 보는 이로부터 보호가 필요할 정도로 충분히 불쾌한지를 정부가 결정하는 것을 헌법은 허용하지 않는다."고 일관되게 판결해왔다. Erznoznik v. Jacksonville, 422 U.S. 205, 210 (1975). 그리고 최근 센크 판결처럼, 법원은 "일반적으로 우리는 공공의 논쟁에서 우리의 시민들이 수정헌법 제1조가 보호하는 자유에 적절한 숨 쉴 공간을 제공하기 위해 모욕적이고, 심지어 불쾌한 언론도 참아야 한다고 지적해 왔다."는 것을 되풀이하였다.

그럼에도 불구하고 법원은 공공 광장에서 원치 않은 청중에게 불쾌한 메시지를 전달하기 위한 발언자의 권리에 부여한 헌법상 보호를 제한하는 원리를 우리의 선례들로부터 이끌어내려고 하고 있다. 그러한 원리는 없다. 우리는 발언자가 가정의 사생활에 개입할 때 발언자가 공공 도로에서 말하는 권리를 제한하는 것을 승인했다. Frisby 판결은 집이나 주거지바깥에서 피켓팅을 금지하는 내용중립적인 시 조례를 승인하였다. 우리는 조례가 주거지의 사생활을 보호하는 정부의 이익을 증진하기 위해 제한적으로 맞춰진 것으로 정당하다고 결론지었다. 우리 의견은 "가정의 독특한 성격"에 근거하였다. 우리는 가정은 다르다고 말하였다. 판결의 이유는 분명하게 오늘 법원이 근거한 권리 – 보통법상이든 다른 권리든 – 공공도로와 인도에 있을 때 원치 않는 언론으로부터 간섭받지 않을 권리가 존재하지 않는다고 전제하였다. 가정은 '남녀가 일상생활의 고생에서 벗어나 회복할 수 있는 하나의 피난처'라고 우리는 적었다. 우리가 Frisby 판결에서 원치 않는 메시지를 가정에 퍼붓는 발언자의 권리 제한과 Rowan v. Post Office Dept., 397 U.S. 728 (1970) 판결에서 법원이 승인한 제한은 가정의 안식처 안에서 사로잡혀서 못마땅한 언론을 들어야 한다는 사실에 근거하고 있다. 세계적으로 이해되는 바와 같이, 수정헌법 제1조의 지위는 유력한 교재에서 다음과 같이 설명된다. “가정 이외에는, 일반적으로 폭언, 선정적인 광고, 야한 책과 잡지 그리고 점차 도시 생활에 참견하는 다른 불쾌한 침입에 눈을 돌리거나 귀를 막는 부담은 보는 이나 듣는 이에게 주어진다.” L. Tribe, 미국 헌법, 948(2d ed. 1988). 법원은 오늘 낙태병원을 가정의 위치로 올렸다.[36]

언론 자유에 대한 낙태 반대자들의 위 제한을 유지하기 위해 법원의 수정헌법 제1조 왜곡에는 끝이 없다. 특히 노동운동과 관련하여 Clayton법이 적법하고 평화로운 노동 피켓팅을 규제하는 법원의 명령을 금지했어도, 특정 사건에서 법원의 명령이 금지되지 않는다고 판결한 American Steel Foundries v. Tri-City Central Trades Council, 257 U.S. 184 (1921)에 의존하는 것을 주의해야 할 정당한 이유가 있다. 수정헌법 제1조는 쟁점이 아니었고 판결에서 많이 거론되지 않았다. 그래서 그 사건은 법원이 말하고자 하는 요점에 대해 권위가 부족하다. 또한 그 사건은 가끔 피켓팅을 하는 사람의 태도가 지속적인 협박으로 볼 수 있는 방식으로 폭력적인 방법이 동원된 것이 증거상 분명하기 때문에 관련이 없다. 200. 이 사건에서 그러한 사실은 인정되지 않았다. 그러나 더 중요하게, 우리의 미래 노동 사건들이 관련되어 있는 한, 만약 실제 위협이 없는 “끈질김, 강요, 뒤따라 다님과 미행”으로부터 “자유로울 권리”가 1921년 초기 수정헌법 제1조의 일부분이었다면, 오늘날에도 그러하다고 생각하는 것은 충격적이다. 우리의 어떤 판결도 통신 제안이 거부된 이후 끈질긴 ‘강요, 뒤따라 다님과 미행’으로부터 ‘자유로울 권리’의 지속적인 중요성을 떨어뜨린 사례는 없다는 주장은 거짓이다. 연방대법원이 1921년 이래로 많은 수정헌법 제1조 사건에서 American Steel Foundries판결의 위 문구를 단 한 번도 사용한 적

36) 나는 공공장소에서 “원치 않는 관찰자나 청자가 언론을 피하는 것이 비현실적”일 때, “우리의 선례들이 되풀이하여 원치 않는 청중의 이익을 인정해왔다”는 법원의 의견에 반대하지 않는다. 718쪽(인용 Erznoznik v. Jacksonville, 422 U.S. 205, 209 (1975)). 그러나 우리는 보행자가 단순히 빨리 걸어가는 경우에, 보행자가 공공 인도에서 그에게 말하려고 하는 발언자의 “포로”가 된다는 터무니없는 제안을 하지 않았다. 물론 Erznoznik 판결 자체는 간단히 눈을 돌려서 추가적인 감성의 충격을 피할 수 있는 관찰자가 부담을 안아야 한다고 적시하면서, 거리에서 보이는 화면에서 알몸을 드러내는 영화의 상영금지를 무효로 하였다. 210-211쪽(Cohen v. California, 403 U.S. 15, 21 (1971) 인용).

이 없기 때문이다. 우리는 수정헌법 제1조의 주류 법리론과 무관한 시대착오적인 내용을 도입한 것을 후회하게 될 것이다.

물론 비록 American Steel Foundries판결을 수정헌법 제1조의 정확한 표현으로 받아들인다 하더라도, 이 사건 법은 그 판결이 설명하는 이익을 보호하기 위해 제한적으로 맞춰진 것이 아니다. "끈질긴 강요, 뒤따라 다님과 미행"으로부터 "자유로울 권리"를 보호하는 것이 항의하고 교육하고 조언하기를 원하는 모든 발언자에게 2.4미터보다 더 가깝게 접근하기 위해 허락해 달라고 요청할 의무를 조금도 부과하지 않는다. 제한적으로 맞춰지지 않았다는 주장을 배척할 수 있는 유일한 방법은 주가 만들고, 수정헌법 제1조로 만든 "간섭받지 않을 권리"를 브랜다이스의 Olmstead판결처럼 2.4미터보다 더 가까운 거리에서 허락없이 듣지 않을 권리를 포함하는 넓고도 불확정적인 것으로 단정하는 것이다. 물론 완전히 부당한 것을 제외하고, 낙태 사건에서 장애가 되지 않는 제한적 맞춤 문제에 대한 그 해결방식을 막을 것은 없다.

## B

나는 이제 이 사건의 진짜 쟁점으로, 법에서 밝히고 있고 콜로라도의 서면에서 주장된 것으로 의료 시설의 방해받지 않는 접근의 보호에 관한 주의 이익을 본다. 우리는 조항이 그 이익에 이바지하기 위해 좁게 맞춰진 것처럼 보이는지를 알아보기 위해 법조항(2)만 보면 된다. 그 조항에서 "고의로 의료 시설에 출입하는 사람들을 방해, 지연, 제지, 저지하거나 막는" 사람은 형사 및 민사 책임을 진다. 나는 콜로라도 법조항(2)는 만약 2.4미터 이내에서 이루어진다면, 의료시설 접근을 방해하는 효과를 충분히 가질 만큼 괴롭히는 일부 표현 활동이 제한되지 않을 수 있다고 본다. 그러나 조항(3)에서 콜로라도주는 그 해악에 해당한다고 생각될 수 없는 많은 언론들을 금지하고 있다.

먼저 2.4미터 완충지대는 의료 시설에 출입하려고 하는 사람인지 아닌지와 관계없이, 그 시설 입구의 30미터 이내에 공공 도로 또는 인도에 있는 모든 사람에게 적용된다. 주는 구두 변론에서 완충지대는 의사 한 사람이 18층의 사무실에서 근무하는 고층건물의 출입문 30미터 이내에 있는 사람에게도 사실상 적용된다고 인정하였다. 그리고 시설을 출입하려는 사람들에 관하여, 법은 접근을 방해할 만큼 위협적이거나 협박하는 언론으로부터만 그들을 보호하지 않는다. 오히려 법은 구두 항의, 교육 또는 조언(가장 평화롭게 호소할 목적으로 하는 것을 포함)할 목적으로 동의받지 않는 모든 접근과 아마도 더 중요하게는 우리가 그 자체만으로는 방해한다거나 부적절하게 침해한다고 생각한 적이 없는 광고지 배부 또는 유인물 배부 목적으로 이루어지는 모든 접근을 대상으로 하고 있다. 이러한 금지 범위는 숨이 막힌다.

법원은 이 제한적 맞춤 원칙의 노골적인 위반 사실들을 정당화하려는 시도를 하지 않는다. 그 대신에 낙태사건을 위해 처음 고안된 헌법적으로 새로운 창작을 하고 있다. 법원은 "내용중립 규제가 모든 통신 수단을 완전히 제외하지 않을 때, 비록 입법 목표를 달성하는데 최소한도로 제한적이거나 침해 수단이 아니라 할지라도 맞춤 요건을 충족할 수 있다." 대체 통신 수단이 이용가능하므로 더 개인적이고 전형적인 형태의 언론이 제한될 수 있다는 것이다. 법원은 우리가 이러한 이론을 한 차례 이상 강조했다고 확인하고 있다. 그러나 법원이 유일하게 인용한 판결은 이를 말하고 있지 않다. 워드 판결은 단지 제한적 맞춤은 최소한의 제한 방안과 동의어가 아니라고 말하고 있다. 그 판결은-내가 아는 한 다른 판결도 없다-다른 대안적인 언론 수단이 있을 때 제한적 맞춤이 완화될 수 있다고 전혀 말하지 않는다.

이 법이 말할 권리에 가하는 부담은 실질적이다. 법원은 법의 제한으로 영향을 받는 통신의 종류와 성격을 의도적으로 무시하고 있다. 예를 들면 법원은 2.4미터지역은 발언자가 "일상의 대화가 이루어지는 거리"에서 통신할 수 있도록 허용하고 있다고 진지하게 주장한다. 나는 조용한 방에 앉아서 2.4미터 거리에서 대화를 해 왔지만, 공공 도로를 따라 걸어가면서 2.4미터 거리에서 대화를 한 적이 없고 다른 사람이 그렇게 하는 것은 본 적이 없다. 그 제안은 터무니없다. 법이 발언자의 수나 확성기를 포함한 소음 수준을 제한하지 않고 있다는 사실에 낙태반대자들이 위안을 받을 수 있다는 제안도 마찬가지이다. 나는 항의하는 데는 좋은 일이라고 본다. 그러나 법원은 의료 시설 바깥에서 일어날 것 같은 대부분의 "조언"과 "교육"은 거리를 두고서 그리고 높은 데시벨로 이루어질 수 없다는 사실을 알아야 한다. 성능 좋은 확성기의 이용가능성도 다른 여성이 낙태의 마지막 순간에 마음과 심정을 바꾸도록 설득하기 위해 관심과 친밀함의 유대를 구축하려는 여성들에게 거의 도움이 되지 않는다. 조언자는 가까이 걸어가서 상황이 허락하는 한 동정적으로 그리고 부드럽게 다음과 같이 말하려고 할 것 같다. "여보세요. 나는 당신이 겪고 있는 일을 알고 있어요. 나도 겪었던 일이에요. 당신은 혼자가 아니고 이것을 할 필요가 없어요. 다른 대안이 있어요. 내가 도와줄까요? 아기가 지금 발육단계에서 어떤 모습일지 사진으로 보여줄까요?" 법원은 2.4미터의 거리에서 휴대용확성기로 소리질러서 이러한 일이 효과적으로－아마도 더 효과적으로－전달될 수 있다고 우리에게 믿으라고 한다.

법원은 일시적이지만 법이 간단한 유인물 및 광고지 배부에 주는 부담의 중요성을 심각하게 인식할 준비가 되어 있었던 것 같다. 그러나 광고지 전달자가 법을 위반하지 않고도 보행자의 길옆에 서서 보행자가 쉽게 받을 수 있도록 제공할 수 있다는 현실에 의해 그 우려는 사라졌다. 광고지 배부자가 접근허가를 얻어야 한다거나 특정한 위치(시설 접근을 방해하지 않는 곳)에서 자발적으로 팔을 뻗어 접근하는 보행자를 기다려야 한다는 요건은 광고지 배부를 완전히 비효율적으로 만들어버릴 것이라는 노련한 노동운동가의 견해를 받아들이지 않고 있다. 법원은 이를 알고 있거나 알아야 한다. 구조대나 형제 바베큐집을 위해서 일하는 사람이든 아니든, 광고지 전달자가 경계를 정하고 그 부근을 지나는 개인들을 향해서 몇 발자국 걸어가서, 팔을 뻗어서 일반적으로 받지 않으려는 성향을 갖고 있는 보행자가 가능한 한 쉽게 제공물을 받을 수 있도록 해야 한다. 유인물 배포자의 접근에 동의하는 보행자는 적을 것 같다. 그리고 광고지를 받기 위해 걸어오는 사람은 더 적을 것 같다. 그러므로 다른 상황에서는 "수정헌법 제1조의 핵심에 놓여 있는 언론의 고전적인 형태"(셴크 판결, 377)라고 인식된 보통의 유인물 배포가 낙태 상황에서는, 가장 효과적인 장소에서 쓸모없는 일이 될 것이다. 그럼에도 불구하고 법원은 거꾸로 믿기 어려운 주장을 하고 있다.

콜로라도 법조항은 법원이 과거에 승인한 "내용 중립적인" 시간, 장소, 그리고 방법 제한들과 한 가지 점에서 근본적으로 다르다. 그 제한들은 규제된 표현과 규제가 제거하고자 하는 해악 사이에 필연적인 연관관계에 의존하고 있다. 예를 들면 워드 판결에서 법원은 확성기에 대한 시의 규제를 승인하였는데,

증폭된 음향이 과도한 소음과 공공 광장을 둘러싼 지역을 어지럽히는 해악이 드러났기 때문이다. 워드 판결에서 우리가 승인한 규제는 "모든 음악회 또는 모든 록 콘서트를 금지하기 보다는, …시가 제거하고자 한 해악의 원천에 초점을 맞추고… 동시에 동일한 해악을 일으키지 않는 실질적인 분량의 언론을 금지하거나 상당히 제한하지 않고 해악을 제거하고 있다." 491 U.S., 799. 주) 7. Members of City Council of Los Angeles v. Taxpayers for Vincent, 466 U.S. 789, 808 (1984) 판결에서, 법원은 "교정하고자 하는 해악의 정확한 원천을 제거한" 금지로서 전신주에 표시물 부착 금지를 승인하였다. Heffron International Soc. for Krishna Consciousness, Inc., 452 U.S. 640, 652 (1981) 사건에서, 법원은 "혼잡을 피하고 장터에서 손님들의 질서있는 움직임을 유지하기 위한" 주의 이익에 정확하게 봉사하고 있기 때문에 고정된 지역을 제외하고 주가 운영하는 장터에서 인쇄되거나 기재된 물건을 포함하여 상품의 판매나 배포를 금지한 규제를 승인하였다.

그러한 사건에서 승인된 법과는 대조적으로, 이 사건 법은 주가 정당하게 걱정하는 실질적인 문제－즉 (콜로라도가 주장한 유일한 문제), 의료 시설에 대한 접근 방해에 정확하게 대응하지 않은 광범위한 예방적 제한을 입법하였다. 수정헌법 제1조의 맥락에서 그러한 예방적인 제한은 내용중립일 때에도 허용될 수 없다. "자유 표현의 영역에서 넓은 예방 규칙은 의문이다. 규제의 정확성은 우리의 가장 귀중한 자유에 가깝게 접촉하는 영역에서 시금석이 되어야 한다." NAACP v. Button, 371 U.S. 415, 438 (1963). United States v. Grace, 461 U.S. 171 (1983) 판결에서, 우리는 연방대법원 주위의 인도에서 어떤 표현 활동에 대한 금지를 승인하지 않았다. 이 사건의 제한목적이 방해받지 않는 접근이라는 완벽하게 유효한 이익인 것처럼, 제한의 목적은 완벽하게 유효한 안전 이익이었다. 이 사건처럼 그 사건에서도 제한은 그러한 이익을 추구하지만, 정확성이 부족하고 언론의 자유에 지나친 비용을 가하고 있었다. 우리는 안전과 금지되는 모든 표현 활동 사이에 "충분치 못한 관계"가 있다고 말했다. 위 판결 181. 이 사건도 접근 보장과 2.4미터 이내 동의받지 않는 통신의 금지 사이에 충분치 못한 관계가 있다.[37]

37) 콜로라도 법의 금지는 Frisby 판결과 Heffron 판결, 그리고 병원 밖에서 "침묵"을 요

우리의 수정헌법 제1조 법리의 중요하고도 일관된 설명과 현재 법이 지나치게 광범위하다는 주장을 받아들이지 않는 법원의 이유를 비교해보자. (법원은 법이 설명한 이익보다는 스스로 창출한 주의 이익– "간섭받지 않을 권리"의 보호–를 전제하고 있는 것은 분명하다). 법원은 "법의 적용범위가 법제정을 이끈 특정한 관심보다 더 넓다는 사실은 헌법적상 중요하지 않다."고 말한다. 그것은 보통 충분한 진실이지만 언론에 대한 제한과 관련해서는 진실이 아니다. 다시 법원은 이 법이 단순하게 모든 표시물, 인쇄물 또는 구두 진술을 금지하지 않고 통신하는 장소를 규제하고 있기 때문에 지나친 광범성 원리는 적용되지 않는다고 말한다. 나는 시간, 장소 그리고 방법 제한에 지나친 광범성 이론이 적용되지 않는다는 이론을 뒷받침하는 선례를 알지 못한다. Grace 판결은 그 반대임을 밝히고 있다. 연방대법원 주위의 인도상에서 언론의 제한은 안전의 필요성 이상으로 제한했기 때문에 무효가 되었다. 뉴욕시는 5번가 인도에서 표시물을 들고 다니는 개인에게 안전보증과 행진 승인을 요구할 수 없었다.

법원은 솅크 판결로부터 콜로라도의 지나치게 광범위한 예방 조치의 승인은 이끌어낼 수 없다. 그 판결에서 우리는 병원 입구 주위의 고정된 완충지대내 데모에 대한 법원의 명령이 평화롭고, 방해를 하지 않는 데모조차도 금지하기 때문에 위헌이라는 주장을 배척하였다. 그러나 법원은 지방법원이 피고들의 과거 행동과 사건 기록을 바탕으로, 관련된 특정 피고들이 만약 완충지대내에서 데모가 허용된다면 이전에 했던 행동들–병원 입구까지 개인들을 공격적으로 따라다니고 밀치고 이동하기를 거부하거나, 의도적으로 차량 진행을 방해하거나 막기 위해 주차장 입구주위에서 떼 지어 돌아다니는 행동–을 계속해서 할 것이라고 결론내릴 권한이 있다는 이유로 명령을 승인하였다. 솅크 판결에서처럼, 예방적 명령의 특성한 대상이 헌법이 명백히 보호하지 않는 행동 외에는

구하는 사례(추정컨대 법원은 매드슨 판결을 의미)에서 다룬 제한보다 발언자의 통신 능력에 개입한 정도가 더 적기 때문에 반대할 수 없다는 법원의 의견은 제한적 맞춤 해석의 요점을 놓친 것이다. 우리는 언론 제한을 이상적인 플라톤식 언론 제한과 비교하지 않는다. 그보다는 수정헌법 제1조 원리로 인하여 우리는 문제의 규제가 정부가 확인하고 주장한 특정 이익을 달성하기에 필요한 정도 이상으로 언론에 실질적으로 부담을 주는지를 고려하여야 한다. 워드 판결, 799. 법원이 인용한 각 사례에서, 우리는 문제의 규제가, 판례가 요구하고 (법원 스스로가 "예방적"이라고 부른) 콜로라도법에는 명백히 부족한 정확성을 갖추고 있었다고 결론지었다.

보호되는 언론 활동을 할 능력이나 의도를 보여주지 않았을 때 그 명령이 필요하다고 가정할 수 있다. 주 전역의 의료 시설바깥에서 말하려고 하는 모든 사람들이 권리행사가 허용된다면 비슷하게 권리를 남용할 것이라고 가정하는 것은 별개이다. 수정헌법 제1조는 정확하게 이러한 유형의 예방 입법에 대한 장벽으로 존재하고 있다. 나는 매드슨 판결에서 "평화로운 접근인지에 관계없이, 병원 접근을 보장하고 위협을 막기 위해 필요한 정도 이상으로 언론에 부담을 주지 않고, 병원 서비스를 구하는 사람들에 대한 원하지 않는 "모든" 접근의 금지를 정당화하기 어렵다. 시위자의 발언이 별도로 금지될 수 있다거나(예컨대 폭언 또는 협박), 신체 피해 협박과 다름없을 정도로 폭력적이라는 증거가 없다면, 그 금지는 유지될 수 없다."는 법원의 결론이 타당하다고 본다. 774.

법원이 케네디 대법관에 답하여, 지나친 광범성 이론에 부합한다는 겉치레를 포기하고 법이 예방 조치를 취했고, "명확한 예방 규칙"을 채택했다고 인정하기 전에 위와 같은 지나친 광범성에 관한 이유가 작성되었다.[38] 나는 우리의 수정헌법 제1조의 원리를 어떻게 태연하게 부인할 수 있는지 알지 못한다. Button 판결에서 인용한 문구(자유 표현의 영역에서 넓은 예방적 규칙은 의문이다… 규제의 정확성은 우리의 가장 귀중한 자유에 가깝게 닿는 영역에서 시금석이 되어야 한다)가 분명히 한 것과 같이 예방은 제한적 맞춤의 정반대이다. 만약 법원이 이를 인정하려고 한다면, 애초 법이 제한적으로 맞춰졌다는 것을 밝히는 (설득력이 없는) 시도는 불필요할 것이다. 그래서 우리의 낙태 찬성 법리학의 희생자에 수정헌법 제1조의 제한적 맞춤과 지나친 광범성의 이론을 추가할 수 있다. 평화롭게 잠들다.

***

법원은 효과적으로 제한적 맞춤 요건을 포기하기 전에, 이러한 제한이 필요

38) 물론 법원은 "법의 예방 측면은 각각 행동의 개별 충격에만 초점을 맞추는 법리와 함께 임신부를 신체적인 괴롭힘으로부터 보호하는 어려움이 커서 정당화된다"고 말하면서, 예방의 범위를 매우 가볍게 보고 있다. 729쪽. 그러나 법은 직접 임신부를 향할 때 뿐만 아니라, 140킬로그램의 임신하지 않는 남성 트럭 운전사 – 정확하게 구분하기 어렵지 않다 – 를 향했을 때에도 2.4미터보다 더 가까이 접근하는 "신체적으로 괴롭히는" 행동을 금지하고 있다.

한 정도 이상으로 언론에 부담을 주는지를 결정하기 위해서 규제가 적용되는 장소를 고려하는 중요성을 주장하였다. 이 사건 장소에 대한 적정한 고려는 언론 보호 기준을 고수하고 엄격하게 집행해 온 연방대법원의 책무를 이행하는 것으로 귀결되어야 한다. 이 사건의 공공 광장－의료 시설 바깥의 공공 공간－은 필연적으로 그리고 이 법원의 판결에 의해서 낙태를 반대하는 사람들이 마지막으로 의지하는 광장이 되었다. 입법 수단으로 낙태를 제한할 가능성－거의 움직이는 태아의 낙태조차도－은 Roe v. Wade, 410 U.S. 113 (1973)부터 Sterberg v. Carhart, 530 U.S. 914 (2000)까지의 판결에 의해 실현불가능하게 되었다. 낙태가 사람목숨을 뺏는 행위라는 변치 않는 도덕 또는 종교적인 확신(또는 그 문제에 대해 단순한 생물학적인 공감)을 갖고 있는 사람들에게는 1대 1로 낙태를 하지 않도록 여성을 설득하는 방법밖에 없다. 그리고 보통 설득을 할 수 있는 가장 효과적인 장소는 낙태병원 출입구 밖이다. 이러한 장소에서 언론의 제한을 지지함으로써 법원은 그 일(설득)조차 불가능한 것으로 만드는 주의 시도를 승인하고 있다.

병원 환자들, 직원들, 의사들의 신체 안전과 보호를 위한 사람들의 관심이 오늘 판결로부터 위안을 얻어서는 안 된다. 여성을 협박하거나 놀라게 해서 낙태를 하지 못하게 하거나 의사들에게 시술을 못하게 하려는 개인들 또는 집단의 의도는 콜로라도법에 의해서 중단되지 않을 것이다; 2.4미터 떨어진 곳에서 휴대용 확성기를 이용하고 소리를 질러 그들의 목적을 수행할 것이다. 그러나 그들 주장이 옳다는 것을 개별적으로 여성들에게 설득함으로써, 평화롭고 정중한 수단으로 도덕적이고 종교적인 목적을 달성하려는 사람들은 그만두게 될 것이다; 그리고 그것은 민주주의에 좋은 일이 아니다. 이 법원은 헌법제정자들이 분명히 그러했듯이 말하고 설득할 자유는 자치의 유지에 선행하는 것이며 분리될 수 없다고 인정했다. 오늘 이 법원은 우리 민주주의의 본질적인 안전밸브를 오른쪽으로 반쯤 틀었고, 콜로라도나 다른 지역에서 의료 시설에 안전하게 접근하려고 하는 사람은 누구도 오늘 판결로 안전이 향상되었다고 느껴서는 안 된다.

콜로라도 법의 낙태를 지지하는 "접근 요청"이라는 매우 이상한 조항을 승인한 이 판결을 오늘 선고한 Stenberg 판결과 비교해보는 것이 흥미롭다. Stenberg 판결은 30개주에서 채택하였고 상원과 양원에 의해 2차례 통과된(대통령이 2차례 거부권 행사) 출산 낙태(live birth abortion) 금지를 폐기하였다. 이 판결은 낙태찬성법의 목적에 관한 주 스스로의 주장을 무시하고 그 대신에 법원이 법을 합헌으로 볼 수 있다고 믿는 목적을 제시하고 있다. Sternberg 판결은 낙태반대법의 취지에 관한 주의 주장을 배척하고, 그 대신에 법을 위헌으로 만드는 의미를 선언하였다. 이 판결은 우리의 과거 법리론상 뒷받침하는 근거가 없고 지나친 광범성 이론을 완전히 부인하는 논리로 언론을 규제하는 낙태지지법에 대한 지나친 광범성의 도전을 배척하고 있다. 비록 8년전까지는 지나친 광범성 이론이 의심할 여지없이 수정헌법 제1조의 배타적인 보호책이었다 할지라도, Stenberg 판결은 지나친 광범성 해석을 언론과 무관한 낙태반대법에 적용하고 있다.

내가 이 의견을 통해 암시하듯이, 오늘 판결은 우리의 전통적인 헌법 원칙의 드문 왜곡이 아니라, 최근에 법원이 선고한 많은 공격적인 낙태지지 신상품들 중의 하나이다. 그러나 오늘의 왜곡은 특히 노골적이다. 1930년대 이래 반대의견이었던 수정헌법 제1조를 제한하는 견해가 갑자기 다수의견에서 발견되고 있다. "거리낌없고, 활발하며, 널리 열린" 토론이 공공 도로에서 들어보지 못한 "간섭받지 않을 권리"를 보호하는 주의 권한으로 대체되고 있다. 나는 반대한다.

**[대법관 케네디 반대의견**(생략)**]**

# 4. 공공 광장에서 언론 활동과 규제의 한계

**McCullen v. Coakley**

573 U.S. ____ (2014)

**[요약]**

2007년, 매사추세츠는 낙태가 행해지는 병원 밖에서 낙태 반대자들과 낙태권 옹호자들 사이의 충돌을 다루기 위해 2000년에 제정된 임신관리시설법을 개정하였다. 개정법은 "임신관리시설"의 입구나 진입도로의 10미터 이내에서 "공공의 도로나 인도"에 고의로 서 있는 행위를 처벌하였다. "임신관리시설"은 "종합병원 지대를 제외하고 낙태를 제안하거나 실행하는 장소"로 정의되었다. 법에 따르면 "고용범위내에서 행동하는 그 시설의 근로자 또는 직원"을 포함하여 4가지 유형의 개인들은 금지로부터 면제된다. 다른 조항들은 낙태 병원 접근을 고의로 막는 행위를 금지하고 있다.

맥컬린과 다른 상고인들은 매사추세츠 낙태 병원에 가는 여성들에게 "거리 상담"을 시도하려는 개인들이다. "거리 상담"은 낙태의 대안에 관한 정보를 제공하고 그 선택을 하도록 도와주는 일이다. 그들은 10미터 완충지대가 병원 바깥에서 원래 그들이 있던 위치에서 쫓아냄으로써 상담활동을 심각하게 방해하고 있다고 주장한다. 환자들과 통신하려는 그들의 활동은 도착하는 환자들을 안내하여 완충지대를 통해서 병원 입구까지 동행하는 병원의 "경호원들"에 의해서도 제지된다고 주장한다.

상고인들은 문면상 그리고 그들에게 적용되면서, 법이 수정헌법 제1조와 제14조를 위반하였다는 이유로 주법무장관과 다른 공무원들을 상대로 법 집행을 정지해달라는 소송을 제기하였다. 연방지방법원은 청구를 기각하였고 연방제1항소법원은 인용하였다. 상고인들의 문면상 이의에 관해서, 제1항소법원은 법이 Ward v. Rock Against Racism, 491 U.S. 781 (1989) 판결(이하 "워드 판결")에서 설정된 심사에 따른 합리적인 "시간, 장소 그리고 방법"규제라고 판결하였다.

**[요지]**

매사추세츠 법은 수정헌법 제1조를 위반하였다.

(a) 법문 자체에 의해서, 법은 전통적으로 언론 활동을 위해 열린 곳이고 따라서 법원이 "전통적인 공공 광장"으로 불렀던 장소인 "공공 도로"와 "인도"에 대한 접근을 제한한다. Pleasant Grove City v. Summum, 555 U.S. 460, 469. 그러한 장소에서 언론을 규제하는 정부의 능력은 "매우 제한된다." United States v. Grace, 461 U.S. 171, 177. 그러나 "정부는 공공 광장에서도 제한이 규제 언론의 내용을 참조하지 않고 정당화되고, 중요한 정부의 이익에 봉사하기 위해 제한적으로 맞춰진 것이고, 정보의 통신을 위한 많은 대체 경로를 남겨놓았다면, 보호 언론의 시간, 장소 또는 방법을 합리적으로 제한할 수 있다." 워드 판결, 791.

(b) 법은 내용이나 견해를 기초로 하지 않았기 때문에, 엄격 심사에 따라 분석될 필요가 없다.

(1) 법은 다른 종류의 시설과 달리 낙태 시설에서만 완충지대를 설정했기 때문에 내용에 기초한 것이 아니다. 첫째, 법은 문면상 내용에 기초한 구분을 하지 않았다. 상고인들이 법을 위반했는지는 그들이 말한 내용에 달린 것이 아니라, Holder v. Humanitarian Law Project, 561 U.S. 1, 27, 그들이 말한 장소에 달려 있다. 둘째, 비록 문면상 중립적인 법이 어떤 주제에 관한 언론에 불균형적으로 영향을 미친다 할지라도, "규제된 언론의 내용을 참조하지 않고 정당화되는" 한 내용중립이다. Renton v. Playtime Theatres, Inc., 475 U.S. 41, 48. 법의 목적은 공공의 안전, 환자의 의료시설 접근, 공공 인도와 도로의 방해받지 않은 사용 보호를 포함하고 있다. 법원은 과거에 이러한 모든 관심사들을 내용 중립적이라고 보았다. Boos v. Barry, 485 U.S. 312, 321. 낙태 언론을 규제하기 위한 의도는 법의 제한된 적용범위로부터 추론될 수 없다. "주들은 그들이 당면한 문제를 다루기 위해 법을 제정한다." Burson v. Freeman, 504 U.S. 191, 207. 다른 종류의 시설들과 달리 매사추세츠의 낙태 시설밖에서 혼잡, 방해, 심지어 폭행이 있었다는 기록이 있었다.

(2) 고용의 범위내에서 행동하는 의료시설 근로자와 직원들을 위한 법의 적용 면제는 낙태 견해를 우호적으로 취급하려는 것처럼 보이지 않는다. 병원에서 일하는 개인들이 완충지대내로 들어가거나 머무르는 것을 허용하기 위해 일부 예외가 필요하다는 점을 고려할 때, "고용의 범위"요건은 법적용면제가 직원들이 일하는 것을 허용하는 목적으로 제한된다. 일부 병원 경호원들이 완충지대 안에서 낙태에 관한 그들의 생각을 표현해 왔다고 가정해도, 기록은 그러한 언론이 경호원들의 고용범위내에 속한다는 것을 암시하지 않는다. 만약 특정 병원이 직원들에게 완충지대에서 낙태에 관하여 말하도록 허락했다는 것이 밝혀진다면, 그것은 그 병원의 완충지대에 대한 적용 위헌 주장을 뒷받침하게 된다.

(c) 비록 법이 내용중립이라 하더라도, "정부의 정당한 이익을 증진하기 위해 필요한 정도 이상으로 실질적으로 언론에 부담을 주고 있기" 때문에 "제한적으로 맞춰지지" 않았다. 워드 판결, 799.

(1) 완충지대는 도로와 인도에서 공공의 안전을 유지하고 가까운 임신 관리 시설에 대한 접근을 보장하는 주의 정당한 이익에 이바지한다. Schenck v. Pro-Choice Network of Western N.Y., 519 U.S. 357, 376 (1997) 판결(이하 "센크 판결"). 그러나 동시에 완충지대는 상고인들의 언론에 심각한 부담을 주면서, 도착하는 환자들과 통신하는 2가지 수단(대면의, 개인적인 대화와 유인물 배부)을 빼앗고 있다. 그러한 형태의 표현은 역사적으로 생각의 전파와 밀접하게 연관되어 있다. 법이 완충지대 밖에서 상고인들이 항의하는 것을 허락하고 있지만, 상고인들은 항의자들이 아니다. 그들은 단지 낙태에 대한 반대 의견을 표현하는 것이 아니라, 다양한 대안에 관하여 여성들과 개인적인, 배려하는, 동의하는 대화를 하려고 한다. 그래서 여전히 완충지대내의 여성들이 상고인들을 보고 들을 수 있다고 말하는 것은 해답이 아니다. 만약 여성들이 보고 들을 수 있는 것이 소리 높여 낙태 반대를 외치는 것이라면, 완충지대는 효과적으로 상고인들의 메시지를 억누르게 된다.

(2) 완충지대는 실질적으로 주의 이익을 달성하기에 필요한 정도 이상으로 언론을 제한한다. 법의 (e)항은 이미 의도적인 병원 입장 방해를 금지하고 있다. 매사추세츠는 또한 1994년에 연방이 제정한 병원출입자유법과 비슷한 입법

을 할 수 있었다. 위 법은 임신 의료 서비스를 이용하거나 제공하는 사람들을 방해, 위협, 간섭하는 행위에 형사 및 민사 제재를 부과하고 있다. 병원 도로를 차단하는 행위는 현재의 지방 교통 조례로 쉽게 다룰 수 있다. 주는 개인들이 다수가 모이는 방법으로 무심코 병원에 대한 접근을 차단할 수 있다고 주장하지만, 그 문제는 병원입구를 막은 군중들에게 경찰의 명령이 있을 때 제한된 시간내에 해산하도록 요구하는 법을 통해서 처리될 수 있다. 어느 경우에든 군중은 보스톤 병원에서만 문제이고, 그곳에서도 토요일 아침에만 문제인 것 같다.

주는 이러한 다양한 문제들을 쉽게 이용가능하고 간섭이 적은 방법으로 다루려고 진지하게 시도했다는 것을 밝히지 못했다. 주는 1990년대 이후 낙태 병원 밖에 있는 개인들을 기소하거나 금지명령을 한 사례를 한 건도 제시하지 못하고 있다. 주는 문제가 너무 널리 퍼져 있어서 개별적인 기소나 금지명령이 효과적이지 않다고 답변한다. 그러나 기록은 문제가 주로 토요일 아침에 보스톤 병원에서 일어나는 일임을 가리키고 있고, 그곳에서 경찰은 법위반자들을 완벽하게 골라낼 수 있는 것으로 보인다. 주는 또한 고의의 또는 교묘한 방해나 위협의 입증이 어렵고, 따라서 완충지대는 경찰이 더 간편하게 업무를 처리할 수 있다고 주장한다. 그러나 정밀한 맞춤 요건을 충족하기 위해서는, 정부는 선택한 수단이 더 쉽다는 것이 아니라, 실제 언론에 대한 부담이 덜한 대체 수단이 정부의 목적을 달성하지 못할 것이라는 점을 밝혀야 한다. 어느 경우든 병원 접근을 막으려는 의도가 있는지를 결정하기 위해서는, 경찰관은 이동하라고 명령만 하면 된다. 만약 그가 거부한다면 다음 행동이 고의의 또는 의도적이라는 점에는 의문이 없다. 비슷한 이유로 주가 Burson v. Freeman 504 U.S. 191 판결에 의존하는 것은 잘못이다. 그 사건에서 법원은 제한이 적은 수단이 부적절하다는 이유로 투표장밖에 완충지대를 설정하는 법을 승인하였다. 그러나 "투표자 위협과 선거 사기"는 "적발하기 어려운" 반면에, 낙태 병원에서 방해와 괴롭힘은 결코 적발하기 어렵지 않다. 그리고 경찰이 "일반적으로 선거 과정에서 강압적인 분위기를 피하기 위해 투표소 근처에 접근이 금지"되는 반면에, 매사추세츠 낙태병원 밖에 상당한 경찰력을 유지할 수 있다. 요약하면, 수정헌법 제1조의 핵심 이익이 걸려 있을 때, 매사추세츠가 단지 다른 방법이 효과적이지 않다고 말하는 것은 충분하지 않다.

연방제1항소법원의 판결을 취소하고 환송한다.

대법원장 로버츠가 판결문을 작성하고 대법관 긴스버그, 브레이어, 소토마요르, 케이건이 참여하였다. 대법관 스칼리아가 동조의견을 작성하였고 대법관 케네디, 토마스가 참여하였다. 대법관 알리토가 동조의견을 작성하였다.

**[대법원장 로버츠]**

매사추세츠 법은 종합병원을 제외하고, 낙태가 행해지는 장소의 입구 또는 진입로의 10미터 이내 "공공 도로 또는 인도"에 고의로 서 있는 행위를 범죄로 처벌하고 있다. 상고인들은 그러한 시설바깥에서 낙태를 막기 위해 여성들에게 접근하여 말하는 개인들이다. 법은 상고인들이 시설 입구 근처에서 그러한 행위를 하는 것을 금지하고 있다. 여기서 문제는 법이 수정헌법 제1조를 위반했는지 이다.

I

A

2000년에 매사추세츠 주의회는 매사추세츠 임신관리시설법을 제정하였다. 법은 낙태가 행해지는 병원 밖에서 일어나는 낙태 반대자들과 낙태권 옹호자들 사이의 충돌을 다루기 위해 입안되었다. 법은 시설 입구와 진입로 주위 반경 5미터 지역을 설정하였다. §120E1/2(b). 누구나 그 지역에 들어갈 수 있으나 들어간 이상, 누구도(면책되는 개인들을 제외하고) 고의로 "유인물을 전달하거나 표지판을 보여주거나, 구두 항의, 교육 또는 상담할 목적으로" 다른 사람－그가 동의하지 않는 한－의 2미터 이내에 접근할 수 없다. 다른 조항은 "임신관리시설의 출입을 고의로 막거나 제지, 지연, 방해하는" 사람을 형사처벌하고 있다. §120E1/2(e).

법은 연방대법원이 Hill v. Colorado, 530 U.S. 703 (2000) 판결에서 승인한 비슷한 콜로라도 법을 본받아 제정되었다. Hill 판결에 따라 연방제1항소법원은 수정헌법 제1조에 기초한 이의를 배척하고 매사추세츠 법을 승인하였다. McGuire v. Reilly, 386 F.3d 45 (2004)(맥과이어 Ⅱ), McGuire v. Reilly, 260

F.3d 36 (2001)(맥과이어 I ).

2007년경 일부 매사추세츠 병원들과 법집행자들은 2000년 법이 부적절하다고 생각하게 되었다. 입법 청문회에서 많은 증인들이 명백한 법 위반행위를 진술하였다. 예를 들면 매사추세츠 법무장관 코클리(Martha Coakley)는 항의자들이 "일상적으로" 법을 위반했다고 증언하였다. 이 주장을 예시하기 위해, 그녀는 항의자들이 완충지대 안에서 외견상 동의를 받지 않고 환자들과 병원 직원들에게 접근하는 모습을 담은 비디오를 보여주었다. 또한 병원 직원들과 근로자들은 항의자들이 병원의 문과 진입로 근처에 모여 있었고, 그 결과 환자들이 병원 출입구나 주차장으로 들어오기 보다는 때때로 이를 포기하였다고 증언하였다.

그러나 보스톤 경찰국장 에번스는 경찰관들이 보스톤의 병원에서 불과 5명 정도 체포했고 일부 기소했으나 성공하지 못했다고 증언하였다. 증인들은 법집행사례가 적은 것은 5미터 접근 금지 지역을 단속하기 어렵기 때문이라고 보았다. 에번스는 5미터 지역은 항의자들로 너무 북적거려서 항의자가 교묘하게 환자에게 접근하였는지, 또는 만약 그렇다면 환자가 동의했는지를 판단하기 어렵다고 증언하였다. 비슷한 이유로 코클리 장관은 2미터 접근금지 지대도 법집행이 불가능하다고 결론지었다. 그녀는 경찰이 필요한 것은 항의자들이 들어갈 수 없는 병원 주위의 고정된 완충지대라고 말했다. 에반스도 그러한 지대가 있다면 우리의 업무가 더 편해질 것이라고 설명하면서 동의하였다.

이러한 관심사를 다루기 위해 매사추세츠 의회는 2007년에 법을 개정하였다. (5미터 이내의) 2미터 접근 금지지대를 일부 면책대상을 제외하고 10미터의 고정된 완충지대로 교체하였다. 지금 법은 다음과 같이 규정하고 있다.

"누구도 임신관리시설의 출입구나 진입로의 반경 10미터 이내, 그 출입구나 진입로의 앞 도로 외곽선과 교차하는 지점까지 직선으로 임신관리시설의 출입구나 진입로의 바깥 경계를 확장하여 만들어진 사각형 이내의 지역의 공공 도로나 인도에 들어가거나 머물러서는 안 된다."

"임신관리시설"은 "종합병원 지대를 제외하고 낙태서비스가 제안되거나 실행되는 장소"로 정의되었다.

10미터 완충지대는 "시설의 업무시간 동안"만 적용되고 지대는 "명확하게 표시되고 게시되어야" 했다. 실제, 시설은 전형적으로 원모양으로 페인트칠을 하고 인접한 인도와 도로에 표시판을 게시하였다. 법을 위반한 초범은 500불 이하의 벌금, 3개월 이하의 징역, 또는 병과될 수 있으며, 재범은 500불과 5,000불 사이의 벌금, 2년 6개월 이하의 징역형, 또는 병과될 수 있다.

법은 4가지 유형의 개인들을 면책한다. (1) 그 시설을 출입하는 개인들, (2) 고용 범위내에서 행동하는 시설의 근로자나 직원, (3) 직무범위내에서 행동하는 경찰, 구급, 소방, 건설, 공공 설비, 공공 작업과 다른 시 직원들, (4) "그 시설을 제외한 목적지에 가기 위해서만 그 시설에 인접한 공공 인도나 도로를 통행하는 사람." 주의회는 또한 고의로 시설 접근의 방해를 금지하는 2000년법의 조항을 별개로 유지하였다.

## B

매사추세츠 낙태 병원 밖에 서 있는 일부 사람들은 표시판이나 구호, 어떤 경우에는 정면 대치와 같은 더 공격적인 방법을 통하여 도덕적 또는 종교적인 낙태반대를 표현하는 항의자로 묘사되었다. 상고인들은 다른 방법을 선택하였다. 그들은 "거리 상담(sidewalk counseling)"이라고 부르는 일, 즉 병원에 가는 여성들에게 낙태의 대안이 되는 정보를 제공하고 대안을 선택하도록 도와주는 일을 하고 있다. 예를 들면 상고인 맥컬린은 보통 이러한 방식으로 대화를 시작할 것이다. "안녕하세요, 내가 유인물을 주어도 될까요? 내가 당신을 위해 할 수 있는 일이 있을까요? 당신이 질문이 있다면 언제든지 대답할 수 있어요." 만약 여성이 관심을 보인다면, 맥컬린은 추가 정보를 제공한다. 맥컬린과 다른 상고인들은 배려하는 태도, 조용한 목소리, 그리고 직접적인 눈 마주침을 유지하는 것이 중요하다고 여긴다. 상고인들은 외치거나 표시판을 휘두르는 것과 같은 과격한 수단은 적대감만을 불러일으키기 쉽다고 보고, 위와 같은 상호작용이 여성들을 설득하여 낙태를 막는 더 효과적인 수단이라고 믿는다. 상고인들은 전체적으로 수백명의 여성들을 설득하여 낙태를 포기하도록 했다고 증언하였다.

완충지대는 상고인들을 원래 위치에서 병원 밖으로 이동시킨다. 맥컬린은 다른 상고인들인 진 및 에릭과 마찬가지로 보스톤의 병원바깥에서 상담을 진행한다. 상고인 스미스는 그곳에서 묵주기도를 한다. 병원은 도로 구석에서 자신의 건물을 사용하고 있다. 주출입문은 공공 인도에서 약 3.5미터 떨어진 공개된 현관로비에 있다. 법이 개정되기 전에는, 상고인들은 로비로 들어가는 입구 통로 근처에 서있었다. 이제 완충지대 – 페인트칠한 원과 표지판으로 지정된 – 는 입구를 둘러싸고 있다. 이 지대는 한쪽 방향에 있는 인도의 7미터, 다른 방향으로 9미터, 도로 경계석에서 30센치미터 떨어진 곳까지 확대된다. 병원 입구는 2미터 넓이의 지대가 추가된다. 상고인들이 병원 앞 공공 인도의 17미터 공간에서 효과적으로 배제되는 결과가 된다.

상고인 마크와 낸시는 우스터의 병원 밖에서 상담하고 정보를 제공한다. 보스톤 병원과 달리 우스터 병원은 공공 도로와 인도로부터 멀리 떨어진 곳에 있다. 환자들은 두 길 중 하나로 병원에 들어간다. 걸어서 가는 환자들은 공공 인도를 벗어나서 입구까지 거의 16미터의 사유지를 걸어간다. 그러나 도로에서 병원진입로로 들어가는 차를 이용하는 85% 이상의 환자들은 사유 주차장에 주차하고, 사유지를 통해 입구로 걸어간다.

마크와 낸시는 개인 소유의 땅이나 도로가 인도와 교차하는 곳에 서서 환자들이 걸어가거나 차로 지나갈 때 유인물을 나누어준다. 그러나 페인트칠한 원은 사유지로부터 인도까지 10미터로 확대되고 거의 도로의 반대편 경계석까지 확대된다. 다른 원은 진입로 입구를 둘러싸고 인도의 28미터 이상(진입로 넓이를 포함)을 덮고 있고 거리를 넘어서 반대편 인도로 거의 2미터까지 확대되고 있다. 마크와 낸시는 이제 사유지와 사유 도로에서 떨어진 인도 또는 도로를 건너 서있어야 한다.

상고인 시릴은 우스터 병원처럼 공공 도로에서 떨어져 있는 스프링필드의 병원 밖에 서 있는다. 약 90%의 환자들은 차로 도착하여 병원 주위의 사유지에 주차를 한다. 시실은 주차장으로 가는 5개의 도로 중 1개 도로 입구에 서 있곤 하였다. 지금은 페인트칠된 원이 입구를 둘러싸고 있고, 도로와 평행인 인도의 약 30미터에 걸치고 도로안으로 확장된다. 우스터 병원에서의 상고인들처럼, 시실은 이제 진입로 입구로부터 인도 쪽으로 멀리 떨어져 서 있다.

3곳의 상고인들은 완충지대가 그들의 상담노력을 심각하게 방해하고 있다고 주장한다. 비록 그들이 완충지대 밖에서 – 특히 보스톤 병원에서 – 일부 상담을 하고 유인물을 나누어주었다 할지라도, 그들은 그 지대가 설정된 이래 대화나 유인물 배부가 줄어들었다고 말한다.

법의 두번째 면책조항은 고용범위내에서 행동하는 병원 직원들이 완충지대로 들어가는 것을 허용하고 있다. 이 면책에 따라, 보스톤 병원은 "경호원들"을 사용하여 여성들이 병원에 오면 환영하고 완충지대를 통과하여 병원 출입구까지 동반하도록 한다. 상고인들은 경호원들이 환자들에게 유인물을 주려는 상고인들을 막고 환자들에게 "신경쓰지 마라." "상고인들 말을 듣지 마라"고 말하고, 상고인들을 "미쳤다"고 비난하면서 환자들과 통신하려는 상고인들의 시도를 가끔 방해한다고 주장하고 있다.

## C

2008년 1월 상고인들은 주법무장관 코클리와 다른 주공무원들을 상대로 소송을 제기하였다. 그들은 법이 문면상 또는 그들에게 적용되면서, 수정헌법 제1조와 제14조를 위반하였다고 주장하면서 법 집행의 정지를 청구하였다. 지방법원은 합의된 기록을 바탕으로 재판부 심리(a bench trial) 후 상고인들의 문면상 도전을 받아들이지 않았다.

연방제1항소법원은 인용하였다. 571 F.3d 167 (2009). 2000년법을 승인한 과거 판결들에 광범위하게 의존하면서, 항소법원은 2007년법을 워드 판결에서 설정된 심사에 따른 합리적인 "시간, 장소 그리고 방법"규제라고 인정하였다. 또한 법이 실질적으로 지나치게 광범위하고, 모호하여 무효이며, 사전 제한으로 허용될 수 없다는 상고인들의 주장을 배척하였다.

사건은 지방법원으로 되돌아갔고, 항소법원의 판결이 상고인들의 적용 위헌(as-applied challenge) 주장을 제외한 나머지는 종결되었다고 판단하였다. 다시 재판부 심리 후 지방법원은 법이 상고인들에게 많은 대체 통신 경로를 남겨놓았다고 인정하면서 남아 있는 적용위헌 주장을 배척하였다. 항소법원은 다시 인용하였다.

우리는 이송명령을 발부하였다.

## II

문구 자체에 의해서, 매사추세츠 법은 “공공 도로”와 “인도”에 대한 접근을 규제하고 있다. 그 지역은 토론과 논쟁을 위한 장소라는 역사적인 역할 때문에 “수정헌법 제1조 보호에서 특별한 위치”를 갖고 있다. United States v. Grace, 461 U.S. 171, 180 (1983). 우리가 전통적인 공공 광장이라고 불렀던 이 장소들은 “먼 옛날부터 공공의 이용을 위해 보존되어 왔고 옛날부터 집회, 시민들 사이의 생각의 교환, 그리고 공공 문제 토론 목적으로 이용되어 왔다.” Pleasant Grove City v. Summum, 555 U.S. 460, 469 (2009).

공공 도로와 인도가 생각을 교환하기 위한 장소로 발전되어 왔다는 것은 우연이 아니다. 오늘날에도 발언자가 단지 합창단에게 설교하는 것이 아니라고 확신할 수 있는 몇 안 되는 장소중의 하나이다. 다른 통신수단과 관련해서, 불편한 메시지를 마주한 개인은 항상 책장을 넘기거나, 채널을 바꾸고 또는 웹사이트를 떠날 수 있다. 공공 도로와 인도에서는 그렇지 않다. 그곳에서 청중은 아마 무시했을 지도 모를 언론을 접한다. “진실이 궁극적으로 승리하게 될 제약받지 않는 사상의 시장을 보존하기 위한” 수정헌법 제1조의 취지에 비추어 볼 때, FCC v. League of Women Voters of Cal., 468 U.S. 364, 377 (1984), 전통적인 공공 광장의 이러한 면은 단저(vice)이 아니라 장점(virtue)이다.

요약하면 전통적인 공공 광장은 역사적으로 언론활동을 위해 공중에게 개방되어 왔다. 그래서 비록 법이 문면상 언론에 대해서 아무런 말을 하지 않고 있다 하더라도, 법이 전통적인 공공 광장에 대한 접근을 제한하고 있고 수정헌법 제1조의 심사를 받아야 한다는 점에는 의문이 없고 피상고인들도 다투지 않는다.

전통적으로 공공 도로와 인도의 공개된 성격과 일치하여, 우리는 그러한 장소에서 언론을 제한하는 정부의 능력은 “매우 제한된다”고 판결했다. Grace 판결 177. 특히 “정부는 메시지, 생각, 주제, 또는 내용 때문에 표현을 제한할 권한이 없다”는 지도적인 수정헌법 제1조 원칙은 전통적인 공공 광장에 전면적으로 적용된다. Police Dept. of Chicago v. Mosley, 408 U.S. 92, 95 (1972). 일반 원리로 정부는 그러한 광장에서 어떤 종류의 언론이 다른 것보다 더 불쾌하다는 이유로 그 언론으로부터 공중을 선택적으로 보호할 수 없다. Erznoznik v. Jacksonville, 422 U.S. 205, 209 (1975).

그러나 우리는 그 내용과 무관하게 언론의 특징을 규제하는 다소 넓은 재량을 정부에 부여해 왔다. "규제된 언론의 내용을 참조하지 않고, 정부의 중요한 이익에 봉사하기 위해 제한적으로 맞춰지고, 정보의 통신을 위한 많은 대체 경로를 남겨두었다면, 정부는 공공 광장에서도 보호되는 언론의 시간, 장소 그리고 방법을 합리적으로 규제할 수 있다." 워드 판결(Clark v. Community for Creative Non-Violence, 468 U.S. 288, 293 (1984) 인용).[39]

당사자들은 이 심사가 매사추세츠 법의 합헌성을 평가하는 타당한 틀을 제공하고 있다는 것에 동의하지만, 법이 위 3가지 요건을 충족하는지에 관하여 의견이 일치하지 않고 있다.

## III

상고인들은 법이 2가지 이유로 내용중립적이지 않다고 주장한다. 첫째, 법은 낙태를 하는 병원에서만 완충지대를 설정하였기 때문에 낙태 관련 언론만 차별하고 있다고 주장한다. 둘째, 병원 직원들과 근로자들을 면책함으로써 법은 낙태에 관한 한 쪽 견해를 다른 쪽 견해보다 유리하게 취급하고 있다. 만약 이 주장이 하나라도 옳다면, 법은 엄격심사를 충족하여야 한다. 즉 법은 중대한 주의 이익을 실현하기 위한 최소한의 제한적인 수단이어야 한다. United States v. Playboy Entertainment Group, Inc., 529 U.S. 803, 813 (2000). 피상고인들은 법이 이 엄격한 기준을 통과할 수 있다고 주장하지 않는다.

스칼리아 대법관은 우리가 결국 법이 제한적으로 맞춰진 것이 아니라고 결론 내렸다는 점을 고려할 때, 법이 내용에 기초한 것인지, 그리고 엄격심시를 받아야 하는지를 검토하려는 우리의 결정에 반대한다. 그러나 우리는 먼저 3가지 헌법 분석의 첫째 부분을 수행하는 것은 예외가 없다고 생각한다. 워드 심사의 내용 중립(content-neutrality) 요건은 심사의 적절한 수준을 결정하기 때문에,

39) 만약 문제되는 공공재산이 전통적인 공공 광장이 아니라, "어떤 집단에 의해서 사용되도록 제한된 광장이거나 어떤 주제에 관한 토론에만 제공"된 것이라면 다른 분석이 필요하다. Pleasant Grove v. Summum, 555 U.S. 460, 470 (2009).

논리적으로 정밀한 맞춤(narrow-tailoring) 요건 보다 앞서 있다. 법원이 예비 단계가 결정적이지 않는 것으로 드러났을 때에도, 헌법 심사를 적용하면서 순차적으로 진행하는 것은 이례적이지 않다. Bartnicki v. Vopper, 532 U.S. 514, 526-527 (2001); Holder v. Humanitarian Law Project, 561 U.S. 1, 25-28 (2010)(법이 내용에 기초하였으나 결국 엄격 심사를 통과하였다고 결론지음)

우리가 얼마 전의 McCutcheon v. Federal Election Communication, 572 U.S. ___ , ___ (2014) 판결에서 처럼, 법원은 때때로 결정하지 않고 법이 덜 엄격한 심사를 받는다고 가정하기도 한다. 그러나 그 사건과 이 사건 사이의 구분은 분명해 보인다. McCutcheon 판결의 중간 심사가 아닌 다른 심사기준을 적용하는 것은 선례를 번복해야 할 것이다. 이 사건에서 보통의 적용 순서를 포기하는 비슷한 이유는 없다.

동시에 내용 중립성을 다루는 타당한 이유가 있다. 법이 제한적으로 맞춰졌는지를 검토(Ⅳ부분)하면서 우리는 매사추세츠 주의회가 채택할 수 있는 제한이 덜한 많은 대안적 조치들을 확인한다. 일부 조치는 조항이 내용중립인지의 문제를 제기하는 낙태 병원에서만 적용된다. 우리는 이러한 조치들을 지지할 필요가 없지만, 만약 그것들이 내용에 기초하였고 엄격심사를 받아야 하기 때문에 위헌으로 추정된다면, 그것들을 가능한 대안으로 검토하는 것이 이상할 것이다.

### A

법은 “종합병원 지대를 제외하고 낙태가 제안되거나 실행되는 장소”로 정의된 “임신관리시설”에서만 적용된다. 이 정의를 볼 때, 상고인들은 “법에 의해서 영향을 받는 거의 모든 언론은 낙태에 관련된 언론이고,” 따라서 법이 내용에 기초하고 있다고 주장한다.

우리는 동의하지 않는다. 먼저 법은 문면상 내용에 기초한 구분을 하지 않는다. Boos v. Barry, 485 U.S. 312, 315 (1988)(외국대사관의 150미터 이내에서 외국정부에게 “공개적인 증오”나 “공개적인 모욕”을 전달하는 표지판의 전시를 금지하는 조례)와 Carey v. Brown, 447 U.S. 455, 465 (1980)(“평화로운 노동 피켓팅”을 제외한 모든 주거지 피켓팅을 금지하는 법)을 비교. 만약 법이 위반이 발생했는지를 판단하기 위해 "법집행당국"으로 하여금 "전달된 메시지의 내용을 조사할 것을 요구"한다면, 법은 내용에 기초한 것이 된다. League of Women Voters of Cal., 383. 그러나 이 법은 그렇지 않다. 상고인들이 법을 위반했는지는 그들이 말하는 것이 아니라, 그들이 어디에서 말하는 가에 달려 있다. 상고인들은 표지판을 들거나 말을 하지 않고 완충지대에 단지 서 있는 것만으로도 법을 위반할 수 있다.

낙태병원에 대한 완충지대를 제한함으로써, 법이 다른 주제의 언론보다 낙태에 관련된 언론을 제한하는 "불가피한 효과"가 있는 것은 물론 사실이다. 그러나 문면상 중립적인 법은 어떤 주제의 언론에 단지 균형에 맞지 않게 영향을 미치기 때문에 내용에 기초한 것이 되지 않는다. 대조적으로, "표현의 내용과 무관한 목적에 봉사하는 규제는 비록 일부 발언자나 메시지에 우연적인 영향을 미친다 할지라도 중립적으로 여겨진다." 그러한 사건에서 문제는 법이 "규제된 언론의 내용을 보지 않고 정당화되는지"이다.

매사추세츠 법이 그렇다. 입법목적은 "임신관리사설에서 공공의 안전을 향상하는 것"이다. 피상고인들은 이 법원에서 비슷한 목적－즉 공공 안전, 환자의 건강관리 접근, 그리고 방해받지 않는 공공 인도와 도로의 이용－을 설명하였다. "조항의 원래 목적이 낙태를 반대하는 언론의 제한이라는 점을 보여주는" 사건은 아니다.

우리는 이전에 위와 같은 관심사를 내용 중립이라고 여겨왔다. Boos, 485 U.S. 321("혼잡," "출입 방해," 그리고 "안전 보호 필요성"을 내용 중립 관심사로 확인). 접근 방해와 혼잡한 인도는 무엇 때문에 일어났든지 간에 문제이다. 개인 집단은 낙태에 항의하거나 환자들과 상담할 때만큼이나 어슬렁거릴 때에도 병원 접근을 방해하고 인도를 막을 수 있다.

만약 법이 "청중에 대한 언론의 직접 충격" 또는 "언론에 대한 청자의 반응"으로부터 나오는 원치 않는 효과에 관련되어 있다면 법은 내용중립이 아닐 것임은 분명하다. 예를 들면 만약 매사추세츠 병원 밖의 언론이 법위반을 일으키거나 청자를 불편하게 만든다면, 그러한 위법이나 불편이 주에게 언론을 제한하는 내용 중립적인 정당성을 부여하는 것은 아니다. 그러나 주가 이 사건에서 지적한 모든 문제들은 듣는이의 반응과 무관하게 발생한다. 한 사람이 낙태 항의자들의 구호나 상고인들의 상담에 반응하든 하지 않든, 낙태병원 밖의 많은 사람들은 여전히 공공 안전을 위태롭게 하고, 접근을 방해하고, 인도를 막을 수 있다.

상고인들은 안전을 보장하고 방해를 방지하는 주의 이익이 일반적으로 내용 중립이라는 점을 실제 다투지 않는다. 그러나 상고인들은 이러한 이익이 "항의나 비평의 대상이 될 수 있는 활동을 유치하는 주의 모든 건물에도 해당되고," 낙태병원에 한정되는 것은 아니라고 지적한다. 낙태병원에서만 이러한 이익을 추구함으로써, 매사추세츠 주의회가 특정한 1가지 주제, 즉 낙태에 대한 언론 규제용으로 목적을 골라냈다고 상고인들은 주장한다.

우리는 법의 제한된 범위로부터 그러한 목적을 추론할 수 없다. 법의 넓은 적용범위는 더 좁은 범주의 싫어하는 언론에 부담을 주기 위해 제정되지 않았다고 확인해준다. 그러나 동시에 "주는 발생한 문제를 다루기 위해 법을 만든다. 수정헌법 제1조는 주에게 존재하지 않는 문제들을 규제하도록 요구하지 않는다." Burson v. Freeman, 504 U.S. 191, 207 (1992). 매사추세츠 주의회는 경험상 낙태병원으로 제한되는 문제에 대응하여 2007년 법을 개정하였다. 병원 밖의 혼잡, 방해, 그리고 심지어 폭행이 있었다는 기록이 있다. "항의나 비평의 대상이 될 수 있는 활동을 유치하는 주의 모든 건물"은 커녕 다른 의료 시설들과 연관되어 비슷한 문제가 되풀이되지 않았다. 문제의 제한적인 성격에 비추어, 매사추세츠 주의회가 제한적인 해결방법을 입안한 것은 합리적이다. 특정한 문제를 다루는 다양한 수단 중에서 선택할 때, 주의회는 언론제한이 덜한 것을 선택하도록 권장되어야 한다.

스칼리아 대법관은 "오직 한 군데 매사추세츠 낙태 병원이 법이 다루는 문제를 가지고 있는 것으로 알려졌기" 때문에, 법이 필요한 정도 이상으로 언론을 제한하고 있다고 반대한다. 그러나 주의회가 의료시설별로 다루기 보다는 낙태 시설과 관련하여 입법하였다는 이유만으로 이 사건에서 내용에 기초한 차별이라고 추론할 근거는 없다. 이러한 사실관계에서 스칼리아 대법관이 판시한 적합하지 않다는 점은 우리가 아래에서 검토하는 정밀한 맞춤 문제로 이어진다.

B

상고인들은 또한 법이 4가지 부류의 개인들을 면책하였기 때문에 내용에 기초하고 있다고 주장한다. 그 중 하나는 "고용범위내에서 활동하는 임신관리시설의 근로자나 직원"이다. 이 면책은 낙태 논쟁에서 한쪽 편을 편드는 것이고 견해 차별-내용 차별의 매우 나쁜 형태-이라고 상고인들은 말한다. Rosenberger v. Rector and Visitors of Univ. of Va., 515 U.S. 819, 829 (1995). 특히 상고인들은 면책이 보스톤 병원에 도착하는 환자들을 경호하는 자원봉사자들을 포함한 병원 근로자들과 직원들이 완충지대내에서 말하는 것을 허용하고 있다고 주장한다.

"허용되는 언론 규제로부터의 면책이 공적인 문제의 논쟁에서 한 쪽편에게 견해를 표현하는데 유리하게 하려는 정부의 시도를 나타낼 수 있다"는 것은 물론 진실이다. City of Ladue v. Gilleo, 512 U.S. 43, 51 (1994). 그러나 적어도 이 사건 기록상 고용범위내에서 행동하는 병원의 근로자들과 직원들에 대한 법의 면책이 그러한 시도인 것 같지는 않다.

병원에서 일하는 개인들이 완충지대로 들어가거나 머무를 수 있도록 허용하기 위한 일부 면책을 의심할 것은 없다. 특히 면책은 단지 병원 경호원들만을 위한 것으로 간주될 수 없다. 그것은 또한 눈덮인 인도를 치우는 노동자 또는 병원 입구를 순찰하는 안전요원과 같은 직원들에게도 적용된다.

병원 근로자들을 위한 면책 필요성을 볼 때, "그들의 고용 범위" 요건은 면책이 근로자들에게 자신들의 일을 하도록 허용하는 목적으로 제한되어 있다는 것을 보장하고 있다. 그것은 "법집행, 구급, 소방, 건설, 공공 설비, 공공 작업과 다른 시 직원들"을 위한 면책에 관하여 동일한 "고용 범위" 제한으로서 같은 기능을 수행한다. 스칼리아 대법관의 의견과 달리, 매사추세츠 주의회가 "그들의 고용범위"라는 문구를 형사법의 면책범위를 정의하는 완전히 다른 목적으로 사용했을 때, 불법행위법상 대위책임을 결정하기 위해 발전되어온 보통법 법리를 편입하려고 했다고 추측할 이유는 거의 없다. 대신에 그 제한은-병원 근로자들 뿐만 아니라 시 직원들에게도-면책된 개인들은 사용자들이 허락한 행동을 수행하기 위해서만 완충지대를 이용할 수 있다는 것을 분명히 하고 있다.

기록상 병원들이 그들의 근로자들이 완충지대에서 낙태에 관하여 발언하는 것을 허락하였다는 자료는 없다. 그래서 "고용의 범위" 제한은 상고인들과 스칼리아 대법관이 걱정하는 유형의 행동을 정확히 막기 위해서 입안된 것으로 보인다.

상고인들은 이 소송에서 보스톤 병원의 경호원들이 동행하는 여성들에게 낙태에 관한 견해를 표현하고, 상고인들이 여성들에게 말하고 유인물을 나눠주는 것을 방해하고, 상고인들을 다양한 방식으로 무시한 사례를 증언하였다. 이러한 사례가 완충지대내에서 일어났는지 상고인들의 증언에서는 불분명하다. 만약 사례가 완충지대 밖에서 일어났다면 상고인들도 그 곳에서 원하는 말은 무엇이나 할 자유가 있기 때문에 견해차별의 문제는 없다.

완충지대안에서 발생한 일이라고 가정해도 기록상 그것이 고용범위내의 발언과 관련되어 있는지 확인되지 않는다. 만약 발언이 고용범위를 넘는 것이었다면, 각 사례들은 법의 명확한 문구를 위반하게 될 것이다. 이 때 상고인들의 주장은 경찰이 병원 경호원들에게 법을 똑같이 적용하지 않았다는 것이겠다. 그러한 주장은 공직자의 견해차별이라는 주장이고 법의 유효성 문제는 아니다. 어느 경우든 상고인들은 선택적인 법집행이라고 주장하지 못한다.

만약 병원이 경호원들에게 완충지대안에서 낙태에 관해 말하도록 허락한 것으로 밝혀진다면 매우 다른 문제가 될 것이다. 그 경우 경호원들은 그 언론이 그들의 고용 범위내일 것이기 때문에 법을 위반하지 않게 될 것이다. 그 때 병원 근로자들을 위한 법의 면책은 낙태 논쟁의 한 쪽 편에만 발언을 쉽게 허용하고, 그 것은 그 병원의 완충지대에 대한 적용 위헌을 뒷받침하는 견해차별의 명백한 형태가 될 것이다. 그러나 아마도 병원들이 직원들에게 완충지대내에서 낙태에 관하여 발언하도록 허락함으로써 법의 위헌성이 확인되기를 원치 않을 것이기 때문에, 이 사건 기록에는 면책이 어느 병원에서든 이 방식처럼 작동한다는 것을 보여주는 충분한 증거가 없다.[40]

---

40) 물론 우리가 "한 쪽의 견해보다 다른 견해를 선호하는 언론 제한이 선호된 견해가 현실적으로 표현되었다는 점이 밝혀질 수 없는 한 내용에 기초하지 않았다"고 판결하지 않는다. 대신에 우리는 다툼없는 헌법 원리를 적용한다 : 원고는 법이 사실상(또는 충분히 가능하게) 위헌적으로 그에게 적용되었다는 점을 증명하지 않고서는 일반적으로 적용(as-applied) 위헌 소송에서 승소할 수 없다. 특히 법이 견해 차별이라고 도전했

그래서 우리는 법이 내용이나 견해에 기초하지 않았고 따라서 엄격심사에 의해 분석될 필요가 없다고 결론내린다.

## IV

비록 법이 내용 중립이라 하더라도, 법은 여전히 "중요한 정부의 이익에 봉사하기 위하여 제한적으로 맞춰져야 한다." 워드 판결, 796. 맞춤 요건은 허용될 수 없는 검열 욕구에 대항하여 쉽게 인정되지 않는다. 정부는 표현된 메시지에 반대하기 때문에, 또한 단순한 편의성 때문에도 언론을 억압하려고 한다. 어떤 언론이 특정한 문제와 연관되어 있을 경우, 침묵이 가끔 최소한의 저항이다. 그러나 목적과 수단 사이에 밀접한 적합성을 요구함으로써, 맞춤 요건은 정부가 너무 쉽게 "효율성 때문에 언론을 희생"시키는 것을 방지한다. Riley v. National Federation of Blind of N.C., Inc., 487 U.S. 781, 795 (1988).

내용 중립적인 시간, 장소 또는 방법 규제가 제한적으로 맞춰지기 위해서는, "정부의 정당한 이익을 추구하는데 필요한 정도 이상으로 언론에 실질적인 부담"을 가해서는 안 된다. 워드 판결, 799. 내용에 기초한 언론의 제한과 달리 그러한 규제는 정부의 이익에 봉사하는 "최소한의 제한 또는 최소한의 개입 수단일 필요는 없다." 워드 판결, 798. 그러나 정부는 여전히 "언론에 대한 부담의 실질적인 부분이 정부의 목표를 추구하는데 도움이 되지 않는 방식으로 표현을 규제해서는 안 된다." 워드 판결, 799.

### A

위에서 본 바와 같이 피상고인들은 법이 "공공 안전, 환자의 병원 접근, 그리고 방해받지 않는 공공 인도와 도로의 이용"을 증진시킨다고 주장한다. 상고인들은 이러한 이익의 중요성을 다투지 않는다. 나아가 우리는 과거에 "공공 안전과 질서 보장, 거리와 인도에서 자유로운 교통흐름 향상, 재산권 보호, 임신

---

지만 그것이 법의 문면상으로는 발언자가 발언하는 것이 허용되기 때문에 분명치 않을 때, 다른 견해를 지지하는 사람의 발언은 허용되었지만 자신의 발언은 금지되었다는 점을 증명하여야 한다. 대법관 스칼리아는 명백하게 적용 위헌 도전에 한정되는 문장을 인용하고 문면상 도전에 관련된 것으로 다루면서 이 분석을 "놀랍다"고 비판할 수 있다.

과 관련된 서비스를 구하는 여성의 자유 보호"에 있어서 정부의 정당한 이익을 인정하였다. Schenck v. Pro-Choice Network of Western N.Y., 519 U.S. 357, 376 (1997). Madsen v. Women's Health Center, Inc., 512 U.S. 753, 767-768 (1994). 완충지대가 이러한 이익에 봉사한다는 것은 명백하다.

동시에 완충지대는 상고인들의 언론에 상당한 부담을 가하고 있다. 상고인들이 환자들에게 상담하려고 한 병원 3곳에는 완충지대가 근처 공공 인도의 상당한 부분에 그려져 있어서 상고인들을 병원의 입구와 도로로부터 떨어져야 했다. 완충지대는 상고인들이 "거리 상담"에 본질적이라고 보는 가깝고, 개인적인 대화를 하는 그들의 능력을 위협하고 있다.

예를 들면, 맥컬린은 환자들이 완충지대에 들어가기 전에 대화를 시작할 때 가끔 그들과 보스톤 병원 밖의 행인을 구분할 수 없다고 증언하였다. 그리고 완충지대밖에서 대화를 시작하려고 할 때, 페이트칠한 경계에 갑자기 멈추어야 하고, 그것이 그녀를 "믿을 수 없는", "의심스러운" 사람처럼 보이게 만든다고 생각했다. 이러한 한계에서, 맥컬린은 종종 지대 밖에서 환자들에게 목소리를 높이게 되고, 전달하려고 하는 동정적인 메시지와는 매우 어울리지 않는 대화 형태가 된다. 클락도 우스터 병원에서의 경험에 대해 비슷한 증언을 하였다.

상고인들의 언론에 대한 이 부담은 명백히 피해를 낳고 있다. 비록 맥컬린이 2007년 법개정이후로 임신중절을 단념하도록 약 80명의 여성들을 설득하였다 할지라도, 그녀는 법개정 전보다 훨씬 적은 사람들에게 접근할 수 있었다고 말한다. 진은 성공률이 대폭 줄어들었다고 말한다. 그녀는 2007년 법개정전에는 매년 100건의 성공적인 교감을 가졌으나 그 이후로는 한 건도 없었다. 그리고 낸시는 우스터 병원에서는 "100명 중 1명의 여성만이 대화하기 위해 거리를 건너 오는 시도를 할 것"이라고 증언하였다.

완충지대로 인하여 상고인들이 도착하는 환자들에게 유인물을 나눠주기가 실질적으로 더 어렵게 된다. 이미 설명했듯이, 보스톤 병원에서 상고인들은 지대로 들어가기 전에 환자들을 쉽게 확인할 수 없기 때문에, 제때에 유인물을 그들 손에 전달－환자들에게 유인물을 나눠주는 가장 효과적인 방법－하기 위해 환자들에게 접근할 수 없을 때가 있다. 우스터와 스프링필드에서 완충지대는 상고인들을 병원의 도로로부터 더 멀리 떨어지게 하여 운전자가 주차장으로 향할 때 유인물을 전달하는 시도조차 할 수 없다. 요약하면 법은 상고인들로부터 환자들과 대화하는 원래의 두 가지 방법을 빼앗아 버린다.

항소법원과 피상고인들이 상고인들의 언론에 대한 이러한 부담을 가볍게 본 것은 잘못이다. 항소법원의 판단처럼 헌법은 가까운 대화나 "유인물전달"을 "특별히 보호"하지 않는다. 그러나 수정헌법 제1조가 발언자에게 특정한 형태의 표현에 대한 권리를 보장하지 않는 반면에, 정상적인 대화와 공공 인도에서 유인물 전달과 같은 형태는 역사적으로 다른 것들보다 생각의 전달과 더 밀접하게 연관되어 있다.

상고인들의 활동 맥락에서, 우리는 "1대 1 통신(one-on-one communication)"이 "정치 담론이 지나가는 가장 효과적이고 근본적이며 아마 경제적인 길"이라고 인정해왔다. Meyer v. Grant, 486 U.S. 414, 424 (1988). Schenck, 377(항의자들이 공공 인도에서 걸어가면서 병원을 출입하는 사람들에게 정상적인 대화의 거리에서 메시지를 전달하거나 유인물을 나눠주는 것을 금지하고 있다는 이유 등으로 낙태병원에 들어가는 사람들 주위의 유동적인 완충지대를 무효화함). 그리고 "정치적으로 논쟁적인 견해를 지지하는 유인물을 나눠주는 행위는 수정헌법 제1조 표현의 본질이고" "어떤 형태의 언론도 더 많은 헌법의 보호를 받지 못한다." McIntyre v. Ohio Elections Comm's, 514 U.S. 334, 347 (1995). Schenck, 377("유인물 배부와 공공의 관심사에 관한 비평은 수정헌법 제1조의 핵심에 있는 고전적인 언론 형태이다"). 정부가 이러한 형태의 통신에 참여하는 것을 어렵게 할 때, 특히 수정헌법 제1조에 상당한 부담을 주게 된다.[41]

피상고인들은 상고인들이 완충지대밖에서 구호를 외치고 표지판을 전시하는 것과 같은 다양한 형태의 항의에 참여하는 것을 법이 막지 않는다고 강조한다. 그것은 논점을 벗어났다. 상고인들은 항의자들이 아니다. 그들은 낙태에 대한 반대를 표현하려고 할 뿐만 아니라, 다양한 대안을 여성들에게 알려주고 대안

---

41) 한 지도적인 역사학자가 적었듯이 :

"미국 혁명의 가장 중요하고 특징적인 글의 대부분이 나타난 것은 책자(팸플릿)와 같은 형태이다. 16세기 초의 선조들과 마찬가지로 혁명세대에게 책자는 통신 매체로서 특별한 장점을 갖고 있다. 지금처럼 그 때 책자는 다른 형태로는 불가능한 것들을 할 수 있게 허용한 것으로 보였다." B. Bailyn, 미국 혁명의 이념 기원 2 (1967).

을 선택하도록 도와주려고 한다. 상고인들은 개인적인, 배려하는, 동의에 따른 대화를 통해서만 그들의 목적을 이룰 수가 있다고 믿는다. 그리고 직접적인 인사나 내뻗은 팔보다는 억지의 목소리나 흔드는 손을 무시하기가 더 쉽다. 기록에 따르면 상고인들은 완충지대 밖에서 조용한 대화를 많이 할 수 있었다고 보이지만, 피상고인들은 완충지대가 개설된 이후 대화의 회수나 성공률이 줄어들었다는 상고인들의 증언을 반박하지 않았다. 그래서 여전히 완충지대안에 있는 여성들이 상고인들을 볼 수 있고 말을 들을 수 있다고 주장하는 것은 해답이 아니다. 만약 여성들이 보고 들을 수 있는 모든 것이 소리높여 외치는 낙태반대라면, 완충지대는 상고인들의 메시지를 효과적으로 억누르게 된다.

마지막으로 피상고인들은 우스터와 스프링필드 병원에서 상고인들이 완충지대에 의해 제지된 것이 아니라 대부분의 환자들이 자동차로 도착하여 병원의 사유 주차장에 주차하기 때문에 환자들과 대화가 차단된다고 말하고 있다. 두 병원들의 위치로 인하여 완충지대가 없어도 상고인들의 병원 출입구 접근이 금지된다는 것이 사실이다. 그러나 상고인들은 병원의 부동산을 침범하는 권리를 주장하지 않는다. 대신에 그들은 차가 주차장으로 들어가는 도로 옆에서 공공인도위에 서 있을 권리를 주장한다. 완충지대가 개설되기 전에는 그들은 그렇게 할 수 있었다. 이제 그들은 상당한 거리를 떨어져 서 있어야 한다. 법은 메시지를 전달하는 그들의 능력을 그렇게 제한한 것에 책임이 있다.

## B

### 1

완충지대는 주가 주장하는 이익을 달성하기 위해 필요한 정도 이상으로 언론에 실질적인 부담을 주고 있다. 처음에 우리는 법이 정말 예외적이라고 판시하였다. 피상고인들과 법정조언자들은 낙태병원 주위에 고정된 완충지대를 설정한 다른 주의 법을 제시하지 못했다. 그렇다고 법이 무효임을 의미하는 것은 아니다. 그러나 그것은 주가 너무 쉽게 상고인들이 참여하고자 하는 유형의 언론에 실질적으로 부담을 주지 않고 주의 이익을 더 잘 실현할 수 있는 선택지를 포기했다는 우려를 제기한다.

이 사건이 그렇다. 주의 이익은 낙태병원 밖에서 공공 안전 보장, 환자들과 병원직원들을 괴롭히거나 위협하는 행위 예방, 병원 출입의 교묘한 방해 방지를 포함하고 있다. 법 자체는 이러한 행위의 대부분을 금지하는 별개의 조항인 (e)항－상고인들은 다투지 않는다－을 갖고 있다. 그 조항은 “임신관리시설의 출입을 고의로 막거나, 방해, 제지, 지연, 차단하는 사람”을 형사처벌하고 있다.[42] 만약 매사추세츠가 더 넓은 금지가 필요하다고 판단했다면, 연방 병원출입자유법(Freedom of Access to Clinic Entrances Act of 1994, FACE법)과 비슷한 입법을 할 수 있었다. 그 법은 “무력, 협박 또는 물리적인 방해에 의해, 사람이 임신관리서비스를 받거나 제공하는 것 때문에 또는 그 사람, 타인, 어떤 집단이 서비스를 받거나 제공하는 것을 위협하기 위하여, 고의로 상해를 가하거나, 협박 또는 개입하는 행위 또는 시도하는” 자를 형사처벌하고 민사책임을 부과하고 있다. 다른 수십개 주도 그렇게 했다. 만약 매사추세츠주가 특별히 괴롭힘에 대해 우려했다면, 주는 병원 접근 방해를 금지할 뿐만 아니라, “임신관리시설 대지의 4.5미터 이내에서 다른 사람을 따라다니고 괴롭히는 행위”를 형사처벌하고 있는 뉴욕시가 채택한 것과 같은 조례를 고려할 수 있었다. N.Y.V. Admin. Code §8-803(a)(3) (2014).[43]

주는 항의자들이 병원에 이르는 도로를 막았을 때 발생하는 실질적인 공공 안전 위험을 지적한다. 그러나 그것은 관심사를 다루면서 덜 개입적인 수단을 생각해 보지 못한 잘못의 예이다. 그러한 방해는 현재의 지역 법령에 의해 쉽게 처리될 수 있다(자유로운 통행을 방해하는 방식으로 서 있거나 장애물을 두는 행위 금지, 거리나 도로 지대에서 걷거나 서 있거나 이용하는 동안 강요하는 행위 금지 조례 내용 생략). 물론 위 모든 조치들은 폭행, 치안 방해, 침입, 재물손괴 등을 금지하는 일반 형사법에 추가된다.

---

42) 매사추세츠는 “의료 시설”에서 비슷한 종류의 행동을 금지하는 별도의 법을 가지고 있지만, 그 법은 이 법과 달리 형사처벌을 하기 전에 명백한 고지를 요구한다. Mass. Gen. Laws, ch. 266, §120E.

43) 우리는 뉴욕주법이나 거론된 다른 대안들을 승인하지 않는다. 우리는 단지 뉴욕시조례와 같은 법이 원칙적으로 허용가능한 대안이 될 수 있다고 암시할 뿐이다. 그 법이 헌법심사를 통과하는지는 다른 많은 요소들, 예를 들면 “괴롭힘”이란 용어가 스칼리아 대법관이 적은 것과 같은 모호함과 지나친 광범성의 문제를 피하여 권위있게 해석될 수 있는지에 달려있다.

추가로 법의 (e)항, FACE법, 뉴욕시 괴롭힘 방지 법령은 형사기소 뿐만 아니라 금지명령과 기타 형평법상 구제를 구하는 공적이고 사적인 민사소송을 통해 모두 집행될 수 있다. 우리는 과거에 포괄적인 예방 조치의 대안으로 대상을 정한 금지명령의 수정헌법 제1조 장점을 판시하였다. 그러한 금지명령은 “실제 당사자들 사이에 특별한 논쟁의 맥락에서 그 집단의 과거 행동으로 인하여, 한 집단의 행동을 규제하고 아마 언론도 규제하게 된다.” Madsen, 762. 나아가 명령구제의 형평적인 성격으로 인하여 법원은 그것이 필요한 정도 이상으로 언론을 제한하지 않는다는 것을 보증하기 위해 구제범위를 정할 수 있다. Madsen, 770. Schenck, 380-381. 요약하면 명령 구제는 특정한 문제를 일으키는 개인의 정확한 행동에 초점을 맞춘다. 대조적으로 법은 면책되는 사람들을 제외하고 개인들을 완충지대로부터 배제하고 있고, 불필요하게 무고한 개인들과 그들의 언론을 포함하고 있다.

주는 또한 낙태병원 앞에서의 혼잡을 막기 위한 이익을 주장하고 있다. 피상고인들에 따르면 개인들이 병원 접근을 의도적으로 방해하지 않을 때에도, 그들은 단지 많은 인원이 모임으로써 우연히 그렇게 할 수 있다. 그러나 주는 좀 더 대상을 좁히는 수단으로 문제를 다룰 수 있다. 예컨대 일부 지역은 병원 입구를 막는 군중들에게 경찰이 해산을 명령하면 흩어지도록 요구하고, 개인들이 어떤 기간 동안 병원의 일정 거리이내에 다시 모이는 것을 금지하는 법령을 갖고 있다. 우리는 3명 이상이 “외국 대사관의 150미터 이내에서 집회를 하거나 경찰이 해산을 명령했을 때 흩어지기를 거부하는 행위”를 금지하는 비슷한 법을 승인하였다. Boos, 316. 경찰은 “대사관의 안전이나 치안에 대한 위협이 현존한다고 합리적으로 믿었을 때에만” 명령을 내릴 수 있다. Boos, 330.

이러한 유형의 법도 효과적이지 않다는 주의 주장에는 다른 문제가 있다. 피상고인들이 혼잡방지이익을 뒷받침하기 위해 인용한 기록들은 주로 한 장소에서 일정한 시간에 관련되어 있다. 예컨대 보스톤 병원의 토요일 오전. 피상고인들은 개인들이 병원 접근을 방해하기에 충분할 정도의 집단으로 규칙적으로 다른 병원에 모이거나 보스톤 병원의 다른 시간에 모인다는 증거를 제시하지 않고 있다. 한 도시의 한 병원에서 1주일에 한 번만 발생한다고 밝혀진 문제에 대해서 주의 모든 병원에서 10미터 완충지대를 설정하는 것은 제한적으로 맞춰진 해결책이 되기 어렵다.

요점은 매사추세츠가 위에서 거론한 모든 또는 어떤 조치를 취해야 한다는 것이 아니다. 대신에 요점은 역사적으로 언론과 토론을 위해 공개된 지역에서 개인들을 배제하지 않고, 주의 이익에 기여할 것으로 보이는 다양한 조치들을 주가 고려할 수 있다는 것이다.

2

그러나 피상고인들은 다음과 같이 답변한다. "우리는 다른 조치들을 시도해 보았으나 그것들은 효과가 없었다." 피상고인들은 매사추세츠의 낙태병원에서 방해 행위 전력과 주가 금지명령과 개인적인 형사처벌로 그러한 방해행위를 방지하는 시도가 실패하였음을 강조한다. 그들은 또한 병원출입구 앞에서의 부산한 행위로 인하여 2000년법으로 경찰이 2미터 접근금지지대를 집행하기가 어려웠다는 경험을 지적하고 있다. 피상고인들에 따르면 이러한 연혁은 매사추세츠가 완충지대보다 제한이 덜한 대안을 시도했으나 효과가 없었다는 것은 보여준다.

우리는 이 주장을 받아들일 수 없다. 비록 피상고인들은 매사추세츠가 다른 법들을 이미 시행해 보았다고 주장하고 있지만, 지난 17년간 그러한 법으로 기소한 사건을 한 건도 제시하지 못하고 있다. 그리고 주가 금지명령을 시도했다고 주장했지만, 그들이 인용한 마지막 금지명령은 1990년대 것이다. 요약하면 주는 쉽게 이용가능한 간섭이 덜한 수단으로 문제를 처리하는 상당한 책임을 다했다는 것을 밝히지 못했다. 뿐만 아니라 다른 주에서 효과적이라고 인정한 다른 조치들을 검토했다는 것을 증명하지 못했다.

피상고인들은 우리가 거론한 대안들은 2가지 흠이 있다고 주장한다. 첫째, 문제가 "널리 퍼져 있어서", 개별적인 기소와 금지명령에 의존하는 것은 "실행가능하지" 않다. 그러나 "널리 퍼진 일"이 아니라, 기록상 주로 토요일 오전에 보스톤 병원에 한정되는 문제로 보인다. 나아가 경찰 말로도 범법자들을 완벽하게 골라낼 수 있는 것처럼 보인다. 2007년법을 개정하기전 주의회 증언은 특히 많은 인원의 집회가 예상될 때, 병원에서 경찰과 비디오 감시가 실질적으로 이루어진다고 밝혔다. 에번스 국장은 경찰관들이 보스톤 병원 밖의 장면에 익숙하여 그 곳에서 활동하는 사람들을 모두 알고 있다고 증언하였다. 그리고 코클리 장관은 주의원들에게 "명백하게 법을 위반"하였다고 생각되는 행동을 보여주기 위해서 비디오동영상을 제시하였다. 만약 주 공무원들이 입법을 뒷받침하는 광범위한 방해와 괴롭힘의 자료를 모을 수 있다면, 우리는 법을 의도적으로 업신여기는 사람들을 상대로 금지명령과 기소를 뒷받침하는 자료를 모을 수 없는 이유를 모르겠다.

우리가 확인한 대안의 두번째 흠은 법의 (e)항과 FACE와 같은 법들은 가끔 입증하기 어려운 고의적이거나 의도적인 방해, 위협 또는 괴롭힘의 증명을 요구한다는 것이다. 에반스 국장은 주의회 증언에서 예측한 바와 같이, 고정된 완충지대가 "경찰의 일을 훨씬 더 쉽게 해 줄" 것이다.

물론 그럴 것이다. 그러나 그것은 수정헌법 제1조를 충족시키기에 충분하지 않다. 정밀한 맞춤 요건을 충족하기 위해서, 정부는 단지 더 쉽다는 것이 아니라, 언론에 실질적인 부담을 덜 주는 대안적인 조치로는 정부의 이익을 달성하지 못할 것이라는 점을 증명해야 한다. 인도에 페인트칠한 경계선은 집행하기 쉽지만, 수정헌법 제1조의 주요한 목적은 효율성이 아니다. 어떤 경우든, 우리는 고의적인 방해의 증명이 이 사건 맥락에서 피상고인이 말하는 것처럼 어렵다고 생각지 않는다. 항의자가 병원 접근을 차단하려고 했는지를 결정하기 위해서, 경찰관은 그에게 이동하라고 명령만 하면 된다. 만약 그가 거부한다면, 그 때 그의 다음 행동이 고의 또는 의도적이라는 의문은 없다.

비슷한 이유로, 피상고인들이 Burson v. Freeman 판결에 의존하는 것은 잘못이다. 그 사건에서 우리는 선거일에 후보 홍보물이나 투표 권유물을 배부하거나 전시하는 것을 금지한 투표소 밖의 30미터 완충지대를 설정한 주 법을 승인하였다. 우리는 그 완충지대를 유효한 예방조치로 승인하였는데 현존하는 법들이 선거를 방해하는 가장 노골적이고 특정한 시도만을 다루고 있기 때문에 주의 중대한 이익을 달성하기에 부족하다고 판시하였다. 그러한 법들은 "투표자 위협과 선거 사기를 적발하기 어렵기" 때문에 충분치 않았다. 대조적으로 낙태 병원의 방해와 환자들 괴롭힘은 발견하기 어렵지 않다.

우리는 또는 Burson 판결에서 주법으로 "법 집행 공무원들이 일반적으로 선거과정의 강압적인 분위기를 피하기 위해 투표소 근방에 접근이 금지되며," 그 결과 "많은 간섭행위가 발견되지 않을 것"이라고 판시하였다. 이 사건은 그렇지 않다. 경찰은 매사추세츠 낙태 병원밖에 상당한 경찰력을 유지하고 있다. Burson 판결의 완충지대는 덜 제한적인 조치가 부적절했기 때문에 정당화되었다. 피상고인들은 이 사건에서 그 점을 밝히지 못했다.

수정헌법 제1조의 핵심 이익이 관련되어 있을 때, 매사추세츠가 다른 조치들이 단지 효과적이지 않다고 말하는 것은 충분치 않다.[44]

* * *

상고인들은 공공 도로와 인도－역사를 통해서 시대적인 사안에 대해 토론을 했던 장소－에서 중요한 주제에 관하여 동료 시민들과 대화를 원한다. 피상고인들은 같은 거리와 인도에서 공공의 안전을 유지하고 의료 시설에 대한 접근을 보장하는, 부인할 수 없는 중요한 이익을 주장하고 있다. 그러나 주는 전통적인 공공 광장의 실질적인 부분을 모든 발언자들에게 불허하는 극단적인 조치로 그러한 이익을 추구하였다. 주는 유서깊은 목적으로 광장을 공개하는 대안을 통해 문제를 진지하게 다루지 않았다. 주의 행위는 수정헌법 제1조와 일치하지 않는다.

연방제1항소법원의 판결을 취소하고 이 의견에 일치하는 추가 절차를 위해 환송한다.

44) 우리는 법이 제한적으로 맞춰지지 않았다고 인정하고 있기 때문에, 우리는 법이 풍부한 대체 통신 경로를 남겨두었는지를 검토할 필요가 없다. 또한 우리는 상고인들의 지나친 광범성 주장을 검토할 필요가 없다.

# 제3장 결사의 자유

## 1. 교육공무원의 충성선서 위반으로 인한 면직과 법의 모호성

**Keyishian v. Board of Regents of the University of the State of New York**

385 U.S. 589 (1967)

**[요약]**

상고인들인 뉴욕주립대학의 교원들과 직원은 뉴욕주의 교사 충성법 및 규정(teacher loyalty laws and regulations)이 위헌이라고 주장하면서 확인 판결 및 구제명령을 청구하는 소송을 제기하였다. 교원들이 공산주의자가 아니고 만약 과거에 공산주의자였다면 대학 총장에게 알려야 한다는 대학의 요구를 거절했을 때, 직원이 선서하고 정부의 강제전복을 옹호하는 집단을 지지하거나 회원이었는지를 말하는 것을 거부할 때, 그들의 고용은 종료되거나 위협받았다. 뉴욕 교육법의 제3021조에 따르면 "반역의 또는 선동적인" 발언과 행동은 공공교육체제로부터 해고의 근거가 되고, 공무원법 제105조 (3)항에서도 마찬가지이다. 공무원법 제105조의 다른 조항은 정부의 강제 전복을 옹호하거나 그 자료를 배포하는데 관여하는 사람은 공무원이나 교육기관의 근무 자격을 박탈하고 있다. 제3021조는 "반역의 또는 선동적인"의 의미를 정의하지 않고 있다. 제105조 (3)항은 "반역적인 말이나 행동"은 형법에 정의된 "반역"을 의미하고, "선동적인 말이나 행동"은 "범죄 무정부주의"를 의미한다고 규정하고 있다. 교육법의 제3022조는 주위원회가 충성을 이유로 하여 교육기관에서 일하는 교원이나 다른 사람들을 자격박탈 또는 해고하는 규정을 제정하고, "체제전복" 조직 목록을 만들고, 그 조직의 회원지위를 자격박탈의 추정 증거로 삼도록 요구하고 있다. 위원회는 전국 및 주 공산당을 법에 따른 "체제전복 조직" 목록에 올렸다. 그러나 이 사건의 심리 직전에 대학의 증명서 요건은 폐지되었고 누구도 단지 확인서에 서명하지 않았다는 이유만으로 고용에서 배제되지 않을 것이며 교육법의 제3021조 및 제3022조, 공무원법의 제105조는 고용계약의 일부를 구성한다고 발표되었다. 지방법원 3인 재판부는 상고인들의 모호함과 지나친 광범성 주장을 배척하면서 이 조항들의 합헌성을 인정하고 청구를 기각하였다.

**[요지]**

뉴욕 교사 충성 계획이 상급 교육기관에 확대되기 전에 그 계획의 일부를 승인한 법원의 Adler v. Board of Education, 342 U.S. 485 (1952) 판결(이하 "아들러 판결")이 이 사건에 적용되지 않는다. 제3021조 및 제105조와 관련되어 제기되는 모호함의 쟁점은 아들러 판결에서 판단되지 않았고, 제3022조의 체제전복 조직 회원 조항의 유효성은 이 법원이 나중에 배척한 이유로 승인되었다.

2. 상고인들이 도전하고 있는 법과 규제의 복잡한 실체가 남아 있어서 증명서 요건의 폐지가 이 사건을 해결하지 않는다.

3. 교육법 제3021조와 교육법 제3022조에 따라 설치된 기구에 의해 이행되는 공무원법 제105조의 1(a), 1(b), 3은 모호하여 위헌이다. 왜냐하면 어느 교사도 교육법 제3021조 및 공무원법 제105조 제3항으로부터 "선동적인" 그리고 비선동적인 발언과 행동 사이의 경계가 무엇인지를 알 수 없고, 다른 조항들은 다른 사람들을 부추기려는 시도가 없어도 추상적으로 이론을 지지하고 있는 사람의 고용을 금지할 수 있고, 단순한 믿음의 표현에도 적용되는 것으로 해석될 수 있기 때문이다.

(a) 뉴욕 법원들이 해석하지 않았던 이 조항들은 "모든 교사들이 특별히 계발하고 실천해야 하는 정신의 자유로운 활동"을 억누르는 효과를 가질 수 있다.

(b) 학문의 자유는 수정헌법 제1조의 특별한 관심사이고, 교실위에 교조의 휘장을 드리우는 법을 허용하지 않는다.

(c) 장황하고 많은 법률들, 규제들, 행정기구, 상호 관련된 법과 규정들에 대한 참조는 법문의 모호함을 가중시킨다.

4. 공산당원지위를 공공 교육기관에서 근무하는 자격을 박탈하는 추정 증거로 보고 있는 공무원법(제105조 1(c)항)과 교육법(제3022조 2항) 조항들은 지나치게 광범위해서 위헌이다.

(a) 이 법원이 아들러 판결에서 제3022조 제2항을 승인한 이후, 헌법 이론은 공적인 고용이 정부 조치에 의해 직접 제한될 수 없는 헌법 권리의 포기를 조건으로 하고 있다는 주요한 전제를 배척하였다.

(b) 조직의 불법 목표를 추구하려는 특별한 의도없이 단순한 회원지위가 제재를 가하는 적절한 헌법상의 근거가 아니다.

지방법원의 판결을 취소하고 환송한다.

**[대법관 브레넌**(대법원장 워렌, 대법관 블랙, 더글라스, 포타스 참여)**]**

상고인들은 개인이 소유하고 운영하였던 버팔로 대학의 교원이었는데, 그 대학이 1962년에 뉴욕주가 소유하고 운영하는 고등교육기관인 뉴욕주립대학으로 합병되었을 때 주의 직원이 되었다. 주립대학의 교원으로서 그들이 계속 근무하기 위해서는 법률과 행정 규제에 의해 만들어진 뉴욕주의 계획에 따르는 것을 조건으로 하고 있었다. 그 계획은 주가 “체제전복적인” 사람들을 임명하거나 고용하는 것을 방지하기 위한 것이었다.

상고인 Hochfield와 Maud는 영어교수, Keyishian은 영어전임강사, Garver는 철학강사였다. 그들은 당시 유효한 규제가 요구한 대로, 공산주의자가 아니고 만약 공산주의자였다면 그 사실을 뉴욕주립대학의 총장에게 알릴 것이라는 확인서에 서명하기를 거부하였다. 그들은 확인서에 서명하지 않으면 면직될 것이라는 통지를 받았다. Keyishian의 1년 계약은 그가 확인서에 서명하지 않았기 때문에 연장되지 않았다. Hochfield와 Maud의 계약기간은 여전히 남아 있었고 계속 가르칠 수 있으나, 만약 뉴욕주 계획의 합헌성이 유지된다면 면직절차에 따라야 한다. Maud는 스스로 사임하였고 이 사건에 당사자 적격이 없다.

상고인 Starbuck는 도서관 직원이고 영어시간강사였다. 그는 확인서에 서명이 요구되지 않았으나 선서하고 "무력, 폭력 또는 불법 수단으로 미국 정부 또는 그 정치조직을 타도하거나 전복해야 한다는 이론을 가르치거나 지지하는 집단 또는 조직의 구성원이었거나, 그 이론을 알려주거나 가르친 적이 있는가?"라는 질문에 서면으로 대답해야 했다. Starbuck는 질문에 대답하기를 거부하였고 그 결과 면직되었다.

상고인들은 주의 프로그램이 연방 헌법을 다양한 점에서 위반하고 있다고 주장하면서 확인판결 및 구제명령을 청구하였다. 연방지방법원의 3인 재판부는 프로그램이 합헌이라고 판결하였다. 우리는 상고인들의 상고에 대한 심판권을 갖고 있다.[1] 384 U.S. 998. 우리는 판결을 취소한다.

## I

우리는 15년전에 아들러 판결에서 뉴욕주 계획의 합헌성을 검토하였다. 그 소송은 뉴욕주가 교육법에 제3022조를 추가한 페인버그법(the Feinberg Law)을 통과한 후에 제기되었다. 페인버그법은 2개의 이전 법률을 이행하기 위해 제정되었다. 첫째는 1917년 법인데 현재 교육법의 제3021조이고 "반역 또는 선동적인 발언을 하거나 반역 또는 선동적인 행동을 하는 행위"는 공공 교육 체제에서 면직되는 근거가 된다. 둘째는 1939년법이고 아들러 판결이 선고될 때 공무원법 제12조 a항이었는데, 개정되어 현재는 제105조이다. 이 법은 무력, 폭력 또는 불법적인 수단에 의한 정부 전복을 지지하거나, 그 정부 전복을 지지하는 자료를 발행하거나 그러한 이론을 지지하는 집단 또는 조직을 구성하거나 참여한 사람에 대해 공무원과 교육기관 근무자격을 박탈하고 있다.

페인버그법은 주위원회에 1917년법을 위반하여 공공 교육기관에 근무 중인 사람 또는 1939년법의 자격박탈 또는 해고를 위한 절차를 마련하는 규정과 규제를 공표할 의무를 부과하였다. 위원회는 추가로 청문절차 후에 무력, 폭력 또는 불법 수단으로 정부를 전복하는 이론을 지지하는 조직으로 정의된 "체제전

1) 이 사건은 연방지방법원의 3인 재판부 판결에 대해 연방대법원으로 상고되었다. 원문의 항소인(appellant)을 상고인으로 옮겼다.

복" 조직의 목록을 만들도록 지시를 받았다. 마지막으로 위원회는 그러한 조직들의 회원자격이 주의 공공교육에서 어떤 자리나 사무실의 임명이나 근무 자격을 박탈하는 추정 증거가 되는 규정을 마련하도록 지시를 받았다.

위원회는 1939년법에 따라, 또는 1917법을 위반하였기 때문에 임명이나 근무자격이 없는 사람을 발견하기 위해 담당자가 따라야 할 절차를 담고 있는 규정과 규제를 공표하였다. 위원회는 또한 필요한 청문절차 후에 "체제전복" 조직을 목록화하겠다는 방침을 발표하였고, 목록 작성 후 목록에 들어 있는 조직의 회원은 자격박탈의 추정 증거가 되는 것으로 간주되고, 목록작성전의 회원자격은 선의로 종료되었다는 증거가 없으면 회원자격이 계속 유지되고 있다는 추정 증거가 된다고 규정하였다. 규제에 따라 먼저 신청인의 과거 고용인과 다른 사람들에게 신청인이 임명될 자격이 있는지를 확인하기 위한 조사를 하기 전에 임명이 금지되었다. 추가로 임명된 직원의 채용자격이 중지되었는지, 사실인정 보고서가 제출되었는지를 결정하기 위해 연간 조사가 이루어져야 했다.

아들러 판결은 법원이 결과적으로 과거 제12조 a항이나 페인버그법에서 문면상 헌법적인 흠결이 없고 적용될 수 있다고 판결한 확인판결이었다. 그러나 그 사건에서 제3021조와 제105조가 모두 모호하여 위헌이라는 주장은 심리되지 않았고 판단되지 않았다. 교육법 제3021조는 아들러 판결에서 모호하여 위헌이라는 도전을 받았으나, 그 주장은 지방법원의 절차에서 제기되지 않았기 때문에 이 법원은 검토하지 않았다. 또한 아들러 판결에서 공무원법 제105조 1(a)(b)에 대해 모호함을 근거로 한 도전은 없었다.[2] 제105조 제3항은 1958년에 추가되었다. 이 사건에서 상고인들은 지방법원에서 제때에 모호함을 근거로 이러한 조항들의 위헌성을 주장하였고 그 질문에 대해 이제 우리가 결정해야 한다. 또한 아들러 판결이 무력에 의한 정부 전복을 지지하는 조직의 회원자격이 자격박탈의 근거가 된다는 페인버그법 조항을 유지하는 범위에서, 관련된 헌법 이론은 그 결론이 의존하고 있는 전제를 거부해왔다. 그러므로 아들러 판결은 우리가 이 사건에서 결정해야 하는 헌법 쟁점을 해결하지 않는다.

---

2) 아들러 판결에서 유일한 "모호함" 주장은 §3022의 전문과 서두에 나오는 단어 "체제전복적인"과 관련되어 있다. 342 U.S., 496.

## II

1953년 개정법은 주나 그 소속기관이 소유하고 운영하는 대학이나 고등교육에 근무하는 사람들에게 페인버그법을 확대 적용하였다. 같은 해 위원회는 청문절차 후 미국과 뉴욕주의 공산당을 "체제전복 조직" 목록에 올렸다. 1956년 임명직 신청자 또는 임명 연장 신청자는 이른바 "페인버그 확인서"에 서명하도록 요구받았는데, 그 확인서에는 위원회 규정을 읽었고 규정과 법률이 고용조건에 포함되며, 공산당원이 아니고 만약 과거에 당원이었다면 그 사실을 주립대학의 총장에게 알린다고 기재되어 있었다. 이것은 Hochfield, Maud, Keyishian, Garver가 서명을 거부한 확인서였다.

1965년 6월 이 사건의 심리 직전에, 페인버그 확인서는 폐지되었고, 당시 근무하던 사람은 단지 확인서에 서명을 거부했다는 이유만으로 근무자격이 없는 것으로 간주되지 않는다고 공표되었다. 확인서 대신에 신청자는 직무를 맡기 전에 교육법의 제3021, 3022조와 공무원법의 제105조가 계약의 일부를 구성한다는 통보를 받았다. 특히 목록에 있는 "체제전복" 조직의 회원지위는 자격박탈사유가 된다고 통보되었다. 1965년의 공표는 다음과 같이 규정하고 있다. "그 조사 과정에서 의문이 있다면 신청자는 개인 인터뷰를 요청할 수 있다. 신청자가 그 조사와 관련된 질문에 대한 답변을 거부하는 것은 임명 또는 임명추천 거부의 충분한 근거가 된다." 안내 책자는 신규 신청자에게도 주어졌다. 책자는 법적인 효과를 간단하게 요약 및 설명하고 있고 자격박탈에 대해 의문을 갖고 있는 신청자에게 인터뷰 요청을 안내하고 있다. 공표는 "자신이 자격박탈에 해당된다고 믿지 않는 지원자는 적극 조치를 취할 필요가 없다. 면책서약은 요구되지 않는다."고 결론짓고 있다.

절차변경은 폐지된 페인버그 확인서에 서명을 거부한 맥락에서 제기되는 상고인들의 헌법 의문을 없애지 않는다. 법률과 규제의 복잡한 실체는 남아 있고 이를 적용함으로써 상고인들이 애초부터 고통을 받고 있다는 것이 상고인들의 기본 주장이다.

## Ⅲ

제3021조는 "반역적 또는 선동적인" 발언이나 행동을 이유로 한 면직을 요구한다. 공무원법 제105조에 대한 1958년 개정법(현재 3항)은 그러한 발언이나 행동을 그 법에 따른 면직 사유로 추가하였다.[3] 같은 문구가 두 법률에서 사용되었다 … "반역적이거나 선동적인 발언 또는 반역적이거나 선동적인 행동"은 면직사유가 된다. 그러나 두 법률 사이에는 결정적인 차이가 있다. 제3021조는 "반역적인 또는 선동적인"의 용어를 정의하지 않고 있다. 반면에 공무원법 제105조 3항은 용어 "반역적인 또는 선동적인"은 형법에서 정의된 "반역"을 의미하고 "선동적인 말이나 행동"은 형법에서 정의된 "범죄 무정부주의(criminal anarchy)"를 의미한다고 규정하였다.

1798년의 선동법 경험은 "선동적인"이라는 단어에 수정헌법 제1조 자유에 대한 치명적인 위험이 내재되어 있다고 가르친다. New York Times Co. v. Sullivan, 376 U.S. 254, 273-276. 그리고 단어 "반역적인"이 정의되지 않은 채로 남아 있다면 마찬가지로 불확실하다는 위험이 있다. 그래서 제3021조에서 형법을 언급하지 않았음에도 불구하고 그 조문에서 이용된 단어들은 제105조 3항에서 의미하는 것만을 의미하는 것으로 해석되는지가 중요해진다. 또는 더 넓게 해석되어 제105조의 목적상 그렇게 간주되지 않는 발언이나 행동이 "선동적"이고 "반역적인"에 해당되는가?

제3021조와 제105조 제3항의 "선동적"이고 "반역적인"이 같은 의미를 가지고 있다고 전제해도 불확실성은 거의 사라지지 않는다. 형법상 "반역적인"의 정의는 특별한 문제가 없다. "선동적인"의 의미에 어려움이 있다. 제3항은 "선동적인"을 형법에 정의된 "범죄 무정부주의"와 동일시하고 있다. 형법 제160조

---

3) 이 법원의 서면에서 처음으로 제기한, 교육법 §3021과 공무원법 §105 (3)이 "우리의 심리"와 무관하다는 뉴욕 법무장관의 주장은 부당하다. 교육법 §3022는 준용에 의해 두 법조항을 편입하였고, 모든 대학과 고등교육기관의 교원들에게 적용가능하다. 항소법원이 3인 재판부의 소집을 명령한 이유 중의 하나는 아들러 판결이 §3021의 합헌성을 배척하고… 공무원법의 §105(3)과 같은 몇 번의 법률 개정이 모두 아들러 판결 이후의 일어난 일이어서 실질적인 연방 문제가 발생하였기 때문이다. 345 F.2d 236,238. 3인 재판부는 이 조항들이 합헌으로 상고인들에게 적용가능하다고 인정하였다. 피상고인들이 하급법원에서 이 조항들의 합헌성을 일관되게 옹호한 것이 중요하다.

만을 참조하면 범죄 무정부주의가 "정부조직이 무력이나 폭력에 의해 또는 행정기구의 장 또는 정부 공무원들의 암살에 의해 또는 불법적인 수단에 의해 전복되어야 한다는 이론"으로 정의되는가? 그러나 그 조항은 "발언이나 글에 의해 그러한 이론을 지지하는 것은 중죄이다."라는 문장으로 끝을 맺고 있다. 그 문장은 "범죄 무정부주의의 지지"를 규정한 형법 제161조를 제105조로 끌어들이는가? 만약 그렇다면, "선동적인" 발언과 행동의 가능한 범위는 거의 한정되지 않는다. 왜냐하면 형법 제161조에 따르면, 만약 "정부 조직이 무력, 폭력 또는 불법적인 수단에 의해 전복되어야 한다는 이론을 담고 있거나 지지하거나, 권유하거나 가르치는 책을 공개적으로 전시한다면" 범죄 무정부주의를 지지하는 중죄를 저지르게 된다. 공산당선언의 복사본을 공공도로에서 가지고 다니는 교사는 범죄 무정부주의를 지지하는가? 법은 그러한 사건에는 적용되지 않을 것이라고 말하는 것은 답변이 아니다. 우리는 "양심적이고 꼼꼼하게 그러한 일에 관심을 갖는 사람들"에 대해 이 모호한 문구가 미치는 잠재적인 영향을 부인할 수 없다. Baggett v. Bullitt, 377 U.S. 360, 374. 비록 제105조에서 참조하는 정의가 형법 제160조라는 것이 분명해도, 제105조의 범위는 여전히 막연하다. 교사는 "선동적인" 발언이 추상적인 이론에 대한 단순한 언급을 넘는 범위, 이론을 실천하는 행동을 자극하거나 주입하려는 의도나 경향을 갖고 있어야 하는 범위를 알 수 없다. 핵심적인 고려사항은 교사는 "선동적인" 그리고 비선동적인 발언과 행동 사이를 가르는 경계가 무엇인지를 알 수 없다는 것이다.

제105조의 다른 조항들도 똑같은 모호함의 결함을 갖고 있다. 제105조 1(a)항은 무력에 의한 정부 전복 "이론을 말 또는 글로써 고의적이고 계획적으로 지지, 권유, 가르친" 사람의 고용을 금지하고 있나. 이 조항은 분명하게 전면적이고 부당하게 적용되기 쉽다. 이는 다른 사람에게 주입하거나 불법 목표를 추구하는 행동을 고무하려고 시도하지 않고 단지 추상적으로 이론을 지지하기만 한 사람의 고용을 금지할 수 있다.[4] Herndon v. Lowry, 301 U.S. 242; Yates

4) 공무원 보안 절차에 관한 뉴욕주 의회 위원회는 이 조항을 설명하면서 다음과 같이 적었다. "폭력적인 정부 전복의 이론을 지지하거나 가르치는 사람을 면직시킬 때, [§105]는 연방대법원이 폭력적인 정부 전복 '행위'를 유발하는 것을 인정하고, 그 폭력적인

v. United States, 354 U.S. 298; Noto v. United States, 367 U.S. 290; Scales v. United States, 367 U.S. 203. 그리고 불법적인 전복 이론의 "조언"을 금지하면서 법은 이론의 존재를 조언하거나 다른 사람에게 이론을 지지하도록 조언하는 것도 금지하는가? 강제적인 전복 이론의 "지지"가 별도로 금지되기 때문에, 그 이론을 "가르치거나" 또는 "조언하는" 사람은 스스로도 이를 "지지할" 필요가 있는가? 수업에서 마르크스주의의 개념이나 독립선언에 대해 알려주는 교사는 이 금지를 위반했는가?

비슷한 불확실성은 제105조 1(b)의 적용에 관해서도 발생한다. 그 조항은 강제 전복 "이론을 담고 있거나 지지, 조언, 가르치는" 서면 자료를 배포하는 일에 관련되고, 스스로 "이론을 채택할 의무, 필요성 또는 타당성을 지지, 조언, 가르치고, 수용하는" 직원의 자격박탈을 요구하고 있다. 여기서 다시 추상적인 이론의 지지가 명백히 포함되어 있다.[5] 그리고 이론을 담고 있는 물건의 배포 금지가 마르크스주의 혁명 역사 또는 프랑스, 미국 또는 러시아 혁명 배경을 추적하는 역사를 금지하는가? 물건의 배포에 참여하는 사람은 강제 전복 "이론을 채택하는 의무, 필요성, 또는 타당성을 지지하고, 조언하고, 가르치고 또는 수용하는"하는 사람이어야 한다는 추가 요건이 적용범위의 불확실성을 줄이지는 않고 오히려 악화시킨다. 제105조 1(a)의 문구처럼 이 구절은 단순한 믿음의 표현에도 적용되는 것으로 합리적으로 해석될 여지가 있다. 예컨대 그러한 자료를 읽도록 추천하는 대학 도서관 직원이 이로 인해 "이론을 채택하는 타당성을 … 지지"하는가?

우리는 이 복잡한 계획의 범위에 관해 우리에게 설명해주는 뉴욕주법원에 의한 사법 해석의 혜택을 받지 못한다.[6] 법집행을 위한 복잡한 행정기구의 견지에서, 이것은 놀랄 일이 아니다. 계획의 복잡성과 금지범위의 불확실성은 경고

---

전복의 '추상적인 이론'을 가르치는 것은 인정하지 않은 것으로 해석한 스미스법(18 U.S.C. §§371, 2385) 조항과는 구분된다." 1958 N.Y. State Legis. Annual 70, 주 1.

5) 불법적인 전복의 "의무, 필요성, 바람직함, 또는 적정성을 지지, 조언 또는 가르치는 글 또는 인쇄물을 인쇄, 출간, 편집, 발행, 유포, 판매, 배포, 또는 공개 전시"하는 자를 처벌하는 스미스법, 18 U.S.C. §2385와 비교하라.

6) 이 사건은 주법원의 해석을 기다리기 위해 회피하는 것이 적절한 사건은 아니다, Baggett v. Bullitt, 375-379; Dombrowski v. Pfister, 380 U.S. 479, 489-490.

체계로서는 매우 효과적이다. 복잡한 절차에 스스로를 빠뜨림으로써 위험에 처하게 되는 말이나 행동을 하는 사람은 대담한 교사일 것이다. 금지된 발언이나 행동에 관한 불확실성은 "써진 법은 말하는 그대로를 의미한다고 믿는 사람들"에게 그 조심성을 증가시킨다. 그 결과는 "모든 교사들이 특히 계발하고 실행해야 하는 정신의 자유로운 활동"을 억압하게 될 것이 틀림없다.[7] 그 가능성은 교실안이든 바깥이든 모든 교사들의 발언과 행동이 법의 제재범위에 들어가는지를 결정하기 위해 해마다 재심사를 하도록 요구하는 조항에 의해 더욱 증가된다. 왜냐하면 공문은 직원들에게 법에 따르면 "체제전복" 활동은 "글을 쓰고, 책자를 배포하고 또는 다른 사람이 행한 연설이나 작성한 글, 수행한 행동을 지지"하는 형태를 띠고 있다고 경고하고, "학교기관에서 체제전복 활동으로 유죄가 되는 증거가 있는 교사를 제거하는 적극 조치를 취하는 것이 각 교육청 당국자들의 기본 의무이다. 학교 당국자들은 그러한 사건에서 즉시 그리고 단호하게 조치를 취할 의무가 있다."고 상기시켜주고 있기 때문이다.

교육제도를 체제전복으로부터 보호하는 뉴욕주 이익의 정당성에는 의문이 있을 수 없다. 그러나 "정부 목적이 정당하고 실질적이라 해도, 그 목적이 더 제한적으로 달성될 수 있을 때 근본적인 개인의 자유를 폭넓게 제한하는 방법으로 추구될 수 없다." Shelton v. Tucker, 364 U.S. 479, 488. 입법이 교사 계층에서 체제전복을 제거하는데 목표를 두고 있다고 해서 원칙이 적용될 수 없는 것은 아니다. De Jonge v. Oregon, 299 U.S. 353, 365판결에서 법원은 다음과 같이 말했다.

"무력과 폭력에 의해 우리의 제도를 전복하는 선동으로부터 공동체를 지키는 중요성이 클수록, 정부는 국민의 뜻에 응답하고 변화가 바람직하다면 평화로운 수단으로 이루어지기 위하여, 자유로운 정치 토론 기회를 제공하기 위한 자유언론, 자유 출판과 자유 집회의 헌법적인 권리가 침해되지 않고 유지될 필요성은 더욱 불가결하다. 공화국의 안전과 헌법 정부의 기초는 그곳에 놓여 있다."

우리 국가는 관련된 교사들뿐만 아니라 우리 모두에게 탁월한 가치를 지닌 학문의 자유를 보호하기로 깊이 서약하였다. 그러므로 그 자유는 수정헌법 제1조의 특별한 관심대상이고, 교실에 교조의 휘장을 드리우는 법을 허용하지 못

7) Wieman v. Updegraff, 344 U.S. 183, 195(대법관 프랑크푸르터 동조의견).

한다. "방심하지 않는 헌법적인 자유의 보호가 미국 학교 공동체에서보다 더 중요한 곳은 없다." Shelton, 487. 교실은 특별히 "사상의 시장"이다. 국가의 장래는 "어떤 종류의 권위적인 선택보다는 수많은 말로부터" 진실을 발견하는 생각의 활발한 교환에 널리 참여하는 방식으로 훈련되는 지도자에 달려있다. Sweezy v. New Hampshire, 354 U.S. 234, 250 (1957) 판결에서 우리는 말했다.

"미국 대학 공동체에서 자유의 본질은 거의 자명하다. 아무도 민주주의에서 우리의 젊은이들을 인도하고 교육시킬 사람들이 담당하고 있는 핵심 역할을 과소평가해서는 안 된다. 우리 대학의 지적인 지도자들에게 갑갑한 옷을 입히는 것은 우리 국가의 미래를 위태롭게 할 것이다. 어떤 교육분야도 사람이 완전하게 이해해서 새로운 발견을 할 수 없는 곳은 없다. 이는 특히 절대적인 것으로 받아들여지는 원리들이 거의 없는 사회과학에서는 특히 진실이다. 혐의를 두고 불신하는 분위기에서 학문은 융성할 수 없다. 교사들과 학생들은 항상 자유롭게 질문하고 공부하고 평가하고 새로운 성숙과 이해를 얻어야 한다. 그렇지 않으면 우리의 문명은 침체되고 멸망할 것이다."

우리는 다시 한번 강조하지만 "규제의 정확성은 우리의 가장 귀중한 자유에 가까이 닿는 분야에서 시금석이 되어야 한다." NAACP v. Button, 371 U.S. 415, 438 (1963). "허용될 수 있는 법의 모호함에 대한 기준은 자유 표현의 분야에서 엄격하다… 수정헌법 제1조 자유는 생존하기 위한 숨 쉴 공간이 필요하기 때문에, 정부는 제한적인 특정성으로만 규제할 수 있다." 432-433. 뉴욕주의 복잡하고 얽혀있는 체계는 분명히 그 기준을 위반하고 있다. 누군가 어떤 행동 또는 말이 직장을 잃게 하는지를 추측해야 할 때, "필연적으로 불법 영역보다 더 멀리 나아가게 될 것이다." Speiser v. Randall, 357 U.S. 513, 526. 왜냐하면 "제재의 위협이 거의 제재를 실제 적용하는 만큼 강력하게 금지할 것이기 때문이다."[8] NAACP v. Button, 433. 필수적인 수정헌법 제1조 권리 행사에 대한 위축효과의 위험은 교사들에게 무엇이 금지되는지를 명확하게 알려주는 섬세한 도구에 의해서 제거되어야 한다. Stromberg v. California, 283

---

8) For "the threat of sanctions may deter … almost as potently as the actual application of sanctions."

U.S. 359, 369. Cramp v. Board of Public Instruction, 368 U.S. 278.

뉴욕주가 만든 규제의 미로는 Cramp판결과 Baggett 판결에서 검토된 선서에서 치명적인 것으로 발견된 "기이한 모호함"의 성질을 갖고 있다. "보통의 지식을 가진 사람이 그 의미를 반드시 추측해야 하고 그 적용에 대해 의견이 다를 것이다." Baggett, 367. 장황하고도 많은 법률, 규제, 행정기구 그리고 상호연관된 법과 규정을 준용함으로써 문장의 모호함은 가중된다.

그러므로 우리는 교육법 제3022조에 따라 만들어진 기구에 의해 이행되는 교육법 제3021조와 공무원법 제105조의 1(a), 1(b), 제3항이 위헌이라고 판결한다.

## IV

상고인들은 또한 공산당원지위를 자격박탈의 추정 증거로 인정한 제105조 1(c)와 페인버그법 제2항 재량 조항의 위헌성에 도전하였다. 위 조항은 위원회가 청문절차 후 미국공산당과 뉴욕주 공산당을 체제전복목록에 올린 이후인 1958년 제105조의 1(c)에 추가되었다. 그러나 페인버그법 제2항은 법원이 아들러 판결에서 합헌성을 승인하였다. 그러나 그 판결이후에 나온 헌법이론은 판결의 주요한 전제를 거부하였다. 그 전제는 교직원 채용을 포함한 공공 채용이 정부의 조치로 제한될 수 없는 헌법 권리의 포기를 전제로 하고 있다는 것이었다. 법원은 아들러 판결에서 교사들은 "뉴욕의 정당한 당국자가 부과한 합리적인 조건에 따라 교육기간에서 일할 수 있다. 만약 그들이 그러한 조건에서 일하지 않기로 한다면, 그들은 자신의 믿음과 연대를 유지하거나 어디든 갈 수 있는 자유가 있다."고 말했다. 342 U.S., 492. 법원은 목록에 있는 조직의 회원지위 때문에 채용이 거부된 교사는 "그에 의해서 자유 언론 및 집회의 권리가 거부되지 않는다. 조직의 회원지위와 교육기관의 근무 사이에 그가 선택할 자유는 제한될 수 있지만, 제한은 모든 선택에 내재한다는 막연한 의미를 제외하고는 언론 및 집회의 자유는 제한되지 않는다." 493.

그러나 연방제2항소법원은 이 사건에서 올바르게 판시하였다. "…얼마나 비합리적인지를 따지지 않고, 어떤 조건에 의해서도 공공 채용이 거부될 수 있다는 이론은 한결같이 배척되어 왔다." 그 이론은 아들러 판결 이후 일련의 판결에서 명백하게 배척되었다. Wieman v. Updegraff, 344 U.S. 183; Slochower v. Board of Education, 350 U.S. 551; Cramp v. Board of Public Instruction; Baggett v. Bullitt; Shelton v. Tucker;Speiser v. Randall; Schware v. Board of Bar Examiners, 353 U.S. 23; Torcaso v. Watkins, 367 U.S. 488. Sherbert v. Verner, 374 U.S. 398, 404 판결에서 우리는 판시했다. "종교와 표현의 자유가 혜택이나 특권을 거부하거나 이에 조건을 부과함으로써 침해될 수 있다는 것을 너무 늦게 의심하였다."

우리는 목록에 있는 조직 회원의 채용을 금지하는 제105조 제1(c)항과 제3022조 제2항의 유효성 문제를 본다. 여기서 다시 헌법이론은 아들러 판결이후 발전되어 왔다. 단지 조직의 불법 목적을 추구하는 특정한 의도를 가지지 않는 단순한 회원지위는 헌법적으로 상고인들이 보유한 직무를 배제할 적절한 근거가 아니다.

Elfbrandt v. Russell, 384 U.S. 11 (1966) 판결에서 우리는 판시하였다. "조직에 가입하였지만 불법 목적을 공유하지 않고 불법 활동에 참여하지 않은 사람들은 시민으로서든 공무원으로서든 어떤 위협도 드러내지 않는다." 17. 우리는 주 직원에게 면직 및 위증 기소의 위협속에 불법 목적을 알고서 공산당원이 되지 않도록 요구하는 법의 선서의무를 폐지하였다. 우리는 "특정한 의도가 없는 단순한 회원지위의 금지가 헌법에 저촉된다는 지속적인 의문은 Aptheker v. Secretary of State, 378 U.S. 500 판결에서 해결되었다"고 보았다. Elfbrandt, 16. Aptheker 판결에서 우리는 당의 불법 목적과 불법 목표를 추구하려는 구체적인 의도가 없는 당원지위로 인하여 해외 여행권리를 박탈하는 것은 헌법이 허용하지 않는다고 판결했다. 우리가 Schneiderman v. United States, 320 U.S. 118, 136 판결에서 말했듯이, "우리의 전통에서 믿음은 개인적인 것이고 단순한 결사의 문제는 아니며, …정당 또는 다른 조직에 충실한 사람은 … 모든 원리에 무조건 동의하지 않는다." "조직의 불법 목표를 추구하기 위한 구체적인 의도없는 회원지위에 적용되는 법은 보호되는 자유를 불필요하게 침해한다. 그것은 '결사에 따른 책임(guilt by association)' 이론에 의존하고 있다." Elfbrandt, 19. 그래서 단순한 당원 지위는 당의 불법 목표를 알고 있다 해도 형사처벌을 정당화하기에 충분할 수 없다. Scales v. United States, 367

U.S. 203; Noto v. United States, 367 U.S. 290; Yates v. United States, 354 U.S. 298. 또한 그것은 변호사자격박탈을 정당화하는 도덕적인 부적격의 인정을 허용하지 않는다. Schware v. Board of Bar Examiners, 353 U.S. 232.

이러한 제한은 직위의 "민감성"과 무관하게, 모든 주 직원들에게 적용되는 제105조 제1(c)항과 같은 조항에도 분명히 적용된다. 그러나 청소년들을 가르치는 교사들의 활동에 적용될 수 있는 페이버그법 조항조차도 표현과 결사의 자유를 보장하기 위하여 이러한 제한을 따라야 한다. 그러한 방식으로 결사의 자유를 제한함으로써 학구적인 마음에 미치는 억압 효과는 명백하고, 최근의 연구에서도 기록되었다. Elfbrandt판결과 Aptheker판결이 적용되는 기준을 제시하였다 : 조직의 불법 목표를 추구하는 특정한 의도가 수반되지 않는 회원지위 또는 활동적이지 않는 회원지위를 제재하는 입법은 헌법의 한계를 넘어선다.

이 기준에 따라 평가될 때 공무원법 제105조제 1(c)항과 교육법 제3022조 제2항은 금지될 수 없는 결사에도 너무 광범위하게 적용된다. 단순한 회원지위의 증거로부터 나오는 자격박탈의 추정은 (a) 회원지위의 부인, (b) 조직이 무력에 의한 정부 전복을 지지하지 않는다는 부인, (c) 교사가 그러한 지지를 모르고 있었다는 부인에 의해서만 번복될 수 있다.[9] 그래서 비활동적이었다는 증거나 불법 목표를 추구하는 의도가 없다는 증명은 추정을 번복하거나 면직을 번복하지 못할 것이다. 이것은 공식적인 행정해석에서 강조되었다. 예를 들면 대학총장이 지원자에게 보낸 편지에 "당신은 법과 규제가 공산주의자는 교수로 임명되지 않고 그로부터 배제되는 방향으로 특별히 정해졌다는 것을 유념하라."고 적혀 있다. 페인버그 확인서는 너 명백하다. "공산당원이거나 미국 또는 뉴욕주 정부 또는 그 정치 조직의 폭력적인 전복을 지지하는 조직의 구성원은 주 대학이 채용할 수 없다." 이 공식 행정 해석은 페인버그법 제1조에 의해 뒷받침되고 있다. 주의회는 "공산당과 그 연합조직과 같은 체제전복 단체 구성원

9) 우리의 결정에 비추어 볼 때, 우리는 목록에 오른 조직의 회원 지위에 관하여 실질적인 반박 증거를 제출하는 부담을 피고용인에게 부과한 것은 헌법이 허용하지 않는다는 상고인들의 주장을 검토할 필요가 없다. Speiser v. Randall, 357 U.S. 513과 비교.

이 공공 교육기관에 채용되거나 고용을 유지하는 것을 금지하는 법은 엄격하게 집행되어야 한다는 것은 필수적이다."라고 결론지었다.

그래서 제105조 제1(c)항과 제3022조 제2항은 "지나치게 광범위하여" 허용될 수 없다. Elfbrandt v. Russell, 19; Aptheker v. Secretary of State; NAACP v. Button; Saia v. New York, 334 U.S. 558; Schneider v. State, 308 U.S. 147; Lovell v. Griffin, 303 U.S. 444; Hague v. CIO, 307 U.S. 496, 515-516 참조; 일반적으로는 Dombrowski v. Pfister, 380 U.S. 479, 486. 그들은 정당하게 금지되는 결사와 수정헌법 제1조 권리에 의해 금지될 수 없는 결사 모두를 고용 금지 대상으로 삼으려고 한다. 모호한 경우와 마찬가지로, 법이 지나치게 광범위하게 적용될 경우, 법의 적용을 받는 사람들은 그들의 행위를 의문의 여지없이 안전한 것으로 제한하게 되기 때문에 "그러한 귀중한 권리의 상실 또는 실질적인 손상 위험은 매우 심각하다." Dombrowski v. Pfister, 486, 우리가 Shelton v. Tucker, 488에서 판시했듯이, "입법적 제한의 광범성은 같은 기본 목적을 달성하기 위한 덜 과격한 수단의 관점에서 평가되어야 한다."

그러므로 우리는 공무원법 제105조 제1(c)항과 교육법 제3022조 제2항이 미국 또는 뉴욕주 공산당의 불법 목표를 추구하려는 구체적인 의도의 증명없이 단지 당원지위만을 금지하는 한 무효라고 판결한다. 지방법원의 판결을 취소하고 이 의견에 따른 추가 절차를 위해 환송한다. (부록으로 첨부된 관련 법조항 생략)

**[대법관 클락의 반대의견**(대법관 할란, 스튜어트, 화이트 참여)**]**

다수의견이 나팔총같은 방식으로 표현한 "말의 대포"는 인용한 판례들의 복잡함과 이 사건에 적용할 때 불명료함과 함께, 결정의 진정한 요지가 무엇인지 파악하기 어렵게 한다. 그러므로 먼저 그 기초에 초점을 맞출 필요가 있다.

이것은 페인버그법이 상고인들에게 적용되는지를 심사하는 확인소송이다. 항소인들이 공격대상으로 삼았던 대학의 위원회가 요구하는 확인서와 진술은 이 사건 심리전에 위원회가 포기하였고 더 이상 요구되지 않는다. 이러한 사실에도 불구하고 다수의견은 더 나아가 과거의 확인서와 진술을 근거로 상고인들에게 적용된 뉴욕 페인버그법과 다른 법들을 폐기하였다. 다수의견은 거의 2년 동안 사문화되었던 절차에서 법이 어떻게 상고인들에게 적용될 수 있는지 설명하지 않고 있다. 그러므로 제시된 쟁점은 순전히 추상적이고 완전히 추론적인 성질을 갖고 있다. 그러한 상황에서 법원은 종전에는 헌법문제로 다루기를 거부했다. 또한 항소인들은 행정적 구제절차를 모두 거치지 않았고, 공무원법 제12조의a (d)항에 규정된 사법심사구제를 신청하지 않았다. 마지막으로 폐기된 조항들 중 하나인 제105조 제3항은 개정되었고 1967. 9. 1.에 발효된다.

## I

다수의견이 대상으로 삼은 과거 확인서는 Starbuck을 제외하고 상고인들 모두에게 공산주의자인지, 만약 그렇다면 그 사실을 대학 총장에게 알렸는지의 질문에 답변하도록 요구하였다. Starbuck은 미국정부 또는 그 정치조직이 무력, 폭력 또는 불법 수단에 의해 전복되어야 한다는 이론을 조언하거나 가르쳤는지 또는 그 이론을 가르치거나 옹호하는 집단의 회원이었는지를 답변하도록 요구받았다. 상고인들은 모두 이를 거부하였다.

이 법원이 1952년에 "헌법적 결함이 없다"고 인정한 페인버그법이 오늘 치명타를 맞은 것이 분명하다. 다수의견이 "교육제도를 체제전복으로부터 보호하는 뉴욕주의 이익이 정당하다는 것에는 의문이 있을 수 없다"고 인정하듯이, 뉴욕주의 "모든" 노력이 이 사건에 들어 있다는 것도 의문이 있을 수 없다. 다수의견이 올바른지를 불문하고, 15년간 아들러 판결을 따른 뉴욕주나 다른 몇몇 주들은 결코 다시 조각을 짜 맞출 수 없다. 어느 법원도 그렇게 많이 파괴하기 위해 나아간 적이 없다.

우리가 아래에서 논의하는 바와 같이 비록 상고인들에게는 적용되지 않는다할지라도, 뉴욕주 도시나 교육지구의 공공학교에서 반역적이거나 선동적인 말을 하였다는 이유로 관리자, 교사, 직원의 면직을 허용한 교육법 제3021조는 이미 폐기되었다.

또한 공무원법 제105조 제1(a), 1(b), 1(c)도 위헌으로 선언되었다. 이들 조항은 연방 정부, 주정부 또는 그 정치조직이 무력, 폭력 또는 다른 불법 수단으로 전복되어야 한다는 이론을 고의로 지지, 조언, 가르치고(1(a)); 또는 그러한 이론을 어떤 형태로든 담고 있는 책, 기록, 서류, 또는 인쇄물을 인쇄, 발행, 편집, 발간 또는 판매하는 사람과 "그 이론을 채택할 의무, 필요성이나 타당성을 지지, 조언, 가르치거나 받아들이고"(1(b)); 또는 그 이론을 지지하거나 가르치는 모임이나 단체를 조직하거나 조직하는 것을 도와주거나 회원인(1(c)) 뉴욕 공공 교육기관의 관리자, 교장, 교사의 임명을 방지하거나 면직을 허용하고 있다. 현재 공무원법의 제12조의a 일부인 1(c)항은 공산당원지위를 자격박탈의 추정증거로 삼기 위해 1958년에 개정되었다. "지지, 조언, 가르친다는 등"의 용어는 연방법률, 특히 Dennis v. United States, 341 U.S. 494 (1951) 판결에서 승인된 스미스법 제2조(a)(1)(2)(3)에서 따왔다. 비슷한 성격의 주 법률과 용어도 이 법원이 승인해왔다. Garner v. Board of Public Works of Los Angeles, 341 U.S. 716 (1951); Beilan v. Board of Education, 357 U.S. 399 (1958).

반역적이거나 선동적인 발언과 행동을 한 주 공무원의 면직을 허용한 제105조 제3항은 비록 페인버그법의 일부가 아니었고 뉴욕주가 특히 상고인들에 대한 적용을 포기했다 하더라도 최근에 폐기되었다. 나아가 주가 적용하려고 한 적이 없고 이제 상고인들에게 적용되지 않는데, 법원이 어떻게 이 법이 적용되는 것으로 판단할 수 있는가?

## II

이 법원은 1951년 이래로 되풀이해서 오늘 법원이 비난한 것들과 동일하거나 적어도 비슷한 절차를 승인해왔다. Garner판결에서 우리는 공공사용자는 단지 주의 대리인이라는 이유만으로 공공 서비스의 적합성과 적절성에 관련하여 증명해야 하는 문제에 대해 직원들에게 질문하는 것이 배제되지 않는다고 판결하였다. 341 U.S., 720. 그 사건에서 선서는 실제 이 사건의 Starbuck 진술과 똑같은 용어를 사용하였다. 그리고 선서 진술서는 이 사건에서 비난되고 있는 오래된 확인서와 같은 똑같은 질문을 반영하고 있다. 1952년 아들러 판결에서 이 법원은 이 사건에서 비판하고 있는 동일한 법률을 다루었다. 그것 역시 이 사건처럼 확인소송이었다. 그러나 그 사건에서 쟁점은 추상적으로 형성되지 않았다. 민튼 대법관은 다음과 같이 적었다.

"교사는 교실이라는 민감한 분야에서 일한다. 그는 젊은이의 마음을 그들이 살고 있는 사회로 향하도록 맞춘다. 이 점에서 주는 극히 중요한 관심을 갖고 있다. 학교의 통합성은 보존되어야 한다. 학교당국이 질서있는 사회의 일부분으로서 학교의 통합성을 유지하기 위한 적합성에 관하여 공직자들, 교사들, 직원들을 심사할 권리와 의무를 갖고 있다는 것은 의문이 있을 수 없다."

그리고 1958년에 다시 Beilan 판결에서 문제가 되었다. 그 사건 버튼 대법관은 다음과 같이 적었다.

"공공 학교에서 가르치는 일을 하면서 상고인은 믿음, 언론 또는 결사의 자유권을 포기하지 않았다. 그러나 그는 공공 교육 교사로서 적합한지를 조사하는 채용위원회가 그에게 물어 본 질문에 대해서 정직, 공정과 협력 의무를 부담한다". 357 U.S., 405.

그리고 같은 날 Lerner v. Casey, 357 U.S. 468판결에서 할란 대법관은 다시 충성심과 관련된 질문에 답변을 거절하여 공공 근무에서 배제된 것을 승인하였다. 그리고 같은 날 브레넌 대법관 스스로 Speiser v. Randall, 357 U.S. 513 (1958) 판결에서 Garner판결을 인용하면서 지지하였다.

그 무렵 이후 아들러 판결을 따른 판결들이 반복적으로 인용되면서 승인되었다. Shelton v. Tucker, 364 U.S. 479 (1960) 판결에서 아들러 판결과 Beilan 판결이 승인되어 인용되었고, Garner 판결과 Lerner 판결은 비슷한 방식으로 인용되었다. 마찬가지로 Cramp v. Board of Public Instruction, 368 U.S. 278 (1961) 판결에서 아들러 판결은 승인과 함께 2차례 인용되었다. 그리고 지시를 받고도 충성심에 관한 질문에 답변을 거절한 것 때문에 해고된 직원이 관련된 분야에서, Nelson v. Los Angeles County, 362 U.S. 1 (1960), 오늘 배척된 모든 선례들이 승인을 받아서 인용되었다. 마지막으로 3년 전에, 화이트 대법관은 2차례 승인과 함께 차례로 아들러 판결을 인용한 Cramp 판결에 의존하였다. Baggett v. Bullitt, 377 U.S. 360 (1964).

이 법원 역사에서 어느 판결도 아들러 판결을 따르는 판례의 유효성을 의심조차 하지 않은 15년간의 오래된 판례목록을 보면, 지금 법원이 "그 이후 나온 헌법 이론이 아들러 판결의 주요 전제를 배척했다"고 인정한 것이 나에게는 생소하다. 주의깊게 읽어 본 바로는 우리의 선례들은 그러한 일을 하지 않았다.

## Ⅲ

다수의견은 또한 아들러 판결이 교육법 제3021조나 공무원법 제105조 제3항, 제105조 제1(a)(b)(c)항의 모호함을 다루지 않았다고 인정하였다.

제3021조는 이 사건 상고인들에게 적용될 수 없다. 뉴욕 법무부장관이 주, 위원회, 공직위원회를 대변하여 말하는 바와 같이, 이 조항은 자체 문구에 의해서 "주의 어떤 도시나 학교 지구에 있는 공공 학교"의 관리자들, 교사들, 직원들에게만 적용된다. 주립대학의 교원들에게는 전혀 적용되지 않는다.

마찬가지로 제105조 제3항도 적용될 수 없다. 이는 공무원법 제23조a에서 나온 것이다. 페인버그법은 공무원법의 제12조a만을 참고하였고 제23조a는 아니었다. 제12조a는 나중에 공무원법 제105조 제1(a)(b)(c)로 편입되었다. 제23조a(현재 제105조 제3항)는 주의 행정공무원만을 다루고 있다. 법무장관은 이 사건 법이 행정공무로 포함되지 않는 대학 교직원의 자격과 관련되어 있다고 말하고 있다. 또한 법무장관은 교육제도의 관리자, 교사 또는 직원은 제105조 제3항 위반으로 제재되지 않는다고 말한다. 내가 보기에 법원은 허수아비를 만들고 있는 것 같다.

다수의견은 아들러 판결이 모호함의 쟁점을 다루지 않았다고 말한다. 그 사건의 서면들을 주의깊게 조사해보면 이 결론에 상당한 의심을 갖게 된다. 아들러 판결에서 그 문제는 이 문장에서 언급되었다 : "법률들과 규제들은 모호함 때문에 수정헌법 제14조의 적법절차조항을 위반하였다." 분명히 "체제전복"이라는 말은 모호하다는 공격을 받았고 법원은 "무력 또는 폭력에 의해 정부 전복을 지지하거나 가르치는 조직이라는 매우 한정적인 의미를 갖고 있다"고 보았다. 이것이 1(a)와 (b)항의 문구인데, 다수의견은 아들러 판례들이 나오기 오래전의 Herndon v. Lowry, 301 U.S. 242 (1937) 판결과 같은 형사 판례들을 인용하면서, 단지 "추상적으로 이론을 지지하는" 사람을 포함하여 모호하다고 인정하였다. 또한 아들러 판결의 마지막 문장이 "우리는 뉴욕 공무원법 제12조a[현재 제105조 제1(a), 1(b), 1(c)항] 또는 이를 이행하는 페인버그법에서 헌법 결함을 인정하지 않는다"는 사실이 중요하다.

## Ⅳ

그러나 비록 아들러 판결이 이 문제들을 판단하지 않았다고 하더라도 나는 같은 방식으로 대답할 것이다. 다수의견이 그 사건에서 다루지 않았다고 말하면서 상고인들에게 적용될 수 있는 페인버그법의 유일한 부분은 제105조 제1(a), (b), (c)항이다. 이들 조항은 말 또는 글로 무력과 폭력에 의해 우리 정부를 전복하는 이론을 지지, 조언, 가르치는 교사들과 관련이 있다. 이것은 Dennis v. United States 사건에서 비판받았던 동일한 행동이다. 법원은 그 판결에서 모호하지 않아 합헌이라고 인정하였고 그 판단은 물론 Yates v. United States, 354 U.S. 298 판결에 의해 영향을 받지 않았다. 다수의견은 그러한 이론을 담고 있는 자료의 인쇄, 발행, 판매를 제재하는 제105조 제1(b)항으로부터 유래하는 혐오를 중요시하고 있다. 그러나 다수의견은 교사가 그 이론을 채택할 필요성이나 타당성을 개인적으로 지지, 조언, 가르칠 경우 그 때에만 이러한 행동이 제재된다는 것을 말하지 않는다. 이것은 이 조항을 제1(a)항과 똑같은 지위에 두고 있다. 그리고 교사가 그 이론을 가르치거나 지지하는 조직을 결성하거나 결성하는데 도와주거나 조직의 회원이 되는 제1(c)조항도 마찬가지이다. 왜냐하면 Garner 판결에 따라 고의가 구성요건으로 필요할 것이기 때문이다. 나아가 회원지위는 자격박탈의 추정증거일 뿐이고 번복될 수 있으며 증명책임은 주에게 있다. 또한 이러한 모든 절차는 충분한 사법심사와 함께 당사자청문회에 의해 보호된다.

이러한 점을 고려해 볼 때, 다수의견이 드러낸 부자연스럽고 믿을 수 없는 가정은 거의 일어날 수 없다. Dennis 판결에서 말했듯이, “우리는 경계선에 있는 사례가 있을 수 있다는 이유로 주가 추구하려는 대책이 금지되어야 한다고 확신하지 않는다.” 516. 어떤 이의 행동 성격이나 의도에 대해 의문이 있는 경우에 집행위원회가 그에게 충분한 보호를 제공하지 않을 것이라고 가정할 수 없다. 나아가 법원은 항상 충분한 보호가 제공되었는지를 확인하고 있다.

다수의견은 페인버그법이 “지나치게 광범위하게 적용”되기 때문에 나쁘다고 말한다. 나는 다수의견이 우리의 가장 귀중한 권리들 중의 하나, 즉 자기 보호의 권리를 일소해 버려 유감이다. 우리의 공공 교육제도는 우리 민주주의의 진수이다. 젊은이의 지성은 그것에서 발전되고 발전의 특성이 우리나라의 미래를 결정할 것이다. 우리의 존재 자체가 그에 달려 있다. 이 사건 쟁점은 매우 한정적인 것이다. 그것은 언론의 자유, 사상의 자유, 출판의 자유, 집회의 자유 또는 공산당의 결사의 자유가 아니다. 그것은 간단하게 이것이다. 주가 충분한 사법심사와 함께 청문회를 거친 후, 무력이나 폭력 또는 불법 수단에 의해 우리의 정부가 전복되어야 한다는 것을 의도적이고 계획적으로 지지, 조언 또는 가르친다고 인정되는 사람; 또는 그러한 이론을 옹호한 또는 개인적으로 지지하기 위해 책이나 글을 고의적이고 계획적으로 인쇄하고 발행하는 등의 행위를 하는 사람; 또는 의도적이고 계획적으로 그러한 이론을 지지하는 조직의 회원이 된 사람이 대학에서 가르치는 자격이 박탈되는 추정 증거가 된다고 규정할 수 있는가 이다. 오늘까지의 모든 판례를 검토할 때 내 대답은 "그렇다"이다.

나는 반대한다.

## 2. 공산당 당원지위의 성격 및 활동과 무관한 무차별 규제와 지나친 광범성

**United States v. Robel**

389 U.S. 258 (1967)

**[요약]**

피상고인은 (파괴활동통제법에 따라 공산주의자 행동 조직으로서 등록하도록 명령된) 공산당원으로 국방장관이 법에 따른 "방위시설"로 지정한 후 조선소에 고용되어 있었다. 피상고인은 당에 대한 명백한 명령과 국방장관의 지정 공지를 알고서 조선소에 "불법적이고 의도적으로" 고용되어 있었다는 이유로 법 5(a)(1)(D)에 따라 기소되었다. 지방법원은 Scales v. United States, 367 U.S. 203 판결에 따라 피상고인이 당의 불법 목적을 인식하고 이를 추구하기 위한 구체적인 의도를 갖고서 활동 중인 당원이었다는 점을 밝히지 못했다는 이유로 공소를 기각하였다. 사건은 항소법원으로 항소되었고 이 법원에 직접 항소(a direct appeal)하는 사건으로 확인되었다.[10]

**[요지]**

5(a)(1)(D)는 지나친 광범성으로 수정헌법 제1조가 보호하는 결사의 권리를 위헌적으로 제한하고 있기 때문에 무효이다.

(a) 공산주의자 행동 단체들과 함께 하는 모든 종류의 결사에 대해 회원지위의 질과 정도에 무관하게 (a)(1)(D)의 무차별적인 적용은 제한적인 해석으로는 헌법적인 흠결로부터 조항을 구제할 수 없게 한다. Aptheker v. Secretary of State, 378 U.S. 500, 262.

(b) 수정헌법 제1조에 따른 개인의 결사의 권리는 Aptheker 판결에 관련된

10) 옮긴이 주) 연방항소법원이 연방헌법 문제의 해결이 필요하다고 확인하고 연방대법원으로 이송한 상고제청사건(certification)이다. 원문의 Appellee를 피상고인으로 옮겼다.

여행할 권리와 마찬가지로 기본적이다.

(c) 법이 "국가 방위"를 추진하는 의회의 "전쟁 권한"에 따라 통과되었다는 사실이 본질적인 자유를 보호하는 헌법의 한계를 없앨 수 없다. Home Bldg. & Loan Assn. v. Blaisdell, 290 U.S. 398, 426. 263-264.

(d) 법은 방위 시설에서 개인의 결사가 파괴행위와 간첩의 위협을 내포하고 있다는 점을 밝힐 필요없이 결사만으로 유죄로 인정한다.

(e) 5(a)(1)(D)는 수정헌법과 일치하여 금지될 수 있는 결사뿐만 아니라, (지정된 조직에서, 불법 목적을 알지 못하거나 동의하지 않고, 방위시설에서 민감하지 않는 일을 하는 수동적인 회원과 같은) 금지될 수 없는 결사를 적용대상으로 하고 있다.

(f) 국가 방위를 지키기 위해 충분한 권한을 행사하는 의회는 특히 수정헌법 제1조의 권리가 문제될 때 헌법의 경계를 넘을 수 없다.

인용한다.

**[대법원장 워렌**(대법관 블랙, 더글라스, 스튜어트, 포타스 참여)**]**

이 상고는 1950년의 파괴활동통제법 5(a)(1)(D)의 합헌성에 이의를 제기하고 있다.[11] 그 조항은 공산주의자 행동 조직[12]이 마지막 등록 명령을 받았을 때, 그 조직의 회원이 "방위 시설의 고용"에 관여하는 것은 불법이라고 규정하고 있다. Communist Party v. Subversive Activities Control Board, 367 U.S. 1 (1961) 판결에서, 이 법원은 미국 공산당에게 법에 따라 공산주의자 행동 조

11) 법은 트루만 대통령의 거부권을 넘어 통과되었다. 트루만 대통령은 거부의견에서 의회에 다음과 같이 말했다. "법무부, 국방부, 중앙정보국, 국무부는 모두 나에게 법안이 안보 및 정보기능을 심각하게 손상할 것이라고 조언하였다. 그들은 법안이 공표되어서는 안 된다는 희망을 강하게 표명하였다."

트루만 대통령은 또한 "법안의 문언이 매우 광범위하고 모호하여 공산주의자가 아니라 충실한 시민들의 정당한 활동을 제재하는 결과를 가져올 수 있다"고 보았다.

12) 법의 3 (3) (a)(50 U.S.C. 782 (3) (a))는 "공산주의자 행동 조직"을 다음과 같이 정의하고 있다.

"(1) 실질적으로 세계 공산주의자 운동을 지휘하는 외국 정부 또는 외국 조직의 지시, 지배, 통제를 받고… (2) 그러한 세계 공산주의자 운동의 목표를 달성하기 위해 운영하는… 미국내의 조직(국무성이 신임장을 준 외국정부의 사절 또는 외교 대표자를 제외)"

직으로 등록하라고 요구한 전복활동통제위원회(SACB, 이하 "위원회")의 명령을 승인하였다. 위원회의 명령은 1961. 10. 20.까지였다. 당시 공산당원인 피상고인은 워싱턴주 시애틀의 토드 조선회사의 조선소에 기계공으로 고용되어 있었다. 1962. 8. 20. 5(b)에 의해 위임된 권한을 가진 국방장관은 조선소를 "방위 시설"로 지정하였다. 그 날 이후 계속 조선소에 근무함으로써 피상고인은 5(a)(1)(D)에 의해 기소대상이 되었다. 그리고 1963. 5. 21.에 그가 그 조항을 위반하였다는 이유로 기소되었다. 공소장에는 실제 피상고인이 당에 대한 명백한 등록명령을 인식하고 조선소가 국방장관에 의해 방위 시설로 지정되었다는 공지와 인식을 가지고 "불법적이고 의도적으로 조선소의 고용에 관여"하였다고 주장하였다. 워싱턴 연방지방법원은 1965. 10. 4. 공소를 기각해달라는 피상고인의 신청을 받아들였다. 지방법원은 5(a)(1)(D)에서 "헌법적인 흠결"로 보이는 것을 극복하기 위해, 그 조항에서 "활동 중인 회원지위와 구체적인 의도의 요건"이 필요한 것으로 해석하였다. 공소는 피상고인의 공산당원지위가 그 정도에 해당된다는 내용이 없었기 때문에 공소는 기각되었다. 정부는 그와 같은 5(a)(1)(D)의 제한 해석을 받아들이지 않고 법을 가능한 한 가장 넓게 적용하기를 고집하면서, 연방제9항소법원에 항소하였다. 정부의 신청에 따라 18 U.S.C. 3731에 의해 이 법원에 직접 상고하는 것이 적절한 사건(법원의 상고제청 사건)으로 확인되었다.[13] 우리는 5(a)(1)(D)가 수정헌법 제1조가 보호하는 결사의 권리를 위헌적으로 제한하고 있다는 이유로 지방법원의 판결을 인용한다.[14]

우리는 공산주의자 행동 조직의 불법 목표를 추구하는 구체적인 의도를 가진 활동 회원들에게만 적용하는 것으로 제한함으로써 5(a)(1)(D)를 헌법 흠결로부

---

13) 우리는 1966. 11. 14.에 이 사건의 최초 구두변론을 들었다. 1967. 6. 5. 에 다음 명령을 내렸다.

"사건은 변론기일을 재개하므로, 대리인들은 기존에 제시된 문제에 추가하여 방위 시설을 지정하는 권한의 국방성 위임이 헌법 기준을 충족하였는지의 문제에 대해 서면을 제출하고 주장하라." 387 U.S. 939. 우리는 1967. 10. 9. 추가 변론을 들었다.

14) 5(a)(1)(D)가 수정헌법 제1조에 의해 무효라는 주장에 추가하여, 피상고인은 (1) 수정헌법 제5조에 의한 실질적이고 절차적인 적법절차를 위반하였고; (2) 입법권을 국방장관에게 위임한 것이 위헌이고; (3) 사권박탈법(a bill of attainder)이라는 이유로 위헌이라고 주장하였다. 우리는 법이 수정헌법 제1조와 모순된다고 보기 때문에 다른 헌법 주장을 검토할 필요가 없다고 본다.

터 구제될 수 있다는 지방법원의 판단에 동의하지 않는다. 지방법원은 Scales v. United States, 367 U.S. 203 (1961) 판결에 의존하여 5(a)(1)(D)를 제한적으로 해석하고 있다. Scales 판결에서 우리가 스미스 법의 회원 조항을 해석하면서 활동적인 회원지위와 구체적인 의도 요소를 인정한 것은 맞다. 그러나 Aptheker v. Secretary of State, 378 U.S. 500 (1964) 판결에서, 우리는 스미스 법의 회원 조항은 '활동적인' 회원지위로 제한하는 해석과 밀접하게 연결된 요건으로, 피고인이 조직의 불법적인 활동에 대한 인식을 가질 것을 요구한다고 판시하였다. 511. 주) 9. Aptheker 판결은 파괴활동통제법 §6에 관한 것이다. 그 조항은 공산주의자 조직이 등록되거나 등록하도록 마지막 명령을 받았을 때, 이를 알거나 통지를 받은 그 조직의 회원이 여권을 신청하는 것은 위법이라고 규정하였다. 우리는 "문제된 조항의 명확성과 정확성을 실질적으로 재작성하지 않고는 무차별적으로 포괄적이고 지나치게 광범위한 적용범위를 좁히는 것이 불가능하다고 판결하였다." 우리는 5(a)(1)(D)에 대해서도 같은 견해를 취한다. 법이 무차별적으로 회원지위의 질과 정도와 무관하게 공산주의자 행동단체와 함께 하는 모든 형태의 결사에 적용되기 때문에 수정헌법 제1조에 위반된다.

정부는 5(a)(1)(D)에 문면상 지나친 광범성이 명백함에도 불구하고, 여행할 권리는 방위시설에서 고용될 권리보다 더 기본적인 자유이기 때문에 Aptheker 판결이 이 사건에 적용되지 않는다고 주장한다. 우리는 Aptheker 판결이 수정헌법 제5조에 따라 결정되었기 때문에 적용되지 않는다는 것에 동의한다. 그러나 우리는 본질적 쟁점에 대한 정부의 성격 규정에 동의할 수 없다. 5(a)(1)(D)가 부과하는 구체적인 금지는 적용대상에 해당하는 사람들의 고용기회를 제한하고, 그 제한이 상당한 헌법 관련성이 있는 것은 사실이다. 그러나 직업제한에 영향을 미치는 문제가 수정헌법 제1조가 보호하는 개인의 결사의 권리 행사이다.[15] 여행할 권리에 헌법적인 가치를 둘 때는 언제나, 수정헌법 제1조가 보호

15) 우리의 판결은 결사의 자유가 수정헌법 제1조에 의해 특별히 보호된다는 점에 의문을 남기지 않는다. 예컨대 Aptheker v. Secretary of State, 507; Gibson v. Florida Legislative Investigation Committee, 372 U.S. 539, 543 (1963); Bates v. City of Little Rock, 361 U.S. 516, 522-523 (1960); NAACP v. Alabama ex rel. Patterson, 357 U.S. 449, 460 (1958). 일반적으로 Emerson, Freedom of Association and

하는 권리들은 우리의 민주 체제에서 마찬가지로 기본적이다. 정부는 의회의 전쟁권한에 따라 통과되었다는 것을 근거로 법을 방어하려고 한다. 정부는 이 법원이 의회의 헌법상 권한의 행사를 폭넓게 존중해왔다고 주장한다. 이 법원의 많은 판결이 그 주장을 뒷받침하고 있다. 그러나 "전쟁 권한"이라는 문구는 의회의 권한 행사를 지지하기 위해 마법의 주문처럼 불러올 수 없다. "전쟁 권한도 본질적인 자유를 보호하는 헌법의 제한을 없애지 못한다." Home Bldg. & Loan Assn. v. Blaisdell, 290 U.S. 398, 426 (1934). 정부는 이 사건에서 더 구체적으로 5(a)(1)(D)는 "국가방위가 의존하는 공장에서 내부 파괴의 위험에 대한 입법부와 행정부가 보여주는 점증하는 우려"의 표현이라고 주장한다. 그러나 이 "국가 방위"의 개념은 그 목표를 추구하기 위한 입법권의 행사를 정당화하지만 그 자체로 목적으로 여겨질 수 없다. 이 나라를 구별하는 가치와 이상을 방어하는 개념이 "국가 방위"라는 용어에 함축되어 있다. 거의 2세기 동안 우리나라는 헌법에 소중히 간직한 민주적 이상에 커다란 자부심을 가져 왔고, 그 이상의 가장 소중한 것을 수정헌법 제1조의 표현에서 찾았다. 만약 국가 방위라는 이름으로 우리가 국가 방위를 의미있게 하는 그러한 자유들 중의 하나－결사의 자유(the freedom of association)－의 파괴를 허용하는 것은 참으로 역설적이다.

의회의 수많은 권한들 중 하나의 행사가 권리장전이 보호하는 개인의 자유와 충돌할 때, 자유의 제한이 묵인될 수 있는지를 결정하는 것은 "민감하고 어려운" 우리의 임무이다. Schneider v. State, 308 U.S. 147, 161 (1939). 정부는 5(a)(1)(D)의 목적이 국가방위 관련 공장에서 방해행위와 간첩행위의 위협을 줄이는 것이라고 강조한다. 그러한 예방조치에 관한 정부의 이익은 비현실적이지 않다. 그러나 이 사건에서 정부의 목적을 수행하기 위해 선택된 조치가 결사의 자유를 깊게 제한하고 있다는 것은 의심될 수 없다. 5(a)(1)(D)는 피상고인에게 회원지위가 방위시설의 안전을 위협하는지와 무관하게, 조직 가입의 포기 또는 사직[16]을 선택하도록 하고 있다. 피상고인이 그 선택을 거부했을 때,

---

Freedom of Expression, 74 Yale L. J. 1 (1964) 참조.

16) 우리는 Greenev. McElroy, 360 U.S., 492에서 "특정한 사적인 고용을 유지하고 불합리한 정부 간섭으로부터 자유로운 직업을 선택할 권리는 수정헌법 제5조의 '자유'와

그는 5년의 징역형과 1만불의 벌금이라는 형사처벌대상이 된다.[17] 법은 문언상 개인의 결사가 정부가 우려하는 위협을 지녔다는 점을 증명할 필요없이 결사만으로 유죄를 확정하고 있다.[18] 수정헌법 제1조 권리 행사에 대한 금지 효과는 분명하다.

"우리의 가장 귀중한 자유와 가깝게 닿는 분야에서는 규제의 정확성이 시금석이 되어야 한다."는 것은 자명하다. NAACP v. Button 371 U.S. 415, 438 (1963); Aptheker v. Secretary of State, 378 U.S. 500, 512-513; Shelton v. Tucker, 364 U.S. 479, 488 (1960). 그 정확성이 5(a)(1)(D)에는 뚜렷하게 부족하다. 법은 헌법상 처벌될 수 있는 회원지위와 금지될 수 없는 회원지위를 무차별적으로 대상으로 하면서, 결사활동의 넓은 영역에 그물을 던지고 있다. 개인이 지정된 조직의 수동적인 또는 비활동적인 회원이다, 조직의 불법 목표를 알지 못한다, 또는 그러한 불법 목표에 동의하지 않는다는 것은 법적용과 무관하다.[19] 또한 5(a)(1)(D)의 벌칙을 받게 되는 개인이 방위시설의 민감하지 않는 위치에 있다는 것도 무관하다.[20] 그래서 5(a)(1)(D)는 수정헌법 제1조 권리에 따라 금지될 수 있는 결사와 금지될 수 없는 결사 모두와 관련하여 고용을 금지하고 있기 때문에 치명적인 지나친 광범성의 흠결을 갖고 있다. Elfbrandt v. Russell, 384 U.S. 11; 위 Aptheker v. Secretary of State; NAACP

---

'재산'의 개념안에 있다"고 인정했다.

17) 피상고인은 조선소에서 사고없이, 공산당 당원임을 숨기지 않고 10년 이상 일해 왔다. 그리고 우리는 피상고인의 기소와 체포에 이어서 "자백에 따라 석방되었고, 즉시 그가 지금까지 일해 왔던 토드 조선소의 기계공으로 복귀하였다"고 들었다. 우리가 결정할 수 있는 한에서는 피상고인은 정부가 5(a)(1)(D)에 따라 기소하려고 한 유일한 개인이다.

18) 정부는 의회가 5(a)(1)(D)를 제정하면서 "공산주의자 행동 조직의 회원지위를 처벌"하려고 하지 않았다고 주장한다. 정부는 의회가 단지 방위 시설에 고용으로 접근하는 것을 규제하려고 했다고 주장한다. 그러나 고용불능은 그러한 회원지위로 인해서만 부과된다는 것은 명백하다.

19) 수많은 복잡한 동기 때문에 개인들은 특정 조직에 동조하게 된다. 그러한 이유로 개인의 이름이 조직의 회원명단에 있다는 것이 그에게 조직의 불법 목적에 대한 책임을 묻기에 충분하지 않다.

20) "'민감한' 지위에 있지 않고 그래서 국가안보에 부정적인 영향을 가져올 수 있는 지위에 있지 않는 근로자들의 충성을 근거로 정직과 재심불가능한 해고를 정당화기 어렵다." Cole v. Young, 351 U.S. 536, 546 (1956).

v. Alabama ex rel. Flowers, 377 U.S. 288 (1964); 위 NAACP v. Button. 헌법은 이를 묵인하지 않을 것이다.

우리는 국가 방위 산업에서 방해와 간첩행위의 위협에 대한 의회의 우려를 무시하지 않는다. 그리고 이번 판결이 국가 생산시설을 방해하기 위해 자신들의 위치를 이용하려는 사람들로부터 제한적으로 마련된 입법을 통해 방위시설의 민감한 지위를 보호하려는 의회의 권한을 거부하는 것으로 해석되어서는 안 된다. 우리는 헌법이 개인들의 권리 침해를 막는 한편, 극히 중대한 이익을 지키기 위한 정부의 권한을 빼앗지 않는다는 것을 인정해왔다. 간첩과 파괴행위는 존재하고 물론 의회가 간첩과 파괴행위에 관여한 사람들의 형사처벌을 정할 수 있다.[21] 정부는 국가를 해치기 위해 정보를 사용하는 사람들이 비밀에 접근하는 것을 금지할 수 있다.[22] 그리고 의회는 방위물품의 생산을 방해하기 위해 직위를 이용하려는 사람들이 국가방위 산업의 민감한 위치에 접근하지 못하도록 선언할 수 있다. 정부는 5(a)(1)(D)를 입법하면서 의회가 그 법에 대한 하나의 가능한 대안－산업 안보 점검 프로그램－이 방위 시설에서 파괴활동을 막기 위해서는 부적절하고 효과적이지 못하다는 숙고된 판단을 하였다고 말하고 있다. 그러한 의회의 판단이 유효한지를 조사하는 것은 우리의 역할이 아니다. 산업 안보 점검 프로그램이 법에 대한 가능한 대안의 전부로 검토되었는지를 결정하는 것은 우리의 역할은 아니다. 우리의 유일한 관심은 수정헌법 제1조의 권리가 문제될 때 이 사건 법이 헌법이 정한 경계를 넘었는지를 결정하는 것이다. 그러한 경계내에서 법을 제정하는 임무는 의회에게 위임되어 있다. 이 판결은 단지 수정헌법 제1조가 보호하는 활동에 실질적인 부담을 주는 법률에 정당한 입법적인 관심이 표현되어 있을 때, 의회는 수정헌법 제1조의 지속적인 생명력에 극단적인 충격이 덜한 수단에 의해 그 목적을 달성해야 한다는 것을 인정한다.[23] 위 Shelton v. Tucker 판결; United States v. Brown 381 U.S.

21) 의회는 이미 미국에 대해 간첩행위와 파괴행위를 한 자의 엄격한 처벌을 규정하였다. 18 U.S.C. 792-798(간첩), 2151-2156(파괴행위).

22) 국방부는 민간 산업에서 업무 때문에 방위 기밀에 접근해야 하는 직원들을 살펴보는 자세한 절차를 마련하였다. 그 규제 조항은 이 사건의 대상이 아니다.

23) 이 사건은 5(a)(1)(D)에 표현된 정부의 이익과 피상고인이 주장하는 수정헌법 제1조 권리 사이의 "균형을 유지"하여야 한다는 주장이 제기되었다. 우리는 그렇게 하지 않

437, 461 (1965) 참조. 우리 민주 체제에서 헌법과 수정헌법 제1조 권리들의 기본 지위가 이를 요구한다.

인용한다. 대법관 마샬은 판결에 참여하지 않았다.

**[대법관 브레넌 동조의견]**

나도 지방법원의 판결이 인용되어야 한다는 것에 동의하지만, 다른 이유로 그 결론에 이르렀다.

법원처럼 나는 5(a)(1)(D)가 당의 불법 목적을 추구하기 위한 구체적인 의도를 가진 활동 중인 당원에 대해서만 적용되는 것으로 해석되는 것에 반대한다. Aptheker v. Secretary of State, 378 U.S. 500 판결에서, 우리는 공산주의자 조직이 등록되거나 마지막 등록명령을 받았을 때, 어느 회원이 이를 알거나 또는 명령을 공지받고 여권을 신청하거나 이용하는 것이 불법이라고 규정한 법 제6조의 해석을 배척하였다. 우리는 "문제된 조항의 명확성과 정확성을 실질적으로 재작성하지 않고는 무차별적으로 포괄적이고 지나치게 광범위한 적용의 범위를 좁히는 것이 불가능하다고 판결하였다." 나는 5(a)(1)(D)에 대해서도 같은 견해를 취한다.

Aptheker 판결은 법 제6조가 활동 중인 당원인지 또는 당의 불법 목적을 추

---

는다. 우리는 두 이익이 모두 실질적이라고 인정하지만, 법원이 하나가 다른 것보다 더 중요하다거나 더 실질적이라고 결정하는 것은 부적절하다고 본다. 우리의 심사는 더 제한적이다. 국가 안보이익으로 제정된 연방법과 개인의 수정헌법 제1조 권리 행사 사이의 분명한 충돌을 접하고, 우리는 의회가 정당한 입법 목적을 달성하는데 합헌적인 수단을 채택하였는지에 관한 것으로 우리의 분석을 한정한다. 이러한 결정을 하면서 우리는 의회가 이루려고 하는 목적과 수정헌법 제1조의 특정한 금지에 있어서 의회가 채택한 수단의 유효성을 평가하는 것이 필요하다고 보았다. 그러나 우리는 이러한 각각의 이익을 비교평가하지 않는다. 우리는 헌법이 의회의 권한과 개인 권리 사이의 충돌을 피하기 위해 더 제한적으로 마련된 입법에 의해 조정되어야 한다는 것을 요구한다고 결정하였다. 물론 이러한 분석에 새로운 것은 없다. 그러한 판정의 과정은 마샬 대법원장이 다음과 같이 선언했을 때 명확히 발표되었다. "목적이 정당하고, 헌법의 범위내에 있다고 가정하고, 적절하고, 그 목적에 적합하고, 금지되지 않지만, 헌법의 문자와 정신에 일치하는 모든 수단은 합헌이다." M'cCulloch v. Maryland, 4 Wheat. 316, 421(1819). 이 사건에서 의회가 선택한 수단은 수정헌법 제1조의 "문자와 정신(letter and spirit)"에 반한다.

구하려는 의도를 가지고 있는지와 무관하게 당원들에게서 여행할 권리를 박탈하고, 정치 결사임을 이유로, 헌법이 보호하는 당원들의 여행 권리를 제한한 것은 무효라고 판결하였다. 5(a)(1)(D)도 회원이 활동 중인지 또는 당의 불법 목적을 알고 있는지, 그 목적을 추구하려고 하였는지가 무관한 것으로 취급하고 있다. Keyishian v. Board of Regents, 385 U.S. 589; Elfbrandt v. Russell, 384 U.S. 11, 17; Scales v. United States, 367 U.S. 203; Schneiderman v. United States, 320 U.S. 118, 136 과 비교. 10여년간 불만이나 의심할 이유 없이 토드 조선소에서 일한 피상고인과 같은 당원은 그가 안보에 위협적이라는 법적인 추정이 그에게 적용될 때 무효임을 증명할 기회가 주어지지 않았다. 그리고 나아가 제6조처럼 5(a)(1)(D)도 헌법이 보호하는 권리에 영향을 미치고 있다. "특정한 사적인 고용을 유지할 권리와 불합리한 정부 개입으로부터 자유로운 직업을 선택할 권리는 수정헌법 제5조의 '자유'와 '재산권' 범위 안에 있다…" Greene v. McElroy, 360 U.S. 474, 492. 그 권리는 또한 "미국 제도의 기초가 되는 개인들의 자유에 포함되며 그 제도를 보존한다는 구실이나 심지어 가장 심각한 외부의 위협으로부터도 파괴되지 않는다." Communist Party v. Subversive Activities Control Board, 367 U.S. 1, 96. 고용기회가 단지 정치 결사를 근거로 5(a)(1)(D)에 의해 거부되었기 때문에, 법은 개인들이 그러한 결사를 만들거나 존속하는 것을 금지함으로써 자유 표현을 제한하는 잠재성을 가지고 있다. Wieman v. Updegraff, 344 U.S. 183, 191. "자유표현의 영역에서 넓은 예방 규칙은 의문이다. 우리의 가장 귀중한 자유에 가깝게 닿는 영역에서는 규제의 정확성이 시금석이 되어야 한다." NAACP v. Button 371 U.S. 415, 438; Shelton v. Tucker, 364 U.S. 479, 488; Cantwell v. Connecticut, 310 U.S. 296, 304.

그러나 정부가 지적하듯이, 의회는 종종 방지 또는 예방 수단으로 무차별적으로 규제하였고, Board of Governors v. Agnew, 329 U.S. 441; North American Co. v. SEC, 327 U.S. 686, 그리고 기본적인 자유가 잠재적으로 영향을 받을 때에도 그러한 규제가 승인된 것은 사실이다. Hirabayashi v. United States, 320 U.S. 81; Cafeteria Workers v. McElroy, 367 U.S. 886; Carlson v. London, 342 U.S. 524. 각 규제는 기본적인 권리에 대한 충격가능성, 추구

되는 목적의 중요성과 채택된 수단의 필요성 면에서 조사되어야 한다. 정부는 5(a)(1)(D)가 이러한 요소들을 근거로 제6조(Aptheker 판결)와 구분된다고 주장한다. 5(a)(1)(D)는 고용을 "방위 시설"에서만 제한하고 있지만 제6조는 모든 당원들의 여권을 신청하거나 가지고 있을 권리를 박탈하고 있다. 만약 5(a)(1)(D)가 실제 제한적으로 적용된다면, 고용에 대한 제한은 제6조가 여행할 권리를 제한하는 것보다 크지 않다.[24] 방위 시설에서 당원의 고용이 제기하는 문제는 당원들이 해외로 여행하는 것을 허용함으로써 야기되는 것보다 국가 안보에 더 큰 위협을 초래할 수 있다. 우리는 의회가 내린 5(a)(1)(D)의 대안이 부적절하다는 결론이 정당하다고 가정할 수 있다.[25] 이러한 이유로 나는 이 법이 치명적으로 지나치게 광범위하다는 다수의견의 견해에 찬성하지 않는다.

그러나 이러한 구분의 유효성을 받아들이고 기본적인 방위시설에서 간첩행위와 파괴행위에 대항하기 위하여 5(a)(1)(D)와 같은 예방 조치를 활용하는 의회의 권한을 인식한다고 해도 이 사건의 문제가 없어지지 않는다. "방위 시설"이 국가 방위에 기초이므로 의회는 헌법적으로 모든 당원들의 고용 금지를 규정할 수 있기 때문에 비록 법이 문면상(on its face) 지나치게 광범위하지 않더라도,

---

24) 정부는 또한 제6조가 의회의 정의상 국가안보에 덜 위협적이고, 그 회원도 덜 위험하다고 추정되는 "공산주의자-협력(Communist-front)"조직의 회원에게 적용된 반면, 5(a)(1)(D)는 "공산주의자-행동"조직 회원에게만 적용된다고 지적한다. 그러나 이 구분에는 의문이 있다. 비록 "행동"조직을 도와주고 지지하는 목적으로 지배되거나 운영되는 조직으로 정의된 "협력" 조직이 어떤 면에서 덜 위험하다고 여겨질 수 있다고 하더라도, Aptheker 판결은 활동과 불법목적에 헌신하는 것을 바탕으로 영향을 받는 사람들 사이를 구별하지 못했기 때문에 제6조가 무효라고 판결했다. 그리고 판결에서 만약 의회가 "공산주의자 행동" 단체 회원들만 관련하여 이 점에서 무차별적이었다면 결과가 달라졌을 것이라고 가리키는 것은 없다.

25) 가상적인 조치의 선택은 "같은 기본 목적을 달성하기 위한 덜 거친 수단이라는 면에서 검토되어야 한다." 그러나 나는 다른 이유로 인용하기 때문에, 현재의 안보 프로그램이 심각하고, 파멸적인 결과를 막기 위해 부적절한 지의 문제를 제쳐둔다.

의회는 현존하는 안보 프로그램이 약간의 수정을 하면 적절하다는 대통령과 법무성의 제안을 거절하였다. 그러한 프로그램들은 5(a)(1)(D)의 범위내 대부분의 시설들을 대상으로 하고 있고, 당원 지위를 접근 통제의 중요한 요소로 삼고 있다. 그것들은 파괴행위를 막고 처벌하는 조치를 규정하고 있다. 나아가 국방성은 1956년까지 이 절차에 의해 300만명의 방위 계약자 직원들을 살펴보았고, 그로 인하여 적어도 (포괄적이 아니라) 더 구별이 가능한 방법으로 이 문제를 다룰 능력이 있음을 보여주는 증거를 제공하였다.

국방장관에게 "방위시설"을 지정할 권한을 의회가 위임한 것은 보호되는 자유의 영역에서 형사제재를 지나치게 광범위하고, 독단적이고, 자의적으로 적용할 위험이 발생하고, 나는 그래서 이 법이 무효라고 본다. 법은 국방장관이 지정권한을 행사하는데 의미있는 기준을 담고 있지 않고, 이의를 제기하거나 심사하는 절차가 없기 때문에, "방위 시설" 공식은 "국방장관이 입법자의 의도를 좇아 그 안에서 행동하는 분야"로 보기에는 불충분하여 위헌이다. Yakus v. United States, 321 U.S. 414, 425.

"방위 시설"을 지정하는 국방장관의 역할은 법의 적용범위를 정하는데 있어서 기본이다. 지정된 방위 시설의 수와 유형이 많을수록, 형사처벌의 위협속에서 정치 결사 때문에 당원들에게 일할 기회가 무차별적으로 거부당할 가능성이 커진다. 분명하고 처리하기 쉬운 기준은 국방장관의 재량을 상당히 제한하는 것일 수 있다. 그러나 의회가 지정권한을 위임한 기준은 무한정이어서 의미가 없다. 법은 "시설"을 사실상 미국의 모든 고용 장소를 포함하기에 충분할 만큼 넓게 정의하고 있다. 그 용어는 "어떤 제조 설비, 공장 또는 다른 제조, 생산 또는 서비스 시설, 공항, 공항 시설, 선박, 부두, 항만 시설, 광산, 철도, 공익 설비, 실험실, 역, 다른 설비나 시설, 위의 어느 일부나 부서"를 포함하고 있다. 50 U.S.C. 782(7). 그리고 5(b)는 국방장관에게 "그가 미국의 안보가 당원들이 그 곳에 고용되어서는 안 된다고 요구하는 것으로 인정하고 결정한 기능과 관련된" 어떤 시설도 "방위 시설"로 지정하는 무제한의 재량을 부여하였다. 의회는 쉽게 더 구체적으로 규정할 수 있었다.[26] 대신에 의회는 시설과 그곳에서

26) 의회는 사실 원래 방위시설의 지정하는 장관의 재량권을 제한하는 것으로 제안하였다. 상하원을 통과한 안은 장관은 법 3(7)의 정의에 따라 방위 시설을 판정하고 지정하여야 한다고 규정하였다. 그 법안과 양원협의체에서 채택된 5(a)(1)(D) 사이의 차이는 의회 회의록(H. R. Conf. Rep. No. 3112, 81st Cong., 2d Sess., 50 (1950))에 다음과 같이 기재되어 있다.

"3(7)에 따르면 방위시설은 정부가 사용하기 위한 생산품이나 서비스를 제조 또는 공급하는 일을 하는 곳으로, 미국안보에 영향을 미치는 특성을 가지고 있다고 국방장관이 판정하고 지정한 제조 설비, 공장 또는 다른 제조 또는 서비스 시설 또는 그 일부로 정의되었다. 3(7)과 국방장관의 방위시설지정과 관련된 제5조는 방위시설의 개념을 넓히고 적절하게 지정된 제조 설비, 공장 또는 다른 제조, 생산, 서비스 시설, 공항, 공항 시설, 선박, 부두, 항만 시설, 광산, 철도, 공익 설비, 실험실, 역, 다른 설비나 시설, 위의 어느 일부나 부서를 포함하도록 협의체에서 수정되었다. 이러한 넓은 범위

일의 중요성과 보안, 시설의 서비스나 생산품이 국가 안보에 필수적인지와 같은 요건들의 관련성과 중요성을 결정하는 일을 완전히 장관에게 맡겼다.

의회는 보통 넓은 기준에 따라 권한을 위임한다. 일반적인 지침에 따른 권한의 위임은 무수히 많고 계속 바뀌며, 고도의 기술 문제를 가진 복잡한 사회에서는 불가피한 결과이다. "헌법은 의회가 그 기능을 수행하기 위해 유연성과 실용성의 필요한 자원을 이용하는 것을 거부하지 않는다." 적절한 기관에 권한을 부여하면서, 의회는 일반 방침을 지시하고, 부여된 권한을 제한하는 용어나 맥락을 보여주면 일반적으로 충분하다. 그러한 상황에서 법의 영향을 받는 사람들을 위해서 설치된 절차 구조내에서 집행하는 기관이 진술을 듣고, 법원이 그 조치를 의미있게 심사하고, 의회 스스로가 의회의 의도와 상당히 멀어지는 것을 고치기 위해서 기관의 조치를 재심사하는 것이 가능하다.

그러나 5(a)(1)(D)와 같이 규제가 형사 제재를 가하고 기본 권리들에 영향을 줄 때는 허용될 수 있는 무제한의 영역은 줄어든다. Barenblatt v. United States, 360 U.S. 109, 140, 주) 7 (블랙 대법관, 반대의견). 이것은 입법위원회든, 행정공무원이든, 판사와 배심이든, 사적인 개인에게든 간에 모호한 입법 지침과 연관된 수많은 흠결은 자유와 기본 권리의 행사가 문제되었을 때 더 심각하기 때문이다.

첫째, 5(a)(1)(D)에서 적절한 기준을 제공하지 못한 것은 의회가 예방 조치가 적용되어야 하는 범위에 관하여 "입법 판단"을 하지 못했다는 것을 반영한다. 정책 형성은 유권자가 위임한 입법기관의 원초적인 책임이고, 의회가 제한없는 기준에 따라 권한을 위임한 범위에서, 이 정책 수립 기능은 국민들에게 같은 정도로 응답하거나 책임지지 못하는 다른 기관에 넘어가게 된다. "허용가능한 법적인 모호함의 기준은 보호되는 분야에서는 엄격하다." NAACP v. Button, 371 U.S., 432. "입법자의 명백한 조치없이, 우리의 정부 체계에서 중요한 헌법의 의미와 효과에 관한 결정을 내릴 권한이 부여되지 않은 행정부 관리에게 그 결정권한을 재위임하는 것은 잘못이다." Greene v. McElroy, 360 U.S. 474, 507.

의회는 정보를 제공받을 자원과 권한을 가지고 있고, 충돌하는 찬반 의견이

---

때문에 3(7)은 '시설'과 '방위시설'이라는 두 용어를 정의하기 위해 변경되었다."

제시되고 검토되어야 하는 적절한 광장이다. 그러나 5(a)(1)(D)가 적용되어야 하는 시설의 유형에 관한 기준을 안내하는 의회의 결정 대신에, 법이 국방장관의 결정을 규정하고 있다. 장관이 어떤 시설이 국가 안보에 중요한지에 관하여 합리적인 판단을 하기 위해 필요한 정보와 전문성을 활용한다고 추정할 수도 있다. 그러나 그것은 이 법에 따라 해결되는 문제가 아니다. 그보다는 장관은 결과적으로 어떤 시설이 국가안보에 중요하고 활동중이든 활동하지 않든, 의도가 있든 없든, 당원이 그 시설에서 일하는 것이, 민감하든 해가 되지 않든, 형사 처벌의 위협아래 금지되어야 한다는 것을 결정하고 있다. 이러한 이익의 충돌을 해결하는데 있어서, 국가 안보를 지키기 위한 가장 중요한 의무감에 물든 장관의 판단은 추가 제한 지침이 없이는, 헌법이 받아들일 수 있는, 의회 판단의 대체물이 아니다.[27)]

기본적인 자유와 그 자유의 행사가 관련되어 있을 때, 헌법적인 권리가 부적절하게 침해되지 않아야 하기 때문에, 입법 판단의 필요성은 이 사건에서 특히 중요하다. Cantwell v. Connecticut, 304. 우리가 어떤 유형의 시설에서 일한다는 이유로 감옥에 보내는 것이, 보호되는 권리의 부당한 침해인지를 결정하기 전에, 적어도 의회가 그 금지가 정당하고 필요한 것으로 허용하여야 한다. 그러한 의회의 결정은 추정되지 않는다. "개인들이 실제 허용되지 않는 절차에 따라 소중한 권리를 박탈당하지 않고… 특히 합헌성이 의심되는 분야에서 명백한 조치는 법을 제정하고 이행하는 책임이 있는 사람들의 주의깊고 의도적인 고려를 요구하기 때문에 의회의 결정이 명백하게 있어야 한다." Greene v. NcElroy, 507.

둘째, 우리는 Watkins v. United States, 354 U.S. 178, 205에서, "권한의 사용에 대한 책임과 그 권한의 실제 행사 사이의 넓은 격차"를 방지함으로써

27) 장관은 법을 적용하는데 지침이 될 내용을 공표하였다.

"방위시설의 목록은 (1) 중요하게 분류된 군대의 계획에 관여하는 시설; (2) 중요한 무기체계, 하위부품과 구성품을 생산하는 시설; (3) 필수적인 공통의 구성분, 중간재, 기본재와 원자재를 생산하는 시설; (4) 중요한 공익설비와 서비스 시설; (5) 국가 방위에 중요한 기여를 하는 연구실험실. 필요할 때 때때로 개정될 목록은 안보를 이유로 비밀로 분류된다." Department of Defense Release No. 1363-62, Aug. 20, 1962.

우리의 주요산업 대부분에 쉽게 법의 적용을 정당화할 수 있는 넓은 기준은 재개정이 이루어질 수 있다는 이유로, 법이 장관의 재량을 제한하고 있다고 해석할 수 없다.

의회가 "헌법적인 자유의 존중"을 보장하기 위한 조치를 취해야 한다고 말했다. 기본적인 자유가 규제될 때 그 격차를 피하기 위한 절차상 보호는 필수적이라고 인정되었다. Speiser v. Randall, 357 U.S. 513; Marcus v. Search Warrant, 367 U.S. 717, 730; A Quantity of Copies of Book v. Kansas, 378 U.S. 205, 213. 의회가 "중요한 권한"에 따라 행동할 때에도, 절차적인 보호책없이 관련된 활동을 금지하기 위해 규제 체계가 무차별적으로 적용되는 경향이 있다.

"헌법 권리의 사법적인 결정의 기회를 모두 거부하는 법의 해석은 선호되지 않는다"는 것이 사실이다. Lockerty v. Phillips, 319 U.S. 182, 188. 그러나 이 조항의 내용과 입법과정은 의회가 장관이든 법원에 대해서든 "방위 시설"의 지정에 대해 의도적으로 이의절차를 규정하지 않았다는 결론을 내리게 한다. 이 점에 관한 조항의 부재는 모임이 공산주의자 행동 조직이라는 위원회의 결정과 그 결정에 대한 사법 심사를 주의깊게 규정한 것과 강하게 대조된다. 법은 "본래 어떤 목적을 추구하기 위해 작동하고 외국 권력의 지시, 지배, 통제에 따르는 것으로 인정되는 조직에게만 등록"을 요구하고 있다. 이러한 인정은 충분한 행정적인 청문 후에 이루어져야 하고, 행정적인 사실인정이 우세한 증거에 의해 뒷받침되는지를 결정하는 법원에 기록을 공개하는 사법심사에 따라야 한다. 위 Communist Party v. Subversive Activities Control Board 판결, 86-87. 대조적으로 법은 어디에도 공적이든, 사적이든 장관의 지정에 대한 행정적인 청문절차를 규정하지 않았고, 장관의 사실인정이 사법심사 대상이라고 규정하지 않았다. 지정을 공지받은 당원은 단체를 그만두거나 일을 그만두어야 한다. 만약 그가 둘 다 보유하고 기소되면 장관의 조치를 법적으로 다툴 수 없다.[28)]

---

28) 법은 형사책임을 부과하기 전에 4가지 중요한 사실만 고려하고 있다 : (1) 공산당이 "공산주의자 행동 조직"이다; (2) 피고인은 공산당의 당원이다; (3) 피고인은 "방위시설"에서 근무하고 있다; (4) 그는 고용된 장소가 "방위시설"이라는 공지를 받았다. 첫 번째 사실인정은 파괴활동통제위원회가 하였다. 세번째 사실인정－조선소가 "방위시설"이다－국방장관이 했다. 네번째 사실인정은 사용자가 5(b)가 요구하는 게시물을 붙인 것으로 추정되는 공지요건을 말한다. 그래서 피고인이 효과적으로 다툴 수 있는 유일한 쟁점은 그가 공산당원인가이다. 그러나 내가 도달한 결과에서 보면, 나는 이것이 피고인에게 유일한 보호를 제공하고 있고, 적법절차를 위반하였다는 피상고인의 주장을 검토할 필요가 없다.

이것은 “의회가 방위 시설”의 지정 문제를 의도적으로 장관의 전적인 재량 판단에 맡겼다는 설득력있는 증거이다. 단체에 부여된 청문과 사법심사 기회와 달리, 당원은 그가 고용된 장소를 “방위 시설”로 지정한 것을 장관에게 이의할 수 없고, 법원에 이의할 수 없다. Schilling v. Rogers, 363 U.S. 666, 674 사건의 법에서처럼, 이 차이는 “의회가 이 법에서 법원의 역할에 주의를 기울였으나, 특정한 분야에서 사법 관여 조항이 없는 것은 그러한 관여가 필요없다는 입법 목적을 강하게 드러내는” 강력한 증거이다. 장관 재량의 경계와 관련하여 전혀 지침이 없는 유연성과 함께 이러한 의회 계획의 명시는 의회가 당원들이 형사절차에서도 장관이 권한 범위를 넘었거나 특정 시설의 지정이 자의적이고 변덕스럽다고 다투는 것이 심리대상이 아니라고 생각하였다는 것을 의미한다.

조항의 입법과정은 이러한 결론을 확인해준다. 그 과정은 의회가 지정의 이유나 지정사실이 공표되지 않아야 한다는 것에 관심을 가졌음을 보여준다. 이것은 트루만 대통령이 법에 거부권을 행사한 이후에 나타났다. 원래 내용은 법이 장관에게 연방등록청에 신속하게 공개되도록… 시설을 지정하여 공표하고, 시설 목록을 그 때 그 때 수정하도록 요구하였다. 5(b). 대통령은 거부권을 행사하면서, “간첩들과 파괴행위자들이 정보를 얻기 위해 수년간 노력했고 이 법안은 정부로 하여금 그들이 수월하게 정보를 얻을 수 있도록 하고 있다.”고 말하였다. 이 법원이 위 Communist Party v. Subversive Activities Control Board 판결의 등록 조항을 승인한 직후, 지정된 시설의 목록을 연방등록청에 공개하는 요건을 삭제해달라는 장관의 요청으로 법이 개정되었다. 대신에 목록은 기밀 정보가 되었다. 지정 공지를 지정된 시설에 붙여야 한다는 사실에 비추어 그러한 기밀 분류가 실제 의미가 있는지 간에, 입법연혁을 보면 원치 않는 공개에 수반될 수 있는 청문절차나 사법심사를 제공하려는 의회의 의도가 없다는 것이 설득력이 있다. 그러므로 우리는 의회가 명백히 제외한 장관 재량의 제한이나 절차적인 보호수단을 포함할 자유는 없다. Cole v. Young, 351 U.S. 536; 위 United States v. Rumely; Ex parte Endo, 323 U.S. 283, 299; Japanese Immigrant Case, 189 U.S. 86, 101; 위 Greene v. McElroy, 507와 비교.

셋째, 이 사건에서 무한정한 위임은 영향을 받은 사람들에게 부적절한 공지를 하게 된다. 비록 5(b)에 규정된 공지의 형식은 영향받는 사람들에게 그들의 행위가 처벌되지 않도록 하는 합리적인 기회를 제공한다 할지라도, 보호받는 활동에 관여하는 사람들이 그들의 행동이 규제 대상인지에 대해 합리적으로 제대로 조언을 받았다고 보기에 충분치 않다. 관련된 사람들은 명령을 내릴 권한이 있는지 불분명한 공직자의 명령에 자신의 행위를 맞추도록 강요되어서는 안된다. 위 Marcus v. Search Warrent 판결, 736. 입법 지침은 공직자의 권한범위를 설명해서 그의 명령으로 영향을 받는 사람이 그 명령이 공직자의 권한범위내에 있고 자의적인 결정이 아니라는 것을 알도록 해야 한다. Cramp v. Board of Public Instruction, 368 U.S. 278; Scull v. Virginia, 359 U.S. 344; 위 Watkins v. United States, 208-209. 5(a)(1)(D)에 의해 영향을 받는 사람들이 장관이 그의 권한범위내에서 행동하는지를 아는 방법이 없고, 그래서 정상적으로 보호되는 활동중에 위반이 되는지를 결정하는 공정한 근거가 없게 된다.

5(a)(1)(D)는 단지 정치 결사로 인하여 형사처벌을 위협함으로써 중요한 일자리 권리를 거부하고 있다. 정부는 Robel이 안보 위험분자라는 주장을 하지 않는다. 그는 수년간 조선소에서 기술자로 일해 왔고, 우리는 지금도 그 곳에서 일하고 있다고 들었다. 우리는 Robel이 자신의 선택에 따라 생활비를 벌고 있고 법을 지키는 시민이라고 가정하도록 정부가 안내하였다. 그를 처벌하는 정당성은 공산당의 당원들이 명목상이거나 비활동적이고 합법 수단을 통한 변화만을 믿고 있다 할지라도, 의회가 다른 시민들보다 더 그들이 우리의 국가 안보에 해로운 간첩행위와 파괴행위에 관여할 것 같다고 적절하게 결론내렸다는 것에 있다. 그럴 수 있다. 그러나 보호되는 자유의 영역에서, 결사만에 기초한 규제와 위법행위의 증거가 없는 또는 불법적으로 행동할 의도의 증거가 없는 규제는 적어도 무차별적인 적용에 대항하여 보호하기에 충분한 기준이나 절차적인 보호가 수반되어야 한다. "만약 자유가 규제된다면, 의회의 법률 제정 기능에 의하여야 한다… 그리고 만약 권한이 위임된다면, 기준은 일반적으로 인정된 분석에 의한 심사를 통과하기에 적절해야 한다." Kent v. Dulles, 357 U.S. 116, 129.

**[대법관 화이트 반대의견**(대법관 할란 참여)**]**

법원은 수정헌법 제1조로 인하여 당이 공산주의자 행동 조직으로 인정되었다는 것을 아는 공산당의 당원이 국가 안보에 중요한 방위 시설에서 고용되는 것으로부터 금지되지 않는다고 판결한다. 그래서 입법부와 행정부의 반대되는 판단의 집행을 거부하고 있다. 나는 이 견해에 반대한다.

의회가 정의한 국가 안보에서 공공의 이익보다 우선하는 헌법 권리는 결사의 권리, 이 사건에서 피상고인 Robel이 공산주의자 행동 조직으로 지정된 것을 공지받은 후 공산당의 당원으로 남아 있을 권리이다. 결사의 권리는 헌법에서 언급하지 않았다. 그것은 자유롭게 말하고, 회합하고, 불만 처리를 위해 청원할 수정헌법 제1조 권리에 부가된 사법적 구성물이다.[29] 결사의 권리가 역사에 깊은 뿌리가 있고 우리와 같이 거대하고 복잡한 공화국에서 집단 행동의 불가피한 필요성에 의해 지지되고 있지만, 헌법 소송에서 최근에야 지배적인 요소로 발전하였다. 비록 수정헌법 제1조 권리에 관의 개입은 면밀한 심사를 요구하지만, 결사의 자유가 절대적이지 않고 국가에 의한 상당한 규제 대상이라는 것은 분명하다. 형사음모법은 결사하는 목적과 그 계획을 이행하기 위해 사용하는

29) 만약 사람들이 개인으로 말할 수 있다면, 그들은 단체로도 말할 수 있다. 만약 그들이 모여서 청원할 수 있다면, 그들은 일정 정도까지 결사할 권리를 가져야 한다. 이러한 의미에서 결사의 권리는 개인 혼자보다는 다른 사람들과 함께 행사했을 때, 수정헌법 제1조 권리들에 대한 헌법 보호를 단순하게 확대한다. NAACP v. Alabama 사건에서 법원은 믿음과 생각을 발전시키기 위한 결사의 자유는 헌법이 보호하고 "결사에 의해 발전시키려는 믿음이 정치, 경제, 종교 또는 문화적인 문제와 관련되어 있는지는 관계없다…" 357 U.S. 449, 460 (1958). 이 사건은 청원의 형태인 소송 뿐만 아니라 단체로서 생각의 선전과 관련되어 있다. 후자의 수정헌법 제1조 요소는 NAACP v. Button, 371 U.S. 415 (1963); Railroad Trainmen v. Virginia Bar, 377 U.S. 1 (1964); United Mine Workers v. Illinois Bar Assn., 217에 들어 있다. Eastern R. Presidents Conference v. Noerr Motor Freight, Inc., 365 U.S. 127 (1961)에서의 활동들은 비록 상업적인 동기이지만, 입법활동에 영향을 미치는 것을 목표로 하였다. 결사할 권리가 독자적인 자격을 갖춘 독립적인 수정헌법 제1조 권리인지와 다른 수정헌법 제1조 권리의 실행을 넘어 보유될 것인지는 최종적인 해답을 기다리고 있다. 이와 관련하여 법원은 실질적인 연방문제를 제기하지 않는다면서 플로리다 회계사가 비거주 회계사를 파트너로든 직원으로든 결합하는 것을 금지한 플로리다 규제에 도전하는 상고를 기각하였다. 모든 파트너가 플로리다의 회계사 자격이 없으면 다른 주와 결사하는 것은 금지되었고, 실무상 플로리다 거주자만이 자격을 가질 수 있었다. Mercer v. Hemmings, 46.

수단을 제한하고 있다. 노동조합, 그리고 조합원은 정당과 기업처럼 연방법과 주법에 의해 복잡하게 통제된다.

관련된 사례는 한결같이 결사의 권리와 공공의 이익을 조정할 필요성을 드러내고 있다. 이 법원의 의견에서 결사의 권리를 처음으로 실질적으로 토론한 NAACP v. Alabama, 357 U.S. 449 (1958)는 사법적 접근을 예시하였다. 결사할 권리에 대한 행정 조치의 영향을 언급한 후, 법원은 "앨라배마주가 상고인으로부터 공개물을 입수하는데 있어서 이러한 공개물이 헌법이 보호하는 상고인의 결사의 권리의 자유로운 행사를 억제하는 효과를 정당화하기에 충분한 이익을 밝혔는지를" 물었다. 357 U.S. 463. 같은 내용은 Bates v. City of Little Rock, 361 U.S. 516 (1960); NAACP v. Button, 371 U.S. 415 (1963); Railroad Trainmen v. Virginia Bar, 377 U.S. 1 (1964)에도 있다. 지난 주 United Mine Workers v. Illinois Bar Assn., 에서 법원은 적절하고 개인적인 법률 대리를 확보하는 주의 이익보다 월급을 받은 대리인이 법률 서비스를 제공하는 조직에서 회원들의 결사의 권리를 중요시하고, 주의 이익이 규제를 정당화하기에 충분하지 않다고 보았다.

법원은 이 사건에서 다른 길을 요구하지 않는다. 공산당의 불법 목표에 참여한 것이 밝혀진 명백히 "활동중인" 당원은 방위 시설로부터 배제된다. 이 제외는 이 사건의 법과 마찬가지로 결사의 권리에 대한 제한 효과를 갖고 있지만, 정부의 안보 이익은 그 효과보다 우선할 것이다. 또한 법원은 피상고인이 비록 활동중인 당원이 아니라도, 방위 시설의 "민감한" 자리에 고용되는 것의 금지를 허용하는 것 같다. 여기서 간첩행위와 파괴행위를 예방하고 방지하는 이익은 직업 상실이라는 제한하는 영향보다 중요할 것이다. 만약 내가 법원 판결을 올바로 해석한다면, 공산당과 결사는 당원의 고용이 때때로 금지되는 것으로 제한되고 방위 관련 일에 종사하는 조건으로 비당원지위가 요구될 수 있다. 이 사건에서 법원은 공산당원지위와 방위 시설의 고용 사이에 선택을 요구할 만큼 Robel이 국가안보에 대한 충분한 위협을 드러내지 않았다고 판시하면서, 의회와 국방부에 반대하고 있다. 나는 이 나라의 안보 위협을 다룰 때, 다수의견만큼 법원의 통찰을 신뢰하지 않으면서, 의회와 행정부의 판단을 더 선호한다. 공산주의자 행동 조직으로 결정되었다는 것을 알면서 공산당원의 지위를 유지하는 피상고인의 이익이 그를 중요한 방위 산업체에서 고용하지 않는 공공의 이익보다는 덜 실질적이다.

의회가 주장한 국가 이익은 현실적이고 실질적이다. 수년간의 연구 끝에 의회는 1950년 파괴활동통제법을 제정하였다. 의회는 현존 정부를 전복하기 위해 반역, 기만, 간첩, 파괴행위를 하는 국제 공산주의 운동이 존재한다고 인정하였다. 무력과 폭력을 포함하여 필요한 수단으로 정부를 전복하고 외국의 지배와 통제를 받는 공산주의자 행동 조직을 통하여 이 나라에서 그 운동이 계속되고 있다는 점, 미국에서 공산주의자 운동은 엄격하게 훈련되고 비밀리에 활동하며, 현존하는 법을 위반하는 형태와 방식으로 간첩행위와 파괴행위 기술을 활용하는 수천명의 지지자들로 이루어져 있다는 점도 인정하였다. 그래서 의회는 공산주의자 행동 조직의 특성을 정의하고 위원회의 판정절차를 규정하였고, 미국의 안보가 공산주의자 행동 조직의 단원을 방위 시설의 고용에서 배제하는 것을 요구한다고 결정하였다. 오래되고 복잡한 소송을 거쳐 위원회는 공산당이 법이 의미하는 공산주의자 행동 조직이라고 인정하였다. 그 결론은 이 법원(위 Communist Party v. Subversive Activities Control Board, 367 U.S. 1)과 항소법원에 의해 모두 인용되었다. 또한 법이 요구하는 바와 같이 당이 외국 정부나 조직의 지시를 받거나 통제를 받고 있고, 원래 국제 공산주의 운동의 목표를 추구하기 위해 가동되며, 50 U.S.C. 792(e)가 구체화한 공산주의 행동 조직의 범주를 충분히 충족한다는 결정도 인용되었다. 많은 당원들이 외국 정부나 조직의 통제나 규율을 따르거나 인정하고 있다는 위원회의 사실인정도 포함되었다. 이 법원은 당이 "미국의 현존하는 정부뿐만 아니라 주권을 가진 독립국가로서의 미국"에 대한 위협을 드러냈다는 의회의 평가를 받아들였다. 367 U.S., 95.

이러한 배경에서 방어 조치들은 명백히 적절하다. 그들 중 하나는 당의 공산주의 행동 조직 지정의 확인으로 적용되는 50 U.S.C. 784 (a)(1)(D)에 들어 있는데, 그것은 "그 조직의 단원이 … 명령이 마지막이라는 인식을 하거나 공지를 받고서 … 방위 시설에 고용되는 행위"를 불법으로 규정하였다. 방위 시설은 "〔국방장관이〕 미국의 안보가 요구한다고 인정하고 결정한 기능과 관련하여" 그러한 조직의 단원들은 고용되어서는 안 되는 특정한 유형의 시설이다. 당의 특성, 외국의 지배, 정부 전복이라는 주된 목표, 당이 당원들에게 행사하는 규율, 간첩행위와 파괴행위 성향을 고려할 때, 당이 공산주의 행동조직이라는 것을 아는 당원들을 방위 시설에서 배재하는 것은 의회의 권한범위내에 있다.

의회는 적절한 예방조치를 취할 지위에 있다. 일부 당원들은 전혀 위협적이지 않지만 많은 당원들은 위협적이고, 의회가 막으려고 하는 사건이 발생하기 전에 미리 그들을 확인하는 것이 극히 어렵다. 만약 Robel과 같은 당원들이 “민감한 위치”에서 배제된다면, 그들의 잠재적인 안보위협 때문이다. 같은 이유로 그들은 의회와 국방장관이 국가안보에 매우 중요하다고 생각한 방위 산업체에서 고용이 금지될 수 있어야 한다.

법은 공산당원의 지위를 금지하지 않는다. 피상고인과 다른 공산주의자들은 미국에서 고용이 모두 금지되지 않고, 심지어 모든 방위 산업체에서도 금지되지 않는다. 배제의 근거는 국가 안보의 필요성이고 이 기준에 따라 지정된 시설들은 미국 산업체의 1%에 지나지 않는다.

비록 특정되고 최소한이지만, 법원이 허용될 수 없다고 인정한 것이 결사의 권리에 대한 이러한 영향이다. 그러나 공산주의 행동 조직원들을 방위 시설에서 배제하는 정부의 명백한 이익이 결사의 권리에 대한 법의 영향보다 중요한 것처럼, Robel이 공유하지 않는 목적을 가진 단체의 회원이 되고 회원으로 남아 있을 이익이 무엇인지 확인하는 것도 중요해 보인다. 그러나 우리는 법원에 의해서 또는 이 사건 기록으로 Robel이나 다른 사람들이 당과 결사하는 목적을 이해하지 못한다. 당의 법적인 목표와 계획은 확인되거나 평가되지 않았고, 당원으로서 Robel의 활동도 마찬가지이다. 다수의견은 모호하고 실체가 없는 결사의 권리와 무엇이 방위 시설에 비합리적인 위험이 되는지에 관한 자신의 관념에 머물러 있다.

다수의견은 결사가 불법 목표를 추구한다는 인식을 가지고 단순한 회원지위에 있는 것은 형사기소, Scales v. United States, 367 U.S. 203 (1961), 또는 여권 거부, Aptheker v. Secretary of State, 378 U.S. 500 (1964)의 근거가 될 수 없다고 말한다. 그러나 일부 방위 산업 공장에서 고용되는 기회가 거부되는 것은 여권의 거부나 회원지위에만 가해지는 형사 처벌보다 결사의 권리 행사에 대한 훨씬 더 작은 제한이다. 그리고 방위 산업 공장에서 잠재적인 간첩과 파괴행위자를 배제하는 정부의 이익은 불충한 미국인의 해외 여행을 금지하거나 모든 당원들을 투옥하는 이익보다 더 크다. 다수의견이 말하는 "민감하고 어려운" 판단은 Scales 및 Aptheker판결과는 다른 결론으로 이어져야 한다.30)

다수의견의 동기는 훌륭하다. 국가 안보와 일치하여 개인의 자유를 향유하는 경계를 최대한 넓히고 있다. 그러면서 국가 안보에 필요한 요건을 독립적으로 판단하는 월권을 행사하고 있다. 이것은 판사들이 주의해야 하는 문제이다.

30) 나는 의회가 국방장관에게 "미국의 안보가 (a)항의 적용을 요구하는 방위시설에 관하여" 결정하도록 허용할 때, 부적절하게 위임했다는 대법관 브레넌의 견해에 동의할 수 없다. 이것이 오늘날의 복잡한 정부 구조가 요구하고 이 법원이 자주 승인한 행정 전문성내에서 구체적인 사실에 적용하는 입법적 결정의 예라고 생각한다. 나는 법이 사권의 박탈이라는 피상고인의 주장 역시 배척할 것이다. United States v. Brown, 381 U.S. 437, 462 (1965)(대법관 화이트 반대의견).

## 3. 결사의 자유와 불매운동으로 인한 영업손실의 손해배상 책임 제한

**NAACP v. Claiborne Hardware Co.**

458 U.S. 886 (1982)

**[요약]**

1966년 수백명의 흑인들이 참석한 미국흑인지위향상협회(National Association for the Advancement of Colored People : NAACP, 이하 옮긴이는 협회라 함)의 지부 회의에서 미시시피 클레이본 카운티의 백인 상인들에 대한 불매운동(boycott)이 시작되었다. 불매운동의 목적은 시민 및 사업 지도자들이 평등과 인종적 정의를 위한 요구사항을 준수하도록 하는 것이었다. 불매운동은 공동의 대의에 동참하도록 권유하는 발언과 비폭력 피켓팅으로 진행되었으나, 일부 폭력행위와 협박이 있었다. 1969년 피상고인 백인 상인들은 미시시피 형평법원(Chancery Court)에 상고인들(협회, 미시시피 진보 행동, 협회의 현장 활동가이자 불매운동의 중요 조직가인 에버스를 포함하여 불매운동에 참여한 많은 개인들)을 상대로 금지명령과 손해배상을 청구하는 소송을 제기하였다. 법원은 피상고인들의 사업에 대한 악의적인 방해의 불법행위를 포함하여 3가지 공모이론에 의해 1966년부터 1972년까지 7년간 피상고인이 입은 모든 손실에 대해 상고인들의 연대책임이 있다고 판단하면서 손해배상책임을 인정하고 영구적인 금지명령을 발부하였다. 미시시피 대법원은 2가지 책임이론을 배척하였으나 보통법의 불법행위론에 따라 책임을 인정하였다. 보복의 두려움 때문에 일부 흑인들은 피상고인들과의 거래를 그만두었다는 증거를 바탕으로 법원은 전체 불매운동을 위법으로 판단하고, 상고인들이 불매운동의 효과를 높이기 위해 무력, 폭력, "협박"을 사용하기로 합의하였다는 것을 근거로 불매운동으로 인한 모든 손해에 대하여 상고인들의 책임을 인정하였다.

**[요지]**

상고인들 활동의 비폭력 부분은 수정헌법 제1조의 보호를 받는다.

(a) 폭동 또는 혁명이 아니라, 수정헌법 제1조의 언론, 집회, 결사, 청원할 권리의 행사를 통하여 상고인들은 정치와 사회, 경제적인 변화를 추구하였다.

(b) 주는 경제 활동을 규제할 권한을 가지고 있지만, 이 사건의 불매운동과 같은 평화로운 정치 활동을 금지할 권한이 없다.

2. 상고인들은 비폭력적이고 보호되는 활동의 결과로 인한 피해에 대해 책임이 없다.

(a) 주가 폭력행위의 결과로 발생한 피해를 배상하도록 하는 것은 정당하지만, 비폭력적이고 보호되는 활동의 결과에 대해 배상을 명할 수 없다; 불법 행동으로 인한 손실만이 회복될 수 있다.

(b) 수정헌법 제1조는 개인이 다른 사람과 결사했다는 이유로만 책임을 인정하는 주의 권한을 제한한다. 민사책임은 일부 회원이 폭력행위를 한 단체에 개인이 소속되었다는 이유만으로 인정될 수 없다. 결사만을 이유로 개인의 책임을 인정하기 위해서는, 단체 자체가 불법 목적을 가지고 있고 개인이 그 불법 목적을 추구할 구체적인 의도를 가지고 있다는 점이 증명될 필요가 있다.

3. 기록상 피상고인들의 모든 사업 손실이 폭력 또는 협박으로 인하여 직접 발생하지 않았을 경우에, "불매운동으로 인한" 모든 피해의 배상은 용인될 수 없다.

(a) 미시시피 대법원의 판단이 "많은" 흑인 시민들이 사회적인 따돌림, 비방, 중상의 "협박"에 의해서 위협을 받았다는 점을 근거로 한 범위에서, 수정헌법 제1조와 명백히 일치하지 않는다. 법원의 모호한 사실인정은 위 수정헌법이 요구하는 "규제의 정확성"을 보장하기에 부적절하다.

(b) 협회의 클레이본 카운티 지부 회의에 규칙적으로 참석하고 참여한 것이 개인 상고인들의 책임을 인정하는 근거로서 충분하지 않다. 또한 단지 개인들이 가게를 이용하는 흑인들의 이름을 기록하기 위해 불매운동을 벌인 상점 밖에 서서 "가게를 감시"하였거나 불매운동 "집행자들"이라는 특정 집단의 구성원이었다는 이유만으로 책임이 인정될 수 없다.

(c) 비슷한 이유로, 에버스에 대한 판결도 별도로 정당화될 수 없고, 그가 한

발언을 근거로 그에게 책임을 물을 수 없다. 왜냐하면 발언은 폭력을 부추기지 않았고 특히 폭력의 사용을 용인하지 않았기 때문이다. 책임을 인정하기에 충분하지 않은 그의 행동은 협회의 책임 인정에도 사용될 수 없다. 나아가 에버스나 다른 협회 회원이 협회로부터 폭력행위를 하거나 폭력행위를 위협하기 위한 실제 또는 외견상 권한을 받았다거나, 협회가 불법 행동을 승인했다는 근거도 없다. 그러한 사실인정없이 협회의 책임을 인정하는 것은 수정헌법 제1조가 보호하는 정치적인 결사의 권리에 허용될 수 없는 부담을 주게 된다.

미시시피 대법원 판결을 취소하고 환송한다.

대법관 스티븐스가 법원의 의견을 작성하였고 대법원장 버거, 대법관 브레넌, 화이트, 블랙먼, 파웰, 오코너가 참여하였다. 대법관 렌퀴스트는 결과에 동조하였다. 대법관 마샬은 이 사건 결정에 참여하지 않았다.

**[대법관 스티븐스]**

용어 “공동 행동(concerted action)”은 불법 공모와 헌법이 보호하는 집회를 포함하고 있다. 공동 행동에 적용될 수 있는 “느슨함과 유연성”의 법률이론으로 인하여 대법관 잭슨은 어떤 공동 행동은 “카멜레온과 같은” 성격을 가졌다고 적었다. 이 사건 소송을 야기한 미시시피 클레이본 카운티의 백인 상인들에 대한 불매운동은 그러한 성격을 가졌다. 그것은 범죄적 요소와 장엄한 요소를 포함하고 있다. 보복의 두려움 때문에 일부 흑인들이 피상고인들과의 거래를 그만두었다는 증거에 의해 미시시피 대법원은 모든 불매운동이 불법이라고 믿었고, 92명의 상고인들은 각각 모든 경제적 피해에 대한 책임이 인정되었다. 설득하는 발언, 과거의 정의롭지 못한 일을 시정하려는, 자유로운 시민들의 자발적인 결정이 불매운동 성공에서 중요한 요소라는 증거로 인하여 우리는 주법원의 판결이 미국헌법에 맞는지 검토한다.

## I

1966. 3. 미시시피 포트 깁슨(Port Gibson)시와 클레이본 카운티의 다른 지역 흑인들은 선출직 공직자들에게 인종 평등과 통합을 요청하는 특정한 요구목록을 제출하였다. 청원인들은 만족할만한 답변을 받지 못했고, 침례교회에서 열

린 지역 협회의 회의에서 수백명의 흑인들은 지역의 백인 상인들에 대한 불매운동을 벌이기로 투표하였다. 1969. 10. 31.에 상인들 몇 명이 주법원에 불매운동으로 인한 손실을 회복하고 미래의 불매운동을 금지해달라는 소송을 제기하였다. 우리는 먼저 소송의 청구내용을 살펴보고 손해배상청구의 원인이 된 사건들을 더 자세히 검토한다.

A

17명이 백인 상인들이 형평 법원에 소송을 제기하였다.[31] 상인들은 단체 2개와 개인 146명을 피고로 삼았는데, 협회와 연방의 "교육지원(Head Start)" 프로그램을 수행하는 미시시피 난제인 미시시피 진보 행동(Mississippi Action for Progress : MAP, 이하 옮긴이는 진보행동이라 함), 협회의 미시시피주 지부의 대표인 헨리, 미시시피 지부의 현장 활동가 에버스, 그리고 불매운동에 참여한 144명이다. 청구인들은 명령 구제와 재산가압류, 피해배상을 청구하였다. 원고들은 계속되는 공모로 회복할 수 없는 피해를 입었다고 주장하였지만 사전구제는 청구되지 않았다.

심리는 1973. 6. 11.에 시작되었다.[32] 형평 법원은 8개월간의 심리에서 증인 144명의 증언을 들었다. 1976. 8. 법원은 3가지 공모이론에 따라 "압도적인 우월한 증거"가 130명 피고들의 공동 및 개별 책임을 증명하였다는 의견과 결정을 발표하였다.[33] 첫째, 법원은 피고들이 공모가 요건사실이 아닌 원고들의 사업에 대한 악의적인 방해의 불법행위에 책임이 있다고 판결했다.[34] 둘째, 판사

31) 상인들이 운영하는 사업은 4곳의 식품가게, 2곳의 공구상, 약국, 2곳의 잡화점, 세탁소, 술판매점, 2곳의 자동차판매점, 2곳의 자동차부품판매점, 주유소를 포함하고 있다. 불매운동을 당한 가게 소유자들은 상당수가 포트 깁슨시와 클레이본 카운티의 지도자들이다. 피상고인들 가운데는 시의원, 미시시피 하원의원, 교육위원, 카운티 위원회 위원 등으로 활동하는 사람들이 있다.

32) 연방법원에서의 관련 절차 때문에 심리 개시가 늦어졌다.

33) 148명의 피고들 중 대리인들의 합의에 의해 16명(12명은 죽었고, 2명의 미성년자, 1명은 무능력자, 1명은 설명없이 합의로 기각되었다)에 대한 청구는 기각되었다. 피고 1명은 소장에 잘못 기재되어 기각되었다. 판사는 청구인이 미시시피주 협회의 대표 헨리의 불법행위를 증명할 책임을 다하지 못했다는 이유로 그에 대한 청구를 기각하였다. 합의 또는 오류로 기각된 피고들은 제외하고, 원고들은 1명을 뺀 다른 피고들 모두에 대해서 1심 법원에서 승소하였다.

는 피고들의 원래 분쟁은 포트 깁슨시와 클레이본 카운티의 당국과 있었던 것이고 불매운동이 진행된 백인 상인들에 대한 것이 아니었다는 이론으로, 주법상 2차적 불매운동 금지 위반을 인정하였다.[35] 셋째, 법원은 불매운동때문에 백인 상인들의 흑인 단골고객이 흑인 상인들과 클레이본 카운티 바깥의 다른 상인들을 이용함으로써 전통적으로 존재해왔던 흑인과 백인 상인들 사이의 경쟁을 불합리하게 제한하였다는 이유로 미시시피 반독점법의 위반을 인정하였다.[36] 판사는 특히 자신들의 행위가 수정헌법 제1조에 의해 보호된다는 피고들

---

34) 피고들의 보통법상 불법행위책임에 관한 방대한 판결이유가 민사적 공모의 존재에 초점을 맞추고 있지만, 형평 판사는 거래의 공동거절만으로는 미시시피 보통법에 따라 청구대상이라고 판단하지는 않는 것 같다. 1심 법원은 첫번째 책임이론의 근거로 "이 사건 증거에 의해서 밝혀진 대로 청구인들의 사업을 피고들이 악의적으로 방해한 것은 그 자체로 불법행위가 되고, 이것은 공모의 요소가 없어도 마찬가지"라고 보고 있다. 미시시피에서는 "제3자와 연계되어 행동하든 아니든 간에, 개인이나 회사는 거래나 영업을 악의적으로 방해하는 행동에 책임이 있다." Memphis Laundry-Cleaners v. Lindsey, 192 Miss. 224, 239, 5 So.2d 227, 232 (1941). 이 사건의 판사는 악의 요소는 "정당하거나 합법적인 원인 또는 이유없이 제3자에게 해로운 행동의 의도적인 실행"의 증거에 의해 증명되었다고 판시하였다.

헨리를 제외하고 각각의 피고들이 공동으로 또는 개별적으로 원고들의 손실에 대해 책임이 있다는 법원의 인정은 공모의 존재에 대한 반복적인 언급으로 설명된다. 원고들의 보통법상 청구 요소는 피고들이 타인에게 해롭고 면책되지 않는 행동을 의도적으로 실행한 것이었다. 법원은 "일부 피고들이 원고들의 거래와 영업에 피해를 준 공공연한 행동"을 했다는 것이 증거에 의해 명백히 밝혀졌다고 판시하였다. 이어서 "2명 이상이 공모하였고, 공모가 각 개인의 불법행위를 그들 모두의 공동행동으로 만들었다"고 보았다.

"공모자들 중 한 사람이 공모를 실행하면서 한 각각 행위는 법적인 관점에서, 연대책임이 있다." 그래서 공모의 존재로 인하여 공모자들 모두가 그 공모에 참여한 자의 불법행위에 책임이 있다.

35) "이 사건의 증언은 불매운동의 주요 목적이 포트 깁슨 시와 클레이본 카운티의 백인 상인들이 행정당국에 압력을 가하여 피고들의 요구사항을 들어주도록 하는 것, 또는 그렇지 않으면 경제적인 손실을 겪도록 하는 것이었다는 점을 분명히 나타내고 있다." 그러나 위에서 본 바와 같이 상인들 중 상당수는 지도급 인사들이었다.

36) 법원은 이 이론에 따라 공동행동에 의도적으로 참여한 각 피고는 그로 인하여 발생한 모든 피해에 대해 직접 책임이 있다는 것을 분명히 했다.

"법적인 원리에 따라, 피고들쪽의 공동행동은 계획적으로 진행되었고, 피고들은 그 계획을 고수하고 참여하였다는 점이 충분히 밝혀졌다." 법원의 2차적 불매운동이론도 마찬가지 결론이다. "불법 불매운동이 재산권의 침해이기 때문에, 불매운동참여자들은

의 주장을 배척하였다.[37)]

5명의 상인들은 영업손실의 증거를 제시하지 않았다. 형평 법원 판사는 나머지 12명이 1966년부터 1972년까지 7년간 944,699불에 이르는 영업수익과 신용의 상실을 겪었다고 보았다. 그 금액에 법정 반독점 벌금 6,000불, 30만불의 변호사비용을 더하여 합계 1,250,699불 및 이자 지급 판결이 선고되었다. 148명의 피고들 중 18명을 제외하고 피고들 모두가 판결 전체에 연대책임이 인정되었다. 법원은 협회가 미시시피 현장 활동가인 에버스의 행동을 "거부"하지 않았다는 이유로 전국조직에게도 책임을 인정하였다.

손해배상책임 인정에 더하여, 판사는 넓은 금지명령을 내렸다. 그는 상고인들의 나음 행위를 금지하였다. 피상고인들의 영업장소에 "가게 감시자"로 서 있는 행위; 피상고인들과의 거래를 철회하도록 "설득하는" 행위; 피상고인들과 계속 거래하는 사람이라는 이유로 그에게 또는 그에 관하여 "비하하거나 음란한 말을 하는" 행위; 피상고인들의 가게주위에서 "피켓팅하거나 순찰하는" 행위; 사람을 폭행하거나 부동산이나 개인 재산에 피해를 가하는 행위.

1980. 12. 미시시피 대법원은 1심 법원 판결의 상당 부분을 취소하였다. 2차적 불매운동 법은 불매운동이 2년 이상 진행될 때까지 제정되지 않았기 때문에 적용될 수 없다고 판단했다. 법원은 "연방대법원이 정치적인 목적을 이루기 위해 불매운동을 하는 것은 반독점법(Sherman Act, 15 U.S.C. §1 (1970)) 위반이 아니라고 보았고, 주법은 그 반독점법을 본떠서 만들었다. 그래서 법원은 백인 상인들과의 거래를 완전히 자발적이고 비폭력적으로 거부한 행위에 대해 2가지 책임이론을 받아들이지 않았다."고 판시하면서 거래제한법을 적용하지 않았다.

그러나 미시시피 대법원은 보통법상의 불법행위를 근거로 한 책임은 인정하

---

그 피해에 책임이 있다."

37) 2차적 불매운동 금지법을 검토하면서 법원은 법이 수정헌법 제1조 및 제14조에 따라 위헌이라는 주장을 받아들이지 않았다. "기본 전제"로서 "2차적 불매운동"이 연방법과 미시시피법에 의해 불법이라고 설시하면서, 법원은 "불법 행위와 통신은 언론 자유의 헌법 조항이 보호하지 않는다."고 판시하였다. 주의 거래제한법에 따라 책임을 인정하면서, 판사는 다음과 같이 덧붙였다.

"피고들의 헌법 주장을 주의깊게 검토한 후, 법원은 피고들의 행위나 행동은 어느 것도 연방헌법이나 미시시피헌법이 보호하지 않는다고 본다."

였다. 1심 판사의 사실인정을 검토한 후, 다음과 같이 인용하였다.

"합의내용과 계획을 실행하면서, 피고들 중 몇 사람은 피고들 모두를 위해 행동하는 과정에서 사람과 재산에 물리적인 무력과 폭력을 행사하였다. 위협, 협박, 사회적인 따돌림, 비방, 중상은 피고들이 바라던 결과를 얻기 위해 이용한 일부 수단들이다. 가장 효과적인 것은 백인이 소유한 영업장소 부근에 감시자(집행자들, 집사들, 검은 모자들)의 배치였다. 의심할 여지없이 많은 흑인들의 자유의사는 순전히 두려움에 압도당했고, 그들은 개인 의사에 반하여 청구인들과 거래 및 영업 관계를 그만두도록 강요되었다."

이러한 사실인정을 바탕으로 법원은 불매운동 전체가 불법이라고 결론지었다.

"만약 이러한 요소들－무력, 폭력, 또는 협박－이 존재한다면, 불매운동은 원래의, 2차적, 경제, 정치, 사회 또는 다른 것인지와 무관하게 불법이다."

법원은 상고인들의 수정헌법 제1조 주장을 간단하게 배척하였다.

"목적을 이루기 위해 평화에 반하는 불법적인 무력, 폭력, 그리고 협박을 합의하에 사용한 행위는 현재의 사실관계상 공모가 된다. 우리는 수정헌법 제1조가 보호하는 자유언론이 범죄를 저지르는 권리를 보호하고 있다고 판정한 경우나 우리의 관심을 끄는 판결을 알지 못한다."

미시시피 대법원의 이론은 상고인들이 무력, 폭력, 그리고 협박을 사용하기로 "합의하였다"는 것이다.[38] 1심 법원은 그러한 사실인정이 필요하지 않았다.[39]

비록 미시시피 대법원이 1심 판사의 책임인정을 인용하였지만, 피상고인들이 38명의 피고에 대해서는 입증책임을 다하지 못했다고 판결했다. 법원은 진보행동이 공모관계에 자발적인 참여자라기보다는 피해자라고 인정하였고, 추가 설명없이 37명의 개인 피고들에 대한 청구는 증거부족으로 기각했다. 마지막으로

38) 법원은 피고들 중 누가 그러한 합의를 하였는지를 확인하는 증거를 특정하지 않았다.

39) 2차적 불매운동과 거래제한법에 따른 책임은 전적으로 자발적이고 비폭력적인 거래중단합의를 기초로 인정될 수 있다. 불법행위책임을 인정하면서 1심 법원이 미시시피 대법원이 발전시킨 것과 비슷한 이론에 의존하였는지는 불분명하다. 다른 사람의 행동에 각 공모자들의 책임을 인정한 불법적인 민사공모와 관련하여, 1심 판사는 공모를 실행하기 위해 무력 또는 폭력을 사용하기로 한 합의에 모든 피고들을 연결할 필요가 있다고 믿은 것으로 보인다. 그러나 판사는 그러한 합의가 존재한다는 사실인정을 하지 않았다.

법원은 일부 피해배상은 부적절하고, 다른 피해는 적절하게 증명되지 못하였다고 판단했다. 법원은 손해액 계산에 관한 추가 절차를 위해 환송하였다.[40]

우리는 이송명령을 내렸다. 454 U.S. 1030. 구두변론에서 미시시피 대법원 판결의 사실적인 근거에 대해 의문이 발생하였다. 위에서 적시한 대로, 그 법원은 각 상고인들이 무력, 폭력, 그리고 협박을 통해 불매운동을 하기로 합의하였다는 것을 근거로 상고인의 손해배상책임을 인정하였다. 그러한 사실인정은 1심 법원이 책임을 인정하는 데는 필요치 않았고, 주법원들은 상고인들이 그러한 합의를 하였다는 증거를 확인하지 않았다. 이 법원의 요청에 따라 피상고인들은 "손해배상책임을 야기하는 것으로 각각의 상고인들이 저지른 행위를 특정하는" 보충서면을 제출하였다. 그 서면은 상고인들을 여러 범주로 분류하는데 도움을 준다. 우리는 피상고인들의 분석 틀을 받아들이고, 피해가 인정된 7년 동안 발생한 관련 사건들을 심사하는 전제로서 이러한 분류를 확인한다.[41]

첫째, 피상고인들은 책임이 인정된 것은 불매운동의 "관리"에 참여한 증거에 의해 정당하다고 주장한다.[42] 피상고인들은 "관리자들"로서 책임이 인정된 사람들로 구성된 두 집단을 특정하였다. 제일 감리교회의 화요일 밤 협회 모임에 참석한 79명의 개인들과 그 모임에서 지도적인 역할을 한 11명.[43]

둘째, 피상고인들은 개인이 불매운동의 집행자로서 행동했다는 증거에 의해 책임인정은 정당하다고 주장한다.[44] 피상고인들은 "검은 모자들(Black Hats)"

---

40) 금지명령에 대해서 법원은 다음과 같이 판시하였다.
"금지명령이 잘못 발부되었지만, 오류가 다퉈지지 않았고, 협회등은 서면의 결론부분에서 금지명령은 실익이 없다고 말하였다." 이러한 인정에도 불구하고 법원은 금지명령을 취소하지 않았다.

41) 피상고인들도 "미시시피 대법원이 상고인들의 손해배상책임을 인정한 근거는 합의에 의한 불법적인 무력, 폭력, 협박의 사용"이었다고 인정한다.

42) 피상고인들은 주장한다. "운동을 실행하는 전술을 모두 알고 활동내용의 결정과정에 참여한 사람은 그 전술에 동의를 표시한 것"이라고 주장한다. 그래서 피상고인들은 관리자의 관리실패책임을 물을 수 있다고 주장한다; 불매운동 "집행자들"이 사람과 재산에 대한 피해의 두려움을 일으켰다는 증거에도 불구하고 그들은 그 위치에서 제외되지 않았고 자발적으로 참여하는 체계로 바뀌지 않았다; 상고인들 중 어느 누구도 그 실행 방법에 대해 경고하였다는 증거도 없다; 거리에서 군대같은 성공적인 집행체계와 불매운동 지도자들의 협박성 발언은 기간 내내 중단되지 않았다.

43) 이 두 집단의 구성원은 겹칠 수 있다.

－불매운동 중에 조직된 특별한 단체－의 회원인 22명과 단지 "가게 감시자들"이었던 19명을 확인해주었다.

셋째, 피상고인들은 "폭력행위에 참여하거나 협박한 상고인들은 설득으로 성공할 수 없을 때마다 강압에 의해서 불매운동이 성공하기를 원했다는 최상의 증거가 될 수 있다"고 주장한다. 피상고인들은 16명을 지목하여 폭력행위 또는 협박으로 분류한 행위에 참여한 직접 증거가 있다고 하였다.

넷째, 피상고인들은 에버스가 "불매운동 위반자들을 협박한 사례가 많기 때문에" 책임이 있다고 주장한다. 형평법원 판사처럼 피상고인들은 "에버스가 불법행위이자 헌법이 보호하지 않는 행동을 했을 때, 협회의 현장 활동가로 활동"했기 때문에 협회 전국조직에 책임을 물을 수 있다고 주장한다.

마지막으로 피상고인들은 "주법원이 7명의 상고들에게 책임을 인정하면서 기록상 어떤 증거에 의존했는지를 판단할 수 없다"고 말한다. 이러한 잘못을 염두에 두면서, 우리는 이 사건의 사실관계를 검토한다.

## B

1심 판사는 1966년부터 1972. 10. 31.까지 7년 동안 모든 피상고인들의 수입 손실에 대해 상고인들이 책임이 있다고 인정하였다. 우리는 먼저 그 기간 동안 일어난 주요한 사건들을 연대순으로 검토하고, 다툼이 없는 불매운동의 몇 가지 특징을 설명하고, 폭력 행위에 관한 가장 중요한 증거를 지적한다.

1965년말 또는 1966년초 협회의 현장 활동가 에버스는 협회의 클레이본 카운티 지부 조직을 도와준다. 제일감리교회의 목사인 제임스 도르시는 지부의 대표로 선출되었다. 정기적인 모임이 매주 화요일 저녁에 교회에서 열렸다. 그 무렵 흑인 시민들은 인간관계위원회를 구성하고 백인공동체의 시민 및 사업 지도자들에게 불만사항의 구제를 청원하였다. 이에 대응하여 5명의 상고인들과 피상고인들 몇 명이 포함된 협의체가 조직되었고 일련의 비생산적인 회의가 열

44) "일단 행동양식－잠재 고객에 대한 경고, 불매운동 가게에서 구입한 상품의 파손, 무기와 무술훈련의 공개, 가게 감시자들이 모은 이름의 규탄, 불매운동을 깬 사람과 재산에 대한 이어지는 폭력－이 확정된 이상, 포트 깁슨시에서 가게를 감시하는 행위는 법원이 사람들을 놀라게 하여 가게를 이용하지 못하게 하려는 의도를 합리적으로 추론할 수 있는 종류의 활동이 되었다."

렸다.

그 협의체의 흑인 위원들은 "인종간 정의를 위한 요구"라는 제목으로 추가 청원을 하였다. 이 청원은 3월 첫째 화요일 저녁에 열리는 지역 협회 모임에서 승인받기 위해 제출되었다. 1심 판사가 설명한 대로, "참석한 약 500명의 사람들이 투표하여 만장일치로 승인하였다." 1966. 3. 14. 청원은 포트 깁슨시와 클레이본 카운티의 공직자들에게 제출되었다. 청원은 19개항의 특정한 요구를 담고 있었다. 그것은 모든 공립학교와 공공시설의 인종차별철폐, 흑인 경찰관의 채용, 흑인거주지역의 공공 개발, 배심원으로 흑인 선정, 흑인들이 모든 시설을 이용할 수 있도록 버스정류장의 통합, 경찰관들의 욕설 금지를 요구하였다. "흑인들을 'boy', 'girl', 'shine', 'uncle', 또는 다른 불쾌한 낱말로 불러서는 안 되며, 다른 시민들처럼 Mr., Mrs., Miss와 같은 낱말로 불러야 한다."

1심 판사가 설명한 대로, 요구의 목적은 "흑인 시민들의 평등한 권리와 기회를 얻기 위함"이었다. 청원은 흑인 지도자들이 다른 지역에서 사용되었던 "선택 구매 운동"에 나설 필요가 없기를 바란다는 내용을 추가하였다.[45] 3. 23. 최초 청원서에서 빠진 2가지 요구사항이 추가되었는데, 그 중 하나는 "모든 가게는 흑인을 점원과 계산직원으로 고용해야 한다"였다. 이 보충 청원은 4. 1.까지 답변을 기대한다고 말했다. 우호적인 답변이 오지 않았다. 1966. 4. 1. 에 클레이본 카운티 협회는 제일감리교회에서 모임을 열었다. 1심 판사는 다음과 같이 설명하였다.

"수백명의 흑인들이 모임에 참석하였고, 목적은 21개 요구사항과 관련하여

45) 청원은 다음과 같이 말하였다.

"우리는 다른 지역에서 이용되었던 일종의 평화 데모와 선택 구매 운동에 나설 필요가 없기를 바란다. 그것은 상호 협조와 관용적인 이해 노력에 의해 포트 깁슨시와 클레이본 카운티의 문제를 해결하는데 더 잘 사용될 수 있는 인력과 시산, 에너지를 소모시킨다."

"누구도 데모의 대상이 되기를 좋아하지 않는 것처럼 피켓팅과 다른 종류의 데모에 나서기를 좋아하지 않는다. 그러나 이런 것은 모든 시민들에게 평등한 권리를 주는 쪽으로 실제 발전해가지 않는다면 불가피하다. 때때로 다른 대안이 없는 것 같다."

"포트 깁슨시와 클레이본 카운티 흑인 시민들의 목적은 쉽게 말하면, 생활의 모든 면에서 기회의 평등을 얻고 공동체 생활에 퍼져 있는 백인 우월주의를 끝내는 것이다. 이것은 공동체의 모든 수준에서 시민, 사업 및 정치적인 문제 결정에 참여하는 것과 같은 많은 장기적인 목표를 내포하고 있다."

어떤 조치를 취해야 하는지를 결정하는 것이었다. 에버스와 다른 사람들이 연설하였고, 투표가 진행되었다. 반대없이 참석자 전원일치의 투표로 포트 깁슨시와 클레이본 카운티의 백인 상점에서 불매운동을 펴기로 하였다."

불매운동은 시작되었다.46)

1966. 9. 미시시피 20개 군에서 공동체 행동 프로그램을 개발하기 위해 미시시피 진보행동이 조직되었다. 진보행동의 프로그램 중 하나－교육지원프로그램으로 알려짐－는 어린이들에게 음식을 제공하기 위해 연방기금을 사용하는 일이다. 원래 클레이본 카운티의 음식은 백인소유의 가게와 흑인소유의 가게에서 번갈아 구입되었다. 그러나 1967. 2. 진보행동의 이사는 클레이본 카운티의 담당자에게 흑인 소유의 가게에서만 음식을 사도록 지시하였다. 진보행동이 상당한 양의 음식을 샀기 때문에, 이 결정의 결과는 중요했다. 사실 심리의 많은 부분이 진보행동이 불매운동에 자발적으로 참여했는지, 1심 판사의 책임이론에 따라 그로 인한 피해에 책임이 있는지의 문제였다. 1심 판사는 다음과 같이 진보행동이 자진해서 참여했다고 인정했다.

"사실 심리 중에 교육지원프로그램의 요리사들은 불매운동을 지지하였고 이를 존중하기 위해 아이들에게 줄 식료품을 백인 소유의 가게에서 사지 않았다고 증언하였다."47)

불매운동 중에 강한 영향을 미친 몇 건의 사건이 일어났다. 1967. 2. 1. 포트 깁슨시는 첫 흑인 경찰관을 채용하였다. 그 한 달 동안 불매운동이 풀렸다. 19

46) 비록 1966. 4. 1. 에버스의 연설이 녹음되지 않았지만, 판사는 다음과 같이 인정하였다.
"에버스는 백인상인들과 거래한 흑인들은 감시될 것이고 그에게 책임을 져야 할 것이라고 청중에게 말했다. 연설하는 동안 현장에 있었던 보안관 맥케이에 따르면, 에버스는 모임에 참석한 흑인들에게 불매운동을 거역하는 '깜둥이들(uncle toms)'은 목이 부러질 것이라고 말했다. 에버스의 말은 클레이본 협회에 속한 상대적으로 소수 회원들뿐만 아니라 8,000명이 넘는 클레이본 카운티의 모든 흑인 거주자들에게 향한 것이었다."

47) 1심 판사는 또한 진보행동 이사회가 "지역 공무원들에게 도움을 요청하지 않았고, 백인 상인들과 거래할 때 일어날 수 있는 보복으로부터 요리사들을 보호하기 위해 연방정부 당국에 호소하지 않았고", "클레이본 카운티의 진보행동 직원이 계속해서 협회 활동에 적극 참여했고 피켓팅과 행진으로 불매운동을 지지하였다."고 적시하였다. 미시시피 대법원은 1심 판사의 사실인정을 배척하고 진보행동은 불매운동에 자발적인 참여자가 아니었고, 그래서 책임이 인정되지 않는다고 결론지었다.

68. 4. 4. 마틴 루터 킹 목사가 멤피스에서 암살당했다. 1심 판사는 이 비극적인 사건은 흑인 공동체에 우울한 영향을 미쳤고 그 결과 불매운동이 강화되었다고 인정했다.[48] 불매운동 중에 일어난 한 사건은 특히 중요하다. 1969. 4. 18.에 루스벨트 잭슨이라는 젊은 흑인 남자가 2명의 포트 깁슨시 경찰관에게 체포되는 동안 총에 맞아 죽었다.[49] 대규모 군중이 즉시 병원에 그리고 나중에는 교회에 모였다. 지역사회의 긴장이 최고조에 이르렀다. 지역 경찰은 주 고속도로 순찰대에게 지원을 요청했고 우발적인 폭력행위가 이어졌다. 시장과 시위원회는 야간통행금지를 발령했다.

4. 19.에 에버스는 제일감리교회에 모인 군중들에게 연설했고 법원까지 행진을 이끌었으며, 법원에서 그는 포트 깁슨시의 모든 경찰병력 해산을 요구했다. 요구가 거절되었을 때, 불매운동은 모든 백인 상점들에서 재개되었다. 이날 경찰은 에버스의 연설 하나를 녹음하였다. 그 연설에서 에버스는 불매운동 위반자는 흑인들에 의해 "징벌받을" 것이고 보안관은 불매운동 위반자와 함께 밤을 보내지 못할 것이라고 경고했다.

4. 20. 헨리는 포트 깁슨시에 와서 대규모 군중에게 연설하면서 절제를 촉구하고, 항의시위에 지역 지도자들과 함께 가담하고 미국법무장관에게 보내는 전보에 참여하였다. 4. 21. 에버스는 수백명의 군중에게 연설하면서, 다시 경찰병력의 해산을 요구하고 클레이본 카운티의 모든 백인 영업점에서 전면적 불매운동을 요청하였다. 비록 이 연설은 녹음되지 않았지만, 1심 판사는 에버스가 "만약 우리가 인종차별 가게에 들어가는 당신을 붙잡으면, 당신의 목을 부러뜨릴 것이다."라고 말했다고 인정했다.

이 소송은 1969. 10.에 제기되었다. 그때 이후로 불매운동과 관련하여 심각한 사건은 일어나지 않았다. 1심 판사는 소송이 제기된 이후에 일어난 폭력사건을

48) 피상고인들 중 한명이자 가장 많은 피해액이 인정된 엘리스는 불매운동이 1966. 4. 1.부터 인종 위원회의 촉구에 따라 흑인 계산원을 채용하기로 합의한 날인 1967. 1. 27.까지 진행되었다고 증언하였다. 불매운동은 킹목사가 사망한 후 1968. 4. 17.에 재개되었으나 5. 1.에 중단되었다. 불매운동은 1969. 4. 19.에 루스벨트 잭슨이 죽은 다음날 재개되었다.

49) 경찰관들은 잭슨을 체포하기 위해 그의 집에 갔다. 격투가 일어났고 잭슨은 흑인 경찰관이 붙잡고 있는 동안 백인 경찰관의 총에 맞았다.

적시하지 않았으나 그 전에 일어난 불매운동에 관련된 몇 건의 폭력사건을 지적하였다. 그 증거를 설명하기 전에 불매운동의 지지를 권유하기 위해 보통 사용되는 관행적인 행동들은 한결같이 평화적이고 질서정연했다고 보는 것이 적절하다. 불매운동에서 몇 건의 행진은 흑인 지도자들에 의해 주의깊게 통제되었다. 불매운동을 홍보하기 위해 사용된 피켓들은 종종 꼬마 아이들이었다. 경찰은 불매운동을 지지하는 피켓팅 및 가끔의 데모에서 체포한 적이 없고, 불만사항도 기록되지 않았다. 그러한 활동은 매우 불규칙적이었고, 주로 주말에 일어났으며, 대부분 소송이 제기된 무렵까지 지속되지 않았다.[50]

불매운동을 위반한 흑인들에 대한 "징벌"의 한 형태는 규칙적으로 이용된 것 같다. 개인들은 불매운동 대상 가게 밖에 서서 상인들과 거래하는 사람들을 확인하였다. 이러한 "가게 감시자들"의 일부는 "검은 모자들"또는 "집사들"로 알려진 집단의 구성원들이었다.[51] 불매운동을 위반한 사람들의 이름은 협회 클레이본 카운티의 모임에서 낭독되었고 "흑인 신문"이라는 제목의 인쇄물에 공개되었다. 1심 판사가 판시한 바와 같이, 그 사람들은 "흑인들 대의의 배신자로 낙인찍혔고, 비하하는 이름으로 불렸으며, 백인과 거래했다는 이유만으로 사회적으로 매장되었다."

1심 판사는 매우 다른 형태의 징벌이 불매운동의 일부 위반자들에게 사용되

---

50) 클레이본 카운티의 보안관은 다음과 같이 증언하였다. "1966. 4.부터 1970.까지 피켓팅이 불규칙하게 있었다." "어떻게 행동했고, 무엇을 했는지"에 대해서는 "대부분의 사람들은 어깨에 표지판을 걸고 있었고 가게 앞의 거리를 왔다 갔다 했다. 그들은 항상 같은 시간에 같은 가게에서 피켓시위를 하지 않았을 것이다. M&M가게에서 피켓시위를 했고, 이동해서 클레이본 공구상에서 다른 영업소까지 피켓시위를 하였다. 대부분의 시간에 10대들이 있었고, 마지막에는 6살쯤 되는 어린아이들이 있었다. 그것이 1969년과 1970년이었다."고 말했다. 보안관은 불매운동이 1966. 4./1968. 4./1969. 4.에 심했다고 증언했다.

51) "검은 모자들"의 목표와 실행에 관련된 증거는 모순적이다. 피상고인들은 그들을 "준군사조직"으로 묘사하였다. 단체의 구성원인 상고인 스콧은 그가 받은 교육에 관하여 다음과 같이 증언하였다. "집사들은 거리에 있는 사람들을 존경하고 무슨 말을 듣더라도 그들에게 욕설이나 비난 등을 하지 않으며, 올바른 태도로 말하도록 교육을 받았다."

"검은 모자들"이 불매운동 중에 만들어졌다는 것은 다툼이 없고, 그 조직원들은 "가게 감시"와 다른 "집행"활동에 참여하였고, 단체에 속한 일부는 폭력행위를 저질렀다.

었다고 보았다. 그는 특히 1966년부터 1970년까지 흑인들 사이에서 퍼져 있는 두려움의 분위기를 두드러지게 보여주는 10가지 사건을 확인하였다. 4가지 사건에 관한 증언은 피해자들이 불매운동을 무시했기 때문에 일어났다는 것을 설득력있게 증명한다. 2건의 사례에서 집에 총을 쏘았고, 세번째는 벽돌을 자동차 앞유리로 던졌고, 네번째는 화단에 피해를 입혔다. 그러나 4명의 피해자들은 백인 상인들과 거래를 중단하지 않았다.[52)]

다른 4건의 사건에 관한 증거는 분명치 않지만, 불법적인 형태의 징벌이 일부 불매운동 위반자들에게 가해졌음을 보여준다. 1968. 4. 콕스라는 이름의 흑인 부부는 백인이 소유한 세탁소에 가기 위해 경찰에 경호를 요청하였고 1주일 후 그들의 집에 총이 발사되었다. 다른 사건에서 협회의 회원이 백인 소유 가게에서 산 위스키를 흑인으로부터 빼앗았다. 3번째 사건은 불매운동을 따르지 않는 어부와 "나를 붙잡아 때리고 총을 빼앗은" 남자 4명과의 싸움이다.[53)] 전문증거로만 설명된 4번째 사건에서 흑인청년들이 "전도사 화이트"로 알려진 나이든 벽돌공의 작업복을 잡아당기고 불매운동을 지키지 않는다고 때렸다.[54)]

---

52) 1966. 8. 22. 불매운동을 무시한 흑인 길모어의 집에 사냥총알이 날아들었다. 그는 즉시 차를 타고 총을 쏜 차량을 뒤쫓아 가서 불매운동을 적극적으로 지지하는 3명의 젊은 흑인들을 확인하였다. 그들은 기소되고 유죄판결을 받았지만 유죄판결은 항소심에서 취소되었다. 길모어는 그 사건이후에도 계속 백인 상인들과 거래하였다.

1966. 6. 컬린은 가게에서 맥주를 마시고 있을 때, 차 앞유리로 벽돌이 날아왔다. 그는 백인 상인들과 거래하고 있었고 그 이후에도 계속하였다. 1966. 11. 그의 어머니 집 벽에 총탄이 발사되었다. 그녀는 수많은 협박전화를 받았으나 그 사건이후에도 거래를 중단하지 않았다. 로라 컬린은 무서웠는지를 묻는 질문에 다음과 같이 증언하였다.

"아니다. 나는 내생애에 누구로부터 두려움을 느껴본 적이 없다. 그리고 나는 항상 그들에게 말했다. 그들이 '당신은 uncle tom일 뿐이야'라고 말하면 나는 'uncle tom'은 푸른색, 검은색, 녹색 또는 보라색 또는 흰색 피부일 수 있다. 만약 내가 옳다고 느낀다면 내가 옳고. 누구도 나에게 무엇을 할지를 말하지 않는다."

10대였던 베일리는 버틀러라는 이름의 흑인여성이 백인 상인과 거래하여 식료품을 집으로 배달시키는 것을 보고, 그녀를 징벌하기 위해 화단에 있는 꽃들을 망가뜨렸다고 증언하였다. 그는 자발적으로 행동하였고 버틀러는 상인들과 거래를 계속하였다.

53) 폭행한 사람 중의 한 명은 불매운동이 아니라 자동차 사고때문에 사건이 일어났다고 증언하였다.

54) "전도사 화이트"는 1심 심리 중에 사망하였다. 피상고인들의 대리인이 "전도사 화이트의 구타"로 분류한 사건의 현장에 있었던 증인은 없다. 그러나 포트깁슨시의 경찰서장은 화이트가 와서 흑인청년들이 자신의 작업복을 잡아당기고 그를 때린 것을 신고

1심 판사가 거론한 다른 2건은 중요성이 덜하다. 콜맨은 1966년 크리스마스 전날 친구 집에서 밤새워 포커 게임을 하였다고 증언하였다. 다음날 아침 트럭 타이어 4개가 모두 칼에 찔린 것을 발견하였다. 콜맨은 불매운동에 참여하지 않았지만, 협박을 받은 적은 없다고 증언하였다. 마지막으로 마일즈는 부부가 협박전화를 받았고, 젊은이가 기름을 잘못 사면 맞게 될 것이라고 말하는 것을 들었다고 증언하였다.

이 사건들 중 5건은 1966년에 일어났다. 다른 다섯 건은 날짜가 기록되지 않았다. 그래서 1심 판사는 폭력행위가 1966년 이후에 일어났다고 인정하지 않았다.[55] 특히 그는 1968년 킹목사 또는 1969년 루스벨트 잭슨의 암살 이후에 에버스의 연설을 제외하고 폭력 행동 또는 협박을 언급하지 않았다. 1심 판사는 협회의 화요일 저녁 모임에서 폭력사건이 논의된 적이 있다고 인정하지 않았다.[56]

## II

미시시피 대법원 판결을 심사하는 이 법원의 심판권은 물론 그 법원이 결정한 연방문제에 국한된다.[57] 우리는 먼저 상고인들의 활동이 연방헌법에 의해 보호되는지, 만약 그렇다면 그러한 보호가 이 소송에 어떤 영향을 미치는지를 검토한다.

### A

이 사건에서 문제가 된 백인 상인들에 대한 불매운동은 여러 형태를 취하고

---

했다고 증언하였다. 이 사건을 설명하면서 1심 판사는 전도사 화이트가 "불매운동을 거부하였기 때문에 흑인 청년들이 옷이 벗기고 때렸다"고 적시하였다.

55) 불매운동기간에 있었던 "두려움의 분위기"를 설명하면서 1심 판사는 상고인 루디 쉴드의 참여를 강조하였다. 그는 다음과 같이 말하였다. "피고 루디 쉴드는 몇 번의 논쟁에서 중요한 인물이었다. 그는 클레이본 불매운동에서 자신이 가장 감옥에 갈 사람이라고 큰소리쳤다. 이 사람은 '집사들'의 인정받는 지도자였다." 기록상 쉴드는 1966년에 약 8개월간 포트 깁슨시에 머물렀다.

56) 1심 판사는 협회가 불매운동으로 체포된 흑인들에게 변호사를 선임해주었다고 인정하였고 이 사실을 중요하다고 믿었다. 협회는 길모어 총격이후 1966. 8.에 체포된 흑인 3명에게 법률조력을 하였다.

57) 비록 미시시피 대법원이 피해액 계산을 위해 환송했다 하더라도, 그 판결은 우리의 심판권의 목적상 최종 판결이다. Cox Broadcasting Corp. v. Cohn, 420 U.S., 480.

있다. 불매운동은 수백명의 사람들이 참석한 협회의 지부 회의에서 결정되었다. 그 목적은 시민 및 사업의 지도자들이 평등과 인종간 정의를 요구하는 장문의 요구사항을 받아들이도록 하기 위한 것이었다. 불매운동은 연설과 비폭력적인 피켓팅으로 유지되었다. 참여자들은 다른 사람들이 그 명분에 동참해줄 것을 되풀이하여 권유하였다.

이러한 불매운동의 요소들은 보통 수정헌법 제1조와 제14조에 보호를 받는 언론 또는 행동의 형태이다.[58] 이 사건 피고들인 흑인들은 함께 연대하여 그들의 평등한 대우와 존중받을 권리를 거부하는 사회구조에 대한 불만을 집단적으로 표현하였다. 우리가 최근에 Citizens Against Rent Control/Coalition for Fair Housing v. Berkeley, 454 U.S. 290, 294 (1981) 판결에서 인정하였듯이,

"같은 목적을 이루기 위해 공통의 견해를 갖고 있는 사람들이 함께 연대하는 일은 미국 정치 과정에 깊이 뿌리박고 있다."

우리는 "개인들이 개별적으로는 그들의 목소리가 약해지거나 사라질 때, 집단적인 노력으로 그들의 견해를 알릴 수 있다"는 것을 인정하였다. "공공의 사안에 대하여 사람들의 목소리를 들을 수 있도록 하는 권리를 보장하는데 있어서 결사의 자유의 중요성"을 강조하면서 우리는 NAACP v. Alabama ex rel. Patterson, 357 U.S. 449, 460 (1958) 판결에서 법원 의견을 작성한 대법관 할란의 말을 인용하였다.

"이 법원이 언론과 집회의 자유 사이의 가까운 연관성을 1회 이상 인정한 바와 같이, 집단적인 결사에 의해 공적이고 사적인 견해, 특히 논쟁적인 견해들을 더 효과적으로 옹호할 수 있다."[59] 대법원장이 Citizen Against Rent Control 판결에서 말했다. "물론 한 사람이 참여하면 합법이지만, 다른 사람과 함께 실행되면 불법인 일부 활동들이 있다. 그러나 정치적인 표현은 그것들 중의 하나가 아니다."[60] 결사의 권리는 단체의 일부 구성원들이 그 자체로 보호되지 않

58) 수정헌법 제1조는 수정헌법 제14조에 의해 주의 침해로부터 보호된다. Edwards v. South Carolina 372 U.S., 235.

59) "Effective advocacy of both public and private points of view, particularly controversial ones, is undeniably enhanced by group association, as this Court has more than once recognized by remarking upon the close nexus between the freedoms of speech and assembly."

는 행동에 참여하거나 이론을 옹호하였다는 이유만으로 모든 헌법적인 보호를 상실하지 않는다. De Jonge v. Oregon, 299 U.S. 353 (1937) 판결에서 법원은 만장일치로 개인은 "폭력혁명주의(criminal syndicalism)"[61]를 옹호하는 조직인 공산당의 지원 아래 열린 합법적인 모임의 진행을 도와준 것만으로 형사처벌될 수 없다고 판결했다. "공적인 사안과 관련하여 평화롭게 논의하기 위해 만나고 불만사항의 구제를 청원하기 위한" 시민들의 권리를 검토한 후, 법원의견을 작성한 휴즈 대법원장은 다음과 같이 판시하였다.

"이러한 사항들을 고려하면 연방헌법상 합법적인 토론을 위한 평화로운 집회는 범죄가 될 수 없다. 평화로운 정치 행동을 위한 회합의 개최는 금지될 수 없다. 그러한 회합의 진행을 도와준 사람은 그 이유로 범죄자가 될 수 없다. 만약 자유언론과 평화로운 집회의 권리들이 보호되어야 한다면, 문제는 회합이 진행되도록 지원한 것에 대해서가 아니라 그 목적에 대한 것이다; 연설자들의 관련성이 아니라, 그들의 발언이 헌법이 보호하는 언론의 자유 경계를 넘어섰는지 이다. 만약 회합한 사람들이 다른 곳에서 범죄를 저질렀다면, 그들은 공모 또는 다른 유효한 법률 위반으로 기소될 수 있다. 그러나 그러한 위반으로 그들을 기소하는 대신에, 주가 평화로운 집회에 단순히 참여한 것을 형사기소의 근거로 삼아 체포할 때는 다른 문제이다." 299 U.S., 365.

물론 이 사건에서 상고인들은 평화롭게 모이고 정부 및 사업 정책에 대한 불만사항을 논의한 것 이상의 행위를 했다. 그러나 불매운동의 다른 요소들은 수정헌법 제1조가 보호하는 활동과도 관련되어 있다. Thornhill v. Alabama, 310 U.S. 88 (1940) 판결에서 법원은 심지어 피켓팅[62]의 목적이 "사용자와 피용자들 사이에 존재하는 관계를 조언하여 사용자와 거래하지 않도록 유도하는 것"이라 할지라도, 평화로운 피켓팅은 헌법의 보호를 받는다고 판결했다. 310 U.S. 99. Chauffeurs v. Newell, 356 U.S. 341 참조. Edwards v. South Ca-

---

60) "There are, of course, some activities, legal if engaged in by one, yet illegal if performed in concert with others, but political expression is not one of them."

61) 옮긴이 주) 정치·경제적 변혁을 달성하기 위해 폭력·파괴행위·범죄 등을 옹호하는 주의.

62) 옮긴이 주) 피고인은 사용자가 미국노총 회원을 고용하지 않는다고 쓴 게시판을 들고 회사 앞 공공 인도를 평화롭게 왔다 갔다 함.

rolina, 372 U.S. 229 (1963) 판결에서 우리는 평화로운 행진과 데모는 언론의 자유, 집회의 자유, 그리고 불만사항의 구제를 위한 청원의 자유에 의해 보호된다고 판결했다.

언론 자체는 불매운동의 목표를 이루기 위해 사용되었다. 비참여자들은 공개 강연과 사적인 권유를 통해 공동의 대의에 동참할 것을 반복적으로 요청받았다. 불매운동의 이러한 요소들은 가장 직접적인 형태로 언론과 관련되어 있다. 불매운동 위반자들의 이름을 제일감리교회 모임에서 크게 부르고 지역 흑인 신문에 실었다. 상고인들은 사회적인 압력과 따돌림의 "협박"을 통해 다른 사람들에게 불매운동에 참여하도록 설득하였다고 인정하였다. 그러나 언론은 다른 사람을 당황하게 하거나 행동을 강요한다는 이유만으로 보호되는 성격을 잃지 않는다. 러트리지 대법관이 수정헌법 제1조가 부여한 보호를 묘사하면서 다음과 같이 설명하였다.

"그것은 행동과 무관한 추상적인 토론 이상으로 확대된다. 수정헌법 제1조는 정부를 위한 헌장이지 교육기관을 위한 것은 아니다. '생각의 자유로운 교환'은 사실을 묘사하기 위해서만이 아니라, 행동하도록 설득하기 위한 기회의 자유로운 교환을 의미한다."[63] Thomas v. Collins, 323 U.S., 537.

Organization for a Better Austin v. Keefe, 402 U.S. 415 (1971) 판결에서 법원은 피상고인의 사생활을 침해한 언론에 대한 사전 제한의 유효성을 검토하였다. 인종적으로 통합된 공동체 기구인 상고인은 부동산중개인인 피상고인이 "헐값매매"[64] 또는 "공황상태의 거래"로 알려진 기술을 사용하였다고 비난하였다. 상고인은 피상고인에게 그들의 지역에서 매물을 구하지 않겠다는 합의서에 서명하라고 요청하였다. 그가 거부했을 때, 상고인은 피상고인의 집 부근에 사업방식을 비판하는 유인물을 배포했다.[65] 주법원은 상고인이 유인물을

63) "It extends to more than abstract discussion, unrelated to action. The First Amendment is a charter for government, not for an institution of learning. 'Free trade in ideas' means free trade in the opportunity to persuade to action, not merely to describe facts."

64) 구체적으로 상고인은 피상고인이 "흑인이 이주하는 백인 거주지의 두려움을 자극하고 그 반응과 정서를 이용하여 집을 확보하고 흑인들에게 팔수 있었다."고 주장하였다. 옮긴이 주) blockbusting : 흑인・소수 민족 등을 전입시켜 백인 거주자에게 불안감을 주어 부동산을 싸게 팔도록 하는 수법.

배포하는 것을 금지하였다. 항소법원은 그러한 활동은 정보를 제공하기 보다는 강압적이고 위협적이기 때문에 수정헌법 제1조의 보호를 받을 수 없다는 이유로 인용하였다. 이 법원은 취소하였다. 연방대법원장은 설명하였다.

"이 법원은 평화롭게 유인물을 나누어주는 활동은 수정헌법 제1조가 보호하는 통신의 한 형태임을 종종 인정했다. 예컨대 Martin v. City of Struthers, 319 U.S. 141 (1943); Schneider v. State, 308 U.S. 147 (1939); Lovell v. Griffin, 303 U.S. 444 (1938). 그러나 항소법원은 금지명령을 승인하면서 상고인이 유인물을 나눠주는 목적이 공중에게 정보를 제공하는 것이 아니라, 피상고인에게 영업금지 합의에 서명하도록 강요하기 위한 것이라는 견해에 바탕을 두고 있다. 표현이 피상고인에게 강압적인 영향을 주려고 했다는 주장 때문에 수정헌법 제1조의 보호범위에서 벗어나는 것은 아니다. 상고인들이 그들의 활동으로 피상고인의 행동에 영향을 주려고 한 것은 분명하다. 이 것은 근본적으로 신문의 기능과 다르지 않다. 상고인들은 공중이 피상고인의 부동산 중개 실무를 알도록 공개적이고 활발하게 활동하였다. 상고인들의 견해나 실무가 다른 사람들에게 의심할 여지없이 불쾌한 것처럼, 피상고인의 실무는 그들에게 불쾌한 것이다. 그러나 평화로운 수단이라면 통신은 수용가능성의 기준을 충족할 필요가 없다." 402 U.S. 419. 사전 제한을 무효로 하면서 법원은 "불쾌한"과 "강압적인" 언론임에도 불구하고 수정헌법 제1조가 보호한다고 인정하였다.[66]

요약하면 불매운동은 헌법이 보호하는 활동과 명백하게 관련되어 있다. 확립된 언론과 집회, 결사, 청원의 권리는 "똑같지는 않더라도 분리될 수 없다." Thomas v. Collins, 323 U.S. 530. 상고인들은 이 수정헌법 제1조 권리들을 행사하여 정치, 사회, 경제의 변화를 이끌어내려고 하였다. 상고인들은 폭동이나 혁명이 아닌 언론, 집회, 청원을 통해 그들을 2등 시민으로 다루고 있는 사

65) 상고인 직원 중의 한 명은 사실심리에서 "피상고인의 이웃들에게 그가 우리에게 하려고 하는 일을 알림으로써" 피상고인이 영업금지 합의에 서명하기를 원했다고 증언하였다.

66) Watts v. United States, 394 U.S. 705, 708 (1969) ("정치토론장의 언어는 노동분쟁에서 사용된 언어처럼 독설적이고, 오용되며, 부정확하기도 하다." Linn v. United Plant Guard Workers of America, 383 U.S. 53, 58 (1966)). 또한 Cohen v. California, 403 U.S. 15; Farber, Commercial Speech and First Amendment Theory, 74Nw. U.L. Rev. 372 (1979) 참조.

회 질서를 변화시키려고 하였다.

그러나 보호되는 활동이라고 해서 헌법상의 심리가 끝나지 않는다. 수정헌법 제1조의 자유에 우연히 영향을 미치는 정부의 규제는 매우 제한된 경우에 정당할 수 있다. United States v. O'Brien, 391 U.S. 367 (1968).[67] 비폭력적이고 완전히 자발적인 불매운동은 지역 경제에 파괴적인 결과를 가져올 수 있다. 이 법원은 어떤 경제 규제가 언론 및 결사의 권리에 우연한 영향을 미친다고 해도, 정부의 강력한 이익을 인정했다. Giboney v. Empire Storage & Ice Co., 336 U.S. 490; NLRB v. Retail Store Employees, 447 U.S. 607. 경쟁을 제한하기 위해 담합하는 사업체의 권리는 제한될 수 있다. National Society of Professional Engineers v. United States, 435 U.S. 679 (1978). 불공정거래 관행도 규제될 수 있다. "의회가 노조의 표현의 자유와 산업쟁의에 강제로 끌려들어가지 않으려는 중립적인 사용자와 피용자, 소비자들의 능력 사이에 민감한 균형을 잡은 것이라면," 노동조합의 2차적인 불매운동과 피켓팅도 금지될 수 있다. NLRB v. Retail Store Employees, 447 U.S., 617-618 (대법관 블랙먼의 동조의견). Longshoremen v. Allied International, Inc., 456 U.S., 222-223, 주 20.

주가 경제활동을 규제할 넓은 권한을 가지고 있지만, 우리는 이 사건 불매운동에서 발견되는 것과 같은 평화로운 정치 활동을 금지할 만한 권한은 없다고 본다. 이 법원은 공공의 사안에 관한 표현은 "항상 수정헌법 제1조 가치체계에서 가장 높은 위치에 있다"고 인정했다. Carey v. Brown, 447 U.S. 455, 467. "공공의 사안에 관한 언론은 자기표현 그 이상이다. 자치의 본질이다." Garrison v. Louisiana, 379 U.S. 64, 74-75. "공적인 사안의 토론은 거리낌 없고, 활발하게 널리 열려 있어야 한다"는 원칙에 대한 "심오한 국가적인 신념"이 있다. New York Times Co. v. Sullivan, 376 U.S. 254, 270.

---

67) "법원은 정부 이익의 정도를 분류하면서, 다양한 용어를 사용하였다 : 중대한, 실질적인, 부수적인, 최고의, 유력한, 강한. 이 용어들에 부정확한 면이 있다고 해도, 우리는 정부가 헌법의 권한내에서 규제하고, 중요하거나 실질적인 정부의 이익을 추구하며, 정부의 이익이 자유 표현의 억압과 무관하고, 수정헌법 제1조 자유의 우연한 제한이 그 이익을 추구하는데 필수적인 내용보다 크지 않는다면, 그 규제가 충분히 정당하다는 것을 명백히 하고 있다고 생각한다." 391 U.S., 376-377.

Eastern Railroad Presidents Conference v. Noerr Motor Freight, Inc., 365 U.S. 127 (1961) 판결에서, 법원은 반독점법에 의해 트럭운송사업을 무너뜨리는 법을 채택하도록 촉구하기 위해 철도사업자들이 트럭산업을 상대로 진행하고 있는 선전 활동이 금지되는지를 검토하였다. 그 운동은 일반 공중들에게 트럭운송업자들을 싫어하고 그들과 고객들 사이의 관계를 깨뜨리는 분위기를 조성하려고 계획되었다. 법원은 "청원권은 권리장전이 보호하는 자유중의 하나이고, 물론 우리는 이러한 자유를 침해하는 의도가 의회에게 있다고 가볍게 인정할 수 없다"고 적으면서, 반독점법이 선전 활동을 금지하지 않는다고 판결했다. 법원은 경쟁자인 트럭운송업자들에게 피해를 주는 입법에 영향을 미치려는 의도때문에 합법적인 활동이 어떻게 반독점법의 위반으로 전환되는지를 알 수 없다고 밝혔다. 366 U.S., 138-139. 국민이 대표자들에게 청원할 권리가 그들의 의도에 좌우된다고 볼 수 없다고 판시하면서, 법원은 "최소한 철도사업자들의 선전활동이 정부의 조치를 촉구하는 쪽으로 향한다면, 반경쟁목적이 그 활동의 합법성에 영향을 미치지 않는다"고 판단하였다. 366 U.S., 139-140. 이 결론은 철도사업자들의 반경쟁목적이 반경쟁결과를 낳는다는 사실에 의해서 바뀌지 않는다. 법원은 "트럭사업자들이 정부조치에 영향을 미치려는 철도사업자들의 선전활동에 따른 부수적인 효과로서 직접적인 피해를 입었다"는 사실에도 불구하고, 트럭사업자들의 반독점법 주장을 받아들이지 않았다. 366 U.S., 143.

이 사건 불매운동의 주요 목적이 정부 조치에 영향을 미치려는 것임은 다툼이 없다. Noerr사건의 철도사업자들처럼, 상고인들은 상인들이 불매운동때문에 경제적인 피해를 입을 것으로 예측하였고 또 그러한 의도를 갖고 있었다. 그러나 철도사업자들과 달리 상고인들 운동의 목적은 합법적인 경쟁을 깨뜨리는 것이 아니었다. 상고인들은 수정헌법 제14조 자체의 중심에 놓여 있는 평등과 자유의 권리를 요구하였다. 경제활동을 규제하는 주의 권한으로 정부와 경제 분야의 변화를 압박하고 헌법 자체가 보장하는 권리를 실현하기 위해 계획된 비폭력적이고 정치적인 동기의 불매운동을 완전히 금지하는 것은 정당할 수 없었다.[68]

---

68) NAACP v. Alabama ex rel. Flowers, 377 U.S. 288 (1958)에서 법원은 협회를 주의 바깥으로 내쫓으려는 앨라배마주의 시도를 만장일치로 배척하였다. 주는 협회가 몽고

이 사건에서 연방제5항소법원의 에인스워스 판사는 타당하게 말하였다.

"형평법원 의견의 중심에는 불매운동을 단순히 조직하고 이를 지지하는 모든 활동이 주법에 따른 사법상의 금지대상이 될 수 있다는 믿음이 놓여 있다. 이 견해는 정치적인 언론과 결사를 보호하는 수정헌법 제1조를 충분히 고려하지 않고 있다. 협회, 진보행동, 개인 피고들이 백인의 사업과 경쟁관계에 있거나 불매운동이 좁은 경제적인 이익 때문에 일어난 것이라는 주장은 없다. 반대로 불매운동이 백인 상인들 및 포트 깁슨시 정부와 인종 분쟁으로 일어났고, 모든 불매운동과 연관된 피켓팅, 언론, 다른 통신은 시의 인종차별의 철폐에 대한 것이었다. 인종차별에 항의하는 언론은 수정헌법 제1조의 핵심에 놓여 있는 정치 언론이기 때문에 이 사건은 경제적인 목적으로 조직된 불매운동과 다르다."

우리는 상고인들 활동의 비폭력적인 내용들은 수정헌법 제1조의 보호를 받는다고 판결한다.69)

B

미시시피 대법원은 주법이 비폭력적이고 정치적인 동기에 따른 불매운동을 금지한다는 이론에 따라 형평법원 판사가 인정한 책임을 지지하지 않았다. 그러나 그러한 활동이 헌법으로 보호된다는 사실로 인하여 이 법원은 책임이 인정된 근거를 비판적으로 조사하는 특별한 의무를 갖게 된다. 특히 우리는 상고인들 행동의 많은 부분이 헌법으로 보호된다는 판결이 보호되지 않는 불매운동의 요소들에 대해 책임을 인정하는 주의 권한에 미치는 영향을 이 사건에서 검

---

메리시 버스이용과 관련하여 "불법적인 불매운동을 조직, 지원, 후원하는 일에 관여"하고 있다고 주장하였다. 법원의 의견을 쓴 대법관 할란은 "인종분리정책에 항의하면서 몽고메리시의 버스를 조직적으로 타지 않는 행위만으로 유효한 주법을 위반하였다는 가정은 의문스럽다"고 말하였다. 377 U.S. 307. Missouri v. National Organization for Women, Inc., 620 F.2d 1301, 1317 (CA8 1980, 상고허가신청 기각)판결에서 스티븐슨 판사는 다음과 같이 판시하였다. "청원의 권리는 매우 중요해서 불매운동의 방법으로 행사될 때에도 주의 불법행위법상 부당한 간섭이 아니다."

69) 우리는 이 사건에서 반경쟁적인 행동이나 2차적인 압력을 금지하기 위해 제한적으로 맞춰진 법이 수정헌법 제1조가 보호하는 활동을 제한할 수 있는지를 결정할 필요가 없다. 이 사건에는 그러한 법이 관련되어 있지 않다. 우리는 유효한 주법이 금지하는 목표를 이루기 위한 불매운동을 다루고 있지 않다. Hughes v. Superior Court, 339 U.S. 460.

토한다.

수정헌법 제1조는 폭력을 보호하지 않는다. "폭력은 수정헌법 제1조가 보호하지 않는 것은 분명하고, 무기와 화약, 석유의 사용이 헌법상 '옹호'의 탈을 쓰고 위장될 수 없다." Samuels v. Makell, 401 U.S. 66, 75 (1971)(대법관 더글라스 동조의견). 이 사건에서 폭력의 정도와 중요성에 대해 당사자들이 격렬하게 다투었다고 해도, 폭력행동이 일어났다는 것에는 의문이 없다. 연방법리는 주가 폭력행위와 협박으로 발생한 사업손실에 대해 불법행위책임을 부과하는 것을 제한하지 않는다. 그러나 그러한 행동이 헌법으로 보호되는 활동과 관련하여 일어났을 때, 규제의 정확성이 요구된다.[70] 특히 수정헌법 제1조가 보호하는 활동이 있을 때, 피해배상책임의 근거와 그 피해에 책임이 있는 사람은 제한된다.

Mine Workers v. Gibbs, 383 U.S. 715 (1966) 판결에서 법원은 여러 가지 면에서 이 사건과 비슷한 사건을 검토하였다. 그 사건은 남부 애팔래치아 석탄지대의 노동자들을 대표하는 일을 둘러싸고 광부연합과 남부노동조합 사이의 경쟁으로 일어났다. 석탄회사가 광산 한 곳을 닫았을 때 광부연합 수속 100명의 광부를 해고하였다. 같은 해 그 회사의 자회사는 남부노동조합의 회원들을 채용하여 근처에서 새로운 광산을 개설하기 위해 깁스를 관리자로 채용하였다. 깁스는 석탄을 가까운 철도역으로 운반하는 계약을 맺었다. 그러나 그가 광산을 개설하려고 했을 때, 남부노동조합 소속원을 때리고 자신을 위협하는 무장한 광부조합 회원들을 만났다. 이 사건은 8. 15.과 16.에 일어났다. 그 후 광산에서 다른 폭력사건은 없었고, 광부조합 회원들은 아홉 달 동안 평화로운 피켓시위를 하였다. 그 기간 동안 광산을 열려는 시도는 없었다.

깁스는 관리자직을 잃었고 운송계약을 진행하지 못했다. 노동조합의 계획된 행위로 인하여 손실을 입었다고 주장하면서, 깁스는 광부조합을 상대로 연방법원에 소송을 제기하였다. 그는 연방노동법에 따른 불법적인 2차 거부운동과 주법상의 청구원인으로 "그의 고용계약 및 운송계약에 악의적으로, 함부로, 고의로 방해하기 위해 그를 표적으로 한 불법 음모와 거부운동"을 주장하였다. 383

70) Carroll v. Princess Anne, 393 U.S. 175,184; Keyishian v. Board of Regents, 385 U.S. 589, 604.

U.S. 720. 연방법상의 청구는 분쟁이 1차적이고 연방법상의 2차 노동 거부운동 금지에 해당하지 않는다는 이유로 기각되었다. 그러나 고용관계 방해에 관한 주법상의 청구에 따라 광부조합에 대한 손해배상청구는 인용되었다. 연방대법원은 취소하였다. 법원은 청구서, 대리인의 변론, 배심 설명이 주법상 인정되는 손해배상의 범위를 제대로 밝히지 않았다고 보았다. 법원은 노동분쟁에서 나타나는 폭력과 협박을 다루는 주의 권한을 한결같이 인정하였고, 연방노동입법이 주법에 우선한다는 주장과 달리 다양한 해결방안을 승인하였다. 그러나 연방노동정책을 수용하기 위해 깁스 사건에서 법원은 다음과 같이 판결하였다.

"이 분야에서 허용될 수 있는 주의 대처방안은 폭력 행동의 직접 결과로 엄격하게 한정되고, 평화로운 피켓팅 또는 다른 조합활동으로 일어나는 결과를 포함하지 않는다." 383 U.S. 729.

법원은 Construction Workers v. Laburnum Construction Corp., 347 U.S. 656 (1954) 판결에서 손해는 피고들에게 책임이 있는 불법 행동이 일으킨 직접 그리고 가장 근접한 것으로 제한된다고 판시하였다.

"그래서 손해를 계산하면서 폭력 행동의 직접적인 결과 이상의 배상을 하도록 허용하는 주의 권한을 인정하지 않았다." 383 U.S., 730(San Diego Building Trades Council v. Garmon, 359 U.S. 236, 249, 주 6 인용).

깁스 판결이 인정한 손해배상책임의 세심한 제한은 주법과 연방노동정책을 조화시키기 위해서다. 그러나 그 제한은 이 사건과 같은 중요한 수정헌법 제1조의 이익에도 적용될 수 있다. 상고인들은 이 나라가 남북전쟁에서 싸워서 얻고자 했던 존엄성과 평등의 기본권을 거부하는 정치 및 경제 체제에 도전하기 위해 클레이본 카운티의 백인 상가와 거래를 거부하였다. 주가 폭력 행동의 결과에 대해 손해배상책임을 부과할 수 있지만, 비폭력적이고 보호되는 활동의 결과에 대해 배상을 허용할 수 없다. 불법 행동에 직접 인과관계가 있는 손실만이 회복될 수 있다.

수정헌법 제1조는 비슷하게 다른 사람과 결사하였다는 이유만으로 개인에게 책임을 인정하는 주의 권한을 제한하고 있다. Scales v. United States, 367 U.S. 203, 229 (1959) 판결에서, 법원은 "합법 및 불법 목적을 동시에 가지고 있는 단체와의 결사를 전면금지하는 것은 정당한 정치적인 표현 또는 결사를 해칠 수 있는 현실적인 위험을 드러내게 된다."고 판시하였다. 법원은 그러한 단체와의 결사를 처벌하기 위해서는 "피고인이 특히 폭력에 의해 조직의 목표를 이루려고 하였다는 명확한 증거"가 있어야 한다고 제안하였다. 또한 법원은 Noto v. United States, 367 U.S. 290 판결에서 이 의도는 "가장 엄격한 법리"[71)]에 따라서 판단되어야 한다고 강조하였다. 왜냐하면 "그렇지 않으면 조직의 정당한 목적에 공감하지만 특히 폭력에 의존하여 그 목적을 이루려는 의도가 없는 사람이. 그가 반드시 공유하고 있지 않은 다른 보호되지 않은 목적 때문에 적법하고 헌법이 보호하는 목적을 굳게 지킨 행위로 처벌될 위험이 있기 때문이다." 367 U.S., 299-300.

Healy v. James, 408 U.S. 169 (1972) 판결에서 법원은 이 원칙을 형사사건 이외의 사건에도 적용하였다. 그 사건에서 법원은 한 학생 단체가 파괴적이고 폭력적인 캠퍼스 활동에 연관된 조직과 제휴하였다는 이유만으로 주가 지원하는 대학에서 학생조직으로 인정(학교시설의 이용 요건)되는 것이 거부될 수 없다고 판결했다. 법원은 다음과 같이 판시하였다.

"법원은 시민들이 인기없는 조직에 가입한 것만으로 형사처벌하거나 권리와 특권을 거부하는 정부의 조치를 한결같이 승인하지 않았다." 408 U.S., 185-186. 또한 "개인의 가입이 정부가 걱정하는 위협을 드러낸다는 증명없이 단지 가입만으로 유죄가 되는 것은 수정헌법 제1조의 권리를 부인하여 허용할 수 없다고 인정되었다." 408 U.S. 186(United States v. Robel, 389 U.S. 258, 265 인용). "정부는 불법 목표와 목적을 가진 조직이라는 것을 알면서 가입하고, 그러한 불법 목적을 추구하려는 특정한 의도를 가졌다는 점을 증명할 책임이 있다." 408 U.S., 186.[72)]

---

71) the strictest law, "Strictissimi juris." 367 U.S., 299.

72) It noted that "the Court has consistently disapproved governmental action imposing criminal sanctions or denying rights and privileges solely because of a citizen's association with an unpopular organization." The Court stated that "it has been established that 'guilt by association alone, without [establishing] that an individual's association poses the threat feared by the Government,' is an impermissible basis upon which to deny First Amendment rights." "The government has the burden of establishing a knowing affiliation with an organization possessing unlawful aims and goals, and a specific intent to further those illegal

Scales, Noto, Healy 판결에서 선언된 원칙은 이 사건과 관련이 있다. 개인이 일부 단원의 폭력행위가 있었던 단체에 속해 있다는 이유만으로 민사책임이 인정되지 않는다. 가입만을 이유로 책임이 인정되기 위해서는 단체 자체가 불법적인 목적을 갖고 있고 개인이 그러한 불법 목적을 추구할 구체적인 의도를 가지고 있다는 점이 증명될 필요가 있다.[73]

"이러한 민감한 분야에서 주는 좀 더 제한적인 방법으로 목적을 달성될 수 있을 때 개인의 근본적인 자유를 넓게 억누르는 수단을 채용할 수 없다. Shelton v. Tucker, 364 U.S. 479, 488 (1960)." Carroll v. Princess Anne, 393 U.S. 175, 183-184 (1968).

## III

1심 판사는 헨리를 빼고 1966년초부터 1972. 12. 31.까지 7년간 모든 영업손실 배상을 명하였다.[74] 피고들은 모두 이 손실에 대해 연대책임이 인정되었다. 판사의 사실인정은 불매운동에 자발적으로 참여하는 것이 책임을 인정하는 충분한 근거가 된다는 그의 견해와 일치한다. 미시시피 대법원은 그 이론을 적절하게 배척하였음에도 불구하고 상고인들은 "불매운동으로 인한" 모든 손해의 배상책임이 인정되었다. 위에서 밝힌 원칙에 비추어 보면, 그러한 손해배상은 명백히 이 사건에서 인용될 수 없다.

미시시피 대법원 스스로가 모든 영업손실이 인정된 폭력과 협박에 의해 일어난 것은 아니라고 설명하였다. "강요와 위협, 협박"이 "불매운동의 일부"였고 "거의 완벽한 성공에 이바지하였다"고 판시하였다. 또한 "위협과 협박, 사회적인 따돌림, 비방, 중상"을 구별하지 않고 피고들이 불매운동의 효과를 높이기 위한 도구였다고 넓게 인정하였다. 법원은 "순전히 두려움 때문에 많은 흑인들

aims."

73) 물론 개인이 불법행위를 저지른 다른 사람과 연계되었다는 이유만으로 손해배상책임을 지는지의 문제는 그가 스스로 허용하거나 부추긴 불법 행위에 책임이 있는지의 문제와는 매우 다르다.

74) 손해배상을 검토하는 1심 판사의 의견은 미시시피 대법원이 받아들이지 않은 2가지 책임이론을 다음과 같이 참조하면서 시작한다는 것은 주목할 만하다. "청구인들은 이 기록상 피고들이 공모하여 실행한 불법 2차 불매운동과 거래를 제한하는 행동의 직접적이고 근접한 결과로 각자 영업 손실 피해를 입었다는 것을 증명했다."

의 자의는 억압되었다"는 1심 판사의 인정을 되풀이하였다. 이러한 사실인정은 "불매운동으로 인한" 모든 손해의 배상을 인정한 법원의 결정과 일치하지 않는다. 법원의 판단은 많은 흑인들이 "따돌림, 비방, 중상"의 협박을 받았다는 사실에 근거하고 있는데, 이는 수정헌법 제1조와 명백히 맞지 않는다. 미시시피 법원의 모호한 사실인정은 헌법 조항이 요구하는 규제의 정확성을 적절하게 보증하지 못하고 있다.

이 사건 기록은 피상고인들의 모든 손실이 폭력 또는 협박과 직접 인과관계가 있는 것은 아니라는 점을 보여준다. 피상고인들 스스로도 미시시피 대법원에 제출한 서면 12쪽에서 말했다.

"대부분의 증인들은 불매운동을 원했기 때문에 불매운동을 존중하고 따르면서 자발적으로 협회 및 동료 흑인들과 협력하였다."

이러한 평가는 기록이 충분히 뒷받침하고 있다. 수백명 흑인들의 만장일치로 시작된 불매운동이 두려움과 협박을 통해서만 성공하였다는 것은 참으로 터무니없다. 나아가 불매운동이 킹 목사와 잭슨의 암살로 더욱 강화되었다는 사실은 (상고인들의) 무력과 폭력이 아닌 다른 요소들이 불매운동의 성공에 중요했다는 것을 증명한다. 1심 판사는 폭력행위가 1966년 이후에 일어났다고 인정하지 않았다. 폭력행위의 시기는 1심 판사의 책임인정에 중요하지 않았지만, 미시시피 대법원의 제한된 이론에서는 중요한 요소였다. 주대법원은 이 소송이 제기되고 3년 뒤인 1972년에 입은 영업 손실이 1966년의 폭력행위와 직접 인과관계가 있다는 점을 밝히지 못했다.[75)]

이 사건은 법원이 폭력행위가 있어서 폭력 및 비폭력이 함께 있는 활동의 금지명령이 정당하다고 판결한 Milk Wagon Drivers v. Meadowmoor Dairies, Inc., 312 U.S. 287 사건과 다르다. 그 사건의 폭력행위는 널리 퍼져 있었다. Meadowmoor 판결에서 법원은 "폭력과정에서의 발언은 이성에 대한 호소로서 중요성을 잃어버리고 무력의 도구가 된다"고 판시하였다. 그러나 법원은 다음과 같이 강조하였다.

"현실에서 일어나는 일을 걸러서 대단찮은 사실관계를 인정함으로써 헌법상

---

75) 1심 판사가 인정한 폭력행위 피해자의 거의 대부분은 백인 상인과 계속 거래했다고 증언했다.

의 자유가 침해되어서는 안 된다는 것이 여전히 으뜸가는 중요성이다. 이 법원은 헌법 주장이 유효하게 제기된 경우 주법원의 기록을 조사하는 궁극적인 권한을 갖고 있는 이유이다. 그리고 하찮은 사건이나 순간의 비이성적인 행동으로부터 평화로운 피켓팅이 폭력에 오염되었다는 결론을 이끌어냄으로써 언론의 자유가 거부될 수 없다." 312 U.S. 293.

Meadowmoor 사건에서는 그러한 "대단찮은 사실인정"은 없다. 그러나 이 사건에서 미시시피 대법원은 7년 동안 피상고인들이 입은 모든 영업 손실의 배상을 인정하기 위해 제한된 기간에 발생했던 폭력행위를 들었다. 손실은 "정의와 평등한 기회"를 확보하기로 결정한 개인들의 자발적인 참여 탓이 아니다. 법원의 판결은 "현실을 걸러낸" 것이고 유지될 수 없다.[76)]

피상고인들의 보충 서면도 현 기록상 상고인들 패소판결이 대부분 유지될 수 없다는 것을 보여준다. 협회의 클레이본 카운티지부 화요일 모임에 정기적으로 참석하고 참여한 것은 책임을 인정하는 충분한 근거가 아니다. 1심 판사는 그 모임에서 불법행동을 허용, 승인, 심지어 논의하였다는 사실을 인정하지 않았다. 보안관은 모임에 관한 정보를 계속 제공받았는데, 불법 활동 논의가 있었다고 말하지 않았다.[77)] 협회 모임에 참석하였다는 이유로 책임을 인정하는 것은 결사가 불법 목표를 갖고 있었다는 증거가 없기 때문에 "결사에 의한 책임(guilt by association)"에 해당되지도 않는다.

피상고인들은 "가게 감시자들" 또는 "검은 모자" 회원인 개인들에게는 책임

---

76) 마찬가지 이유로, 1심 판사의 금지명령은 취소되어야 한다. 불매운동이 겉으로 보아 끝났기 때문에 미시시피 대법원은 필요성이 없다는 이유로 모든 명령을 취소할 수 있다. 또는 불법행동과 그 행동에 책임있는 사람으로 제한하는 내용으로 수정되어야 한다.

77) 기록 1172쪽. 모임에서 위법행위의 가장 강력한 증거는 당시 협회의 지부에서 근무하던 상고인 브랜든이 제시하였다. 그녀는 "모임에서 불매운동 대상 가게에서 거래한 사람은 관리될 것이란 말이 있었다"고 증언하였다. 그녀는 "관리된다"는 말을 "가게에 들어가다가 붙잡히면 무언가를 한다"는 의미로 이해하였다. 그녀의 증언은 누가 그 말을 했는지, 얼마나 자주 들었는지, 모임에서 다른 사람들이 지지했는지를 밝히지 않는다. 막대한 손해배상판결이 이러한 증언을 바탕으로 유지될 수 없다. 7년의 기간 중 어떤 시점에 익명의 사람들이 그러한 말을 했다는 사실이 결사 자체가 불법 목표를 가지고 있다거나 상고인이 불법 목표를 구체적으로 추구할 의도였다는 점을 증명하기에는 충분치 않다.

이 인정되어야 한다고 주장한다. 가게 밖에 서서 이름을 적을 때 위법행위는 없었다. 비슷하게 검은 모자를 쓰는 것이 다른 사람에게 두려움을 일으킬 수 있더라도 위법이 아니다. 위에서 확인하였듯이 단체가 갖고 있는 불법 목표를 추진하려는 구체적인 의도가 없으면 단순히 단체와 결사한 행위는 책임을 인정하기에 충분한 근거가 아니다. 동시에 이러한 각 단체의 일부 회원들이 폭력 또는 협박에 관여하였다는 결론을 뒷받침하는 증거가 있다. 의심할 여지없이 이러한 개인들이 야기한 피해에 책임이 인정되고, 그들의 불법행동 결과에 맞춘 배상판결은 유지될 수 있다.

피상고인들은 에버스와 협회에 대한 판결도 정당하다고 주장한다. 1심 판사에 따르면 에버스는 4가지 점에서 불매운동과 특별하게 연관되어 있다. 첫째, 에버스는 3. 23. 보충 요구서에 서명하였고, 불매운동의 조직에 처음부터 지도적인 역할을 하였다. 둘째, 에버스는 진보동맹과의 협의에 참여하여 백인 가게와 흑인가게에서 번갈아가며 음식을 구입하는 관행을 포기하도록 설득하는데 성공했다. 셋째, 그는 1966. 4. 1. 불매운동을 시작하는 투표가 진행된 모임을 주재하였다. 그는 그 자리에 모인 많은 청중에게 연설을 하였다. 넷째, 에버스는 1969. 4. 19.과 21.에 우리가 위에서 언급한 연설을 하였다. 판결문 부록에 첨부.

위에서 설명한 이유로 협회 모임에 참석하고 불매운동 자체에 적극 참여한 것으로 에버스의 책임이 인정될 수 없다. 에버스가 불매운동의 조직과 단결을 정서적으로 설득력있게 호소하고, 비방이나 사회적인 따돌림의 협박을 통해서 피상고인들에게 영업 손실을 준 범위에서, 에버스의 행동은 헌법이 보호하며 손해배상 책임이 없다. 그러나 피상고인들은 에버스의 연설 때문에 1심 판사의 손해배상판결이 정당하다고 지적한다. 피상고인들이 수정헌법 제1조의 핵심에 있는 매우 격렬한 정치적 수사를 뚜렷하게 포함하고 있는 공개 연설을 바탕으로 책임을 주장하고 있기 때문에, 우리는 이 책임의 근거에 무척 신중하게 접근한다.

다른 사람들의 불법 행동에 대해 에버스의 책임을 인정하는 3가지 이론이 있다. 첫째, 그가 특정 불법행위를 허가, 지시, 승인함으로써 그 활동의 결과에 책임이 있다. 둘째, 그의 공개연설이 불법행동을 부추김으로써 실제 합리적인 기간내에 이어진 불법 행동에 책임이 있다. 셋째, 에버스의 연설이 폭력행위나 협박의 구체적인 지시를 한 증거로서 받아들여질 수 있다.

에버스 연설의 많은 부분이 사회적 따돌림이라는 허용될 수 있는 형태의 징벌이라고 생각되지만, 목이 부러질 가능성과 보안관이 불매운동 위반자들과 함께 밤잠을 잘 수 없을 것이라고 말한 내용은 암묵적으로 더 단호한 의사를 전달했다는 점이 부인될 수 없다. 연설을 한 열정적인 분위기에서, 이러한 말들은 부당한 징벌을 구체적으로 의도하였든 아니든 위법 형태의 징벌을 도입하거나 적어도 폭력의 공포를 만들기 위한 의도로 이해될 수 있다.

즉각적인 폭력을 일으키는 "폭언"은 수정헌법 제1조가 명백히 보호하지 않는다. Chaplinsky v. New Hampshire, 315 U.S. 568, 572. 즉시 공황상태를 일으키는 말은 헌법의 보호를 받지 못한다. Schenck v. United States, 249 U.S. 47.[78] 그러나 이 법원은 무력 또는 폭력 사용의 단순한 옹호는 수정헌법 제1조의 보호에서 제외되지 않는다고 밝혔다. Brandenburg v. Ohio, 395 U.S. 444 판결에서 우리는 백인에 대한 억압이 계속된다면 보복을 위협한 KKK단 지도자의 유죄를 취소하였다. 우리는 "헌법상 자유 언론 및 자유 출판의 보장은 무력의 사용 또는 법 위반의 옹호가 즉각적인 불법행위를 부추기거나 일으키도록 지시하고 실제 그러한 행동을 부추기거나 일으킬 것 같은 경우를 제외하고 주가 그러한 옹호를 금지하는 것을 허용하지 않는다는 원칙[79]"에 따랐다. 395 U.S. 447. Noto v. United States, 367 U.S. 297-298 ("무력 및 폭력을 사용할 도덕적인 타당성 또는 도덕적인 필요성을 단순히 추상적으로 가르치는 것은 폭력 행동을 위한 단체를 만들고 그러한 행동을 준비하는 것과는 다르다"). Whitney v. California, 274 U.S. 372 (대법관 브랜다이스 동조의견).

정서적으로 격렬한 에버스 연설 내용은 Brandenburg 판결에서 설정한 보호언론의 범위를 벗어나지 않았다. 긴 연설은 전반적으로 흑인들이 단결, 지지,

78) "가장 엄격한 자유언론의 보호는 극장에서 거짓으로 불이야 소리치고 공황상태를 야기한 사람을 보호하지 않는다." 249 U.S. 52.

79) "the principle that the constitutional guarantees of free speech and free press do not permit a State to forbid or proscribe advocacy of the use of force or of law violation except where such advocacy is directed to inciting or producing imminent lawless action and is likely to incite or produce such action."

서로 존중하고, 그들이 가진 정치 및 경제의 힘을 인식하라는 간절한 호소를 담고 있었다. 그러한 호소과정에서 거친 말이 사용되었다. 그 말을 따라서 폭력행동이 이어졌다면, 에버스가 그 불법 행동의 결과에 책임이 있는지 실질적으로 문제될 것이다. 그러나 이 사건에서 콕스 사건의 예외를 제외하고 1966년에 확인된 폭력 행동은 1966. 4. 1. 연설의 몇 주 또는 몇 달 뒤에 있어났다. 1심 판사는 1969년 연설 이후에 폭력이 발생했다고 인정하지 않았다. 격렬하고 효과적인 즉석연설은 순수하게 아름다운 문장으로 정확히 전달될 수 없다. 공동의 대의 앞에서 단결과 행동을 촉구할 목적으로 자연스럽고 정서적인 호소로 청중들을 자극하려는 발언은 자유롭게 허용되어야 한다. 그러한 호소가 위법행동을 부추기지 않을 때, 보호받는 언론으로 여겨져야 한다. 달리 판단하게 되면 "공공의 사안에 관한 토론은 거리낌 없고, 활발하며 널리 열려 있어야 한다"는 "심오한 국가적인 신념"을 무시하게 된다. New York Times Co. v. Sullivan, 376 U.S., 270.[80]

이러한 이유로 우리는 에버스의 연설이 언론 보호의 한계를 넘지 않았다고 결론내린다. 그가 불법 행위를 허가한 다른 증거가 있다면, 연설에서 징벌을 말한 것은 그 증거를 보강하는데 사용될 수 있다. 그러나 그 논리는 에버스가 연설과 별개로 폭력행위를 허가, 승인, 직접 위협했다는 증거가 없다는 간단한 이유로 성립되지 않는다.[81] 1심 판사의 사실인정만으로 에버스가 폭력행위를 거부할 의무가 있다는 점이 충분히 증명되었다고 볼 수 없다. 에버스에 대한 손해배상 판결은 헌법에 맞는 적절한 사실인정으로 뒷받침되지 못하고 있다.

오직 에버스의 책임 때문에 협회의 책임도 인정되었다. 1심 판사는 다음과

---

80) Watts v. United States, 394 U.S. 705 (1969) 사건에서 상고인은 고의로 대통령을 죽이겠다고 협박한 죄로 유죄판결을 받았다. 워싱턴 기념물 앞에서 집회가 진행되는 동안 몇 사람이 모인 자리에서 상고인은 다음과 같이 말했다. "그들은 늘 우리들에게 교육을 받으라고 소리친다. 그리고 지금 나는 이미 1-A 등급으로 분류되었고 월요일에 의사에게 알려야 한다. 나는 입대하지 않을 것이다. 내가 총을 잡아야 한다면, 첫 번째 표적은 LBJ(린든 존슨 대통령)이다." 394 U.S. 706. 이 법원은 유죄판결을 취소하고, 정황상 말이 "대통령을 정치적으로 반대하는 일종의 매우 잔인하고 불쾌한 방식"이었다는 상고인의 주장에 동의하였다. 394 U.S. 708.

81) 에버스가 가끔 가게 감시자로 활동했다는 증거가 있지만 당시 부당한 일이 발생했다는 암시는 없다.

같이 인정하였다. "전국 협회는 에버스의 행동을 잘 알고 있었고 그의 행동을 거부하거나 승인할 선택권을 가지고 있었다. 그러나 그 행동들을 결코 반대하지 않았기 때문에 이를 승인한 것으로 여겨진다."

물론 에버스의 행동이 그에 대한 책임을 인정하기에 충분하지 않기 때문에 협회의 책임을 인정하는 데에도 사용될 수 없다. 현재 기록상으로도 협회의 책임은 어떤 경우에도 인정될 수 없다. 협회와 회원들의 결사의 권리는 이 법원이 반복적으로 인정해왔다.[82] 다른 조직처럼 협회도 그들의 직원들이 실제 또는 외견상 권한 범위내에서 전국적으로 수행한 행동에 대해 책임이 있을 수 있다. 협회는 알고 있거나 구체적으로 승인한 다른 행동들에 대해 책임이 인정될 수도 있다.

1심 판사는 에버스나 협회의 다른 회원들이 폭력행위를 저지르거나 협박할 실제 또는 외견상 권한을 가지고 있다고 인정하지 않았다. 기록상 증거는 그 반대임을 보여준다. 협회의 미시시피 회의의 대표이고 전국 조직의 이사회 이사인 헨리는 에버스의 협박성 발언은 협회의 정책과 직접 모순된다고 증언하였다. 협회가 불매운동과 연관된 폭력행위나 징벌 협박을 승인하였거나 심지어 구체적으로 알고 있었다는 증거가 없다. 헨리는 협회가 불매운동에 관한 공식적인 조치를 허가하거나 조치를 취할 것을 고려하지 않았다고 증언하였다. 협회는 불매운동에 재정 지원을 하지 않았다. 1심 판사는 전국 조직이 불매운동에 어떤 식으로든 관여하였다고 인정하지 않았다.[83]

협회가 실제로 또는 외견상 불법 행동을 허가하거나 승인하였다는 증거없이 책임을 인정하는 것은 수정헌법 제1조가 보호하는 정치적 결사의 권리에 부담을 주는 것으로 허용될 수 없다. 대법관 더글라스는 NAACP v. Overstreet, 384 U.S. 118 (1966) 판결에서 다음과 같이 판시하였다. "전국 조직이 지부의

82) NAACP v. Alabama ex rel. Patterson, 357 U.S. 449; Bates v. Little Rock, 361 U.S. 516; Louisiana ex rel. Gremillion v. NAACP, 366 U.S. 293; NAACP v. Button, 371 U.S. 415; Gibson v. Florida Legislative Investigation Committee, 372 U.S. 539; NAACP v. Alabama ex rel. Flowers, 377 U.S. 288 참조.

83) 1심 판사는 협회가 체포된 불매운동자 참가자에게 보석금을 내고 법률지원을 제공하였다고 인정하였다. 협회가 전국의 가난한 흑인들에게 그러한 지원을 자주 하였기 때문에, 이러한 사실이 전국 조직이 불법 행동을 알고서 승인하였다는 판단을 뒷받침하지 않는다. 피상고인들 대리인도 달리 주장하지 않는다.

잘못을 허가하거나 승인한 증거가 없는데 전국조직의 책임과 지부의 책임이 같다고 보는 것은 결국 전국 조직을 파괴할 것이다. 정치 결사의 권리는 소송에 의한 훼손의 위협 없이도 충분히 취약하다. 우리는 수정헌법 제1조가 정치 결사를 억압할 수 있는 미묘하면서도 명백한 방법을 금지한다고 인정해 왔다. Bates v. Little Rock, 361 U.S., 523. 그래서 우리는 적어도 중대한 주의 이익이 없으면 정치 결사의 내용을 강제로 공개하는 것은 수정헌법 제1조가 보장하는 결사의 사생활을 침해한다고 판결했다. 예컨대 DeGregory v. New Hampshire, 383 U.S. 825; Gibson v. Florida Legislative Comm., 372 U.S., 543-546; Shelton v. Tucker, 364 U.S. 479; NAACP v. Alabama, 357 U.S., 462-463. 결사 행위로 책임을 지우는 것은 자유 사회 전통과 수정헌법 제1조 자체에 대한 철학적 이질물로(Schware v. Board of Bar Examiners, 353 U.S., 245-246을 보라) 인정하였다. 그러면서 우리는 폭력에 의한 정부 전복이 설립 목적중의 하나인 조직에 가입한 개인이 조직의 불법 목적을 알고 있고, 그러한 목적을 추구할 구체적인 의도를 가지고 가입하지 않는 한, 그에게 민사 또는 형사 책임을 인정할 수 없다고 판결했다. Elfbrandt v. Russell, 384 U.S. 11; Aptheker v. Secretary of State, 378 U.S. 500을 보라." 384 U.S. 122.

1심 판사의 사실인정은 협회 패소 판결을 뒷받침하기에 적절하지 않다.

## Ⅳ

이러한 종류의 소송은 이해관계가 크다. 공동 행동은 강력한 무기이다. 역사를 보면 특정한 위험은 음모에 따른 활동과 연관되어 있다. 우리 사회의 기반 중의 하나는 합법 수단을 통해 공동의 목표를 추구하기 위해 다른 사람과 결합하는 개인의 권리이다.[84)]

때때로 합법 또는 불법 집단 행동 사이의 차이는 목적을 보면 쉽게 확인될 수 있다. 그러나 이 사건에서 상고인들의 궁극적인 목적은 의심할 여지없이 정

84) 스스로를 위해 행동하는 권리 다음으로 사람의 가장 자연적인 특권은 다른 사람들과 함께 권리를 행사하고 행동하는 것이다. 그러므로 결사의 권리는 성격상 거의 개인적인 자유의 권리만큼 양도가 불가능한 것 같다. 입법자가 이를 공격하면 사회의 기초를 훼손할 수 있다. 토크빌, 미국 민주주의 203.

당했다. 그러한 목적을 이루기 위해 참여자들이 사용한 수단에 대해서 불법이기 때문에 책임이 있다는 주장이 제기된다. 연설, 행진, 사회적 따돌림의 협박은 손해배상의 근거를 제공할 수 없다. 그러나 폭행은 헌법이 보호하는 울타리를 넘는다.

폭행은 일부 상고인들의 행동에 물들어 있고, 물론 그들은 폭행 결과에 책임이 있다. 그러나 폭행이 일어났다는 증거 또는 폭행이 불매운동의 성공에 기여했다는 증거로는 전체 집단행동의 폭력성을 증명하는데 부족하다. 지역의 사회, 정치, 경제 구조를 변화시키려는 거대하고 장기적인 노력이 몇몇 폭행의 단기적인 결과에 의해서만 폭행공모로 분류될 수 없다. 폭행공모는 특정한 당사자들이 불법 수단을 이용하기로 합의했다는 증거를 적절하게 밝혀내고, 불법 행동의 충격을 주의깊게 확인하며, 헌법이 보호하는 활동을 제재하는 결과를 막는 것이 중요하다고 인식에 따른 사실인정을 바탕으로 인정되어야 한다. 보호되는 행동보다는 두려움이 운동을 지배하는 힘이었다고 증명하는 책임은 무겁다. 법원은 숲의 진정한 색깔은 울창한 나무의 나뭇잎보다는 잡초 속에 숨은 파충류가 더 잘 드러낸다는 주장의 위험성을 조심해야 한다. 대부분 미시시피 대법원이 받아들이지 않은 2가지 법률이론에 근거하고 있는 1심 판사의 사실인정은 모든 상고인들이 불매운동으로 발생한 모든 손실에 대해 책임이 있다는 판결을 뒷받침하기에는 헌법적으로 충분치 않다.

판결을 취소하고 이 의견에 맞는 추가 절차를 위해 환송한다.

〔첨 부〕

# 미국수정헌법 제1조가 보장하는 표현의 자유와 그 제한의 위헌심사기준[1)]

## 1. 수정헌법 제1조 제정의 배경

수정헌법 제1조는 “연방의회는 국교를 정하거나 또는 자유로운 신앙행위를 금지하는 법률을 제정할 수 없다. 또한 언론 또는 출판의 자유, 국민이 평화롭게 집회할 권리, 불만사항의 해결을 위해 정부에 청원할 권리를 제한하는 법률을 제정할 수 없다.”[2)] 라고 규정하고 있다.

수정헌법 제1조부터 제10조까지를 권리장전이라고 하는데, 1787년에 최초 헌법을 제정한 후 1791년에 추가되었다. 제헌헌법에서 제외된 이유는 개인의 자유를 수호하는 역할은 연방정부보다는 개별 주들에게 있고, 연방정부에 부여되지 않은 모든 권력은 국민과 주에 유보되어 있으며, 개인의 자유와 권리를 모두 열거하는 것이 불가능하고 이것이 권리의 축소를 의미할 수 있고, 권리의 침해자인 국왕이 존재하는 영국에는 필요하지만 국민주권국가인 미국에는 필요하지 않다는 이유 등이었다. 그러나 권리장전에 대한 미국민들의 지지, 연방정부 또는 연방의회의 권력남용 및 권리침해를 막을 필요성으로 수정헌법으로 추가되었다.[3)]

매디슨은 “정부를 검열할 권력은 국민에게 있고, 정부가 국민을 검열할 권한은 없다.”[4)]고 말하였다. 그의 견해에 따르면, 미국헌법은 미국 국민들이 절대적

---

1) 주로 본문 판례에서 관련된 내용을 추려서 정리하였다.

2) Amendment I [1791]
Congress shall make no law respecting an establishment of religion, or prohibiting the free exercise thereof; or abridging the freedom of speech, or of the press; or the right of the people peaceably to assemble, and to petition the government for a redress of grievances.

3) 조지형, 미국헌법의 탄생, 서해문집, 2012., 302~304쪽.

4) Madison had said : “If we advert to the nature of Republican Government, we

인 주권을 갖는 정부형태를 만들었고, 정부구조는 국민들의 중앙집중권력과 권력 그 자체에 대한 불신을 반영하여 권력을 분산시켰다. 따라서 공직자의 책무에 관하여 자유롭고 공개적으로 토론할 권리는 미국 정부 형태에서 나오는 근본 원칙이다.

공공의 문제에 대한 표현의 자유를 헌법이 보호하는 것은 국민이 원하는 정치 및 사회의 변화를 일으키기 위한 사상의 교환은 제한되지 않는다는 것을 보장하기 위해서다.[5] 브랜다이스는 수정헌법이 표현의 자유를 보장한 이유를 다음과 같이 설명하였다.

> 독립을 쟁취한 사람들은… 공공의 토론이 정치적인 의무이고 미국정부의 근본 원칙이어야 한다고 믿었다. 그들은 모든 인간의 제도가 마주칠 위험을 인식했다. 그러나 그들은 다음과 같은 사실을 알았다. 질서는 그 위반에 대한 처벌의 두려움을 통해서 확보될 수 없다; 생각, 희망, 상상을 단념시키는 것은 위험하다; 공포는 억압을 낳는다; 억압은 증오를 낳는다; 증오는 안정된 정부를 위협한다; 안전으로 하는 길은 가상의 불만과 제시된 구제방법을 자유롭게 토론하는 기회 가운데 있다. 나쁜 조언에 대한 알맞은 구제방법은 좋은 조언이다. 그들은 공공의 토론에서 발휘되는 이성의 힘을 믿고서 법으로 강제된 침묵-가장 나쁜 형태인 힘의 논리-을 거부하고 있다. 다수지배의 독재 가능성을 인식한 그들은 헌법을 개정하여 자유로운 언론과 집회가 보장되도록 하였다. Whitney v. California, 274 U.S. 357, 375-376 (1927) (대법관 브랜다이스 동조의견).[6]

### 2. 표현의 자유의 구체적인 적용

수정헌법 제1조는 법문으로는 "언론"의 제한을 금지하고 있는데, 연방대법원은 수정헌법 제1조가 말이나 글(the spoken or written word)만을 보호하는

---

shall find that the censorial power is in the people over the Government, and not in the Government over the people." New York Times Co. v. Sullivan, 376 U.S. 254, 275 (1964).

5) Sullivan 판결, 269.

6) Sullivan 판결, 270.

것은 아니라고 인정해왔다. 행위자가 행위로 생각을 표현하려고 할 때마다, 다양한 행위에 대해 무제한 "언론"으로 인정할 수는 없지만,[7] 행위에 수정헌법 제1조와 제14조의 범위에 포함될 수 있는 통신(communication)의 요소가 충분히 들어 있을 수 있다고 인정하였다. 특정한 행위가 수정헌법 제1조가 적용될 수 있는 충분한 통신 요소들을 갖고 있는 상징적 표현(symbolic speech) 또는 표현적 행동(expressive conduct)에 해당하는지를 결정하기 위해서는, 특정한 메시지를 전달하려는 의도가 나타나 있는지, 그 행위를 본 사람들이 그 메시지를 이해할 수 있는 가능성이 큰지를 확인한다. 그래서 학생들이 미국의 베트남전참전에 항의하기 위해 검은색 완장을 찬 행위,[8] 흑백분리에 항의하기 위해 "백인만 허용" 지역에서 흑인들의 연좌데모,[9] 미국의 베트남 전쟁 참가를 비판하는 공연에서 군복을 입는 행위,[10] 다양한 사안에 대한 피켓팅[11]의 표현적인 성격을 인정하고 수정헌법 제1조의 보호를 검토하였다. 국기의 경우에도 국기에 평화표시를 붙인 행위,[12] 국기에 대한 경례 거부,[13] 붉은 기 전시,[14] 성조기 불태우기는 수정헌법 제1조의 보호를 받을 수 있다.[15]

공공의 사안에 대한 토론은 거리낌없고 활발하게 널리 열려 있어야 하며, 정부와 공직자들에 대하여 격렬하고 신랄하며 때로는 불쾌하고 날카로운 공격도 포함되어야 한다는 원칙에 대한 심오한 국가적인 약속(commitment)이 표현의 자유를 보호한 수정헌법 제1조에 담겨 있다.[16] 공공의 관심사에 관한 언론은 수정헌법 제1조가 보호하는 언론자유의 핵심이다.[17] 공공의 문제에 관련된 언론은 자기 표현 그 이상이고 자치의 본질이기 때문이다.[18] 따라서 공공의 문제

7) United States v. O'Brien, 391 U.S. 367, 376 (1968).
8) Tinker v. Des Moines Independent Community School Dist., 393 U.S. 503 (1969).
9) Brown v. Louisiana, 383 U.S. 131 (1966).
10) Schacht v. United States, 398 U.S. 58 (1970).
11) Food Employees v. Logan Vally Plaza, Inc., 391 U.S. 308 (1968), United States v. Grace, 461 U.S. 171 (1983).
12) Spence v. Washington, 418 U.S. 405 (1974).
13) West Virginia Board of Education v. Barnette, 319 U.S. 624 (1943).
14) Stromberg v. California, 283 U.S. 359 (1931).
15) Texas v. Johnson, 491 U.S. 397, 404 (1989).
16) Sullivan 판결, 270.
17) Dun & Bradstreet, Inc. v. Greenmoss Builders, Inc., 472 U.S. 749, 758-759 (1985).

에 대한 언론은 수정헌법 제1조의 가치 체계에서 가장 높은 위치를 점하며 특별한 보호를 받는다.[19)]

한편 정보를 만들고 배포하는 것도 수정헌법 제1조의 의미에 따른 언론으로 보고 있다.[20)] 잘못된 말은 자유 토론에서 불가피하며, 표현의 자유가 존속하기에 필요한 숨 쉴 공간(breathing space)을 가져야 한다면 보호되어야 한다.[21)] 표현의 자유를 보호함으로써 치러야 하는 비용중의 하나는 동의하는 언론뿐만 아니라 싫어하는 언론도 보호한다는 것이다.[22)]

수정헌법 제1조는 결사의 자유(freedom of association)를 명시적으로 열거하고 있지 않지만, 연방대법원은 언론, 집회, 결사, 청원의 보호는 동일하지는 않더라도 분리할 수 없는 것으로 보고 있다.[23)] 다양한 정치, 사회, 경제, 교육, 종교, 그리고 문화적인 목적을 추구하기 위해 다른 사람들과 결사할 권리는 수정헌법 제1조가 보호하는 활동에 참여하는 권리에 내재되어 있다. 공유하는 목적을 위한 집단적인 노력을 보호하는 것은 정치 그리고 문화적인 다양성을 보존하고 다수에 의한 억압으로부터 의견이 다른 표현을 보호하기 위해서 특히 중요하다.[24)25)]

### 3. 위헌 심사기준

#### 가. 내용에 기초한(content-based) 제한

(1) 원칙 – 엄격심사(strict scrutiny/the most exacting scrutiny)

정부의 중대한(compelling) 이익을 달성하기 위해 필요하고, 그 목적을 달성하기 위해 언론을 필요최소한으로 제한해야 한다. 해결할 필요가 있는 실제 문

---

18) Garrison v. Louisiana, 379 U.S.64, 74-75 (1964).

19) Connick v. Myers, 461 U.S. 138, 145 (1983).

20) Sorrel v. IMS Health Inc, 564 U.S.____, 15 (2011).

21) Sullivan 판결, 272.

22) United States v. Alvarez, 567 U.S.____, 18 (2012).

23) Holder v Humanitarian Law Project, 561 U.S. 1 (2010) 대법관 브레이어 소수의견 4.

24) Roberts v. United States Jaycees, 468 U.S. 609, 622 (1984).

25) 한편 선거자금지출을 제한한 연방선거법이 표현의 자유를 침해한다는 연방대법원 판결이 민주주의의 정치적 평등 원칙에 위반된다는 비판은 로버트 달/박상훈·박수형 옮김, 미국헌법과 민주주의, 후마니타스, 2005., 244쪽 참조.

제를 특정해야 하고 언론 자유의 제한이 그 문제 해결에 실질적으로 필요해야 한다. 수정헌법 제1조는 진실로 향하는 단계로서 사회적인 가치가 적어서 표현으로 인한 이득보다 질서와 도덕에 관한 사회의 이해관계가 명백히 우선하는 일부 분야에서 언론 내용의 규제를 허용한다. 연방대법원이 전통적으로 인정해 온 예외를 제외하고 보통 충족하기 매우 어려운 심사기준이다.

(2) 예 외

연방대법원은 내용에 따른 언론 제한을 허용한 사례를 다음과 같이 예시하고 있다.[26] 급박한 불법행위를 자극하거나 일으킬 목적으로 무력의 사용이나 법위반의 공개적인 지지,[27] 음란물,[28] 명예훼손,[29] 범죄행위에 필수적인 언론,[30] 보통 시민들에게 말했을 때 상식적으로 폭력적인 반응을 일으킬 것 같은 욕설인 "폭언(fighting words)",[31] 어린이 포르노물,[32] 사기,[33] 진정한 협박,[34] 전쟁 시기에 군사기밀 관련 공개나 징병반대 표현물과 같이 심각하고 급박한 위협을 드러내는 언론[35]도 제한될 수 있으나 평화시에는 다를 수 있다.[36] 그러나 명예훼손이나 사기, 기타 사생활 침해 등과 관련없는 거짓말 자체가 표현의 자유 보호에서 제외된다는 선례는 없다.[37]

공공의 관심사에 관한 언론이 강하게 보호되지만, 모든 언론이 동등하게 수정헌법 제1조의 중요성을 갖는 것은 아니며, 순수하게 사적으로 중요한 문제가 관련된 경우에는 제한될 수 있다. 왜냐하면 순수하게 사적인 문제에 관한 언론

---

26) Alvarez 판결, 5 (2012).
27) Brandenburg v. Ohio, 395 U.S. 444 (1969).
28) Miller v. California, 413 U.S. 15 (1973).
29) New York Times Co. v. Sullivan, 376 U.S. 254 (1964)(공직자에 대한 현실적 악의가 없는 언론을 실질적으로 보호), Gertz v. Robert Welch, Inc., 418 U.S. 323 (1974)(사인에 대한 명예훼손책임을 인정하고 일정한 제한을 가함).
30) Giboney v. Empire Storage & Ice Co., 336 U.S. 490 (1949).
31) Chaplinsky v. New Hampshire, 315 U.S.568 (1942).
32) New York v. Ferber, 458 U.S. 747 (1982).
33) Virginia Bd. of Pharmacy v. Virginia Citizens Consumer Council, Inc., 425 U.S. 748, 771 (1976).
34) Watts v. United States, 394 U.S.705 (1969).
35) Near v. Minnesota ex rel. Olson, 283 U.S. 697, 716 (1931).
36) New York Times Co. v. United States, 403 U.S. 713 (1971).
37) Alvarez 판결, 5 (2012).

을 제한하는 것이 공공의 이해관계에 관한 언론을 제한하는 것과 동일한 헌법의 관심사라고 볼 수 없기 때문이다. 순수하게 사적인 문제에 대한 제한은 공공의 사안에 관하여 자유롭고 건강하게 토론하는 것을 위협하지 않는다. 사적인 문제와 관련한 법적 책임이 공공의 중요한 문제에 관한 자기검열의 위험과는 무관하다.[38]

나. 내용 중립(content-neutral) 제한

내용 중립 규제가 헌법적으로 용인되기 위해서는 언론의 내용을 보고 규제하지 않고, 정부의 중요한 이익을 추구하기 위해 제한적으로 맞춰지고(narrowly tailored), 정보의 통신을 위한 많은 대체할 수 있는 전달 경로(alternative channels)를 남겨두었다면, 합리적으로 제한할 수 있다. 내용중립 규제에 대한 심사를 중간심사(intermediate scrutiny)라고 부르기도 한다.[39]

내용 중립 규제인지를 결정하기 위해서는 정부가 언론이 전달하는 메시지에 반대하기 때문에 언론을 규제하였는지를 본다. 메시지의 내용을 보고 규제하지 않고 내용을 불문하고 시간이나 장소, 방법 등을 제한하고 있다면 내용 중립 규제가 될 수 있다.

전통적으로 공공 도로와 인도의 공개된 성격을 고려하여, 그러한 장소에서 언론을 제한하는 정부의 권한은 매우 제한된다.[40] 일반적으로 정부는 그러한 광장에서 어떤 종류의 언론이 다른 것보다 더 불쾌하다는 이유로 그 언론으로부터 공중을 선택적으로 보호할 수 없다.[41] 그러나 연방대법원은 공공 광장이라 하더라도 그 내용과 무관하게 언론을 규제할 경우 다소 넓은 재량을 정부에 인정해 왔다. 위 3가지 요건이 충족된다면 정부는 공공 광장에서도 보호되는 언론의 시간, 장소, 그리고 방법을 합리적으로 규제할 수 있다.[42]

내용 중립적인 시간, 장소, 또는 방법 규제가 제한적으로 맞춰지기 위해서는,

---

38) Dun & Bradstreet, Inc. v. Greenmoss Builders, Inc., 472 U.S. 749, 760(1985).

39) Holder v Humanitarian Law Project, 561 U.S.___, 21 (2010).

40) United States v. Grace, 461 U.S. 171, 177 (1983).

41) Erznoznik v. Jacksonville, 422 U.S. 205, 209 (1975).

42) Ward v. Rock Against Racism, 491 U.S. 781, 791 (1989), Clark v. Community for Creative Non-Violence, 468 U.S. 288, 293 (1984).

정부의 정당한 이익을 추구하는데 필요한 정도 이상으로 언론에 실질적인 부담"을 가해서는 안 된다. 목적과 수단 사이에 밀접한 적합성을 요구함으로써 정부가 쉽게 효율성 때문에 언론을 희생시키는 것을 방지한다. 내용에 기초한 언론의 제한과 달리 내용과 무관한 규제는 정부의 이익에 봉사하는 "최소한의 제한 또는 최소한의 개입 수단일 필요는 없다. 그러나 정부는 여전히 언론에 대한 부담의 실질적인 부분이 정부의 목표를 추구하는데 도움이 되지 않는 방식으로 표현을 규제해서는 안 된다.[43]

다. 명예훼손과 "현실적 악의(actual malice)"

공직자에 대한 명예훼손은 공공의 관심사에 관한 것이라면 일부 허위사실이 포함되어 있다고 하더라도, 상대방의 현실적 악의를 입증하지 못하면 공직자의 손해배상청구를 헌법이 허용하지 않는다. 현실적 악의를 입증하기 위해서는 상대방이 허위임을 알고 있거나 허위여부를 경솔하게 무시[44]했다는 점을 밝혀야 한다.

공공의 관심사는 정치, 사회, 그 밖에 공동체의 다른 관심사와 관련된 것으로 공정하게 판단될 수 있을 때 또는 정당한 보도의 대상일 때, 즉 보편적인 관심의 대상이고 공공의 가치와 관심사항일 때 해당된다.[45] 내용의 부적절하거나 논쟁적인 성격은 공공의 관심사에 관한 것인지의 문제와 무관하다.[46]

언론이 공공의 또는 사적인 관심사에 관한 것인가를 결정하기 위해서는 언론의 "내용과 형태, 맥락(content, form, and context)"을 조사한다. 내용, 형태, 맥락 중 어떤 요소도 결정적이지 않고 무엇을, 언제, 어떻게 말했는지를 포함하여 언론의 모든 정황을 평가한다.[47]

공공의 사안에 관한 공인의 명예훼손이나 정치풍자도 공직자와 마찬가지로 허위사실이 포함되었다 하더라도 현실적인 악의를 입증하여야 손해배상이 허용

---

43) Ward 판결, 491 U.S., 798-9.

44) "knowledge that it was false or reckless disregard of whether it was false or not." Sullivan 판결, 280.

45) Snyder v Phelps, 562 U.S.___, 6, 7 (2011)

46) Rankin v. McPherson, 483 U.S. 378, 387 (1987).

47) Snyder 판결, 7, 8 (2011).

된다.[48] 그러나 사인을 허위사실에 의해 명예훼손한 경우에는 공공의 이해관계와 관련이 있다고 하더라도 공직자나 공인과 비교해 덜 엄격한 기준인 일반 불법행위법상의 책임을 진다. 다만 현실적 악의가 있을 경우에만 추정 손해 또는 징벌적 손해의 배상이 허용될 수 있다.

공공의 사안에 대해 자유롭게 비판하고 표현할 자유를 수정헌법 제1조가 확인하고 있는데, 공직자와 공인에 대한 명예훼손책임을 제한하고 표현의 자유를 두텁게 보호하는 이유로 공직자와 공인은 대개 효과적인 의사전달 채널을 자주 이용하여 사인보다 허위 주장에 대응할 수 있는 더 많은 기회를 가지고 있기 때문이다. 명예훼손 피해를 구제하는 방법은 거짓말을 반박하거나 잘못을 시정하여 명예손상을 최소화하는 기회를 이용하는 자구행위이다. 정부의 직책을 맡기로 한 개인은 공적인 업무 참여로 인한 결과를 수용하여야 하며, 대중이 더 세밀하게 조사하는 위험을 감수하고 공직에 나선다.[49] 공인으로 분류되는 사람들도 비슷한 처지에 있다. 대중의 관심을 끌려는 의도적인 행동이 없이 공인이 된 사람도 있을 수 있지만 진정으로 비자발적인 공인은 매우 드물다. 공인들 대부분은 사회의 공적인 관심사와 관련하여 특별한 유명세를 가진 위치에 있거나 공인으로 간주될 수 있는 설득력과 영향력을 가진 지위에 있다. 공인으로 분류된 사람들은 관련 사안을 해결하는데 영향을 미치기 위해 특정한 공적인 논쟁 가운데 스스로 가담하였다.

언론매체는 공직자들과 공인들이 명예훼손적인 허위사실로 인한 피해를 입을 위험에 스스로를 자발적으로 노출시켰다는 가정아래 행동할 권리가 있다. 그러한 가정은 사인에 대해서는 정당하지 않다. 그는 공직에 나아가지 않았거나 사회에서 영향력있는 역할을 맡지 않았다. 사인들은 공직자나 공인보다 피해를 입을 가능성이 높고 반론을 제기하기 위해 매체를 이용하기 어렵기 때문에 피해를 회복받을 필요가 더 있다.[50]

### 라. 지나친 광범성 원리, 명확성 원리

표현의 자유 규제와 관련하여 자유표현의 영역에서 넓은 예방적인 규칙은 의

48) Hustler Magazine, Inc. v. Falwell, 485 U.S. 46 (1988).
49) Gertz v. Robert Welch, Inc, 418 U.S. 323, 344 (1974).
50) Gertz 판결, 345 (1974).

문이다. 가장 귀중한 자유에 가깝게 닿는 영역에서는 규제의 정확성이 시금석이 되어야 한다.[51] 연방대법원은 수정헌법 제1조의 권리에 관하여 금지될 수 있는 결사와 금지될 수 없는 결사 모두와 관련하여 고용을 금지하는 것은 지나치게 광범위한(overbroad) 규제로 위헌이라고 판결했다.[52] 지나치게 광범위하여 위헌이 되기 위해서는 법이 헌법이 보호하는 표현을 사소한 정도를 넘어 실질적인 범위와 정도까지 제한할 경우이다.

또한 규제의 명확성은 수정헌법 제5조의 적법절차(Due Process) 조항에 의해 요구되지만, 특히 언론이 관련되었을 때는 모호함이 보호되는 언론을 위축하지 않도록 요건의 엄격한 준수가 필요하다. 만약 법이나 규제가 보통의 지능을 가진 사람에게 무엇이 금지되는지를 공정하게 공지(fair notice)하지 못한다면, 또는 기준이 없어서 상당히 차별적인 집행을 허용하거나 조장한다면, 그 법이나 규제에 따른 유죄 또는 처벌은 적법절차에 부합하지 못한다. 유죄가 되는 사실을 증명하기 어렵기 때문이 아니라 어떤 사실이 증명되어야 하는지에 관하여 불명확하기 때문에 모호하다. 따라서 모호하기 때문에 무효 원리(the void for vagueness doctrine; 명확성 원리)는 2가지 요건의 심리가 필요하다. 첫째, 규제된 당사자들은 규제에 따라 행동할 수 있도록 무엇이 요구되는지 알아야 하고, 둘째, 법을 집행하는 사람들이 자의적이거나 차별적인 방식으로 행동하지 않도록 정확성과 지침이 필요하다.[53]

### 마. 결사의 자유와 책임 제한

수정헌법 제1조는 다른 사람과 결사하였다는 이유만으로 개인에게 책임을 인정하는 주의 권한을 제한하고 있다. 법원은 합법 및 불법 목적을 동시에 가지고 있는 단체와의 결사를 전면금지하는 것은 정당한 정치적인 표현 또는 결사를 해칠 수 있는 현실적인 위험을 드러내게 된다고 판단하였다.[54] 법원은 그러한 단체와의 결사를 처벌하기 위해서는 피고인이 특히 폭력에 의해 조직의 목표를 이루려고 하였다는 명확한 증거가 있어야 한다고 판단하였다. 또한 폭

51) United States v. Robel, 389 U.S. 258, 265 (1967).

52) Robel 판결, 266.

53) FCC v. Fox Television Stations, Inc, 567 U.S. ___ , 11-12 (2012).

54) Scales v. United States, 367 U.S. 203, 229(1959).

력에 의해 목표를 이루려는 의도는 “가장 엄격한 법리”[55]에 따라서 판단되어야 한다고 강조하였다. 왜냐하면 조직의 정당한 목적에 공감하지만 특히 폭력에 의존하여 그 목적을 이루려는 의도가 없는 사람이. 그가 반드시 공유하고 있지 않은 다른 보호되지 않은 목적 때문에 적법하고 헌법이 보호하는 목적을 굳게 지킨 행위로 처벌될 위험이 있기 때문이다.[56]

법원은 이 원칙을 형사사건 이외의 사건에도 적용하였다. 법원은 한 학생 단체가 파괴적이고 폭력적인 컴퍼스 활동에 관련된 조직과 제휴하였다는 이유만으로 주가 지원하는 대학에서 학생조직으로 인정(학교시설의 이용 요건)되는 것이 거부될 수 없다고 판결했다.[57]

법원은 시민들이 인기없는 조직에 가입한 것만으로 형사처벌하거나 권리와 특권을 거부하는 정부의 조치를 한결같이 승인하지 않았다. 또한 개인의 가입이 정부가 걱정하는 위협을 드러낸다는 증명없이 단지 가입만으로 유죄가 되는 것은 수정헌법 제1조의 권리를 부인하여 허용할 수 없다고 인정되었다. 정부는 불법 목표와 목적을 가진 조직이라는 것을 알면서 가입하고, 그러한 불법 목적을 추구하려는 특정한 의도를 가졌다는 점을 증명할 책임이 있다.[58]

따라서 개인이 일부 단원의 폭력행위가 있었던 단체에 속해 있다는 이유만으로 민사책임이 인정되지 않는다. 가입만을 이유로 책임이 인정되기 위해서는 단체 자체가 불법적인 목적을 갖고 있고 개인이 그러한 불법 목적을 추구할 구체적인 의도를 가지고 있다는 점이 증명될 필요가 있다.[59]

노동분쟁에서 폭력과 협박 등으로 인한 손해배상의 범위도 원칙적으로 폭력행동의 직접 결과로 엄격하게 한정되고, 평화로운 피켓팅 또는 다른 조합활동으로 일어나는 결과를 포함하지 않는다.[60]

---

55) the strictest law, “Strictissimi juris.” Noto v. United States, 367 U.S., 299 (1961).
56) Noto 판결 299-300.
57) Healy v. James, 408 U.S. 169 (1972) 판결.
58) Healy 판결, 185-186(United States v. Robel, 389 U.S. 258, 265 인용).
59) 물론 개인이 불법행위를 저지른 다른 사람과 연결되었다는 이유만으로 손해배상책임을 지는지의 문제는 그가 스스로 허용하거나 부추긴 불법 행위에 책임이 있는지의 문제와는 매우 다르다.
60) NAACP v. Claiborne Hardware C0., 458 U.S 886, 917-918 (1982), Mine Workers v. Gibbs, 383 U. S. 715, 729(1966).

# | 판례 찾아보기 |

장 주 영(張朱煐)

■ 약력

ㅇ 서울대학교 법과대학 졸업
ㅇ 제27회 사법시험 합격
ㅇ 사법연수원 제17기 수료
ㅇ 미국 워싱턴대학(UW) 로스쿨 석사과정(LL.M.) 졸업(법학석사)
ㅇ 미국 뉴욕주 변호사시험 합격
ㅇ 국가인권위원회 위원
ㅇ 민주사회를 위한 변호사모임 회장
ㅇ KAIST 지식재산대학원 겸직교수(글로벌 저작권법)
ㅇ 현재 법무법인 상록 대표변호사

■ 저서

미국 저작권판례 육법사 2003.
증보판 미국 저작권판례 육법사 2012.

**미국수정헌법 제1조와 표현의 자유 판결**

2015. 4. 30. 제1판 1쇄 발행

저 자 장주영
펴낸이 백 욱
펴낸곳 육법사
121－838 서울특별시 마포구 홍익로5길 65
TEL (02) 332－1830 · 1831
FAX (02) 332－1836
http://www.yp1966.co.kr
등록연월일 1966. 8. 19. 1－300호


지자와의
협의에 따라
검인 생략

**ISBN 978-89-7214-202-7 93360**
정가 45,000원